科学出版社“十三五”普通高等教育本科规划教材

# 热力学与传热学基础

郑宏飞 编

科学出版社

北京

# 内 容 简 介

本书依照教育部最新颁布的热工课程基本要求编写，对热力学和传热学相关理论进行了系统阐述，并介绍了两方面内容的联系与区别．本书在论述过程中，吸收了大量国际一流大学的教学成果，并结合编者长期的教学经验，力图在内容和体系上有较大的改革和创新．在编写风格上，深入浅出、简洁流畅，特别在语言上力求清新易懂，将基本原理与课程内容紧密结合起来，做到章节有度．在本书的大部分章节的难点处均设置有二维码，方便学生扫描获得动画、视频和演示实验等资料，以便加深对知识点的理解，拓展大学热工课程的教学内容，培养学生的探索精神和创新意识．

本书可作为非动力能源类各专业本科生和动力能源类各专业专科生的教材和教学参考书，也可供有关工程技术人员参考．

**图书在版编目（CIP）数据**

热力学与传热学基础／郑宏飞编．—北京：科学出版社，2016.3
ISBN 978-7-03-047202-1

Ⅰ．①热…　Ⅱ．①郑…　Ⅲ．①热力学—高等学校—教材②传热学—高等学校—教材　Ⅳ．①O414.1②TK124

中国版本图书馆 CIP 数据核字（2016）第 012805 号

责任编辑：昌　盛　罗　吉／责任校对：李　影
责任印制：张　伟／封面设计：迷底书装

科学出版社出版
北京东黄城根北街 16 号
邮政编码：100717
http://www.sciencep.com
北京市金木堂数码科技有限公司印刷
科学出版社发行　各地新华书店经销
*
2016 年 3 月第　一　版　开本：720×1000　1/16
2025 年12月第十六次印刷　印张：18 3/4
字数：378 000

**定价：59.00 元**

（如有印装质量问题，我社负责调换）

# 前　言

热能利用历史

任何生命个体或种群都离不开对能量的利用，人类作为地球上最大的高等生物种群更是离不开对能量资源的开发和利用．回顾人类的发展史不难发现，人类利用能量的每一次变革都代表了人类的巨大进步．可以说，人类对能量资源的利用水平正是衡量社会发展水平和社会物质文明的重要标志．

在人类蒙昧的初期，人类只能被动地适应环境的变化，被动地承受着夏季的炎热和冬季的寒冷．在这一时期，人类对能量的利用处在完全没有意识的状态．经历发展，人类发明了钻木取火，实现了对火的利用，开创了人类物质文明生活的新局面．火的利用是人类主动利用热能的第一步，极大地促进了人类社会的发展，使人类的平均寿命整整提高了十岁．进入封建社会时期，人类又进一步拓展了对火的利用，实现了利用火中的热能冶炼矿石、制造金属工具，使社会生产力又得到了空前发展．到 18 世纪中叶，人类发明了蒸汽机，再次提升了人类利用能量特别是热能的水平，实现了热能的间接利用，改变了人类的用能方式，实现了机械能的自主生产和利用，将人类社会推向了现代文明．

回顾人类历史的发展可以发现，在很长的历史时期，除了食物人类能够主动利用的能量只有热能，而且人类利用热能的方式都是直接利用，并没有改变热能的形式，如用来冶炼、取暖、蒸煮和烘干等．蒸汽机发明之后，实现了热能向机械能的转变，而且这种转变或转换是可以人为控制的，打开了人类间接利用热能的大门，从此拉开了世界工业革命的序幕．此后，热能的间接利用得到了广泛和深入的研究，例如，如何提高热能转化的效率，如何提高热机系统的各项性能．为此，人们以追求最大热功效果为目标，对热的本质、热能和机械能之间转换的基本规律和其他与热问题相关的最基本问题进行了不懈的探求，从而导致与热能间接利用的相关理论不断成熟，形成了被世人广泛接受的热功理论．比较正式的热力学研究起源于 19 世纪初期，那时的科学家主要考虑热的动力性和热物体中的储热产生功的比例．19 世纪 50 年代，出现了热力学第一和第二定律，朗肯（Willian Rankine），克劳修斯（Rudolph Clausius）和开尔文（Lord Kelvin）为此做了大量基础性工作．1859 年，朗肯（Willian Rankine）撰写了人类历史上第一部热力学教科书．

总结传统的热力学理论不难发现，热力学中有两大定律、三大原理及一大定理．热力学第一定律和第二定律是热力学理论的基石，围绕着这两大定律并为其提供保障的是三大原理，它们分别是能量守恒原理、熵增原理和炯衰变原理．能量守恒定律在热力学中的具体应用就是热力学第一定律．熵增原理在热力学中的应用就是第二定律．而炯衰变原理是熵增原理的反面表述，代表的是同一个意思，也是热力学第二定律的一种描述．剩下的一个定理即是卡诺定理，它表述的是所有可逆热机的效率都相等，与工质无关，只决定于高温热源和低温热源的温度．

如今，热能的利用涉及人类生产与生活的各个方面，有些地方需要强化热的传递过程，有的地方恰恰相反，需要弱化热的传递过程．即使在热功转化过程中，人们也发现，热的传递过程也是引起热损失或阻碍热机效率提高的重要原因，于是迫切需要对热量传递过程的基本规律进行深入探索，以便更有效地利用热能．这样导致了传热学的出现和发展．在传热学的产生和发展过程中，许多科学家为此做出了卓越贡献，其中有傅里叶（Joseph Fourier），牛顿（Isaac Newton），雷诺（Kevin Reynolds），普朗特（Ludwig Prandtl），斯特藩（Stefan），玻尔兹曼（Lattice Boltzmann）和维恩（Franz Wien）等．众多科学家的努力，终于建立起以傅里叶热传导定律、牛顿冷却热对流定律和斯特藩-玻尔兹曼热辐射定律为核心的传热学基本理论．

党的二十大报告明确指出“加快构建新发展格局，着力推动高质量发展”，其中提到“推动战略性新兴产业融合集群发展，构建新一代信息技术、人工智能、生物技术、新能源、新材料、高端装备、绿色环保等一批新的增长引擎．”而热力学和传热学正是绿色能源等国家战略性新兴学科的基础课，其培养目标是使学生能正确理解和掌握热力学和传热学的一系列基本概念，初步具有建立热力学和传热学模型的基本能力；掌握热能有效利用以及热能传递的基本规律；掌握热工过程和热力循环的基本分析方法；了解提高能量利用和传输效率的基本原则和主要技术途径；培养学生的逻辑思维能力以及综合运用所学知识分析和解决实际问题的能力，同时掌握相应的能量利用和管理的基本常识．我们在学习和教授热力学和传热学的过程中，需要时刻把握这两门课程的显著特点和区别，以便掌握它们的精髓．

编　者

2016 年 1 月

2023 年 7 月修改

# 目　　录

前言
第 1 章　热能转换的基本概念 …… 1
1.1　热力系统　环境　边界 …… 1
1.1.1　热力系统 …… 1
1.1.2　环境 …… 2
1.1.3　边界 …… 2
1.2　状态　状态参数　状态方程 …… 3
1.2.1　状态 …… 3
1.2.2　状态参数 …… 4
1.2.3　状态方程 …… 6
1.3　热力过程与热力循环 …… 7
1.3.1　热力过程 …… 7
1.3.2　可逆过程 …… 9
1.3.3　流动过程与非流动过程 …… 11
1.3.4　循环过程与热力循环 …… 11
1.4　热力学中的基本单位与量纲 …… 12
本章小结 …… 13
习题 …… 14
第 2 章　能量与热力学第一定律 …… 16
2.1　功及功量的计算 …… 17
2.1.1　机械功 …… 17
2.1.2　可逆膨胀功 …… 18
2.1.3　示功图 …… 19
2.2　热量及热量的传递过程 …… 21
2.3　系统储存能及其性质 …… 23
2.4　热力学第一定律 …… 26
2.5　闭口系统的能量分析 …… 27
2.6　开口系统的能量分析 …… 30
2.6.1　控制容积系统的质量守恒 …… 30
2.6.2　控制容积系统的能量守恒 …… 31

2.6.3 稳定流动系统的能量方程……33
2.6.4 技术功及在$p$-$v$图上的表示……33
2.7 稳定流动方程的应用……34
2.7.1 喷管……35
2.7.2 透平式机械……35
2.7.3 压气机……36
2.7.4 绝热节流……37
2.7.5 自由膨胀过程……38
2.7.6 绝热混合过程……39
本章小结……42
习题……42
第3章 熵与热力学第二定律……49
3.1 自发过程及能量传递与转换的方向性……49
3.1.1 自发过程……49
3.1.2 能量传递与转换的方向性……50
3.2 热力学第二定律的表述……51
3.3 卡诺循环与卡诺定理……53
3.4 状态参数熵……55
3.5 第一和第二 $T\mathrm{d}S$ 方程……57
3.6 熵变、熵流与熵产……58
3.7 系统的熵平衡计算……60
3.8 熵增原理……61
3.9 能量的可用性与能量的贬值原理……63
本章小结……66
习题……67
第4章 理想气体热力过程与气体动力循环……71
4.1 理想气体性质及状态方程……71
4.1.1 理想气体的内能和焓……72
4.1.2 理想气体的比热容……72
4.1.3 定容比热容和定压比热容的关系……75
4.1.4 理想气体的内能、焓和熵的计算……76
4.2 理想气体混合物……78
4.2.1 道尔顿定律……78
4.2.2 亚美盖特定律……79
4.2.3 理想气体混合物的成分……79

4.2.4　混合气体的折合摩尔质量及折合气体常数……80
4.2.5　混合气体的比热容……81
4.2.6　混合气体的热力学能、焓及熵……81
4.3　理想气体的基本热力过程……82
4.3.1　定容过程……83
4.3.2　定压过程……84
4.3.3　定温过程……87
4.3.4　定熵过程……88
4.3.5　多变过程……90
4.4　典型理想气体动力循环……92
4.4.1　奥托循环……93
4.4.2　狄塞尔循环……94
4.4.3　沙巴泽循环……97
本章小结……99
习题……103
第5章　水蒸气及蒸汽动力循环……107
5.1　纯物质的相变过程……107
5.2　定压下水蒸气的发生过程……108
5.3　水蒸气的$T$-$v$图和$p$-$v$图……111
5.4　湿蒸汽的干度及状态参数计算……113
5.5　水蒸气的热力性质表……115
5.6　蒸汽动力循环的基本过程……119
5.6.1　基本的蒸汽动力循环……119
5.6.2　朗肯循环的能量平衡核算……120
5.6.3　朗肯循环的改进……122
本章小结……123
习题……125
第6章　湿空气及空气调节过程……128
6.1　湿空气的组成和状态参数……128
6.2　湿空气的绝对湿度和相对湿度……131
6.3　露点温度与干湿球温度……133
6.4　湿空气焓湿图（$h$-$d$图）……135
6.5　空气调节的基本过程……138
6.5.1　加热或冷却过程……139
6.5.2　加热加湿过程……139

6.5.3 冷却去湿过程……140
6.5.4 绝热加湿过程……142
6.6 湿空气的混合过程……143
6.7 冷却塔……144
本章小结……146
习题……148
第 7 章 传热学的基本概念与基本定律……150
7.1 传热过程及传热的基本方式……150
7.2 传热的基本定律……151
7.2.1 热传导……151
7.2.2 热对流……152
7.2.3 热辐射……154
7.2.4 复合换热过程……155
7.2.5 流体中的纯导热过程……155
7.2.6 能量守恒定律的要求……156
本章小结……158
习题……159
第 8 章 热传导过程与傅里叶定律……160
8.1 傅里叶定律与传热速率方程……160
8.2 热扩散方程……162
8.3 一维稳态导热……167
8.3.1 通过平壁的导热……167
8.3.2 传热热阻……169
8.3.3 多层平壁的导热……170
8.3.4 通过长圆筒壁的导热……172
8.3.5 管道保温层厚度的选择……175
8.3.6 球体中的导热……176
8.3.7 通过变截面物体的导热……177
8.4 有内热源的一维稳态导热……178
8.4.1 有内热源的平壁导热问题……178
8.4.2 有内热源的径向导热问题……179
8.5 扩展表面的稳态传热……182
8.5.1 一般扩展表面的传热问题……183
8.5.2 等截面扩展表面的传热……184
8.6 集总热容法求解非稳态传热问题……185

本章小结 ······ 190
习题 ······ 192
第 9 章 对流换热与牛顿冷却定律 ······ 197
9.1 局部和平均对流换热系数 ······ 197
9.2 层流和湍流 ······ 198
9.2.1 层流和湍流速度边界层 ······ 199
9.2.2 热边界层 ······ 201
9.3 边界层方程 ······ 202
9.4 无量纲参数的物理意义 ······ 206
9.5 管内强迫对流换热 ······ 208
9.5.1 管内流动状态及特征 ······ 208
9.5.2 管内平均流速与速度分布特征 ······ 208
9.5.3 对流换热系数的变化特点 ······ 209
9.5.4 管内平均温度及传热速率的确定 ······ 210
9.5.5 管内对流换热的经验关联式 ······ 211
9.6 纵掠平板的对流换热 ······ 214
9.6.1 纵掠平壁时的层流换热 ······ 215
9.6.2 纵掠平壁时的湍流换热 ······ 216
9.7 横掠单管和管束的对流换热 ······ 218
9.7.1 横掠单管的对流换热 ······ 218
9.7.2 横掠管束的对流换热 ······ 220
9.8 自然对流换热及其实验关联式 ······ 222
本章小结 ······ 227
习题 ······ 229
第 10 章 辐射换热与斯特藩-玻尔兹曼定律 ······ 232
10.1 黑体表面的辐射与斯特藩-玻尔兹曼定律 ······ 232
10.2 实际表面的辐射与基尔霍夫定律 ······ 233
10.3 黑体表面间的辐射换热与角系数 ······ 237
10.3.1 角系数的定义 ······ 237
10.3.2 角系数的性质与计算 ······ 238
10.3.3 黑体表面间的辐射换热 ······ 243
10.4 灰体表面间的辐射换热 ······ 244
10.4.1 投入辐射与有效辐射 ······ 244
10.4.2 表面辐射热阻 ······ 245
10.4.3 灰体表面之间的辐射换热 ······ 245

10.4.4　防辐射屏……248
本章小结……249
习题……250
**第 11 章　换热器及其设计计算**……253
11.1　换热器中的基本流动形式……253
11.2　换热器中传热速率的计算……254
11.3　换热器对数平均温差的确定……256
11.3.1　顺流换热器的对数平均温差……257
11.3.2　逆流换热器的对数平均温差……259
11.4　换热器的有效度分析……261
本章小结……263
习题……264
**参考文献**……266
**附录**……267
附录 A……267
附录 B……289

# 第 1 章　热能转换的基本概念

热力学的建立经历了漫长的过程，在此过程中涌现了诸多基本的概念和术语，掌握这些基本的概念和术语，有助于我们更深入地认识热力学的基本规律．热力学在对热现象、热过程进行研究时，首先要对研究对象进行抽象，建立能够描述研究对象特点的必要的基本参数，这些参数不但能在宏观上表达研究对象的特点，还能在定量上描绘研究对象与环境或与其他研究对象之间关系的特点．然后，采用能够反映事物本质特征的研究方法，特别是现代数学方法，建立起这些基本参数之间的简明的相互变化关系．热力学的许多概念或术语正是在这一过程中产生的．

## 1.1　热力系统　环境　边界

热力学系统涉及的领域

### 1.1.1　热力系统

简单来说，热力系统就是我们要研究的对象．它可以是一个简单的自由物体，也可以是一座非常复杂的化学炼油厂，还可以是封闭在刚性罐子里的一定量的物质．总之，它是一定边界范围内的特定物质或是几种物质的组合，是我们想要了解的对象．当然，这个对象是可以变化的，包括它的质量、形状和容积，因此产生了具有各种特点的热力系统．

一般来说，系统总是处在变化发展过程中，它要通过边界与环境发生作用，产生质能的交换．根据系统与环境交换质能的特点或系统状态变化的特点，可以大致对系统进行分类，方便理解或称呼．

**闭口系统**　与环境没有物质交换的系统称为闭口系统．此时，系统的边界是封闭的，没有物质量穿越边界与环境交换，因此系统的内部始终保持相同的物质量．闭口系统不与环境交换物质，但可以交换其他能量，如功和热．由于系统内部质量不变，有时也把封闭系统称为控制质量系统，通常用控制质量的方法研究．

**开口系统**　与环境有物质交换的系统称为开口系统．它与闭口系统对应，此时系统的边界是开放的，物质可以穿越边界与环境交换，系统内部的物质量不能保持恒定．为了研究方便，这时一般选择对某一区域内的物质进行研究，所以常称为控制容积系统，用控制容积方法进行研究．开口系统除了可以与环境交换物质外，还可以交换其他能量，如功和热．

**孤立系统**　不与环境交换任何物质和能量的系统．它是一种特殊的封闭系统，不与环境发生任何相互作用．

**绝热系统**　不与环境交换热量的系统．它可以是闭口系统或者开口系统，只是不允许热量越过边界与环境交换．

**热源或冷源**　仅与外界发生热量交换，而且与外界交换有限热量时，不引起内部温度变化．热源或冷源可以认为是一个热容无限大的热力系统，根据温度的高低不同，分为高温热源或低温热源．低温热源有时也称为冷源．

上述热力系统的归类与划分，特别是对闭口系统和开口系统的划分是最有意义的，整个基础热力学研究都是围绕这两类系统展开的．在基础热力学中，系统中用来实现能量相互转化的物质，称为工质．一般的工质有空气、水蒸气和水等．例如，在内燃机中，空气接受燃料燃烧释放的热能，通过膨胀将热转化为功，受热空气就是工质．根据系统发生变化的过程特点，还可以将系统分为定容系统、定压系统和定温系统等，这些都是为了描述方便．对于由多种工质组成的系统，也可以称为多元系．

### 1.1.2　环境

任何系统都不可能孤立存在于世界上，它总是处于某个环境中．因此把系统以外的空间或物质统称为环境，有时也称为外界．

在热力学研究过程中，为了简化研究过程，一般都把环境当做是一个巨大的冷源或热源，它的温度、压力和比容等参数都不随时间变化，也不因为与系统发生了热功交换而产生变化．总之，可以把环境参数假定为常数．

### 1.1.3　边界

系统与环境的交界面即为系统的边界．一般来说，边界以方便研究的原则进行划定，它是包围热力系的控制面．

由于实际系统千差万别，也随时间或位置的变化而变化，所以边界的划分也是随着系统的变化而变化的．边界可以是固定的，也可以是移动的，甚至可以是假设的．根据是否有质量或能量穿越边界，还可以将边界分为闭口边界、开口边界和绝热边界等．如果系统在运动变化过程中，始终没有质量越过边界，则称为闭口边界．如果有质量越过边界，则称为开口边界．如果不允许热量越过边界，则称为绝热边界．图 **1.1** 介绍了几种典型边界．

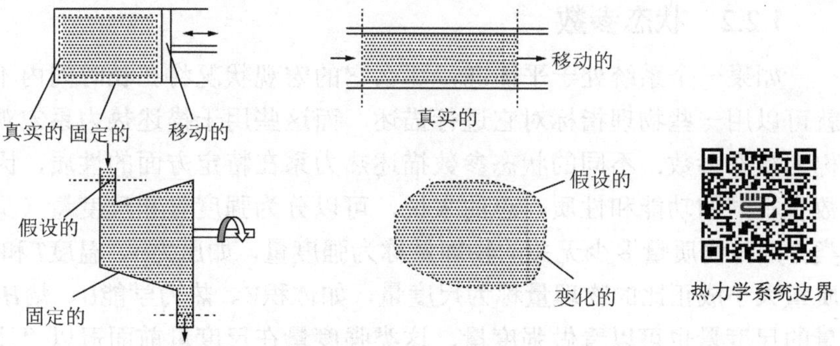


图 1.1　系统、边界和外界的示意图

# 1.2　状态　状态参数　状态方程

## 1.2.1　状态

**热力系统在某一瞬间表现出来的宏观物理状况称为系统的热力状态，简称为状态**. 构成系统的物质，一般有气态、液态和固态等形式，在某一瞬间，系统内部的力、热和流动状况等，就表现为系统的状态.

热力系可能呈现各种不同的状态，其中特别有意义的是平衡状态. 因为处于平衡状态的系统有均匀完整的特性，可以用一些可以测量的指标对它进行描述. 所谓平衡状态是指系统在不受外界影响的条件下，系统宏观性质不随时间改变的状态. 严格来说，这种平衡状态必须是系统内部各部分之间、系统与外界之间的平衡，也称稳定平衡，其特点是系统的各项指标处处相同而且长时间维持不变. 一般来说，系统整体处于稳定平衡状态必须满足四个条件：系统内部各处、系统与外界之间都处于力平衡、热平衡、相平衡和化学平衡.

处于平衡状态的热力系，各处应该有均匀一致的温度和压力等参数，对于有相变或化学反应的系统，还必须处处具有相同的化学浓度和化学势. 如果系统内部存在温差，则必然存在热量从高温物体流向低温物体，系统不可能维持状态不变，因此它不可能处于平衡状态. 只有当温差消失，这种驱动热量传递的热不平衡势消除，系统才能达到热平衡. 同样，如果系统内部存在力差，则必然存在引起物体产生宏观位移的趋势，系统内部也不可能实现平衡，只有消除这种力差，系统才能达到力平衡. 对于化学反应系统，内部还必须消除相差和化学势差，系统才能完全实现平衡状态.

### 1.2.2 状态参数

如果一个系统处于平衡态，那么它的宏观状况将在长时间内不发生变化，此时就可以用一些物理指标对它进行描述，而这些用于描述热力系宏观物理状况的量就称为状态参数．不同的状态参数描述热力系在特定方面的性质，因此不同的状态参数有不同的功能和性质，总的来说，可以分为强度量和尺度量（又称广延量）两大类．凡与物质量多少无关的物理量称为强度量，如压力$p$、温度$T$和化学势$\mu$等．与物质量大小成正比的物理量称为尺度量，如体积$V$、热力学能$U$、焓$H$和熵$S$等．单位质量的尺度量也可以看做强度量，这类强度量在尺度量前面冠以“比”字，代表 1kg 物质对应的参数值，并用小写字母表示，如比容（有时也叫比体积）$v$、比热力学能$u$、比焓$h$和比熵$s$等．值得指出的是，在系统处于平衡态时，系统各部分的强度量是相等的．

在基础热力学中，常用的热力学状态参数有六个，即压力、温度、比容、热力学能、焓和熵．这六个状态参数都是只与状态有关的单值函数，它们的大小只决定于给定的状态，而与到达这一状态的路径和过程无关．亦即是说，状态参数的变化只决定于系统的起始和终了状态，变化量的大小等于终态的数值减去初态的数值，而与系统变化过程中所经历的一切中间过程无关．例如，熵是一个状态参数，当系统从 1 状态变化到 2 状态，并已知 1 状态时的熵为$S_1$，2 状态时的熵为$S_2$，那么熵变即为$\Delta S = S_2 - S_1$．

虽然，常用的热力学状态参数有六个，但只有比容$v$、压力$p$和温度$T$是可以直接或容易用仪表测量到的，因此把它们当做基本的热力学参数．其他三个，热力学能$U$、焓$H$和熵$S$由于需要确定参考点，不容易直接测量到，只能利用可测参数计算得到．

**1．比容**

单位质量的物质所占有的体积称为比体积，也称为比容，用符号$v$表示，单位为$m^3/kg$．比容越大，表明物质的分子密度越低，分子之间的距离越大．在热力过程中，如果比容增加，表明工质在膨胀，特别对于气体工质，在热力过程中，比容将有较大变化．

**2．压力**

单位面积上承受的垂直作用力称为压力，用符号$p$表示，单位为 $N/m^2$，国际单位制中也把这个单位称为帕斯卡，简称帕（Pa），即 $1Pa=1N/m^2$．由于帕（Pa）这个单位过小，工程上常用千帕（kPa）或兆帕（MPa）作为压力单位，$1kPa=10^3Pa$，$1MPa=10^6Pa$．压力是热力系的内部属性，是与功交换有关的强度状态参数．微观上，气体的压力是组成气体的大量分子对热力系边界碰撞的统计平均效果，见图 1.2.

特别值得指出的是，热力学中涉及的所有压力均指物质承受的真正压力，即俗称的绝对压力．在工程中常用压力表或真空表来测定系统压力，但压力表或真空表

的读数并不是系统的真正压力，它需要考虑环境的压力．系统的真正压力应该是

$$p = p_{\mathrm{g}} + p_{\mathrm{b}}\text{（对系统是正压）}$$

$$p = p_{\mathrm{b}} - p_{\mathrm{v}}\text{（对系统是负压）}$$

这里，$p_{\mathrm{g}}$是压力表的读数，$p_{\mathrm{v}}$是真空表的读数，$p_{\mathrm{b}}$是环境的压力．

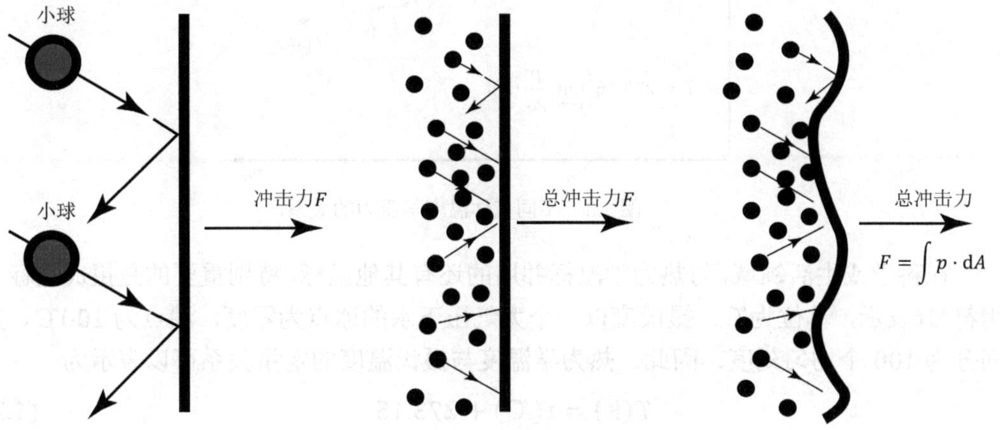


图 1.2　气体分子碰撞器壁的平均效果

**3. 温度**

温度可以理解为是物质分子热运动激烈程度的量度，用符号$T$表示，单位为K. 温度是确定一个系统与其他系统是否处于热平衡的共同特征参数，所有处于热平衡的系统具有相同的温度数值．

温度概念的建立，以热力学第零定律为基础，第零定律指出：**处于热平衡的两个物体，如果分别与第三个物体处于热平衡，则这三个物体之间必定处于热平衡**. 热力学第零定律是一条公理，它给出了比较温度的方法，成为测量温度的理论依据．

国际单位制中，温度采用热力学温度，也叫开尔文温度，单位K. 热力学温标的建立，最初是以理想气体温标为基础的．人们发现，在定容条件下，理想气体的温度与压力呈线性关系．而当压力非常低时，实际气体将近似于理想气体．在低压下，人们对多种实际气体压力与温度的关系进行了测量，发现不同气体的实验连线的斜率虽然不同，但当压力趋近于零时，所有连线都指向了一个点，如图 1.3 所示，即得到理想气体温标为

$$T = 273.16 \lim \frac{p}{p_{\mathrm{tr}}} \tag{1.1}$$

此时，参考压力$p_{\mathrm{tr}} \to 0$．基于此，热力学温标取水的三相点为基准点，并定义其温度为 273.16K.

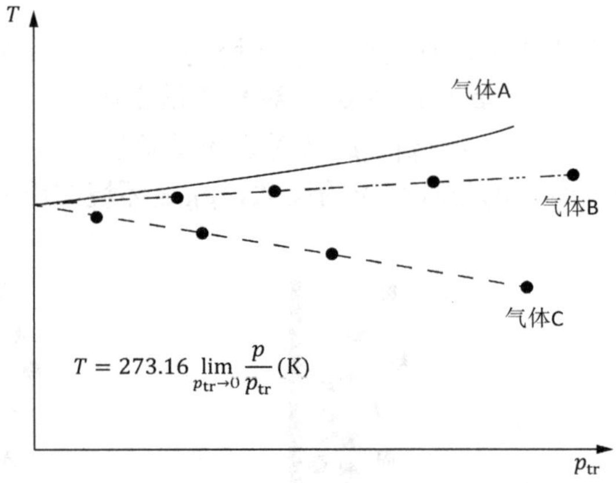


图 1.3　不同气体温度与压力的关系

在科学或生活领域，与热力学温标并用的还有其他温标，特别重要的是摄氏温标，用符号$t$表示，单位为℃．摄氏度以一个大气压下水的冰点为零度，沸点为 100℃，其间分为 100 个均匀刻度．因此，热力学温度与摄氏温度的定量关系可以表示为

$$T(\mathrm{K}) = t(℃) + 273.15 \tag{1.2}$$

即规定了热力学温度 273.15K 是摄氏温度的零点，同时规定了以℃和 K 为单位的两种温度间隔相同．但需要注意，在热力学领域，必须使用热力学温标．

### 1.2.3　状态方程

平衡状态下，热力系统表现出不同的热力性质，不同的状态参数可以从不同的角度描述系统的某一宏观特性．当然，也有一些特性是与热力过程没有关系的，如电阻参数等．在基础热力学中，我们知道最重要的状态参数有六个，即温度$T$、压力$p$、比容$v$、比热力学能$u$、比焓$h$和比熵$s$．然而，对于一个由纯物质组成的热力学系统或简单可压缩系统，仅仅需要两个独立的状态参数即可确定系统的平衡态．那么，剩余的四个状态参数可以由这两个参数表达出来．例如，一定量的气体在固定容器中被加热，气体压力会随着温度的升高而增大，但温度和容积确定之后，气体压力也随之确定，系统状态亦即被确定．

简单地说，状态参数之间的数学关系就是状态方程．状态参数之间并不完全独立而产生的状态方程，是通过已知的热力系统性能探究未知热力性能的重要手段，也是利用可测量的参数计算不易测量参数的重要方法．例如，对简单可压缩系统的基本状态参数，可以列出以下几种形式的状态方程：

$$f(p,v,T) = 0,\qquad p = p(v,T),\qquad T = T(p,v),\qquad v = v(T,p) \tag{1.3}$$

对于理想气体，其状态方程比较简单，即

$$pv = R_g T \tag{1.4}$$

对于偏离理想气体不远的范德瓦耳斯气体，可以得到范德瓦耳斯状态方程

$$\left(p + \frac{a}{v^2}\right)(v - b) = R_g T \tag{1.5}$$

这里，$R_g$是与气体性质相关的常量，不同的气体取不同的值；$a$和$b$分别是两个经验常数.

当然，其他不易测量的状态参数，也可用容易测量的参数表达出来，例如

$$u = u(v, T), \qquad h = h(p, v), \qquad s = s(T, p) \tag{1.6}$$

值得指出的是，实际热力系统的状态方程往往是很复杂的，列出状态参数之间的关系，给出简单实用的状态方程正是科研工作者的重要任务.

对于只有两个独立状态参数的热力系统，可以选用任意两个我们觉得方便的参数建立平面坐标系，用坐标系中的一个点来代表系统确定的状态. 例如，一个活塞内包含了一定工质气体，已知压力为$p_1$，比容为$v_1$，处于状态点 1. 当经历某过程后变化到了状态点 2，那么就可以在$p$-$v$图上表示出来，见图 1.4（a）. 由于压力和比容确定了，那么它的温度也就确定了，因此也可以用$p$-$T$或 $T$-$v$图将这个状态在图中表示出来，见图 1.4（b）和图 1.4（c）.

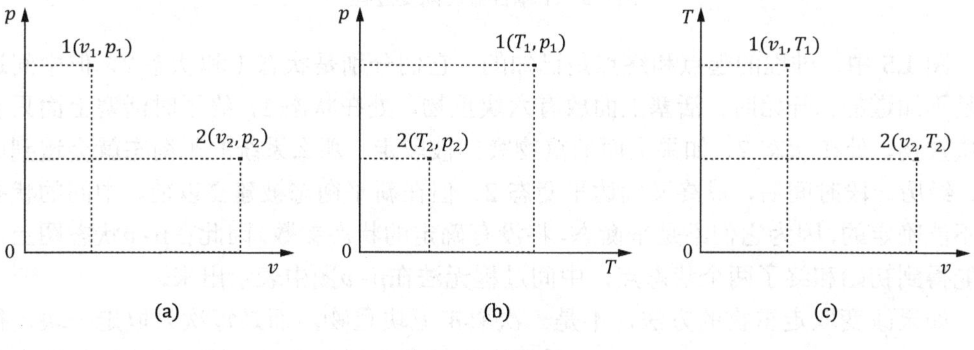


图 1.4　状态参数图

# 1.3 热力过程与热力循环

## 1.3.1 热力过程

系统的状态变化过程称为热力过程. 存在势差（如温差、压差或密度差等），是系统发生状态变化的根本原因. 如果系统内部存在势差，即使在外界条件不变的情

况下，系统的状态也会发生变化，总是朝着趋向平衡的方向进行．在平衡状态下，系统内部不存在势差，完全丧失了促使自身发生变化的能力．在平衡状态下，最有利于对系统的特性进行描述，因为此时它有确定的温度、比容和压力等状态参数，也可以利用状态方程对它的焓、熵和热力学能等进行计算．

然而，热力学最关心的是热与功的相互转换的过程．表观地看，热是一种“静态”的能量，功是一种“动态”的能量．要实现热能向机械能或功的转换，只有通过系统状态的变化才能实现．这显然是一个矛盾：“平衡”就意味着静止，“过程”就意味着变化，意味着平衡遭到破坏．

为了调和平衡与过程之间的矛盾，不妨仔细考察一下实际的状态变化过程．图 1.5 给出了一个封闭活塞中气体的膨胀过程．

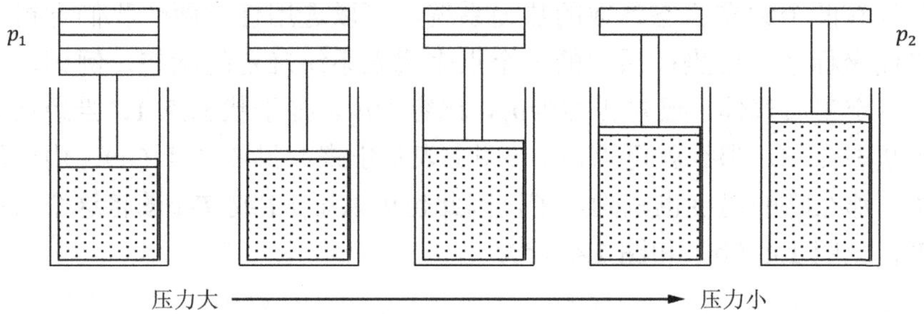


图 1.5　活塞位置的渐变过程

图 1.5 中，过程的起点和终点是已知的，它们分别是状态 1 和状态 2，但中间过程是不知道的．开始时，活塞上面放有六块重物，处在状态 1，终了时活塞上面只有一块重物，处在状态 2．如果上面的重物突然被取走，那么系统的平衡态就会遭到破坏，经历一段时间后，最终又到达平衡态 2．但在新平衡态被建立以前，中间的状态是不能确定的，因为它们不是平衡态，将没有确定的状态参数．因此在$p$-$v$状态图上，只能得到初始和终了两个状态点，中间过程无法在$p$-$v$图中表示出来．

如果改变取走重物的方法，不是一次取走五块重物，而是每次只取走一块，待系统恢复平衡之后再取走一块，依次这样取走五块重物，那么在初终状态之间，又增加了几个平衡状态，这样就可以依据状态的变化规律，大致地描绘出总过程状态的变化趋势．试想如果每次取走的重物的质量无限小，那么就可以在初终态之间得到无限多个平衡态，于是就可以在图上描绘出一条连续的状态变化曲线，如图 1.6 所示．

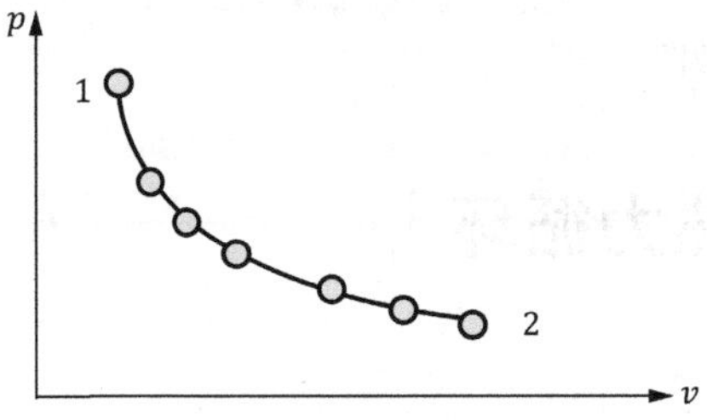


图 1.6　近似的过程变化曲线

状态变化过程中，如果每一个中间状态都无限接近平衡过程，那么这样的过程称为准平衡过程，也称为准静态过程．如果系统与外界的势差足够小，外界的条件变化又足够慢，就可以实现准静态过程．系统与外界的势差足够小，意味着每次变化都偏离平衡态不远．外界的条件变化足够慢，意味着每次变化都有足够的时间来恢复平衡．

准静态过程中系统经历的都是平衡状态，因而可以用状态参数来描述过程的每一个中间状态，也可以用状态方程来表示参数之间的关系，并能在各种状态参数图上，将过程用曲线表示出来．因此，引入准静态过程的概念是解决平衡与过程之间矛盾的关键．

值得指出的是，虽然准静态过程是理想化的过程，但对一般的热力系统，特别是以气体作为工质的热力学系统，实际过程还是与准静态过程非常接近的．一般的气体工质热力系统主要考虑热势差和力势差，即热平衡和力平衡．力平衡主要受气体压力波的影响，而压力波的传递速度与声速接近，达到每秒几百米，所以气体趋向于压力平衡的速度非常快．热平衡的传递速度与气体分子的运动速度有关，也与传热方式有关，辐射传热速度等于光速，非常快．气体分子的运动速度也能达到每秒几百米．在一般的热机中，由于气体温度非常高，辐射换热的比例很大，而且系统的空间范围往往很小，所以实现热平衡的速度也很快．总体来说，气体恢复平衡的速度要高于外界作用势差的变化速度，在外界再一次发生变化之前系统已经恢复了平衡．举例来说，一台高速运转的内燃机，若转速为 4000r/min，活塞行程 100mm，此时活塞的平均速度也仅为 14m/s，气缸内火焰的传热即使不考虑辐射部分，其传递的速度也能达到 10～30m/s，而燃气压力波的传播速度更是高达每秒几百米．因此，气缸内气体工质的状态变化被看成准静态过程是有较好保证的．

### 1.3.2　可逆过程

处于平衡态的热力系，可以在状态参数图上用一个点来表示它的状态．如果系统经历一个准平衡过程，从 1 状态变化到 2 状态，那么就可以在参数图上描绘出一条曲线代表系统的状态变化过程，如图 1.7（a）所示．如果系统经历的过程不是准平衡的过程，那么显然不能在参数图上得到一条状态变化曲线．

要实现准平衡过程，系统与外界的势差必须足够小，没有温差和压差，系统的过程必须发展足够缓慢，让系统有足够的恢复时间，同时系统在变化发展过程中还不能存在摩擦、电阻、磁阻、非弹性形变等不可恢复的耗散．可见，要实现准平衡过程的条件是非常苛刻的，实际过程一般不能满足这样的条件．一旦满足这样的条件，系统就具备了一种特性，即在经历了一个过程后，完全可以再沿着原来的路径逆向发展，最后又回复到原来状态而使系统和外界都不产生任何变化．这种过程称为可逆过程．可逆过程意味着所发生的过程能够在任何地方都不留下痕迹而使系统回到原来状态．不满足这一条件的过程称为不可逆过程．不可逆过程不能在参数图上画出连续的曲线，只能根据过程不可逆性的大小，大致地得到过程的变化曲线．因此，不可逆过程在参数图上的表示，往往用虚线表示，如图 1.7（b）所示.

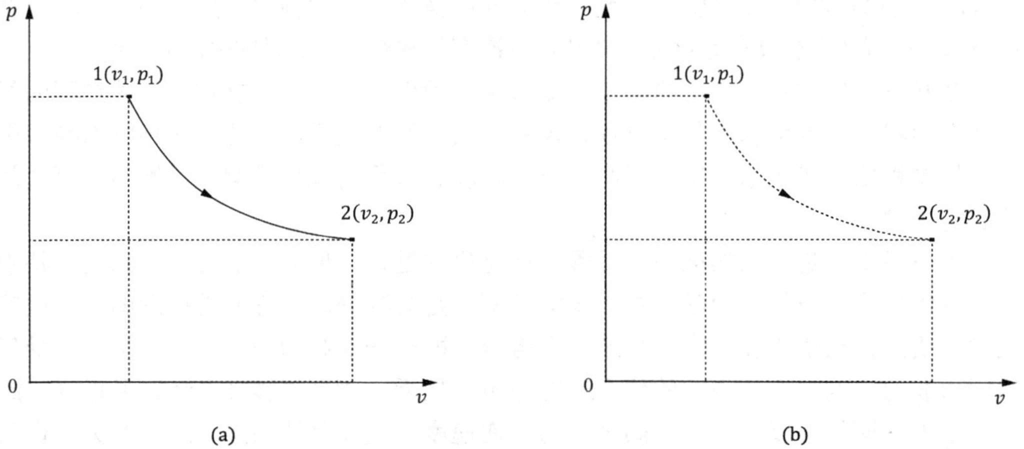


图 1.7　可逆和不可逆过程

可逆过程是热力学中重要的概念，许多重要的公式和定理都是建立在可逆过程的基础上的．可逆过程必须满足两个条件：首先必须是准平衡过程或准静态过程，因为只有准平衡过程才使系统与外界的势差无限小，任何势差的存在必然导致不可逆．例如，如果一个活塞内部的气体与外界存在压差，那么外界必然要通过活塞对该气体产生影响，经历一个过程后，气体不可能回到原来状态而使外界也回到原来状态．再如，如果系统与外界存在温差，那么外界就会与系统产生热量交换，高温物体会不断放热，低温物体不断吸热，最后将使系统与外界温度一致．要使系统与外界都恢复到原来状态，必须借助外力，此时外界就留下了变化，不可能再是不可逆过程．其次，可逆过程不能有摩擦、电阻、磁阻和非弹性形变等耗散效应存在．比如一个活塞，即使变化很缓慢，与外界也没有势差，但如果活塞与缸壁之间存在摩擦，那么在活塞向某一方向运动时，会有部分功转化为热．当向反方向运动时，原来已经变为热的功不可能再变化为功，而且还要继续消耗额外的功，因此系统和外界不可能再回复到原来状态，这一过程不可能是可逆过程．所以，只有准平衡过程且没有任何耗散效应的过程才能是可逆过程.

任何实际的过程，都或多或少地存在各种不可逆因素，都不是可逆的．可以说，自然界中任何自发的过程都不是可逆过程．但对不可逆过程的分析和计算往往是非常困难的，对于实际过程，一般都当做可逆过程进行计算，然后再对实际问题进行修正．实际过程中，有些过程也可以很接近可逆过程，特别是它们的内部接近可逆，因此可以当做内可逆过程．一般来说，处在无摩擦活塞气缸内的气体工质可以认为是内可逆的，是可逆过程很好的近似．但在旋转机械（如透平机）内部的流体发生的过程显然是不可逆的，因为那里发生着高度的耗散性.

### 1.3.3　流动过程与非流动过程

热力系统发生状态变化，被认为经历了某一过程．由于热过程的特点是各种各样的，因此实际系统有各种各样的过程，上面已经提到了准平衡过程和可逆过程，还有一种过程是非常值得重视的，即流动与非流动过程．

非流动过程主要针对封闭系统，由于系统在状态变化过程中，系统中的物质量始终没有变化，只有能量会发生变化，因此常采用控制质量的方法对之进行研究，所以也常把封闭系统当做控制质量系统．

流动过程要复杂得多，管道中工质的流动、汽轮机中蒸汽的流动以及火箭发射过程中燃气的喷射等，都属于流动过程．系统在状态变化过程中，由于不断有质量进出系统，因此流动系统一般都是开放系统．对于开放系统，一般只能对某一区域内的工质进行研究，比如说汽轮机内气体的做功过程、某一段管道内的工质以及压缩机内的气体工质等，因此常采用控制容积的方法进行研究，也常把开放系统当做控制容积系统．

根据与时间的关系，一般分为稳定流动与非稳定流动．稳定流动过程中，系统内部各处的参数不随时间变化，进入系统的质量流率与流出系统的质量流率相等，而且系统与外界的能量交换的速率也不随时间变化．这些特点为研究开放系统提供了条件．非稳定流动各处的参数是随时间变化的，要考虑时间因素，对过程的研究将更复杂．

### 1.3.4　循环过程与热力循环

热力系统可以经历无数的过程，从某个状态变化到另一个状态，只要状态确定了，就有完全确定的状态参数．如果某热力系统经历若干过程之后又回到了原来的状态，那么把这个总过程称为循环过程，利用循环过程实现连续的热功转换，是热机系统中最常采用的方法，所以也称热力循环．图 1.8 就是一个热力循环，系统从状态 1 出发，经历状态 A、B 到达状态 2，再经历状态 C、D 又回到状态 1．

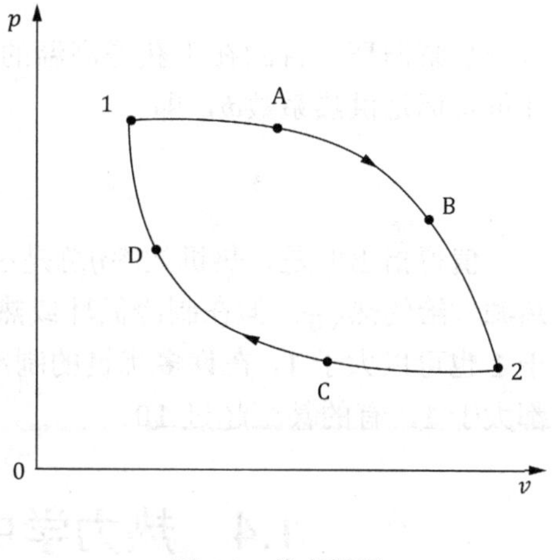

图 1.8　热力循环

热力循环中所经历的过程都是可逆过程，称为可逆循环；如果循环过程中包含有不可逆过程，则称为不可逆循环．

人们研究热力循环的目的是利用热机实现连续的热功转换．目的不同，循环的种类也不同，有时需要的是功，付出的代价是热，称为热机循环．有时需要的是冷量，付出的代价是功，称为制冷循环．有时需要的是高温热能，付出的代价是功，称为热泵循环，如图 1.9 所示．

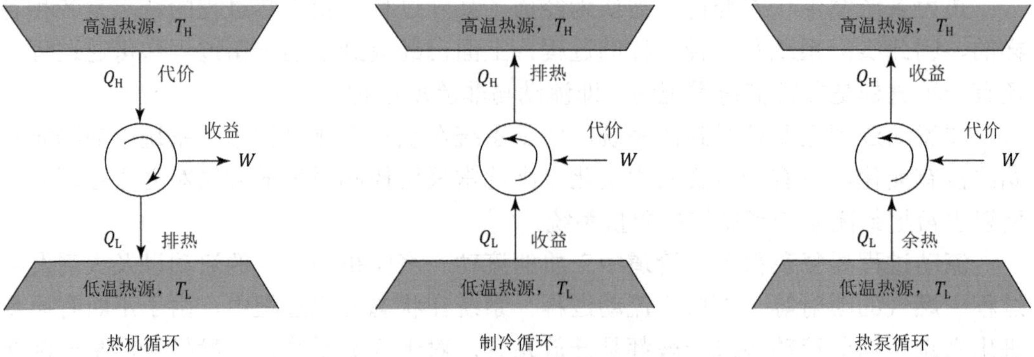


图 1.9　热力循环示意图

为了评价循环过程能量利用的效果，引进能量利用的经济性指标：循环所取得的收益与付出的代价之比．对于热机循环，目的是获取功量$W$，付出了代价$Q_H$，因此它的评价指标是热效率$\eta$，即

$$\eta = \frac{W}{Q_H} \tag{1.7}$$

对于制冷循环，目的在于从低温物体获取冷量$Q_L$，付出的代价是消耗了功$W$．因此它的评价指标是制冷系数$\varepsilon$，即

$$\varepsilon = \frac{Q_L}{W} \tag{1.8}$$

对于热泵循环，目的在于获得高温的热能$Q_H$，付出的代价是消耗了功$W$，于是它的评价指标是供热系数$\phi$，即

$$\phi = \frac{Q_H}{W} \tag{1.9}$$

值得指出的是，热机效率$\eta$总是小于 1 的，因为热机做出来的功$W$永远小于高温热源供给的热$Q_H$．但在制冷循环或热泵循环中，制冷系数$\varepsilon$和供热系数$\phi$则既可以小于 1 也可以大于 1，在许多优良的制冷系统或热泵系统中，制冷系数和供热系数一般都大于 1，有的甚至超过 10．

## 1.4　热力学中的基本单位与量纲

本书热力学中的所有物理量均采用国际单位制，也称 SI 单位制．SI 单位制中，把质量、长度和时间作为初级量纲，力作为派生量纲．同时也定义了电流、热力学温度和物质量的量纲等，总结如表 1.1 所示.

表 1.1

| 物理量 | 单位 | 量纲 | 符号 |
|---|---|---|---|
| 质量 | 千克 | M | kg |
| 长度 | 米 | L | m |
| 时间 | 秒 | T | s |
| 电流 | 安[培] | A | A |
| 热力学温度 | 开[尔文] | K | K |
| 物质量 | 摩[尔] | Mole | mol |

基于 SI 单位制，热力学中常用的物理量可以采用如表 1.2 所示的符号和量纲表示出.

表 1.2

| 物理量 | 常用单位及符号 | SI 单位表示 |
|---|---|---|
| 力、重力 | 牛[顿]（N） | N |
| 压力、压强、应力 | 帕[斯卡]（Pa） | $N/m^2$ |
| 能量、功、热量、内能、焓 | 焦[耳]（J） | N · m |
| 功率 | 瓦[特]（W） | J/s |
| 热流密度 | 瓦[特]每平方米($W/m^2$) | $J/s \cdot m^2$ |
| 热容、熵 | 焦[耳]每开[尔文](J/K) | N · m/K |
| 比热容、比熵 | J/(kg · K) | J/(kg · K) |
| 比内能、比焓 | J/kg | J/kg |
| 摩尔内能、摩尔焓 | J/mol | J/mol |

# 本 章 小 结

本章对热力学的基本概念和定义进行了初步介绍与描述．热力学产生的根本原因在于人类用能方式的改变，不再局限于静态能量的应用，更希望能量能够动起来，为人类提供动力．热力学最重要的方面是确定系统并描述它的行为或状态．为此，引入平衡态、准平衡态的概念，接着又介绍了压力、温度、比容等状态参数．系统需要变化才能实现热功转换，于是又引入过程、可逆过程、稳态过程等概念．热力学中新的研究对象及这些新的概念，将它与传统的物理学分别开来，进入到另一门崭新的学科当中．本章介绍的新概念或新定义归纳如下：

| | | | |
|---|---|---|---|
| 环境 | 状态参数 | 压力 | 热力循环 |
| 边界 | 状态方程 | 温度 | 可逆循环 |
| 封闭系统 | 过程 | 比容 | 制冷循环 |
| 开放系统 | 准静态过程 | 热力学温度 | 热泵循环 |
| 控制容积系统 | 广延量 | 可逆过程 | 可逆循环 |
| 控制质量系统 | 强度量 | 准平衡态 | 循环效率 |

# 习　　题

1-1　一个真空表的读数显示出封闭箱体内的二氧化碳压力为 10kPa，一水银测压表测出当地的大气压为 750mm 水银汞柱. 问二氧化碳的绝对压力为多少 kPa？已知水银密度为 13.59g/cm³，$g$=9.81m/s².

1-2　一容器被刚性壁分成两部分，并在各部装有测压表计，如习题 1-2 图所示. 其中 C 为压力表，读数为110kPa，B 为真空表，读数为45kPa. 若当地大气压$p_b = 97$kPa，求压力表 A 的读数（用kPa表示）.

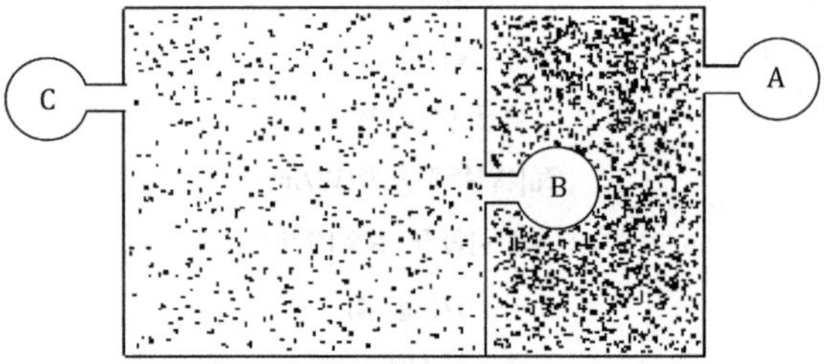


习题 1-2 图

1-3　习题 1-3 图为一个箱体包含另一箱体，这两个箱体内都装有空气. 压力表$p_g$安装在箱体 B 内，它的读数为 0.14MPa. 一内含水银的 U 形管压力计与箱体 B 相连接. 请利用图中标出的数据确定箱体 A 与箱体 B 内的绝对压力（以 MPa 为单位表示）. 已知当地大气压力为 101kPa，当地重力加速度为$g$=9.81m/s².

1-4　1000kg 的天然气以压力 100bar（1bar=0.1MPa）、温度 255K 的状态储存于箱体中. 若气体的压力$p$，比容$v$，以及温度 $T$满足下列关系式：

$$p = [(5.18 \times 10^{-3})T/(v - 0.002668)] - (8.91 \times 10^{-3})/v^2$$

式中，$v$、$T$、$p$的单位分别为 m³/kg、K、bar. 请问箱体体积为多少 m³？试绘制当 $T$=250K 和 500K 时的压力随比容的变化曲线.

1-5　有人提出了一种新的绝对温标. 在这一温标中，水的冰点为 150°S，沸点为 300°S. 请问这种新温标下，100°S 和 400°S 分别对应多少℃？它们分别对应多少 K？

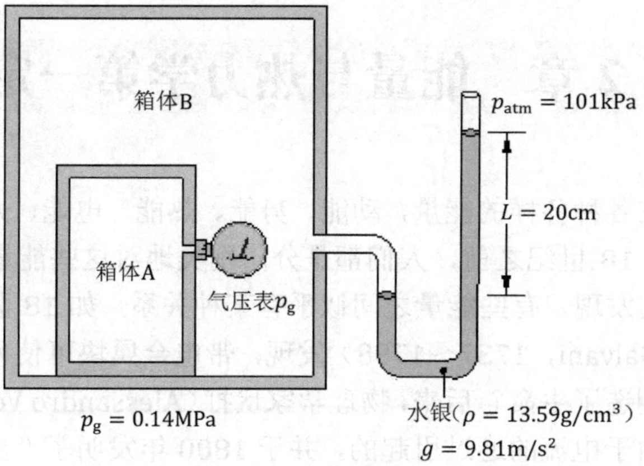


习题1-3图

1-6　直径为1 m的球形刚性容器，抽气后真空度为$P_v$=40 kPa.（1）求容器内的绝对压力为多少kPa；（2）若当地大气压为0.1 MPa，求容器外表面所受的总压力为多少N?

# 第 2 章　能量与热力学第一定律

自然界中存在各种各样的能量，动能、势能、热能、电能、光能、声能、磁能、波能和化学能等，18 世纪之前，人们都是分门别类地对这些能量进行研究的．随着研究的深入，人们发现，有些能量之间似乎有某种关系，如 18 世纪，意大利外科医生高瓦尼（Luigi Galvani，1737～1798）发现，带电金属块可使死青蛙的腿抽动，他设想是不是电能创造了生命？后来，物理学家伏打（Alessandro Volta，1745～1827）认识到这不过是由于电流的通过引起的，并于 1800 年发明了“伏打电极”——世界上第一个“化学电池”，证明电流可以从化学反应中产生．

- 19 世纪 30 年代，法拉第（Michael Faraday，1791～1867）发现了化学生电的逆效应，即电流可以驱动化学反应，电流也可以产生光和热；
- 1819 年丹麦物理学家奥斯特（Hans Christian Oersted，1777～1851）发现电流还可以产生磁场；
- 1822 年，德国科学家塞贝克（Thomas Seebeck，1770～1831）发现了“热电效应”，由热效应可产生电流；
- 1831 年，法拉第发现变化的磁场可以产生电流。

所有这些发现将热、电、磁、化学反应交织在一起，也使人们认识到在这些变化中有一种不可消灭的“能量”在传递．

- 焦耳（James Prescott Joule，1818～1889）1840 年开始研究电流热效应，1849 年 6 月 21 日作了一个“热功当量”的总结报告，并得到科学界公认，对能量守恒定律的建立做出巨大贡献．
- 1847 年，亥姆霍兹发表了《论力的守恒》，也被认为是能量守恒定律的雏形．之前的德国医生迈尔、法国的卡诺都对能量守恒定律的发现做出卓越贡献．

能量守恒和转化定律是自然界最普遍、最重要的基本定律之一．早在热力学第一定律建立之前，人们已经认识了能量守恒原理，但当时的能量守恒问题主要关注的是机械能、电能、磁能等有序能量的转化与守恒．热现象不是一个独立的现象，其他形式的能量都能最终转换成热能，很少关注热能如何转化为其他形式的能量．从 18 世纪初到 18 世纪后半叶，蒸汽机的制造、改造及其在英国炼铁业、纺织业中的广泛采用，以及对热机效率、机器中摩擦生热问题的研究，大大促进了人们对热能与机械能转化规律的认识，逐渐形成热力学第一定律．

热力学第一定律的建立过程，实质上就是人们正确认识温度、热量、内能的过程，热功当量的发现，促进人们正确地认识了热量的本质，认识了热与功的相互转换正是能量守恒定律在热运动过程中的具体应用，从而在一系列科学成果基础上建立起热力学第一定律．它的实质是热可以转化为功，功也可转化为热，在功热转化过程中，功与热的总和保持不变．要深刻地认识热力学第一定律，必须充分认识热运动过程中各种形式能量的性质，本章将在讨论系统能量、功量、热量、内能及焓的基础上，建立起热力学第一定律的普遍表达式．

# 2.1　功及功量的计算

功是在力势差的作用下系统与外界交换的一种有序的能量，用符号$W$表示，单位为J．有序能意味着宏观物体的整体运动，在电学中意味着电子有序流动，所以功往往是有方向的．功的方向由系统与外界的作用力的相对大小决定，当系统对外界的作用力大于外界的抵抗力时，系统对外做功．

## 2.1.1　机械功

功在经典物理学中是一个非常重要的概念，它等于力乘以在力方向上发生的位移．图 2.1 表示一个物体受到力$F$的作用，产生了位移$\mathrm{d}x$，于是力$F$所做的功为

$$\delta W = F \cdot \mathrm{d}x \tag{2.1}$$

式中，δ表示过程量的微小变化，用以区别全微分的无穷小量．

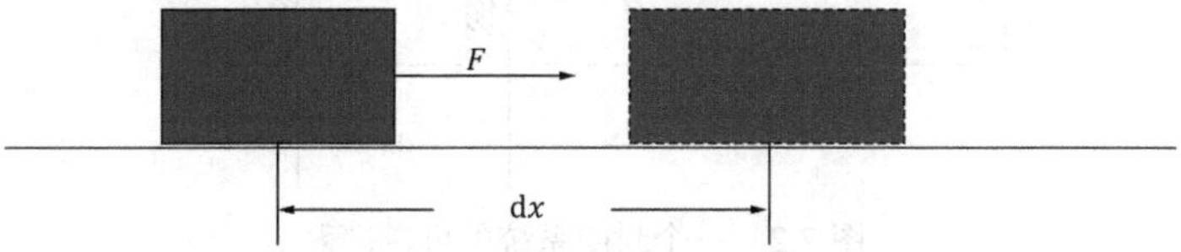


图 2.1　力做功的过程

在电学中，电子有序流动克服电阻做功也可以表示为类似形式，即

$$\delta W = E \cdot \mathrm{d}I \tag{2.2}$$

这里，$E$为系统的电势，$I$为电流．表面张力做功也有类似形式

$$\delta W = \sigma \cdot \mathrm{d}A \tag{2.3}$$

这里，$\sigma$为表面张力，$A$为表面面积．观察上面公式可以发现，各种形式的功都可以通过强度量与一个广延量变化值的乘积得到．力是系统做功的推动势，$\mathrm{d}x$是做功与否的标志．力作用物体运动了有限距离，那么力所做的总功可以积分得到，即

$$W = \int_1^2 F \cdot \mathrm{d}x \tag{2.4}$$

从这个计算式可以发现，即使 1 状态与 2 状态已经确定，如果$F$与$x$有不同的函数关系，积分将给出不同的值，说明$W$不是一个固定的值，这与状态参数的结果不同，

因此功不是一个状态参数，它是一个与过程的性质和路径有关的参数，不能说某状态下有多少功.

### 2.1.2　可逆膨胀功

对于一个热力学系统，可以有不同的方式与外界交换功量，但在传统的热力学中，功和热的相互转化，主要是通过气体的容积变化来实现的，此时气体发生膨胀或受到压缩，因此容积变化功具有特别重要的意义.

图 2.2 所示为一个常见的气缸活塞系统，气缸内包围了一定质量的气体处于平衡态，活塞与缸壁之间没有摩擦，此时气缸内气体的压力应该与大气压力相同，即

$$p = p_{\mathrm{b}} \tag{2.5}$$

如果气缸内气体受到加热产生膨胀过程，将活塞推动了$\mathrm{d}x$距离，假设活塞的面积为$A$，那么气体推动活塞的力为

$$F = p \cdot A \tag{2.6}$$

根据式(2.1)，可以知道气体推动活塞所做的功为

$$\delta W = F \cdot \mathrm{d}x = p \cdot A \cdot \mathrm{d}x = p \cdot \mathrm{d}V \tag{2.7}$$

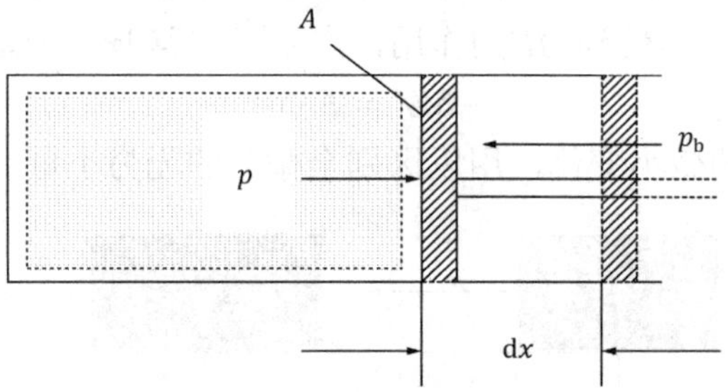


图 2.2　一个封闭系统的可逆过程

活塞运动

这里，$\mathrm{d}V$正好为气体膨胀的体积. 这说明，气体膨胀对外所做的功等于气体的压力与体积变化量的乘积. 对于膨胀过程，$\mathrm{d}V$是正的，所以$\delta W$也是正的. 反之，对于压缩过程，$\mathrm{d}V$是负的，所以$\delta W$也是负的. 在工程热力学中，最关心的是内燃机或透平机等一类热机系统，设计这类装置的目的是将热能转化为功. 为了与膨胀功为正相匹配，规定：**系统对外做功为正，外界对系统做功为负**. 如果系统经历了一个有限过程，体积从$V_1$变化到了$V_2$，那么在这个过程中系统做的总功

$$W = \int_{V_1}^{V_2} p \cdot \mathrm{d}V \tag{2.8}$$

如果在气体膨胀过程中，气体压力始终不变，为一常数，那么系统所做的功为

$$W = p \cdot (V_2 - V_1) \tag{2.9}$$

对于系统内单位工质气体，系统做可逆膨胀功可以表示为

$$\delta w = p \cdot \mathrm{d}v \tag{2.10}$$

$$w = \int_{v_1}^{v_2} p \cdot \mathrm{d}v \tag{2.11}$$

这里，$v$表示工质的比容．观察计算可逆膨胀功的以上各式可以发现，公式的右边全部都是系统内部的状态参数，说明系统在经历可逆过程时，对外做功可由系统内部参数决定，无需考虑外部复杂的环境．这是可逆过程突出的优点．同时要特别指出，也只有可逆过程，才可以利用式（2.8）或（2.11）计算膨胀功．

上述结论虽然是根据气缸活塞内的气体膨胀过程得到的，但它可以推广到任何形状的封闭系统的可逆过程，只要过程是可逆的，具有任何形状边界的系统的膨胀或压缩过程，做功均可以表示为压力与体积变化量的乘积．举一个简单的例子——气球的膨胀或压缩做功过程，如图 2.3 所示为一个封闭气球，气球内压力为$p$，如果忽略气球本身表面的张力，那么在平衡状态下，气球内气体压力应该与外界压力相同．当气体受热膨胀时，气球半径从$r_1$变化到了$r_2$，气球的体积膨胀量为

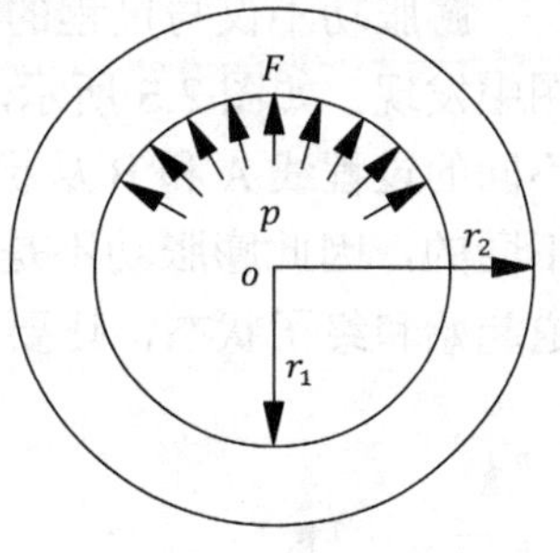

图 2.3　球形气体的膨胀做功过程

$$\Delta V = \frac{4\pi}{3}(r_2^3 - r_1^3) \tag{2.12}$$

在气球的膨胀过程中，气球内气体对边界的作用力始终沿着半径方向，并与气球表面垂直，所以气体对表面的推动力为

$$F = p \cdot A = p4\pi r^2 \tag{2.13}$$

做功量为

$$W = \int_{r_1}^{r_2} F \cdot \mathrm{d}r = \int_{r_1}^{r_2} p4\pi r^2 \cdot \mathrm{d}r = p \cdot \frac{4\pi}{3}(r_2^3 - r_1^3) \tag{2.14}$$

所以

$$W = p \cdot \Delta V \tag{2.15}$$

说明球形气体的膨胀做功亦可表示为压力与体积变化量的乘积，这一结论是普遍成立的．

### 2.1.3　示功图

对于准静态过程，状态变化可以在参数图上描绘成一条曲线，可逆过程必为准静态过程，系统的可逆膨胀或压缩过程可以在参数图上表示出来．图 2.4 给出了膨胀过程在$p$-$V$图上的变化曲线．开始时，活塞位于坐标$x_1$处，活塞内部气体的体积为$V_1$，压力为$p_1$．经历可逆过程后，活塞位置于$x_2$，体积变为$V_2$，压力变为$p_2$．系统对外所

做的总功为$\int_{V_1}^{V_2} p\cdot \mathrm{d}v$，可以发现它正好是过程曲线向$V$轴投影所包围的面积．同样可以理解，如果系统被压缩，沿着相同的路径从状态 2 返回到状态 1，那么外界对系统所做的功的大小也必为过程曲线下面所包围的面积，但做功是负的．因为$p$-$V$图中过程线 1-2 下面的面积即为过程功，可以很直观地表现出过程的做功效果，所以$p$-$V$图也被称为示功图，用来分析过程功量是非常方便的．工程上为计算或换算方便，常以 1kg 工质为基础进行分析，所以常采用$p$-$v$图．在$p$-$v$图中，过程线下面覆盖的面积即为 1kg 工质发生可逆膨胀过程的膨胀功．

膨胀功不仅与过程的初始和终了状态有关，还与过程有关，这一点很容易从$p$-$v$图中发现．如图 2.5 所示，给定了过程的初始状态 1 和过程的终了状态 2，显然沿着不同的过程线 A 和 B 从状态 1 到达状态 2，过程线分别向$v$轴的投影所包围的面积是不同的，因此膨胀功不是一个状态量，而是一个过程量．对过程量的计算不但要知道起始和终了状态，还要知道过程的路径．这与状态参数的计算不同．

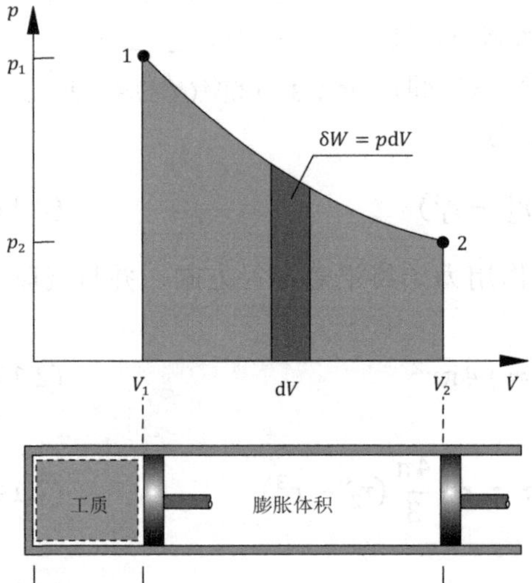


图 2.4　可逆过程的膨胀功

示功图

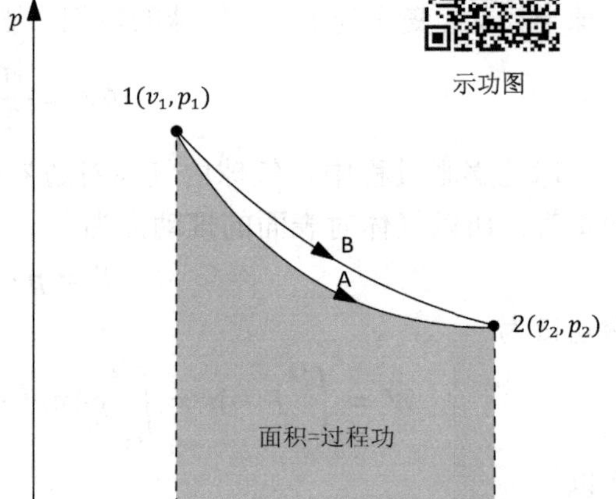


图 2.5　做功量与过程有关

**例 2.1**　有一个闭口系统，经历等温过程从初态（$p_1, v_1$）变化到终态（$p_2, v_2$）．对单位工质计算该过程的膨胀功量．如果在相同的初终态之间，系统先经历等容过程到达中间状态a，再从 a 经历等压过程到达终态，试计算第二种情况的功量，并在$p$-$v$图上比较（图 2.6）．

**解**　按题意，在 1-2 过程中有 $T_1=T_2=T=$常数．根据理想气体状态方程，可以得出

$$p_1v_1 = p_2v_2 = pv = RT = 常数$$

上式说明，定温过程可以在$p$-$v$图上用过程线 1-2 来表示，如图 2.6 所示．根据可逆过程过程功的计算公式（2.11），有

$$w_{12} = \int_{v_1}^{v_2} p \cdot \mathrm{d}v = \int_{v_1}^{v_2} RT \cdot \frac{\mathrm{d}v}{v} = RT\ln\frac{v_2}{v_1} = 面积（\mathrm{A}+\mathrm{B}）$$

现在讨论第二种情况．按题意，1-a 过程为等容过程，比容保持不变，$\mathrm{d}v = 0$，显然有

$$w_{1\mathrm{a}} = 0$$

a-2 过程中，压力保持不变，$p_a = p_2 = 常数$，有

$$w_{\mathrm{a}2} = \int_{v_\mathrm{a}}^{v_2} p \cdot \mathrm{d}v = p_2(v_2 - v_1) = 面积\ \mathrm{B}$$

因此，在过程 1-a-2 中所做的功为

$$w_{1\mathrm{a}2} = w_{1\mathrm{a}} + w_{\mathrm{a}2} = p_2(v_2 - v_1) = 面积\ \mathrm{B}$$

可见，两种过程得到的功量是不同的，进一步说明功量是一个过程参数．

最后值得指出，功是一个过程量，只有在传递中才有意义，一旦越过边界，就成为外界的能量．容积变化功的计算公式只适用于准静态过程或可逆过程，若过程存在摩擦等耗散效应，必定造成做功能力下降；不能用上述公式计算功量，也不能在状态参数图中将过程表示出来．

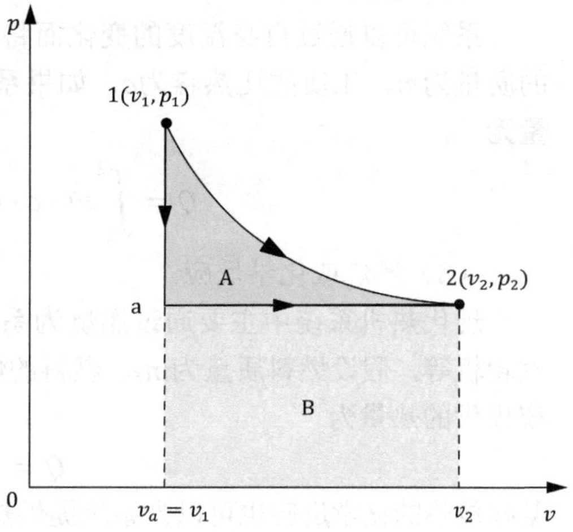

图 2.6　功量计算及图示

# 2.2　热量及热量的传递过程

热量是在温差的作用下，通过微观粒子无序运动传递的能量，用符号$Q$表示，单位J．热力学中规定，当系统得到热量时，认为热量$Q$是正的，当系统失去热量时，认为$Q$是负的．历史上，人类对热能的认识曾出现过误区，早期人们认为热是一种类似水一样的物质，叫热质．热量从高温物体流向低温的物体，正像水从高位流向低位一样．后来焦耳等的实验否定了热质的存在，才解释为热是分子无序热运动传递的能量．

对于一个封闭系统，由于边界的变化，它可以与外界发生功的交换．但即使是一个刚性的容器，其内部的工质也会与环境或外界发生能量交换，那就是传热．因

此，传热是由于温度不同而通过边界传递能量．热量交换有明确的方向性，总是从温度高的物体传向温度低的物体．热量传递的驱动势是两系统的温度差，而与两系统原有的能量差无关．例如，一杯高温的热水能够自动地向环境放热而逐渐冷却，最后与环境的温度一致，尽管环境由于质量巨大而包含的热能远远大于一杯热水的能量．

热力系统可以通过不同的方式得到热量，归纳起来有如下几种．

（1）功热转换．

功热转化是热力系统得到热量的典型方式，摩擦可以将功转化为热，压缩系统也可以将功转化为热．如果系统的温度不变，那么有多少功的消耗，就会产生出等量的热．

（2）温度变化．

系统可以通过自身温度的变化而将系统内部的能量转变为热量．假设系统工质的质量为$m$，工质的比热容为$c$，如果系统温度从$T_1$变化到了$T_2$，那么系统获得的热量为

$$Q=\int_1^2 m\cdot c\cdot \mathrm{d}T=m\cdot c\cdot(T_2-T_1) \tag{2.16}$$

（3）燃烧或化学反应．

现代热机系统中主要通过燃烧为系统提供热量，如常见的汽油机、柴油机和燃气轮机等．假设燃料质量为$m_\mathrm{f}$，燃料的燃烧值为$\beta$，那么在充分燃烧的情况下，给系统提供的热量为

$$Q=m_\mathrm{f}\cdot\beta \tag{2.17}$$

某些放热的化学反应也可以为系统提供热量，这在化学热泵或化学热机领域是常见的．

（4）通电．

电能很容易转变为热能，所以为系统提供电能也是系统获得热量的重要方式，假设供电电流为$I$，电路中的电阻为$R$，通电时间为$t$，那么系统获得的热量为

$$Q=I^2\cdot R\cdot t \tag{2.18}$$

（5）传递．

传热是自然界的普遍现象，热量将自然地从高温物体传到低温物体．因此，系统可以通过传热得到热量．自然界中的传热有三种方式：热传导、热对流和热辐射．

单位时间通过热传导传递的热量，根据傅里叶定律计算

$$Q=-\lambda A\frac{\mathrm{d}T}{\mathrm{d}x} \tag{2.19}$$

这里，$\lambda$是导热物体的导热系数；$A$是导热面积；$\frac{\mathrm{d}T}{\mathrm{d}x}$是导热方向上的温度梯度．单位时间通过热对流传递的热量，根据牛顿冷却定律计算

$$Q = hA(T_a - T_\infty) \tag{2.20}$$

这里，$h$是界面与流体之间的对流换热系数；$T_a$和$T_\infty$分别是界面温度和远处流体的温度．单位时间灰体表通过热辐射向外界发射的热量，根据斯特藩-玻尔兹曼定律计算

$$Q = \varepsilon\sigma A{T_b}^4 \tag{2.21}$$

这里，$\varepsilon$是表面发射率；$\sigma$是斯特藩-玻尔兹曼常量；$T_b$是表面的热力学温度．

值得指出，热量与功量有着许多类似的性质，首先它们都是通过边界传递的能量，其次两者都不是状态参数，而是过程参数，传热量的大小与传热过程密切相关，只说某个状态具有多少热量是没有意义的．

## 2.3　系统储存能及其性质

在热力过程中，系统除了与外界发生功热等能量交换外，其自身的能量也会发生变化．系统自身的能量称为系统的储存能，有些书中也称为系统的能含量，简称能含，有时也称为系统总能量，它包括内能、动能和势能．内能即系统内部的储存能，在热力系统中只关心与热运动有关的内能，因此也常把内能称为热力学能．动能是由于系统相对某参考坐标系存在宏观运动而存储的能量．势能则是系统具有相对高度而存储的能量．系统储存能用$E$表示，内能、动能和势能分别用$U$、$E_k$和$E_p$表示，单位为 J 或 kJ.

内能与系统的内部状态密切相关，在平衡状态下，系统与外界不发生任何作用，系统状态长时间不发生变化，所以在平衡状态下，系统内能为常数．显然，系统工质量越大，系统内部的储能越多，所以内能是与工质量$m$有关的广延量．单位工质的内能称为比内能，用$u$表示，单位为 J/kg.

对于气体工质，系统内能主要包括由分子热运动产生的内动能和由分子之间相互作用产生的内势能两部分．根据分子运动论，分子的内动能主要与工质的温度有关，分子的内势能主要与分子间的距离，即气体的比容有关．因此，工质的内能是温度和比容的函数

$$U = U(T, v) \tag{2.22}$$

$$u = \frac{U}{m} \tag{2.23}$$

对于一个封闭系统，由于与外界不发生质量交换，只有功热交换，因此当系统经历若干过程又回到原来状态时，系统的内部储存能量应该不变，即

$$\oint \mathrm{d}U = 0$$

说明，系统的内能是一个状态参数，与过程无关．式（2.22）也说明$U$是状态参数，因为它仅由状态参数组成．

对于一个开放系统，由于与外界存在质量交换，工质可能产生流动，从而具有动能；同样工质的流动会产生高度的变化，从而具有势能．因此，开放系统的储存能还要包括动能和势能．如图 2.7（a）所示为一个稳定流动的开放系统，进口工质速度为$C_1$，出口速度为$C_2$，进口高度为$z_1$，出口高度为$z_2$，那么工质在进口处和出口处的系统储存能分别为

$$E_1 = U_1 + \frac{1}{2}mC_1^2 + mgz_1 \tag{2.24}$$

$$E_2 = U_2 + \frac{1}{2}mC_2^2 + mgz_2 \tag{2.25}$$

值得指出，即使是闭口系统，当系统作为整体具有速度和高度时，系统的总储存能也必须考虑动能和势能．如图 2.7（b）所示，系统具有速度$C$和高度$z$，所以系统的总储存能或总能含为

$$E = U + \frac{1}{2}mC^2 + mgz \tag{2.26}$$

对单位工质而言，系统的比能含为

$$e = u + \frac{1}{2}C^2 + gz \tag{2.27}$$

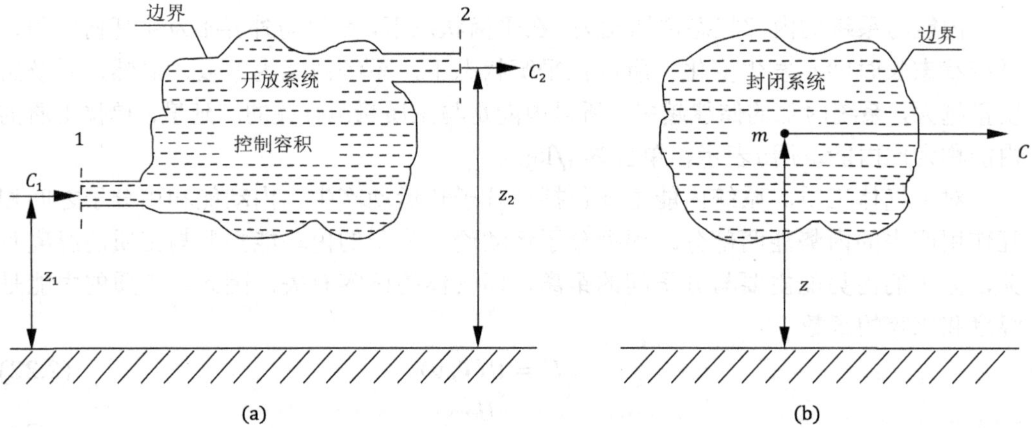


图 2.7　系统的动能和势能

**例 2.2**　一个竖放的气缸活塞内包含 0.27kg 的空气，利用电加热器给空气加热，如图 2.8 所示．活塞外大气压力为 0.1MPa，活塞质量为 45kg，底面积为 0.09m²．给电加热器通电后空气的容积缓慢增加了 0.045m³，压力始终保持不变，空气的比内能

增加了 42kJ/kg. 空气和活塞在初始和终了状态下都保持静止. 气缸和活塞绝热，摩擦忽略不计，当地重力加速度为 9.81m/s². 分别对下面两种情况求电加热器的放热量:（1）只把空气当做研究对象；（2）把空气和活塞一起作为研究对象.

**解**　（1）只把空气当做研究对象时，系统边界划分如图 2.8（a）所示.

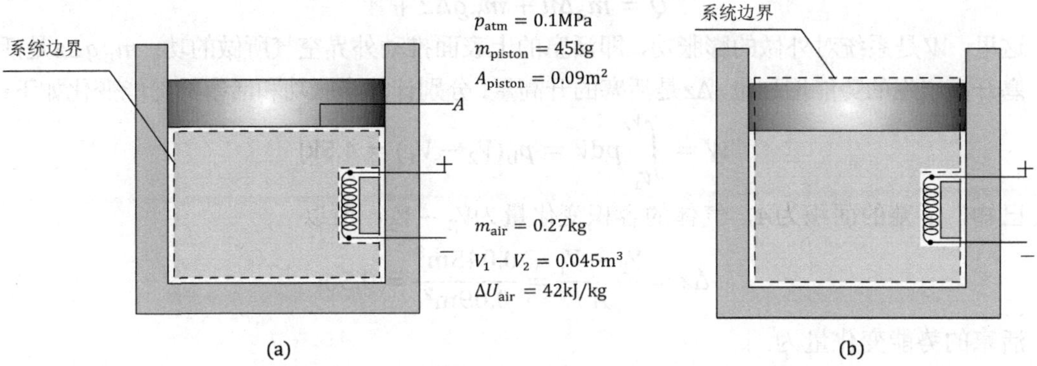


图 2.8　例 2.2 图

已知活塞变化速度很慢，可以忽略系统动能的变化，空气质量很轻，也可以忽略空气势能的变化. 活塞和气缸的材料绝热，所以也可以忽略气缸和活塞内能的变化. 针对气缸内的气体，可以列出能量平衡方程为

$$\Delta U = Q - W$$

所以

$$Q = \Delta U + W = m_\text{a}\Delta u + W$$

这里，$m_\text{a}$是系统内空气的质量. 对于只考虑空气的系统，由于活塞运行很慢，不考虑活塞与缸壁之间的摩擦，因此气体向上的推动力应该等于活塞的重力加上外界环境的大气压力，即

$$p \cdot A = m_\text{p} \cdot g + p_\text{b} \cdot A$$

这里，$p$为气体压力，$A$为活塞的底面积，$p_\text{b}$是大气压力，$m_\text{p}$是活塞的质量. 解$p$并代入相关参数值得

$$p = \frac{m_\text{p} \cdot g}{A} + p_\text{b}$$

$$p = \frac{45\text{kg} \cdot 9.81\text{m/s}^2}{0.09\text{m}^2} \times 10^{-6}\text{MPa} + 0.1\text{MPa} = 0.1049\text{MPa}$$

因此，此过程系统做功为

$$W = p(V_2 - V_1) = 1.049 \times 10^{-5} \times 0.045 = 4.72\text{（kJ）}$$

所以，过程的得热量为

$$Q = m_{\mathrm{a}}\Delta u + W = 0.27 \times 42 + 4.72 = 16.06\text{（kJ）}$$

（2）把空气和活塞当做研究对象时，系统边界划分如图 2.8（b）所示．此时，系统的能量平衡方程应该是气体内能的变化加上活塞上升势能的变化再加上系统对外做功，等于电加热器供入的热量，即

$$Q = m_{\mathrm{a}}\Delta u + m_{\mathrm{p}}g\Delta z + W$$

这里，$W$是系统对外做的膨胀功，即活塞的上表面推动外界空气所做的功；$m_{\mathrm{p}}g\Delta z$是活塞升高产生的势能增加量，$\Delta z$是活塞的升高量．分别计算膨胀功和活塞的势能变化如下：

$$W = \int_{V_1}^{V_2} p\mathrm{d}V = p_{\mathrm{b}}(V_2 - V_1) = 4.5\mathrm{kJ}$$

已知，活塞的面积为$A$，气体的容积变化量为$V_2 - V_1$，所以

$$\Delta z = \frac{V_2 - V_1}{A} = \frac{0.045\mathrm{m}^3}{0.09\mathrm{m}^2} = 0.5\mathrm{m}$$

活塞的势能变化量为

$$m_{\mathrm{p}}g\Delta z = 45\mathrm{kg} \times \frac{9.81\mathrm{m}}{s^2} \times 0.5\mathrm{m} = 0.22\mathrm{kJ}$$

最后

$$Q = m_{\mathrm{a}}\Delta u + m_{\mathrm{p}}g\Delta z + W = 4.5 + 0.22 + 11.34 = 16.06\text{（kJ）}$$

与前一种情况的计算结果相吻合．

## 2.4 热力学第一定律

能量守恒定律是一个大家熟知的基本定律，它表明能量既不能创造也不能消灭，只能从一种形式转化为另一种形式．具体应用到热力学系统中就是热力学第一定律．在热力学系统中，存在系统能含、功和热三种能量形式的相互作用，因此在系统的变化发展过程中，这三种能量的总合应该守恒．所以，热力学第一定律可以表达为

流入系统的能量 − 流出系统的能量 ≡ 系统能量的增量

数学表达式可以写为

$$\Delta E = Q - W \tag{2.28}$$

上式表明，系统得到的热量$Q$，减去系统对外界做的功$W$，等于系统能含的增加量$\Delta E$．这个公式的成立是通过能量守恒定律得到保证的，对任何过程都成立．

如果输入系统的热流密度为$\dot{Q}$，系统对外做功的功流密度为$\dot{W}$，那么第一定律的表达式变为

$$\frac{\mathrm{d}E}{\mathrm{d}t} = \dot{Q} - \dot{W} \tag{2.29}$$

表明系统的得热流率，减去系统对外界做功流率，等于系统能含随时间的变化率.

如果系统经历了多个过程，最终又回到原来的初态，即系统经历了一个循环过程，那么系统的能含变化量一定是零，因为能含量是状态参数. 这就是说，系统在循环过程中，与外界交换的净热量减去与外界交换的净功量，两者之差一定为零，即有

$$\sum Q-\sum W=0 \tag{2.30}$$

**例 2.3**　一个蒸汽动力发电系统透平机输出功为 1000kW. 在锅炉中蒸汽得到的热能为 2800kJ/kg，在冷凝器中，蒸汽排给环境的热能为 2100kJ/kg，循环泵消耗的功率为 5kW. 计算需要的蒸汽流率.

**解**　系统循环过程如图 2.9 所示，作一个边界包围整个系统. 于是，对单位质量工质，循环中交换的总热量为

$$\sum Q=2800-2100=700\text{（kJ/kg）}$$

同理，循环中系统与外界交换的总功率为

$$\sum W=1000-5=995\text{（kW）}$$

令系统循环工质流率为$\dot{m}$(kg/s)并代入方程（2.30）得

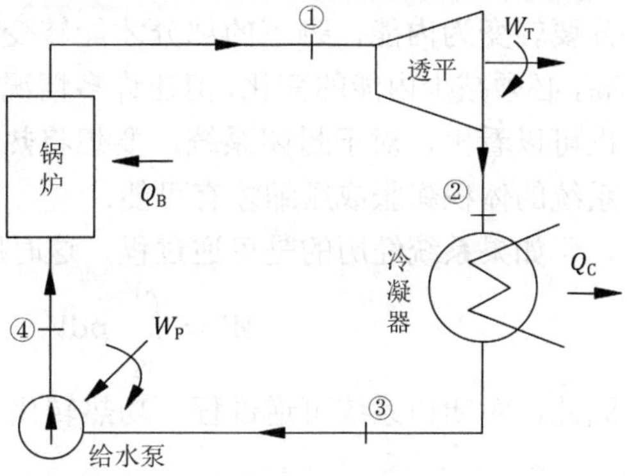

图 2.9　蒸汽动力系统

$$700\dot{m}-995=0$$

因此得到

$$\dot{m}=1.421\text{kg/s}$$

即需要的蒸汽流率为1.421kg/s.

## 2.5　闭口系统的能量分析

闭口系统是基础热力学中最典型的例子，也在实际工程中大量存在，如活塞式压缩机的压缩过程，内燃机中的压缩和膨胀过程. 在封闭系统中由于没有质量穿越边界，所以考虑起来相对简单. 大部分情况下，系统的动能和势能可以忽略. 因此，闭口系统与外界的能量交换就只有传热和膨胀或压缩做功，热力学第一定律在闭口系统的应用就变为

系统获得的净热量 − 系统对外做的净膨胀功量 ≡ 系统内能的增量

也可以表达为

$$Q=\Delta U+W \tag{2.31}$$

对于单位质量工质来说，有

$$q = \Delta u + w \tag{2.32}$$

如果闭口系统只进行了一个微小过程，那么在微小过程中也应该满足能量守恒定律，即有

$$\delta Q = \mathrm{d}U + \delta W \tag{2.33}$$

$$\delta q = \mathrm{d}u + \delta w \tag{2.34}$$

上式的推导过程中没有附加任何条件，只要求是闭口系统，因此它们对闭口系统的任何过程都成立，不管可逆与不可逆．因此有时也称式（2.31）或（2.33）为闭口系统的热力学第一定律表达式．从这个方程也可以看出，当热能输送给系统后，一部分要转变为内能，剩下的部分才能转变为机械能．要想热能转化为机械能的比例升高，必须减少内能的变化，但在许多情况下这种要求是困难的．从式（2.31）或（2.33）也可以看出，对于封闭系统，要想将热能转化为机械能，实现热功转化，必须通过系统的体积膨胀或压缩才有可能．

如果系统经历的是可逆过程，这时膨胀功可以由下式计算：

$$W = \int_{V_1}^{V_2} p\mathrm{d}V \quad 或 \quad w = \int_{v_1}^{v_2} p\mathrm{d}v$$

因此，对闭口系统可逆过程，功热转化关系可以表示为

$$Q = \Delta U + \int_1^2 p\mathrm{d}V \tag{2.35}$$

$$\delta Q = \mathrm{d}U + p\mathrm{d}V \tag{2.36}$$

对于单位工质来说，有

$$q = \Delta u + \int_1^2 p\mathrm{d}v \tag{2.37}$$

$$\delta q = \mathrm{d}u + p\mathrm{d}v \tag{2.38}$$

注意，闭口系统热力学第一定律表达式$Q = \Delta U + W$是针对整个过程的，如果一个总的过程由若干小的过程或子过程组成，那么热力学第一定律表达式可以表述成

$$\sum_1^2 \delta Q = U_2 - U_1 + \sum_1^2 W \tag{2.39}$$

**例 2.4**　内燃机压缩冲程中，热机排入冷却水的热量为 45kJ/kg，外界给系统输入的功为 90kJ/kg．计算工质比内能的变化．

**解**　已知系统在压缩过程中排热为 45kJ/kg，那么

$$q = -45\text{kJ/kg}$$

又已知此过程的做功量为

$$w = -90\text{kJ/kg}$$

根据热力学第一定律表达式（2.32），得

$$q = \Delta u + w = u_2 - u_1 + w$$

所以

$$u_2 - u_1 = q - w = -45 - (-90) = 45 \text{（kJ/kg）}$$

即内能增加了 45kJ/kg.

**例 2.5**　气缸活塞中包含 4kg 气体，气体经历的过程满足$pv^{1.5}$ = 常数，初始压力为 0.3MPa，初始容积为 0.1m³，终态容积为 0.2m³．已知气体比内能的变化为$u_2 - u_1 = -4.6\text{kJ/kg}$，不考虑动能和势能的变化，求过程中的净传热量．

**解**　该研究系统是一个典型的封闭系统，没有质量穿越边界，系统动能和势能的变化可以忽略，已知过程满足$pv^{1.5}$ = 常数．于是，系统的变化过程可以在$p$-$v$图上表示，如图 2.10 所示．

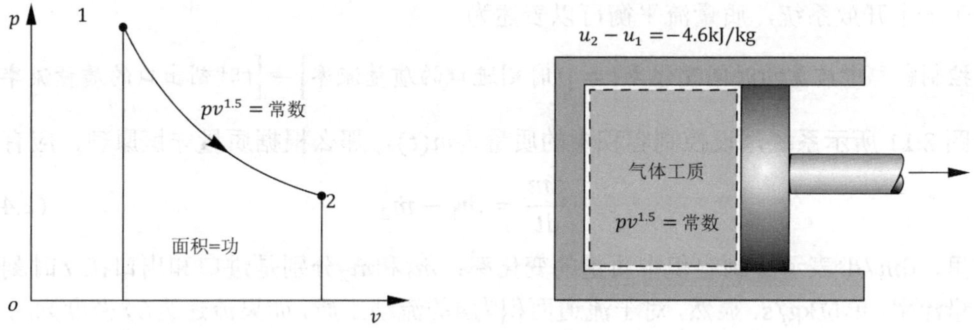


图 2.10　例 2.5 图

根据闭口系统的能量平衡方程，可以得到

$$\Delta U = Q - W$$

于是得到

$$m(u_2 - u_1) = Q - W$$

这里，$m$是气体的质量．根据气体变化过程满足的方程得

$$pv^{1.5} = p_1 {v_1}^{1.5} = 0.3 \times 10^6 \times 0.1^{1.5} = 9486.83$$

系统经历可逆过程，膨胀功由下式计算：

$$W = \int_1^2 p\mathrm{d}v = p_1 {v_1}^{1.5} \int_{0.1}^{0.2} \frac{\mathrm{d}v}{v^{1.5}} = 17.6 \text{（kJ）}$$

最后，对$Q$进行求解

$$Q = m(u_2 - u_1) + W = 4\text{kg} \times (-4.6\text{kJ/kg}) + 17.6\text{kJ} = -0.8\text{kJ}$$

即该过程的净热量交换为−0.8kJ，负号表示对外放热．

# 2.6　开口系统的能量分析

开口系统广泛存在于工业生产等实际领域，简单到一根水管，复杂到涡轮发动机，再到航天火箭，都可以看做一个开口系统. 开口系统有时又称为开放系统，它由于有质量从系统流进或流出，所以比闭口系统要更加复杂. 为了使问题变得简单，常常选择某一容积内的系统进行研究，所以开放系统也常称为控制容积系统，以便与闭口系统保持质量不变相对应.

## 2.6.1　控制容积系统的质量守恒

一般的开放系统有可能是随时间变化的，但它一定遵守质量守恒定律. 因此，对于一个开放系统，质量流平衡可以表述为

$$\left[\text{控制容积中质量的时间变化率}\right] = \left[t\text{时刻进口的质量流率}\right] - \left[t\text{时刻出口的质量流率}\right]$$

如图 2.11 所示系统，设控制容积中的质量为$m(t)$，那么根据质量守恒原理，应有

$$\frac{\mathrm{d}m}{\mathrm{d}t} = \dot{m}_1 - \dot{m}_2 \tag{2.40}$$

这里，$\mathrm{d}m/\mathrm{d}t$表示控制容积中质量的变化率；$\dot{m}_1$和$\dot{m}_2$分别是进口和出口在 $t$ 时刻的质量流率，单位kg/s. 显然，对于流道面积为$A$的流动工质，如果流速为$C$，密度为$\rho$，那么工质的流率可以表示为

$$\dot{m} = \rho CA \tag{2.41}$$

如果已知比容为$v$，那么流率也可以表示为

$$\dot{m} = \frac{CA}{v} \tag{2.42}$$

这是计算工质质量流率的一般关系式.

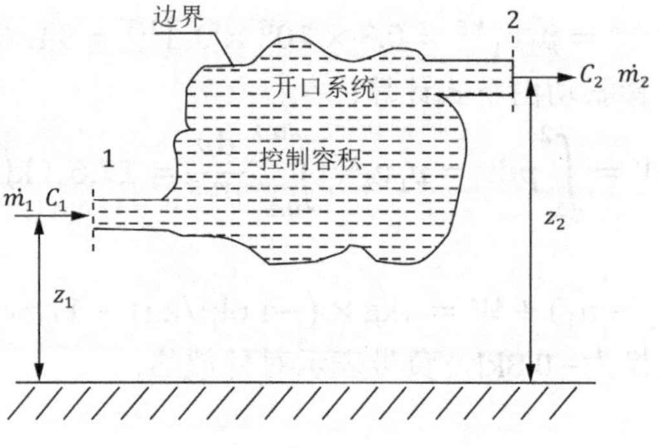


图 2.11　控制容积系统中的质量能量守恒

## 2.6.2　控制容积系统的能量守恒

任何控制容积系统必须遵守能量守恒定律，可以表述为

[$t$时刻控制容积系统中能量的时间变化率]
=[$t$时刻通过传热进入系统的净能量流率]
−[$t$时刻通过做功传出系统的净功率]
+[$t$时刻伴随质量流进入系统的净能量流率]

如图 2.11 所示系统，能量流率的平衡方程可以写为

$$\frac{\mathrm{d}E}{\mathrm{d}t}=\dot{Q}-\dot{W}+\dot{m}_1\left(u_1+\frac{C_1^2}{2}+gz_1\right)-\dot{m}_2\left(u_2+\frac{C_2^2}{2}+gz_2\right) \tag{2.43}$$

这里，$E$是$t$时刻系统中的总能含. $\dot{Q}$和$\dot{W}$分别代表通过边界与系统变换的传热率和净功率. 方程（2.43）右边后两项分别代表系统进口和出口处随着质量的流入和流出所携带的动能和势能流率. 如果无质量流入和流出，则这两项的值为 0，此时系统变为封闭系统.

大多数情况下，人们设计开放系统是为了获取有用功量，如燃气轮机和蒸汽轮机等；或消耗有效功量获取其他能量，如动能、势能或压力能等，这类机器有压气机、水泵和压缩机等. 图 2.12 所示是一个典型的燃气轮机系统，它消耗热能是为了获得有用的功量$W_{\mathrm{sh}}$，这个功通过转轴输出外界为我们所用，所以有时也叫它轴功.

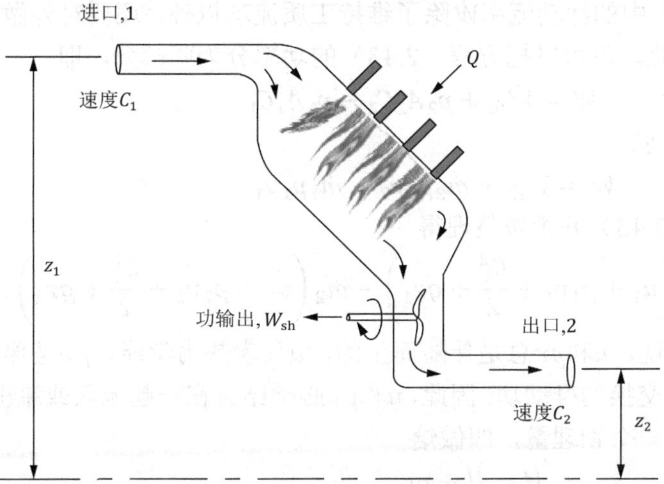


图 2.12　控制容积系统中的能量守恒

喷气发动机

当然，除了轴功以外，系统还可以通过其他方式与外界交换功量，其中推动功就是其中一种. 考察图 2.13 所示燃气轮机进口段的工质流动过程，工质要进入系统，必须克服系统内部的压力. 设在边界进口处，系统压力为$p_1$，那么工质进入系统必

须克服的阻力为

$$F_1 = p_1 A_1$$

已知工质流动速率为$C_1$，所以伴随工质进入系统的功率即为

$$\dot{W}_1 = (p_1 A_1) \times C_1 \tag{2.44}$$

这种推动工质进入系统的功称为推动功.

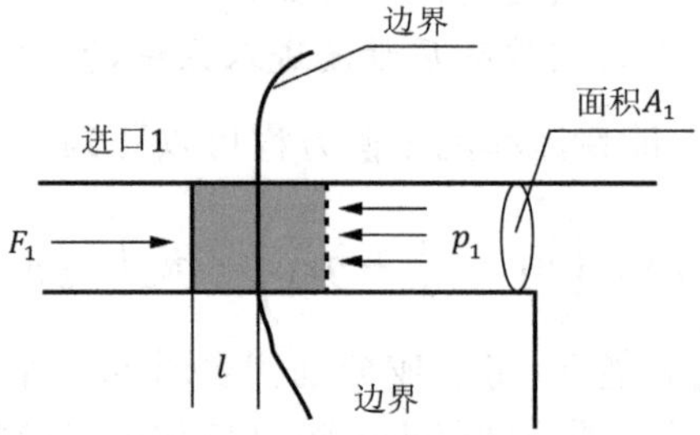


图 2.13 工质进入系统的推动功

同样要从系统流出外界，也要克服外界阻力，对外做功率为

$$\dot{W}_2 = (p_2 A_2) \times C_2 \tag{2.45}$$

因此，要维持工质流动，必须存在推动功差，这个功差是维持系统流动必须的，也称为流动功

$$\Delta\dot{W} = \dot{W}_2 - \dot{W}_1 = p_2 A_2 C_2 - p_1 A_1 C_1 \tag{2.46}$$

一般来说，方程（2.43）中的净功流率$\dot{W}$除了维持工质流动以外，还要对外做出有用功$\dot{W}_{\mathrm{sh}}$，称为轴功。因此，就可以把方程（2.43）的功率分为两部分，即

$$\dot{W} = \dot{W}_{\mathrm{sh}} + p_2 A_2 C_2 - p_1 A_1 C_1 \tag{2.47}$$

注意，$A \times C = \dot{m}v$，所以

$$\dot{W} = \dot{W}_{\mathrm{sh}} + \dot{m}_2 p_2 v_2 - \dot{m}_1 p_1 v_1 \tag{2.48}$$

将式（2.48）代入式（2.43）并稍做整理得

$$\frac{\mathrm{d}E}{\mathrm{d}t} = \dot{Q} - \dot{W}_{\mathrm{sh}} + \dot{m}_1\left(u_1 + p_1 v_1 + \frac{C_1^2}{2} + g z_1\right) - \dot{m}_2\left(u_2 + p_2 v_2 + \frac{C_2^2}{2} + g z_2\right) \tag{2.49}$$

观察式（2.49）不难发现，$u$和$pv$总是伴随而生的，$u$代表热力学能，$pv$是伴随工质迁移引起的系统与外界交换的推动功. 因此，$u$和$pv$必须结合在一起流入或流出系统，因而可以把它们看成是一个物理量，叫做焓

$$H = U + pV \tag{2.50}$$

根据状态参数的性质可以证明，由状态参数组合而成的复合参数$H$也是一个状态参数，是一个具有能量量纲的广延量，比焓可写为

$$h = \frac{H}{m} = u + pv \tag{2.51}$$

是由广延量转换得到的强度量．有了焓的概念后，式（2.49）可以写成

$$\frac{\mathrm{d}E}{\mathrm{d}t}=\dot{Q}-\dot{W}_{\mathrm{sh}}+\dot{m}_1\left(h_1+\frac{C_1^2}{2}+gz_1\right)-\dot{m}_2\left(h_2+\frac{C_2^2}{2}+gz_2\right) \tag{2.52}$$

这就是开放系统最终的能流平衡方程．

### 2.6.3 稳定流动系统的能量方程

要实现系统的长期稳定运行，系统的流动状况经常是不随时间变化的，可以看成稳定运行模式，这时系统的内部参量也不随时间变化．同时，为了实现稳定流动，进出系统的工质流率必须相等并不随时间变化，与外界交流的功率、热流率也不随时间变化．因此，在稳定条件下，式（2.52）可以改写成

$$\dot{Q}=\dot{W}_{\mathrm{sh}}+\dot{m}_2\left(h_2+\frac{C_2^2}{2}+gz_2\right)-\dot{m}_1\left(h_1+\frac{C_1^2}{2}+gz_1\right) \tag{2.53}$$

由于所有参数都不随时间变化，这时进出口的质量流量也必须相同，否则系统内部必有质量的变化，这时$m_2=m_1=m$，于是对单位时间内的能量变化关系可以进一步简写成

$$Q=W_{\mathrm{sh}}+m\left(h_2+\frac{C_2^2}{2}+gz_2\right)-m\left(h_1+\frac{C_1^2}{2}+gz_1\right) \tag{2.54}$$

或

$$Q=W_{\mathrm{sh}}+(H_2-H_1)+\frac{m}{2}(C_2^2-C_1^2)+mg(z_2-z_1) \tag{2.55}$$

这是最常被使用的稳定流动系统的能量平衡方程．对于一个微小过程，上式可以写为

$$\delta Q=\mathrm{d}H+\frac{1}{2}m\mathrm{d}c^2+mg\mathrm{d}z+\delta W_{\mathrm{sh}} \tag{2.56}$$

对于单位工质

$$\delta q=\mathrm{d}h+\frac{1}{2}\mathrm{d}c^2+g\mathrm{d}z+\delta W_{\mathrm{sh}} \tag{2.57}$$

注意，这里的传热、做功和焓仍然是单位时间传递的能量．

### 2.6.4 技术功及在$p$-$v$图上的表示

技术上可以利用的功称为技术功．电功、动能、势能和机械功都是可以利用的，膨胀功除了推动环境所必须付出的功外，其他部分也是可以利用的．对于稳定流动的开口系统，从方程（2.55）可以得到单位工质能量方程表示为

$$q=h+\frac{1}{2}\Delta C^2+g\Delta z+w_{\mathrm{sh}} \tag{2.58}$$

观察上式可以发现，右边后三项均为可以利用的功，属机械功范畴．令其为开放系

统的技术功，用$w_t$表示，即

$$w_t = \frac{1}{2}\Delta C^2 + g\Delta z + w_{sh} \tag{2.59}$$

于是

$$q = h + w_t \tag{2.60}$$

它的微分形式是

$$\delta q = dh + \delta w_t \tag{2.61}$$

可见，开口系统能量方程与闭口系统有非常类似的形式，闭口系统的能量方程为

$$\delta q = du + \delta w \tag{2.62}$$

当开口系统与闭口系统吸收热量相同时，结合方程（2.61）和（2.62）可以得到

$$du + \delta w = dh + \delta w_t \tag{2.63}$$

根据比焓的定义，在可逆过程中可以得到

$$dh = d(u + pv) = du + pdv + vdp \tag{2.64}$$

同时，考虑到在可逆过程中膨胀功可以表示为

$$\delta w = pdv$$

代入式（2.63），最终得到

$$\delta w_t = -vdp \tag{2.65}$$

即为可逆过程中，开放系统技术功的微分表达式．如果系统从状态 1 可逆地变化到状态 2，那么技术功可以由式（2.65）积分得到

$$w_t = -\int_1^2 vdp \tag{2.66}$$

在$p$-$v$图上，它正好表现为过程曲线 1–2 在$p$轴上投影所包围的面积．在图 2.14 中，它就是 a12b 包围的面积．而膨胀功

$$w = \int_1^2 pdv$$

却是 12dc 包围的面积．可见膨胀功与技术功有关系，也有区别，技术功等于膨胀功减去流动功．

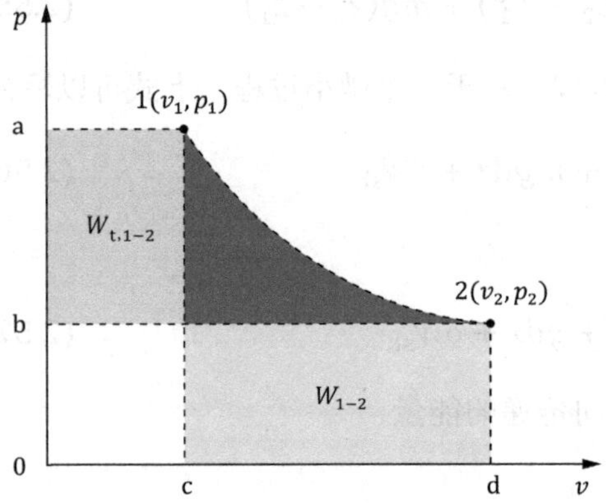


图 2.14　技术功和膨胀功在$p$-$v$图上的表示

## 2.7　稳定流动方程的应用

稳定流动方程显然是开放系统的特例，但它仍在许多领域有应用．稳态流动方

程（2.55）是在全面考虑能量平衡条件下得到的，它包含了系统可能涉及的所有能量变化．但在特殊条件下，有些能量并没有发生变化，所以在某些条件下，方程（2.55）可以被简化，这为我们计算某些特殊的开放系统创造了条件．为此，下面将给出几个典型热工系统的能量平衡计算．

### 2.7.1　喷管

简单地说，喷管就是一种变截面流体通道，它可以用来增加或降低气体或液体的流动速度．图 2.15 展示了一种喷管的剖面结构．一般地说，设计喷管都不是为了得到有用功，因此，系统与外界一般只有流动功的交换，即$W_{sh} = 0$．对于稳态过程，应有$dE/dt = 0$ 和$m_1 - m_2 = 0$．对于水平放置的喷管或中小型的喷管，其进出口的高差可以忽略，即$\Delta Z = Z_2 - Z_1 = 0$．根据这些条件，得到单位工质简化的能量方程为

$$q = \left(h_2 + \frac{C_2^2}{2}\right) - \left(h_1 + \frac{C_1^2}{2}\right) \tag{2.67}$$

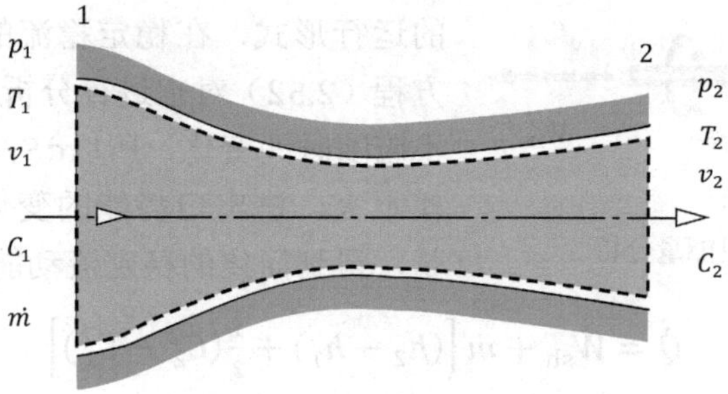


图 2.15　喷管的工作过程

由于喷管中质量流率非常大，散热相对流过喷管气体的焓来说很小，所以在忽略散热条件下，有

$$h_2 - h_1 = \frac{1}{2}(C_1^2 - C_2^2) \tag{2.68}$$

上述表明，如果$h_2 > h_1$，工质的焓增大，那么$C_1 > C_2$，速度变慢，这是减速喷管，也叫扩压管．如果$h_1 > h_2$，工质的焓降低，$C_2 > C_1$，工质经喷管后，速度得到提升，这是增速喷管．也可以说，工质动能的提升来源于工质焓的降低．

### 2.7.2　透平式机械

透平式机械包括的范围很广泛，典型的有蒸汽轮机和燃气轮机等，甚至非常简单的水泵都属于它的范围，它是一种由于流体流动驱动叶轮旋转而输出轴功的装置．图 2.16 所示为一种轴流式气体透平装置，广泛应用于蒸汽动力电厂、燃气动力电厂和航空发动机中．装置的入口一般是过热的气体工质，进入透平机后，气体不

断膨胀，压力不断降低，在这过程中，气体推动叶轮旋转，从而输出功来．水库大坝下的水轮机旋转也具有类似的运行模式．

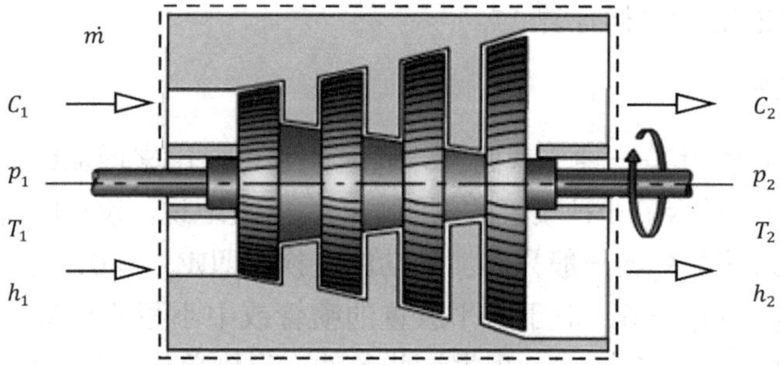


图 2.16　轴流式透平机工作原理

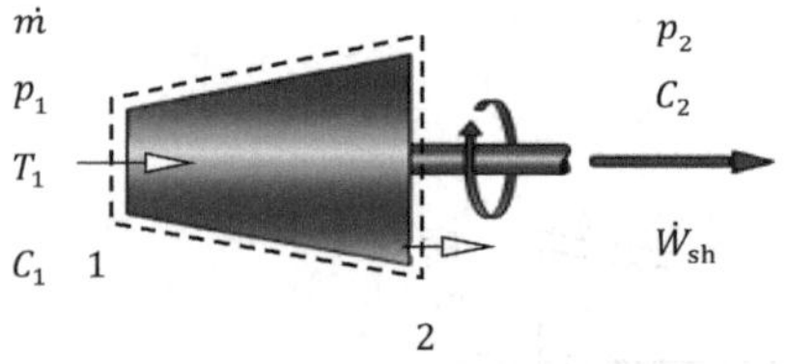


图 2.17　透平机能量分析

一般的透平机，可以简化为如图 2.17 所示的运行形式．在稳定稳流的条件下，可以利用方程（2.52）对它进行分析．首先，它的总能含不应随时间变化，所以$\mathrm{d}E/\mathrm{d}t=0$，如果系统规模不大，进出口势能的变化一般可以忽略，于是，得到简化的稳定流动能量方程

$$\dot{Q}=\dot{W}_{\mathrm{sh}}+\dot{m}\left[(h_2-h_1)+\frac{1}{2}(C_2^2-C_1^2)\right]\tag{2.69}$$

在许多时候，由于气体流速很快，系统对外传热与气体的焓变比较起来很小，一般也可以忽略．气体的进出口动能变化对系统性能的影响也很小，有时也可以忽略．在最简单的情况下，式（2.69）被简化为

$$\dot{W}_{\mathrm{sh}}=\dot{m}(h_1-h_2)\tag{2.70}$$

上式说明，叶轮式透平机对外轴功来源于工质从进口到出口焓的降低，这就是为什么许多蒸汽发电厂要尽可能提高工质的进口温度和压力的原因，这时$h_1$会随着温度和压力的升高而增大；$h_2$一般是很难变化的，这是由大气环境或者工质在低温下的性质已经决定了的．

### 2.7.3　压气机

压气机是一种将流经它的气体压缩到高压的机械，是一种耗功装置(图 2.18)．压气机的种类很多，有活塞式、轴流叶轮式及离心式．这些压气机在生产和生活领域扮演了重要角色．在稳定工作状态下，也可以列出它们的能量和质量平衡方程．对压缩过程来说，比动能和比势能的变化相对于消耗的比功来说，一般都比较小，大多数情况无需考虑，但与环境的热交换有时不能忽略．

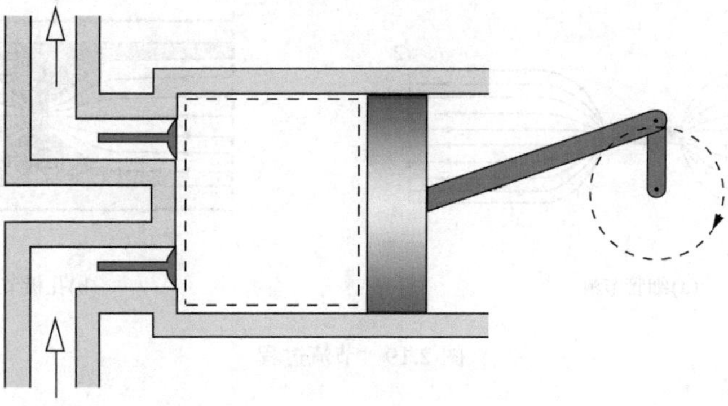


图 2.18　压气机工作原理

对于叶轮式压气机，完全可以使用上节对透平机过程分析所得到的结果，但这时轴功$W_{sh}$是负的，表示耗功过程．如果传热及动能和势能变化均可忽略，那么得到

$$W_{sh} = h_1 - h_2$$

说明消耗的功等于工质出口的焓减去进口的焓，即工质焓的增加量．

但对于活塞式压气机来说，情况有一些变化，此时压气机的进、排气阀必须周期性打开、关闭，系统虽是一个开放系统，但严格来说它不是一个稳定流动过程，因为各点的参数在随时间作周期性变化．幸而，它在不同周期的同一时刻，各点参数是相同的，与外界交换能量和质量也相同，因此，也可以把此类系统看成是连续不断地流入系统，然后连续升压排出．此时，稳定流动的能量平衡方程也可使用，即

$$\dot{W}_{sh} = \dot{Q} + \dot{m}\left[(h_1 - h_2) + \left(\frac{C_1^2 - C_2^2}{2}\right)\right]$$

如果气体可以看成理想气体，那么质量流率可用如下公式计算：

$$\dot{m} = \frac{AC}{v} = \frac{A \cdot C \cdot p}{(R/M)T}$$

这里，$A$为进口或出口的截面积，$C$为进口或出口的流速，$p$为压力，$R$是通用气体常数，$M$为气体的摩尔质量，$T$为气体的热力学温度．

## 2.7.4　绝热节流

在制冷空调系统中大量用到节流过程，图 2.19 即为一个典型的节流装置．节流过程简单地讲就是流动截面突然变小，使流动突然受阻，从而使节流过后产生较大压差的过程．在实际的工程中也时常碰到，如流道上的阀门、流道中的孔板等，生活中自来水管上的水龙头也可以看成一个节流装置．

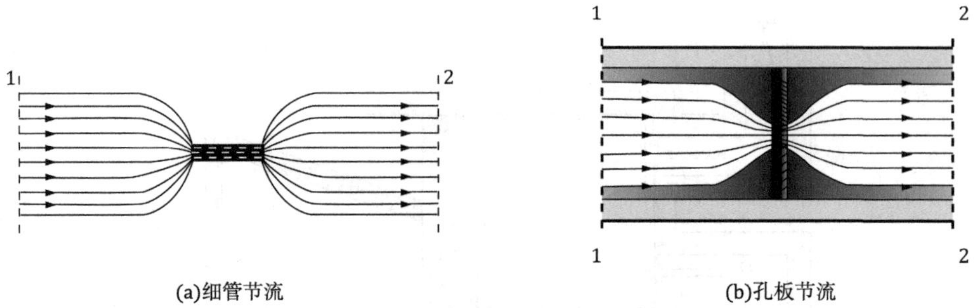


图 2.19 节流过程

节流中，一般没有功的交换，与外界也没有多少热的交换，所以称绝热节流．如果节流阀两端的高差不大，管径差别也不大，那么$C_1 \approx C_2$，$z_1 \approx z_2$．以这些条件代入方程（2.54）中，可以发现，式中所有项都为零，于是

$$\Delta h = h_2 - h_1 = 0$$

或

$$h_1 = h_2$$

说明绝热节流前后，工质的焓不变．值得指出的是，绝热节流前后的工质的焓值虽然不变，但工质的做功能力却是变化的，节流后工质的做功能力降低．这在某些情况下是必须避免的，如蒸汽透平发电的蒸汽管路中必须避免出现节流过程．还有，对于非理想气体工质，节流前后工质的温度可能是变化的，有些工质的温度会升高，有些会降低．

### 2.7.5 自由膨胀过程

考虑两个容器 A 和 B，相互之间用连通管连接，并用阀门分开（图 2.20）．开始时，容器 A 满气体，而容器 B 是真空．整个系统与外界理想绝热．当阀门打开后，A 中的流体将向 B 膨胀，通过连通管不断涌向 B，最后 A 和 B 的压力达到平衡．

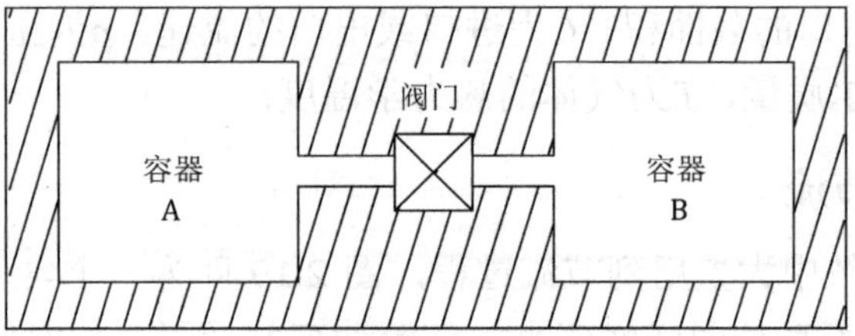


图 2.20 自由膨胀过程

如果把 A 和 B 合起来考虑，显然这是一个闭口系统，所以闭口系统的热力学第一定律方程可以使用，于是

$$Q - W = \Delta U = U_2 - U_1$$

在这个过程中，系统与外界没有热和功的交换，所以

$$Q = 0,\quad W = 0$$

亦即

$$\Delta U = U_2 - U_1 = 0$$

说明系统变化前后内能相等．对于理想气体来说，$\mathrm{d}U = c_v \mathrm{d}T$，最后说明$T_1 = T_2$，即理想气体经历自由膨胀过程温度不变．

### 2.7.6　绝热混合过程

两股流体经图 2.21 所示管道进行绝热混合．这是实际工程经常用到的一种工作模式，系统与外界没有功和热的交换．于是，根据能量守恒定律可以得到如下能量平衡方程：

$$\dot{m}_1 h_1 + \dot{m}_2 h_2 = \dot{m}_3 h_3$$

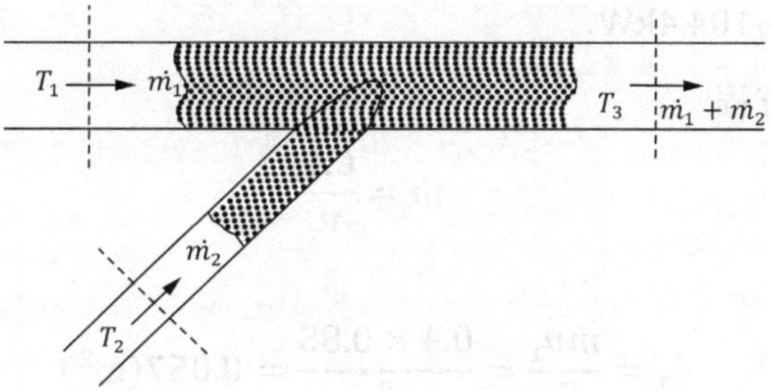


图 2.21　理想气体的绝热混合过程

这里，$h$代表流体的比焓，$\dot{m}$代表流体的质量流率．如果流体是理想气体，那么流体的比焓等于$h = c_p T$，于是，上述能量平衡方程可以变为

$$\dot{m}_1 c_{p1} T_1 + \dot{m}_2 c_{p2} T_2 = \dot{m}_3 c_{p3} T_3$$

如果两股流体是同一种工质，其比热容相同，则上面方程可以进一步简化为

$$\dot{m}_1 T_1 + \dot{m}_2 T_2 = \dot{m}_3 T_3 = (\dot{m}_1 + \dot{m}_2) T_3$$

值得指出的是，混合过程是高度不可逆过程，混合前后能量虽然守恒，但第 3 章的内容告诉我们，混合前后工质的做功能力不同，混合后做功能力减少，除非两股流体的温度相同．

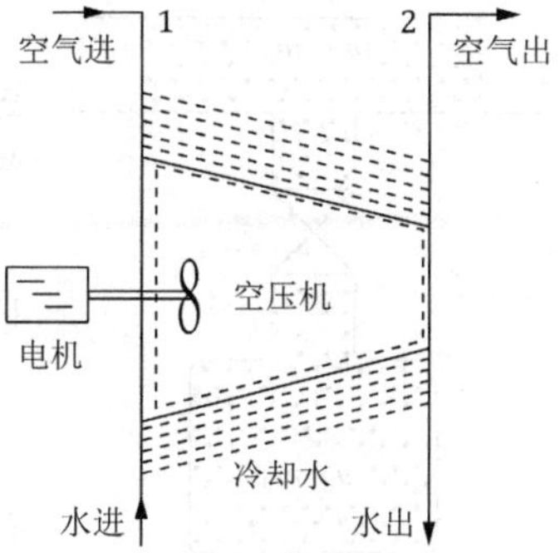


图 2.22　例 2.6 图

**例 2.6**　空气以稳态流率0.4kg/s通过空压机进入高压状态，如图 2.22 所示．进口压力为0.1MPa，流速为6m/s，比容为0.85m$^3$/kg．出口流速为4.5m/s，压力为0.69MPa，比容为0.16m$^3$/kg．出口的比内能比进口

大88kJ/kg. 冷却水用以冷却空压机缸套，带走热量的速率为59kW. 计算驱动空压机的电功率和空气进出口管道的截面积.

**解** 这是一个稳定流动问题，工质进出口高差可以忽略，所以能量平衡方程可以建立如下：

$$\dot{m}\left(u_1+\frac{C_1^2}{2}+p_1v_1\right)+\dot{Q}+\dot{W}=\dot{m}\left(u_2+\frac{C_2^2}{2}+p_2v_2\right)$$

这里，$\dot{Q}$即为被冷却水带走的热流密度；$\dot{W}$为需要的电机功率，所以

$$\dot{W}=\dot{m}\left(u_2-u_1+\frac{1}{2}C_2^2-\frac{1}{2}C_1^2+p_2v_2-p_1v_1\right)-\dot{Q}$$

$$=0.4\left(88\times10^3+\frac{4.5^2}{2}-\frac{6^2}{2}+6.9\times10^5\times0.16-1\times10^5\times0.85\right)$$

$$-(-59\times10^3)=104.4\times10^3(\mathrm{W})=104.4(\mathrm{kW})$$

即需要的电功输入为104.4kW.

根据质量流率方程

$$\dot{m}=\frac{CA}{v}$$

所以

$$A_1=\frac{\dot{m}v_1}{C_1}=\frac{0.4\times0.85}{6}=0.057(\mathrm{m}^2)$$

即进口管道截面积为0.057m$^2$，同样

$$A_2=\frac{\dot{m}v_2}{C_2}=\frac{0.4\times0.16}{4.5}=0.014(\mathrm{m}^2)$$

即出口管道截面积为0.014m$^2$.

**例 2.7** 有一储气罐，其中装有质量为$m_0$、内能为$u_0$的空气，现连接输气管道进行充气（图 2.23）. 已知输气管内空气状态始终保持稳定，其焓值为$h$. 经过时间$\tau$充气后，储气罐内气体的质量为$m$，内能为$u'$. 如忽略充气过程中气体的流动动能即重力位能的影响，而且管道、储气罐、阀门都是绝热的，求$u'$与$h$的关系式.

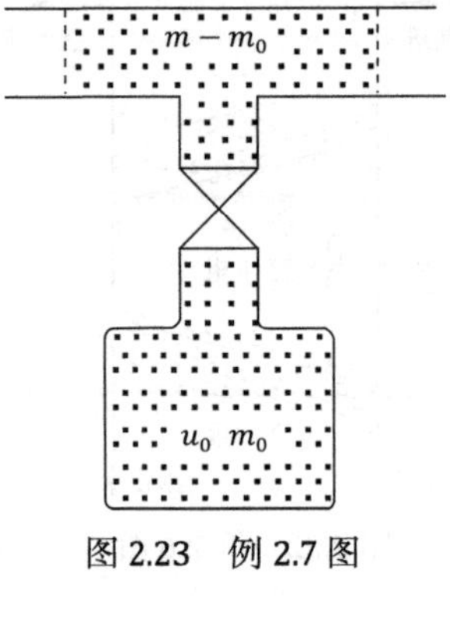

图 2.23 例 2.7 图

**解** 取储气罐为开口系统，因为只有一股流体进入开口系统，所以能量方程为

$$\delta Q=\mathrm{d}E_{\mathrm{c,v}}-\delta m_{\mathrm{in}}\left(h+\frac{C^2}{2}+gz\right)_{\mathrm{in}}+\delta W_{\mathrm{net}}$$

在充气过程中，$\delta Q=0$，$\delta W_{\mathrm{net}}=0$，忽略进入开口系统的空气动能即位能变化，而且开口系统本身的宏观动能为0.

所以

$$\mathrm{d}U_{\mathrm{c,v}} - \delta m_{\mathrm{in}} h_{\mathrm{in}} = 0$$

对上式积分得到

$$mu' - m_0 u_0 = (m - m_0)h$$

$$u' = \frac{(m - m_0)h + m_0 u_0}{m}$$

**例 2.8**　进入汽轮机蒸汽的参数为$p_1 = 9\mathrm{MPa}$，$t_1 = 500℃$，$h_1 = 3386.4\mathrm{kJ/kg}$，$c_1 = 50\mathrm{m/s}$；出口参数为$p_2 = 0.005\mathrm{MPa}$，$h_2 = 2320\mathrm{kJ/kg}$，$c_2 = 120\mathrm{m/s}$．蒸汽的质量流量$\dot{m} = 220\mathrm{t/h}$，试求

（1）汽轮机的功率；

（2）忽略蒸汽进、出口动能变化引起的计算误差．

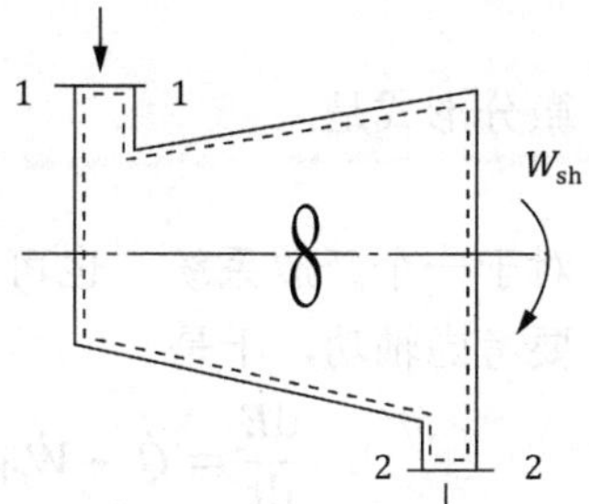


图 2.24　例 2.8 图

**解**　（1）取汽轮机进、出口所围空间为分析对象如图 2.24 所示，则系统为稳定流动系统，从而有

$$q = \Delta h + \frac{1}{2}\Delta c^2 + g\Delta z + w_{\mathrm{sh}}$$

依题意$q = 0$，$\Delta z = 0$，故有

$$w_{\mathrm{sh}} = -\Delta h - \frac{1}{2}\Delta c^2 = (h_1 - h_2) - \frac{1}{2}(c_2^2 - c_1^2)$$

$$= (3386.2 - 2320) - \frac{1}{2} \times (120^2 - 50^2) \times 10^{-3}$$

$$= 1.060 \times 10^3 (\mathrm{kJ/kg})$$

功率

$$W_{\mathrm{sh}} = mw_{\mathrm{sh}} = 220 \times 1.06 \times 10^3 = 2.332 \times 10^5 (\mathrm{kJ/h}) = 6.478 \times 10^4 (\mathrm{kW})$$

（2）忽略工质进出口功能变化，单位质量工质对外输出功的增加量（或减少量）

$$\Delta w_{\mathrm{sh}} = \frac{1}{2}\Delta c^2 = \frac{1}{2} \times (120^2 - 50^2) \times 10^{-3} = 5.95 (\mathrm{kJ/kg})$$

忽略工质进出口功能变化引起的相对误差

$$\delta E_{\mathrm{K}} = \frac{|\Delta w_{\mathrm{sh}}|}{|w_{\mathrm{sh}}|} = \frac{5.95}{1.06 \times 10^3} = 0.6\%$$

因此在实际工程计算中，工质进出口的动能差可忽略不计．同样的道理，工质进出口的势能差亦可忽略不计．

# 本 章 小 结

本章基于能量守恒定律，提出了热力学第一定律，它是能量守恒定律在热系统中的具体应用，表明在热系统中，能量的总量总是处于守恒状态，可以产生功和热的相互转化；系统中储存的能量与功热总量一起，是一个守恒值．于是，可以对系统的能量进行平衡核算，如果系统是一个封闭系统，那么能量平衡方程为

$$Q = \Delta U + W$$

微分形式是

$$\delta Q = \mathrm{d}U + \delta W$$

对于一个开放系统，也可以进行能量平衡核算，这时要包括系统动能和势能，还需要考虑轴功，于是

$$\frac{\mathrm{d}E}{\mathrm{d}t} = \dot{Q} - \dot{W}_{\mathrm{sh}} + \dot{m}_1\left(h_1 + \frac{C_1^2}{2} + gz_1\right) - \dot{m}_2\left(h_2 + \frac{C_2^2}{2} + gz_2\right)$$

对于稳定开放系统，如果只考虑单位时间的能量平衡关系，则上式简化为

$$Q = W_{\mathrm{sh}} + m\left(h_2 + \frac{C_2^2}{2} + gz_2\right) - m\left(h_1 + \frac{C_1^2}{2} + gz_1\right)$$

为了深入地研究系统的性质，对于封闭系统，本章还引入了可逆过程和膨胀功的概念，并有

$$\delta w = p \cdot \mathrm{d}v$$

$$w = \int_1^2 p \cdot \mathrm{d}v$$

对于开放系统，本章引入了另外两个热力学参数：焓和技术功

$$H = U + pV$$

$$h = u + pv$$

$$\delta w_{\mathrm{t}} = -v\mathrm{d}p$$

$$w_{\mathrm{t}} = -\int_1^2 v\mathrm{d}p$$

$p$-$v$图中，过程线对$v$轴投影所包围的面积为膨胀功，对$p$轴投影所包围的面积为技术功，所以$p$-$v$图可以称为示功图．

# 习 题

2-1 气体进行可逆过程，满足$pV = C$，$C$为常数．试导出该气体从状态 1 变化到状

态 2 时膨胀功的表达式，并在$p$-$V$图上定性地画出过程线，并示出膨胀功．

2-2　压力 630kPa 下的 0.05m³ 的理想气体在等温可逆过程中压力下降到 105kPa．试求这一过程所放出的热量．

2-3　102kPa 下 20℃的 1kg 空气，在满足$pV^{1.3}$=常数的条件下可逆压缩到压力为 550kPa．试计算压缩过程中对空气所做的功以及该过程对空气输入的热量．

2-4　气体在带活塞的气缸内经历了一个膨胀过程．这一过程中，其压力与体积满足如下关系式：

$$pV^n = 常数$$

已知初始压力为 0.3MPa，初始体积为 0.1m³，最终体积为 0.2m³．请分别确定当（1）$n$=1.5,（2）$n$=1.0,（3）$n$=0 时，该过程所做的膨胀功．

2-5　4kg 的某气体在带活塞的气缸内经历了一个膨胀过程．这一过程中，其压力与体积满足如下关系式：

$$pV^{1.5} = 常数$$

已知初始压力为 0.3MPa，初始体积为 0.1m³，最终体积为 0.2m³．已知这一过程中气体的动能及势能没有明显变化，其比内能的变化为$u_2 - u_1 = -4.6\text{kJ/kg}$．试确定膨胀过程中的净传热量，并以 kJ 为单位表示．

2-6　流体在$pV$=0.25 的条件下被可逆压缩至原有体积的 1/4，其中$p$的单位为 bar(1bar=0.1MPa)，$V$的单位为 m³/kg，试计算压缩该流体所消耗的功，并绘制该过程的$p$-$V$图．

2-7　0.05 m³ 的气体在 0.69MPa 的带活塞的气缸内可逆膨胀至 0.08m³，膨胀过程中始终满足$pV^{1.2}$=常数．试计算气体膨胀所做的功，并绘制该过程的$p$-$V$图．

2-8　流体在 0.105MPa 的等压条件下被可逆加热直到其比容为 0.1m³/kg．接下来该流体在$pV$=常数的条件下被可逆压缩至压力为 0.42MPa，接着其在$pV^{1.7}$=常数的情况下可逆膨胀．膨胀完毕，对该流体等容加热直到其状态变为初始状态．已知在等压条件下所消耗的功为 515J，流体的质量为 0.2kg．试求该循环所做的净功，并绘制$p$-$V$图．

2-9　活塞-气缸装置的气体从初状态$p_1$=0.8MPa，$V_1$=0.02m³ 膨胀，到达末状态$p_2$=0.2MPa 的过程中，压力与体积始终满足$pV^{1.2}$=常数的关系．气体的质量为 0.25kg．若在该过程中，气体的比内能增长了 55kJ/kg，气体动能及势能变化可忽略不计．问此过程的传热量为多少 kJ？

2-10　如习题 2-10 图所示，某封闭系统沿 a-c-b 途径由状态 a 变化到 b，吸入热量 90kJ，对外做功40kJ．试问：

（1）系统从 a 经 d 至 b，若对外做功10kJ，则吸收热量是多少？

（2）系统由 b 经曲线所示过程返回 a，若外界对系统做功 23kJ，吸收热量为多少？

（3）设$U_a = 5\text{kJ}$，$U_d = 45\text{kJ}$，那么过程 a–d 和 d–b 中系统吸收热量各为多少？

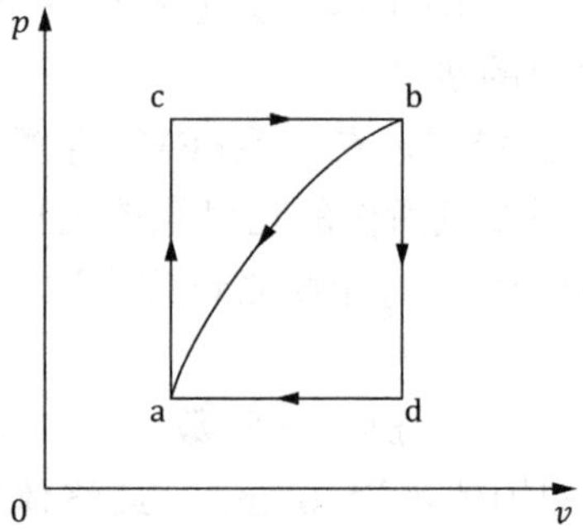


习题 2–10 图

2–11　水在绝热混合器中与水蒸气混合而使水温升高．进入混合器的水的压力为200kPa，温度为20℃，质量流量为100kg/min；进入混合器的水蒸气压力为200kPa，温度为300℃，比焓为3072kJ/kg．离开混合器的混合物为液态水，其压力为200kPa，温度为100℃．若水的比焓$h = 4.2t$（这里的$t$为水的温度，单位为℃），试问每分钟需要多少水蒸气？

2–12　气体在一无摩阻的喷嘴中流过，进口流速为$C_1$，出口流速为$C_2$．试证明出口流速$C_2 = \sqrt{-\int_1^2 2v\mathrm{d}p + C_1^2}$．

2–13　某闭口系经历一个由二热力过程组成的循环．在过程 1–2 中系统热力学能增加 30kJ，在过程 2–1 中系统放热 40kJ，系统经历该循环所做出的净功为 10kJ．求过程 1–2 传递的热量和过程 2–1 传递的功量．

2–14　在变速箱稳定运行期间，其输入轴获得了 60kW 的能量，并将这些能量传递到输出轴．若将变速箱视为系统，对流换热的传热量为

$$\dot{Q} = -hA(T_b - T_f)$$

其中，$h = 0.2\text{kW/m}^2 \cdot \text{K}$，为换热系数；$A = 1.0\text{m}^2$，为变速箱外壁的表面积；变速箱外壁的温度为$T_b = 300\text{K}(27℃)$，远离外壁的环境温度为$T_f = 293\text{K}(20℃)$．请计算变速箱的传热率，以及变速箱的输出功率．

2–15　0.25kg 的气体在气缸–活塞装置中，压力一直保持 0.5MPa．已知气体在初状态时比容$v_1 = 0.2\text{m}^3/\text{kg}$．若将气体视为系统，已知外界对其所做的功为15kJ．请问气体末状态的体积为多少$\text{m}^3$？

2–16　已知一个空气压缩机，其在压缩过程中内能恒定，并且每压缩 1kg 空气就伴随有 50kJ 的热量传递给冷却水．试求压缩每千克空气压缩行程所消耗的功．

2−17　在一个燃气发动机的压缩冲程中，活塞对气体所做的功为 70kJ/kg，并同时有 42kJ/kg 的热量传递给冷却水．试计算气体比内能的变化，并指明是增加还是减少．

2−18　一个内燃机气缸中的气体在膨胀冲程开始时的比内能为 800kJ/kg，其比体积为 $0.06m^3/kg$．该膨胀过程可假设为可逆膨胀，在满足$pV^{1.5}$=常数的条件下，压力从 5.5MPa 膨胀到 0.14MPa．膨胀过程结束后，气体的比内能为 230kJ/kg．试计算在膨胀冲程中每千克气体释放给气缸冷却水的热量．

2−19　习题 2−19 表中每行给出了一个闭口系统经历热力过程的信息，每个物理量的单位都相同．请填补括号内的空白．

习题 2−19 表

| 过程 | $Q$ | $W$ | $E_1$ | $E_2$ | $\Delta E$ |
|---|---|---|---|---|---|
| a | +50 | −20 | (　) | +50 | (　) |
| b | +50 | +20 | +20 | (　) | (　) |
| c | −40 | (　) | (　) | +60 | +20 |
| d | (　) | −90 | (　) | +50 | 0 |
| e | +50 | (　) | +20 | (　) | −100 |

2−20　环境对一个质量为 5kg 的闭口系统做了 9kJ 的功．在这一过程中，该系统升高了 700m．系统的比内能降低了 6kJ/kg，其动能没有变化．当地重力加速度为 $9.6m/s^2$．请问该过程中的传热量为多少 kJ？

2−21　在一个闭口系统经历的过程中，能量以传热与做功两种方式从系统中传递出去．已知传热率恒定为 10kW，传功率随时间的变化如下式所示：

$$\dot{W}=\begin{cases}-8t, & 0<t\leqslant 1\text{h}\\ -8, & t>1\text{h}\end{cases}$$

式中，$t$的单位为 h，表示时间；$\dot{W}$的单位为 kW．

（1）当 $t$为 0.6h 时，系统能量的变化率为多少 kW；

（2）2h 后系统能量变化为多少 kJ．

2−22　习题 2−22 表给出了某系统经过由四个过程组成的热力学循环的数据，各项数据的单位均为 kJ．对于该循环而言，系统的动能及势能变化可忽略不计．

（1）请补充表中的空白部分；

（2）该循环为动力循环还是制冷循环？

习题 2-22 表

| 过程 | $\Delta U$ | $Q$ | $W$ |
|---|---|---|---|
| 1-2 | 600 | (　) | −600 |
| 2-3 | (　) | (　) | −1300 |
| 3-4 | −700 | 0 | (　) |
| 4-1 | (　) | 500 | 700 |

2-23　某气体经历了由下列三个过程组成的热力学循环.

过程 1-2：等容条件下，$V$=0.028m³，$U_2-U_1$=26.4kJ；

过程 2-3：满足$pV$=常数的条件下膨胀，$U_3=U_2$；

过程 3-1：$p$=0.14MPa 的等压条件下，$W_{31}=-10.5$kJ.

假设气体的动能及势能在变化过程中无明显变化.

（1）请绘制该循环的$p$-$V$图.

（2）该循环的净功为多少kJ？

（3）过程 2-3 的传热量为多少kJ？

（4）过程 3-1 的传热量为多少kJ？

（5）该循环为动力循环还是制冷循环？

2-24　某气体经历了由下列三个过程组成的热力学循环.

过程 1-2：满足$pV$=常数的条件下，从初状态$p_1$=0.1MPa，$V_1$=1.6m³ 压缩，到达末状态$V_2$=0.2m³，$U_2-U_1=0$；

过程 2-3：等压条件下，气体体积由$V_3$变至$V_1$；

过程 3-1：等容条件下，$U_1-U_3=-3549$kJ.

在上述过程中，动能及势能的变化可忽略不计. 请问过程 2-3 中的传热及做功分别为多少kJ？该循环为动力循环还是制冷循环？

2-25　蒸汽以 10m/s 的速度流进一个在$p_1=4$ MPa，$T_1=400$℃下稳定状态运行的缩放管. 假设蒸汽流经缩放管时的传热及势能变化可忽略不计. 在出口时的压力$p_2=1.5$ MPa，速度为 665m/s. 已知质量流量为 2kg/s，请问缩放管的出口截面积为多少 m²？

2-26　已知 400℃的蒸汽以 4600kg/h 的质量流量进入一个稳定状态下运行的涡轮. 涡轮由此输出 1000kW 的功率. 在入口处的压力为 6MPa，流速为 10m/s. 出口处的压力为 0.01MPa，为饱和蒸汽，流速为 50m/s. 请问涡轮与环境之间的传热率为多少 kW？

2-27　290K 的空气以 6m/s 的流速流入一个稳定状态下运行的压缩机. 入口截面积为 0.1m²，压力为 0.1MPa. 出口处空气的压力为 0.7MPa，温度为 450K，流速为 2m/s. 压缩机对环境的传热率为 180kJ/min. 请使用理想气体模型，计算压缩机的输入功率为多少 kW.

2-28 16℃，101kPa 的空气流入一个直径为 0.6m 的风扇，流出时温度为 18℃，压力为 105kPa，体积流量为 0.35m³/s. 假设其为理想气体，请确定在稳定状态下运行时：

（1）空气的质量流量为多少 kg/s?

（2）入口空气的体积流量为多少 m³/s?

（3）入口与出口的流速分别为多少 m/s?

2-29 比焓为 3000kJ/kg，质量流量为 0.5kg/s 的水蒸气进入了一个稳定状态下运行的水平管道. 其在出口处的比焓为 1700kJ/kg. 若水蒸气在管内流动过程中无明显的动能变化，请确定管与环境之间的传热率为多少 kW?

2-30 某蒸汽动力装置，蒸汽流量为40t/h，汽轮机进口外压力表读数为9MPa，进口比焓为3440kJ/kg，汽轮机出口比焓为2240kJ/kg，真空表读数为95.06kPa，当时当地大气压为98.66kPa，汽轮机对环境放热为$6.3 \times 10^3$kJ/h. 试求：

（1）汽轮机进出口蒸汽的绝对压力各为多少？

（2）单位质量蒸汽经汽轮机对外输出功为多少？

（3）汽轮机的功率是多少？

（4）若进出口蒸汽流速分别为60m/s 和 140m/s，对汽轮机输出功有多大影响？

2-31 0.1MPa，300K 的空气以 250m/s 的速度进入一个在稳定状态下运行的隔热的扩压器中. 在扩压器出口处，空气压力增至 0.113MPa，流速为 140m/s. 若在此过程中，势能变化的影响可被忽略. 请使用理想气体模型，确定：

（1）出口流通面积与入口流通面积之比.

（2）出口温度为多少 K?

2-32 600kPa，330K 的空气进入一个水平放置、直径为 1.2cm 的隔热管道. 空气流出管道时的压力为 120kPa，温度为 300K. 请使用理想气体模型，确定在稳定状态下，

（1）空气在入口及出口时的流速分别为多少 m/s?

（2）质量流量为多少 kg/s?

2-33 一汽轮机在稳流条件下获得如下状态的蒸汽：压力 1.38MPa，比体积 0.143m³/kg，比内能 2590kJ/kg，流速 30m/s. 蒸汽离开汽轮机时的状态为：压力 0.035MPa，比体积 4.37m³/kg，比内能 2360kJ/kg，流速 90m/s. 在这一过程中，蒸汽以 0.25kW 的功率对环境放出热量，并且蒸汽流过汽轮机的质量流量为 0.38kg/s. 试计算汽轮机的输出功率.

2-34 喷嘴是一种可使稳定流动流体提高速率的装置. 在某一喷嘴的入口处流体的比焓为 3025kJ/kg，其流速为 60m/s. 在喷嘴的出口处流体的比焓为 2790kJ/kg. 假

设该喷嘴为水平放置，且忽略热损失．试计算：

（1）出口的流速；

（2）当喷嘴入口面积为 $0.1\text{m}^2$ 且入口流体的比体积为 $0.19\text{m}^3/\text{kg}$ 时，流体的流率；

（3）当喷嘴出口处流体的比体积为 $0.5\text{m}^3/\text{kg}$ 时，喷嘴的出口面积．

**2-35** 计算 2.0MPa 压力下，占据 $0.05\text{m}^3$ 体积的 1kg 空气的内能与焓．若该空气被压缩到 5.0MPa 时内能增长了 120kJ，试计算此时该 1kg 空气所占据的体积．

**2-36** 40℃的空气以 225kg/s 的质量流量流入混合室，与以 540kg/s 流入混合室的 15℃空气混合．假设为稳流条件，并且无热损失，试计算流出混合室的空气温度．

# 第3章　熵与热力学第二定律

热力学第二定律来源于对热过程的观察以及千百次科学实验的总结，但它的正确性又能得到充分的保证，因为人们从未在科学和生活中发现过一次反例．

热力学第二定律的起源要追溯到卡诺的热机理论．从19世纪起，蒸汽机在工业、交通运输中起到越来越重要的作用．但是，蒸汽机的效率是很低的，还不到5%，有95%以上的热量都没有得到利用．在生产需要的推动下，一大批科学家和工程师开始从理论上来研究热机的效率．人们发现，蒸汽机必须工作于高温热源与低温热源之间，没有温度差热机就不能工作．因此有人认为，温差是产生动力的关键．那么，工作在两个热源之间的热机，效率究竟有多高呢？它是否有一个极限？在热力学第一定律已经确立的条件下，人们知道任何热过程的发生都必须遵守热力学第一定律，这是热过程发生的必要条件．但没有理论指出，满足热力学第一定律的过程就一定能够发生．

对热的利用促进了人们对热过程的思考，人们发现，在自然界中发生的许多热过程都是具有方向性的，也就是说有些过程是自发的．还有，自然界中虽然存在多种形式的能量，能量之间可以转换，但转换的能力是不同的，有些能量很容易转化为其他形式的能量，但有些能量转化起来非常困难，例如，机械能转化为热能很容易，甚至通过简单的摩擦就可以实现，但要把热能转化为机械能就要困难得多．于是，人们不禁要问，是否存在一个独立于第一定律的热力学第二定律在支配这些热过程呢？事实证明这些设想是正确的．热力学第二定律阐明了能量不但有量的大小，更有品质的高低，量变必须守恒，但质变却不守恒，热运动的自发过程总是向着能量品质降低的方向发展．

## 3.1　自发过程及能量传递与转换的方向性

### 3.1.1　自发过程

自然界中存在许多自发过程，这些过程无需外力帮助即可自然而然地发生．例如，热量从高温物体自然地传到低温物体，高位的水自由地流至低位，盐加入水中自然地成为盐水等．总结发现，在热力系统中常见的自发过程有两类：一类是能量的形态不变，从高势能转向低势能，这类传递是由势差引起的自发过程．例如，温差传热、浓差扩散、压差自由膨胀、化学势差引发的组分迁移等．另一类是能量的形态发生变化，从高品位有序能向低品位的无序能转化的自发过程．例如，摩擦过程中的功转化为热，电流输运时因电子碰撞分子使部分电功转为焦耳热，辐射能与物质作用变成热能，气体流动时气体分子碰撞使动能转为热能等．

上述的能量转化或传递过程，我们强调是自发过程，相反的过程也是可以发生的，但要困难得多，它需要付出代价．自发过程的共同特征是不可逆过程，它不会自动逆向进行，但并不意味着它们根本不可能倒转，借助外力可使一个自由过程发生后再逆向返回原态．

### 3.1.2　能量传递与转换的方向性

第一类自发过程表现在能量传递的方向性．

如温差传热，温度不同的两物体接触时，热量只能从高温物体传给低温物体，它的逆过程即热量从低温物体传给高温物体不能自发进行．

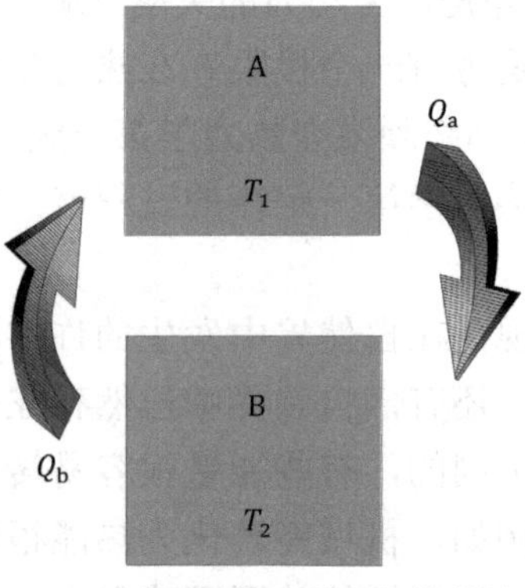

图 3.1　高温物体向低温物体传热

图 3.1 所示为高温物体 A 向低温物体 B 传热，此时$T_1 > T_2$．高温物体 A 放出热量$Q_a$,低温物体 B 得到热量$Q_b$，根据热力学第一定律，必须有$Q_a = Q_b$．但是，低温物体 B 不能自动地向高温物体 A 传热，即使满足$Q_a = Q_b$也不行．

如压差自由膨胀，刚性绝热容器隔成两室，一半腔室储有气体，另一半为真空．若将隔板移开或开一个小孔，高压气体会自动流入低压室，直至两室的压力相等．这种在有限压差推动下不做功的膨胀过程称为自由膨胀，是自发过程．其相反的过程是不能自由发生的．如图 3.2 所示就是一个自由膨胀过程．设膨胀前系统内能为$U_1$，膨胀完成后内能为$U_2$，根据封闭系统的热力学第一定律，该过程应该满足如下能量平衡方程：

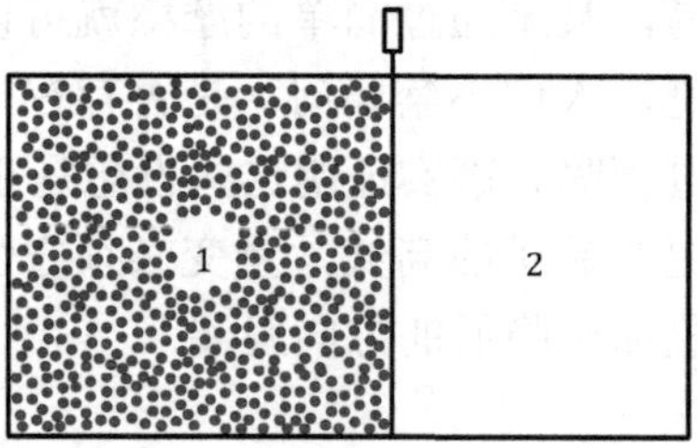

图 3.2　向低压空间的自由膨胀

$$Q - W = U_2 - U_1$$

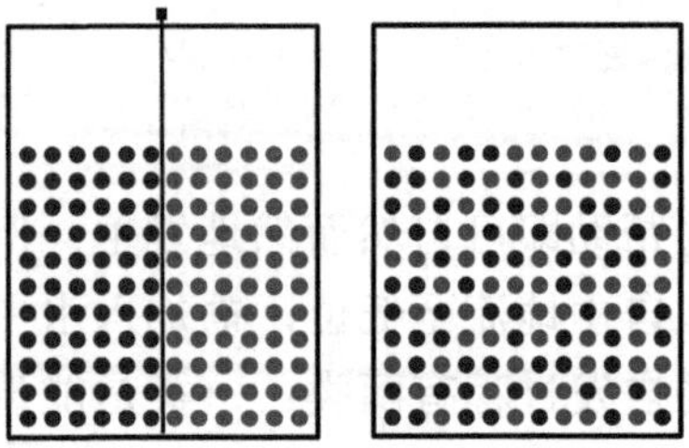
图 3.3　浓差扩散过程

但在该过程中，系统没有与外界交换热量，热不对外做功，所以$Q = 0$，$W = 0$，于是得到结论$U_2 = U_1$，即膨胀前后内能不变．

浓差扩散过程也是典型的不可逆过程，图 3.3 所示为一个容器内隔板两侧有不同种类的气体，不论两侧的温度、压力是否相等，当抽去隔板后，两侧气体即互相扩散、混合，最后成为均匀一致、处处状态相同的混合物．其相反的过程，即把混合气体分离，则需要付出很大代价.

如化学势差反应，锌片投入硫酸铜溶液会引起置换反应，氢气与氧气混合会燃烧生成水；而其逆反应不会自动进行，必须以消耗另外的能量为代价.

第二类自发过程表现在能量转换的方向性.

机械能、电能都可百分之百地转化为热能，即有序功能与有序功能之间、有序功能转为无序热能时，能量可百分之百地转化. 如图 3.4 所示是一个物体在重力的作用下，滑向地面，物体的势能可以通过摩擦百分之百地转化为热能，而热能只能部分地转化为机械能、电能. 可见，功转化为热是自发过程，热量转化为功是非自发过程.

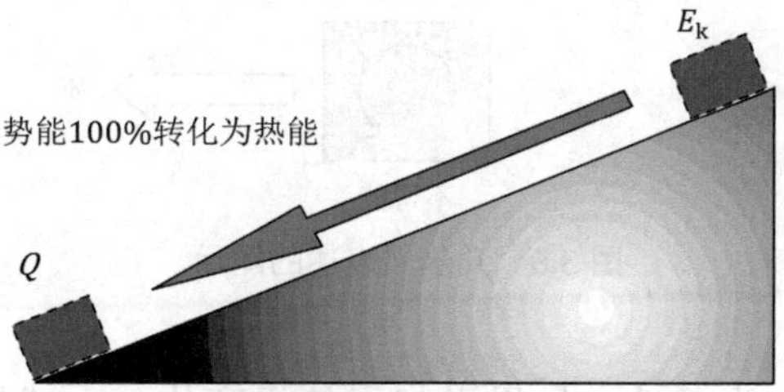

图 3.4　机械能自由转化为热能

还有许多功自由转化为热的过程，如光谱辐射能能够全部转化为热能，而热能不能全部转化为单一光谱的热能. 电能可以自由转化为热能，而热转化为电就困难得多. 这些有方向性的自发过程说明，能量的转化是有方向性的.

## 3.2　热力学第二定律的表述

热力学第二定律是一个经验定律，来源于对不同热现象的观察和实验. 因此不同的人将给出不同的表述，但它们是等价的，一种表述成立，其他的表述也会成立. 据统计，热力学第二定律的表述有几十种之多，但大多数只是针对某个具体现象的总结，与热力学理论作为一门严谨的科学不符，所以最经典的只有几种.

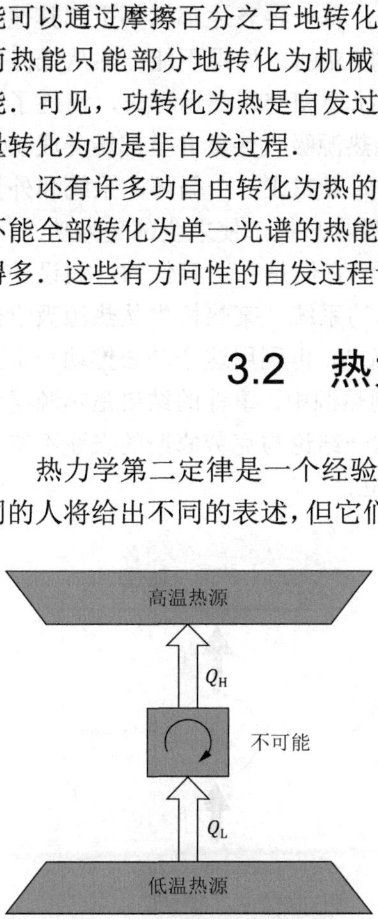

图 3.5　克劳修斯表述的图示

**克劳修斯表述：**热不可能从低温热源传至高温热源，而不引起其他变化.

克劳修斯的表述指出了热量传递过程的方向性. 虽然能量的性质没有变化，但它只能单向地发展变化. 图 3.5 是克劳修斯表述的图示描述，它指出在一个循环中，热机不可能把热量从低温热源转移到高温热源.

**开尔文表述：**不可能从单一热源吸收热量使之完全变成功而不引起其他变化.

开尔文表述指出了功热转换的方向性，这时能量的性质发生了变化，但变化的

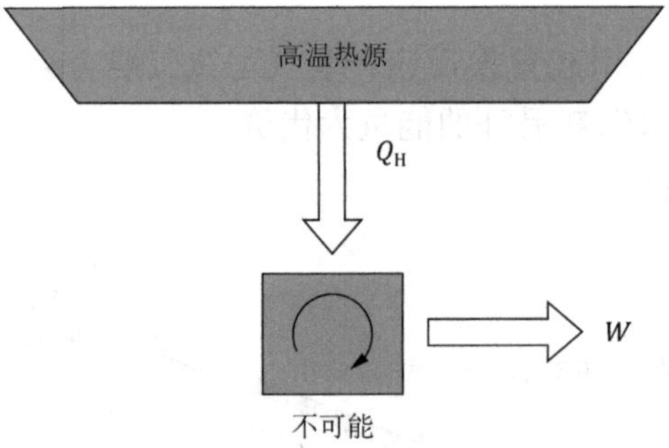


图 3.6 开尔文表述的图示

方向要受到限制．图 3.6 是开尔文表述的图示，它指出在一个循环中，热机不可能只从高温热源取得热量而将它全部变为功．

**开尔文–普朗克表述：**不可能从单一热源吸收热量经历一个循环提升重物而不引起其他变化．

开尔文–普朗克表述其实是开尔文表述的重复，因为提升重物就是对重物做功，所以它们是完全等价的．观察上面的表述可以发现，每一种表述都以不引起其他变化为条件，如果引起了外界变化，上述的表述是不成立的．如果不能把热从低温热源传至高温热源，那冰箱、空调如何实现？关键是冰箱和空调在运行时，消耗了外界的功，引起了外界的变化．等温膨胀过程，从高温热源吸收热量并全部转变成功，但该过程活塞的位置发生变化，在外界留下影响．如果完成一个循环，系统和外界都完全恢复原来状态，这个时候不可能从单一热源吸收热量，使之全部变为功．

必须指出，上面的表述虽然针对不同的事物，但它们是完全等价的．假设开尔文表述不成立，那么就可以构建如图 3.7（a）所示的系统，某热机先从热源吸收热量 A，经过这个热机转化后，所有热量转化成了功量 A，再利用这个功去推动一个热泵系统，让热泵从冷源抽取热量 B，并将它再输送到热源中．事件的结果是热源得到了热量 B，冷源失去了热量 B，等同与图 3.7（b）．这一结论与克劳修斯的表述不符，因此开尔文表述不正确时，克劳修斯的表述也不成立．

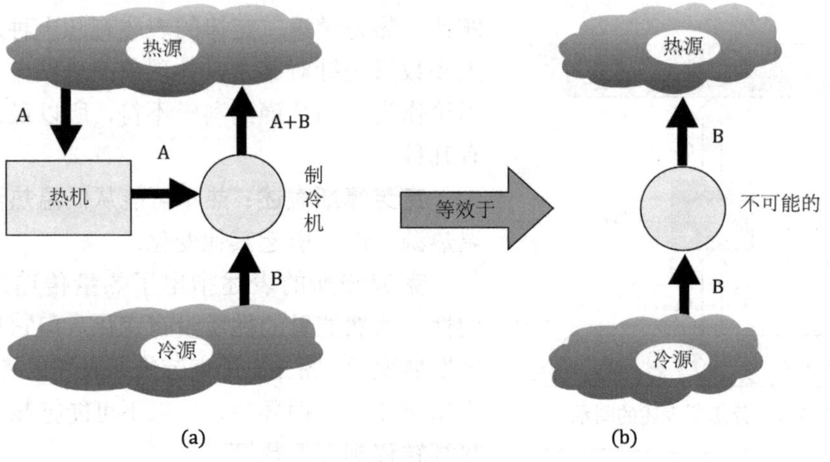


图 3.7 开尔文表述与克劳修斯表述的等价证明

热力学第二定律从另一个角度揭示了热运动发展变化的规律，它说明所有宏观热过程都是不可逆的，热过程是有方向性的．所以热力学第二定律还可以概括为更一般的说法："一切自发的热过程都是不可逆的"．它虽然来自经验的总结，但它是所有热过程必须遵守的规则．人们只能认识它，应用它，而不能违背它．历史上曾经出现过违背热力学第二定律的第二类永动机，声称可以从一个热源获得热量，使之完全变为功，而不引起其他变化．他们设想了如图 3.8 所示的循环系统，最终可以利用单一热源为外界提供功量．在自然界中单一热源存在很多，如环境大气、海洋中的海水，它们由于质量巨大，从而蕴含的热能众多，于是可以源源不断地为人类提供动力，显然这种想法是不正确的，所以第二类永动机无法实现．

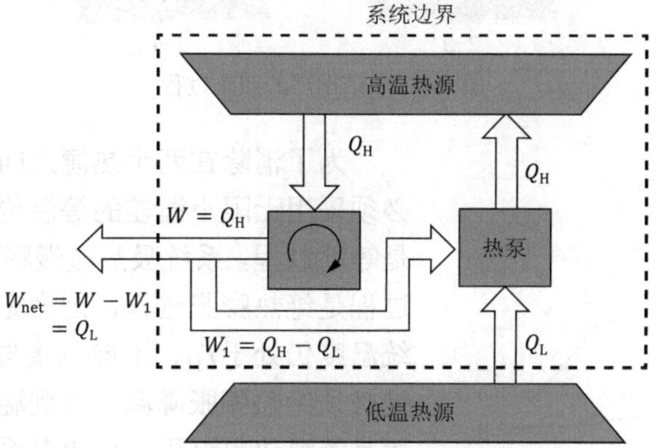


图 3.8　第二类永动机的循环过程

最后还需要指出，克劳修斯曾将热力学第二定律应用到宇宙中，导致宇宙"热寂说"的出现．他的根据是，热力学第二定律指出，热量只能自发地从高温物体传至低温物体，那么宇宙中的高温星球不断给低温星球传热，最后宇宙将变得各处温度均匀一致，不再有热运动过程，那么宇宙将是一片"热寂"，那时将是一个死寂的宇宙．这一思想的提出，极大地动摇了宇宙运动不灭的思想体系，造成了思想上的混乱．克劳修斯的错误就是将宏观的热力学第二定律应用到了宇观的超巨大系统中．

## 3.3　卡诺循环与卡诺定理

热机的出现，改变了人们的生产方式，但初始的热机效率极其低下，从而促使人们去探索提高热机效率的方法．热力学第二定律指出，热机必须工作在两个热源之间，那么工作在两个热源之间的热机，它的最高效率是多少呢？为了回答这个问题，卡诺进行了一个思想实验，如图 3.9 所示，设想有一个活塞系统工作在高温热源$T_H$和低温热源$T_L$之间，所有过程必须是可逆的．

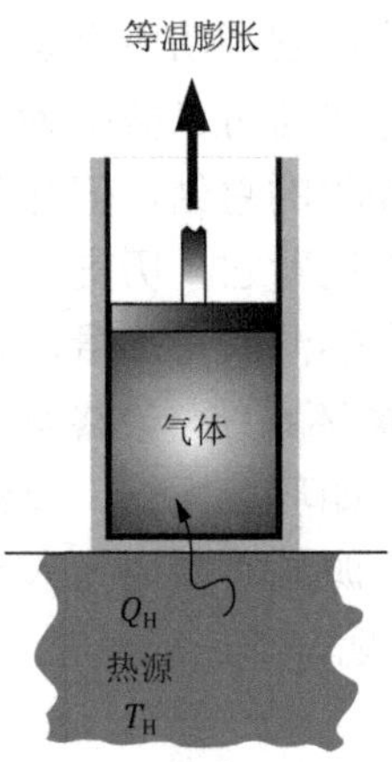


图 3.9　卡诺循环的四个过程

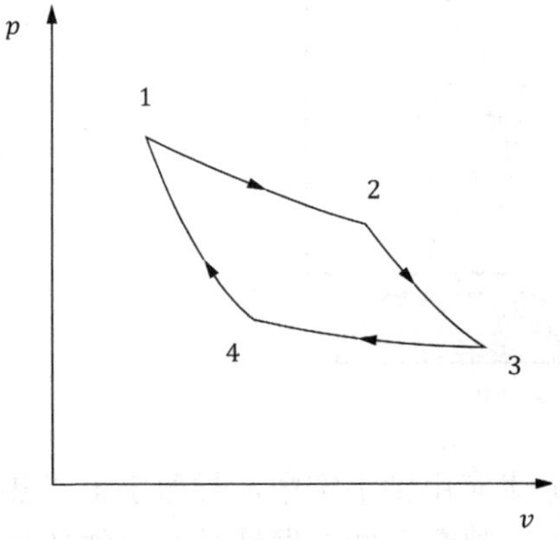


图 3.10　卡诺循环过程

为了消除在两个热源之间传热的不可逆性，必须采用无限小温差的等温传热，所以 1-2 过程是等温过程，系统吸热缓慢膨胀，对外做功. 2-3 过程是绝热膨胀过程，因为完成等温膨胀后，系统温度仍处于$T_{\mathrm{H}}$，不能直接与低温热源接触，于是必须绝热膨胀降温，直到温度达到$T_{\mathrm{L}}$. 3-4 过程是等温放热过程，外界对系统做功. 完成该过程后，温度为$T_{\mathrm{L}}$，不能直接与高温热源接触，又必须进行绝热压缩提高温度至$T_{\mathrm{H}}$，所以 4-1 是绝热压缩过程.

因此，卡诺循环由两个等温过程和两个绝热过程组成. 它在$p$-$v$图中如图 3.10 所示. 如果 1-2 过程中系统从高温热源吸收热量为$q_1$，向低温热源放热为$q_2$，对外做功为$w$，那么循环效率为

$$\eta_{\mathrm{c}} = \frac{w}{q_1} \tag{3.1}$$

根据能量守恒定律，$w = q_1 - q_2$，所以

$$\eta_{\mathrm{c}} = \frac{q_1 - q_2}{q_1} = 1 - \frac{q_2}{q_1} \tag{3.2}$$

如果工质是理想气体，1-2 过程和 3-4 过程都是等温过程，内能没有发生变化，所以

$$q_1 = w_{1-2} = \int_1^2 p\mathrm{d}v = RT_{\mathrm{H}}\ln\frac{v_2}{v_1} \tag{3.3}$$

$$q_2 = -w_{3-4} = -\int_3^4 p\mathrm{d}v = RT_\mathrm{L}\ln\frac{v_3}{v_4} \tag{3.4}$$

注意，式（3.4）取了绝对值，没有考虑放热为负．3.4 节将学到，2–3 过程和 4–1 过程是绝热过程，它们的比容有如下关系：

$$\ln\frac{v_2}{v_1} = \ln\frac{v_3}{v_4}$$

最后得到，卡诺热机的效率为

$$\eta_\mathrm{c} = 1 - \frac{T_\mathrm{L}}{T_\mathrm{H}} \tag{3.5}$$

这就是著名的卡诺热机的效率，说明卡诺热机的效率只与热源温度有关而与工质的性质无关．

卡诺在自己的思想实验中建立了理想的卡诺循环，证明热机必须工作在两个热源之间，当两个热源温度相等时（这其实变成了一个热源），热机效率为零，与开尔文的第二定律表述相吻合．提高热源温度或降低冷源的温度都可以提高热机效率．除此之外，卡诺还提出了著名的卡诺定理．

**定理一**　*在相同热源间工作的所有可逆热机具有相同的效率，与热机结构和采用工质无关．*

**定理二**　*在相同热源间工作的可逆热机的效率总是高于不可逆热机的效率．*

值得指出，在热力学第二定律提出之前，卡诺就提出了著名的卡诺定理．但当时他给出的证明是错误的，但今天很容易利用第二定律结合第一定律加以证明．卡诺定理不仅给出在给定的温差范围，热转换为功的最大理论限度，而且指出提高热效率的方向和原则；在今天看来，还指出了热能具有品质问题，这是卡诺的最大贡献．

## 3.4　状态参数熵

第二定律有多种表述，各种表述是等效的，最根本的是告诉我们，所有热过程都是不可逆的，它们的发展是有方向性的．不同的热过程有不同的不可逆性，但不同的不可逆性不是孤立的，是彼此相互联系的，它们有共同的本质特征．因此，可用同一物理量描述这一本质特征，这个物理量就被定义为熵．熵是用来描述所有不可逆过程共同特征的热力学参数，是一个状态参数．

热力学中有许多方法可以引进熵这个概念，最简单的方法是比较法．第 1 章已经告诉我们，在许多领域做功都与两个参数有关，一个是代表推动力的势差物理量，另一个是做功与否的标志量．例如，机械力做功

$$\delta W = F \cdot \mathrm{d}x$$

电力做功

$$\delta W = E \cdot \mathrm{d}I$$

表面张力做功

$$\delta W = \sigma \cdot \mathrm{d}A$$

物质可逆膨胀做功

$$\delta W = p \cdot \mathrm{d}V$$

观察上面的公式很容易发现，准静态的做功模式，可以表述为一个强度参数与相应的广延参数的变化量的乘积．强度参数表示驱动势差或驱动力，广延参数的变化是做功与否的标志．

热量与功量都是系统与外界之间相互作用的转移能量，单位相同，特点类似．一个是通过有序运动转移的能量，一个是通过无序运动转移的能量，在变化过程中都是过程量．热量是通过温差的作用通过界面传递的能量，很容易想到，温度就是推动热量传递的强度参数，那么也应该存在一个广延参数的变化来表示是否发生了热量交换，即传热应该有如下计算形式：

$$\delta Q = T \cdot \mathrm{d}S \tag{3.6}$$

热力学第二定律可以证明，这个广延参数是确实存在的，并被命名为熵，用符号$S$表示，单位为 J/K．它是一个广延参数，单位工质的熵称为比熵，用$s$表示，单位为J/(kg·K)，比熵是强度参数．因此，在可逆过程中，熵可以用传热量与传热温度之比来计算，即

$$\mathrm{d}S = \frac{\delta Q}{T} \tag{3.7}$$

有了熵这个状态参数，那么就可以建立$T$-$S$坐标系，将热过程在坐标系中表示出来，如图 3.11 所示．对于一个微元过程，$\delta Q = T \cdot \mathrm{d}S$，对一个有限过程，传热量为

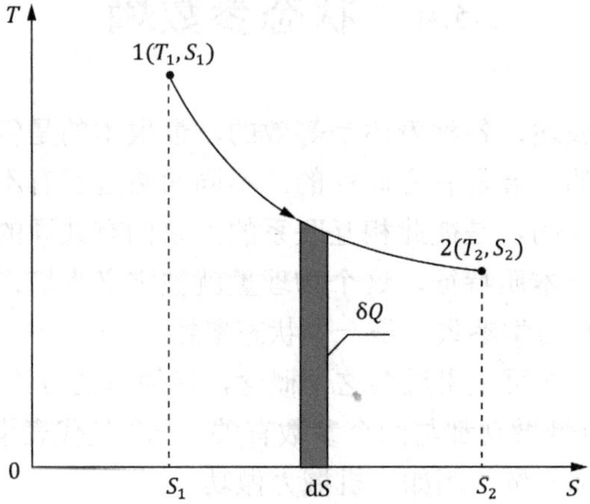


图 3.11　传热量在 $T$-$S$ 上的表示

熵和㶲

$$Q_{12} = \int_1^2 T\mathrm{d}S \tag{3.8}$$

对于单位工质，传热量为

$$\delta q = T \cdot \mathrm{d}s \quad 且 \quad q_{12} = \int_1^2 T\mathrm{d}s \tag{3.9}$$

可见，过程的传热量正好是过程线对$S$轴投影所包围的面积.

## 3.5 第一和第二 $T\mathrm{d}S$方程

对于可逆过程，利用方程（3.7）可以很方便地计算出过程的熵变，但这个过程需要知道传热的大小，而传热是与过程相关的，如果能够利用其他状态参数计算熵变将更有意义和方便. 因为熵本身就是一个状态参数，一旦过程的初始和终了状态确定，熵变就确定了，无需顾及传热的过程.

纯物质的简单可压缩封闭系统，发生一个微小的可逆过程，根据第一定律，可得如下能量平衡方程：

$$\delta Q = \mathrm{d}U + \delta W$$

已知该过程是可逆的，那么$\delta Q = T\mathrm{d}S$，$\delta W = p\mathrm{d}V$，代入上式得到

$$T\mathrm{d}S = \mathrm{d}U + p\mathrm{d}V \tag{3.10}$$

这是利用状态参数计算熵变的重要公式，称为第一$T\mathrm{d}S$方程.

已知焓的定义方程为$H = U + pV$，因此

$$\mathrm{d}H = \mathrm{d}U + \mathrm{d}(pV) = \mathrm{d}U + p\mathrm{d}V + V\mathrm{d}p$$

整理得

$$\mathrm{d}U + p\mathrm{d}V = \mathrm{d}H - V\mathrm{d}p$$

最后得到第二$T\mathrm{d}S$方程

$$T\mathrm{d}S = \mathrm{d}H - V\mathrm{d}p \tag{3.11}$$

对于单位质量的工质，第一与第二$T\mathrm{d}S$方程可以写出如下：

$$T\mathrm{d}s = \mathrm{d}u + p\mathrm{d}v \tag{3.12}$$

$$T\mathrm{d}s = \mathrm{d}h - v\mathrm{d}p \tag{3.13}$$

利用上面方程计算熵变是方便的，虽然$T\mathrm{d}s$方程都是针对可逆过程求得的，但给定初终状态后，通过积分上述方程求解熵变却对任何过程都成立，因为熵是状态参数.

举例来说，考虑饱和液态到饱和蒸汽在常温常压下的相变过程，因为压力是常数，方程（3.13）变为

$$\mathrm{d}s = \frac{\mathrm{d}h}{T} \tag{3.14}$$

又由于温度也是常数，因此积分上式得

$$s_g - s_f = \frac{h_g - h_f}{T} \tag{3.15}$$

这个方程说明，可以通过饱和蒸汽表的参数值计算熵的变化.

## 3.6 熵变、熵流与熵产

对于可逆过程，可以利用式（3.7）、（3.12）和（3.13）计算系统熵的变化，这是最一般的过程. 但对于不可逆过程，熵变如何计算呢？显然不能再使用方程（3.7）来计算，因为引入熵概念的目的就是想利用熵变的大小反映出不可逆性的大小，作为系统不可逆性大小的评价指标.

从方程（3.12）和（3.13）可以知道，熵是一个状态参数，因此显然有

$$\oint \mathrm{d}S = 0 \tag{3.16}$$

于是，对于任何可逆过程都有

$$\oint \frac{\delta Q}{T} = 0 \tag{3.17}$$

这一点，也可以从卡诺定理得到证明，如图 3.12(a)所示的任意可逆循环，从高温热源得到热量$Q_H$，在低温热源放出热量$Q_L$，根据卡诺定理，任何可逆循环效率都相等，与卡诺循环效率相同，所以

$$\eta_c = 1 - \frac{T_L}{T_H} = 1 - \frac{Q_L}{Q_H} \tag{3.18}$$

整理得

$$\frac{Q_L}{T_L} = \frac{Q_H}{T_H} \tag{3.19}$$

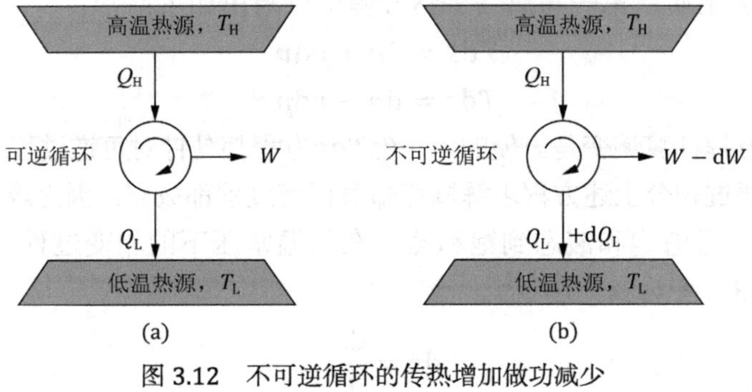


图 3.12　不可逆循环的传热增加做功减少

注意，这里$Q_L$取的是绝对值，考虑到系统放热为负，那么$Q_L$实际上应该是负值，最后

$$\frac{Q_H}{T_H}+\frac{Q_L}{T_L}=0 \tag{3.20}$$

上式对任意卡诺循环成立，也对任意可逆循环成立．对于完整循环，上式也可写成积分形式

$$\int_{吸热过程}\frac{\delta Q_H}{T_H}+\int_{放热过程}\frac{\delta Q_L}{T_L}=\oint\frac{\delta Q}{T}=0 \tag{3.21}$$

于是，我们知道$\delta Q/T$一定是一个状态参数的微分，令这个状态参数为熵，用$S$表示，即

$$\mathrm{d}S=\frac{\delta Q}{T}$$

这也是传统地引进熵概念的方法之一．对于一个不可逆循环，由于不可逆性的存在，系统对外做功减小，如图 3.12（b）所示，这时向低温热源的排热量必定增加，于是方程（3.20）中实际的排热量变成$Q_L+\mathrm{d}Q_L$，排热为负，所以

$$\frac{Q_H}{T_H}+\frac{Q_L}{T_L}+\frac{\mathrm{d}Q_L}{T_L}<0 \tag{3.22}$$

转变为积分形式

$$\oint\frac{\delta Q}{T}<0 \tag{3.23}$$

结合式（3.17）得到

$$\oint\frac{\delta Q}{T}\leqslant 0 \tag{3.24}$$

这就是著名的克劳修斯不等式，它作为循环是否可逆，是否可以发生的判别式，在热力学发展中起了非常重要的作用．等号对应可逆过程，不等号对应不可逆过程，大于零的过程永远不能发生．更深刻的含义是将热力学第二定律从定性描述转化为定量描述．

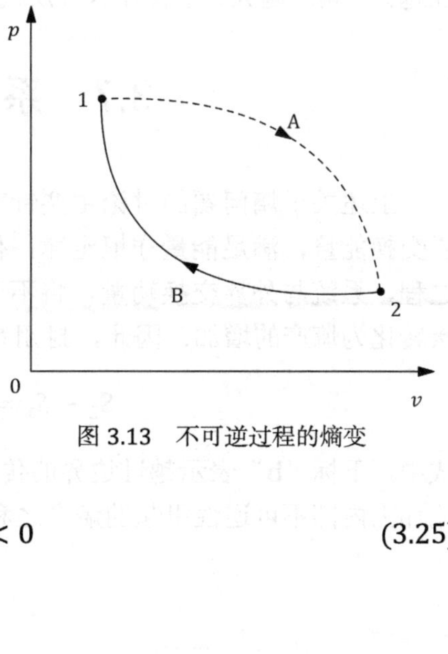

图 3.13　不可逆过程的熵变

为了分析不可逆过程的熵变化，考察图 3.13 中的任意不可逆过程 1-A-2，为了利用克劳修斯不等式进行分析，另加一个可逆过程 2-B-1 组成一个封闭的不可逆循环．根据克劳修斯不等式，得到

$$\int_{1-A-2}\frac{\delta Q}{T}+\int_{2-B-1}\frac{\delta Q}{T}<0 \tag{3.25}$$

移项并注意积分路径方向的改变，得

$$\int_{1-B-2}\frac{\delta Q}{T}>\int_{1-A-2}\frac{\delta Q}{T} \tag{3.26}$$

由于 1-B-2 是一个可逆过程，并且熵变只与初终状态有关，所以

$$S_2-S_1=\int_{1-B-2}\frac{\delta Q}{T}>\int_{1-A-2}\frac{\delta Q}{T} \tag{3.27}$$

转变为微分关系，则

$$\mathrm{d}S>\frac{\delta Q}{T} \tag{3.28}$$

这是一个很有意义的结论，它说明在不可逆过程中，初态至终态的熵变化大于过程中$\delta Q/T$的变化．将此差值用$\mathrm{d}S_\mathrm{g}$表示，称为熵产，即

$$\mathrm{d}S_\mathrm{g}=\mathrm{d}S-\frac{\delta Q}{T} \tag{3.29}$$

最后，得到

$$\mathrm{d}S=\mathrm{d}S_\mathrm{g}+\frac{\delta Q}{T}=\mathrm{d}S_\mathrm{g}+\mathrm{d}S_\mathrm{f} \tag{3.30}$$

这里，$\mathrm{d}S_\mathrm{f}=\delta Q/T$称为熵流，它是由于热量的流动产生的熵转移，可以取正，可以取负，也可以是零．上式表明，系统的熵变除了熵流引起的外，另一部分是由于系统不可逆性引起的，叫熵产，熵产总是大于零或等于零，决不小于零，因此恒有

$$\mathrm{d}S_\mathrm{g}\geqslant 0 \tag{3.31}$$

实际过程中，不可逆的因素各有不同，但其实质是相同的，属性等效，不可逆性越大，熵产越大．不管什么性质的不可逆性，都可以用熵产作为它们的共同量度．

## 3.7 系统的熵平衡计算

上述关于熵问题的讨论主要针对封闭系统．封闭系统只能通过传热或做功与外界交换能量，满足能量守恒定律，传热过程将带动熵进入或流出系统．如果是可逆过程，系统与外界交换功量，将不引起熵的增减；如果是不可逆过程，功的损失直接转化为熵产的增加．因此，封闭系统的熵平衡方程可以写为

$$S_2-S_1=\int_1^2\left(\frac{\delta Q}{T}\right)_\mathrm{b}+\Delta S_\mathrm{g} \tag{3.32}$$

式中，下标“b”表示越过边界的传热．上式意味着，系统的熵变等于越过边界的熵流加上内部不可逆性引起的熵产之和．写成微分形式

$$dS = \left(\frac{\delta Q}{T}\right)_b + \delta S_g \tag{3.33}$$

注意，熵产只能大于或等于零.

对于开放系统，情况要复杂得多. 熵与物质量和能量一样，也是一种广延量，它也能像能量一样，随着物质流进和离开系统，所以采用控制容积法来分析系统熵变化更加方便. 与开放系统能量平衡方程类似，可以写出控制容积系统熵平衡方程如下：

$$\frac{dS}{dt} = \int_A \frac{\delta \dot{Q}}{T} + \dot{m}_i s_i - \dot{m}_e s_e + \dot{S}_g \tag{3.34}$$

这里，$A$是边界总面积，$\dot{m}_i$和$\dot{m}_e$是进、出口的质量流率，即

系统熵的时间变化率

= 从边界进入的熵流率 + 进口随工质进入的熵流率

−出口随工质流出的熵流率 + 系统内部的熵产率

如果系统是稳定的开放系统，这时所有物理量不随时间变化，进出的质量流率相同，即$m_i = m_e = m$，所以稳态稳流的熵方程为

$$\int_A \frac{\delta \dot{Q}}{T} + \dot{m}(s_i - s_e + \dot{s}_g) = 0 \tag{3.35}$$

注意，质量和能量在流动中总量是守恒的，但熵不守恒，流出的熵将超过进入系统的熵，主要是由于系统内部有不可逆性产生了部分熵产所致.

## 3.8 熵 增 原 理

热过程是有方向性的，能量平衡和熵平衡一起决定了热过程的方向，热过程中，能量必须守恒，熵产必须大于或等于零. 对于一个孤立系统，它的能平衡和熵平衡方程分别为

$$\delta Q = \delta W + \Delta U$$
$$\Delta S = \Delta S_f + \Delta S_g$$

孤立系统同时也是一个封闭系统，此时系统与外界没有物质和能量交换，因此

$$\delta Q = 0, \quad \delta W = 0$$

此时，孤立系统的内能将不发生改变，于是进入系统的熵流也等于零. 系统的熵变完全由熵产决定，即

$$\Delta S = \Delta S_g$$

$\Delta S_g$是由于系统内部的不可逆性产生的，永不小于零，只能大于或等于零，于是总结得到孤立系统的熵变总是大于零的，即

$$\Delta S \geqslant 0$$

这就是著名的熵增原理，说明孤立系统的熵永不减小．有时也把系统和环境合二为一看做一个大系统，此时不再有熵流过大系统的边界，因此这个大系统也被认为是孤立系统，此时大系统的熵也永不减小，即

$$\Delta S_s + \Delta S_{sy} = \Delta S_g$$

其中，$\Delta S_s$表示环境的熵变，$\Delta S_{sy}$表示系统的熵变．这时，如果一个过程进行的方向是使孤立系统的熵增加，则该过程是可以进行或发生的，而且是不可逆的；如果使熵不变，则该过程是可逆过程．但若使熵发生减少，则该过程一定不可能发生．例如，低温物体向高温物体传热，就是一个使孤立系统（高温物体与低温物体一起）熵减小的过程，它违反了熵增原理，所以是不可能发生的．要使非自发过程能够发生，就必须进行某种补偿，补偿的最低限度也要使孤立系统的熵增为零．

熵增原理可延伸使用到绝热系统，包括封闭系统和稳定的开放系统．此时$\delta Q = 0$，所以不存在熵流，故对封闭系统有

$$\mathrm{d}s = \delta s_g \geqslant 0$$

对稳定开放系统有

$$s_e - s_i = \dot{s}_g \geqslant 0$$

等号对应可逆过程，不等号对应不可逆过程．

**例 3.1**　某热机从$T_H = 1000\mathrm{K}$的热源吸热2000kJ，向$T_L = 300\mathrm{K}$的冷源放热800kJ．试求：

（1）该热力循环是否能实现？是否为可逆循环？

（2）若将此热机作为制冷机用，能否从$T_L = 300\mathrm{K}$的冷源吸热800kJ，而向$T_H = 1000\mathrm{K}$的热源放热2000kJ？

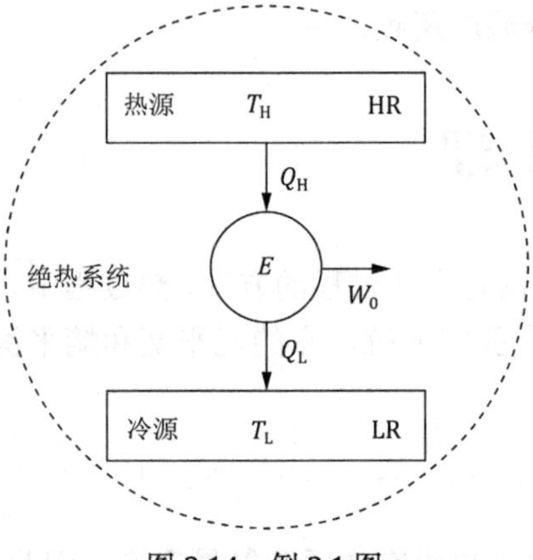


图 3.14　例 3.1 图

**解**　(1)将图 3.14 所示的动力循环的热源、热机和冷源统一看作孤立系，则孤立系总熵变为热源（HR）、热机中工质（m）和冷源（LR）三者熵变量的代数和，即

$$\Delta S = \Delta S_{HR} + \Delta S_m + \Delta S_{LR}$$

孤立系中恒温热源在一个循环中放出热量$Q_H$，其熵变为

$$\Delta S_{HR} = \frac{Q_H}{T_H}$$

恒温冷源在一个循环中吸收热量$Q_L$，其熵变为

$$\Delta S_{LR} = \frac{Q_L}{T_L}$$

工质在热机中经历了一个循环回复到初态，其熵变为

$$\Delta S_{\mathrm{m}} = 0$$

从而有

$$\Delta S_{\mathrm{iso}} = \Delta S_{\mathrm{HR}} + \Delta S_{\mathrm{LR}} = \frac{Q_{\mathrm{H}}}{T_{\mathrm{H}}} + \frac{Q_{\mathrm{L}}}{T_{\mathrm{L}}} = \frac{-2000}{1000}\,\mathrm{kJ/K} + \frac{810}{300}\,\mathrm{kJ/K} = 0.7\,\mathrm{kJ/K} > 0$$

符合孤立系熵增原理，因此该循环可以实现，而且由于孤立系熵变大于零，故为不可逆循环.

（2）将该机作为制冷机用，则$Q_{\mathrm{H}}$和$Q_{\mathrm{L}}$的正负号与热机刚好相反. 仍按上述方法划定孤立系，则

$$\Delta S_{\mathrm{iso}} = \Delta S_{\mathrm{HR}} + \Delta S_{\mathrm{LR}} = \frac{Q_{\mathrm{H}}}{T_{\mathrm{H}}} + \frac{Q_{\mathrm{L}}}{T_{\mathrm{L}}} = \frac{2000}{1000}\,\mathrm{kJ/K} - \frac{810}{300}\,\mathrm{kJ/K} = -0.7\,\mathrm{kJ/K} < 0$$

违背孤立系熵增原理，因此该循环不可能实现.

## 3.9　能量的可用性与能量的贬值原理

第二定律指出，热机必须工作在两个温度不同的热源之间才能够通过循环对外做功，这是由能量传递和能量转换的方向性决定的. 卡诺定理进一步指出，工作在高温热源和冷源之间的热机，经历可逆过程时输出的功量最大，其值为

$$W_{\max} = Q_{\mathrm{H}}\left(1 - \frac{T_{\mathrm{L}}}{T_{\mathrm{H}}}\right) \tag{3.36}$$

这里，$Q_{\mathrm{H}}$是热机向高温热源吸取的热量，$T_{\mathrm{H}}$和$T_{\mathrm{L}}$分别是高温热源和低温热源的温度. 实际的热机都工作在环境中，利用环境作为低温热源是方便的，因此一个理想热机在环境状态下，输出功的最大值为

$$W_{\max} = Q_{\mathrm{H}}\left(1 - \frac{T_0}{T_{\mathrm{H}}}\right) \tag{3.37}$$

这里，$T_0$为环境温度. 式（3.37）说明，在热量$Q_{\mathrm{H}}$中，除去可转变为有用机械功的$Q_{\mathrm{H}}(1 - T_0/T_{\mathrm{H}})$这部分外，仍然有$Q_{\mathrm{H}}(T_0/T_{\mathrm{H}})$部分放给周围环境而无法转变为功. 这说明，热转换为功的能力不是无限的，它只能部分转换为功，它是由热力学第二定律决定的，不以人们的意志为转移.

早在德国科学家克劳修斯提出熵概念之后不久，英国科学家泰特就提出了能量可用性的概念，理论上确定了热量中的有效部分为$Q_{\mathrm{H}}(1 - T_0/T_{\mathrm{H}})$，无效部分为$Q_{\mathrm{H}}(T_0/T_{\mathrm{H}})$，后来人们将热量中能够转换为有用功的部分称为㶲，用$Ex$表示，不能转换为有用功的部分称为𫘝，用$An$表示，即

$$Ex = Q_{\mathrm{H}}\left(1-\frac{T_0}{T_{\mathrm{H}}}\right) \tag{3.38}$$

$$An = Q_{\mathrm{H}}\left(\frac{T_0}{T_{\mathrm{H}}}\right) \tag{3.39}$$

显然，当环境温度保持不变，热源温度越高，㶲值越大．有了㶲概念之后，可以重新对热力学第一定律和第二定律进行表述．

**第一定律** 在任何过程中，㶲和\u70c3的总量保持不变．

**第二定律** 可逆过程，㶲保持不变；不可逆过程，部分㶲转换为\u70c3，\u70c3不能转换为㶲．

在热量传递过程中，热量的总量必须保持守恒，但㶲不守恒．考察物体 A 与物体 B 组成的系统，A 物体温度高，向 B 物体传热 $Q$，那么物体 A 放出热量 $Q$中的㶲值为

$$Ex_{\mathrm{A}} = Q\left(1-\frac{T_0}{T_{\mathrm{A}}}\right)$$

物体 B 得到热量$Q$的㶲值为

$$Ex_{\mathrm{B}} = Q\left(1-\frac{T_0}{T_{\mathrm{B}}}\right)$$

在这一过程中，虽然热量的“量”保持不变，但由于$T_{\mathrm{A}} > T_{\mathrm{B}}$，很容易发现$Ex_{\mathrm{A}} > Ex_{\mathrm{B}}$，表明热量的㶲降低了，说明在有限温差传热这种不可逆过程中，㶲是不守恒的．由于不等温传热，有一部分㶲转化成了\u70c3，造成了㶲损失，用$I$表示，则有

$$I = Ex_{\mathrm{A}} - Ex_{\mathrm{B}} = T_0 Q\left(\frac{1}{T_{\mathrm{B}}}-\frac{1}{T_{\mathrm{A}}}\right)$$

如果把由 A 和 B 组成的系统看做孤立系统，A 和 B 的总熵变就是过程的熵产，所以

$$\Delta S_{\mathrm{iso}} = Q\left(\frac{1}{T_{\mathrm{B}}}-\frac{1}{T_{\mathrm{A}}}\right)$$

最后得到，㶲损失$I$为

$$I = T_0 \Delta S_{\mathrm{iso}} \tag{3.40}$$

这就是著名的高邬公式．当孤立系统发生任何不可逆过程，系统内产生的㶲损失均等于环境温度与过程熵产的乘积．因此，熵产可以用作所有不可逆性的共同量度．

人类间接利用热能的目的是获得功，成为可以驱动机械的动力，以此为基础，我们可以将能量分为三类：

（1）具有无限转换能力的能量，如电能、机械能，理论上可以无限制地转化为可资利用的功或者任何其他形式的能量．

（2）具有有限转换能力的能量，如温度高于环境温度的热能，与环境状态不平衡的热力系统所具有的能量．它可以部分转化为功．

（3）不具有转换能力的能量，如环境介质的内能或以热量形式输入环境的能量．

从这些分类可以发现，能量不但有数量多少的问题，还有品质高低的问题．正是能量品质有高有低，才有了热过程的方向性问题，品质高的能量可以向品质低的能量自由转化，而品质低的能量不能自由向品质高的能量转化．在实际的热过程中，所有**自发的热过程都是向着品质降低的方向发展**，这就是著名的"能量贬值原理"，也是热力学第二定律更一般、更概括性的说法．它表明，在能量转化过程中，能量数量保持不变，但能量的品质只能降低不能升高，极限条件下保持不变．

**例 3.2**　处于饱和状态的水被封于气缸活塞中，水温 100℃（图 3.15）．水在叶轮的搅拌下从饱和水变成了饱和蒸汽，该过程中，活塞是自由的，且系统与外界没有热量交换．求单位工质所需的净功及熵产．已知饱和蒸汽与饱和水的内能差为$\Delta u=+2087.56\text{kJ/kg}$，熵差为$\Delta s=6.048\text{kJ/(kg}\cdot\text{K)}$．

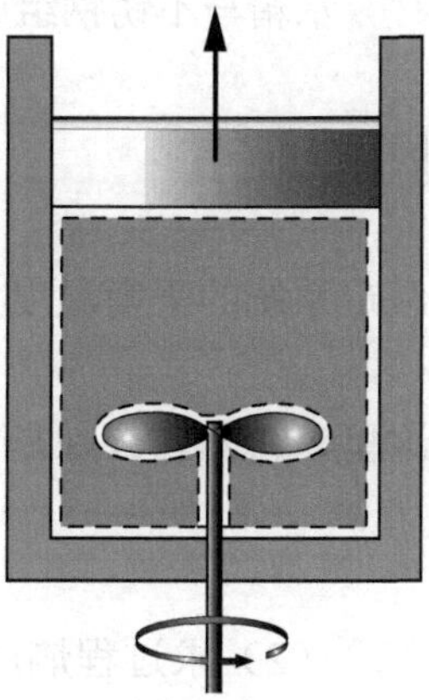

图 3.15　例 3.2 图

**解**　这个系统是一个封闭系统，与外界没有热量交换，根据第一定律

$$q=\Delta u+w=0$$

所以

$$w=-\Delta u=-2087.56\text{kJ/kg}$$

负号表示外界输入的功大于活塞的膨胀功．

根据封闭系统的熵平衡方程

$$\Delta s=\int_1^2\frac{\delta q}{T}+\Delta s_{\text{g}}$$

所以

$$\Delta s_{\text{g}}=\Delta s=6.048\text{kJ/(kg}\cdot\text{K)}$$

**例 3.3**　一根 0.3kg 不锈钢初温1200K被放入一个保温的水箱中（图 3.16），水箱中装水 9kg，温度为 300K．水的比热为$c_{\text{w}}=4.2\text{kJ/(kg}\cdot\text{K)}$，不锈钢的比热为$c_{\text{s}}=0.42\text{kJ/(kg}\cdot\text{K)}$，假定比热为常数．求（1）系统的平衡温度；（2）系统的过程熵产．

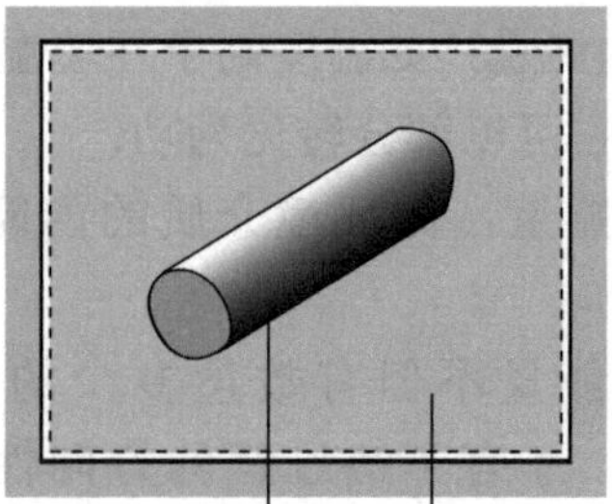


图 3.16　例 3.3 图

**解**　(1) 求平衡温度

水箱与不锈钢组成孤立系统，系统与外界无能量交换，所以系统内能不变，即有

$$\Delta U = Q - W = 0$$

因此

$$\Delta U_w + \Delta U_s = 0$$

假定系统的平衡温度为$T_m$，那么

$$m_w c_w (T_m - T_w) + m_s c_s (T_m - T_s) = 0$$

这里，$T_w$和$T_s$分别是水和不锈钢棒的初温

$$T_m = \frac{m_w c_w T_w + m_s c_s T_s}{m_w c_w + m_s c_s} = 303K$$

(2) 求过程熵产

对于孤立系统

$$\Delta S = \Delta S_g$$

所以

$$\Delta S_w + \Delta S_s = \Delta S_g$$

最后

$$\Delta S_g = \int_{T_w}^{T_m} \frac{\delta Q_w}{T} + \int_{T_s}^{T_m} \frac{\delta Q_s}{T} = \int_{T_w}^{T_m} \frac{m_w c_w dT}{T} + \int_{T_s}^{T_m} \frac{m_s c_s dT}{T}$$
$$= (0.376 - 0.173)kJ/K = 0.203kJ/K$$

# 本 章 小 结

本章基于能量传递与转换具有方向性的事实，提出了能量品质问题，指出热过程总是向着品质降低的方向发展的，这就是能的贬值原理．热力学第二定律是基于

无数经验事实的总结，它有多种表述.

**克劳修斯表述**：热不可能从低温热源传至高温热源，而不引起其他变化.

**开尔文表述**：不可能从单一热源吸收热量使之完全变成功而不引起其他变化.

热力学第二定律的各种表述是等价的，实质是相同的．卡诺循环由两个等温过程和两个绝热过程组成，理想卡诺循环的效率为

$$\eta_c = 1 - \frac{T_L}{T_H}$$

卡诺定理指出，任何在相同温差热源之间工作的热机，可逆的热机具有相同的效率，等于卡诺循环效率，只与热源的温度有关而与采用的工质无关．任何不可逆热机的效率总是低于可逆热机的效率.

利用卡诺定理和卡诺循环可以导出和证明状态参数熵可以表示为

$$\mathrm{d}S = \frac{\delta Q}{T}$$

同时可以导出，克劳修斯不等式

$$\oint \frac{\delta Q}{T} \leqslant 0$$

根据封闭系统的能量平衡方程，可以导出第一和第二$T\mathrm{d}S$方程

$$T\mathrm{d}S = \mathrm{d}U + p\mathrm{d}V$$

$$T\mathrm{d}S = \mathrm{d}H - V\mathrm{d}p$$

提出了熵由熵流和熵产两部分组成

$$\mathrm{d}S = \mathrm{d}S_g + \mathrm{d}S_f$$

熵流是由系统与外界传热引起的，可以正，可以负，也可以为零，但熵产是由系统的不可逆性引起的，只能取正，可逆时是零．由于孤立系统的熵只有熵产，所以孤立系统的熵永不减小，这就是熵增原理，即

$$\mathrm{d}S_g \geqslant 0$$

熵增原理可以用来判断过程是否可行和可逆，它是第二定律的数学表达式之一.

## 习　题

3-1　两卡诺机 A、B 串联工作．A 热机在627℃下得到热量，并对温度为$T$的热源放热．B 热机从温度为$T$的热源吸收 A 热机排出的热量，并向27℃的冷源放热．在下述情况下计算温度$T$：

（1）两热机输出功相等；

（2）两热机效率相等.

3-2　闭口系统中工质在某一热力过程中从热源（300K）吸取热量750kJ．在该过程中工质熵变为5kJ/K，问此过程是否可行？是否可逆？

3-3　某物体的初温为$T_{\mathrm{H}}$，冷源温度为$T_{\mathrm{L}}$．现有一热机在此物体和冷源间工作，直至物体的温度降至$T_{\mathrm{L}}$为止．若热机从物体中吸取的热量为$Q_{\mathrm{H}}$，物体的质量为$m$，比热容为$c$，试用熵增原理证明此热机所能输出的最大功为

$$W_{0,\max}=Q_{\mathrm{H}}-T_{\mathrm{L}}mc\ln\frac{T_{\mathrm{H}}}{T_{\mathrm{L}}}$$

3-4　气体在气缸中被压缩，压缩功为186kJ/kg，气体的热力学能变化为56kJ/kg，熵变化为−0.293kJ/(kg·K)，温度为20℃的环境可与气体发生热交换，试确定每压缩1 kg气体时的熵产．

3-5　两个质量相等、比热容相同且为定值的物体A和B，初温各为$T_{\mathrm{A}}$和$T_{\mathrm{B}}$．用它们作热源和冷源使可逆机在其间工作，直到两物体温度相等为止．

（1）试证明平衡时的温度为$T_{\mathrm{m}}=\sqrt{T_{\mathrm{A}}T_{\mathrm{B}}}$；

（2）求可逆机做出的总功量；

（3）如果两物体直接接触进行热交换，直至温度相等，求此时的平衡温度及两物体的总熵增．

3-6　一位发明家声称他发明了一个热机循环，可以用 1000kJ 的传热量做出 410kJ 的净功．该系统在循环中，从 500K 的热气体中获得热量，并对 300K 的环境释放热量．请你评价这位发明家的热机循环．

3-7　当室外气温为 10℃时，平均每日需要$5\times10^{5}$ kJ的热量将居民室内温度维持在22℃．若使用电热泵提供这部分能量，则每日使其运行的最小输入功为多少 kJ？

3-8　一位发明家声称他发明了一种机器，可在两个温度源之间进行热力循环．该机器在冷源获得能量$Q_{\mathrm{c}}$，并在热源释放能量$Q_{\mathrm{H}}$，同时可对环境做净功．除此之外，该机器与环境之间没有其他的热量交换．请利用热力学第二定律，对该发明家的发明做出评价．

3-9　判断对错．

（1）某过程若违背热力学第二定律，则其一定也同时违背热力学第一定律．

（2）当对一个闭口系统做净功，使其经历了一个内部可逆过程时，闭口系统也对外界产生净传热量．

（3）只有一定量的净熵传至闭口系统时，该系统才能熵增．

（4）一个系统中熵的变化量仅取决于初末状态，不取决于过程．

3-10　若在冷源与热源之间运行的可逆热机热效率为$\eta_{\max}$，请用$\eta_{\max}$分别表示下面两种情况下的性能系数$COP$．

（1）两个相同冷源与热源之间运行的可逆制冷循环．

（2）两个相同冷源与热源之间运行的热泵循环．

3-11　已知某个可逆热机循环在热源与冷源温度分别为 1000K 与 500K 时的热效率，与热源与冷源温度分别为温度 $T$ 与 1000K 时的热效率相等．请问 $T$ 为多少 K？

3-12　已知某可逆热机的热效率为 50%，其在 1800K 的热源与温度 $T$ 的冷源之间运行．请问 $T$ 为多少 K？

3-13　一位发明家声称他设计出一种在 800K 的热源与 300K 的冷源之间进行热力循环的热机，其热效率为（1）56%，（2）40%．请对这两个热效率分别进行评价．

3-14　习题 3-14 图为一个收集并利用太阳能，并通过热机循环发电的装置．每平方米的太阳能集热器可收集 0.315 kW 的太阳辐射，并将此能量供给储能单元，使储能单元的温度维持在 220℃．热机循环单元通过传热，从储能单元获得 0.5MW 的热量，并通过传热对 20℃的环境传热释放热量．在稳定运行状态下而言：

（1）理论上所需太阳能集热器至少为多少 $m^2$？

（2）集热器效率为入射能量中被储存的比例．请写出所需集热器面积随热机效率 $\eta$ 以及集热器效率的变化关系．请绘制当集热器效率分别为 1.0，0.75，0.5 时，集热器面积随热机效率 $\eta$ 的变化关系曲线．

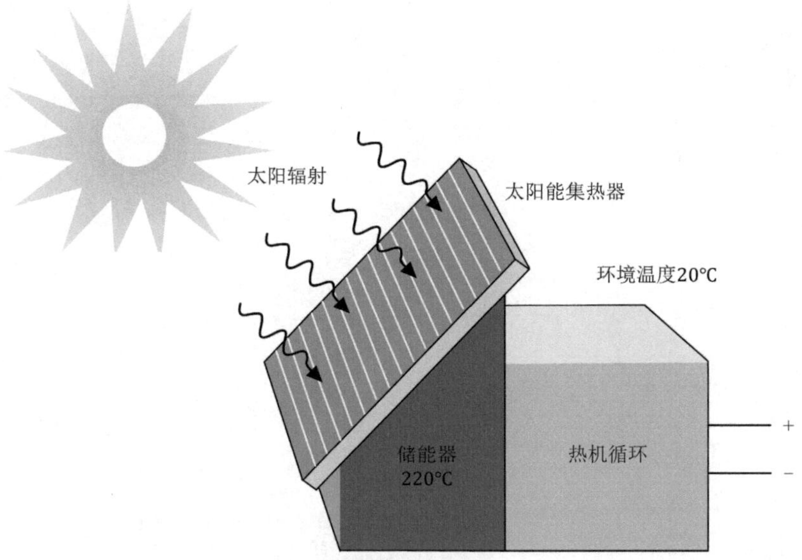


习题 3-14 图

3-15　1kg 可被视为理想气体的空气参与热效率为 60%的卡诺循环．在等温膨胀过程中，对空气的传热量为 40kJ．等温膨胀结束时，空气压力为 0.56MPa，体积为 0.3$m^3$．

（1）请问该循环的最高及最低温度分别为多少 K？

（2）请问在等温膨胀开始时，压力为多少 MPa？体积为多少 $m^3$？

（3）请问循环中各过程的传热量分别为多少 kJ？

（4）请绘制该循环的$p$-$v$曲线图．

3-16 某内燃机在排气阀门打开那一刻，气缸中含有 2450cm³ 的气态燃烧产物，其压力为 0.7MPa，温度为 867℃．已知$T_0 = 300$ K(27℃)，$p_0 = 101.3$kPa．若忽略重力以及运动的影响，该气体的比㶲为多少 kJ/kg？

3-17 一系统中含有 5kg 的温度为 10℃，压力为 0.1MPa 的水．若该系统处于静止状态，相对于$T_0 = 20$℃，$p_0 = 0.1$MPa 的㶲参考环境，请问其㶲为多少 kJ？

3-18 若 2m³ 的储存箱中装满：

（1）可视为理想气体的 400℃，35kPa 的空气；

（2）400℃，35 kPa 的水蒸气；

若忽略运动及重力的影响，$T_0 = 17$℃，$p_0$ =1atm，请分别确定所含物质的㶲为多少 kJ.

# 第 4 章 理想气体热力过程与气体动力循环

气体是热机中最常用的工质，人们对气体工质情有独钟，因为气体工质具有可压缩、热容低和比较稳定的特点．但气体的种类很多，有蒸汽、混合有机气体和空气等，有时候它们又处在不同的状态下．一般来说，气体的性质是很复杂的，为了抓住主要矛盾，先对最简单的气体进行分析．

## 4.1 理想气体性质及状态方程

在热力学中，理想气体是一个很重要的概念，是研究其他工质的基础．理想气体有着严格的定义，它必须满足如下两个条件:

（1）气体分子是不占据体积的弹性质点．

（2）气体分子之间没有任何相互作用力．

基于这两个假设，可以从分子运动论导出理想气体的状态方程

$$pv = R_{\mathrm{g}}T \tag{4.1}$$

称之为克拉珀龙方程．式中，$R_{\mathrm{g}}$称为气体常数，单位为 J/(kg·K)．理想气体状态方程给出了理想气体三个基本状态参数之间的数量关系．根据这个关系，还可以求出理想气体的熵、焓和内能等重要状态参数．

工程中，常采用物质的摩尔数量来表示工质量的多少，这时 1 摩尔理想气体状态方程变为

$$pv_{\mathrm{m}} = RT \tag{4.2}$$

这里，$v_{\mathrm{m}}$是摩尔容积，$R$是与气体种类和气体状态无关的常数，称为通用气体常数，单位为 J/(mol·K)．$R$与$R_{\mathrm{g}}$的关系为

$$R_{\mathrm{g}} = \frac{R}{M} \tag{4.3}$$

$M$是气体的摩尔质量．

阿伏伽德罗定律指出，在同温同压下任何气体的摩尔体积都相等．利用标准状态下气体的摩尔容积$v_{\mathrm{m,0}} = 22.4135 \times 10^{-3}\mathrm{m^3/mol}$，有

$$R = \frac{p_0 v_{\mathrm{m,0}}}{T_0} = \frac{1.01325 \times 10^{-5} \times 22.4135 \times 10^{-3}}{273.15} = 8.314\mathrm{J/(mol \cdot K)}$$

对于质量为$m$(kg)的气体，理想气体的状态方程为

$$pV = mR_gT \tag{4.4}$$

对于物质的量为$n$(mol)的气体，理想气体的状态方程为

$$pV = nRT \tag{4.5}$$

值得指出，理想气体只是一个理想的概念，实际气体分子不可能不占据体积，分子之间也不可能没有相互作用力．但当实际气体压力较小，比容较大，而温度较高时，实际气体接近理想气体．

### 4.1.1 理想气体的内能和焓

一般来说，实际气体的内能只涉及气体分子的动能和势能，分子的内动能$u_k$仅与分子的热运动强度有关，它是温度的函数．内部势能$u_p$与分子间的平均距离有关，它是气体比容的函数．因此，气体的内能可以表示为气体温度和比容的函数，即

$$u = u_k + u_p = u(T, v) \tag{4.6}$$

根据理想气体假设，理想气体没有分子间的相互作用力，$u_p = 0$，于是

$$u = u_k = u(T)$$

说明，理想气体的内能只是温度的单值函数．这个结论是非常重要的，它为我们进一步分析理想气体性质带来了巨大方便．根据焓的定义，

$$h = u + pv = u(T) + R_gT = h(T) \tag{4.7}$$

说明，理想气体的焓也仅是温度的单值函数．

### 4.1.2 理想气体的比热容

单位工质升高温度 1℃或 1K 所需要的热量称为该工质的比热容，简称比热．对于固体或液体工质，由于它们的可压缩性很小，所以一般只有一个比热值。令$c$代表工质比热，那么工质的热容量的变化量表示为$\mathrm{d}Q = m \cdot c \cdot \mathrm{d}T$，这里$m$是质量，$\mathrm{d}T$是温度的变化量．但对于气体工质，由于使它温度升高 1℃有无数种方法，所以理论上讲，气体有无限多个比热值．但对于通常的热力学系统而言，有两种比热容是特别有意义的，一种是定容比热$c_v$，另一种是定压比热$c_p$．顾名思义，它们分别是在固定容积和固定压力的条件下测到的．

上述的比热容的定义必须严格限制在可逆的非流动过程，因为不可逆过程使温度升高 1℃很难区别是加热还是做功的结果．在可逆定容和定压的条件下，分别给出定容比热$c_v$和定压比热$c_p$的定义如下：

$$c_v = \left(\frac{\delta q}{\mathrm{d}T}\right)_v \tag{4.8}$$

$$c_p = \left(\frac{\delta q}{\mathrm{d}T}\right)_p \tag{4.9}$$

下标“$v$”“$p$”分别代表定容和定压过程．根据热力学第一定律，可将上两式进一步写成

$$c_v(T,v)=\left(\frac{\mathrm{d}u+p\mathrm{d}v}{\mathrm{d}T}\right)_v=\left(\frac{\partial u}{\partial T}\right)_v \tag{4.10}$$

$$c_p(T,p)=\left(\frac{\mathrm{d}h-v\mathrm{d}p}{\mathrm{d}T}\right)_p=\left(\frac{\partial h}{\partial T}\right)_p \tag{4.11}$$

定压比热和定容比热是同一状态下具有不同含义的两个状态参数，都是强度量．定容比热不仅与温度有关，还与比容有关．同样，定压比热不仅与温度有关还与压力的大小有关．

有了比热的定义，即可以利用比热和有关参数计算出非流动可逆过程的热容变化，

$$\mathrm{d}Q=m\cdot c_v\cdot\mathrm{d}T\quad\text{(对定容过程)}$$

$$\mathrm{d}Q=m\cdot c_p\cdot\mathrm{d}T\quad\text{(对定压过程)}$$

对理想气体而言，由于内能和焓都只是温度的单值函数，所以式（4.10）和（4.11）可以转化为

$$c_v=\left(\frac{\partial u}{\partial T}\right)_v=\frac{\mathrm{d}u}{\mathrm{d}T}=c_v(T) \tag{4.12}$$

$$c_p=\left(\frac{\partial h}{\partial T}\right)_p=\frac{\mathrm{d}h}{\mathrm{d}T}=c_p(T) \tag{4.13}$$

说明理想气体的定压和定容比热均只是温度的函数，当温度确定之后，比热容的数值就确定了，与该温度下气体所处的状态无关；但比热容与气体的种类有关，不同的气体有不同的比热容．

在对计算精度要求不高的情况下，一般取定值比热容进行计算，常把 25℃时的气体比热容实验数据作为定值比热容．常见气体工质的定值比热容如表 4.1 所示，方便查阅．从分子运动论也能推导出理想气体的比热容值，此时比热容与温度无关，是定值常数，但与分子种类有关，其值见表 4.2．表中$c_{p,M}$和$c_{v,M}$分别代表定压和定容状态下的摩尔比热容，表示加热 1mol工质升高 1℃所需要的热量，简称摩尔比热．

表 4.1　常用气体的热力特性

| 物质 | $c_p$/ [kJ/(kg·K)] | $c_{p,M}$/ [J/(mol·K)] | $c_v$/ [kJ/(kg·K)] | $c_{v,M}$/ [J/(mol·K)] | $R_g$/ [kJ/(kg·K)] |
|---|---|---|---|---|---|
| 氩 Ar | 0.523 | 20.89 | 0.315 | 12.57 | 0.208 |
| 氦 He | 5.200 | 20.81 | 3.123 | 12.50 | 2.077 |
| 氢 $H_2$ | 14.32 | 28.86 | 10.19 | 20.55 | 4.124 |
| 氮 $N_2$ | 1.038 | 29.08 | 0.742 | 20.77 | 0.297 |
| 氧 $O_2$ | 0.917 | 29.34 | 0.657 | 21.03 | 0.260 |

续表

| 物质 | $c_p$/[kJ/(kg·K)] | $c_{p,M}$/[J/(mol·K)] | $c_v$/[kJ/(kg·K)] | $c_{v,M}$/[J/(mol·K)] | $R_g$/[kJ/(kg·K)] |
|---|---|---|---|---|---|
| 一氧化碳 CO | 1.042 | 29.19 | 0.745 | 20.88 | 0.297 |
| 空气 | 1.004 | 29.09 | 0.718 | 20.78 | 0.287 |
| 水蒸气 $H_2O$ | 1.867 | 33.64 | 1.406 | 25.33 | 0.461 |
| 二氧化碳 $CO_2$ | 0.845 | 37.19 | 0.656 | 28.88 | 0.189 |
| 二氧化硫 $SO_2$ | 0.644 | 41.26 | 0.514 | 32.94 | 0.130 |
| 甲烷 $CH_4$ | 2.227 | 35.72 | 1.709 | 27.41 | 0.518 |
| 丙烷 $C_3H_8$ | 1.691 | 74.56 | 1.502 | 66.25 | 0.189 |

表 4.2　　理想气体定值比热和摩尔比热

| | 单原子气体 | 双原子气体 | 多原子气体 |
|---|---|---|---|
| $c_v$（$c_{v,M}$） | $\frac{3}{2}R_g,\left(\frac{3}{2}R\right)$ | $\frac{5}{2}R_g,\left(\frac{5}{2}R\right)$ | $\frac{7}{2}R_g,\left(\frac{7}{2}R\right)$ |
| $c_p$（$c_{p,M}$） | $\frac{5}{2}R_g,\left(\frac{5}{2}R\right)$ | $\frac{7}{2}R_g,\left(\frac{7}{2}R\right)$ | $\frac{9}{2}R_g,\left(\frac{9}{2}R\right)$ |

值得指出，虽然大部分的常见气体的比热容随温度的变化都不是太大，但当气体的温度变化范围非常巨大时，还是不得不考虑温度的影响．在要求不是太高时，通常可以假定气体的比热容随温度呈线性关系，即温度对比热容的影响可以表示为

$$c = a + bt$$

这里，$a$和$b$是两个经验常数，一般的气体的数值见表 4.3．在高温段，气体某一温度范围的平均比热容，可以利用上式分别计算两端温度下的$c$值，然后求平均值得到．更高精度要求的$c$值，可以将$c$展开为温度的多项式，分别确定多项式常数得到，请参阅更专业的书籍．

表 4.3　　气体的平均比热容（直线关系式）

$c = a + bt$，kJ/(kg·K)，0~1500℃

| 气体工质 | 计算定容比热参数 | | 计算定压比热参数 | |
|---|---|---|---|---|
| | $a$ | $b$ | $a$ | $b$ |
| 空气 | 0.7088 | 0.000186 | 0.9959 | 0.000186 |
| $H_2$ | 10.12 | 0.001189 | 14.33 | 0.001189 |
| $N_2$ | 0.7304 | 0.000179 | 1.032 | 0.000179 |
| $O_2$ | 0.6594 | 0.000213 | 0.919 | 0.000213 |
| CO | 0.7331 | 0.000194 | 1.035 | 0.000194 |
| $H_2O$ | 1.372 | 0.000622 | 1.833 | 0.000622 |
| $CO_2$ | 0.6837 | 0.000481 | 0.8725 | 0.000481 |

### 4.1.3　定容比热容和定压比热容的关系

定容比热容和定压比热容是同一种气体经历不同过程时需要的热量，两者应该有一定关系．对于理想气体经历可逆定压过程，根据热力学第一定律，得

$$\delta q = \delta w + \mathrm{d}u = p\mathrm{d}v + \mathrm{d}u$$

根据式（4.12）并考虑是定压过程，上式变为

$$\delta q = \mathrm{d}(pv) + c_v\mathrm{d}T = R_\mathrm{g}\mathrm{d}T + c_v\mathrm{d}T \tag{4.14}$$

从另外的角度，根据定压比热的定义给出

$$\delta q = c_p\mathrm{d}T \tag{4.15}$$

联合式（4.14）和（4.15），得到

$$R_\mathrm{g}\mathrm{d}T + c_v\mathrm{d}T = c_p\mathrm{d}T$$

最后得到

$$c_p - c_v = R_\mathrm{g} \tag{4.16}$$

这就是定压比热容与定容比热容的关系式，也称迈耶公式．$R_\mathrm{g}$是气体常数，与具体气体的性质有关，并有

$$R_\mathrm{g} = \frac{R}{M}$$

这里，$R$为通用气体常数，且$R = 8.314\mathrm{J/(mol\cdot K)}$；$M$为气体的摩尔质量．

定压比热容与定容比热容之比称为比热容比，用符号$\gamma$表示，即

$$\gamma = \frac{c_p}{c_v} \tag{4.17}$$

从$c_p - c_v = R_\mathrm{g}$可知，$c_p > c_v$，所以$\gamma > 1$．对式（4.16）两边除$c_v$得

$$\frac{c_p}{c_v} - 1 = \frac{R_\mathrm{g}}{c_v} = \gamma - 1$$

因此，最后得到

$$c_v = \frac{R_\mathrm{g}}{\gamma - 1} \tag{4.18}$$

$$c_p = \frac{\gamma R_\mathrm{g}}{\gamma - 1} \tag{4.19}$$

上述两个公式给出了$c_p$、$c_v$、$\gamma$及$R_\mathrm{g}$的关系，知道其中任意两个参数就可以求出其他两个参数，因此应当牢记这些公式．一些常见气体的比热容比$\gamma$有时也称绝热系数，如表 4.4 所示．

表 4.4　一些常见气体的比热容比

| 物质 | $\gamma$ |
|---|---|
| 氩Ar | 1.67 |
| 氦He | 1.67 |
| 氢$H_2$ | 1.40 |
| 氮$N_2$ | 1.40 |
| 氧$O_2$ | 1.39 |
| 一氧化碳CO | 1.40 |
| 空气 | 1.40 |
| 水蒸气$H_2O$ | 1.33 |
| 二氧化碳$CO_2$ | 1.29 |
| 二氧化硫$SO_2$ | 1.25 |
| 甲烷$CH_4$ | 1.30 |
| 丙烷$C_3H_8$ | 1.13 |

### 4.1.4　理想气体的内能、焓和熵的计算

理想气体的内能、焓和熵是描述理想气体特性的重要参数，它们都是状态参数，变化量的大小都仅与初始和终了状态有关，而与经历的过程无关．理想气体的内能和焓又仅是温度的函数，所以它们的变化只与初终状态的温度有关．从上面的讨论我们知道，理想气体的比热容也只是温度的函数，因此，只要给出比热容的温度变化关系，就可以通过对温度的积分求得内能和焓，这也是计算内能和焓的一般方法．根据式（4.12）和（4.13），可以得到

$$\mathrm{d}u = c_v(T)\mathrm{d}T \tag{4.20}$$

$$\mathrm{d}h = c_p(T)\mathrm{d}T \tag{4.21}$$

当温度从$T_1$变化到$T_2$时，内能和焓的变化分别为

$$\Delta u = u_2 - u_1 = \int_1^2 c_v(T)\mathrm{d}T \tag{4.22}$$

$$\Delta h = h_2 - h_1 = \int_1^2 c_p(T)\mathrm{d}T \tag{4.23}$$

如果取定值比热，则

$$\Delta u = u_2 - u_1 = c_v(T_2 - T_1) \tag{4.24}$$

$$\Delta h = h_2 - h_1 = c_p(T_2 - T_1) \tag{4.25}$$

比热容虽然是由式（4.12）和（4.13）给出，但它作为一个物质的特性参数，比较容易确定，也比较容易测量给出，所以常把它作为一个已知数，进一步求得内能、焓和熵．

热力学第二定律指出，对于闭口系统可逆过程，传热与熵变的关系为

$$\mathrm{d}s = \frac{\delta q}{T}$$

熵也是一个状态参数，当初始和终了状态确定后，熵变也就确定了，无需考虑变化的过程，所以可以采用最简单的闭口系统可逆过程来计算它.

根据理想气体性质和热力学第一定律，上式可以进一步表示为

$$\mathrm{d}s = \frac{\delta q}{T} = \frac{\mathrm{d}u + p\mathrm{d}v}{T} = c_v\frac{\mathrm{d}T}{T} + R_\mathrm{g}\frac{\mathrm{d}v}{v} \tag{4.26}$$

$$\mathrm{d}s = \frac{\delta q}{T} = \frac{\mathrm{d}h - v\mathrm{d}p}{T} = c_p\frac{\mathrm{d}T}{T} - R_\mathrm{g}\frac{\mathrm{d}p}{p} \tag{4.27}$$

上述方程的推导思路明确，利用了闭口系统可逆过程的条件．当闭口系统经历了一个可逆过程从初态 1 变化到终态 2 时，可以对上述方程积分得到熵变，如果比热容为定值，可以得到比较简单的结论.

$$\Delta s_{12} = s_2 - s_1 = c_v\ln\frac{T_2}{T_1} + R_\mathrm{g}\ln\frac{v_2}{v_1} \tag{4.28}$$

$$\Delta s_{12} = s_2 - s_1 = c_p\ln\frac{T_2}{T_1} - R_\mathrm{g}\ln\frac{p_2}{p_1} \tag{4.29}$$

上述方程是计算理想气体熵变的一般关系式，两式计算得到的结果是一样的，使用时可以根据已知条件做合理选择．根据理想气体状态方程，还可以得到另一个由$p,v$表达的熵变方程，为

$$\mathrm{d}s = c_p\frac{\mathrm{d}v}{v} + c_v\frac{\mathrm{d}p}{p} \tag{4.30}$$

$$\Delta s_{12} = s_2 - s_1 = c_p\ln\frac{v_2}{v_1} + c_v\ln\frac{p_2}{p_1} \tag{4.31}$$

在实际计算过程中，为了提高精度，有时用平均比热容代替上述公式中的定值比热容.

值得指出的是，在可逆绝热过程中，由于传热量等于零，所以$\Delta s_{12} = 0$，于是从式（4.31）可得

$$\gamma\ln\frac{v_2}{v_1} + \ln\frac{p_2}{p_1} = 0 \tag{4.32}$$

变化方程得到

$$\frac{p_2}{p_1} = \left(\frac{v_1}{v_2}\right)^\gamma \tag{4.33}$$

或写成

$$p_1(v_1)^\gamma = p_2(v_2)^\gamma = 常数$$

进一步得到

$$pv^\gamma = 常数 \tag{4.34}$$

这就是可逆绝热条件下理想气体必须满足的状态参数关系式，是一个重要的方程.

## 4.2 理想气体混合物

实际工程中遇到的气体工质一般都是混合物，如空气是由氮气、氧气和二氧化碳等气体混合组成的. 燃气是由氮气、二氧化碳、水蒸气和一氧化碳等气体组成的. 组成混合物的各单一气体称为组分或组元. 当各组分均为理想气体时，根据理想气体的微观解释可知，混合气体也必为理想气体. 因此，前述理想气体的热力学性质均适用于理想气体的混合物. 当理想气体混合物处于平衡态时，内部没有势差，故理想气体混合物的温度与各组元的温度相同. 又由于理想气体的分子之间没有相互作用，所以当各组元气体分别单独占据混合气体容积时，状态不会发生改变，如同各自单独存在一样，如图 4.1 所示.

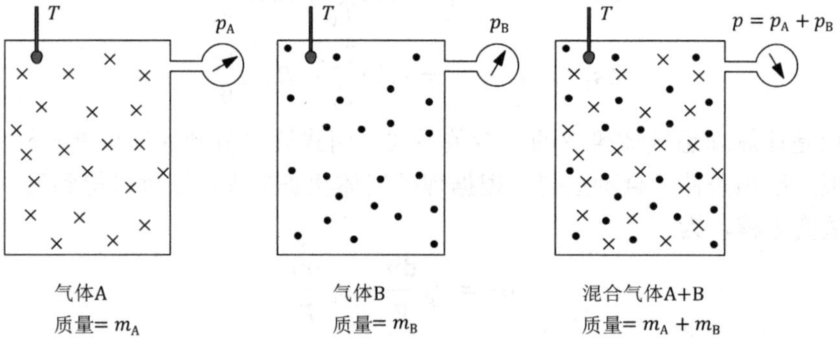


图 4.1 混合理想气体的温度和压力

设有$r$种气体组成的理想气体混合物处在平衡状态，$T$、$p$、$V$分别表示在该状态下混合气体的温度、压力及容积. 此时，各组分气体的质量$m_i$或摩尔数$n_i$是完全确定的，比容$v_i$也随之确定. 于是$i$组分气体的压力$p_i$可用理想气体方程表示为

$$p_i = \frac{R_{g,i}T}{v_i} = \frac{m_i R_{g,i} T}{V} = \frac{n_i RT}{V} \tag{4.35}$$

它表示在混合气体的温度下，该组分气体单独占有混合气体容积时所具有的压力.

### 4.2.1 道尔顿定律

理想气体混合物的压力等于各组成气体分压力的总和，称为道尔顿定律，即有

$$p = \sum_{i=1}^{r} p_i \tag{4.36}$$

这个定律是好理解的，因为气体压力是气体分子撞击器壁的平均结果，各组元的气体分子的热运动不受其他组元气体的影响，与各组元单独占据总体积的热运动一样，所以器壁上所受的撞击应该是所有组元的撞击的和，于是总压力等于分压力的代数和，如图 4.2 所示.

根据质量守恒定律，混合气体的总摩尔数$n$，必定等于各组成气体摩尔数的总和，有

$$n = \sum_{i=1}^{r} n_i \tag{4.37}$$

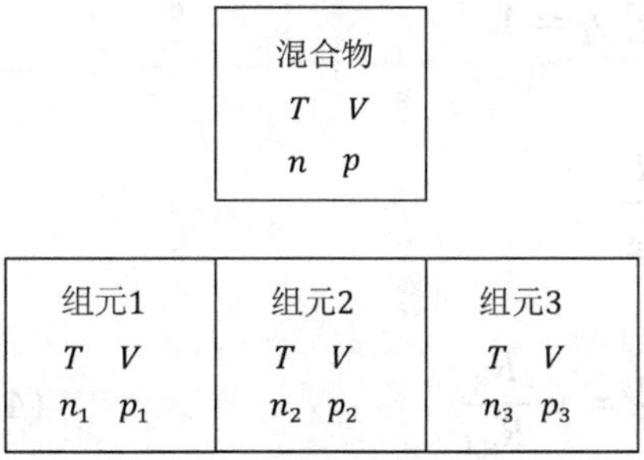


图 4.2　混合理想气体分压力

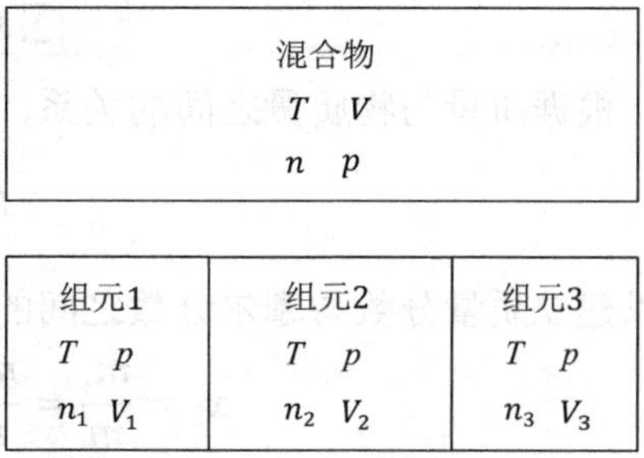


图 4.3　混合理想气体分容积

### 4.2.2　亚美盖特定律

理想气体混合物的容积等于各组分气体分容积的总和，称为亚美盖特定律，即有

$$V = \sum_{i=1}^{r} V_i \tag{4.38}$$

其中，$V_i$称为$i$种组分气体的分容积，有

$$V_i = \frac{n_i RT}{p} = \frac{m_i R_{g,i} T}{p} \tag{4.39}$$

它表示在混合气体的温度及压力下，组成气体单独存在时所占有的容积．它与分压力之间有如下关系：

$$pV_i = p_i V \tag{4.40}$$

混合气体的总体积与分容积之间的关系示于图 4.3.

### 4.2.3　理想气体混合物的成分

各组元气体的含量与混合气体总量的比值，称为混合气体的成分或分数．根据物质量的计量方式不同，混合气体的成分可分为质量分数及摩尔分数；若以$m$及$n$分

别表示混合气体的质量和总物质的量；$m_i$及$n_i$表示第$i$种组元的质量和物质的量，则组元$i$的质量分数可表示为

$$x_i = \frac{m_i}{m} \tag{4.41}$$

组元$i$的摩尔分数可表示为

$$y_i = \frac{n_i}{n} \tag{4.42}$$

显然有

$$\sum x_i = 1, \quad \sum y_i = 1$$

根据质量与物质量之间的关系，有

$$M = \frac{m}{n} = \frac{R}{R_g}$$

可以建立质量分数与摩尔分数之间的关系，有

$$x_i = \frac{m_i}{m} = \frac{n_i M_i}{nM} = y_i \frac{M_i}{M} = y_i \frac{R_g}{R_{g,i}} \tag{4.43}$$

式中，$M$及$R_g$表示混合气体的折合摩尔质量及折合气体常数，它们的计算公式在下面介绍；$M_i$及$R_{g,i}$表示$i$种组元的摩尔质量及气体常数.

### 4.2.4 混合气体的折合摩尔质量及折合气体常数

混合气体的摩尔质量及气体常数是随组成气体的种类及成分的不同而变化的. 根据质量守恒定律，有

$$m = \sum m_i, \quad nM = \sum n_i M_i \tag{4.44}$$

$$R_g = \frac{R}{M} = \frac{R}{\sum y_i M_i} \tag{4.45}$$

由式（4.44）及（4.45），可以根据各组元的摩尔质量$M_i$及摩尔成分$y_i$，计算出混合气体的折合摩尔质量$M$及折合气体常数$R_g$.

根据摩尔成分与质量成分的关系式（4.43），可以得出

$$\sum y_i = \sum \frac{x_i R_{g,i}}{R_g} = 1, \quad R_g = \sum x_i R_{g,i} \tag{4.46}$$

$$M = \frac{R}{R_g} = \frac{R}{\sum x_i R_{g,i}} \tag{4.47}$$

由式（4.46）及（4.47），可根据各组元的气体常数$R_{g,i}$及质量成分$x_i$，计算出混合气体的折合气体常数$R_g$及折合摩尔质量$M$.

### 4.2.5　混合气体的比热容

对于混合气体及组成气体，热力学能变化的计算公式分别为

$$\mathrm{d}U = mc_v\mathrm{d}T，\ \mathrm{d}U_i = m_i c_{v,i}\mathrm{d}T \tag{4.48}$$

混合气体的温度及温度变化，总是与各组成气体的温度及温度变化相同，混合气体的热力学能变化总是等于各组元热力学能变化的总和，可写成

$$mc_v\mathrm{d}T = \sum m_i c_{v,i}\mathrm{d}T$$

上式两边除$m$即得

$$c_v = \sum x_i c_{v,i} \tag{4.49}$$

式（4.49）说明，混合气体的定容比热容等于各组成气体相应的定容比热容与相应成分乘积的总和．同理，混合气体的定压比热容等于各组成气体相应的定压比热容与相应成分乘积的总和，可以表示为

$$c_p = \sum x_i c_{pi} \tag{4.50}$$

上述的混合气体比热容公式，对于定值比热容及平均比热容都适用．

### 4.2.6　混合气体的热力学能、焓及熵

热力学能、焓、熵都是广延参数，具有可加性，因此有

$$U = mu = \sum m_i u_i，\quad u = \sum x_i u_i \tag{4.51}$$

$$H = mh = \sum m_i h_i，\quad h = \sum x_i h_i \tag{4.52}$$

$$S = ms = \sum m_i s_i，\quad s = \sum x_i s_i \tag{4.53}$$

$$\mathrm{d}u = \sum x_i c_{v,i}\mathrm{d}T \tag{4.54}$$

$$\mathrm{d}h = \sum x_i c_{p,i}\mathrm{d}T \tag{4.55}$$

值得指出，熵不仅是温度的函数，还是压力的函数，所以各组元的熵$s_i$是温度$T$和组元压力$p_i$的函数，

$$s_i = f(T, p_i)$$

于是，第$i$组元的熵变量为

$$ds_i = c_{i,p}\frac{dT}{T} - R_{g,i}\frac{dp_i}{p_i} \tag{4.56}$$

$$ds = \sum x_i ds_i \tag{4.57}$$

混合物中的分压力可以通过方程（4.35）或（4.39）求得.

## 4.3 理想气体的基本热力过程

热力过程是建立热力循环的关键要素，只有建立了热力循环才能连续不断地实现热与功的相互转换，在热机中才能不断地产生动力为人类服务. 在实际的过程中采用的大多是气体工质，它们在很多时候可以当做理想气体对待，因此研究理想气体的热力过程是非常重要的. 实际过程中由于不可逆性的大量存在，过程往往是非常复杂的，尽管如此，不同的过程仍然能够找到不同的特点，根据这些特点并作一些大致的假设仍然可以对过程进行深入研究，这就是本节内容的目的.

为了突出能量转化的主要矛盾，在初步的理论研究中可以暂时不考虑系统的不可逆性，认为过程是可逆的. 另外，要积极寻找过程的特点，抓住这些特点，使问题得到简化，进而建立起能量转换的基本关系，这是本节讨论问题的基本方法. 例如，刚性容器中的变化过程，可以认为是容积不变的过程；换热器中工质流动缓慢，压力下降不多，可以认为是等压过程；燃气轮机中的燃气流动过程由于工质流动速度快，向外传热与工质内能和对外做功量的大小比较起来可以忽略不计，所以可以认为是绝热过程. 这些过程的特点，为我们列出状态参数之间的关系提供了条件，这就是所谓的过程方程. 依据过程方程并联合理想气体状态方程，就可以求解出终了状态的状态参数.

理想气体热力过程的研究步骤如下：

（1）发现过程特点，列出过程方程.

（2）根据过程方程和理想气体状态方程，导出过程中基本状态参数之间的关系.

（3）根据热力学第一定律$\delta q = du + \delta w$和可逆过程中$\delta w = pdv$和$\delta w_t = -vdp$，计算过程功量和热量。同时特别注意理想气体内能、焓和熵的计算公式$du = c_v dT$，$dh = c_p dT$和$ds = c_v dT/T + R_g dv/v$.

（4）在$p$-$v$图或$T$-$s$图中表示该过程并指出过程方向.

下面根据这些步骤对几种典型的热力学过程进行讨论. 注意，假设过程是可逆的，系统是封闭系统，比热容取定值.

### 4.3.1　定容过程

比容保持不变的过程称为定容过程.

（1）过程特点是比容不变，过程方程为$v=$ 定值，$\mathrm{d}v=0$，$v_1=v_2$.

（2）联合理想气体方程，$pv=R_\mathrm{g}T$，得到

$$\frac{T_2}{T_1}=\frac{p_2}{p_1} \tag{4.58}$$

（3）过程功量和热量的计算.

定容过程的膨胀功

$$w=\int_1^2 p\mathrm{d}v=0 \tag{4.59}$$

定容过程的技术功

$$w_\mathrm{t}=-\int_1^2 v\mathrm{d}p=v(p_1-p_2) \tag{4.60}$$

可见，定容过程如果压力变小，则系统对外输出技术功，膨胀功为零. 根据比热容的定义，定容过程吸热量为

$$q=\int_1^2 c_v\mathrm{d}T=c_v\Delta T=c_v(T_2-T_1) \tag{4.61}$$

由热力学第一定律，$q=\Delta u+w$，得到过程的内能变化为

$$\Delta u=q-w=q=c_v\Delta T \tag{4.62}$$

根据理想气体焓变与温度变化的关系，得

$$\Delta h=c_p\Delta T=c_p(T_2-T_1) \tag{4.63}$$

（4）在$p$-$v$图或$T$-$s$图中表示定容过程.

根据过程方程，$v=$ 定值，所以它在$p$-$v$图中是一条与$p$轴平行的直线，如图 4.4 所示，升温过程指向$p$增大的方向，降温过程指向$p$减小的方向.

根据式（4.26），得到当$\mathrm{d}v=0$时熵变的方程

$$\mathrm{d}s=c_v\frac{\mathrm{d}T}{T}$$

对上式进行定积分得到熵随温度的变化关系方程，即

$$\Delta s_v=c_v\ln\frac{T_2}{T_1}$$

$$T=\mathrm{e}^{\frac{s-s_0}{c_v}} \tag{4.64}$$

显然$T$与$s$的关系在$T$-$s$图中是一条指数曲线，并由于

$$\left(\frac{\partial T}{\partial s}\right)_v = \frac{T}{c_v} > 0$$

所以在$T$-$s$图中过程线向上凹，如图 4.4 所示，$s_0$是一个积分常数.

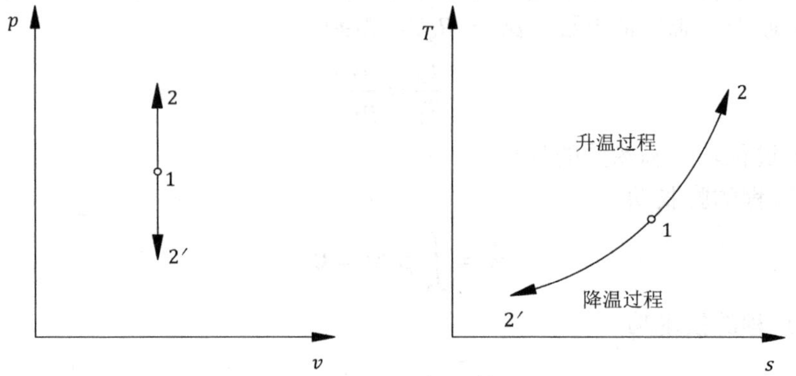


图 4.4　定容过程

### 4.3.2　定压过程

压力保持不变的过程称为定压过程.

（1）过程特点是压力保持不变，过程方程为$p=$定值，$\mathrm{d}p=0$，$p_1=p_2$.

（2）联合理想气体方程，得到

$$\frac{T_2}{T_1}=\frac{v_2}{v_1}$$

（3）过程功量和热量的计算.

定压过程的膨胀功

$$w=\int_1^2 p\mathrm{d}v = p(v_2 - v_1) \tag{4.65}$$

定压过程的技术功

$$w_\mathrm{t} = -\int_1^2 v\mathrm{d}p = 0 \tag{4.66}$$

可见，定压过程如果比容变大，则系统对外输出膨胀功，技术功为零. 根据比热容的定义，定压过程吸热量为

$$q=\int_1^2 c_p\mathrm{d}T = c_p\Delta T = c_p(T_2 - T_1) \tag{4.67}$$

由式（4.21），理想气体的焓变为

$$\Delta h = q = c_p\Delta T \tag{4.68}$$

内能变化仍然可以表示为

$$\Delta u = c_v \Delta T = c_v (T_2 - T_1)$$

（4）在$p$-$v$图或$T$-$s$图中表示定压过程.

根据过程方程，$p =$ 定值，所以它在$p$-$v$图中是一条与$v$轴平行的直线，如图 4.5 所示，升温过程指向$v$增大的方向，降温过程指向$v$减小的方向.

根据式（4.27），得到当$\mathrm{d}p = 0$时熵变的方程

$$\mathrm{d}s = c_p \frac{\mathrm{d}T}{T} \tag{4.69}$$

对上式进行不定积分得到熵随温度的变化关系方程，即

$$\Delta s_p = c_p \ln \frac{T_2}{T_1}$$

$$T = \mathrm{e}^{\frac{s - s_0}{c_p}} \tag{4.70}$$

显然$T$与$s$的关系在$T$-$s$图中是一条指数曲线，并由于

$$\left(\frac{\partial T}{\partial s}\right)_p = \frac{T}{c_p} > 0$$

所以在$T$-$s$图中过程线向上凹，如图 4.5 所示，$s_0$是一个积分常数.

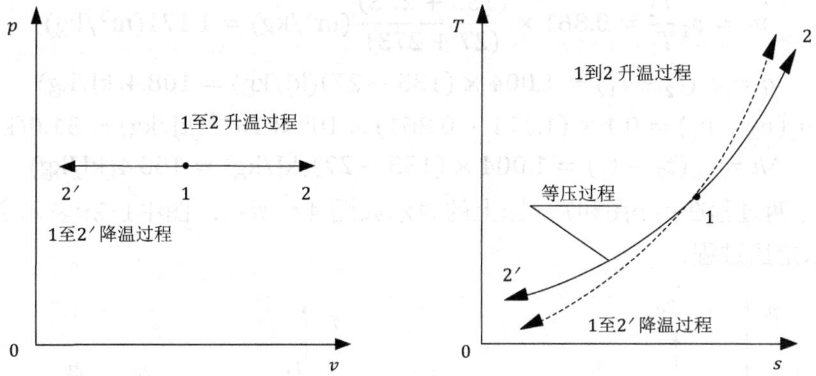


图 4.5　定压过程

**例 4.1**　1kg 空气从相同初态$p_1 = 0.1\mathrm{MPa}$、$t_1 = 27$℃分别经定容和定压两过程至相同终温$t_2 = 135$℃，试求两过程终态压力、比容、吸热量、膨胀功、技术功和初终态焓差，并将两过程表示在同一$p$-$v$图和$T$-$s$图上（比热容采用定值计算）.

**解**　对于空气有

$$c_p = 1.004\mathrm{kJ/(kg \cdot K)}$$

$$c_v = 0.717\mathrm{kJ/(kg \cdot K)}$$

$$R_\mathrm{g} = 0.287\mathrm{kJ/(kg \cdot K)}$$

（1）定容过程

$$v_2 = v_1 = \frac{R_g T_1}{p_1} = \frac{0.287 \times 10^3 \times (27 + 273)}{0.1 \times 10^6}(\mathrm{m^3/kg}) = 0.861(\mathrm{m^3/kg})$$

$$\frac{p_2}{p_1} = \frac{T_2}{T_1}$$

$$p_2 = p_1 \frac{T_2}{T_1} = 0.1 \times \frac{(135 + 273)}{(27 + 273)}(\mathrm{MPa}) = 0.136(\mathrm{MPa})$$

$$q = c_v(t_2 - t_1) = 0.717 \times (135 - 27)(\mathrm{kJ/kg}) = 77.44(\mathrm{kJ/kg})$$

$$w = 0$$

$$w_t = v_1(p_1 - p_2) = 0.861 \times (0.1 - 0.136) \times 10^6 \times 10^{-3}(\mathrm{kJ/kg}) = -31.0(\mathrm{kJ/kg})$$

$$\Delta h = c_p(t_2 - t_1) = 1.004 \times (135 - 27)(\mathrm{kJ/kg}) = 108.4(\mathrm{kJ/kg})$$

（2）定压过程

$$p_2 = p_1 = 0.1\mathrm{MPa}$$

$$\frac{v_2}{v_1} = \frac{T_2}{T_1}$$

$$v_2 = v_1 \frac{T_2}{T_1} = 0.861 \times \frac{(135 + 273)}{(27 + 273)}(\mathrm{m^3/kg}) = 1.171(\mathrm{m^3/kg})$$

$$q = c_p(t_2 - t_1) = 1.004 \times (135 - 27)(\mathrm{kJ/kg}) = 108.4(\mathrm{kJ/kg})$$

$$w = p_1(v_2 - v_1) = 0.1 \times (1.171 - 0.861) \times 10^6 \times 10^{-3}(\mathrm{kJ/kg}) = 31.0(\mathrm{kJ/kg})$$

$$\Delta h = c_p(t_2 - t_1) = 1.004 \times (135 - 27)(\mathrm{kJ/kg}) = 108.4(\mathrm{kJ/kg})$$

（3）两过程在$p$-$v$图和$T$-$s$图上的表示如图 4.6 所示．图中1–2$v$表示定容过程，1–2$p$表示定压过程．

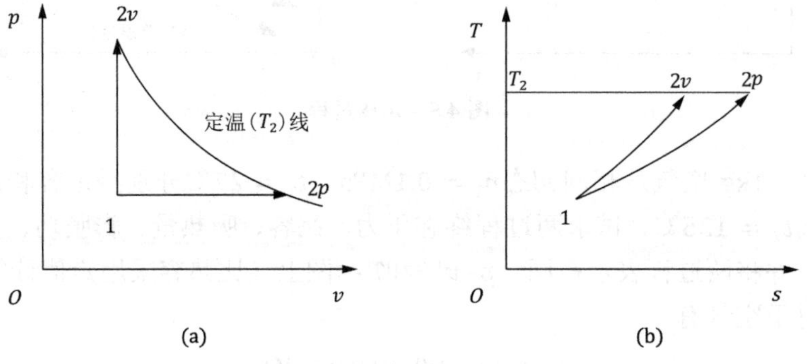


图 4.6　例 4.1 图

(a)过程在$p$-$v$图上表示；(b)过程在$T$-$s$图上表示

本例告诉我们，由于过程不同，比热容不同，尽管初、终温度相同，但吸热量却不相同．这也再一次说明热量是过程量，与路径有关．而焓是状态参数，理想气体的焓仅与温度有关，因此初、终态温度分别相同的两过程，其初、终态焓差相同．从图也可以看出，理想气体的定压过程吸热量大于定容过程吸热量．

### 4.3.3　定温过程

温度保持不变的过程称为定温过程．

（1）过程特点是温度保持不变，过程方程为$T=$ 定值，$\mathrm{d}T=0$，$T_1=T_2$．

（2）联合理想气体方程，得到$pv=$ 定值，也有

$$p_1v_1=p_2v_2 \tag{4.71}$$

（3）过程功量和热量的计算．

定温过程的膨胀功

$$w=\int_1^2 p\mathrm{d}v=\int_1^2 p_1v_1\frac{\mathrm{d}v}{v}=p_1v_1\ln\frac{v_2}{v_1} \tag{4.72}$$

根据状态参数之间的关系，也可以得到

$$w=p_1v_1\ln\frac{p_1}{p_2}=R_\mathrm{g}T_1\ln\frac{p_1}{p_2}$$

定温过程的技术功，由于$pv=$ 定值，所以 $\mathrm{d}(pv)=0$，于是 $-v\mathrm{d}p=p\mathrm{d}v$，所以

$$w_t=-\int_1^2 v\mathrm{d}p=\int_1^2 p\mathrm{d}v=w \tag{4.73}$$

可见，定温过程系统对外输出的膨胀功等于技术功．根据理想气体性质，内能和焓都只是温度的单值函数，所以定温过程内能和焓的变化都为零，即$\Delta u=c_v\Delta T=0$，$\Delta h=c_p\Delta T=0$．根据热力学第一定律，$q=\Delta u+w$，定温过程吸热量为

$$q=w=R_\mathrm{g}T_1\ln\frac{p_1}{p_2} \tag{4.74}$$

因此理想气体定温过程中，膨胀功、技术功和热量是相等的．

（4）在$p$-$v$图和$T$-$s$图中表示定温过程．

根据过程方程，$T=$ 定值，所以它在$T$-$s$图中是一条与$s$轴平行的直线，如图 4.7 所示，压力下降的膨胀吸热过程指向$s$增大的方向，压缩放热过程指向$s$减小的方向．

根据$pv=$ 定值，得$p=c/v$，$c$ 代表一个常数，可以知道，定温线在$p$-$v$图中是一条等轴双曲线．在定温条件下，求$v$的偏导数得

$$\left(\frac{\partial p}{\partial v}\right)_T=-\frac{p}{v} \tag{4.75}$$

说明曲线是向右凹的，如图 4.7 所示．

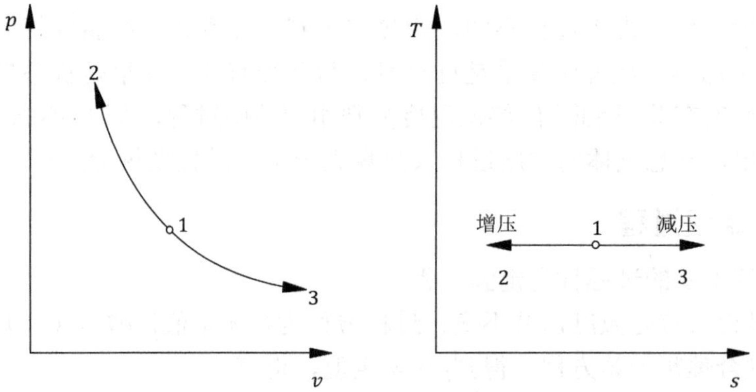


图 4.7　定温过程

### 4.3.4　定熵过程

理想气体经历可逆绝热过程，熵保持不变，称为定熵过程．注意，定熵过程与绝热过程是两个概念，只有可逆绝热过程才是定熵过程．不可逆绝热过程不是定熵过程，因为它的熵产将增加．等熵过程在气体透平过程中有重要意义．

（1）过程特点是熵保持不变，过程方程为$s=$定值，$\mathrm{d}s=0$，$s_1=s_2$．

根据方程（4.30）可以得到$p,v$满足的过程方程

$$\mathrm{d}s=c_p\frac{\mathrm{d}v}{v}+c_v\frac{\mathrm{d}p}{p}=0$$

令$c_p/c_v=\gamma$，称为比热容比，则上式变为

$$\gamma\frac{\mathrm{d}v}{v}+\frac{\mathrm{d}p}{p}=0 \tag{4.76}$$

积分上式得到

$$\ln pv^{\gamma}=\text{定值}$$

$$pv^{\gamma}=\text{定值} \tag{4.77}$$

如果状态从 1 变化到 2，过程方程可以表示为

$$\frac{p_1}{p_2}=\left(\frac{v_2}{v_1}\right)^{\gamma} \tag{4.78}$$

式（4.77）和（4.78）是非常重要的状态参数关系式，它是定熵过程特有的过程方程式．

（2）联合理想气体方程，得到$p$与$T$、$v$之间的进一步关系为

$$\frac{T_2}{T_1}=\left(\frac{v_1}{v_2}\right)^{\gamma-1}=\left(\frac{p_2}{p_1}\right)^{\frac{\gamma-1}{\gamma}} \tag{4.79}$$

（3）过程功量和热量的计算．

定熵过程的膨胀功

$$w = \int_1^2 p \mathrm{d}v = \int_1^2 p_1 v_1{}^\gamma \frac{\mathrm{d}v}{v^\gamma} = \frac{1}{\gamma - 1}(p_1 v_1 - p_2 v_2) \tag{4.80}$$

根据理想气体状态方程，上式可进一步表述为

$$w = \frac{R_\mathrm{g}}{\gamma - 1}(T_1 - T_2) \tag{4.81}$$

定熵过程的技术功，由于$pv^\gamma =$ 定值，所以$\mathrm{d}(pv^\gamma) = 0$，于是$-v\mathrm{d}p = \gamma p \mathrm{d}v$，所以

$$w_\mathrm{t} = -\int_1^2 v\mathrm{d}p = \gamma w \tag{4.82}$$

即技术功是膨胀功的$\gamma$倍，因为$\gamma$总是大于 1，所以技术功的大小总是大于膨胀功的大小.

可逆定熵过程即为绝热过程，过程的吸热量为零，即

$$\delta q = 0, \quad q = \int T \mathrm{d}s = 0$$

定熵过程的焓变和内能变化仍可以表示为

$$\Delta u = c_v(T_2 - T_1) \quad 和 \quad \Delta h = c_p(T_2 - T_1)$$

（4）在$p$-$v$图和$T$-$s$图中表示定熵过程.

根据过程方程，$pv^\gamma =$ 定值，所以

$$\left(\frac{\partial p}{\partial v}\right)_s = -\gamma \frac{p}{v} \tag{4.83}$$

它在$p$-$v$图中是一条幂函数曲线，比容增加则压力下降，如图 4.8 所示．比较定温过程中的方程（4.75），发现式(4.75)与（4.83）非常类似，只是多了一个$\gamma$，因为$\gamma$是一个大于 1 的参数，所以在$p$-$v$图中，绝热线是一条比定温线更加陡峭的曲线，图 4.8 中也给出了定温线作为比较.

由于过程中始终$s =$ 定值，因此在$T$-$s$图中过程线是一条平行于$T$轴的直线，熵始终保持不变，如图 4.8 所示.

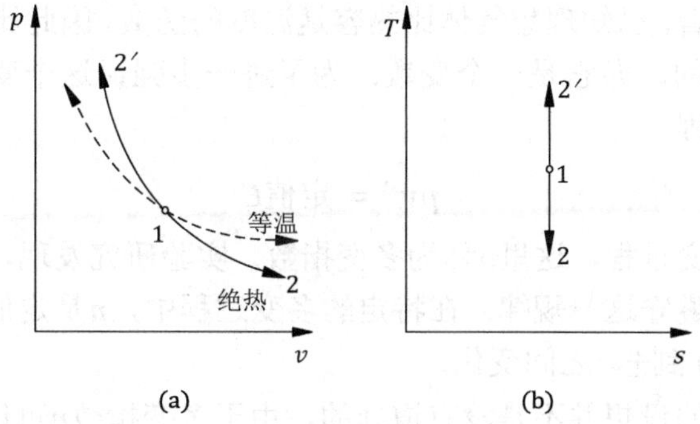


图 4.8　定熵过程

**例 4.2** 在活塞式气缸中有 0.1kg 空气，初态的压力为 0.5MPa，温度为 600K．假定空气经历一个可逆绝热过程膨胀到终态压力 0.1MPa．试求终态温度和容积以及膨胀过程的容积变化功（按定值比热容计算，空气的有关参数为$R_g = 0.2871\text{kJ/(kg·K)}$，$\gamma = 1.4$，$c_v = 0.716\text{kJ/(kg·K)}$）．

**解** 根据理想气体状态方程，可以求得

$$v_1 = \frac{R_g T_1}{p_1} = \frac{0.2871 \times 600}{500} = 0.3445(\text{m}^3/\text{kg})$$

已知过程为可逆绝热过程，熵是常数，因此可以利用定熵过程的过程方程求其他参数，得

$$T_2 = T_1 \left(\frac{p_2}{p_1}\right)^{(\gamma-1)/\gamma} = 600\left(\frac{0.1}{0.5}\right)^{0.4/1.4} = 378.8(\text{K})$$

$$v_2 = v_1 \left(\frac{p_1}{p_2}\right)^{1/\gamma} = 0.3445\left(\frac{0.5}{0.1}\right)^{1/4} = 1.088(\text{m}^3/\text{kg})$$

$$V_2 = m v_2 = 0.1 \times 1.088 = 0.1088(\text{m}^3)$$

在闭口、绝热的条件下，忽略动、势能的变化，根据热力学第一定律，可以得到膨胀功为

$$W_v = -\Delta U = m c_v (T_1 - T_2) = 0.1 \times 0.716(600 - 378.8) = 15.84(\text{kJ})$$

### 4.3.5 多变过程

在准静态过程中，只有两个状态参数是彼此独立的，其他状态参数可以由已知的两个状态参数求出．上面讨论的热力过程有一个共同特点，就是在过程中始终有一个状态参数保持不变，这为讨论过程方程提供了很大方便，因为只要再确定一个状态参数，整个状态就确定了．但实际过程是复杂的，可能所有参数都会发生变化．例如，在多级压气机中，气体在被压缩的同时，还被中间冷却，所以它的压力、温度和比容都在变化．对于这些过程，是不能简化为上述四种简单的热力过程的．

从另外的角度看，已知理想气体比热容是温度的函数，因此比热容比$c_p/c_v = \gamma$也应该是随温度变化的，即它是一个变数．为了进一步强调这个变数对气体过程的影响，令满足过程方程

$$pv^n = 定值C$$

此热力过程称为多变过程，这里$n$称为多变指数．实验研究发现，实际过程气体状态参数的关系普遍都遵守这一规律．在特定的多变过程中，$n$是定值，但在不同的多变过程中，$n$可以在 0 到$\pm\infty$之间变化．

上述多变过程的设想并不是没有道理的，由于多变指数$n$可以在 0 到$\pm\infty$之间变化，所以上述四种典型的热力学过程完全可以包括在多变过程的特例当中：

当$n = 0$时，$p =$ 定值，为定压过程；

当$n = 1$时，$pv =$ 定值，为定温过程；

当$n = \gamma$时，$pv^{\gamma} =$ 定值，为定熵过程；

当$n = \pm\infty$时，$v =$ 定值，为定容过程．注意，此时过程方程可以写成$p^{\frac{1}{n}}v =$ 定值，$n \to \pm\infty$，所以$1/n \to 0$，从而有$v =$ 定值．

由于多变过程的过程方程具有与绝热过程相同的形式，不同的只是指数发生了变化，从$\gamma$变成了$n$．因此，参照定熵过程，做类似的讨论，可以得到多变过程的基本状态参数之间的关系为

$$\frac{T_2}{T_1} = \left(\frac{v_1}{v_2}\right)^{n-1} = \left(\frac{p_2}{p_1}\right)^{\frac{n-1}{n}} \tag{4.84}$$

同理，可得多变过程膨胀功和技术功的表达式，即

$$w = \int_1^2 p\mathrm{d}v = \frac{1}{n-1}(p_1v_1 - p_2v_2) \tag{4.85}$$

$$w = \frac{R_{\mathrm{g}}}{n-1}(T_1 - T_2) \tag{4.86}$$

$$w_{\mathrm{t}} = -\int_1^2 v\mathrm{d}p = nw \tag{4.87}$$

根据热力学第一定律，可得可逆多变过程的热量为

$$q = \Delta u + w = c_v(T_2 - T_1) + \frac{R_{\mathrm{g}}}{n-1}(T_1 - T_2)$$

根据$c_p - c_v = R_{\mathrm{g}}$及$c_p/c_v = \gamma$，推得$R_{\mathrm{g}} = c_v(\gamma - 1)$，所以上式可以进一步写成

$$q = c_v(T_2 - T_1) + \frac{\gamma - 1}{n-1}c_v(T_1 - T_2)$$

最后，得到

$$q = \frac{n-\gamma}{n-1}c_v(T_2 - T_1) = c_n(T_2 - T_1) \tag{4.88}$$

这里，$c_n$为理想气体多变过程的比热容，简称多变比热容，表示为

$$c_n = \frac{n-\gamma}{n-1}c_v \tag{4.89}$$

为了在$p$-$v$图或$T$-$s$图中表示多变过程，以便分析过程中状态参数的变化趋势，图 4.9 中分别给出了包括四种基本热力过程的参数变化曲线．从图中可以看到，随着$n$的增大，曲线的位置做顺时针的旋转，在$T$-$s$图中也有类似情况．

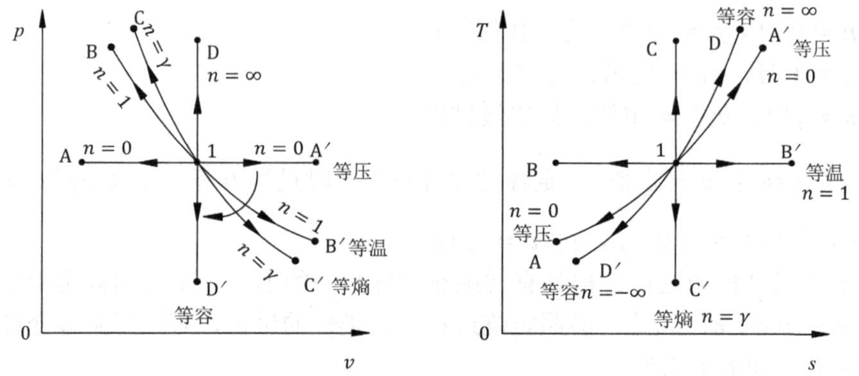


图 4.9　理想气体的多变过程

**例 4.3**　一台压气机在绝热条件下稳定工作，吸入的空气状态为 290K，0.1MPa，出口的空气压力为 0.9MPa．假定进出口的动、位能变化及摩擦都忽略不计，试求每压缩 1kg 空气压气机所需的轴功．按定值比热容计算，并且$c_p = 1.004\text{kJ/(kg}\cdot\text{K)}$，$\gamma = 1.40$．

**解**　在不考虑动能和位能的变化时，由开口系统的稳定流动方程可以知道，轴功就是系统的技术功．工质在开口系统中稳定无摩擦的绝热流动过程即是定熵过程，利用定熵过程的参数关系，可得

$$T_2 = T_1\left(\frac{p_2}{p_1}\right)^{(\gamma-1)/\gamma} = 290\left(\frac{0.9}{0.1}\right)^{0.4/1.4} = 543.3(\text{K})$$

在稳定、绝热及忽略动、位能变化的条件下，热力学第一定律的普遍表达式可以简化成

$$w_{\text{sh}} = h_1 - h_2 = c_p(T_1 - T_2) = 1.004(290 - 543.3) = -254.3(\text{kJ/kg})$$

这就是每压缩 1kg 空气所需的轴功，负值表示外界向压气机输入的轴功．

## 4.4　典型理想气体动力循环

热力学的最初目的是研究热功转换过程，特别是热如何转换为功，过程是什么，效率是多少．气体动力循环是实现热功转换的主要手段，因此有必要了解主要的气体动力循环．气体工质可以有多种，如蒸汽、空气或其他有机气体，蒸汽和有机气体一般不能当做理想气体；空气由于性能稳定，没有凝结现象，可以看做是理想气体．下面对几个经典的内燃机循环进行介绍．

### 4.4.1　奥托循环

奥托（Otto）循环是典型的点燃式四冲程汽油机循环．汽油机的气缸、活塞的基本结构如图 4.10 所示．汽油机四冲程工作过程可以简单描述如下．

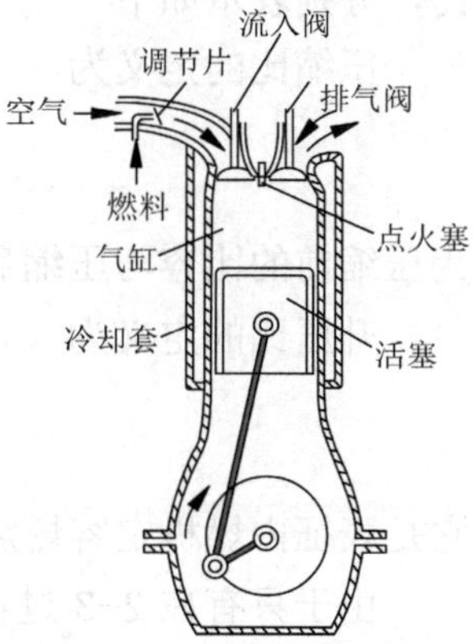

图 4.10　汽油机活塞的结构

吸气行程 0–1　活塞向下运动，吸入空气与燃料的混合物．这一行程终了时进气阀关闭．

压缩行程 1–2　进气阀和排气阀都关闭，活塞向上运动，空气燃料混合物被压缩．

燃烧行程 2–3　活塞到上死点，点燃空气与燃料的混合物，燃烧几乎在一定容积内进行．

膨胀行程 3–4　燃烧在膨胀行程开始时就完成了，燃烧生成物膨胀推动活塞向下运动，当活塞到达下死点前，排气阀打开，气缸内气体流入排气管，气缸内气体压力约降到大气压．

活塞工作原理

排气行程 4–0　活塞向上运动，膨胀行程终了后，一些未从气缸流出的废气被挤出，仅留余隙容积的残留气．未了，排气阀关闭．从而完成整个循环．

在稳定工况下，实际测得的汽油机循环过程如图 4.11 所示．可见，实际的汽油机工作循环是比较复杂的，作为它的近似，可以得到如图 4.12 所示由四个理想过程组成的循环，叫奥托循环，也叫定容燃烧循环．它由四个理想过程组成：

1–2　等熵压缩过程；

2–3　可逆等容加热过程；

3–4　绝热膨胀过程；

4–1　可逆等容冷却过程．

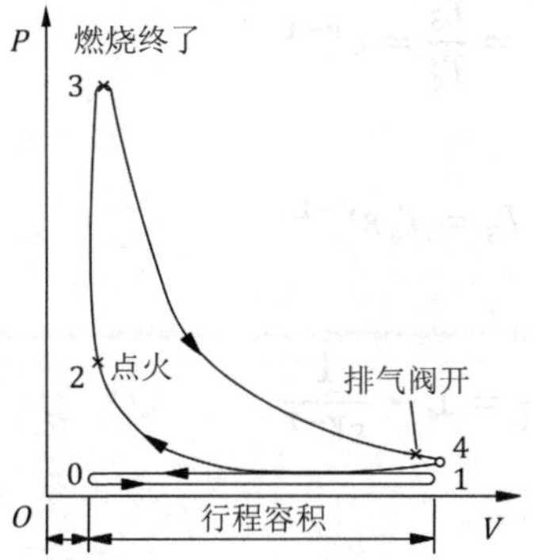

图 4.11　汽油机的实际循环过程

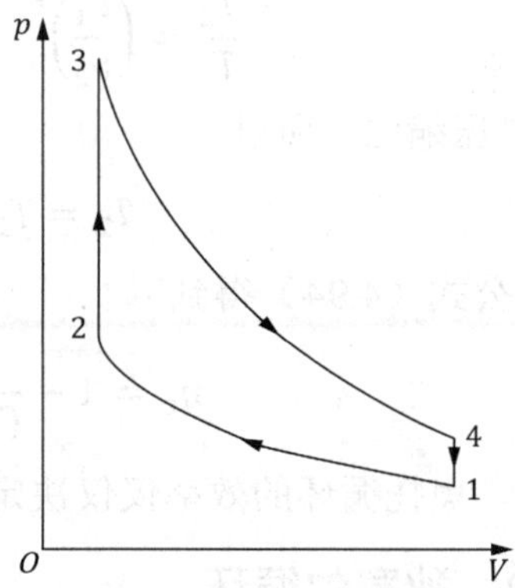

图 4.12　定容燃烧循环（Otto 循环）

为了便于了解循环过程的参数变化，先定义两个循环特性参数：压缩比和升压比，分别表示如下.

压缩比的定义为

$$\varepsilon = \frac{v_1}{v_2} \tag{4.90}$$

为压缩前的比容与压缩后的比容之比，它是表征内燃机工作容积大小的结构参数.

升压比的定义为

$$\pi = \frac{p_3}{p_2} \tag{4.91}$$

它是表征内燃机定容燃烧情况的特性参数.

由于只有在 2-3 过程从高温热源得到热量，令得热量为$q_1$，等容过程，所以

$$q_1 = c_v(T_3 - T_2) \tag{4.92}$$

仅在 4-1 过程向环境放出热量，令放热量为$q_2$，等容过程，所以

$$q_2 = c_v(T_4 - T_1) \tag{4.93}$$

输出净功为$w$，根据能量守恒定律，得

$$w = q_1 - q_2$$

于是得到奥托循环效率为

$$\eta_o = \frac{w}{q_1} = \frac{q_1 - q_2}{q_1} = \frac{c_v(T_3 - T_2) - c_v(T_4 - T_1)}{c_v(T_3 - T_2)}$$

最后得到

$$\eta_o = 1 - \left(\frac{T_4 - T_1}{T_3 - T_2}\right) \tag{4.94}$$

已知，1-2 和 3-4 过程是绝热过程，根据绝热过程的过程方程，有

$$\frac{T_2}{T_1} = \left(\frac{v_1}{v_2}\right)^{\gamma-1} = \left(\frac{v_4}{v_3}\right)^{\gamma-1} = \frac{T_3}{T_4} = \varepsilon^{\gamma-1}$$

这里，$\varepsilon$是压缩比．所以

$$T_2 = T_1\varepsilon^{\gamma-1} \quad 和 \quad T_3 = T_4\varepsilon^{\gamma-1}$$

代入效率公式（4.94）得到

$$\eta_o = 1 - \frac{T_4 - T_1}{(T_4 - T_1)\varepsilon^{\gamma-1}} = 1 - \frac{1}{\varepsilon^{\gamma-1}} \tag{4.95}$$

由此可见，奥托循环的效率仅仅决定于压缩比$\varepsilon$.

### 4.4.2 狄塞尔循环

为了摆脱奥托循环的压缩比受吸入燃气混合物自点火的限制而不能进一步提高

的不足，狄塞尔循环采用先把空气压缩到更高压缩比状态，而后喷入燃料，让燃料在高温下自燃．狄塞尔循环实际是一种定压燃烧循环．在稳定工况下，实际测得的低速柴油机循环过程如图 4.13 所示．可见，实际的柴油机工作循环与奥托循环有些类似，但燃烧过程基本是等压过程，作为它的近似，可以得到如图 4.14 所示由四个理想过程组成的循环，叫狄塞尔（Diesel）循环．它由四个理想过程组成：

1–2　等熵压缩过程；
2–3　可逆等压加热过程；
3–4　绝热膨胀过程；
4–1　可逆等容冷却过程．

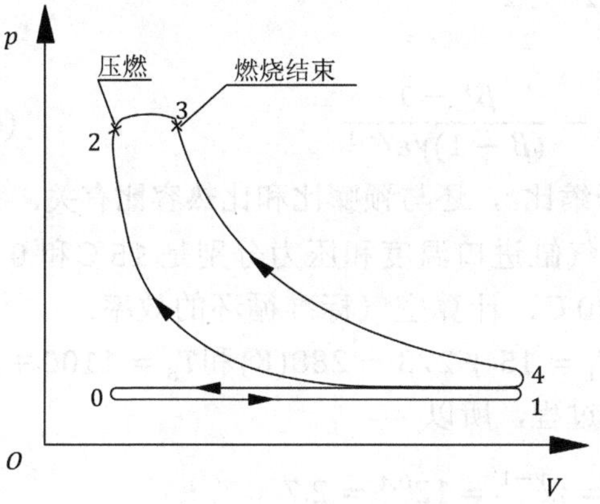

图 4.13　低速柴油机实际工作循环

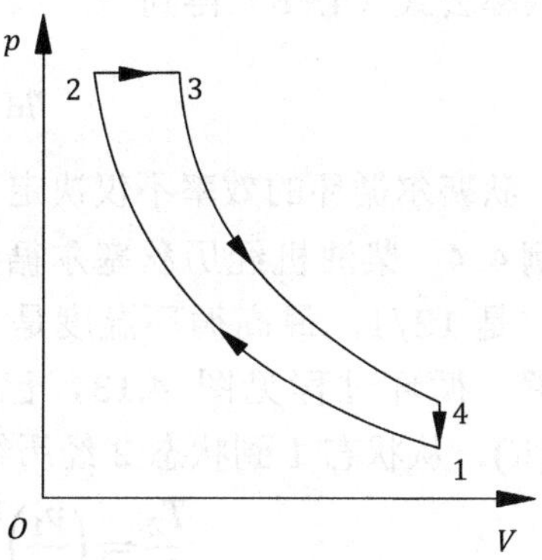

图 4.14　狄塞尔循环

设狄塞尔循环的得热量为$q_1$，放热量为$q_2$，获得净功为$w$，做上述类似讨论：

$$q_1 = c_p(T_3 - T_2) \tag{4.96}$$

$$q_2 = c_v(T_4 - T_1) \tag{4.97}$$

$$w = q_1 - q_2$$

式中，$c_p$为工质流体的定压比热容．因此，狄塞尔循环的理论热效率$\eta_{\mathrm{d}}$表示为

$$\eta_{\mathrm{d}} = \frac{w}{q_1} = 1 - \frac{q_2}{q_1} = 1 - \frac{T_4 - T_1}{\gamma(T_3 - T_2)} \tag{4.98}$$

这里，$\gamma$是比热容比．比较奥托循环效率（4.94）和狄塞尔循环效率（4.98）可以发现，两者区别为只有在后一项的分母多了一个比热容比．由于比热容比总是大于 1，所以当两个循环在相同的温度区间工作时，狄塞尔循环效率更高．

同样，已知 1–2 和 3–4 过程是绝热过程，根据绝热过程的过程方程，有

$$\frac{T_2}{T_1} = \left(\frac{v_1}{v_2}\right)^{\gamma-1} = \varepsilon^{\gamma-1}$$

$$\left(\frac{v_4}{v_3}\right)^{\gamma-1}=\frac{T_3}{T_4}$$

这里，$\varepsilon$是压缩比．注意，$v_4=v_1$，并令$\beta=v_3/v_2$，称为预膨比，所以

$$\frac{v_4}{v_3}=\frac{v_1}{\beta v_2}=\frac{\varepsilon}{\beta} \tag{4.99}$$

$$T_2=T_1\varepsilon^{\gamma-1} \quad 和 \quad T_3=T_4\left(\frac{\varepsilon}{\beta}\right)^{\gamma-1} \tag{4.100}$$

同时，注意 3-4 过程是等压过程，根据理想气体状态方程，得到

$$\frac{v_3}{v_2}=\frac{T_3}{T_2}=\beta \tag{4.101}$$

代入效率公式（4.98）得到

$$\eta_{\mathrm{d}}=1-\frac{\beta^{\gamma}-1}{(\beta-1)\gamma\varepsilon^{\gamma-1}} \tag{4.102}$$

可见，狄塞尔循环的效率不仅决定于压缩比$\varepsilon$，还与预膨比和比热容比有关．

**例 4.4**　柴油机经历狄塞尔循环，气缸进口温度和压力分别是 15℃和 0.1MPa．压缩比是 12/1，最高循环温度是 1100℃．计算空气标准循环的效率．

**解**　循环过程见图 4.13，已知$T_1=15+273=288(\mathrm{K})$和$T_3=1100+273=1373(\mathrm{K})$．从状态 1 到状态 2 经历绝热过程，所以

$$\frac{T_2}{T_1}=\left(\frac{v_1}{v_2}\right)^{\gamma-1}=r_v^{\gamma-1}=12^{0.4}=2.7$$

所以

$$T_2=2.7\times 288=778(\mathrm{K})$$

在终态 2 到 3 的等压过程中，根据理想气体方程$pv=R_{\mathrm{g}}T$，得

$$\frac{T_3}{T_2}=\frac{v_3}{v_2}$$

$$\frac{v_3}{v_2}=\frac{1373}{778}=1.765$$

状态 4 到 1 是等容过程，$v_4=v_1$，因此

$$\frac{v_4}{v_3}=\frac{v_4}{v_2}\frac{v_2}{v_3}=\frac{v_1}{v_2}\frac{v_2}{v_3}=12\times\frac{1}{1.765}=6.8$$

状态 3 到 4 是绝热过程，所以

$$\frac{T_3}{T_4}=\left(\frac{v_4}{v_3}\right)^{\gamma-1}=6.8^{0.4}=2.153$$

最后得到

$$T_4 = \frac{1373}{2.153} = 638(\text{K})$$

那么，过程吸热为

$$q_1 = c_p(T_3 - T_2) = 1.005(1373 - 778) = 598(\text{kJ/kg})$$

同理，过程的放热量为

$$q_2 = c_v(T_4 - T_1) = 0.718(638 - 288) = 251(\text{kJ/kg})$$

于是，循环的热效率为

$$\eta = \frac{\sum Q}{Q_1} = \frac{598 - 251}{598} = 0.58 = 58\%$$

### 4.4.3　沙巴泽循环

沙巴泽循环（Sabathe cycle）实际是采用定容燃烧和定压燃烧相结合的一种混合循环，也称双燃烧循环．观察狄塞尔循环可以发现，在 1–2 过程中，开始时，容积变化较快，压力升高不多，但到了过程的后半段，容积变化并不快，但压力迅速升高，近似于定容过程．利用这个特点，沙巴泽提出了双燃烧循环．它是在狄塞尔循环中提前供油，提前点火，从而可以大幅度提高热机的运作速度．

在稳定工况下，实际测得的高速柴油机循环过程如图 4.15 所示．可见，实际的高速柴油机实现了提前喷油，燃烧过程包括了等容和等压两个过程，作为它的近似，可以得到如图 4.16 所示由五个理想过程组成的循环，叫沙巴泽循环．很多情况下，它包含了奥托循环和狄塞尔循环．

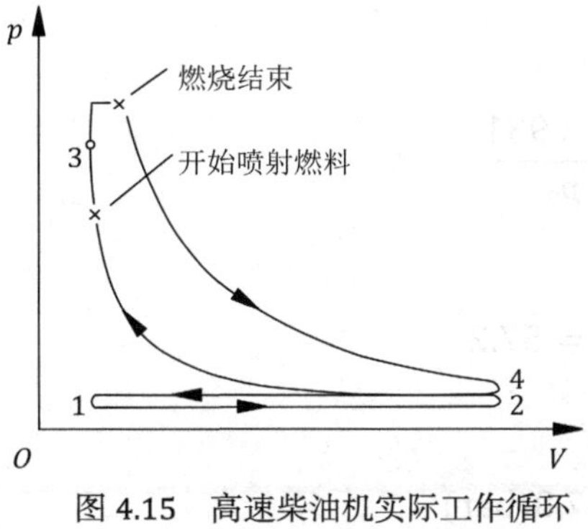


图 4.15　高速柴油机实际工作循环

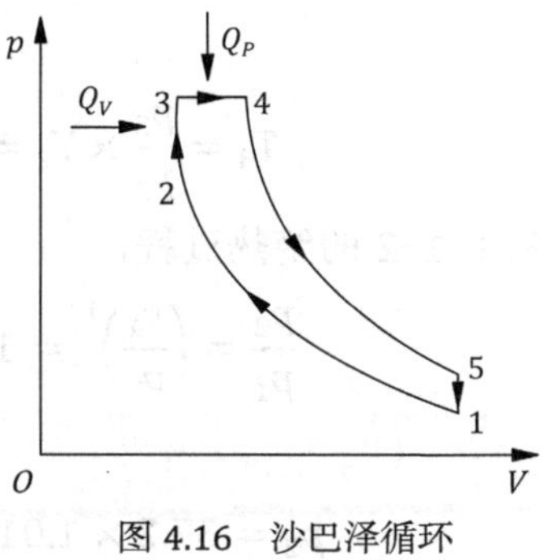


图 4.16　沙巴泽循环

一个实际热机的工作过程

1–2　等熵压缩过程；

2–3　可逆等容加热过程；

3–4　可逆等压加热过程；

4–5　绝热膨胀过程；

5-1 可逆等容冷却过程.

设沙巴泽循环的总得热量$q_1$，放热量$q_2$，净功$w$，可分别计算如下：

$$q_1 = q_v + q_p = c_v(T_3 - T_2) + c_p(T_4 - T_3)$$

$$q_2 = c_v(T_5 - T_1)$$

$$w = q_1 - q_2$$

$$\eta_s = \frac{w}{q_1} = 1 - \frac{q_2}{q_1} = 1 - \frac{T_5 - T_1}{(T_3 - T_2) + \gamma(T_4 - T_3)}$$

在给定初始压力$p_1$和初始温度$T_1$之后，根据过程特点，可以逐级把各个状态点的参数计算出来．这些过程通过下面的例子给出．

**例 4.5** 某汽油机运行在 1 个大气压、20℃的环境中，最大循环压力 6.9MPa，压缩比 18/1．基于双燃烧循环计算空气标准热效率，假定定容过程和定压过程输入热量相同．

**解** 循环过程见图 4.16．过程 1-2 是绝热过程，所以

$$\frac{T_2}{T_1} = \left(\frac{v_1}{v_2}\right)^{\gamma-1} = 18^{0.4} = 3.18$$

于是

$$T_2 = 3.18 \times T_1 = 3.18 \times 293 = 931(\mathrm{K})$$

已知$T_1 = 20 + 273 = 293(\mathrm{K})$，2-3 是等容过程，$v_3 = v_2$，因此

$$\frac{p_3}{p_2} = \frac{T_3}{T_2}$$

于是

$$T_3 = \frac{p_3}{p_2} \times T_2 = \frac{69 \times 931}{p_2}$$

为了计算$p_2$，再利用 1-2 的绝热过程，

$$\frac{p_2}{p_1} = \left(\frac{v_1}{v_2}\right)^{\gamma} = 18^{1.4} = 57.2$$

所以

$$p_2 = 57.2 \times 1.01 = 57.8(\mathrm{bar})$$

代入上面的公式，得

$$T_3 = \frac{69 \times 931}{57.8} = 1112(\mathrm{K})$$

又知道等容过程与等压过程吸热量相等，所以

$$c_v(T_3 - T_2) = c_p(T_4 - T_3)$$

$$0.718(1112 - 931) = 1.005(T_4 - 1112)$$

得到

$$T_4 = \frac{0.718 \times 181}{1.005} + 1112 = 1241.4(\mathrm{K})$$

在等压过程中，可以得到

$$\frac{v_4}{v_3} = \frac{T_4}{T_3} = \frac{1241.4}{1112} = 1.116$$

注意 5-1 和 2-3 都是等容过程，容易得到

$$\frac{v_5}{v_4} = \frac{v_1}{v_4} = \frac{v_1}{v_2}\frac{v_3}{v_4} = 18 \times \frac{1}{1.116} = 16.14$$

4-5 是绝热过程，所以

$$\frac{T_4}{T_5} = \left(\frac{v_5}{v_4}\right)^{\gamma-1} = 16.14^{0.4} = 3.04$$

求解得到

$$T_5 = \frac{1241.4}{3.04} = 408(\mathrm{K})$$

现在可以计算得到供热量为

$$q_1 = c_v(T_3 - T_2) + c_p(T_4 - T_3)$$

$$q_1 = 2c_v(T_3 - T_2)$$

代入数据，得到

$$q_1 = 2 \times 0.718 \times (1112 - 931) = 260(\mathrm{kJ/kg})$$

排热量为

$$q_2 = c_v(T_5 - T_1) = 0.718(408 - 293) = 82.6(\mathrm{kJ/kg})$$

最后，计算热效率为

$$\eta = \frac{\sum Q}{Q_1} = \frac{260 - 82.6}{260} = 1 - 0.318 = 0.682 = 68.2\%$$

# 本 章 小 结

理想气体是热机中最常用到的工质，也是其性质可以理论计算和预测的工质，因此有必要对理想气体的性质有深入的理解.

理想气体的状态方程为

$$pV = mR_gT \quad \text{(以 kg 为计算单位)}$$

$$pV = nRT \quad \text{(以 mol 为计算单位)}$$

理想气体的内能和焓都是温度的单值函数．当温度变化时，其内能、焓变可以表示为

$$\mathrm{d}u = c_v(T)\mathrm{d}T$$

$$\mathrm{d}h = c_p(T)\mathrm{d}T$$

当温度从 $T_1$ 变化为 $T_2$ 时，内能和焓的变化分别为

$$\Delta u = u_2 - u_1 = \int_1^2 c_v(T)\mathrm{d}T$$

$$\Delta h = h_2 - h_1 = \int_1^2 c_p(T)\mathrm{d}T$$

如果取定值比热，则

$$\Delta u = u_2 - u_1 = c_v(T_2 - T_1)$$

$$\Delta h = h_2 - h_1 = c_p(T_2 - T_1)$$

理想气体的熵变可以表示为

$$\mathrm{d}s = c_v\frac{\mathrm{d}T}{T} + R_g\frac{\mathrm{d}v}{v}$$

$$\mathrm{d}s = c_p\frac{\mathrm{d}T}{T} - R_g\frac{\mathrm{d}p}{p}$$

$$\mathrm{d}s = c_p\frac{\mathrm{d}v}{v} + c_v\frac{\mathrm{d}p}{p}$$

当闭口系统经历了一个可逆过程从初态 1 变化到终态 2 时，熵变为

$$\Delta s_{12} = s_2 - s_1 = c_v\ln\frac{T_2}{T_1} + R_g\ln\frac{v_2}{v_1}$$

$$\Delta s_{12} = s_2 - s_1 = c_p\ln\frac{T_2}{T_1} - R_g\ln\frac{p_2}{p_1}$$

$$\Delta s_{12} = s_2 - s_1 = c_p\ln\frac{v_2}{v_1} + c_v\ln\frac{p_2}{p_1}$$

这里，$c_p$和$c_v$分别是理想气体的定容比热和定压比热，它们的关系为

$$c_p - c_v = R_g$$

$$c_v = \frac{R_g}{\gamma - 1}$$

$$c_p = \frac{\gamma R_g}{\gamma - 1}$$

这里，$\gamma$是理想气体的比热容比，并有$\gamma = c_p/c_v$. 对于可逆绝热过程，有$pv^\gamma =$ 常数.

混合理想气体的气体常数、比热容、内能、焓和熵可分别表示为

$$R_g = \frac{R}{\sum y_i M_i}$$

$$c_v = \sum x_i c_{v,i}$$

$$c_p = \sum x_i c_{p,i}$$

$$U = mu = \sum m_i u_i,\quad u = \sum x_i u_i$$

$$H = mh = \sum m_i h_i,\quad h = \sum x_i h_i$$

$$S = ms = \sum m_i s_i,\quad s = \sum x_i s_i$$

式中，$x_i$是组元气体的质量分数，$y_i$是组元气体的摩尔分数.

理想气体热力学过程是完成热力学循环的重要步骤，典型的热力学过程有定容过程、定压过程、定温过程和定熵过程，更为复杂的有多变过程. 各过程中，由于过程特点不同，它们的做功与传热量各不相同，这正是一个完整热机循环所能对外做功的根本原因.

定容过程：$\mathrm{d}v = 0$

膨胀功，$w = 0$

技术功，$w_t = v(p_1 - p_2)$

吸热量，$q = c_v(T_2 - T_1)$

内能变化，$\Delta u = q = c_v \Delta T$

焓变化，$\Delta h = c_p \Delta T = c_p(T_2 - T_1)$

熵变化，$\Delta s_v = c_v \ln T_2/T_1$

定压过程：$\mathrm{d}p = 0$

膨胀功，$w = p(v_2 - v_1)$

技术功，$w_t = 0$

吸热量，$q = c_p(T_2 - T_1)$

内能变化，$\Delta u = c_v(T_2 - T_1)$

焓变化，$\Delta h = c_p(T_2 - T_1)$

熵变化，$\Delta s_p = c_p \ln T_2/T_1$

定温过程：$\mathrm{d}T = 0$

膨胀功，$w = p_1 v_1 \ln \dfrac{v_2}{v_1}$

技术功，$w_t = w$

定熵过程：$pv^\gamma =$ 定值

膨胀功，$w = \dfrac{R_g}{\gamma - 1}(T_1 - T_2)$

技术功，$w_t = \gamma w$

吸热量，$q = w = w_t$

内能变化，$\Delta u = 0$

焓变化，$\Delta h = 0$

熵变化，$\Delta s_t = R_{\mathrm{g}} \ln \dfrac{p_1}{p_2}$

吸热量，$q = 0$

内能变化，$\Delta u = c_v(T_2 - T_1)$

焓变化，$\Delta h = c_p(T_2 - T_1)$

熵变化，$\Delta s = 0$

多变过程是对实际热力学过程的总结，它的显著特征是 $pv^n =$ 定值$C$. 从过程特征上看它与定熵过程类似，因此多变过程中的热力学参数的变化可以借助定熵过程得到，即为

膨胀功，$q = \dfrac{R_{\mathrm{g}}}{n-1}(T_1 - T_2)$

技术功，$w_{\mathrm{t}} = n \cdot w$

吸热量，$q = \dfrac{n-\gamma}{n-1} c_v (T_2 - T_1)$

斯特林循环

内能变化，$\Delta u = c_v(T_2 - T_1)$

焓变化，$\Delta h = c_p(T_2 - T_1)$

熵变化，$\Delta s_n = \dfrac{n-\gamma}{n-1} c_v \ln \dfrac{T_2}{T_1}$

理想气体热力学循环是对理想气体热力过程的具体应用，其中最经典的有奥托循环、狄塞尔循环和沙巴泽循环. 理想奥托循环的效率为

$$\eta_{\mathrm{o}} = 1 - \frac{T_4 - T_1}{T_3 - T_2} = 1 - \frac{1}{\varepsilon^{\gamma-1}}$$

式中，$\varepsilon = v_1/v_2$，为 1 至 2 状态的压缩比.

理想狄塞尔循环的效率为

$$\eta_{\mathrm{d}} = 1 - \frac{T_4 - T_1}{\gamma(T_3 - T_2)} = 1 - \frac{\beta^{\gamma} - 1}{(\beta - 1)\gamma\varepsilon^{\gamma-1}}$$

式中，$\varepsilon = v_1/v_2$，为 1 至 2 状态的压缩比；$\beta = v_3/v_2$称为预膨比.

沙巴泽循环又称为双燃烧循环，理想沙巴泽循环的效率为

$$\eta_{\mathrm{s}} = 1 - \frac{T_5 - T_1}{(T_3 - T_2) + \gamma(T_4 - T_3)}$$

沙巴泽循环是高速柴油机的经典循环，它实现了提前喷油，燃烧过程包括了等容和等压两个过程，这是其他内燃机循环中没有的.

# 习　题

4-1　摩尔质量为 30g 的某理想气体，在定容下由 275℃加热到 845℃，若热力学能变化为 400kJ/kg，问焓变化了多少？

4-2　2kg 的$CO_2$、由$p_1 = 800$kPa，$t_1 = 900$℃，膨胀到$p_2 = 120$kPa，$t_2 = 600$℃，试利用定值比热求其热力学能、焓和熵的变化.

4-3　某理想气体初温$T_1 = 470$K，质量为 2.5kg，经可逆定容过程，其热力学能变化为$\Delta U = 295.4$kJ，求过程功、过程热量以及熵的变化. 设该气体$R_g = 0.4$kJ/(kg·K)，$\gamma = 1.35$，并假定比热容为定值.

4-4　一容积为$0.2\text{m}^3$的储气罐，内装氮气，其初压力$p_1 = 0.5$MPa，温度$t_1 = 37$℃. 若对氮气加热，其压力、温度都升高. 储气罐上装有压力控制阀，当压力超过0.8MPa时，阀门便自动打开，放走部分氮气，即罐中维持最大压力为0.8MPa. 问：当储气罐中氮气温度为287℃时，对罐内氮气共加入多少热量？设氮气比热容为定值.

4-5　空气进行可逆压缩的多变过程，多变指数$n = 1.3$，耗功量为 67.8kJ，求热量和热力学能的变化.

4-6　一个封闭系统中含有 5 kg 的气体. 该系统在从初状态 $p_1$=0.1MPa，$v_1$=0.2m³/kg 到达末状态$p_2$=0.025MPa 的过程中，始终满足$pv^{1.3}$=常数这一关系. 试求该系统最终的体积（以 m³ 为单位表示），并绘制该过程压力随比容的变化曲线.

4-7　1kg 的空气经历了由下面 3 个过程组成的热力学循环：

过程 1-2　等比容；

过程 2-3　等温膨胀；

过程 3-1　等压压缩.

状态 1 的温度为 300K，压力为 0.1MPa；状态 2 的压力为 0.2MPa. 该空气可视为理想气体，则：

（a）请绘制该循环的$p$-$v$图；

（b）状态 2 时的温度为多少 K？

（c）状态 3 的比容为多少 m³/kg？

4-8　一个活塞-气缸装置中含有温度为 300K，压力为 0.1MPa 的 0.9kg 空气. 该空气被压缩至温度为 470K，压力为 0.6MPa. 在压缩过程中，空气向环境散失了 20kJ 的热量. 请使用空气的理想气体模型，确定该过程所做的功.

4-9　两个箱体通过阀门连接. 一个箱体中含有 2 kg 温度为 77℃，压力为 70kPa 的一氧化碳. 另一箱体含有 8 kg 的一氧化碳，其温度为 27℃，压力为 120kPa. 阀门打开后，两气体混合，同时获得环境的热量，最终平衡温度为 42℃. 请使用理想气体模型，确定（a）最终平衡压力，（b）该过程中外界对一氧化碳的传热量.

4-10 空气在活塞-气缸装置中经历了一个从$p_1 = 0.1$ MPa，$T_1 = 22$℃到$p_2 = 0.5$ MPa的多变压缩过程．请使用理想气体模型，确定当$n$=1.3 时，单位质量空气所做的功及传热量（以 kJ/kg 为单位表示）.

4-11 一个刚体圆桶中含有压力为 1.04bar 的 0.006m$^3$ 的氮气(摩尔质量为 28kg/kmol)，其温度为 15℃．该氮气被可逆加热到温度为 90℃．试计算该过程中所提供的热量，以及熵的变化，并绘制 $T$-$s$ 示意图．在此题中，氮气的等熵指数 $\gamma$ 为 1.4，并假设氮气为理想气体.

4-12 已知某个 $\gamma$=1.26 的理想气体的摩尔质量为 26kg/kmol．其$T$-$s$图遵循线性规律，从温度为 727℃，体积为 0.003m$^3$ 可逆膨胀到温度为 2℃，体积为 0.6m$^3$．试画出该过程的$T$-$s$图并计算对每千克气体所做的功.

4-13 102kPa下 20℃的 1kg 空气经历了某一过程后压力上升到 612kPa，其体积变为 0.25m$^3$．请计算该过程的熵变，并在$T$-$s$图上标明初始状态及最终状态.

4-14 已知某混合气体的相对摩尔质量为 33，其初始状态的压力为 0.3MPa，温度为 300K，体积为 0.1m$^3$. 该混合气体经历了一个压力-体积满足$pV^{1.3}$ =常数的膨胀过程. 在膨胀的同时，有 3.84kJ 的热量传递给气体. 假设理想气体模型中，$c_v = 0.6 + (2.5 \times 10^{-4})T$，其中，$T$的单位为 K，$c_v$的单位为kJ/(kg · K)．若动能及势能的影响可忽略不计，请问：

（a）末状态时的温度为多少 K？

（b）末状态时的压力为多少 MPa？

（c）末状态时的体积为多少 m$^3$？

（d）做的功为多少 kJ？

4-15 某温度为 30℃，压力为 0.2MPa 的混合气体的摩尔分数为：40%($N_2$)，50%($CO_2$)，10%($CH_4$)．请问：

（a）该分数如何用质量分数表示？

（b）各成分的分压力分别为多少 MPa？

（c）50kg 的此气体的体积为多少 m$^3$？

4-16 23℃，0.1MPa 的天然气进入火炉时，其成分的摩尔比为：40%丙烷（$C_3H_8$），40%乙烷（$C_2H_6$），20%甲烷（$CH_4$）．请确定：

（a）各成分的质量分数分别为多少？

（b）各成分的分压分别为多少 MPa？

（c）若已知天然气的体积流量为 20m$^3$/s，其质量流量为多少 kg/s？

4-17 氦气（He）的初状态为 0.2MPa，200K．在经历了一个$n = \gamma$的多变过程后到达末状态．其末状态压力为 1.4MPa．假设氦气为理想气体，请问该过程中，每千克氦气的传热量与所做的功分别为多少 kJ？

4-18　一个封闭系统由质量为$m$的理想气体构成．其气体的比热比为$\gamma$．若动能及势能的变化可忽略不计，试证明对于任意绝热过程，系统所做的功为

$$W = \frac{mR(T_2 - T_1)}{1-\gamma}$$

4-19　二氧化碳($CO_2$)的相对分子质量为 44. 在一次试验中可知 $CO_2$ 的$\gamma$为 1.3. 假设 $CO_2$ 为理想气体，试计算比气体常数$R$，以及在等压与等容条件下的比热容$c_p$与$c_v$.

4-20　一个刚性气缸中含有压力为 0.5MPa，温度为 15℃的氦气（摩尔质量为 4kg/kmol）. 现将该气缸与另一个压力为 1.0MPa，温度为 15℃的巨大的氦气源相连接．当刚性气缸中压力升高到 0.8MPa 时，连接气缸的阀门关闭．假设传热对该过程无影响，试计算气缸中氦气的最终温度．已知氦气的$c_v$为 3.12kJ/(kg·K).

4-21　一个标准空气奥托循环的压缩比为 8.5. 压缩初始时，$p_1 = 100\text{kPa}$，$T_1 = 300\ \text{K}$. 单位质量空气的加热量为 1400kJ/kg．请确定：

（a）单位质量空气的净功（以 kJ/kg 为单位表示）.

（b）该循环的热效率.

（c）平均有效压力（以 kPa 为单位表示）.

（d）该循环中的最高温度（以 K 为单位表示）.

（e）为了研究压缩比与净功的关系，请绘制当压缩比从 1 到 12 时，净功随压缩比的变化关系图.

4-22　一个标准空气奥托循环的压缩比为 7.5. 压缩初始时刻，$p_1 = 85\text{kPa}$，$T_1 = 32℃$. 空气的质量为 2g，该循环的最高温度为 960K．请确定该循环：

（a）放出的热量为多少 kJ？

（b）净功为多少 kJ？

（c）热效率为多少？

4-23　一个标准空气狄塞尔循环在压缩初始时压力与温度分别为 95kPa 和 300K．在加热过程结束时刻，压力为 7.2 MPa，温度为 2150 K．请确定该循环的（a）压缩比；（b）预膨比；（c）热效率.

4-24　一个标准空气狄塞尔循环的最高温度为 1800K. 压缩初始时刻，$p_1 = 95\text{kPa}$，$T_1 = 300\text{K}$．空气质量为 12g．请绘制压缩比从 15 到 25 时，下列各项随压缩比的变化关系：

（a）该循环的净功（以 kJ 为单位表示）.

（b）热效率.

（c）平均有效压力（以 kPa 为单位表示）.

4-25　一个标准空气混合循环的压缩比为 16，预膨比为 1.15.压缩初始时刻，$p_1 = 95\text{kPa}$，$T_1 = 300\text{K}$．在等容加热过程中，压力增长了 2.2 倍．若空气质量为 0.04kg．请确定：

（a）等容加热量与等压加热量分别为多少 kJ？

（b）该循环的净功为多少 kJ？

（c）放出热量为多少 kJ？

（d）热效率为多少？

4–26　有两个容器，其中一个的体积是另一个的 2 倍．两个容器通过阀相连接，并将它们全部浸入恒温水浴中．小容器中含有氢气（摩尔质量为 2kg/kmol），另一个容器内完全真空．假设氢气为理想气体，计算当上述一切准备完毕，阀门打开后每千克气体的熵变，并绘制$T$-$s$图．

4–27　压力为 500kPa 的 550℃气体进入汽轮机后，离开时压力降为 100kPa．虽然该过程可近似为绝热过程，但气体的熵变化了 0.174kJ/(kg・K)．假设该气体为理想气体，其 $\gamma$=1.333，$c_p$=1.11kJ/(kg・K)．计算气体离开汽轮机时的温度，并绘制此过程的$T$-$s$图．

# 第 5 章　水蒸气及蒸汽动力循环

## 5.1　纯物质的相变过程

要实现热功转换，离不开工作媒介物质，例如，在水泵中，以水作为工质；在燃气轮机中，以燃气作为工质；在蒸汽轮机中，以水蒸气作为工质；而在空调压缩机中以氟利昂等有机物蒸汽作为工质等．因此，对工质的热物理性质进行了解是非常必要的．一般物质有三种集态形式，分别是固态、液态和气态，国际上称为相，所以物质有三相——固相、液相和气相．在热力学中最重要的工质形态是液相和气相，对固相的讨论不多．

物质的相之间可以互相转化也可以互相共存，固相可以转变为液相，液相也可以转变为气相，反之亦然．物质相的存在形式与物质的基本状态参数密切相关，即它受到其承受的压力和温度的强烈影响，而且这种影响是一一对应的，是状态参数的单值函数．于是，可以在状态参数图上对相及相变过程进行描述，这类图俗称相图．图 5.1 给出了在$p$-$T$坐标系中，物质三相的相互变化关系．

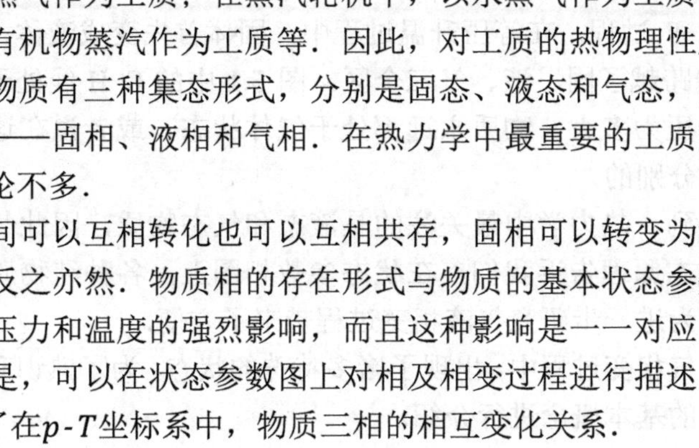


图 5.1　纯物质的$p$-$T$相图

图中存在三条曲线，分别是升华线、溶解线和蒸发线．升华线将固相与气相分开；溶解线将固相与液相分开；蒸发线将液相与气相分开．于是，图中存在三个明显的区域：固态区、液态区和气态区．图中，还有两个非常重要的点，分别是三相点和临界点．三相点是固、液、气共存的点，如在这一点上水蒸气、水和冰三相共同存在．在三相点上有确定的压力和温度，所以它对某一确定纯物质来说是确定的．临界点是蒸发线的上端点，在这一点之上，气态与液态将没有分别，下面的深入研究也证明，临界点正是饱和液体线与饱和蒸汽线的交点．

如果状态参数发生变化，那么原有的相平衡将被打破．例如，原来处于固态区 A 点的物质，在等压下提高物质的温度，那么状态可以直接跨过升华线到达气态区的 B 点，发生固-气相变．同样，原来处于 C 点的物质经等压升温后，跨越三相点直接到达气态区的 D 点，也实现了固-气相变．对于常见物质来说，升华过程是相对困难的，易于实现的是 E–F 过程．在等压升温过程中，固体首先变成液体，然后再转变为气体，所以 E–F 线跨越了固、液、气三个区．图 5.1 中的 G–H 线处于临界点之上，在这个区域，无论压力多大，物质永远都处于气体状态，或者说在这个区域，气态与液态是没有多大分别的．

前面已经提到，热力学中最关注的是液态和气态物质，因此气液相变过程受到格外重视．对比态原理告诉我们，在状态参数相图上，各种纯物质有着基本类似的形状和特点，这为进一步研究气液相变过程带来了方便．

在气液或液气相变过程中，出现了诸多特殊的状态，为了熟识和了解这些状态，首先对几个重要的基本概念进行介绍．

**饱和温度**：在给定压力条件下，气–液即将发生相变过程的温度．

**饱和压力**：与饱和温度对应的压力，称为饱和压力，即在饱和压力下，达到饱和温度，液体就会出现蒸发过程，或者蒸汽就会出现冷凝过程．

**饱和液体**：在饱和温度和饱和压力下的液态物质．

**饱和蒸汽**：在饱和温度和饱和压力下的气态物质．

**过冷液体**：温度低于饱和温度的液态物质．

**过热蒸汽**：温度高于饱和温度的蒸汽物质．

**蒸汽干度**：蒸汽的质量与气液混合物总质量的比．

有了上述基本概念之后，5.2 节将以水作为典型工质，对液–气相变过程的特性进行全面研究，研究中虽以水作为对象，但其结果可以类比到其他工质中．

## 5.2 定压下水蒸气的发生过程

假设一个大气压下 20℃的纯水被包围在气缸中，如图 5.2 中状态 1 所示．在此条件下，水处于过冷液体状态，不会发生蒸发过程，所以是过冷水．现在，给水加热，那么水的温度将上升，并随着温度的上升，水的体积有稍微的膨胀，所以比容稍微增加了，作为结果，活塞稍微上移．但压力保持为常数，因为外界和重物的压力都没有变化．随着热量的继续加入，温度不断上升，直到 100℃，此时达到图 5.2 中的状态 2，水仍然为液体，但任何多余的热量加入，都会有水蒸气产生，所以这个点，称为饱和点，处于这个点上的水叫饱和水．

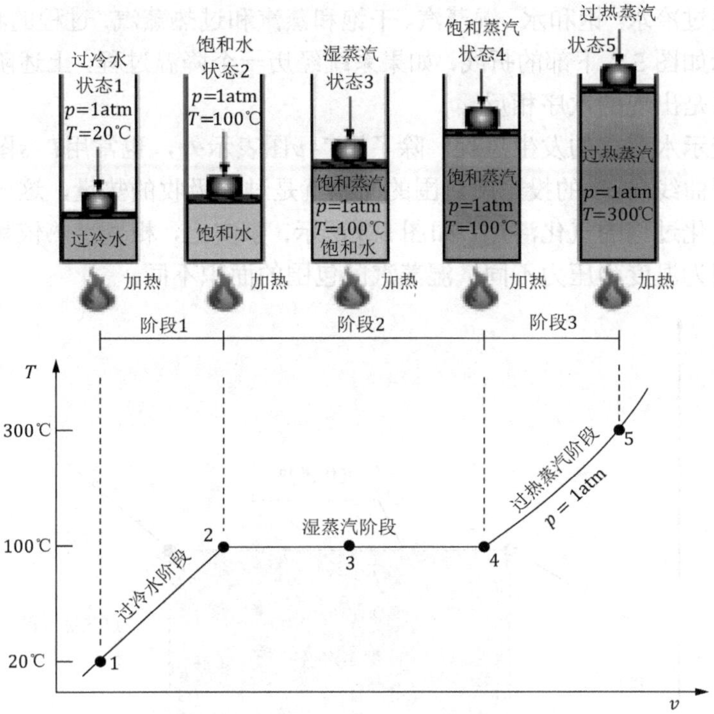


图 5.2　水蒸气发生过程及在$T$-$v$上的表示

水蒸气的发生过程

热量继续加入，有部分水变成了蒸汽，但温度不再上升，继续加热，气缸中变成蒸汽的部分越来越多，水越来越少，但温度和压力仍然保持不变，体积显著增加，这个阶段称为湿蒸汽阶段．在这个阶段中，水仍然是饱和水，蒸汽也是饱和的，但由于是蒸汽与水共存，所以叫湿蒸汽，表明是与水共存的，与此对应的温度叫饱和温度，它是与压力一一对应的．一旦气缸中的水全部变成了蒸汽，达到状态 4，这时气缸中水的质量为 0，但蒸汽仍然是饱和的，所以叫干饱和蒸气．

一旦越过了状态 4，继续加热将使气缸中水蒸气的温度升高，成为在此压力下的过热蒸汽．当水全部变为过热蒸汽后，工质将满足气体的状态方程．但值得指出的是，由于蒸汽距离液态比较近，微观粒子之间的作用力大，分子本身占据的体积也不能忽略，所以蒸汽一般是不能够当做理想气体对待的，它的物理性质较理想气体复杂得多，状态方程、焓、内能和熵的计算式都不像理想气体的那么简单，一般要借助工程图表进行计算.

由以上讨论可以发现，蒸汽在定压下发生的过程共分为三个阶段和五种状态，加温过程中，三个阶段分别是过冷水加热阶段、湿蒸汽阶段和过热蒸汽阶段，五种状态分别是过冷水、饱和水、湿蒸汽、干饱和蒸汽和过热蒸汽. 过程的状态变化在$T$-$v$图中的表示如图 5.2 下部的折线. 如果系统经历一个降温过程，上述阶段和状态也依然存在，只是出现的次序相反.

为了表示水蒸气的发生过程，除了用$T$-$v$图表示外，也常用$T$-$s$图表示，它的优势是，过程曲线向$s$轴的投影所包围的面积就是过程吸收的热量，这一特点可以很容易计算出气化过程的气化潜热，如图 5.3 所示. 事实上，相变潜热依赖于过程的温度和压力，因为温度和压力不同，湿蒸汽区包围的面积不同.

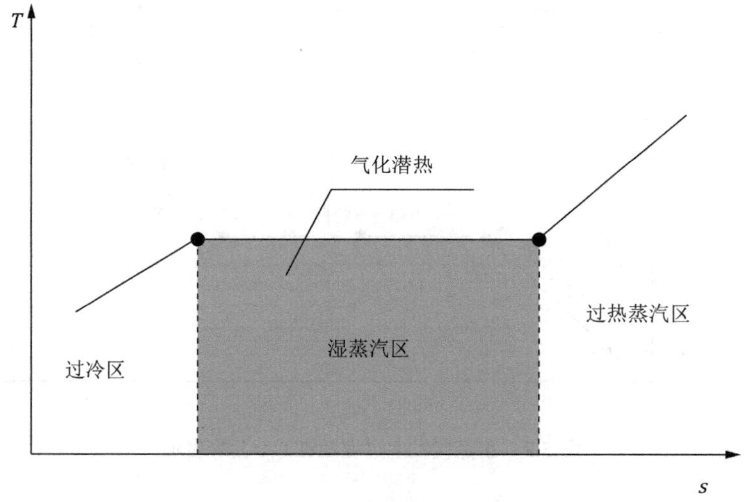


图 5.3　水蒸气的发生过程在$T$-$s$图中的表示

图 5.2 中给出了水在 1atm 压力下的蒸汽发生过程，表明它存在三个阶段五种状态. 如果在更高或者更低的压力下做同样的加热过程，情况会怎么样呢？例如，将压力提高到 1MPa，这时，在相同的温度 20℃，液体水的比容稍微有一些减少，因为它被压缩了，但这个压缩量非常有限. 当给水加热时，实验证明，与 1atm 时的过程曲线完全类似，也产生一条经历三个阶段五种状态的过程曲线，但会发现，过程在湿蒸汽阶段变窄了，对应的饱和温度也不再是 99.634℃，而是上升到了 179.916℃. 压力加到 20MPa，情况还是类似，只是湿蒸汽阶段进一步变窄. 直到压力等于 22.06MPa，湿蒸汽段变成了一个点，称为临界点. 跨过了这个点，液态与气态将没有区别，或称永远的气体. 不同压力下水蒸气的发生过程示于图 5.4. 从图可

以发现，在不同的压力下，总有压力和温度不变的水平直线段存在，这就是湿蒸汽区，水与蒸汽共同存在，所以称湿蒸汽. 这个区随着压力的升高而变窄，最后缩小成一个点，叫做临界点.

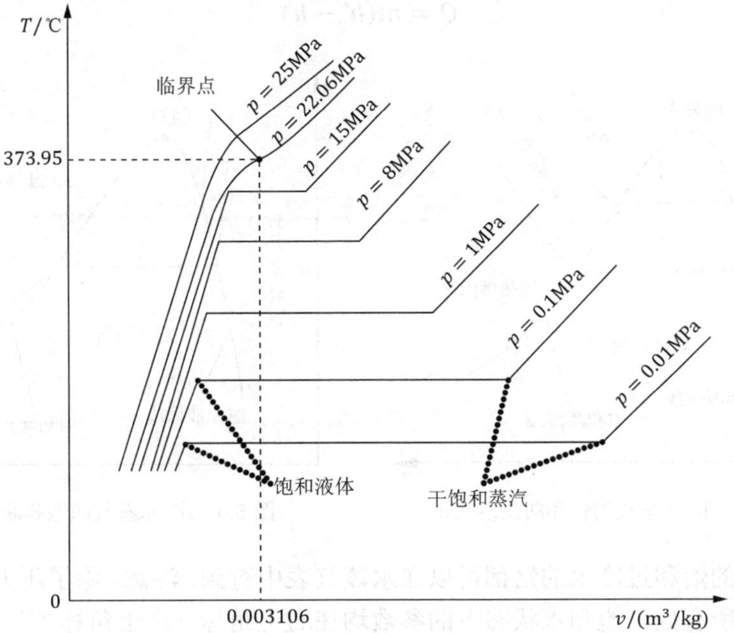


图 5.4　水在不同压力下蒸汽的发生过程

## 5.3　水蒸气的$T$-$v$图和$p$-$v$图

从 5.2 节的讨论知道，定压下水蒸气的发生过程存在三个阶段五种状态，而且不同压力下得到的曲线基本类似，如图 5.4 所示. 过冷水加热段与湿蒸汽加热段的交点是饱和水状态，湿蒸汽加热段与过热蒸汽阶段的交点是饱和蒸汽状态，从临界点开始，连接所有不同压力下的饱和水状态得到一条曲线，称为饱和水线. 同样，从临界点开始，连接所有不同压力下的饱和蒸汽状态得到一条曲线，称为饱和蒸汽线. 两条曲线合在一起称为饱和曲线，如图 5.5 所示. 当然，在$p$-$v$图上饱和曲线也有类似结构，如图 5.6 所示. 在$T$-$v$图和$p$-$v$图上饱和曲线将图分成了三个区域：过冷液体区（或称未饱和水区）、湿蒸汽区和过热蒸汽区. 在过冷液体区（过冷水区）液体水的温度都低于饱和温度$T_s$，它与饱和温度的差称为过冷度，用$L$表示

$$L = T_s - T \tag{5.1}$$

从过冷水加热到饱和水所需要的热量可以用下式计算

$$Q = mc_p(T_s - T) \tag{5.2}$$

这里，$c_p$是水的定压比热．也可以用饱和水的焓减去过冷水的焓来计算，即

$$Q = m(h' - h) \tag{5.3}$$

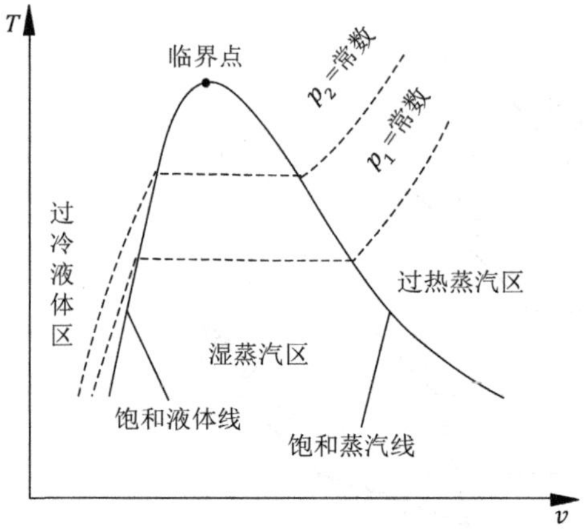


图 5.5　水-水蒸气的饱和曲线$T$-$v$图

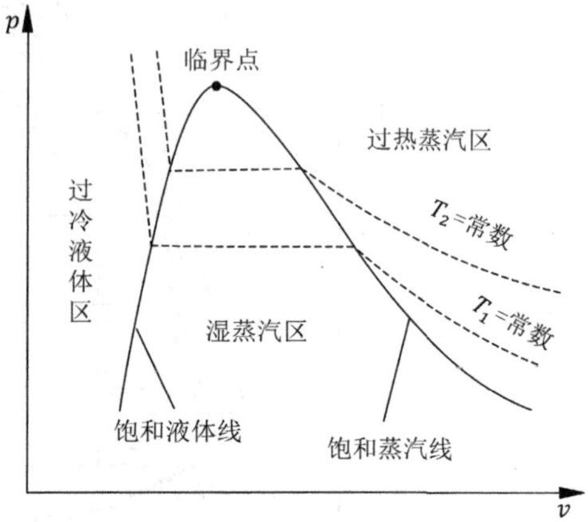


图 5.6　水-水蒸气的饱和曲线$p$-$v$图

饱和水的焓和过冷水的焓都可以在水蒸气表中查到．注意，除了压力和温度外，国际上规定所有处于饱和水状态下的参数均在右上角标一个上角标“′”，以示和其他状态区别，如$h'$、$v'$和$s'$等．

当蒸汽到达饱和蒸汽线上的状态后，如果继续对它加热，蒸汽的温度将会上升，比容增加，熵和焓值也将增加．这时蒸汽的温度高于同压下饱和蒸汽的温度，故称过热蒸汽．过热蒸汽的温度与同压下饱和蒸汽的温度差称为过热度，用$D$表示

$$D = T - T_s \tag{5.4}$$

在这一阶段吸收的热量称为过热热，用$Q_D$表示

$$Q_D = m(h - h'') \tag{5.5}$$

式中，$h$是过热蒸汽的焓．同样，除了压力和温度外，国际上规定，在饱和蒸汽线上的状态参数均在右上角标一个上角标“"”，以示和其他状态区别，如$h''$、$s''$和$v''$等．

饱和曲线上有一个非常特殊的点$C$，称为临界点．几乎所有的纯物质都有一个临界点，而且临界点的参数是确定的．表 5.1 给出了几种物质的临界点参数．

表 5.1　几种纯物质的临界参数

| | 临界温度/℃ | 临界压力/MPa | 临界比容/($m^3$/kg) |
|---|---|---|---|
| 水 | 374.14 | 22.064 | 0.003155 |
| 二氧化碳 | 31.05 | 7.39 | 0.002143 |
| 氧 | −118.35 | 5.08 | 0.002438 |
| 氢 | −239.85 | 1.30 | 0.032192 |

临界状态的出现说明，当压力提高到临界压力时，气化过程不再存在两相共存的湿蒸汽区，而是在温度达到临界温度时，液态将连续地转变为气态，即气化过程缩短为一个点，气化在一瞬间完成．这时，气化过程不需要气化潜热，或者说这时气体和液体不再有区别．如果继续提高压力，气化过程将不再有湿蒸汽区，而且只要温度大于临界温度$T_C$，不论压力多大，气体永远不可能变成液体，成为永久气体．

## 5.4　湿蒸汽的干度及状态参数计算

现在来考察湿蒸汽区．湿蒸汽区起于饱和水线，结束于饱和蒸汽线，其间的长度视压力而定，压力越大，这个区间越短．图 5.7(a)示出了压力为 100kPa 时的湿蒸汽区的情况．在湿蒸汽区，一个显著的情况是水和水蒸气共存．观察图 5.2 中状态 3 的活塞也可以发现，此时活塞中既有水也有蒸汽，认为此时的蒸汽是潮湿的，因此叫湿蒸汽状态．

处于湿蒸汽区的工质是水和水蒸气的混合物，虽然在这个区中的压力和温度是相同的，而且压力与温度一一对应，称为饱和压力和饱和温度，但在湿蒸汽线上不同点的状态是不同的，水和蒸汽的比例是不同的．在饱和水线上，水占 100%，而在饱和蒸汽线上，蒸汽占 100%，其间比例不断变化．为了说明湿蒸汽中饱和蒸汽的含量，以确定湿蒸汽的状态，引入干度的概念，所谓干度就是湿蒸汽的干燥程度，用$x$表示，通俗地讲它就是饱和水蒸气占混合物的质量百分数，即

$$x=\frac{m_{\mathrm{g}}}{m_{\mathrm{g}}+m_{\mathrm{f}}} \tag{5.6}$$

这里，$m_{\mathrm{g}}$和$m_{\mathrm{f}}$分别是湿蒸汽中饱和蒸汽的质量和饱和水的质量．干度在湿蒸汽区是不断变化的，事实上它也可以表示为偏离饱和水状态的相对长度，如图 5.7（b）所示．显然，饱和水的干度$x=0$，干饱和蒸汽的干度$x=1$．

值得进一步指出，饱和压力与饱和温度对特定纯物质来说是一一对应的，给定了压力，与之对应的饱和温度就确定了．反之，如果知道了饱和温度，也可以查到与之对应

的饱和压力. 水是一种古老的工质，人们对它的研究很多，所以水的饱和压力与温度的关系最为清楚，表 5.2 给出了水在不同温度下的饱和压力，同时在图 5.8 中给出了水的饱和压力与饱和温度的关系曲线，方便读者查阅.

另外，为了给读者一个感性认识，表 5.3 也给出了地表上空不同海拔水的沸点及其与之对应的饱和压力.

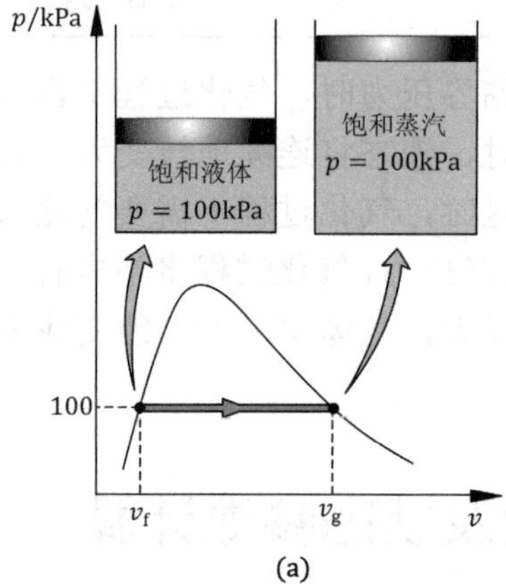


图 5.7 湿蒸汽区的状态变化

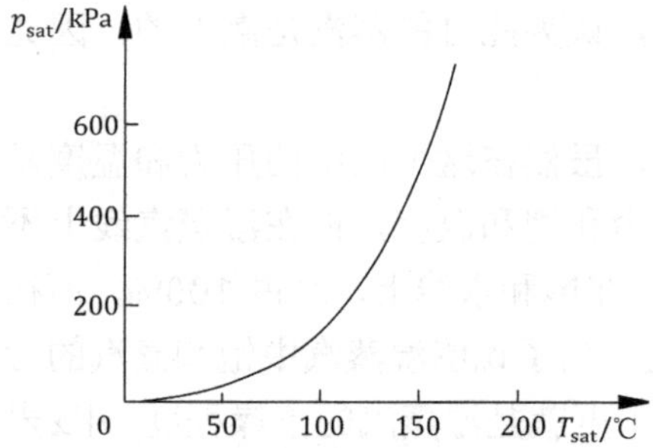


图 5.8 水的沸点温度与压力的关系

表 5.2 水的沸点及对应饱和压力

| 温度 $T$/℃ | 饱和压力 $p_{sat}$/kPa |
|---|---|
| −10 | 0.26 |
| −5 | 0.40 |
| 0 | 0.61 |
| 5 | 0.87 |
| 10 | 1.23 |
| 15 | 1.71 |
| 20 | 2.34 |
| 25 | 3.17 |
| 30 | 4.25 |
| 40 | 7.39 |
| 50 | 12.35 |
| 100 | 101.4 |
| 150 | 467.2 |
| 200 | 1555 |
| 250 | 3976 |
| 300 | 8588 |

表 5.3　不同海拔的大气压力及水的沸点

| 海拔/m | 大气压力/kPa | 沸点/℃ |
|---|---|---|
| 0 | 101.33 | 100.0 |
| 1000 | 89.55 | 96.5 |
| 2000 | 79.50 | 93.3 |
| 3000 | 67.67 | 89.02 |
| 4000 | 59.87 | 85.94 |
| 5000 | 54.05 | 83.3 |
| 10000 | 26.50 | 66.3 |
| 20000 | 5.53 | 34.7 |

## 5.5　水蒸气的热力性质表

水蒸气一般不能当做理想气体，因此它的状态方程极为复杂，所以工程中一般采用查表或查图的方法获得相关数据．查图一般只能做定性分析，所以越来越少使用．由于水是古老的工质，应用广泛，目前国际上已有统一的水和水蒸气表，本书也附有水和水蒸气的热力性质表（附录 A-1、附录 A-2、附录 A-3），方便查阅．它是根据 1985 年国际水蒸气表统一规定，以水的三相点的液相水作为基准点，并令三相点饱和水的内能和熵为零来制订的．

由于压力和温度在工程上比较容易测得，因此水和水蒸气热力性质表一般以压力$p$或温度$T$为自变量，比体积$v$、比焓$h$和比熵$s$为因变量进行排列．比内能$u$在需要时可由$u=h-pv$求取．饱和线上的压力和温度以及湿蒸汽状态下的压力和温度之间是相互关联的，实际上只有一个是独立变量．而未饱和水和过热蒸汽的压力和温度之间是相互独立的，因此水蒸气热力性质表被分为“饱和水和饱和蒸汽表”及“未饱和水和过热蒸汽表”．利用这些表可分别对水蒸气发生过程的三个阶段进行查询．

在实际工程中，有时先知道的是压力，压力是整数；有时先知道的是温度，温度是整数，所以为了方便，饱和水和饱和蒸汽表又分为按饱和温度$T$排列的表（附录 A-1）和按饱和压力$p$排列的表（附录 A-2），依次列出不同饱和温度$T$（或饱和压力$p$）下的$p$（或$T$）、$v'$、$v''$、$h'$、$h''$、$r$、$s'$和$s''$．表 5.4 和表 5.5 分别给出了按饱和温度$T$排列和按饱和压力$p$排列的表例，方便读者熟识此类表格．对于处在湿蒸汽状态下的水和水蒸气的混合物，如果已知干度是$x$，那么湿蒸汽混合物的状态参数，可由同一$T$（或$p$）下的饱和水和饱和蒸汽的状态参数利用下列公式求取，即

$$v=xv''+(1-x)v' \tag{5.7}$$

$$h=xh''+(1-x)h' \tag{5.8}$$

$$s=xs''+(1-x)s' \tag{5.9}$$

未饱和水和过热蒸汽表列出了各种压力及温度下的未饱和水和过热蒸汽的比体积$v$、比焓$h$和比熵$s$值，如附录 A-3 所示．表中的黑线是未饱和水和过热蒸汽的分界线，线的上方为未饱和水，线的下方为过热蒸汽．表头上的饱和水和饱和蒸汽参数仅供使用该表时参考之用．表 5.6 给出了未饱和水和过热蒸汽表的表例．

表 5.4　　饱和水及饱和蒸汽表（按温度排列）的结构

| $T$/℃ | $p$/MPa | $v'$/(m³/kg) | $v''$/(m³/kg) | $h'$/(kJ/kg) | $h''$/(kJ/kg) | $r$/(kJ/kg) | $s'$/[kJ/(kg·K)] | $s''$/[kJ/(kg·K)] |
|---|---|---|---|---|---|---|---|---|
| 100 | 0.101 325 | 0.001 043 44 | 1.673 6 | 419.06 | 2 675.71 | 2 256.6 | 1.306 9 | 7.354 5 |
| 120 | 0.198 483 | 0.001 060 31 | 0.892 2 | 503.76 | 2 706.18 | 2 202.4 | 1.527 7 | 7.129 7 |
| 140 | 0.361 190 | 0.001 079 72 | 0.509 0 | 589.21 | 2 733.81 | 2 144.6 | 1.739 3 | 6.930 2 |

表 5.5　　饱和水及饱和蒸汽表（按压力排列）的结构

| $p$/MPa | $T$/℃ | $v'$/(m³/kg) | $v''$/(m³/kg) | $h'$/ (kJ/kg) | $h''$/(kJ/kg) | $r$/(kJ/kg) | $s'$/[kJ/(kg·K)] | $s''$/[kJ/(kg·K)] |
|---|---|---|---|---|---|---|---|---|
| 0.60 | 158.863 | 0.001100 6 | 0.315 63 | 670.67 | 2756.66 | 2 086.0 | 1.931 5 | 6.760 0 |
| 0.80 | 170.444 | 0.0011148 | 0.240 37 | 721.20 | 2768.86 | 2 047.7 | 2.046 4 | 6.662 5 |
| 1.00 | 179.916 | 0.001127 2 | 0.194 38 | 762.84 | 2777.67 | 2 014.8 | 2.138 8 | 6.585 9 |

表 5.6　　未饱和水及过热蒸汽表的结构

| | $p=0.10\text{MPa}(t_s=99.634℃)$ | | | $p=0.20\text{MPa}(t_s=120.24℃)$ | | | $p=0.50\text{MPa}(t_s=151.867℃)$ | | |
|---|---|---|---|---|---|---|---|---|---|
| $T$/℃ | $v$/(m³/kg) | $h$/(kJ/kg) | $s$/kJ/(kg·K) | $v$/(m³/kg) | $h$/(kJ/kg) | $s$/kJ/(kg·K) | $v$/(m³/kg) | $h$/(kJ/kg) | $s$/kJ/(kg·K) |
| 100<br>120 | 1.696 1<br>7.793 1 | 2 675.9<br>2 716.3 | 7.360 9<br>7.466 5 | 0.001043<br>0.001060 | 419.14<br>503.76 | 1.306 8<br>1.527 7 | 0.010176 | 589.3 | 1.7392 |
| 140<br>160 | 1.888 9<br>1.983 8 | 2 756.2<br>2 795.8 | 7.565 4<br>7.659 0 | 0.935 11<br>0.984 07 | 2 748.0<br>2 789.0 | 7.230 0<br>7.327 1 | 0.38358 | 2 767.2 | 6.8647 |

注意，由于水和水蒸气热力性质表有多个，使用时必须先知道某些确定参数的状态，以决定所要使用的表．另外，表中给出的参数毕竟有限，有时不能直接给出我们所需的精确数值，查表时可以利用一定范围的参数通过简单的线性内插法求取．

**例 5.1**　利用水蒸气热力学性质表，按要求确定下列各状态的状态参数值：

（1）$t=100℃$，$h=2200\text{kJ/kg}$，查表求$s$值．

（2）$p=5.0\text{MPa}$，$t=262℃$，查表求$s$值．

**解**　（1）由饱和水与饱和水蒸气热力性质表（附录 A-1）查得：

当$t=100℃$时，$h'=419.06\text{kJ/kg}$，$h''=2675.71\text{kJ/kg}$，可见$h'<h<h''$，说明该蒸汽状态是湿蒸汽．根据式（5.8）得

$$x=\frac{h-h'}{h''-h'}=\frac{(2200-419.06)\text{kJ/kg}}{(2675.71-419.06)\text{kJ/kg}}=0.789$$

查饱和水与饱和水蒸气热力性质表得知

$$s' = 1.3069\text{kJ/(kg}\cdot\text{K)},\qquad s'' = 7.3545\text{kJ/(kg}\cdot\text{K)}$$

故

$$s = xs'' + (1-x)s' = 0.789 \times 7.3545\text{kJ/(kg}\cdot\text{K)} + (1-0.789)\times 1.3069\text{kJ/(kg}\cdot\text{K)}$$

$$= 6.0785\text{kJ/(kg}\cdot\text{K)}$$

（2）查未饱和水与过热蒸汽热力性质表知，$p = 5.0\text{MPa}$，$t = 262℃$的状态处于 250℃和 300℃之间. 在 250℃和 300℃之间的黑粗线是未饱和水和过热蒸汽的分界线. $t = 250℃$和$t = 300℃$的状态分属未饱和水和过热蒸汽两个状态，中间有三个状态，因而不能用$t = 250℃$和$t = 300℃$的$s$值进行内插. 由于$t = 262℃ < t_s = 263.98℃$，其状态属于未饱和水，因此，应该用$t = 250℃$的熵与饱和水的熵进行内插.

查表：$p = 5.0\text{MPa}$，有

$$t_1 = 250℃时，s_1 = 2.7901\text{kJ/(kg}\cdot\text{K)}$$

$$t_s = 263.98℃时，s' = 2.9200\text{kJ/(kg}\cdot\text{K)}$$

$$s = s_1 + \frac{t-t_1}{t_s-t_1}(s'-s_1)$$

$$= 2.7901\text{kJ/(kg}\cdot\text{K)} + \frac{262-250}{263.98-250}\times(2.9200-2.7901)\text{kJ/(kg}\cdot\text{K)}$$

$$= 2.902\text{kJ/(kg}\cdot\text{K)}$$

**例题讨论：**本例说明，湿蒸汽状态参数$v$、$h$和$s$的求取，需要知道湿蒸汽的干度$x$. 若$x$未知则需要通过已知参数先求得$x$，然后再进行其他参数计算.

**例 5.2**　如图 5.9 所示，活塞装有 0.1kg 水，压力 1000kPa，温度 500℃. 活塞被定压冷却直到它的一半体积，之后活塞被停止在阻止点继续被冷却至 25℃，求终态水的压力和总过程所做的功，并在$p$-$v$图上表示其过程.

**解**　从装置的结构可以知道，总过程分为两步，第一步为等压过程从 1→2，第二步是等容过程从 2→3.

确定状态 1：由题条件已知$p_1 = 1000\text{kPa}$，$T_1 = 500℃$，查表得$v_1$=0.35411m³/kg，是过热蒸汽.

进行过程 1→2，$p_1 = p_2$，等压过程，直到容积为原来的一半，所以$v_1 = 2v_2$.

进行过程 2→3，等容过程，$v_3 = v_2$，并已知$T_3 = 25℃$.

查饱和蒸汽表，可以发现，$v_3 < v_3''$，说明终态处于湿蒸汽状态，据此查 25℃下的饱和压力即是终态压力，

$$p_3 = 3.169\text{kPa}$$

最后，计算过程功量

$$W = m\int_1^3 p\mathrm{d}v = m\int_1^2 p\mathrm{d}v = mp_1(v_2 - v_1)$$

所以

$$W = 0.1\text{kg} \times 1000\text{kPa} \times (0.17706\text{m}^3/\text{kg} - 0.35411\text{m}^3/\text{kg}) = -17.7\text{kJ}$$

负号表示外界对系统做功.

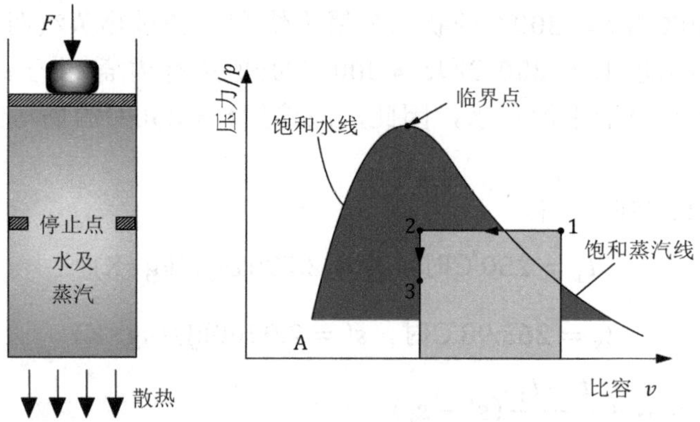


图 5.9　例 5.2 图

**例题讨论：**蒸汽的热力过程分析、计算在于实现预期的能量转换和获得预期的工质状态．由于蒸汽性质的复杂性，难有简明的状态方程，因此蒸汽的热力过程计算一般只能用热力学第一定律和第二定律，以及蒸汽的热力性质表．通过查表求得状态参数值，然后应用热力学第一定律和第二定律的基本方程计算过程$q$、$w$、$\Delta h$、$\Delta u$、$\Delta s$和$\Delta s_{\mathrm{g}}$等．例如，等压过程有

$$w = \int_1^2 p\mathrm{d}v = p(v_2 - v_1)$$

$$q = \Delta h$$

绝热过程有

$$q = 0, \quad \Delta s = 0$$

$$w = -\Delta u, \quad w_{\mathrm{t}} = -\Delta h$$

# 5.6　蒸汽动力循环的基本过程

尽管水蒸气是一种古老的工质，但现代大型发电厂中仍然使用水作为工质，因为水稳定可靠并且廉价易得．现代大型发电厂中利用高温高压的蒸汽流过透平系统，推动叶轮旋转，从而对外输出轴功．图 5.10 给出了一个现代热力发电厂的系统示意图，图中锅炉、透平机、冷凝器和循环泵构成了一个简单的蒸汽动力循环．

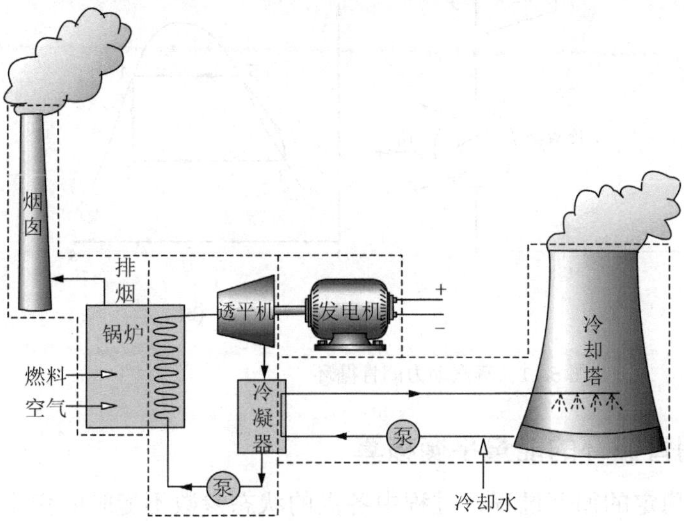


图 5.10　蒸汽动力系统的基本结构

前面几节对水蒸气的性质做了初步的描述和讨论，给出了蒸汽性质表，本节将利用这些蒸汽表，对蒸汽动力循环的效率和过程进行计算．

## 5.6.1　基本的蒸汽动力循环

蒸汽动力循环的工作过程如图 5.11（a）所示，处于①状态的高温高压的蒸汽被送入透平机中透平，驱动透平机的叶轮旋转输出轴功$W_T$；蒸汽经透平结束后变成状态②，并进入冷凝器中冷凝形成液态水，成为状态③；液态水经高压泵输送再返回锅炉中，进入锅炉前状态是④；液态水在锅炉中吸热再变成高温高压的蒸汽，状态再变为①．

现代蒸汽动力发电厂中最基本的循环是朗肯循环，循环过程如图 5.11（b）所示．由图可见，处于状态 1 的高温高压的干饱和蒸汽流入透平机中可逆绝热膨胀，对外做功；完成绝热膨胀做功后工质到达状态点 2，状态点 2 是水和水蒸气的混合物，处于湿蒸汽状态，进入冷凝器中冷凝，干度不断减少，最后到达状态点 3，成为饱和水；饱和水经高压泵驱动，达到状态点 4，处于稍微过冷的状态，被送入锅炉中；在锅炉中水被加热，温度上升，最后变成高温高压的饱和水,变成状态 5，继续被加热变成高温高压的湿蒸汽，最后变成干饱和蒸汽，到达状态点 1，实现完整的循环过程．这就是著名的朗肯循环．虽然现代蒸汽动力电厂中使用各种各样的循环，但都是在朗肯循环的基础上发展起来的，如过热朗肯循环、再热朗肯循环以及超临界朗肯循环等．

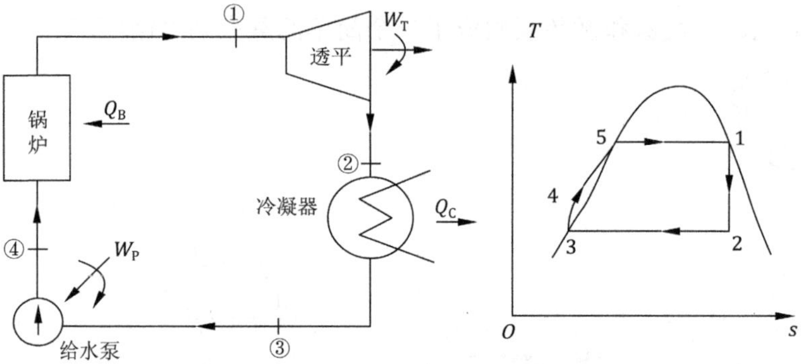


(a)　　(b)

蒸汽机作用原理图

图 5.11　蒸汽动力朗肯循环

## 5.6.2　朗肯循环的能量平衡核算

对于一个稳定的循环过程，过程中各点的状态参数不随时间变化，作为理想过程分析，忽略系统管路上对外的传热损失，也忽略系统内部工质流动的动能和势能．在这个简化条件下，工质各状态点上均有确定的状态参数，可以通过水蒸气的热力性质表查到它们的状态参数，因此可以对朗肯循环作能量平衡计算．注意，使用开放系统的第一定律表达式

$$q = w_t + \Delta h$$

在忽略工质动能和势能的条件下，技术功只有轴功．

（1）锅炉（4→5→1）．

在锅炉中，水只是受热蒸发，没有对外做功，所以$w_t = 0$，吸热量等于工质焓的增加量，于是

$$w_{451} = 0$$

$$q_{451} = h_1 - h_4 \tag{5.10}$$

（2）透平机（1→2）．

透平机是一个典型的开放系统，工质在透平机中经绝热膨胀对外做功．由于工

质流动速度很快，散热量比起工质本身携带的焓来说很小，可以忽略，即

$$q_{12} = 0$$

对于稳态稳流过程，第 2 章式（2.55）给出

$$Q = W_{\mathrm{sh}} + (H_2 - H_1) + \frac{m}{2}(C_2^2 - C_1^2) + mg(z_2 - z_1)$$

对于单位工质，忽略动能和势能的变化，那么在透平机中工质膨胀做功为

$$w_{12} = h_1 - h_2 \tag{5.11}$$

（3）冷凝器（2→3）.

冷凝器只是一个传热装置，不对外做功，所以

$$w_{23} = 0$$

$$q_{23} = -(h_2 - h_3) \tag{5.12}$$

这里，负号表示系统对外放热.

（4）泵（3→4）.

工质在泵中经历绝热过程，所以

$$q_{34} = 0$$

$$w_{34} = -(h_4 - h_3) \tag{5.13}$$

这里，负号表示外界对系统做功，所以泵是一个耗功过程.

通过上述能量平衡方程，可以得到系统的总热供给和总功输出. 总热供应只有工质在锅炉中吸热，所以

$$q_{\mathrm{in}} = q_{451} = h_1 - h_4 \tag{5.14}$$

总功输出应该是透平机的输出功减去循环水泵的消耗功，所以

$$\sum w = w_{12} + w_{34} = (h_1 - h_2) - (h_4 - h_3) \tag{5.15}$$

最后，计算得到系统的热效率为

$$\eta_{\mathrm{R}} = \frac{(h_1 - h_2) - (h_4 - h_3)}{h_1 - h_4} \tag{5.16}$$

进一步写为

$$\eta_{\mathrm{R}} = 1 - \frac{h_2 - h_3}{h_1 - h_4} \tag{5.17}$$

这就是基本朗肯循环的热效率，只要知道各状态点的蒸汽焓值，就可以计算出循环的效率.

### 5.6.3　朗肯循环的改进

值得指出，上述讨论的标准朗肯循环在工程上还有一些问题，首先进入汽轮机的蒸汽仅为干饱和蒸汽，进入汽轮机后不久就会有凝结水产生，水珠凝聚成大水滴，由于进气时流体速度很大，所以水滴对汽轮机叶片的冲击很大，易于引起事故，也容易造成叶轮的侵蚀. 从式（5.11）也可以发现，汽轮机做功量与进入汽轮机蒸汽的比焓密切相关，所以提高进气的比焓对提高循环效率有益. 因此，在一般的电厂中都不以饱和蒸汽的状态进入汽轮机，而是将蒸汽进一步提升温度，使其变为过热蒸汽再进入汽轮机内透平，即实际系统会在锅炉的出口端增加一个过热器，使蒸汽过热，然后再让蒸汽进入汽轮机中透平. 图 5.12 给出了增加再热器后的系统工作过程和再热朗肯循环，循环中增加 6→1 的再热过程，这样既避免了水滴的高速冲击，也增加了单个循环的做功量.

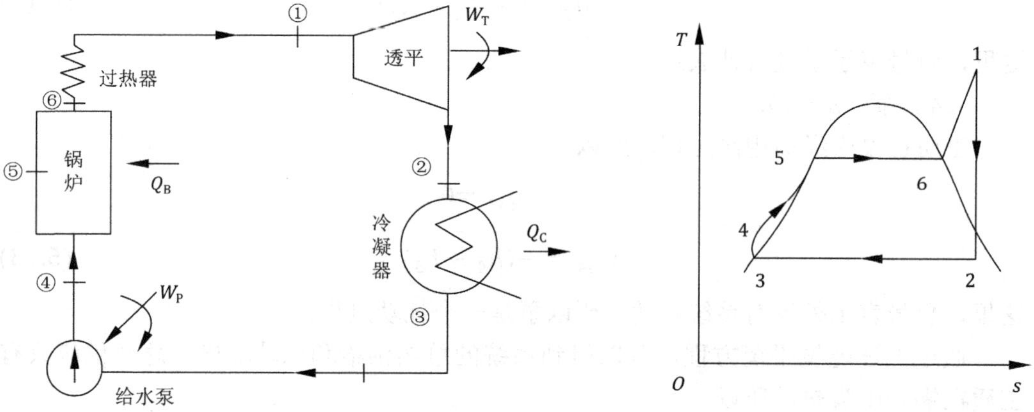


图 5.12　过热朗肯循环

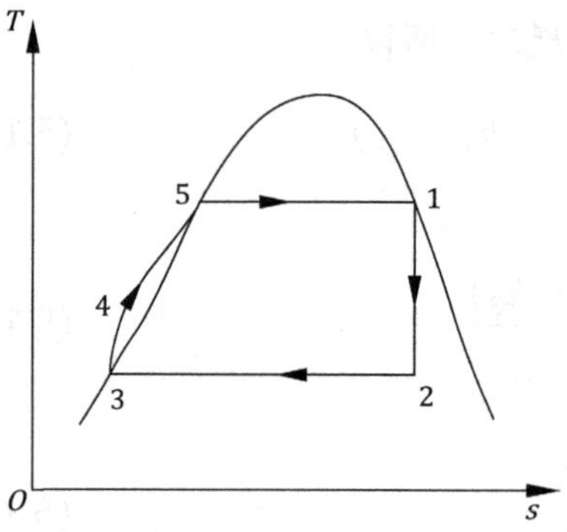


图 5.13　例 5.3 图

**例 5. 3**　一个蒸气动力电站的锅炉压力为 4.2MPa，冷凝器中压力为 0.0035MPa，计算理想朗肯循环效率. 循环中进入汽轮机的蒸汽为干饱和蒸汽.

**解**　理想朗肯循环过程如图 5.13 所示. 已知锅炉压力为 4.2MPa，即$p_1 = 4.2\text{MPa}$，又知进入透平机的蒸汽为干饱和蒸汽，查饱和水蒸气表得 $h_1$=2800kJ/kg，$s_1$=6.049kJ/(kg · K). 1→2 过程为可逆绝热过程，因此有

$$s_2 = s_1 = 6.049\text{kJ/(kg} \cdot \text{K)}$$

另外，已知冷凝器中压力为 0.0035MPa，查得此压力下对应的饱和水和饱和蒸汽的

熵分别为

$$s_{f2} = 0.391\text{kJ/(kg·K)}$$
$$s_{v2} = 8.130\text{kJ/(kg·K)}$$

同时，查得

$$h_{f2} = 112\text{kJ/kg}，h_{v2} = 2438\text{kJ/kg}$$

可见

$$s_{f2} < s_2 < s_{v2}$$

说明，2 状态为湿蒸汽状态．求此时湿蒸汽的干度，根据方程（5.9）得

$$s_2 = x s_{v2} + (1 - x) s_{f2}$$

所以

$$x = \frac{s_2 - s_{f2}}{s_{v2} - s_{f2}} = \frac{6.049 - 0.391}{8.130 - 0.391} = 0.7311$$

由此，可以计算出状态 2 的焓值为

$$h_2 = (1 - x)h_{f2} + x\,h_{v2} = (1 - 0.7311) \times 112 + 0.7311 \times 2438 = 1812.539(\text{kJ/kg})$$

状态 3 的焓是饱和水的焓，所以

$$h_3 = h_{f2} = 112\text{kJ/kg}$$

在过程 3→4 中，泵耗功为

$$w_{34} = -(h_4 - h_3) = -v_{f3}(p_4 - p_3) = -4.2\text{kJ/kg}$$

系统的功输出为

$$w_{12} = h_1 - h_2 = 2800 - 1812.539 = 987.46(\text{kJ/kg})$$

最后，计算系统的循环效率

$$\eta_{\text{R}} = \frac{(h_1 - h_2) - (h_4 - h_3)}{h_1 - h_4} = \frac{987.46 - 4.2}{(2800 - 112) - 4.2} = 36.64\%$$

即工作在此条件下的标准朗肯循环的效率为 36.64%.

# 本 章 小 结

在热功转换过程中，许多热机仍然采用水或水蒸气作为工质，如现代大型蒸汽动力电厂仍然采用水和水蒸气作为吸热和膨胀做功的介质．水是地球上分布最广泛的物质之一，像其他物质一样，它有三种集态形式：固相、液相和气相.

定压下液态的水被转变成水蒸气的过程需要经历三个阶段：过冷阶段、湿蒸汽

阶段和过热阶段．在这三个阶段中，水或者水蒸气会出现五种状态：过冷水、饱和水、湿蒸汽、饱和蒸汽和过热蒸汽．在饱和水、湿蒸汽和饱和蒸汽状态下，压力和温度一一对应，只要压力给定，则整个湿蒸汽阶段温度保持不变．当压力发生变化时，饱和温度也随着变化．将饱和水状态用线连接起来就构成了饱和水线，将饱和蒸汽状态用线连接起来就构成了饱和蒸汽线．饱和水线与饱和蒸汽线相交的点就是临界点．

当水的温度低于饱和温度$T_\mathrm{s}$时，称为过冷水，过冷度为

$$L = T_\mathrm{s} - T$$

当蒸气的温度高于饱和蒸汽温度时，称为过热蒸汽，过热度为

$$D = T - T_\mathrm{s}$$

湿蒸汽中饱和蒸汽占总质量的百分数用干度表示

$$x = \frac{m_\mathrm{g}}{m_\mathrm{g} + m_\mathrm{f}}$$

显然，饱和水的干度$x = 0$，干饱和蒸汽的干度$x = 1$．

水蒸气的性质表可以查到各种压力或温度下的比容、比焓、比熵以及其他参数．不同干度下的比容、比焓和比熵可以用如下公式计算：

$$v = xv'' + (1 - x)v'$$

$$h = xh'' + (1 - x)h'$$

$$s = xs'' + (1 - x)s'$$

这里要特别注意什么参数是蒸汽的，什么参数是饱和水的，以免在计算时弄错．

蒸汽动力循环是利用水和蒸汽的性质变化实现热功转化的基本动力循环，最典型的有朗肯循环．从一个状态点变化到另一个状态点，其传热或做功，可以利用两个状态点的焓差来计算，水或蒸汽的比焓可以基于温度或压力在水蒸气特性表中查到．基本朗肯循环的效率是

$$\eta_\mathrm{R} = 1 - \frac{h_2 - h_3}{h_1 - h_4}$$

朗肯循环还有各种改进型，如过热朗肯循环等，这对提高蒸汽机的效率有好处．

# 习　题

5-1　湿饱和蒸汽的$p = 0.9\text{MPa}$，$x = 0.85$，试由水蒸气表求$t_s$、$h$、$v$、$s$和$u$.

5-2　进汽轮机的蒸汽参数为$p_1 = 3.0\text{MPa}$、$t_1 = 435$℃．若经可逆绝热膨胀至$p_2 = 0.005\text{MPa}$，蒸汽流量为4.0kg/s，求汽轮机的理想功率为多少 kW？

5-3　一个体积为 0.5m³ 的刚性闭口容器放置于一个电热板上．最初，该容器中含有饱和水蒸气与饱和水的两相混合物，已知干度$x_1 = 0.5$，其压力$p_1 = 0.1$ MPa．加热后，容器中的压力变为$p_2 = 0.15$ MPa．请在$T$- $v$图上标明初末状态，并

（a）分别确定两个状态的温度（以℃为单位表示）；

（b）分别确定两个状态的蒸汽质量；

（c）若继续加热，请计算当容器内全为饱和蒸汽时的压力为多少 MPa？

5-4　在一个绝热的体积为 0.25m³ 的刚性水箱中含有温度为 100℃饱和水蒸气．水箱中的水蒸气被搅拌至压力为 0.15MPa．试确定末状态的温度，以及搅拌器对水蒸气所做的功（以 kJ 为单位表示）.

5-5　水蒸气在压力为 0.7MPa，温度为 250℃的状态下流入管道，并在等压条件下流动．若该水蒸气向环境稳定散热，多少摄氏度时开始产生水滴？使用稳流能量方程，并忽略水蒸气流速变化，试计算每千克水蒸气流动时释放的热量.

5-6　一个 0.0076m³ 的刚性容器中含有 1.5MPa 下 0.05kg 的蒸汽．该蒸汽的温度是多少？若该容器被冷却，试求当蒸汽恰巧为干饱和时的温度．若其一直被冷却直到容器内压力为 1.1MPa，试计算最终蒸汽的干度，以及从初始状态到最终状态过程中释放的热能.

5-7　活塞-气缸装置中含有压力为 1MPa，温度为 400℃的水蒸气．该水蒸气连续经历了下述两个过程：

过程 1-2：水蒸气被冷却同时，在压力始终等于 1MPa 的条件下压缩，直至饱和蒸汽状态.

过程 2-3：水蒸气在等容条件下冷却至 150℃.

（a）请绘制上述两个过程的$T$-$v$与$p$-$v$变化曲线图.

（b）整个过程所做的功为多少 kJ/kg?

（c）整个过程的传热率为多少 kJ/kg?

5-8　一个刚性闭口容器中含有初始状态为 20MPa，520℃的水蒸气．该容器放置于冰块上，被冷却直至温度降到 400℃．请利用蒸汽表确定：

（a）初始状态水蒸气的比容（单位 m³/kg)；

（b）末状态的压力（单位 MPa).

5-9 一个 0.2m³ 的刚性封闭水箱中含有初压力为 0.5MPa，干度为 50%的湿蒸汽．外界不断向水箱传递热量直到水箱中仅含饱和蒸汽．请问末状态时水箱中含有多少千克的蒸汽？蒸汽压力为多少 MPa？

5-10 压力为 1.5MPa 的水蒸气通过节流阀后压力降为 100kPa，温度为 150℃．请计算水蒸气最初的干度以及这一过程的比熵变．绘制$T$-$s$图并指出对节流过程计算所做的假设．

5-11 160℃的饱和水蒸气在一个封闭的刚性水箱中被加热到末状态为 400℃．请问初状态及末状态的压力分别为多少 MPa？请绘制该过程的$T$-$v$及$p$-$v$曲线图．

5-12 一个活塞–气缸装置中含有初状态为 1MPa，400℃的水蒸气．该装置的水蒸气在等容条件下被冷却到温度为 150℃．接着，又在等温条件下被压缩至饱和水．若将水和水蒸气视为系统，请计算功为多少 kJ/kg？

5-13 一刚性闭口水箱中含有 2kg 水，其初温度为 80℃，初干度为 0.6．传热使得水箱中最终仅含有饱和蒸汽．在此过程中，动能及势能的影响可忽略不计．若将水视为系统，请计算该过程传热量为多少 kJ？

5-14 已知活塞可在气缸中移动无阻力．水在活塞–气缸装置中最初为 100℃的饱和液体，经历某过程后变为 100℃的饱和蒸汽状态．若此状态改变是通过加热气缸中的水，使其在等压等温条件下经历一个内部可逆过程来实现．请问单位质量水的膨胀功和传热量分别为多少 kJ/kg？

5-15 初状态为 160℃，0.15MPa 的 1kg 水蒸气经历了一个内部可逆等温压缩过程后变为饱和液体状态．请求出这一过程中功和传热量分别为多少 kJ？并绘制该过程的$p$-$v$图与$T$-$s$图，并在图中标出功与传热量代表的面积．

5-16 一个体积为 0.85m³ 的水箱中最初含有温度为 260℃，干度为 0.7 的水气两相混合物．260℃的饱和水蒸气通过水箱上端的压力调节阀被缓慢释放，同时传热使得水箱内部压力保持不变，直到水箱内全为 260℃的饱和蒸汽．若忽略动能及势能的影响，该过程传热量为多少 kJ？

5-17 水为一个理想朗肯循环的工质．已知冷凝压力为 8kPa，（a）18MPa（b）4MPa 的饱和蒸汽进入涡轮．该循环的净输出功为 100MW．请分别求出上述两种情况下蒸汽的质量流量为多少 kg/h？工质流经锅炉和冷凝器的换热率分别为多少 kW？该循环的热效率为多少？

5-18 水为一个卡诺蒸汽热机循环的工质．已知 8MPa 的饱和液体流入锅炉，饱和蒸汽流入涡轮，冷凝器压力为 8kPa．请求出：

（a）热效率．

（b）锅炉中，单位质量工质的换热量（以 kJ/kg 为单位表示）．

（c）冷凝器中，单位质量工质的换热量（以 kJ/kg 为单位表示）．

5-19　一个体积为 $1m^3$ 刚性容器中含有压力为 2.0MPa、温度为 400℃的水蒸气．冷却该器皿直到其中的水蒸气达到干饱和．请计算器皿中水蒸气的质量，水蒸气的最终压力，以及该冷却过程中释放的热量．

5-20　压力为 0.7MPa，干度为 0.9 的水蒸气，在等压条件下可逆膨胀到温度为 200℃，试计算这一过程中的输入功以及单位质量水蒸气所消耗的热量．

5-21　0.7MPa 的干饱和蒸汽在带活塞的气缸中可逆膨胀，直到其压力下降到 10kPa．若在此过程中，为使气体温度保持不变，不断有热量传递给气体．试计算单位质量蒸汽的内能变化．

5-22　一根蒸汽总管内的压力为 1.2MPa，一蒸汽样品被抽出并使之通过节流量热器．蒸汽在量热器出口处的压力与温度分别为 0.1MPa 和 140℃．请计算蒸汽在总管中的干度，并指明在这一节流过程的计算中所需的假设．

5-23　在过热器中的水蒸气的温度为 300℃、压力为 0.7MPa，它与压力为 0.7MPa、干度为 0.9 的水蒸气稳流绝热混合．若要使它们混合生成压力为 0.7MPa 的干饱和水蒸气，每千克过热蒸汽应与多少 kg 的湿蒸汽混合？

5-24　一个完全隔热的 $1m^3$ 容器内含有压力为 0.22MPa 的 1.25kg 水蒸气．该容器通过阀门与一个巨大的含有压力 2.0MPa 的水蒸气源相连接．阀门打开后，容器内压力逐渐升高．当检测到容器压力上升为 0.4MPa 时，内部蒸汽恰为干饱和蒸汽，此时关闭阀门．试计算水蒸气源中水蒸气的干度．

5-25　2.0MPa 压力下有干度为 0.9 的 1kg 水蒸气．它在等压条件下可逆加热到 300℃．试计算为加热该水蒸气所提供的热量，水蒸气熵的变化，并画出该加热过程的 $T$- $s$ 示意图，在图中指出加热热量所代表的区域．

# 第6章　湿空气及空气调节过程

在越来越注重生活质量的今天，空气调节是一门大的学科，它涉及我们生活的方方面面．在室内或驾驶舱中，需要调节空气的温度、湿度以满足乘员舒适性的要求；在精密的机械加工中，需要考虑空气湿度的影响，以保证加工质量；在研究大气环境中，需要了解空气中水蒸气的增减，以预测雨雪的产生．总之，湿空气及湿空气过程已经渗透到国民经济的各个领域，食品干燥、海水淡化以及冷却塔中都包含了大量湿空气过程，涉及湿空气的热力计算，因此了解湿空气的性能及掌握它的调节过程是非常有意义的．

## 6.1　湿空气的组成和状态参数

湿空气是指含有水蒸气的空气，完全不含水蒸气的空气称为干空气．因此，湿空气是水蒸气与干空气的混合物．干空气人们已经比较清楚，主要由氮气、氧气、二氧化碳以及少量其他气体组成．干空气的性质非常稳定，没有特殊的措施，一般不会发生化学变化；而且在温度不是太低时，空气可以当做理想气体看待，这在内燃机和燃气轮机等领域正是这样做的，引起的误差在可以接受的范围．然而，当空气中混入了水蒸气后，情况就大不相同，它的热力性质将发生巨大变化，特别是经历温度变化时，它的状态将随之发生改变．因此，有必要对湿空气展开研究．

已经指出，干空气是特别稳定的，一般不会发生化学反应．因此，尽管它是由多种气体组成，为了简化讨论，仍然可以把它当做单一组分气体看待，它与水蒸气混合形成了湿空气，而且可以认为，水蒸气的存在不影响干空气的性质，干空气的存在也不影响水蒸气的性质，即水蒸气的蒸发与凝结过程与没有干空气存在时一样．

在湿空气中，由于有两种气体组分存在，为了便于区分，一般用下标“a”表示干空气的参数，用下标“v”表示水蒸气的参数，而没有下标时表示是湿空气的参数．用$p_\mathrm{b}$表示大气压力，显然

$$p_\mathrm{b} = p_\mathrm{a} + p_\mathrm{v} \tag{6.1}$$

在一般的空调工程中，处理的温度范围一般在−10~50℃，在这个温度范围，干空气可以当做理想气体看待，定压比热可以当做常数，即

$$c_p = 1.005\mathrm{kJ/(kg\cdot ℃)}$$

这是一个相当稳定的数值，当温度从−10℃变化到 50℃时，$c_p$的变化只有约 0.25%. 在标准状态下（$p_b = 101.3\text{kPa}$，$T_0 = 25℃$），干空气的密度为$\rho_a$=1.205kg/m$^3$ .

按照国际惯例，一般选择在 0℃时，干空气的焓值为零，饱和水的焓值为零，于是在温度为$t$时，干空气的焓可以表示为

$$h_a = c_p t = 1.005t \quad (\text{kJ/kg}) \tag{6.2}$$

如果温度变化$\Delta t$，则焓变为

$$\Delta h_a = c_p \Delta t = 1.005\Delta t \quad (\text{kJ/kg}) \tag{6.3}$$

注意，这里温度$t$的单位取℃.

在实际的空调工程中，也把湿空气中的水蒸气当成理想气体看待，这对实际热过程的计算带来很大方便. 能够这样做有两个原因：

（1）在湿空气中，水蒸气占的分量很少. 湿空气中，水蒸气作为一种气体，只能处在两种状态下，一种是饱和状态，这时湿空气称为饱和空气，空气不再有吸湿能力，水蒸气分压最大. 另一种状态是过热蒸汽状态，这时湿空气称未饱和空气，空气仍然具有吸湿能力. 图 6.1 给出了水蒸气在湿空气中处在最大分压时占总压力的百分比随温度的变化曲线，可见在 30℃时，水蒸气最多只占 4.2%；60℃时，最多占 19%；80℃时，最多占 47%. 因此在低温时采用理想气体计算，即使产生部分误差，对湿空气的性质影响也很有限.

（2）图 6.1 中给出的是湿空气中水蒸气最大可能占的百分比，但一般情况下水蒸气实际占的比例还要小于这个数值，也就是说，水蒸气一般处于过热蒸气状态下.

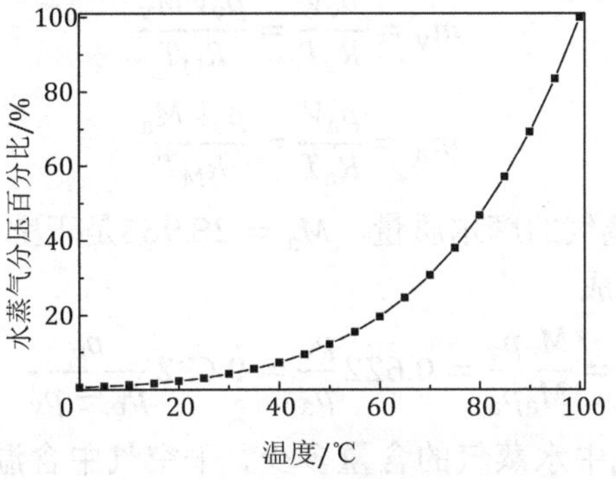


图 6.1　湿空气中水蒸气的最大分压随温度的变化

如果水蒸气被当成理想气体看待，那么它的焓也只是温度的单值函数，即$h_v = h(t)$. 在 0℃时，水蒸气的焓为 2500.9 kJ/kg，此值即为水在 0℃时的汽化潜热. 在 − 10℃到 50℃的温度范围，水蒸气的定压比热为 1.86 kJ/(kg · ℃)，所以水蒸气的比焓可以由下式给出：

$$h_v = 2500.9 + 1.86t \quad (\text{kJ/kg}) \tag{6.4}$$

这里，温度单位为℃.

对于整个湿空气来说，总的焓显然等于干空气的焓加水蒸气的焓，即

$$H = H_a + H_v = m_a h_a + m_v h_v \tag{6.5}$$

这里要特别注意，湿空气由水蒸气和干空气组成，干空气的质量在状态变化过程或输送过程中是不会变化的，但水蒸气的质量随着状态的变化可能出现变化，因为它可能出现冷凝或蒸发，特别是在空调工程中．也就是说，湿空气有可能出现在管道这端的质量与管道那端的质量不同，变化的是水蒸气的质量，这在计算中会带来麻烦，为了避免这类麻烦的产生，所以湿空气的比焓不是以单位湿空气质量为标准的，而是以单位干空气质量为标准的，是 1kg 干空气质量对应的湿空气的焓，即

$$h = \frac{H}{m_a} = \frac{H_a + H_v}{m_a} = h_a + \frac{m_v}{m_a} h_v \tag{6.6}$$

为了简化上述表达式，定义

$$d = \frac{m_v}{m_a}\left(\frac{\text{kg}_v}{\text{kg}_a}\right) \tag{6.7}$$

为湿空气的含湿量，即单位干空气中包含的水蒸气质量．它表面上看是一个无量纲的物理量，但实际过程中常常不省略它们的原始单位，以便有清晰的理解.

由于在湿空气中，水蒸气和干空气都可以当做理想气体，因此利用理想气体方程，可以得到

$$m_v = \frac{p_v V}{R_v T} = \frac{p_v V M_v}{R_M T}$$

$$m_a = \frac{p_a V}{R_a T} = \frac{p_a V M_a}{R_M T}$$

这里，$M_v = 18.1$是水蒸气的摩尔质量，$M_a = 28.965$是干空气的摩尔质量.

进一步将含湿量写成

$$d = \frac{m_v}{m_a} = \frac{M_v p_v}{M_a p_a} = 0.622\frac{p_v}{p_a} = 0.622\frac{p_v}{p_b - p_v} \quad (\text{kg}_v/\text{kg}_a) \tag{6.8}$$

含湿量代表湿空气中水蒸气的含量多少，干空气中含湿量为零，随着水蒸气的加入，含湿量不断增加，当增加到水蒸气不能再增加时，空气达到了饱和，称为饱和空气．此时，任何多余的水蒸气加入，湿空气都会凝结出水来．饱和空气的含湿量（也称饱和含湿量）是与湿空气的温度密切相关的．图 6.2 给出了饱和含湿量随温度的变化关系，可见在低温范围，饱和含湿量是比较低的，随着温度的升高快速上升.

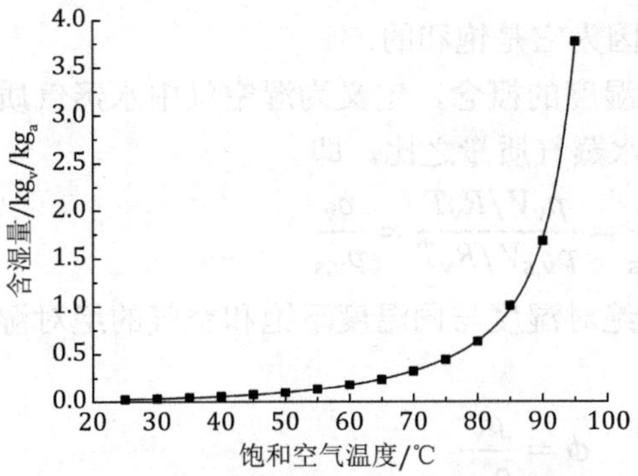


图 6.2　饱和空气饱和含湿量与温度的关系

湿空气

最后，得到湿空气比焓的计算方程

$$h = 1.005t + d(2500.9 + 1.86t) \tag{6.9}$$

由于水蒸气的比焓只是温度的单值函数，所以水蒸气的比焓近似为该温度下的饱和水蒸气的比焓，于是上式可以近似为

$$h \approx 1.005t + dh_{\mathrm{v,s}} \tag{6.10}$$

式中，$h_{\mathrm{v,s}}$是温度$t$时饱和水蒸气的比焓，一般可以查表得到．

值得指出的是，在湿空气过程中，一般没有工质做功的问题，所以一般只关注传热和焓变，较少关心工质的熵变化．

## 6.2　湿空气的绝对湿度和相对湿度

湿空气中，水蒸气的含量直接影响到湿空气的性质，为了描述湿空气中水蒸气的多寡，引入湿空气绝对湿度的概念，它定义为单位体积中水蒸气的质量，实际上就是水蒸气的质量密度．根据理想气体方程，可以得到湿空气的绝对湿度为

$$\rho_{\mathrm{v}} = \frac{1}{v_{\mathrm{v}}} = \frac{p_{\mathrm{v}}}{R_{\mathrm{v}}T} \tag{6.11}$$

绝对湿度可以知道水蒸气在单位体积中的绝对含量的大小，但却不能决定湿空气的状态，因为具有相同绝对湿度的湿空气具有不同的状态，如图 6.3 所示的空气状态．图中 A 和 E 点具有相同的比容，因而具有相同的绝对湿度，但 A 点显然处在水蒸气的过热蒸气状态，而 E 点则处在饱和蒸气状态下．这就是说，处在 A 点的湿空气仍然具有吸湿能力，因为它是不饱和

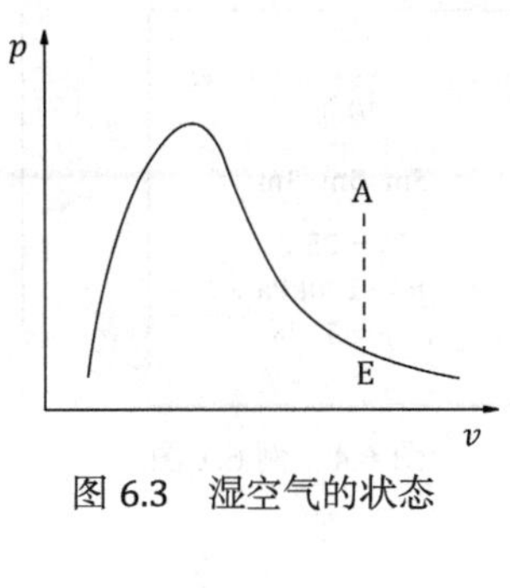


图 6.3　湿空气的状态

空气．而 E 点不再具有吸湿能力，因为它是饱和的．

为了避免上述问题，引入相对湿度的概念，定义为湿空气中水蒸气质量与它在相同温度下饱和湿空气中所包含的水蒸气质量之比，即

$$\phi=\frac{m_{\mathrm{v}}}{m_{\mathrm{v,s}}}=\frac{p_{\mathrm{v}}V/R_{\mathrm{v}}T}{p_{\mathrm{v,s}}V/R_{\mathrm{v}}T}=\frac{p_{\mathrm{v}}}{p_{\mathrm{v,s}}} \tag{6.12}$$

当然，相对湿度也可以定义为绝对湿度与同温度下饱和空气的绝对湿度之比，即

$$\phi=\frac{\rho_{\mathrm{v}}}{\rho_{\mathrm{v,s}}} \tag{6.13}$$

显然，式（6.12）和（6.13）的意义是一样的．$m_{\mathrm{v,s}}$和$\rho_{\mathrm{v,s}}$分别代表同温度下饱和空气的质量和密度．有了相对湿度的概念，上述式（6.8）可以改写为

$$d=0.622\frac{\phi p_{\mathrm{v,s}}}{p_{\mathrm{b}}-\phi p_{\mathrm{v,s}}}\left(\frac{\mathrm{kg_v}}{\mathrm{kg_a}}\right) \tag{6.14}$$

反之，也可以通过式（6.14）计算出相对湿度

$$\phi=\frac{dp_{\mathrm{b}}}{(0.622+d)\,p_{\mathrm{v,s}}} \tag{6.15}$$

相对湿度是一个介于 0 和 1 之间的数，干空气的相对湿度是 0，饱和空气的相对湿度是 1．由式（6.15）可以发现，对$d$保持不变的湿空气，相对湿度是随温度变化的，因为$p_{\mathrm{v,s}}$随温度的升高而增大，所以相对湿度随温度而减小．

实际工程中，人们更注重相对湿度的使用，因为相对湿度不但可以计算出含湿量，还可以用来表达人体对周围空气舒适性的反应．实验表明，当空气的温度在 22℃至 28℃，而相对湿度在 45%至 65%时，人体对周围空气的感觉是最舒适的．

**例 6.1**　一个$5\mathrm{m}\times5\mathrm{m}\times3\mathrm{m}$的房间，空气温度为 25℃，压力为 0.1MPa，相对湿度为 75%（图 6.4）．求（1）干空气分压；（2）湿空气的含湿量；（3）湿空气比焓；（4）在房间内干空气和水蒸气的质量．

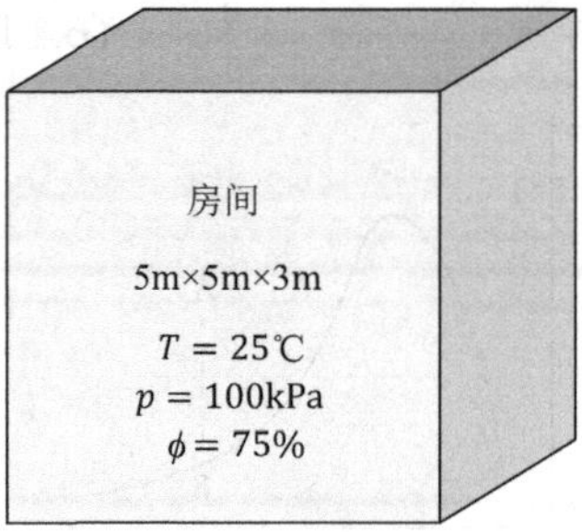

图 6.4　例 6.1 图

**解**　已知室内温度为$t$=25℃，查饱和水蒸气表，得到对应的饱和压力$p_{\mathrm{v,s}}=3.1698\mathrm{kPa}$, 饱和水蒸气比焓为$h_{\mathrm{v,s}}=2546.5\mathrm{kJ/kg}$．于是

（1）干空气的分压为

$$p_{\mathrm{a}}=p_{\mathrm{b}}-p_{\mathrm{v}}=p_{\mathrm{b}}-\phi p_{\mathrm{v,s}}$$

$$p_{\mathrm{v}}=\phi p_{\mathrm{v,s}}=0.75\times3.1698=2.38(\mathrm{kPa})$$

所以

$$p_{\mathrm{a}}=100-2.38=97.62(\mathrm{kPa})$$

（2）计算湿空气的含湿量

$$d=\frac{0.622p_{\mathrm{v}}}{p_{\mathrm{b}}-p_{\mathrm{v}}}=\frac{(0.622)\times(2.38\mathrm{kPa})}{(100-2.38)\mathrm{kPa}}=0.0152\mathrm{kg_v}/\mathrm{kg_a}$$

（3）计算湿空气比焓

$$h=h_{\mathrm{a}}+dh_{\mathrm{v}}\cong c_{p}t+dh_{\mathrm{v,s}}=1.005\mathrm{kJ}/(\mathrm{kg}\cdot℃)\times25℃+0.0152\times2546.5\mathrm{kJ/kg}$$

$$=63.8\mathrm{kJ/kg_a}$$

其实，水蒸气的比焓也可以沿用方程（6.4）得到

$$h_{\mathrm{v}}\cong2500.9+1.86\times(25)=2547.4(\mathrm{kJ/kg})$$

两个值非常接近，工程中一般做相同处理，所以工程中可以直接把同温度下的饱和蒸汽的比焓当做该温度下的水蒸气比焓.

（4）求在房间中干空气和水蒸气的质量.

房间的容积也是干空气和水蒸气的容积，且

$$V_{\mathrm{a}}=V_{\mathrm{v}}=V_{\mathrm{room}}=5\mathrm{m}\times5\mathrm{m}\times3\mathrm{m}=75\mathrm{m}^3$$

干空气和水蒸气质量可以通过理想气体方程得到，即

$$m_{\mathrm{a}}=\frac{p_{\mathrm{a}}V_{\mathrm{a}}}{R_{\mathrm{a}}T}=\frac{97.62\mathrm{kPa}\times75\mathrm{m}^3}{0.287\mathrm{kPa}\cdot\mathrm{m}^3/(\mathrm{kg}\cdot\mathrm{K})\times298\mathrm{K}}=85.61\mathrm{kg}$$

$$m_{\mathrm{v}}=\frac{p_{\mathrm{v}}V_{\mathrm{v}}}{R_{\mathrm{v}}T}=\frac{2.38\mathrm{kPa}\times75\mathrm{m}^3}{0.4615\mathrm{kPa}\cdot\mathrm{m}^3/(\mathrm{kg}\cdot\mathrm{K})\times298\mathrm{K}}=1.30\mathrm{kg}$$

实际上，水蒸气的质量也可以通过下面方法求得

$$m_{\mathrm{v}}=dm_{\mathrm{a}}=0.0152\times85.61\mathrm{kg}=1.30\mathrm{kg}$$

## 6.3　露点温度与干湿球温度

一般来说，空气中水蒸气都处在过热蒸汽状态下．如果在定压下冷却湿空气，则湿空气的相对湿度将会升高，继续冷却终将使湿空气达到饱和，再继续冷却将有凝结水产生．于是定义，刚有凝结水产生时对应的湿空气温度为露点温度．如图 6.5 所示的$p$-$v$图中，湿空气原来处于状态 1，经定压冷却，状态从 1 变化到了 2，与饱和蒸汽线相交，这时如果继续冷却湿空气，将马上有凝结水产生，于是与状态 2 对应的温度称为露点温度．图 6.5 中的$T$-$s$图也给出了类似结果.

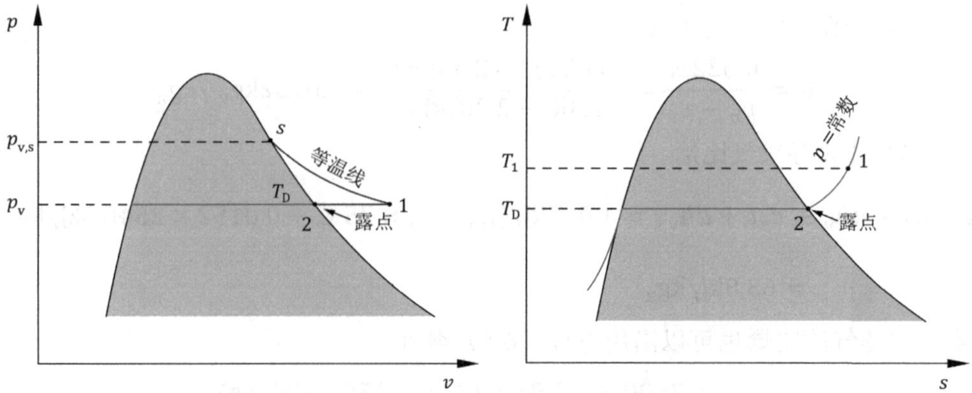


图 6.5　定压下冷却湿空气及露点温度在$p$-$v$和$T$-$s$中的表示

图 6.5 指出，露点温度正是水蒸气分压下对应的饱和温度，即

$$T_D = T_s|_{p_v=p_{v,s}} \tag{6.16}$$

当空气被冷却到露点温度后，如果继续冷却，将有凝结露珠产生，这也是把这点的温度叫露点温度的原因．在秋季的草丛中、冬季的窗口玻璃上以及冷饮罐的外壁上，都可见到结露的现象．事实上，自然界的雨滴的形成过程也与空气的结露有关，当暖湿气流遇到冷空气降温后，将会产生结露现象，从而形成降水过程．空气温度降到露点温度之下后，凝结过程已经形成，空气中水蒸气分压减少，但空气仍然保持饱和状态．

图 6.5 中的$p$-$v$图还给出了另外一个使水蒸气达到饱和的过程，即状态 1 经等温线到达饱和状态$s$的过程．状态点$s$，即是与状态点 1 的温度对应的饱和点，饱和压力为$p_{v,s}$，它可以通过对空气增加与状态 1 温度一样的水蒸气来使空气加湿，最后达到$s$的状态．

湿空气含湿量和焓的计算，均涉及相对湿度$\phi$．在电子相对湿度计的发明之前，工程上湿空气的相对湿度通常用干湿球温度计测量．

干湿球温度计是两支相同的普通玻璃温度计，如图 6.6 所示．一支用浸在水槽中的湿纱布包着，称为湿球温度计；另一支即普通温度计，相对前者称为干球温度计．将干湿球温度计放在通风处，使空气掠过两支温度计．干球温度计上显示的温度$T$即是普通的湿空气温度，称为干球温度；湿球温度计上显示的数值要比干球温度低，称为湿球温度$T_w$．由于湿纱布包着湿球温度计，当空气未饱和时，湿纱布上的水分就要蒸发，水蒸发需要吸收汽化潜热，从而使湿纱布上的水温降低，温度计测量到的正是湿纱布上温度，所以温度显示要降低．因此，当空气饱和时，干球温度等于湿球温度，当空气未饱和时，湿球温度低于干球温度，空气越干燥，温度降低越多，因为周围空气的吸湿能力越强．当温度下降到一定程度时，周围空气通过对流传给湿纱布的热量正好等于纱布表面水蒸发所需要的热量，湿球温度计的温度达到稳定平衡，这就是湿球温度$T_{\mathrm{w}}$. 因此，湿球温度$T_{\mathrm{w}}$与水的蒸发速度及周围空气传给湿纱布的热量有关，这两者又与相对湿度$\phi$和干球温度$T$有关，亦即相对湿度$\phi$与$T_{\mathrm{w}}$和$T$存在一定函数关系

$$\phi = \phi\left(T_{\mathrm{w}},\ T\right)$$

于是，在测得干湿球温度$T_{\mathrm{w}}$和$T$后，可通过附在干湿球温度计上的计算公式求得相对湿度$\phi$. 这是测量空气相对湿度比较常用的方法，但随着电子相对湿度仪的出现，这种方法逐渐被淘汰.

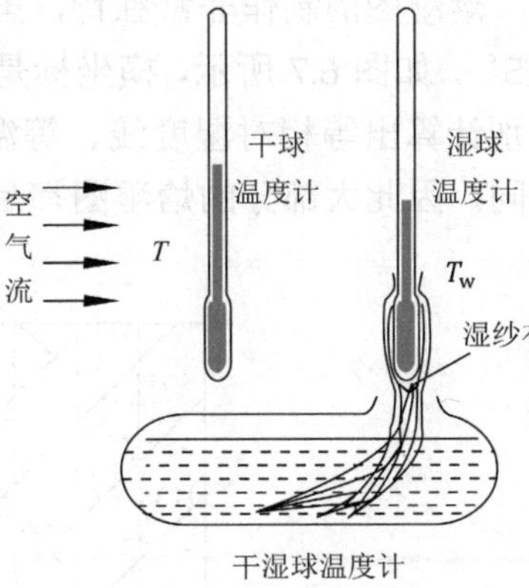

图 6.6　干湿球温度计

**例 6.2**　设大气压力为0.1MPa，温度为30℃，相对湿度$\phi$为 40%，试求湿空气的露点温度、含湿量及比焓.

**解**　(1) 由$T = 30℃$，查水蒸气表得$p_{\mathrm{s}} = 4.245\mathrm{kPa}$. 于是计算得到湿空气中水蒸气的分压为

$$p_{\mathrm{v}} = \phi p_{\mathrm{s}} = 0.4 \times 4.245\mathrm{kPa} = 1.698\mathrm{kPa}$$

再由$p_{\mathrm{v}} = 1.698\mathrm{kPa}$，查水蒸气表得与该分压对应的饱和温度为$t_{\mathrm{s}} = 14.3℃$. 此即为该湿空气的露点温度.

(2) 计算含湿量

$$d = 0.622\frac{p_{\mathrm{v}}}{p_{\mathrm{b}} - p_{\mathrm{v}}} = 0.622\frac{1.698}{1.0 \times 10^{2} - 1.698}\mathrm{kg/kg(a)} = 10.7 \times 10^{-3}\mathrm{kg/kg(a)}$$

(3) 计算比焓

$$\begin{aligned} h &= 1.005t + d(2501 + 1.86t) \\ &= 1.005 \times 30 + 10.7 \times 10^{-3} \times (2501 + 1.86 \times 30)\mathrm{kJ/kg(a)} \\ &= 57.51\mathrm{kJ/kg(a)} \end{aligned}$$

## 6.4　湿空气焓湿图（$h$- $d$图）

焓湿图是湿空气过程中最常用到的工程图，它包含了五个状态参数，已知两个特定的状态参数就可以在焓湿图上确定出其他状态参数，所以它使用起来非常方便. 另外，利用焓湿图还可以直观地判断出湿空气的变化过程和计算出过程的热湿交换量.

焓湿图的制作非常独特，虽然它以焓（$h$）为纵坐标，但等焓线却是与纵坐标成 135°，如图 6.7 所示，横坐标是含湿量$d$. 以此为基础，利用上述式（6.1）~（6.12）分别计算出等相对湿度线、等温线、等分压线. 注意，不同的大气压力下，焓湿图不同，因此大部分的焓湿图都是以大气压为 0.1MPa 制订的.

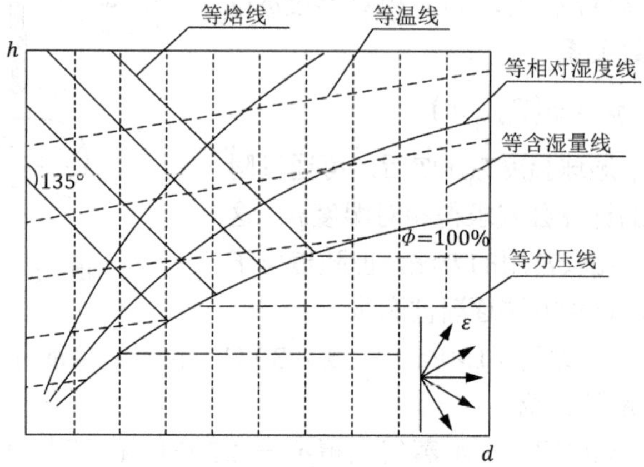


图 6.7 水蒸气的焓湿图

焓湿图的制作过程如下：

（1）等焓线是与纵坐标成 135° 夹角的直线.

（2）等含湿量线是一组与横坐标相垂直的直线. 在总压力不变的条件下，$p_v$与$d$是一一对应的. 因此，$d$的定值线即为$p_v$的定值线，$p_v$的数值在图的上方用另一条横坐标表示. 或者，在饱和湿空气曲线($\phi = 1$)下面的空白区，给出$p_v = f(d)$的直线，并在右边的纵坐标上，读取与$d$对应的$p_v$数值.

（3）等温线的确定.

根据湿空气比焓的表达式，即

$$h = 1.005t + d(2501 + 1.86t)$$

可知，当$T$不变时，$h$与$d$呈直线关系. 因此，在$h$-$d$图上，等温线是一条斜率恒为正值的直线. 随着温度的升高，等温线的斜率略有增大，所以等温线群是由斜率不同的直线所组成.

（4）等相对湿度线.

湿空气的相对湿度由下式计算给出

$$\phi = \frac{dp_b}{(0.622 + d)\ p_{v,s}}$$

$\phi = 100\%$的等相对湿度曲线，称为饱和空气曲线. 曲线上的各点代表不同温度下的饱和空气. $\phi = 100\%$的饱和空气曲线，将$h$-$d$图分成两个区域. $\phi < 100\%$区域

为未饱和湿空气区；相对湿度$\phi = 100\%$曲线下方一般为空白，有时也称它为湿雾区，湿雾区一般没有确定的状态参数，自然界中也不存在$\phi > 100\%$的湿空气.

在 $d$一定的条件下，随着$T$增大，$\phi$值下降. 因此，等$\phi$线的位置随相对湿度的下降而上移，是一条向下弯曲的曲线.

（5）为了清晰地指出湿空气热力过程发生的方向，在某些$h$-$d$图上还给出了焓湿比线，它能指出热力过程的方向. 一般情况下，在湿空气的热力过程中，$h$ 及$d$都会发生变化. 过程中$h$ 与$d$变化量的比值称为焓湿变化比（简称热湿比），用$\varepsilon$表示，有

$$\varepsilon = \frac{\Delta h}{\Delta d}$$

焓湿图建立起来后，可以在焓湿图中表示出一些特殊的点，如露点温度、湿球温度和干球温度等. 湿球温度计中，湿球上的润湿棉纱的蒸发，正是棉纱给空气的一个绝热加湿过程，所以它是沿着等焓线到达与饱和相对湿度线相交点所对应的温度，如图 6.8 中B点所示. 同样，湿空气沿着定压线降温到达饱和相对湿度线所对应的温度即为露点温度，如图 6.8 中D点所示. 沿着等温线等温加湿，一直到与饱和相对湿度线相交的A点，对应的水蒸气压力即是与温度$T$对应的饱和压力.

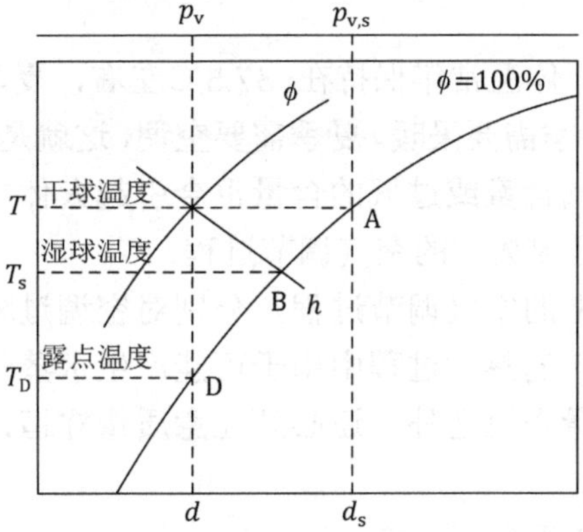


图 6.8　特定温度在焓湿图中的表示

**例 6.3**　已知某状态点 A 的空气温度为$T_A$，相对湿度为$\phi_A = 60\%$，吸收热$Q = 10000\text{kJ/h}$和吸湿$M_w = 2\text{kg/h}$后，状态变为 B，并有$h_B = 59\text{kJ/kg(a)}$，试利用焓湿图确定 B 点的位置.

**解**　根据已知条件，可以计算出过程的焓湿比

$$\varepsilon = \frac{Q}{M_w} = \frac{10000}{2} = 5000 = \frac{\Delta h}{\Delta d} = \frac{5}{1} \quad \left(\frac{\text{kJ}}{\text{g}}\right)$$

由于过程已知起点 A，$\varepsilon$指出了过程的变化方向. 于是，在焓湿图中以 A 为标准，任意增加$\Delta d = 4$，那么$\Delta h$将增加 20，作$(d_A + 4)$的等含湿量线与$(h_A + 20)$等焓线相交于 C 点. 显

然，过程的方向将指向 C 点，如图 6.9 所示．又已知过程终了状态 B 的焓为 59kJ/kg(a)，以此画等焓线并与过程方向线相交于 B，此即为要求的 B 点位置．

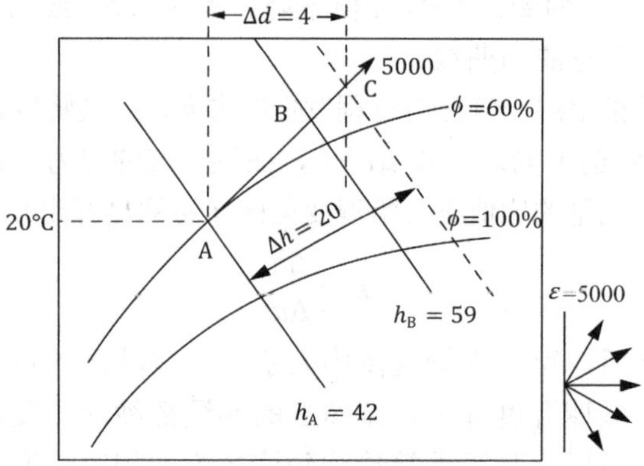


图 6.9　例 6.3 图

## 6.5　空气调节的基本过程

人是一种恒温动物，体温常年保持在 37.5℃左右，夏季高温和冬季低温都会引起人体的不舒适，所以冬季需要采暖、夏季需要空调，这就是典型的空气调节过程．另外，空气中过高的水蒸气含量或过低的含量也会引起人体的不舒适，所以也需要给空气加湿或除湿，这也是很典型的空气调节过程．

下面围绕这几种典型的空气调节过程，分别对空调过程中的热湿变化进行讨论与计算．注意，在湿空气的热力过程中由于可能产生水蒸气的凝结或水的蒸发，因此计算中除了要注意能量守恒之外，还必须注意质量守恒．同时注意运用焓湿图表示过程的方向和性质．

干空气的质量平衡方程

$$\sum_{\text{in}} m_{\text{a}} = \sum_{\text{out}} m_{\text{a}} \quad \text{kg/s} \tag{6.17}$$

水的质量平衡方程

$$\sum_{\text{in}} m_{\text{v}} = \sum_{\text{out}} m_{\text{v}} \quad 或 \quad \sum_{\text{in}} m_{\text{a}} d = \sum_{\text{out}} m_{\text{a}}\, d \quad \text{kg/s} \tag{6.18}$$

不考虑空气流动的动能和势能的变化，稳定流动条件下，能量平衡方程

$$Q_{\text{in}} + W_{\text{in}} + \sum_{\text{in}} mh = Q_{\text{out}} + \text{W}_{\text{out}} + \sum_{\text{out}} mh \tag{6.19}$$

这里，功$W$主要表现为风扇消耗的电功．如果不考虑电力消耗，则$W$等于 0.

## 6.5.1　加热或冷却过程

采暖和空调是典型的加热和冷却过程，过程的显著特征是含湿量不变，仅温度发生变化．图 6.10 给出一个简单的空气加热或冷却系统示意图．由于在加热或冷却中，水蒸气的量没有发生变化，所以过程沿定$d$线进行，如图 6.11 所示．加热过程，温度上升，焓增加，相对湿度减小（沿 1→2）过程；冷却过程（1→3）焓减少，相对湿度增加．对单位质量干空气而言，吸收或放出的热量为

$$q = h_2 - h_1$$

注意，加热过程中，空气焓增加，所以吸热量$q$是正的．冷却过程中，空气焓减少，所以$q$是负的．

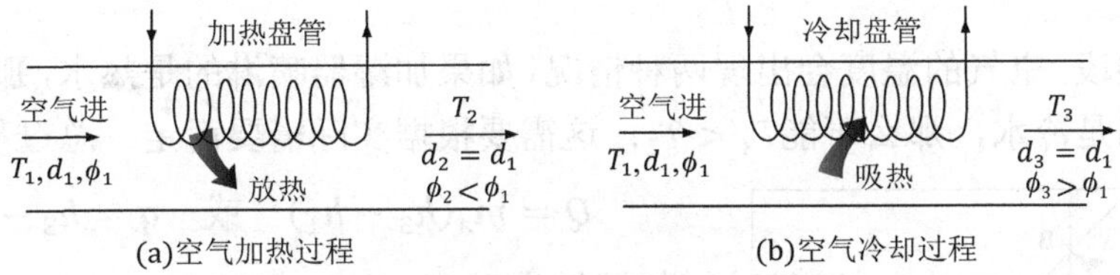


图 6.10　空气的加热或冷却系统

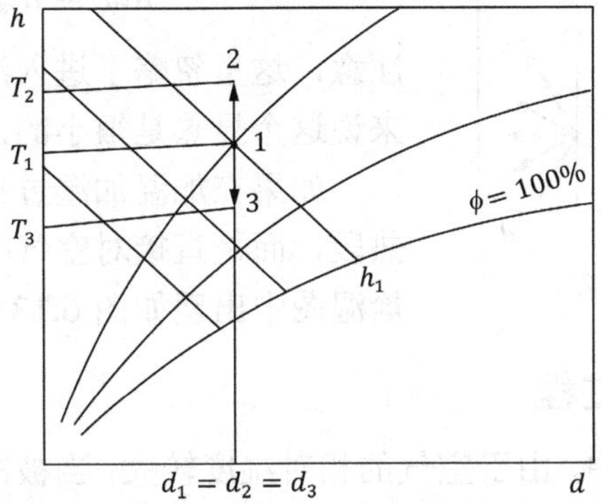


图 6.11　空气的加热或冷却过程在焓湿图中的表示

## 6.5.2　加热加湿过程

在冬天，需要对建筑采暖，但空气温度升高后，相对湿度降低，引起不舒适性．因此还需要对空气加湿，此即是加热加湿过程．图 6.12 给出了加热加湿示意过程，并在焓湿图中对过程进行了图示．

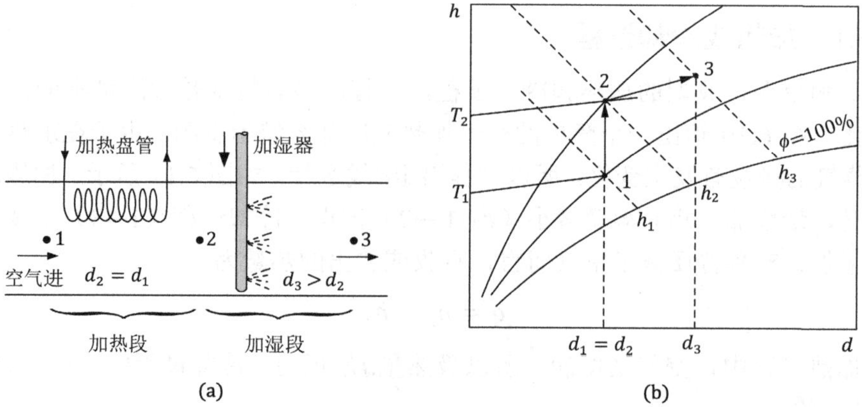


图 6.12　空气的加热加湿过程

在加湿段，空气的温度会出现两种情况，如果加湿器喷淋的是热水，那么$T_3 > T_2$；如果喷淋的是冷水，那么可能$T_3 < T_2$．这需要根据实际需要而定．总过程加热量为

$$Q = m_a(h_3 - h_1) \quad \text{或} \quad q = h_3 - h_1$$

加湿量为

$$m_w = m_a(d_3 - d_2)$$

注意，这里忽略了进入湿空气的水的显热，一般来说这个显热是很小的．

如果在加温加湿过程中，没有图 6.12 中的加热段，而是直接对空气喷热水或喷热蒸汽，则在焓湿图中出现如图 6.13 所示的增湿加温过程．

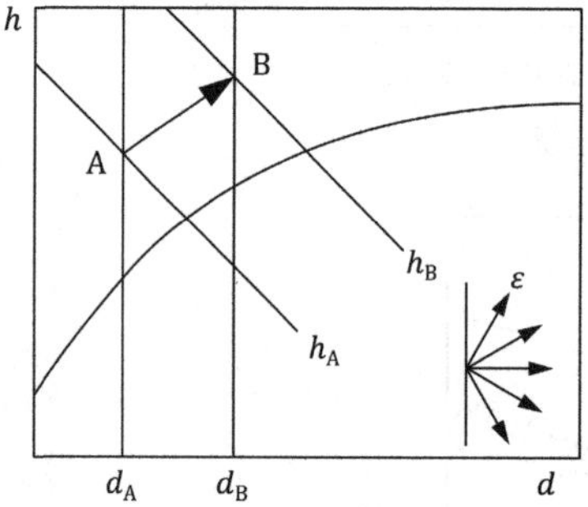


图 6.13　加温加湿过程

### 6.5.3　冷却去湿过程

在夏季的空调过程中，由于空气的相对湿度较大，当被冷却到露点温度以下时，就有蒸汽凝结成水，从而降低了空气的含湿量．这就是为什么常可看到空调的蒸发器有水流出的原因．图 6.14 给出了冷却去湿过程示意图并在焓湿图中表示．

首先，空气经历一个纯冷却过程，这个过程中含湿量不变，所以沿定含湿量线一直向下，直到与饱和相对湿度线相交，这时空气达到了饱和．温度进一步降低，过程线沿着饱和相对湿度线向下发展，直到温度$T_2$．过程中含湿量从$d_1$变化到了$d_2$，所以析出的水量为

$$m_w = m_a(d_1 - d_2)$$

冷却去湿过程放出的热量为

$$q = h_2 - h_1$$

放热为负，所以$q$计算出来是负的．这里仍然忽略了凝结析出水的焓变．

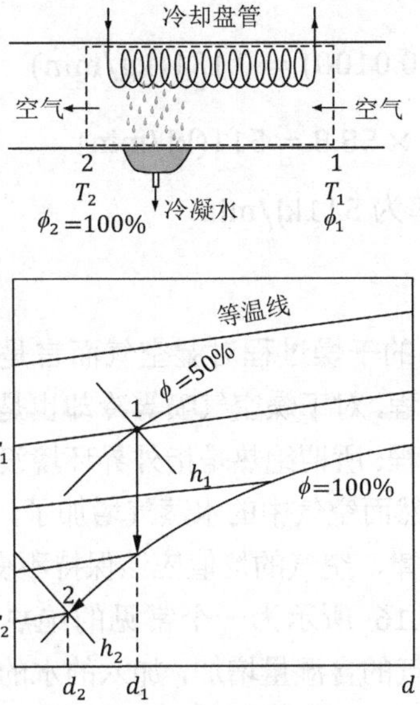


图 6.14　冷却去湿过程

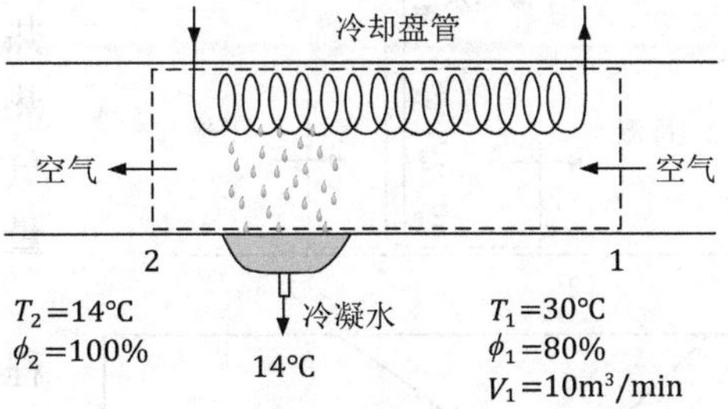


图 6.15　例 6.4 图

**例 6.4**　空气进入空调系统前状态为 1atm、30℃、相对湿度为 80%，体积流率为$V=10m^3/min$．离开空调系统时压力为 1atm、温度为 14℃，已知空气在流过空调系统时有部分水析出，并以 14℃温度排出系统．求空气的热损失率和水的凝结速率．

**解**　显然这是一个典型的冷却去湿过程．过程前后的状态示于题图中．假设过程是稳态的，动能和势能变化可以不计．查饱和水和饱和水蒸气表，可知 14℃ 液体饱和水的焓为 58.8 kJ/kg，其他状态参数分别是

$h_1 = 85.4\text{kJ/kg(a)}$，　$h_2 = 39.3\text{kJ/kg(a)}$

$d_1 = 0.0216\text{kg(v)/kg(a)}$，$d_2 = 0.0100\text{kg(v)/kg(a)}$，$v_{a1} = 0.889\text{m}^3\text{/kg(a)}$

为此，列出系统的质量和能量平衡方程如下：

干空气质量平衡

$$m_{a1} = m_{a2} = m_a$$

水质量平衡

$$m_w = m_a(d_1 - d_2)$$

能量平衡

$$Q_{loss} = m_a(h_1 - h_2) - m_w h_w$$

那么

$$m_a = \frac{V}{v_{a1}} = \frac{10\text{m}^3/\text{min}}{0.889\text{m}^3/\text{kg(a)}} = 11.25\text{kg/min}$$

$$m_w = m_a(d_1 - d_2) = 11.25 \times (0.0216 - 0.0100) = 0.131(\text{kg/min})$$

$$Q_{\text{loss}} = 11.25 \times (85.4 - 39.3) - 0.131 \times 58.8 = 511(\text{kJ/min})$$

因此，该空调的除水率为 0.131kg/min，除热速率为 511kJ/min.

### 6.5.4　绝热加湿过程

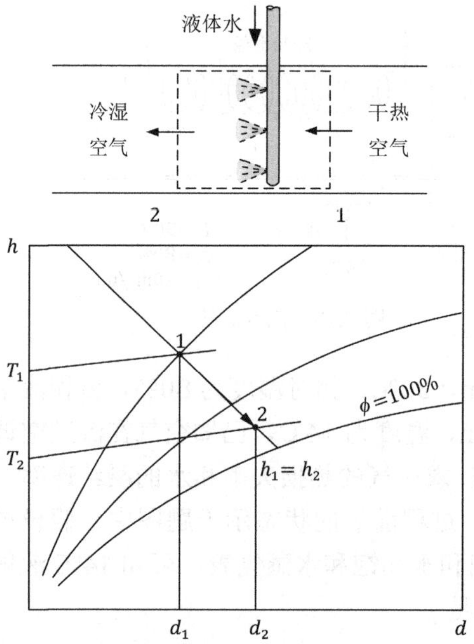


图 6.16　绝热加湿过程

物品的干燥过程对湿空气而言是一个绝热加湿过程，对干燥空气喷雾冷却也是一个绝热加湿过程. 所谓绝热是指外界环境没有给空气加热，然而空气中的水蒸气增加了，根据能量守恒定律，空气的焓值应该保持不变.

图 6.16 所示为一个常见的绝热加湿过程. 湿空气的含湿量增加，加入的水的质量为

$$m_w = m_a(d_2 - d_1)$$

由于是一个绝热过程，进出系统的热量应该相等，即与外界的交换热量为零，所以

$$Q = H_2 - (H_1 + H_w)$$

$$= m_a(h_2 - h_1) + m_w h_w = 0$$

于是

$$m_a(h_2 - h_1) = (d_2 - d_1)h_w$$

式中，$H_w$和$h_w$分别是加入的水的焓和比焓. 由于水的比焓不大，而且$(d_2 - d_1)$的值也很小，所以认为$(d_2 - d_1)h_w \approx 0$，故有

$$(h_2 - h_1) \approx 0 \quad 或 \quad h_2 \approx h_1$$

因此，湿空气的绝热加湿过程可以近似看成焓值不变的过程，如图 6.16 所示. 绝热加湿过程中，含湿量和相对湿度都增加，温度降低，但焓值不变.

**例 6. 5**　将压力为100kPa、温度为25℃，相对湿度为 60%的湿空气在加热器中加热到50℃，然后送进干燥箱用以烘干物体. 从干燥箱出来的空气温度为40℃，试求在该加热及烘干过程中，每蒸发1kg水分所消耗的热量.

**解**　根据题意，由$t_1 = 25℃$、$\phi = 60\%$在$h$-$d$图上查得

$$h_1 = 56\text{kJ/kg(a)}, \quad d_1 = 0.012\text{kg/kg(a)}$$

加热过程含湿量不变，$d_2 = d_1$，由$d_2$及$T_2 = 50℃$查得

$$h_2 = 82\text{kJ/kg(a)}$$

空气在干燥箱内经历的是绝热加湿过程，有$h_3 = h_2$，由$h_3$及$T_3 = 40℃$查得

$$d_3 = 0.016\text{kg/kg(a)}$$

根据上述各状态点参数，可计算得每千克空气吸收的水分和所耗热量

$$\Delta d = d_3 - d_2 = d_3 - d_1 = 0.016\text{kg/kg(a)} - 0.012\text{kg/kg(a)} = 0.004\text{kg/kg(a)}$$

$$q = h_2 - h_1 = 82\text{kJ/kg(a)} - 56\text{kJ/kg(a)} = 26\text{kJ/kg(a)}$$

## 6.6　湿空气的混合过程

很多情况下需要将不同状态的空气进行混合，以便得到所需要的空气状态，这在大型建筑、宾馆和医院的空气调节中经常使用．从中央空调出来的空气状态并不一定是房间内要求的状态，需要做二次调节，最一般的方法就是利用不同状态的空气进行混合，最终得到用户需要的状态．

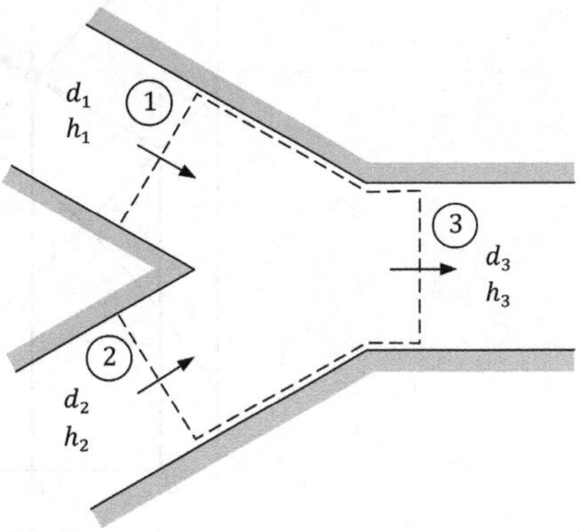

图 6.17　湿空气的混合过程

图 6.17 所示为两股湿空气的混合过程．假设混合过程中，散热可以忽略，没有对空气做功，空气流动的动能和势能的变化也可以忽略，那么这就是一个简单的绝热混合过程．

假定混合前两股流体的干空气的质量流率分别为$m_{a1}$和$m_{a2}$，单位是 kg/s，由质量守恒定律，显然有

$$m_{a1} + m_{a2} = m_{a3}$$

水蒸气的质量平衡为

$$d_1 m_{a1} + d_2 m_{a2} = d_3 m_{a3}$$

由能量平衡方程得

$$m_{a1} h_1 + m_{a2} h_2 = m_{a3} h_3$$

上面三个公式联立，消去$m_{a3}$，得到

$$\frac{m_{a1}}{m_{a2}}=\frac{d_2-d_3}{d_3-d_1}=\frac{h_2-h_3}{h_3-h_1}$$

由上式进一步写出

$$\frac{h_3-h_1}{d_3-d_1}=\frac{h_2-h_3}{d_2-d_3}$$

这个公式说明，在焓湿图中，状态 2 到状态 3 的连线的斜率与状态 1 到状态 3 的斜率相同，说明状态 1、状态 2 和状态 3 在焓湿图中处在相同的直线上，并且图中线段长度的比为

$$\frac{\overline{23}}{\overline{31}}=\frac{m_{a1}}{m_{a2}}=\frac{d_2-d_3}{d_3-d_1}$$

如图 6.18 所示.

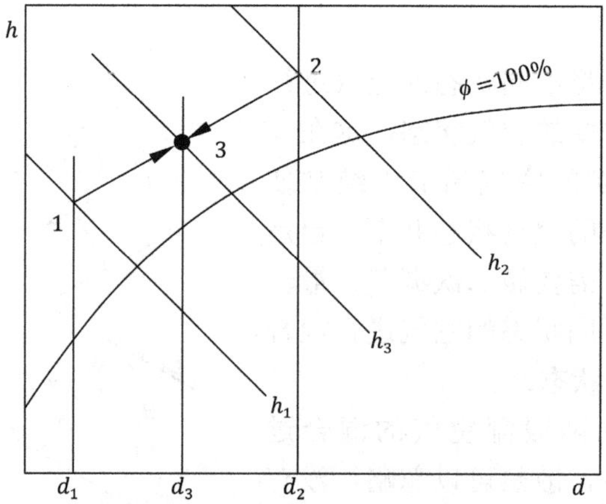


图 6.18　湿空气的混合过程

# 6.7　冷　却　塔

在动力电厂和大型的中央空调中，都有冷却塔，它的作用就是利用水和环境空气尽快地将生产中的废热带走. 图 6.19 给出了两种冷却塔的结构，它们的工作原理十分相似. 机械通风式冷却塔需要电风机强制循环空气，烟囱式的冷却塔利用烟囱抽气强制循环空气.

外界空气从冷却塔的底部侧面进入塔内，与塔内喷淋器喷淋的热水产生逆流换热，将空气加温加湿，变成饱和高温湿空气，带走大量热量，从而将热水冷却成为冷水. 冷水在水泵的作用下再次循环到冷凝器或机器的散热部件中产生热交换，变成热水后再次返回到冷却塔中冷却，形成冷却循环. 冷却塔中由于空气不断带走水

分，系统内部的水量不断减少，所以要定期给冷却塔增加冷却水.

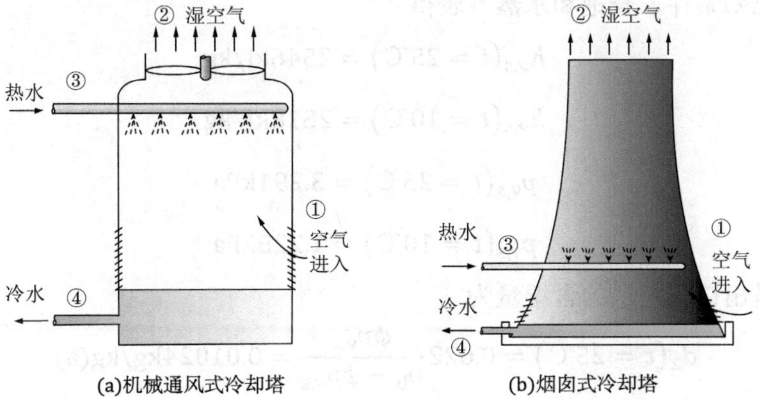


图 6.19　冷却塔

冷却塔中，空气分别处在①和②状态，循环水分别处在③和④状态，根据能量和质量平衡关系，可以得到如下方程.

干空气质量平衡

$$m_{a1} = m_{a2} = m_a$$

水质量平衡

$$m_3 + m_{a1}d_1 = m_4 + m_{a2}d_2$$

能量平衡

$$m_{a1}h_1 + m_3h_3 = m_{a2}h_2 + m_4h_4$$

求解上述方程，得到需要空气的循环量为

$$m_a = \frac{m_3(h_3 - h_4)}{h_2 - h_1 - (d_2 - d_1)h_4}$$

在较短时间内，不考虑补水，那么单位时间带走的热量为

$$Q_{loss} = m_3h_3 - m_4h_4 = m_a(h_2 - h_1)$$

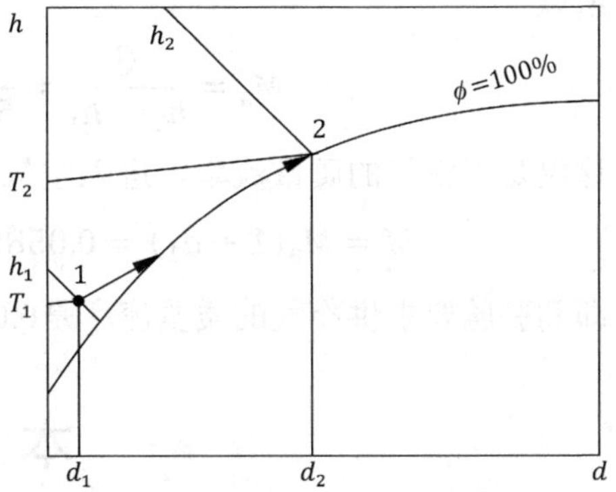


图 6.20　冷却塔中空气的热湿变化过程

**例 6.6**　已知汽车驾驶舱空气的需求状态是温度为 25℃，相对湿度为 50%.汽车的驾驶舱外向舱内的传热速率为 1500W.汽车空调的供冷气状态为 10℃，相对湿度为 80%．试计算要求的供冷气的质量流率.

**解**　汽车空调的工作过程是空调系统给驾驶舱提供冷气，冷气进入驾驶舱内与原来舱内的空气混合，实现降温目的．由于冷气不断进入，必然有等量的空气流出驾驶舱，而流出驾驶舱的空气是人们已经使用过的空气，所以它的状态正是人们需

求的状态.

根据已知条件，查饱和水蒸气表得

$$h_{v,s}(t = 25℃) = 2546\text{kJ/kg}$$

$$h_{v,s}(t = 10℃) = 2518\text{kJ/kg}$$

$$p_{v,s}(t = 25℃) = 3.291\text{kPa}$$

$$p_{v,s}(t = 10℃) = 1.228\text{kPa}$$

计算得到进出口湿空气的含湿量为

$$d_2(t = 25℃) = 0.622\frac{\phi p_{v,s}}{p_b - \phi p_{v,s}} = 0.01024\text{kg/kg(a)}$$

$$d_1(t = 10℃) = 0.00611\text{kg/kg(a)}$$

根据方程（6.9），驾驶舱进出口空气的比焓分别为

$$h_1 = 1.005t + dh_{v,s} = 1.005 \times 10 + 0.00611 \times 2518 = 25.38(\text{kJ/kg})$$

$$h_2 = 1.005t + dh_{v,s} = 1.005 \times 25 + 0.01024 \times 2546 = 51.19(\text{kJ/kg})$$

假设需求冷空气中干空气的质量流率为$M_a$，那么根据能量平衡方程得

$$Q + M_a h_1 = M_a h_2$$

所以

$$M_a = \frac{Q}{h_2 - h_1} = \frac{1.500\text{kJ/s}}{51.19 - 25.38} = 0.0581\text{kg/s}$$

这仅是干空气的质量流率，进入空气中还包括水蒸气，所以总流率应该为

$$M = M_a(1 + d_1) = 0.0581 \times (1 + 0.00611) = 0.05845(\text{kg/s})$$

即驾驶舱要求供冷气的质量流率是0.05845kg/s.

## 本 章 小 结

湿空气是指含有水蒸气的空气．湿空气中水蒸气的含量虽少，但对空气的性质影响很大，如果空气中水蒸气处于饱和状态，则称该湿空气为饱和空气；如果水蒸气处于过热状态，则称为未饱和空气．未饱和空气还有吸收水蒸气的能力．湿空气的总压力等于干空气的分压力和水蒸气的分压力之和，即

$$p_b = p_a + p_v$$

湿空气的比焓为

$$h = 1.005t + d(2500.9 + 1.86t)$$

注意，湿空气的比焓是相对 1kg 干空气计算的．这里，$d$是湿空气的含湿率或称含湿量，计算公式如下：

$$d = \frac{m_{\mathrm{v}}}{m_{\mathrm{a}}} = 0.622\frac{p_{\mathrm{v}}}{p_{\mathrm{a}}} = 0.622\frac{p_{\mathrm{v}}}{p_{\mathrm{b}} - p_{\mathrm{v}}}\ (\mathrm{kg_v/kg_a})$$

由于水蒸气的比焓只是温度的单值函数，所以水蒸气的比焓近似为该温度下的饱和水蒸气的比焓，于是湿空气的比焓可以近似为

$$h \approx 1.005t + dh_{\mathrm{v,s}}$$

式中，$h_{\mathrm{v,s}}$是温度$t$时饱和水蒸气的比焓，一般可以查表得到．

湿空气的绝对湿度是单位体积中水蒸气的质量，亦即水蒸气的体积密度，即

$$\rho_{\mathrm{v}} = \frac{1}{v_{\mathrm{v}}} = \frac{p_{\mathrm{v}}}{R_{\mathrm{v}}T}$$

湿空气中水蒸气质量与它在相同温度下饱和湿空气中所包含的水蒸气质量之比称为相对湿度，如果把空气中的水蒸气也看做理想气体，那么相对湿度也可以表示为水蒸气分压与其在饱和状态下水蒸气的分压之比，即

$$\phi = \frac{m_{\mathrm{v}}}{m_{\mathrm{v,s}}} = \frac{p_{\mathrm{v}}V/R_{\mathrm{v}}T}{p_{\mathrm{v,s}}V/R_{\mathrm{v}}T} = \frac{p_{\mathrm{v}}}{p_{\mathrm{v,s}}}$$

当然，相对湿度也可以定义为绝对湿度与同温度下饱和空气的绝对湿度之比，即

$$\phi = \frac{\rho_{\mathrm{v}}}{\rho_{\mathrm{v,s}}}$$

利用含湿量的概念，相对湿度也可以表示为

$$\phi = \frac{dp_{\mathrm{b}}}{(0.622 + d)\ p_{\mathrm{v,s}}}$$

相对湿度是一个介于 0 和 1 之间的数，干空气的相对湿度是 0，饱和空气的相对湿度是 1．$d$保持不变的湿空气，相对湿度随温度升高而减小．

露点温度正是水蒸气分压下对应的饱和温度，即

$$T_{\mathrm{D}} = T_{\mathrm{s}}|_{p_{\mathrm{v}}=p_{\mathrm{v,s}}}$$

当空气被冷却到露点温度后，如果继续冷却，将有凝结露珠产生，所以叫露点温度．

焓湿图是空调工程中最常使用到的工程图，它包含了五个状态参数，已知两个特定的状态参数就可以在焓湿图上确定出其他状态参数，利用焓湿图也可以直观地判断出湿空气的变化过程和计算过程的热湿交换量．最常用到的湿空气过程有：加热与冷却过程、冷却去湿过程、绝热加湿过程和加热加湿过程．

# 习　题

6-1　空气的参数为$p_b = 0.1\text{MPa}$，$t_1 = 20℃$，$\varphi_1 = 30\%$．在加热器中加热到$t_2 = 85℃$后送入烘箱去烘干物体．从烘箱出来时空气温度$t_3 = 35℃$，试求从烘干物体中吸收 1kg 水分所消耗的干空气质量和热量．

6-2　一房间内空气压力为0.1MPa，温度为5℃，相对湿度为 80%．由于暖气加热使房间温度升至 18℃．试求供暖后房内空气的相对湿度．

6-3　在容积为$100\text{m}^3$的封闭室内，空气的压力为0.1MPa，温度为25℃，露点温度为18℃．试求室内空气的含湿量和相对湿度．若此时室内放置盛水的敞口容器，容器内的加热装置使水保持25℃恒定温度条件下，蒸发至空气达到饱和空气状态．试求达到饱和空气状态下空气的含湿量和水的蒸发量．

6-4　一个封闭的刚性箱体中最初含有 $0.5\text{m}^3$ 的平衡状态下的湿空气，以及 $0.1\text{m}^3$ 的温度为 80℃、压力为 0.1MPa 的液体水．若该箱体内物质被加热至 200℃，请确定：

（a）末状态压力为多少 MPa？

（b）传热量为多少 kJ？

6-5　一个体积为 $3\text{m}^3$ 的封闭刚性空间中最初含有 100℃，0.44MPa 和 40%相对湿度的空气．请确定当该空间内物质被冷却至（a）80℃，（b）20℃时的传热量分别为多少 kJ．

6-6　已知一个 $240\text{m}^3$ 的房间里的压力为 98kPa，温度为 23℃，相对湿度为 50%，请问该房间的干空气及水蒸气的质量分别为多少？

6-7　一房间中含有 25℃，65%相对湿度的空气．当窗户的温度下降至 10℃时，是否有水冷凝在窗户的内表面上．

6-8　一房间中的空气的压力为 1 atm，干球温度为 24℃，湿球温度为 17℃．请使用焓湿图确定：（a）绝对湿度，（b）干空气的比焓，（c）相对湿度，（d）露点温度和（e）干空气的比容．

6-9　一个空调系统吸入 1atm，34℃和 70%相对湿度的空气后，释放出 22℃和 50%相对湿度的空气．当空气首次流经冷却管时，其被冷却至除湿．接着其流过热电阻发热丝后被加热至所需温度．假设 10℃的冷却部件上的冷凝水被及时清除．请确定（a）空气流经加热部件前的温度，（b）冷却部件带走单位质量干空气的热量（以 kJ/kg 为单位表示），以及（c）加热部件对单位质量干空气的传热量（以 kJ/kg 为单位表示）．

6-10　在寒冷的天气，由于房间内靠近窗户的温度很低，窗户的内表面通常会有水滴凝结．若房间中含有 20℃的 75%相对湿度的空气，请计算当窗户温度低至多少摄氏度时，湿空气开始在窗户内表面冷凝？

6-11　1atm 的空气经悬挂式湿度计测量后可知其干球温度和湿球温度分别为 25℃和 15℃．请确定空气的（a）绝对湿度，（b）相对湿度和（c）干空气的比焓．

6-12　若一房间中含有 1atm，35℃和 40%相对湿度的空气，请使用焓湿图确定：（a）绝对湿度，（b）干空气的比焓，（c）湿球温度，（d）露点温度和（e）干空气的比容．

# 第 7 章　传热学的基本概念与基本定律

热力学与传热学都是在热能高效转化与高效利用的科学浪潮中发展起来的，成为 18～19 世纪最为实用的科学理论．热力学与传热学虽然同宗同源，但却有着不同的发展理念和关注领域．热力学是一门关于状态的科学，它关注的是系统的最终状态，即平衡态．然而，在可逆过程中，实现理想平衡所需要的时间为无穷长，因此热力学是一门只讲能效率不计时间的科学．在卡诺循环中，只知道从高温热源吸收了多少热量，给低温热源放出了多少热量，对外做出了多少有用功，此时热量和功量的单位是 kJ，但它没有给出吸收这么多热量或做这么多功花了多长的时间．因此，它只讲结果不问过程．相反，传热学却是一门关于过程的学科，它关注的是过程的强弱和进行过程所需要的时间．它通过研究各种传热模式和建立各种传热方程计算传热速率来拓展热力学的分析．因此，传热学中提到传递热量，一定是单位时间中的，因此它的单位是 kJ/s 或 kW．有时也把这个传热速率称为热流率，以避免与热力学中的热量混淆．

进入本章的学习，将要回答何谓传热？热能是如何传输的？有什么方式？如何计算传热的速率？如何强化或者弱化传热过程？需要学生去理解构成传热过程的基本概念和原理，并结合热力学第一定律（能量守恒定律），灵活运用这些概念去解决热过程中的技术问题．

## 7.1　传热过程及传热的基本方式

在学习热力学第二定律时已经指出，温差是传热的驱动力，有温差就会有传热，所以传热是在温差的作用下发生的热能转移．

对于一个物体或物质而言，它与其他物体或物质有三种位置关系：①物体内部；②周围与它接触的物体或物质；③远离它的物体或物质．当物体与其他物体存在温度差时，传热学的研究发现，在这三种位置关系上，都可能出现热量传递过程．对于固体物质来说，其内部的热量传递过程，主要依靠固体物质内部的分子、原子或自由电子的无规则运动来实现，称之为热传导，或简称导热，如图 7.1（a）所示．实际上，在液体或气体物质内部也存在导热的现象，甚至可以出现纯导热过程．当固体物质与周围物体接触时，会有两种情况，第一种是与之接触的为固体物质，那么它们之间的传热模式仍然是导热，如图 7.1（a）所示．第二种是与之接触的为流体物质，那么它们之间的传热模式称为热对流，简称对流，如图 7.1（b）所示．如果两个物体没有接触，中间也没有媒介物质，那么它们之间的传热模式称为热辐射，如图 7.1（c）所示．下面对这三种传热模式及其遵从的传热规律分别进行描述．

传热方式

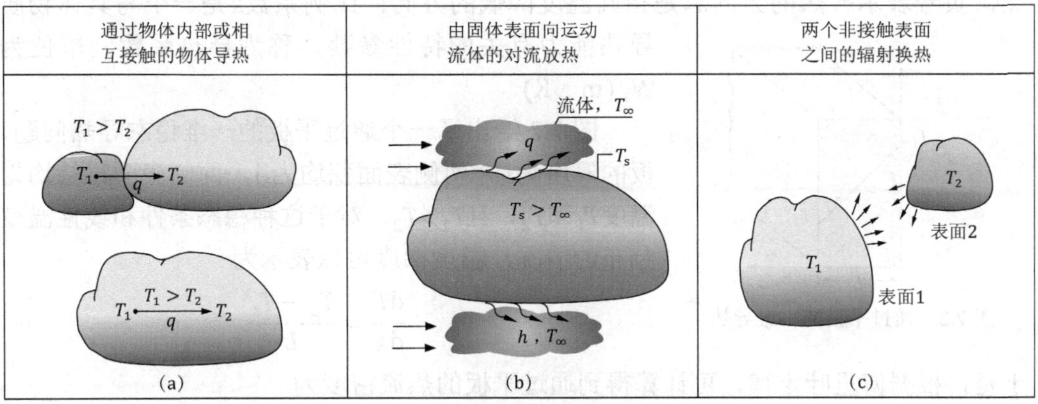


图 7.1　传导、对流和辐射传热模式

# 7.2　传热的基本定律

## 7.2.1　热传导

物质由分子或原子组成是现代科学的常识，分子和原子在物质内部并不是固定不动的，它们会发生平动、转动和振动等一系列运动，也会发生碰撞．物质内部的自由电子甚至会长距离的迁移．当物质内部存在温差时，温度高的地方，微观粒子运动更为剧烈，温度低的地方，微观粒子运动不那么激烈，它们就会通过碰撞和晶格振动等方式，将能量传递出去．这种依靠微观粒子无序运动产生的热量传递方式称为热传导，它是一种能量扩散的过程．

在固体中由于固体形状没有发生变化，各部分之间没有发生相对位移，所以固体内部的传热主要依靠晶格振动或自由电子的迁移来实现的，这易于理解．实际上，在液体或气体中也有微观粒子的碰撞和运动问题，同样存在导热问题，但因流体具有流动特性，在发生导热的同时，往往伴随对流现象产生，有时候对流作用往往是主要的，所以流体中的传热问题一般归类为对流传热．

单位时间通过单位面积的热量称为热流密度，用$q$表示，单位为 $J/(s \cdot m^2)$或 $W/m^2$．单位时间通过总面积的热量称为传热速率或导热速率，用$Q$表示，单位为 W 或 kW．注意它与热力学中单位质量工质所传递的热量的单位区别，在那里，$q$的单

位是 J/kg．导热中，热流密度的大小遵守傅里叶定律，即

$$q = -k\frac{\mathrm{d}T}{\mathrm{d}x} \tag{7.1}$$

上式说明，通过垂直$x$方向单位截面积的热流密度与$x$方向上的温度梯度成正比，负号表示传热的方向总是指向温度降低的方向．比例系数$k$是一个与具体物质导热能力有关的特性参数，称为导热系数，单位为W/(m・K)．

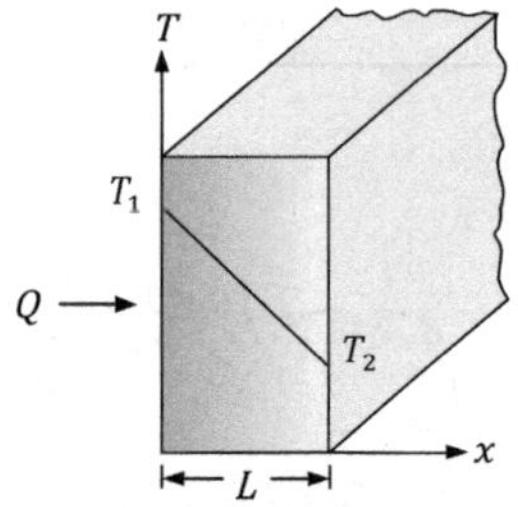

图 7.2 通过平板的一维导热

图 7.2 给出了一个通过平板的一维稳态导热问题，板的厚度为$L$，两侧表面积均为$A$，两侧表面维持均匀温度$T_1$和$T_2$，且$T_1>T_2$．对于这种稳态条件和线性温度分布的情况，温度梯度可以表示为

$$\frac{\mathrm{d}T}{\mathrm{d}x} = \frac{T_2 - T_1}{L}$$

于是，根据傅里叶定律，可计算得到通过平板的热流密度为

$$q = -k\frac{\mathrm{d}T}{\mathrm{d}x} = k\frac{T_1 - T_2}{L} = k\frac{\Delta T}{L} \tag{7.2}$$

考虑到平板的侧面积为$A$，于是通过平板的导热速率$Q$为热流密度与面积的乘积，即

$$Q = Aq = Ak\frac{T_1 - T_2}{L} \tag{7.3}$$

注意，在这里特别需要区别热流方向、热流密度和导热速率等几个物理量．

### 7.2.2 热对流

流体中微观粒子存在两种不同性质的运动，一种是分子的随机运动，这是产生导热过程的基础；另一种是流体作为局部集团或整体的宏观运动，这将产生对流传热过程．实际上，流体内部的传热是这两种传热方式的叠加，习惯上统称为对流传热．

工程上特别感兴趣的是流体流过固体壁面时发生的对流传热过程，这时固体表面将与流体产生热量交换，所以习惯上也称之为对流换热．图 7.3 给出了流体与固体平面的对流换热的示例过程．

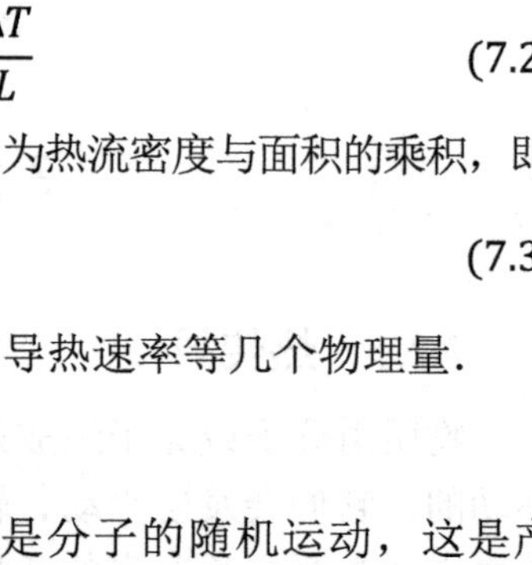

图 7.3 平板上的对流换热

对流换热过程的强弱与许多因素有关，其中受较大影响的是流动过程的起因．根据流动起因的不同，可以将对流换热过程分为两类．当流动是由风机、水泵等外在机械力作用产生时，这时流动过程往往比较强烈，称为**强迫对流换热**．当流动是由内部浮升力引

起的，这种浮升力是因流体中存在温差，从而形成密度差所致，称为**自由对流**或**自然对流换热**．自然对流换热往往是与强迫对流换热相伴而生的，实际工程中应视其强弱，有针对性地讨论．

对流换热各有特点，但都可以利用牛顿冷却公式计算它的传热速率．牛顿冷却公式的基本形式如下

$$Q = hA(T_s - T_\infty) \tag{7.4}$$

或

$$q = h(T_s - T_\infty) \tag{7.5}$$

式中，$A$为对流换热面积，$T_s$为固体表面温度，$T_\infty$为远离固体表面的流体的温度，比例系数$h[W/(m^2 \cdot K)]$称为**对流换热系数**．从牛顿冷却公式可见，对流换热速率的大小和固体壁面温度与流体温度之差成正比，与换热面积成正比，比例系数是对流换热系数．

从形式上看，牛顿冷却公式是一个相当简洁的公式，式中面积$A$及温度包括壁面温度和流体温度都是非常容易测量到的，要计算出传热速率，最关键的是要了解对流换热系数．而对流换热系数与很多因素有关，如换热面的形状大小、流体的运动特征、流体的热力学性质和输运性质等，决定了对流换热系数是一个随换热条件发生剧烈变化的参数．因此，任何对流换热的研究，最终都转移到确定对流换热系数$h$的研究，这在后面章节具体讨论．在此，不妨对一些特定对流换热过程的对流换热系数作大致了解，表 7.1 给出部分工质的对流换热系数的大致范围．表 7.1 的数值表明，液体的对流换热比气体的强烈，强迫对流比自然对流强烈，有相变过程的比无相变过程的强烈．

表 7.1　典型对流换热系数值的范围

| 自然对流过程 | $h/[W/(m^2 \cdot K)]$ | 强迫对流过程 | $h/[W/(m^2 \cdot K)]$ |
|---|---|---|---|
| 一般气体 | 2 ~ 25 | 一般气体 | 25 ~ 250 |
| 液体 | 50 ~ 1000 | 液体 | 100 ~ 20000 |
| 水 | 200 ~ 1000 | 沸腾或凝结过程 | 2500 ~ 100000 |

值得指出的是，上面关于对流换热过程的讨论，一般都指流体没有发生相变过程而言的，这时流体与固体壁面的换热只涉及流体的显热变化．但工程上还常遇到液体在固体表面上的沸腾过程，或蒸气在冷表面上的凝结过程，这些都属于存在相变过程的对流换热，简称沸腾或凝结，它们的对流换热系数往往很大，需要专门讨论．

### 7.2.3 热辐射

任何物质都由分子、原子组成，原子又由原子核和电子组成．电子在物质中是处在不同能级结构上的，当高能级的电子向低能级跃迁时，就会发出一个光子，光子向外发射就形成了我们所熟知的热辐射，它其实是一种电磁波．因此，任何高于0K的物质都会向外发出热辐射．

热辐射通过电磁波传播能量，传递的速度异常快，达到每秒 32 万 km，也不需要媒介物质，它在真空中反而更有效，这与导热和对流有本质的区别．热辐射在没有与表面发生作用前，不是热能，而是一种电磁能，用$E$表示．只有它达到物体的表面，与物体发生了作用，才将光能转化为热能．

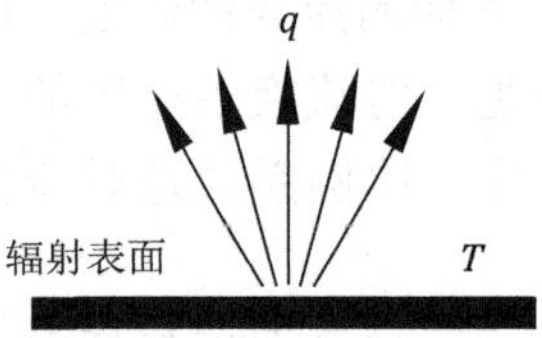

图 7.4 热辐射表面

考虑图 7.4 所示的热辐射表面，它向上表面对应的半球空间不断发出热辐射，表面的热发射能力与其温度密切相关，温度越高发射能力越强．研究发现，同一温度下，黑体表面的发射能力最强，它在单位时间单位面积发射出来的能量（W/m²）由**斯特藩-玻尔兹曼定律**决定

$$E_{\mathrm{b}} = \sigma T^4 \tag{7.6}$$

这里，$T$为表面的热力学温度，单位为 K；$\sigma$为斯特藩-玻尔兹曼常量，其值为$5.67 \times 10^{-8} \mathrm{W/(m^2 \cdot K^4)}$．

在相同温度下，任何实际表面都比黑体表面的发射能力小，其值由下式给出：

$$E = \varepsilon\sigma T^4 \tag{7.7}$$

式中，$\varepsilon$称为表面发射率，俗称黑度，表示接近黑体表面的程度，其值$0 \leqslant \varepsilon \leqslant 1$.

物体表面不断向外发出热辐射，同时也接收来自其他物体表面的热辐射，这种发出与接收的效果就是物体通过热辐射实现了热量交换或传递，称为**辐射换热**．与导热和对流完全不同，辐射换热不需要物体相互接触，也不需要传热介质，但某表面发出的热辐射并不一定全部到达第二个表面，因为表面发出的热辐射是对应半球空间的，对特定方向不能包括所有辐射能量，所以两者之间的辐射换热强烈受到它们的相对位置的影响．只有两个表面发出来的热辐射都能全部被对方接收时，辐射换热才有较简单的计算公式，如两块接近的大平板，如图 7.5 所示，它们之间的辐射换热速率为

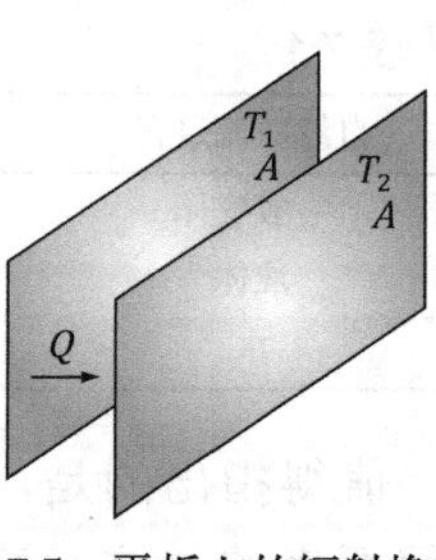

图 7.5 平板上的辐射换热

$$Q = A\sigma\left({T_1}^4 - {T_2}^4\right) \tag{7.8}$$

式中，$A$为平板的面积．

### 7.2.4　复合换热过程

上述讨论指出，自然界中存在三种传热方式：导热、对流和辐射。但实际工程中，这些传热方式往往不是单纯存在的．一个表面置于环境中，它既可与环境发生辐射换热，也可发生对流换热，因为地表环境是有空气存在的，甚至还可以发生传导换热．因此，实际工程中更可能是多种传热过程的复合．

复合传热过程分两种情况，一种是各传热过程依次出现，另一种是多种传热方式同时出现．例如，板式换热器中，热流体通过固体壁将热量传递给另一侧的冷流体，就是对流、传导、对流依次出现的典型例子，如图 7.6 所示．首先是热流体通过对流换热的方式，将热量传递给左侧的固体表面，左侧固体表面通过导热传给右侧表面，右侧表面再通过对流传给右侧的冷流体，从而完成整个传热过程．另一种情况是，多种传热方式同时出现，图 7.7 给出了一个置于环境中的流体表面，流体表面可以同时通过对流、辐射包括传导向外界传递热量，甚至还会产生蒸发过程，与外界交换潜热．这时的换热情况是很复杂的，必须针对具体的问题做具体分析，抓住主要矛盾，忽略次要矛盾．例如，在温度比较低时，辐射换热可以忽略，但在高温段，辐射换热则成为主要传热过程．

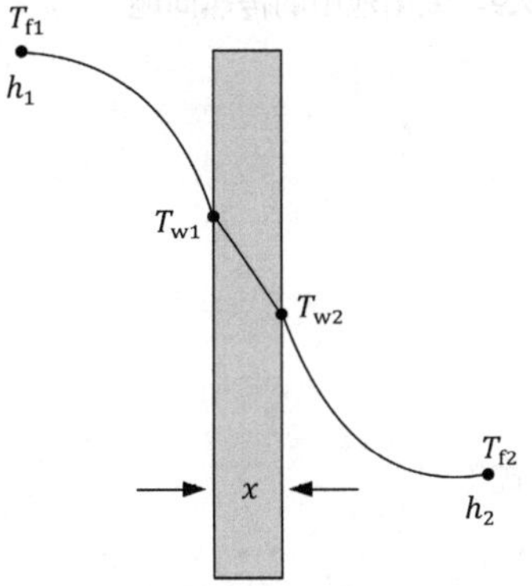


图 7.6　通过平板的复合传热

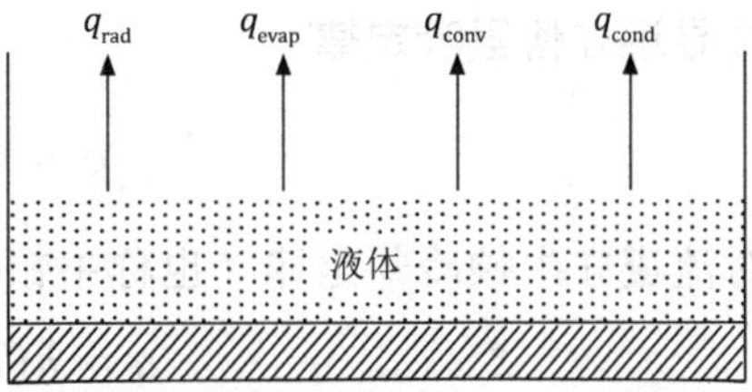


图 7.7　多种传热方式复合传热

### 7.2.5　流体中的纯导热过程

上节已经指出，流体中存在两种传热机制，一般来说流体中的导热过程是相对较弱的，不用专门讨论，但实际工程中也存在流体中只有纯导热过程的情况．图 7.8 给出了热板向下表面冷流体传热的情况．它首先加热靠近下表面的流体，流体受热后，体积膨胀，密度降低，所以它受浮升力的作用向上运动，但它已经在上面了，所以保持位置不变．如此，热量一直向下传递，流体中没有宏观流动现象，传热主要靠导热完成．因此，流体中也存在纯导热的情况．

另一个纯导热的工程实例是太阳池．图 7.9 所示是一个经典的太阳池结构，池内填充有不同密度的盐水溶液，密度更高的填充在池的底部，密度更低的填充在上面，形成一个具有密度梯度的盐水池，池底涂成黑色以吸收太阳光．当太阳光通过透明池水到达底部时，被池底吸收转化成热能，形成热表面并加热上部的盐水溶液．当底部的盐水溶液被加热之后，体积稍有膨胀，密度有所降低，但由于盐水的密度原来是梯度分布的，所以只要液体受热膨胀产生的密度降低，不足以改变原来的密度梯度，液体就不会产生自然对流过程，从而液体中只有纯的导热过程．由于水不是一种良好的导体，底部的热量难以向上表面传递，底部温度越来越高，从而形成一个太阳能的收集过程．有实验表明，池底的盐水温度可以收集超过 100℃．

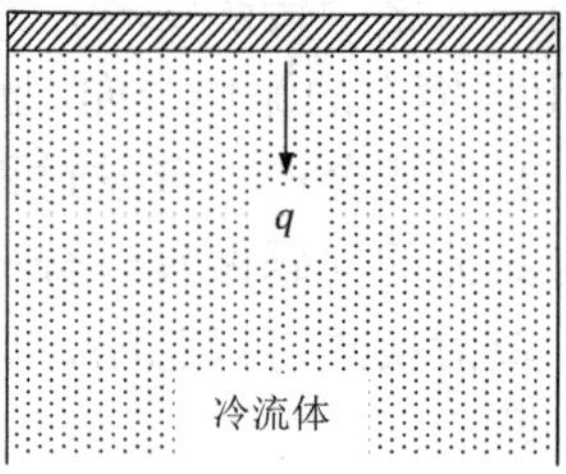


图 7.8　热板向下传热

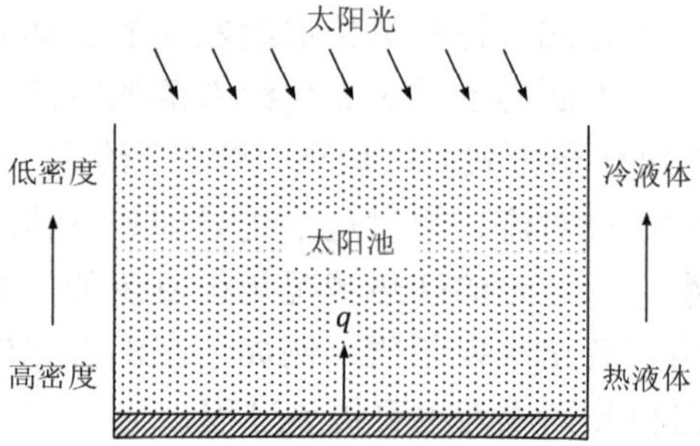


图 7.9　太阳池中的传热问题

### 7.2.6　能量守恒定律的要求

传热的三种基本方式分别遵守三大基本定律．

热传导遵守**傅里叶定律**

$$q = -k\frac{\mathrm{d}T}{\mathrm{d}x}$$

热对流遵守牛顿冷却定律（也称牛顿冷却公式）

$$q = h(T_\mathrm{s} - T_\infty)$$

热辐射遵守斯特藩-玻尔兹曼定律

$$E_\mathrm{b} = \sigma T^4$$

这三大定律构成了传热学的核心理论，所有传热问题的研究都围绕这三大定律展开．但在许多传热问题的分析中，热力学第一定律（能量守恒定律）经常是极为重要的工具．因此，有必要在这里强调，任何传热过程都必须满足能量守恒定律．如果系统仅涉及传热过程，那么对任何控制容积系统，应该满足如下能量守恒方程：

**在$\Delta t$时间内，控制容积内的热量增量，必定等于进入控制容积的热量减去离开控制容积的热量，再加上控制容积内部产生的热量．**

实际热工程中，各种传热方式可能并存，也可能交替出现，传热的三大定律可以计算出传热的速率，能量守恒定律则可以控制传递热量的多少，从而了解传热时间．实际问题中，如果掌握如下几条原则，将为我们理清思路，避免出错．

（1）确定适合的控制容积，并用虚线标出控制表面．

（2）确定合适的时间基准，既可以是某一瞬间，也可以是某个时间区间．

（3）确认相关的热量传输过程，指出热量的流动方向．特别要知道区分三种传热方式发生的位置和传热面积，热传导发生在物体的内部，它的传热面积往往是物体的截面积，对流和辐射发生在物体的边界上，传热面积是物体的表面积．辐射换热还与被传热物体的表面积有关．

（4）写出各个传热过程必须遵守的方程，并将已知条件代入方程进行简化．

（5）根据能量守恒定律列出各种传热的能量平衡关系，求解平衡方程，得到最终结论．

为了读者能更好地利用能量平衡关系分析传热学的问题，下面给出一个简例，对控制元中的能量关系进行分析．

**例 7.1**　汽车喷漆车间用红外灯对喷漆表面提供均匀辐照度为$G$=2000W/m$^2$ 的照射，进行烘烤处理，喷漆表面置于一个绝热平台上．已知喷漆表面涂层吸收率为0.80，发射率为 0.50．此涂层表面还暴露于温度分别为 20℃和 30℃的空气流和大空间环境中．如果涂层表面与空气流之间的对流换热系数为 15W/(m$^2$·K)，求平衡时喷漆表面的温度是多少？

**分析**　题目只要求平衡温度，所以是一个稳态问题．喷漆表面自身不产热，所以内热源的产热率等于零．它是一个进入控制体热量等于流出控制体热量的问题．另外，已知喷漆表面下部是绝热平台，所以背部不存在换热，平板应该是等温体，因此选择控制体如图 7.10 所示．由于是稳态过程，所以时间基准选为单位时间，单位面积．

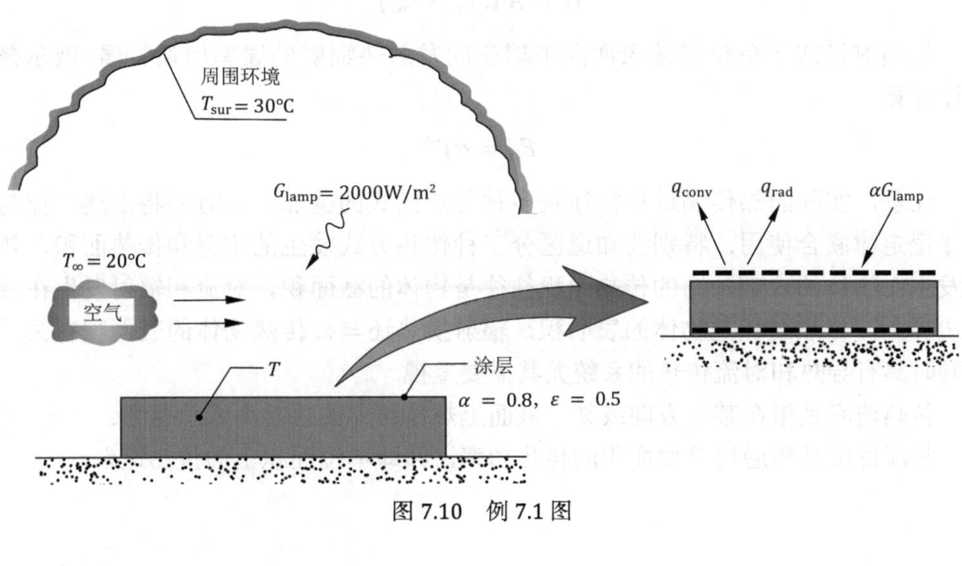


图 7.10　例 7.1 图

传输过程：能量输入项为涂层吸收来自红外灯的投入辐射，有

$$Q_{\text{in}} = \alpha G = 0.8 \times 2000 = 1600(\text{W/m}^2)$$

能量输出项为涂层与空气流的对流换热和与环境之间的辐射换热，有

$$Q_{\text{out}} = q_{\text{conv}} + q_{\text{rad}} = h(T - T_\infty) + \varepsilon\sigma(T^4 - T_{\text{sur}}{}^4)$$

进一步，输出热量等于

$$Q_{\text{out}} = 15(T - 293) + 0.5 \times 5.67 \times 10^{-8}(T^4 - 303^4)$$

根据能量守恒定律，$Q_{\text{in}} = Q_{\text{out}}$，并将上两式代入求解，最后得

$$T = 377\text{K} = 104℃$$

这就是喷漆表面的最后温度. 如果已知喷漆表面的温度，也可以反过来求表面的对流换热系数，这也是工程中常用的测试表面换热系数的方法.

## 本 章 小 结

有温差就有传热，本章主要讨论了传热过程的三种模式，以及它们的传热机制. 三种模式分别是热传导、热对流和热辐射.

热传导模式下计算传热速率的基本定律是傅里叶导热定律

$$Q = -Ak\frac{\text{d}T}{\text{d}x}$$

热对流模式下计算传热速率的基本定律是牛顿冷却定律

$$Q = Ah(T_{\text{s}} - T_\infty)$$

热辐射模式下单位黑体表面向半球空间发射热辐射的速率用斯特藩-玻尔兹曼定律计算

$$E_{\text{b}} = \sigma T^4$$

注意，实际的热传递过程往往是多种传热模式的叠加，这时要将上述定律与能量守恒定律联合使用. 特别要知道区分三种传热方式发生的位置和传热面积，热传导发生在物体的内部，它的传热面积往往是物体的截面积，对流和辐射发生在物体的边界上，传热面积是物体的表面积. 辐射换热还与被传热物体的表面积有关. 这对同时具有导热和对流传热的系统尤其需要重视.

传热速率是指在某一方向或某一截面上热量传递的总功率或总速率.

热流密度是指通过单位面积的传热功率，亦即单位面积上的传热速率.

# 习　题

7-1　一个边长为 5mm，厚度为 1mm 的正方形硅片被镶嵌在一个陶瓷基板上．在稳定状态下，硅片有 0.225W 的电输入功率．硅片上表面暴露于温度为 20℃的冷却液中．已知硅片与冷却液的换热系数为 $150\mathrm{W/(m^2\cdot K)}$．若忽略硅片与陶瓷基板直接的导热，硅片表面的温度为多少℃？

7-2　一个建筑墙体的导热率为 $0.75\mathrm{W/(m\cdot K)}$，如果要求通过它的热损速率为通过热导率和厚度分别为 $0.25\mathrm{W/(m\cdot K)}$和 100mm 的复合结构墙体的 80%，其厚度应为多少？已知两墙体处于相同的表面温差．

7-3　只要你坐在行驶的汽车中把手伸出窗外，或是把手伸入水流之中，你就会经历过对流冷却．在手的表面温度为 30℃时，请确定以下情况下的对流热流密度：（a）汽车以 35km/h 的速度在−5℃的空气中行驶，对流系数为 $40\mathrm{W/(m^2\cdot K)}$；（b）以 0.2m/s 的速度流动的 10℃的水流，对流换热系数为 $900\mathrm{W/(m^2\cdot K)}$．上述哪种情况下手感觉更冷一些？并把以上结果与在正常室内条件下约为 $30\mathrm{W/(m^2\cdot K)}$的热损效率进行比较．

7-4　在一根直径为 30mm 的长圆柱体中埋设了电阻加热器．当温度为 25℃的水以 1m/s 的速度横向流过圆柱体时，为使表面处于 90℃的均匀温度，所需单位功耗为 28kW/m．当同样处于 25℃的空气以 10m/s 的速度横向流动时，保持相同温度所需单位长度上的功耗为 400W/m．计算并比较水和空气流动的对流系数．

7-5　一根没有隔热的高架工业蒸汽管的长度和直径分别为 25m 和 100mm，穿过一根壁面和空气均为 25℃的建筑．加压蒸汽使管道表面温度维持在 150℃，与自然对流相关的系数为$h = 10\ \mathrm{W/(m^2\cdot K)}$，表面发射率为$\varepsilon = 0.8$．

（a）蒸汽管的热损速率为多少？

（b）如果蒸汽是运用效率为$\eta_\mathrm{f} = 0.90$的燃气炉产生的，且天然气价格为$C_\mathrm{g} = \$0.01/\mathrm{MJ}$，管道热损造成的年费用是多少？

7-6　使热空气流过汽车后窗内表面来除去其上的雾气．如果热空气处于$T_{\infty,\mathrm{i}} = 40℃$，相应的对流系数为$h_\mathrm{i} = 30\ \mathrm{W/(m^2\cdot K)}$，而外部环境空气的温度为$T_{\infty,\mathrm{o}} = -10℃$，相关的对流系数为$h_\mathrm{o} = 65\ \mathrm{W/(m^2\cdot K)}$，则 4 mm 厚窗玻璃内的内外表面温度分别为多少？

7-7　一扇玻璃窗的宽和高分别为 $W = 1\mathrm{m}$和$H = 2\mathrm{m}$，厚为5mm，热导率为$k_\mathrm{g} = 1.4\mathrm{W/(m\cdot K)}$．如果在一个寒冷的冬天，玻璃的内外表面温度分别为15℃和−20℃，通过窗户的热损速率是多少？为减少通过窗户的热损，习惯上采用双层玻璃结构，其中相邻的玻璃由空气间隙隔开．如果间隙厚为10mm，且与外部空气接触的玻璃表面的温度分别为10℃和−15℃，通过一个$1\mathrm{m}\times 2\mathrm{m}$的窗户的热损速率是多少？空气的热导率为$k_\mathrm{a} = 0.024\mathrm{W/(m\cdot K)}$．

# 第 8 章　热传导过程与傅里叶定律

有温差就会有传热，导热正是介质中存在温度梯度而产生的能量扩散过程，其物理机理是介质内微观粒子的无序运动．由导热过程引起的热流密度由傅里叶定律计算，但需要知道介质中的温度分布和介质的导热系数．

在实际工程中，导热过程可以很复杂，因为温度场是三维空间中的，还与时间有关，所以它一般是四个变量的函数，求解过程异常复杂．幸而，在某些情况下它可以简化，如在稳态过程中，过程与时间无关，那么导热过程只与空间坐标有关．更简单的情况是，热量在某些确定的方向传递，那么空间坐标的维度可以降低，特别简单的是，热量只在一个方向传递，就变成了一维稳态问题，这种情况下可以精确计算出过程的传热量．

## 8.1　傅里叶定律与传热速率方程

传热学是一门建立在实验基础上的科学，在某些特定条件下，物体的导热速率是很容易通过实验来测定的．傅里叶定律正是在总结大量实验结果的基础上归纳得到的．图 8.1 所示为一个导热棒，周围用绝热材料包围起来，只允许热量从一端传递到另一端，两端温度满足$T_1 > T_2$．实验结果发现，传热速率的大小与温差$\Delta T$成正比，与导热棒的截面积$A$成正比，与棒的长度$\Delta x$成反比，即有如下数学关系：

$$Q_x \propto A\frac{\Delta T}{\Delta x}$$

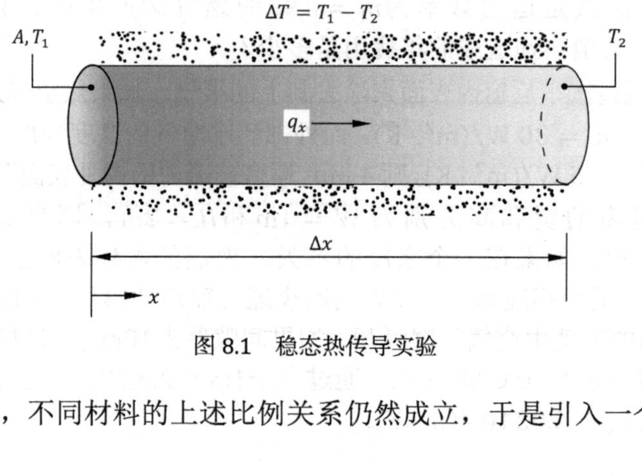


图 8.1　稳态热传导实验

实验还发现，不同材料的上述比例关系仍然成立，于是引入一个表示材料性质

的系数使上式成为一个等式，即

$$Q_x = kA\frac{\Delta T}{\Delta x} \tag{8.1}$$

式中，$k$称为材料的导热系数，单位为 W/(m・K).

当$\Delta x \to 0$时，可以将式（8.1）写成微分形式，就得到傅里叶公式表达的导热速率方程

$$Q_x = -kA\frac{\mathrm{d}T}{\mathrm{d}x} \tag{8.2}$$

或者热流密度关系式

$$q_x = \frac{Q_x}{A} = -k\frac{\mathrm{d}T}{\mathrm{d}x} \tag{8.3}$$

注意，式中有一个负号，表示热流总是朝着温度减少的方向传递，也就是说$\mathrm{d}T/\mathrm{d}x$永远是负的，加负号后算出来的$Q_x$或$q_x$才是正的.

这是传热面积垂直传热方向且热流只在一个方向传递的情况，在多维空间的情况，显然热流是有方向的，是一个向量或矢量．同样，在多维空间中，温度也必然是空间坐标和时间的函数，即它是一个由不同温度构成的一个温度场

$$T = f(x, y, z, t) \tag{8.4}$$

式中，$t$为时间变量．与时间有关的温度场称为非稳态温度场，与之对应的导热为非稳态导热．相反，与时间无关的温度场称为稳态温度场，与之对应的导热为稳态导热．只有一维稳态的温度场才能写成简单的函数形式

$$T = f(x)$$

在某一时刻，将温度场中相同温度的各点连接起来形成的曲面，称为等温面．由于同一个点上不可能有两个温度数值，所以不同的等温面永远不会相交．等温面是有方向的，在$x$，$y$，$z$方向上，温度的变化率分别是

$$\frac{\partial T}{\partial x},\ \frac{\partial T}{\partial y},\ \frac{\partial T}{\partial z}$$

考虑了等温面上温度的变化率，又明白了热流是一个向量，那么就可以将傅里叶定律写成如下更通用的表达式：

$$\boldsymbol{q} = -k\boldsymbol{\nabla}T = -k\left(\boldsymbol{i}\frac{\partial T}{\partial x} + \boldsymbol{j}\frac{\partial T}{\partial y} + \boldsymbol{k}\frac{\partial T}{\partial z}\right) \tag{8.5}$$

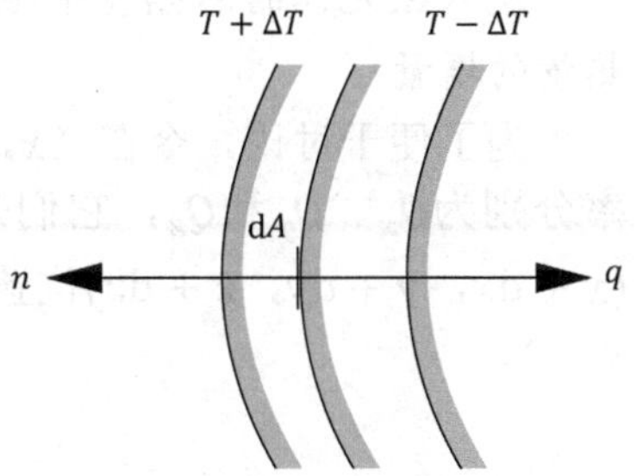

图 8.2　等温面与热流方向

这里，$\boldsymbol{q}$是一个有方向的热流，它总是与等温面垂直，指向温度梯度为负的方向．图 8.2 给出了二维坐标系下，传热方向与等温面法线方向的关系.

式（8.5）表明，任何方向的热流密度的大小，

与该方向上的温度变化率成正比．因此，热流密度可以分解成多个分量，在直角坐标系中，流量密度的通用表达式为

$$\boldsymbol{q} == \boldsymbol{i}q_x + \boldsymbol{j}q_y + \boldsymbol{k}q_z$$

显然有

$$q_x = -k\frac{\partial T}{\partial x}, \quad q_y = -k\frac{\partial T}{\partial y}, \quad q_z = -k\frac{\partial T}{\partial z} \tag{8.6}$$

注意，式（8.6）意味着介质是各向同性的，所以在各个方向上$k$都相同．导热系数是一个重要的物性参数，对大多数物质来说，它基本是一个常数，但当温度范围比较大时，它与温度有关，是一个变数．不同的材料，导热系数相差很大，如铜的导热系数可达到 400W/(m・K)，但良好的保温材料的导热系数只有 0.03W/(m・K)左右．常见物质的导热系数有相关表格可以查询，本书附录 A-4、附录 A-5 和附录 A-6 给出了部分金属和保温材料的导热系数值．

## 8.2　热扩散方程

傅里叶定律指出了导热速率与温度梯度的关系，因此热传导的分析转变为对温度梯度的求解，进一步又转变为对物体内部温度场的求解．在给定边界条件下，一旦知道了温度分布，介质内任何位置的导热速率就可以通过傅里叶定律计算求出．因此，必须建立一个能够全面描述导热问题的温度场的数学表达式，亦即导热微分方程，然后结合具体的问题、具体的边界条件和初始条件，求解微分方程，最终得到温度场中的温度分布$T = f(x, y, z, t)$．

在均匀导热介质中，建立直角坐标系，并选取边长分别为$\mathrm{d}x$、$\mathrm{d}y$、$\mathrm{d}z$的一个微元体进行分析，如图 8.3 所示．如果存在温度梯度，热传导会通过微元的各个表面发生，热量将通过这些表面进入和流出微元体，但对于任何过程应该满足能量守恒定律，即

流入微元体的总热量＋微元体内的生成热－流出微元体的总热量＝微元体内部热量的增量

为了便于讨论，令在（$x$，$y$，$z$）位置上$x$、$y$和$z$方向上的各控制表面的导热速率分别为$Q_x$、$Q_y$和$Q_z$，它们是进入微元体的热量．根据数学关系，很容易得到在$(x + \mathrm{d}x$，$y + \mathrm{d}y$，$z + \mathrm{d}z)$位置上控制表面的导热速率为

$$Q_{x+\mathrm{d}x} = Q_x + \frac{\partial Q_x}{\partial x}\mathrm{d}x \tag{8.7a}$$

$$Q_{y+\mathrm{d}y} = Q_y + \frac{\partial Q_y}{\partial y}\mathrm{d}y \tag{8.7b}$$

$$Q_{z+\mathrm{d}z} = Q_z + \frac{\partial Q_z}{\partial z}\mathrm{d}z \tag{8.7c}$$

它们是流出微元体的热量．方程（8.7a）说明：在$x+\mathrm{d}x$处的传热速率等于它在$x$处的分量加上它相对于$x$方向上的变化率乘上$\mathrm{d}x$．

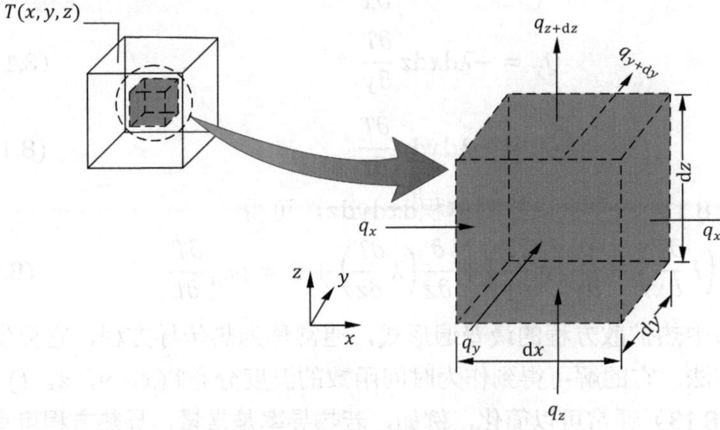


非稳态导热方程

图 8.3　直角坐标系中导热微元体$\mathrm{d}x\,\mathrm{d}y\,\mathrm{d}z$

假设在介质内单位体积热能的产生速率为$\dot{q}$，那么整个微元产生热能的速率为

$$\mathrm{d}\dot{Q}_\mathrm{g} = \dot{q}\mathrm{d}x\mathrm{d}y\mathrm{d}z \tag{8.8}$$

式中，$\dot{q}$是单位体积介质的产热速率，通常也称为内热源，单位为$\mathrm{W/m^3}$．另外，微元内物质储存的总热能也可能发生变化．如果物质不发生相变，则不存在潜热的影响，微元中储能的增加项可表示为

$$\mathrm{d}\dot{Q}_\mathrm{st} = \rho c_p \frac{\partial T}{\partial t}\mathrm{d}x\mathrm{d}y\mathrm{d}z \tag{8.9}$$

式中，$\rho c_p \partial T/\partial t$是单位体积介质的显热时间变化率，$\rho$是物质密度，$c_p$是物质的比热容，$t$为时间．

注意，$\mathrm{d}\dot{Q}_\mathrm{g}$和$\mathrm{d}\dot{Q}_\mathrm{st}$两项代表了不同的物理过程．产能项$\mathrm{d}\dot{Q}_\mathrm{g}$表示能量转换过程，过程的一方是热能，另一方可以是化学能、电能或核能．如果在介质内靠消耗某种其他形式的能量而产生热能，此项为正（源）；如果消耗的是热能，此项为负（壑）．与此不同，储能项$\mathrm{d}\dot{Q}_\mathrm{st}$是指物质所储存的热能的变化速率．

利用能量守恒定律，对上述进出微元的能量方程进行整合，立即得到基于能量守恒要求的能量平衡方程

$$Q_x + Q_y + Q_z + \dot{q}\mathrm{d}x\mathrm{d}y\mathrm{d}z - Q_{x+\mathrm{d}x} - Q_{y+\mathrm{d}y} - Q_{z+\mathrm{d}z} = \rho c_p \frac{\partial T}{\partial t}\mathrm{d}x\mathrm{d}y\mathrm{d}z \tag{8.10}$$

将式（8.7）代入，有

$$-\frac{\partial Q_x}{\partial x}\mathrm{d}x-\frac{\partial Q_y}{\partial y}\mathrm{d}y-\frac{\partial Q_z}{\partial z}\mathrm{d}z+\dot{q}\mathrm{d}x\mathrm{d}y\mathrm{d}z=\rho c_p\frac{\partial T}{\partial t}\mathrm{d}x\mathrm{d}y\mathrm{d}z \tag{8.11}$$

另一方面，导热速率可根据傅里叶定律计算，并注意传热方向与传热面积垂直

$$Q_x=-\lambda\mathrm{d}y\mathrm{d}z\frac{\partial T}{\partial x} \tag{8.12a}$$

$$Q_y=-\lambda\mathrm{d}x\mathrm{d}z\frac{\partial T}{\partial y} \tag{8.12b}$$

$$Q_z=-\lambda\mathrm{d}x\mathrm{d}y\frac{\partial T}{\partial z} \tag{8.12c}$$

将式（8.12）代入式（8.11），并除以控制体积$\mathrm{d}x\mathrm{d}y\mathrm{d}z$，可得

$$\frac{\partial}{\partial x}\left(\lambda\frac{\partial T}{\partial x}\right)+\frac{\partial}{\partial y}\left(\lambda\frac{\partial T}{\partial y}\right)+\frac{\partial}{\partial z}\left(\lambda\frac{\partial T}{\partial z}\right)+\dot{q}=\rho c_p\frac{\partial T}{\partial t} \tag{8.13}$$

上式即为在直角坐标系中热扩散方程的最普遍形式，通常称为热传导方程，它提供了分析导热过程的基本方法. 它的解可得到作为时间函数的温度分布$T(x，y，z，t)$.

实际工程中，式（8.13）通常可以简化，例如，若热导率是常量，导热方程可写成

$$\frac{\partial^2 T}{\partial x^2}+\frac{\partial^2 T}{\partial y^2}+\frac{\partial^2 T}{\partial z^2}+\frac{\dot{q}}{\lambda}=\frac{1}{a}\times\frac{\partial T}{\partial t} \tag{8.14}$$

式中，$a=\lambda/(\rho c_p)$，称为热扩散系数. 在稳定状态下，储存的能量不可能发生变化，所以式（8.14）可进一步简化为

$$\frac{\partial^2 T}{\partial x^2}+\frac{\partial^2 T}{\partial y^2}+\frac{\partial^2 T}{\partial z^2}+\frac{\dot{q}}{\lambda}=0 \tag{8.15}$$

如果热量只在某一个方向传导，就变成一维导热问题（如在$x$方向），且没有能量产生，式（8.15）就简化成

$$\frac{\mathrm{d}}{\mathrm{d}x}\left(\lambda\frac{\mathrm{d}T}{\mathrm{d}x}\right)=0 \tag{8.16}$$

上式的重要结论是：在稳定态、无内热源的一维导热情况下，热流密度在传输方向上是一个常数($\mathrm{d}Q_x/\mathrm{d}x=0$).

上述热传导方程（8.13）~（8.16）给出了热传导问题的普遍关系式，求解它们只能得到温度分布的通解. 要获得具体问题的唯一解就必须附加约束条件，即定解条件. 亦即是说，为了唯一确定系统的温度分布，必须给出边界条件和初始条件. 式（8.13）中对空间坐标的微分是二阶的，因此必须有两个边界条件. 对时间是一阶导数，所以只要给出初始条件即可. 边界条件通常可以分为以下三类.

第一类边界条件：给定边界上的温度数值，即

$$t>0\text{ 时，}T_\mathrm{b}=f_1(t)$$

最简单的情况是，边界上温度为常数，$T_\mathrm{b}=$常数.

第二类边界条件：给定边界上的热流密度值，即

$$t>0\text{ 时}，-\lambda\left(\frac{\partial T}{\partial n}\right)_{\mathrm{b}}=f_2(t)$$

最简单的情况是边界上的热流密度保持为常数，$q_{\mathrm{b}}=$ 常数.

第三类边界条件：针对在边界表面上存在对流换热的情况，给定边界表面上与周围流体之间的对流换热系数和周围温度数值，即

$$t>0\text{ 时}，\ -\lambda\left(\frac{\partial T}{\partial n}\right)_{\mathrm{b}}=h(T_{\mathrm{b}}-T_{\infty})$$

式中，$h$是对流换热系数．此时边界的温度$T_{\mathrm{b}}$和温度的变化率$\left(\frac{\partial T}{\partial n}\right)_{\mathrm{b}}$都是未知的，情况比较复杂．

**例 8.1**　在某一时刻，厚为 1m 的墙内的温度分布为

$$T(x)=a+bx+cx^2$$

式中，$T$的单位为℃，$x$的单位为 m，$a=900$℃，$b=-300$℃/m，$c=-50$℃/m$^2$．面积为$10\mathrm{m}^2$的墙内有均匀的产热源，$\dot{q}=1000\mathrm{W/m^3}$．墙材的物性为$\rho=1600\mathrm{kg/m^3}$，$\lambda=40\mathrm{W/(m\cdot K)}$，$c_p=4\mathrm{kJ/(kg\cdot K)}$．假定是$x$方向的一维导热，介质物性为常数且各向同性．请确定：

（1）进入墙$(x=0)$和离开墙$(x=1)$的传热速率．

（2）墙内储存能量的变化速率．

（3）在$x=0$m、0.25m和 0.5m处温度随时间的变化率．

**解**　热分析示意图如图 8.4 所示．

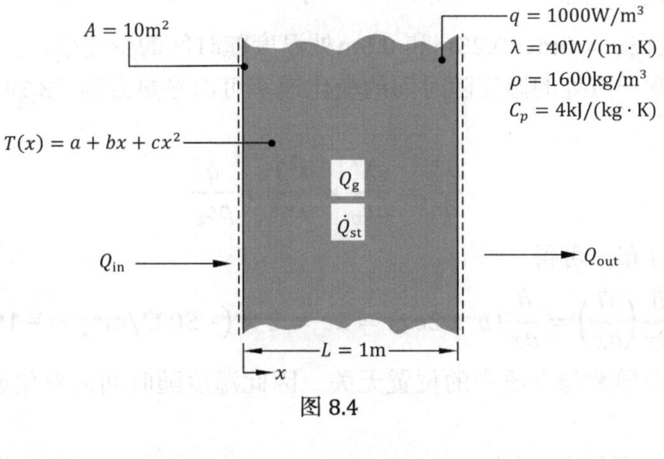


图 8.4

（1）进入墙$(x=0)$和离开墙$(x=1)$的传热速率．

本题给出了墙体的内部温度分布，且为一维导热问题，利用傅里叶定律很容易

确定墙体内任意一点的导热速率．根据一维导热方程得到

$$Q_{\text{in}} = Q_x(0) = -\lambda A \left.\frac{\partial T}{\partial x}\right|_{x=0} = -\lambda A(b+2cx)_{x=0} = -b\lambda A$$

$$= 300℃/\text{m} \times 40\text{W}/(\text{m}\cdot\text{K}) \times 10\text{m}^2$$

$$= 120\text{kW}$$

类似地

$$Q_{\text{out}} = Q_x(L) = -\lambda A \left.\frac{\partial T}{\partial x}\right|_{x=L} = -\lambda A(b+2cx)_{x=L}$$

$$Q_{\text{out}} = -(b+2cL)\lambda A$$

$$= -\left[-300℃/\text{m} + 2 \times \left(-50℃/\text{m}^2\right) \times 1\text{m}\right] \times 40\text{W}/(\text{m}\cdot\text{K}) \times 10\text{m}^2$$

$$= 160\text{kW}$$

（2）确定墙内储存能量的变化速率．

墙体内能量储存的变化速率可对整个墙体应用总能量平衡来确定．以墙体作为控制体积，其内部热量的变化应满足如下方程：

流入墙体的热量＋墙体内的生成热－流出墙体的热量＝墙体内部热量的增量

即应满足

$$Q_{\text{in}} + Q_{\text{g}} - Q_{\text{out}} = \dot{Q}_{\text{st}}$$

式中，$Q_{\text{g}} = qAL$，为墙体内部产生的总热率；$\dot{Q}_{\text{st}}$是墙体储能的变化率．于是有

$$\dot{Q}_{\text{st}} = Q_{\text{in}} + Q_{\text{g}} - Q_{\text{out}} = 120\text{kW} + 1000\text{W}/\text{m}^3 \times 10\text{m}^2 \times 1\text{m} - 160\text{kW} = -30\text{kW}$$

（3）确定在$x = 0\text{m}$、0.25m和 0.5m处温度随时间的变化率．

墙体中任意一点处的温度随时间的变化速率可由导热方程（8.14）确定，该式可改写为

$$\frac{\partial T}{\partial t} = \frac{\lambda}{\rho c_p} \times \frac{\partial^2 T}{\partial x^2} + \frac{\dot{q}}{\rho c_p}$$

由给定的温度分布，可得

$$\frac{\partial^2 T}{\partial x^2} = \frac{\partial}{\partial x}\left(\frac{\partial T}{\partial x}\right) = \frac{\partial}{\partial x}(b+2cx) = 2c = 2 \times \left(-50℃/\text{m}^2\right) = -100℃/\text{m}^2$$

注意，这个导数与介质中的位置无关．因此温度随时间的变化速率也与位置无关，由此得

$$\frac{\partial T}{\partial t} = \frac{40\text{W}/(\text{m}\cdot\text{K})}{1600\text{kg}/\text{m}^3 \times 4\text{kJ}/(\text{kg}\cdot\text{K})} \times \left(-100℃/\text{m}^2\right) + \frac{1000\text{W}/\text{m}^3}{1600\text{kg}/\text{m}^3 \times 4\text{kJ}/(\text{kg}\cdot\text{K})}$$

$$\frac{\partial T}{\partial t} = -6.25 \times 10^{-4}℃/s + 1.56 \times 10^{-4}℃/s = -4.69 \times 10^{-4}℃/s$$

由于墙体内温度随时间的变化率与时间无关，所以墙体内$x = 0$m、0.25m和 0.5m处温度随时间的变化率均等于$-4.69 \times 10^{-4}$℃/s.

# 8.3　一维稳态导热

8.2 节对一般的热扩散方程进行了推导，可以发现在非稳态和多维传热系统中，热扩散方程是很复杂的，一般难于求解．但工程上也大量存在一维和稳态问题，如窗口玻璃向外传热、采暖圆管道向外传热，由于它们的长宽都比厚度大很多，所以沿着长宽方向的传热可以忽略，热量只在厚度方向传递．很长的圆管向外传热总是沿着半径方向，所以也是一维问题．这类问题随时间的变化相对缓慢，可以当做稳态问题处理，系统中各点的温度不随时间变化．

一维稳态问题虽然简单，但它带领我们熟识傅里叶定律的使用，引进许多新的概念，如热阻的概念，是非常有益的．所谓一维稳态导热，指物体内的温度分布只是一维坐标的函数，与时间无关．在直角坐标系中，可以表示为$T = T(x)$, 在圆柱坐标系中表示为$T = T(r)$, 热量只在一个方向上传递．

## 8.3.1　通过平壁的导热

如图 8.5 所示的一块平壁，两个表面的温度分别为$T_1$和$T_2$，并已知$T_1 > T_2$．任何导热问题都可以利用热扩散方程（8.13）求解．对本问题的一维稳态和无内热源的具体问题，式（8.13）可以简化为式（8.16），即

$$\frac{\mathrm{d}}{\mathrm{d}x}\left(\lambda\frac{\mathrm{d}T}{\mathrm{d}x}\right) = 0$$

如果平壁内的导热系数是常数，对上面方程积分一次可得

$$q = \lambda\frac{\mathrm{d}T}{\mathrm{d}x} = C_1\text{（常数）}$$

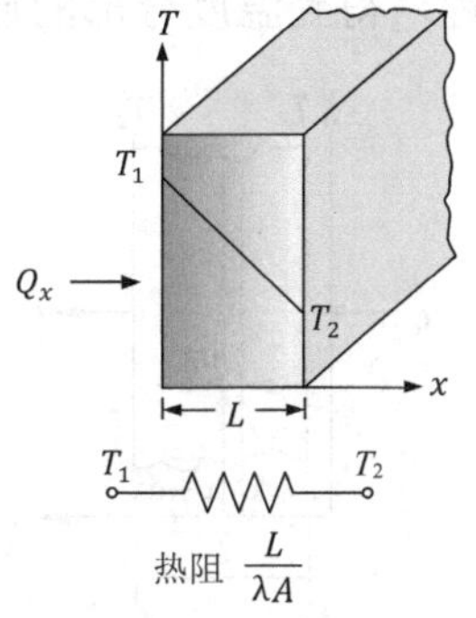


图 8.5　通过平板的一维导热

$C_1$是积分常数，表明无内热源的平壁内，热流密度是常数．这也很好理解，因为壁内传导的热量既不会产生也不会消失，所以它只能是常数．但如果有内热源的情况就不同，再积分上式得

$$T(x) = C_1 x + C_2 \tag{8.17}$$

这里，$C_2$是第二个积分常数，可以通过边界条件确定．两个积分常数可以通过边界两边的第一类边界条件决定

$$x = 0\text{时},\quad T(0) = T_1$$
$$x = L\text{时},\quad T(L) = T_2$$

代入式（8.17）得

$$C_2 = T_1$$
$$C_1 = \frac{T_2 - T_1}{L}$$

代入通解式（8.17）得

$$T(x) = \frac{T_2 - T_1}{L}x + T_1 \tag{8.18}$$

上述结果表明，对于一维稳态、无内热源和导热系数为常数的平板或平壁中的导热，温度是随$x$线性变化的．知道了温度分布，可以利用傅里叶定律确定热流密度，即

$$q = -\lambda\frac{\mathrm{d}T}{\mathrm{d}x} = \frac{\lambda}{L}(T_1 - T_2) \tag{8.19}$$

对于面积为$A$的平板，传热速率为

$$Q = \frac{A\lambda}{L}(T_1 - T_2) \tag{8.20}$$

由此可见，平板中热流密度和导热速率都是常数．

上述讨论平板内一维导热的方法是标准的求解问题的方法，通过求解热扩散方程，得到温度分部的通解，然后根据边界条件，得到确定问题的特解，最后根据傅里叶定律求得导热速率和热流密度．这种解题的方法可以适用于任何导热问题．但对于一维稳态导热，特别是平壁的稳态导热，可以采用更加简便的方法求解热流密度和传热速率．首先，已知这一问题的热流密度应该是常数，因为平壁内部没有热源和热壑，根据能量守恒定律，热量不会被产生也不会被消灭，所以它在壁中应该为常数．接着，选取平壁内部一个厚度为d$x$的薄层平壁来分析，如图 8.6 所示．薄层两面的温差为d$T$，所以薄层两面的温度梯度为d$T$/d$x$，基于傅里叶定律，穿过薄层的热流密度可以表示为

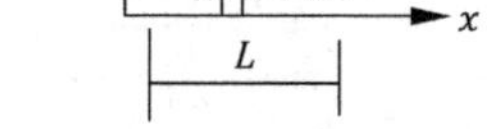

图 8.6　通过平壁的导热分析

$$q = -\lambda\frac{\mathrm{d}T}{\mathrm{d}x}$$

由于$q$为常数，于是可以对上式作定积分

$$q\int_0^L \mathrm{d}x = -\lambda\int_{T_1}^{T_2}\mathrm{d}T$$

最后，得到热流密度及传热速率为

$$q = \frac{\lambda}{L}(T_1 - T_2) \quad \text{及} \quad Q = \frac{A\lambda}{L}(T_1 - T_2)$$

与式（8.19）和（8.20）的形式完全相同.

### 8.3.2　传热热阻

为了引入热阻的概念，将方程（8.20）改写成如下形式：

$$Q = \frac{(T_1 - T_2)}{\dfrac{L}{A\lambda}} = \frac{T_1 - T_2}{R} \tag{8.21}$$

将上式与电路中的欧姆定律比较，欧姆定律表达式为

$$I = \frac{U_1 - U_2}{R_e} \tag{8.22}$$

比较式（8.21）和（8.22）可以发现，两者有着极好的相似性．电路中是电势差产生了电流，热路中是温差产生了传热．传电与传热都会遇到阻力，因此存在电阻和热阻．为此可以把

$$R = \frac{L}{A\lambda}$$

当做传热过程受到的阻力，称为热阻．类似地，对流传热也会有热阻，把牛顿冷却公式进行改写

$$Q = Ah(T_s - T_\infty) = \frac{T_s - T_\infty}{\dfrac{1}{Ah}} \tag{8.23}$$

于是，得到对流传热的热阻为

$$R_{conv} = \frac{1}{Ah} \tag{8.24}$$

其实，这样引进热阻的概念也是很容易理解的．热的扩散过程与电荷扩散过程本来就类似，它们都是在势差的作用下发生的，在扩散过程中都要受到阻力，因此借助电阻的概念讨论热阻的问题是很有意义的，也是非常实用的，不仅物理概念清晰，也使计算更加简便．特别是它可以利用电学中电阻串并联的原理讨论复杂的传热问题，为分析和计算传热速率带来了很大方便．图 8.7 所示的对流与平壁复合传热问题，可以等效为如下热路，或称热网络．可

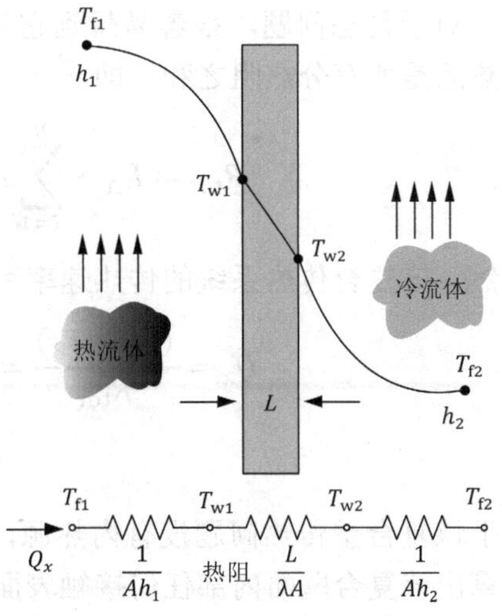


图 8.7　通过平壁复合传热的热网络

以发现它是三个热阻的串联结构．总的热流量或传热速率可以直接用下式计算：

$$Q_x=\frac{(T_{\mathrm{f1}}-T_{\mathrm{f2}})}{\dfrac{1}{h_1A}+\dfrac{L}{A\lambda}+\dfrac{1}{h_2A}}=\frac{T_{\mathrm{f1}}-T_{\mathrm{f2}}}{R_{\mathrm{tot}}}$$

注意，这里还没有讨论到辐射热阻的问题，如果考虑辐射热阻，辐射热阻可以作相同的定义，即

$$R_{\mathrm{rad}}=\frac{1}{Ah_{\mathrm{r}}}$$

这里，$h_{\mathrm{r}}$是辐射换热系数，它往往是与温度密切相关的，并且温度的单位是 K.

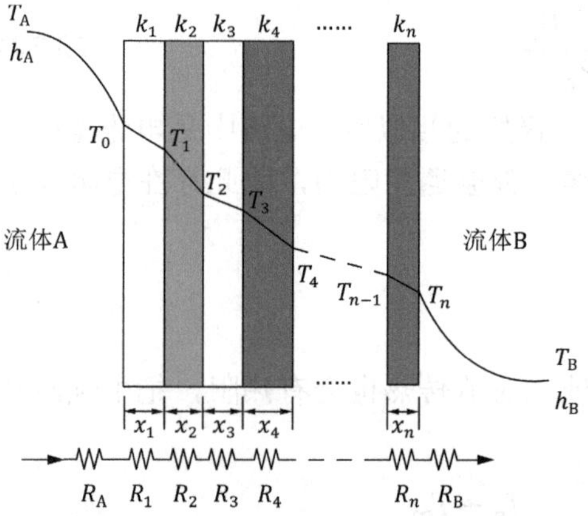

图 8.8　通过多层平壁的传热网络

### 8.3.3　多层平壁的导热

有了热阻的概念，就可以用它来讨论多层平壁的复合传热问题．所谓多层平壁，就是由多种不同材料组合而成的复合壁．这种组合壁在实际工程中经常遇到，板壁外增加保温层就构成了多层壁：板壁、保温层、装饰层．如果是多层保温，则层数更多，层与层之间可能还有接触热阻，相当于又增加了一层．所以，多层复合壁的传热问题普遍存在．图 8.8 给出了一个多层壁的传热结构．复合壁的最外面的两个面暴露在对流环境中，流体温度分别为$T_{\mathrm{A}}$和$T_{\mathrm{B}}$，复合壁内部没有内热源，所以各个单壁的内部温度是线性的．对于稳态问题，很容易想到它是一个串联热路问题，各处的热阻在图中标出，总热阻是所有分热阻之和，即

$$R_{\mathrm{tot}}=R_{\mathrm{A}}+\sum_{i=1}^{n}R_i+R_{\mathrm{B}}=\frac{1}{h_1A}+\sum_{i=1}^{n}\frac{x_i}{A\lambda_i}+\frac{1}{h_2A}\tag{8.25}$$

显然，该复合传热系统的传热速率可以写成

$$Q_x=\frac{(T_{\mathrm{A}}-T_{\mathrm{B}})}{R_{\mathrm{tot}}}=\frac{(T_{\mathrm{A}}-T_{\mathrm{B}})}{\dfrac{1}{h_1A}+\displaystyle\sum_{i=1}^{n}\frac{x_i}{A\lambda_i}+\dfrac{1}{h_2A}}\tag{8.26}$$

由于该复合壁传热问题没有内热源，根据能量守恒定律，$Q_x$应该是常数，据此可以计算出该复合壁面内部任何接触表面的温度．

实际的复合壁也可能是串联与并联结合的方式构成，如图 8.9 所示．如果仍然是一维稳态无内热源的问题，同样可以利用电学中的串并结合的电路问题处理，B、C 的并联热阻满足

$$\frac{1}{R_{\mathrm{BC}}}=\frac{1}{R_{\mathrm{B}}}+\frac{1}{R_{\mathrm{C}}} \tag{8.27}$$

所以，总热阻等于

$$R_{\mathrm{tot}}=R_{\mathrm{A}}+R_{\mathrm{BC}}+R_{\mathrm{D}}=R_{\mathrm{A}}+\frac{R_{\mathrm{B}}R_{\mathrm{C}}}{R_{\mathrm{B}}+R_{\mathrm{C}}}+R_{\mathrm{D}} \tag{8.28}$$

通过总壁面的热流速率为

$$Q_x=\frac{T_1-T_2}{R_{\mathrm{tot}}} \tag{8.29}$$

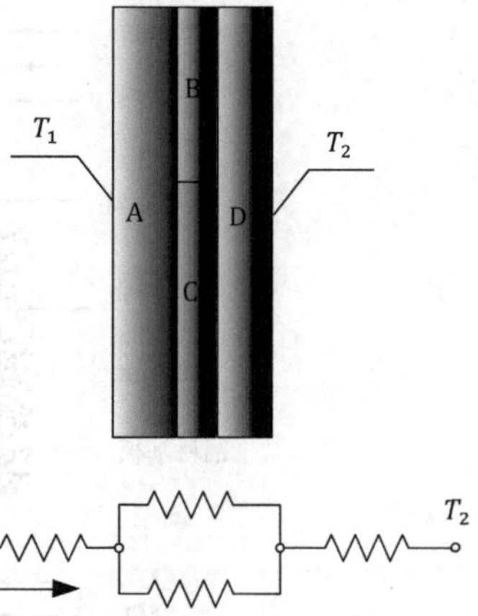

图 8.9　串并联合的多层平壁的导热

上述的讨论忽略了板壁与板壁之间的接触热阻问题．实际上，由于每一块板都不是绝对平滑的，都具有一定的粗糙度，所以板与板之间的接触不是那么紧密，存在热阻，称为表面接触热阻．表面接触热阻的存在，实际上等于多增加了一个平壁，所以接触热阻要增加到总热阻中．还有些问题不能简单地简化为多层壁的结合，有时复合系统的结构甚至是非常复杂的，这时常使用总传热系数或等效传热系数来计算，用$U$表示，这里$U$是根据类似于牛顿冷却定律的表达式定义的，因此有

$$Q_x=UA\Delta T \tag{8.30}$$

这里，$A$为传热面，$\Delta T$为传热温差．总传热系数与总热阻有关，并有

$$U=\frac{1}{AR_{\mathrm{tot}}}$$

式（8.30）是计算复杂传热问题的一般表达式，在换热器设计等领域经常用到．

**例 8. 2**　如图 8.10 所示，利用0.02mm厚的环氧树脂黏接剂将一片薄的硅芯片和厚8mm的铝材基板隔开．芯片和基板边长都是10mm，它们的暴露面由空气冷却，空气的温度为 25℃，对流换热系数为$100\mathrm{W/(m^2\cdot K)}$，已知带环氧树脂的硅芯片与铝基材之间的接触热阻最大值为$R_{\mathrm{t,c}}=0.9\times10^{-4}\mathrm{m^2\cdot K/W}$，如果在正常情况下芯片消耗的功率为$10^4\mathrm{W/m^2}$，它的工作温度是否低于最高的允许值 85℃？

**假定**：1．稳定态条件；

2．一维导热（忽略复合体侧表面的传热）；

3．忽略芯片的热阻（认为是等温芯片）；

4．物性为常数，铝的导热系数$\lambda=239\mathrm{W/(m\cdot K)}$；

5．忽略与环境的辐射换热．

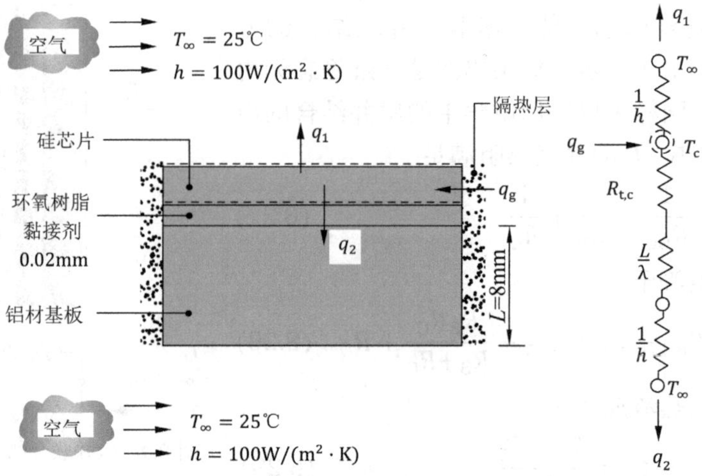


图 8.10　例 8.2 图

**解**　芯片是由暴露表面直接向空气和间接地通过黏接剂及基板散热. 列出该问题的热网络图如图 8.10 所示. 对芯片的控制表面应用能量平衡式, 以单位面积计算, 可得

$$q_g = q_1 + q_2$$

这里, $q_g$是芯片的产热率, 改写上式得

$$q_g = \frac{T_c - T_\infty}{(1/h)} + \frac{T_c - T_\infty}{R_{t,c} + (L/\lambda) + 1/h}$$

因此

$$T_c = T_\infty + q_g \left[ h + \frac{1}{R_{t,c} + (L/\lambda) + (1/h)} \right]^{-1}$$

代入数据计算得到

$$T_c = 25℃ + 10^4 \mathrm{W/m^2} \times \left[ 100 + \frac{1}{(0.9 + 0.33 + 100) \times 10^4} \right]^{-1} \mathrm{m^2 \cdot ℃/W}$$

$$= 25℃ + 50.3℃ = 75.3℃$$

因此, 所论芯片的运行将低于允许的最高温度.

### 8.3.4　通过长圆筒壁的导热

在工业上经常使用管道输送热能, 如用来输送热水或蒸气等. 管道的导热问题通常可以归类到长圆筒的导热问题. 该问题的特点仍然为一维导热问题, 热流只在径向传递. 对于无内热源的稳态问题, 同样可以采用上述热阻分析法对传热速率进行计算, 传热速率是常数, 但要注意此时热流密度是随半径变化的. 设圆筒壁的内外半径分别为$r_1$和$r_2$，其内外表面的温度分别为$T_1$和$T_2$，并且$T_1 > T_2$. 那么，在圆筒壁内部半径为$r$处，取长为$L$的一段厚度为$\mathrm{d}r$的薄圆筒壁来考虑，此时传热方向与薄圆筒壁垂直，利用平壁的热阻公式，可以得到该薄壁对传热的阻力为

$$\mathrm{d}R = \frac{\mathrm{d}r}{\lambda A}$$

这里，$A$为薄圆筒壁的面积，亦为传热面积，有

$$A = 2\pi rL$$

所以

$$\mathrm{d}R = \frac{\mathrm{d}r}{\lambda 2\pi rL} = \frac{1}{2\pi\lambda L}\cdot\frac{\mathrm{d}r}{r} \tag{8.31}$$

积分上式，得到圆筒壁的总热阻为

$$R = \frac{1}{2\pi\lambda L}\ln\frac{r_2}{r_1} \tag{8.32}$$

所以，通过圆筒壁的传热速率为

$$Q_\mathrm{r} = \frac{T_1 - T_2}{R} = \frac{T_1 - T_2}{\dfrac{1}{2\pi\lambda L}\ln\dfrac{r_2}{r_1}} \tag{8.33}$$

另一方面，也可以通过求图 8.11 中圆筒薄壁的传热速率求得问题的解，此时两面的温差为$\mathrm{d}T$，所以传热速率为

$$Q_\mathrm{r} = \frac{\mathrm{d}T}{\mathrm{d}R} = \frac{\mathrm{d}T}{\dfrac{1}{2\pi\lambda L}\cdot\dfrac{\mathrm{d}r}{r}} \tag{8.34}$$

分离变量并积分得

$$\frac{Q_\mathrm{r}}{2\pi\lambda L}\int_{r_1}^{r}\frac{\mathrm{d}r}{r} = \int_{T_1}^{T}\mathrm{d}T \tag{8.35}$$

最后，计算得到圆筒壁内半径为$r$处的温度为

$$T = T_1 - \frac{Q_\mathrm{r}}{2\pi\lambda L}\ln\frac{r}{r_1} \tag{8.36}$$

可见，圆筒壁内的温度分布不是直线，而是对数曲线. 当$r = r_2$时，$T = T_2$，所以得到与式（8.33）一样的结果.

考虑到内壁和外壁的对流传热，并且内外壁与流体的对流换热热阻分别为

$$R_{h_1} = \frac{1}{2\pi r_1 L h_1}$$

$$R_{h_2} = \frac{1}{2\pi r_2 L h_2}$$

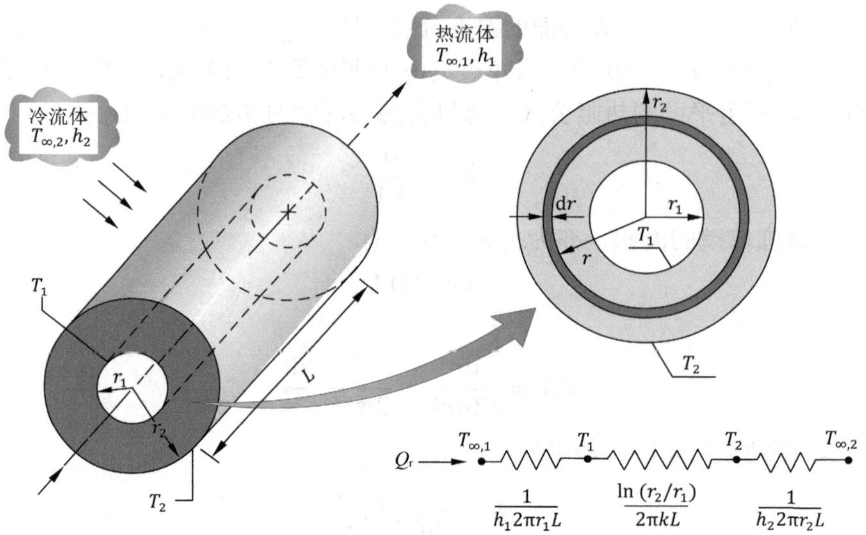


图 8.11 伴有对流的圆筒薄壁导热

那么该系统的总传热速率为

$$Q_r = \frac{T_1 - T_2}{R} = \frac{T_{\infty,1} - T_{\infty,2}}{\frac{1}{2\pi r_1 L h_1} + \frac{1}{2\pi\lambda L}\ln\frac{r_2}{r_1} + \frac{1}{2\pi r_2 L h_2}} \tag{8.37}$$

其实，实际工程中也有多层圆筒壁的导热问题，与上述讨论问题的方法类似，可将多个圆筒壁的热阻加起来得到总的热阻，然后计算总的传热速率．注意，圆筒壁的传热问题的热流密度是随半径变化的，因为不同半径处的传热面积不同，但传热速率相同，如在图 8.11 中内外表面处的热流密度分别为

$$q_r(r_1) = \frac{Q_r}{2\pi r_1 L} = \frac{T_1 - T_2}{\frac{r_1}{\lambda}\ln\frac{r_2}{r_1}} \tag{8.38}$$

$$q_r(r_2) = \frac{Q_r}{2\pi r_2 L} = \frac{T_1 - T_2}{\frac{r_2}{\lambda}\ln\frac{r_2}{r_1}} \tag{8.39}$$

可见，$q_r(r_1) > q_r(r_2)$，意味着越到管壁的外面，热流密度越小．

上述圆筒壁的计算中，计算传热速率的式（8.33）和（8.37）中由于有对数，计算比较繁琐，所以经常采用近似算法．当圆筒壁的厚度相对直径来说比较薄时，可以把圆筒壁的导热简化成平壁的导热问题，即

$$Q_r = \lambda A_m \frac{T_1 - T_2}{\delta} \tag{8.40}$$

这里，$A_m = \pi L(r_1 + r_2)$为管壁平均厚度处的传热面积，$\delta = r_2 - r_1$为管壁厚度．计算

表明，当$r_2/r_1 < 2$时，这种简化带来的误差小于 4%，常用的管道都可以满足这个条件. 另外，需要注意，上面的讨论都把导热系数当做常数，实际上当温度差较大时，导热系数是与温度有关的. 一般是与温度成一次方关系，在求解问题时，特别是对温度求积分时，必须考虑导热系数与温度的关系.

**例 8.3**　某蒸汽管道，管内饱和蒸汽温度为340℃，管子外径$d_1 = 273\text{mm}$. 管外包厚$\delta$的水泥蛭石保温层，外侧再包15mm的保护层. 按规定，保护层外侧温度为48℃，热损失为442W/m. 水泥蛭石和保护层的热导率分别为0.105W/(m·K)和0.192W/(m·K). 求保温层的厚度.

**分析**　本题为圆筒壁的一维稳态导热. 一般来说，水蒸气的凝结表面传热系数$h = 5000 \sim 25000\text{W}/(\text{m}^3\cdot\text{K})$很大，即该侧的对流换热热阻$1/h$很小；金属管道壁厚几个毫米，热导率为30～50W/(m·K)，其导热热阻也不大；而且，以上两热阻比保温层的热阻小得多. 此外，因管道外有保温层，散热热流量不大，所以在上述两热阻上的温度降很小，保温层内表面的温度可认为近似等于饱和蒸汽温度.

**解**　按题意$d_1 = 273\text{mm}, d_2 = 273\text{mm} + 2\delta, d_3 = 273\text{mm} + 2\delta + 15\text{mm}\times 2 = 303\text{mm} + 2\delta$. 单位管长的散热量为

$$Q = \frac{T_1 - T_3}{\dfrac{1}{2\pi\lambda_1}\ln\dfrac{d_2}{d_1} + \dfrac{1}{2\pi\lambda_2}\ln\dfrac{d_3}{d_2}}$$

$$= \frac{340 - 48}{\dfrac{1}{2\pi\times 0.105}\ln\dfrac{273+2\delta}{273} + \dfrac{1}{2\pi\times 0.192}\ln\dfrac{303+2\delta}{273+2\delta}}(\text{W/m}) \tag{a}$$

设$\delta = 75\text{mm}$，代入式（a），则

$$Q = \frac{292}{\dfrac{1}{0.6597}\ln\dfrac{273+75\times 2}{273} + \dfrac{1}{1.2064}\ln\dfrac{303+75\times 2}{273+75\times 2}}(\text{W/m}) = 405(\text{W/m})$$

$$< 442(\text{W/m})$$

又设$\delta = 66.5\text{mm}$，代入式（a），求得$Q = 441.95\text{W/m}$，此$Q$值与规定值极相近，于是可取保温层厚度$\delta = 66.5\text{mm}$. 本题采用了试算法，这在传热学中经常采用.

### 8.3.5　管道保温层厚度的选择

一般来说，保温层的厚度越厚保温效果越好，但对于半径较小的径向物体来说，这个结论不一定正确. 用金属管道输送热的流体，一般都需要保温以免热量散失. 由于金属管壁的导热热阻很小，一般可以忽略，所以保温系统的热阻只有保温层的导热热阻和保温层外的对流热阻，如图 8.12 所示，总热阻为

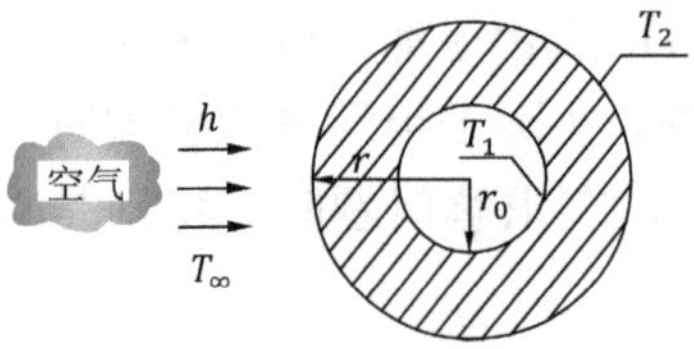


图 8.12 保温层厚度的选择

$$R=\frac{1}{2\pi\lambda L}\ln\frac{r}{r_0}+\frac{1}{2\pi rLh} \tag{8.41}$$

其中，$L$为管道长度．观察上式不难发现，当$r$增加时，导热热阻增加，但对流热阻减少，因此一定存在一个极值点．为此对$R$求$r$的导数并令其为零，即

$$\frac{\mathrm{d}R}{\mathrm{d}r}=0$$

得

$$\frac{1}{2\pi krL}+\frac{1}{2\pi r^2Lh}=0$$

解得

$$r_{\mathrm{c}}=\frac{\lambda}{h}$$

进一步分析发现，半径取$r_{\mathrm{c}}$时使总热阻取最小值，因为

$$\left.\frac{\mathrm{d}^2R}{\mathrm{d}r^2}\right|_{r=r_{\mathrm{c}}}=\frac{h^2}{2\pi k^3}>0$$

所以，$R$-$r$曲线是向上凹的．这说明，当$r<r_{\mathrm{c}}$时，增加保温层厚度反而会使总热阻减少，总散热量增加，保温不如不保温．但当$r>r_{\mathrm{c}}$时，增加保温层厚度会使总热阻增加，总散热量减少，保温效果好．

注意，上述结论是径向系统特有的，平壁的保温不存在这个问题．如果是为了增加散热，取临界半径$r_{\mathrm{c}}$是最合适的，如导线在工作时会发出热量，为了增加散热而增加绝缘层既有利于散热也有利于保护电路，是工程中必须考虑的．但一般来说，临界半径$r_{\mathrm{c}}$值都比较小，常规的采暖系统中的保温不需要考虑这个问题．

### 8.3.6 球体中的导热

球体中的导热问题与圆筒壁上的导热问题非常类似，如果也是无内热源稳态问题，仍可以归类于一维稳态导热，因为传热只在半径方向．如图 8.13 所示，取半径为$r$的一个薄球壳来分析，这时热流方向与球壳垂直，所以可以利用傅里叶定律

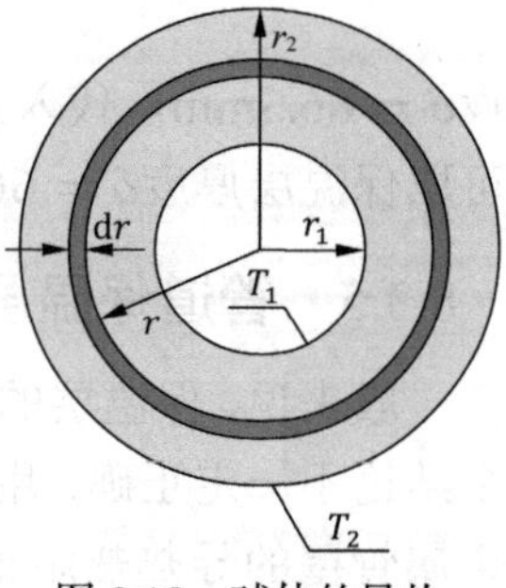


图 8.13 球体的导热

$$Q_{\mathrm{r}}=-\lambda A\frac{\mathrm{d}T}{\mathrm{d}r}$$

这里，$A$为球壳的面积，$A=4\pi r^2$．对于无内热源的稳态问题，$Q_{\mathrm{r}}$不随$r$变化，积分上式并假定$\lambda$是常数，得

$$Q_{\mathrm{r}} = \frac{4\pi\lambda(T_1 - T_2)}{\dfrac{1}{r_1} - \dfrac{1}{r_2}} \tag{8.42}$$

可见，球形导热体的热阻可以表示为

$$R_{\mathrm{r}} = \frac{1}{4\pi\lambda}\left(\frac{1}{r_1} - \frac{1}{r_2}\right) \tag{8.43}$$

对于多层球体壁组成的复合导热系统，可以将各层的导热热阻相加起来得到总热阻.

### 8.3.7　通过变截面物体的导热

利用傅里叶定律求导热传热速率是最传统的方法，但需要知道温度的分布情况. 工程上有一些情况可以做简化处理，如变截面的稳态无热源问题可以利用傅里叶定律的积分形式进行求解. 如图 8.14 所示的变截面导热问题，侧面绝热，可以近似看成热量只在$x$方向传递. 由于导体中没有热源，所以稳态情况下传热速率在任何截面上的大小是一样的，不会因为截面积的变化而变化，即$Q_x$与$x$无关. 根据傅里叶定律

$$Q_x = -\lambda A(x)\frac{\mathrm{d}T}{\mathrm{d}x}$$

所以，可以得到等热流密度的傅里叶定律积分方程

$$Q_x\int_{x_1}^{x}\frac{\mathrm{d}x}{A(x)} = -\int_{T_1}^{T}\lambda\mathrm{d}T \tag{8.44}$$

因此，只要知道界面随$x$的变化关系，利用式（8.41）很容易求得系统的温度分布.

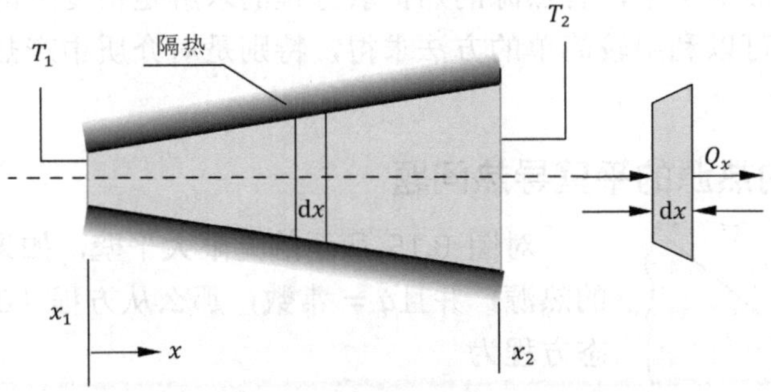


图 8.14　导热速率为常数的变截面导热

例如，假设该变截面导热体为一个圆锥体，截面半径与$x$的关系为$r = ax$，$a$为一个常数. 此时，可以通过式(8.44)求出变截面导热体内部的温度分布. $A(x) = \pi r^2 = \pi a^2 x^2$，并考虑导热系数为常数，代入式（8.44）得

$$\frac{Q_x}{\pi a^2}\int_{x_1}^{x}\frac{\mathrm{d}x}{x^2} = -\lambda\int_{T_1}^{T}\mathrm{d}T \tag{8.45}$$

注意，$Q_x$不随$x$变化，积分上式即可得到导热体内部的温度分别为

$$T(x) = T_1 - \frac{Q_x}{\pi a^2\lambda}\left(\frac{1}{x_1} - \frac{1}{x}\right) \tag{8.46}$$

这里，$Q_x$虽然不随$x$变化，但它仍然是一个未知量，可以通过$x_2$的边界条件确定

$$T_2 = T_1 - \frac{Q_x}{\pi a^2\lambda}\left(\frac{1}{x_1} - \frac{1}{x_2}\right)$$

解出$Q_x$，得

$$Q_x = \frac{\pi a^2\lambda(T_1 - T_2)}{\frac{1}{x_1} - \frac{1}{x_2}} \tag{8.47}$$

将上式代入式（8.46），可以得到温度分布，即

$$T(x) = T_1 + (T_1 - T_2)\left(\frac{1}{x} - \frac{1}{x_1}\right)/\left(\frac{1}{x_1} - \frac{1}{x_2}\right) \tag{8.48}$$

可见，在变截面导热体中的温度分布不是线性的，温度梯度随$x$的增大而减小.

# 8.4　有内热源的一维稳态导热

工程中许多情况是介质中存在内热源，如电流通过介质将会产生焦耳热，介质中如果有制冷部件将会有热量“消失”，这种情况下介质内部的温度分布不仅仅由边界条件决定．一般情况下，有热源的热扩散方程的求解是很复杂的，但对于一维的稳态问题，还是可以利用较简单的方法求得，特别是对介质中产热速率是均匀和稳定的情况.

## 8.4.1　有内热源的平壁导热问题

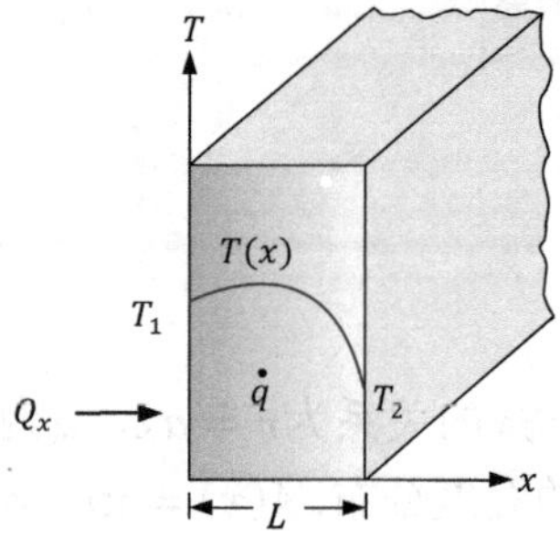


图 8.15　有内热源的导热

对图 8.15 所示的无限大平壁，如果内部有均匀稳定的热源，并且$\dot{q}$ = 常数，那么从方程（8.15）可得一维稳态方程为

$$\frac{\mathrm{d}^2T}{\mathrm{d}x^2} + \frac{\dot{q}}{\lambda} = 0 \tag{8.49}$$

方程的通解为

$$T = -\frac{\dot{q}}{2\lambda}x^2 + C_1x + C_2 \tag{8.50}$$

式中，$C_1$和$C_2$为两个积分常数，通过边界条件决定．边界条件为$T(x=0)=T_1$和$T(x=L)=T_2$，可以确定积分常数

$$C_1=\frac{(T_2-T_1)+\frac{\dot{q}}{2\lambda}L^2}{L} \quad 和 \quad C_2=T_1$$

因此，平壁内部的温度分布可以表示为

$$T=-\frac{\dot{q}}{2\lambda}x^2+\frac{(T_2-T_1)+\frac{\dot{q}}{2\lambda}L^2}{L}x+T_1 \tag{8.51}$$

据此，可以利用傅里叶定律求出平壁内部任何一点处的热流速率，但此时的热流速率是与位置有关的．如果平壁两个表面的温度是一样的，即$T_2=T_1$，那么式（8.51）可以简写为

$$T=-\frac{\dot{q}}{2\lambda}x^2+\frac{\dot{q}}{2\lambda}Lx+T_1 \tag{8.52}$$

可见，平壁内部的温度分布是一个抛物线形式，中部的温度最高，为

$$T=\frac{\dot{q}}{8k}L^2+T_1 \tag{8.53}$$

### 8.4.2 有内热源的径向导热问题

有热源的径向导热问题，在柱坐标中解有源的热扩散方程是最方便的．有热源的一维径向方程的一般形式为

$$\frac{1}{r}\times\frac{\mathrm{d}}{\mathrm{d}r}\left(r\frac{\mathrm{d}T}{\mathrm{d}r}\right)+\frac{\dot{q}}{\lambda}=0 \tag{8.54}$$

但这个方程也可通过分析一个薄圆柱体的传热问题得到．图 8.13 中给出了圆柱体一维传热的剖面图．传热沿着半径方向进行，因此在图 8.16 所示厚度为$\mathrm{d}r$的薄圆柱体中，$r$处的传热速率为

$$Q_{\mathrm{r}}=-\lambda 2\pi rL\frac{\mathrm{d}T}{\mathrm{d}r} \tag{8.55}$$

薄圆柱体中的产热为

$$\mathrm{d}Q_{\mathrm{r}}=\Delta V\dot{q}=2\pi rL\mathrm{d}r\dot{q} \tag{8.56}$$

$\Delta V$是薄圆柱体的体积．因此将式（8.55）求微分，并将式（8.56）代入，得

$$\mathrm{d}\left(-\lambda 2\pi rL\frac{\mathrm{d}T}{\mathrm{d}r}\right)=2\pi rL\mathrm{d}r\dot{q}$$

假设径向导热系统中，产热速率为常数，导热系数不随温度变化，那么上式进一步简化，得到式（8.54）的形式，其通解为

$$T(r) = -\frac{\dot{q}}{4\lambda}r^2 + C_1\ln r + C_2 \tag{8.57}$$

式中，$C_1$和$C_2$为两个积分常数，通过边界条件决定．边界条件为$T(r=r_1)=T_1$和$T(r=r_2)=T_2$，可以得到积分常数满足的方程

$$T_1 = -\frac{\dot{q}}{4\lambda}{r_1}^2 + C_1\ln r_1 + C_2$$

$$T_2 = -\frac{\dot{q}}{4\lambda}{r_2}^2 + C_1\ln r_2 + C_2$$

据此，可以求解出积分常数$C_1$和$C_2$．

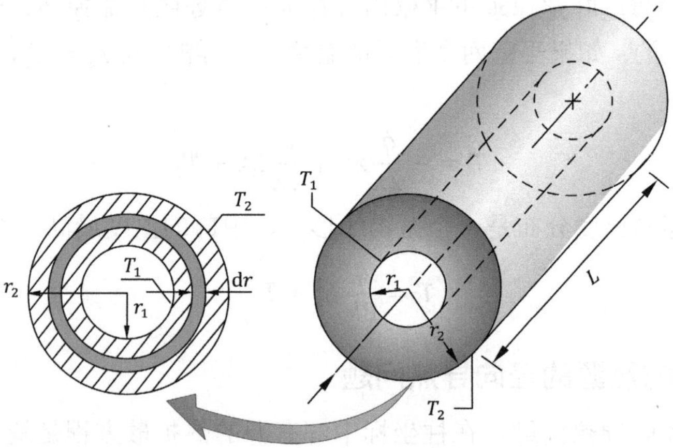


图 8.16　有内热源的圆柱体

**例 8.4**　一个复合壁由 A 和 B 两种材料组成，如图 8.17 所示．材料为 A 的壁中有均匀的内热源$\dot{q}_A = 1.5\times10^6 W/m^3$，$\lambda_A = 75\ W/(m\cdot K)$，厚度$L_A = 50mm$；材料为 B 的壁无内热源，$\lambda_B = 150\ W/(m\cdot K)$，厚度$L_B = 20mm$．材料 A 的外表面隔热良好，而材料 B 的外表面则被温度$T_\infty = 30$℃的水流冷却，$h = 1000W/(m^2\cdot K)$．确定隔热表面的温度$T_0$和被冷却表面的温度$T_2$．

**已知**：材料为 A 的平壁中有内热源，其一侧被隔热，另一侧与材料为 B 的平壁邻接；B 壁无内热源，一侧存在对流而被冷却．

**求**：复合壁内、外表面的温度．

**假定**：1. 稳定态条件；

2. 在$x$方向上的一维导热；

3. 忽略两个壁之间的接触热阻；

4. A 壁的内表面绝热；

5. 材料 A 和 B 的物性为常数．

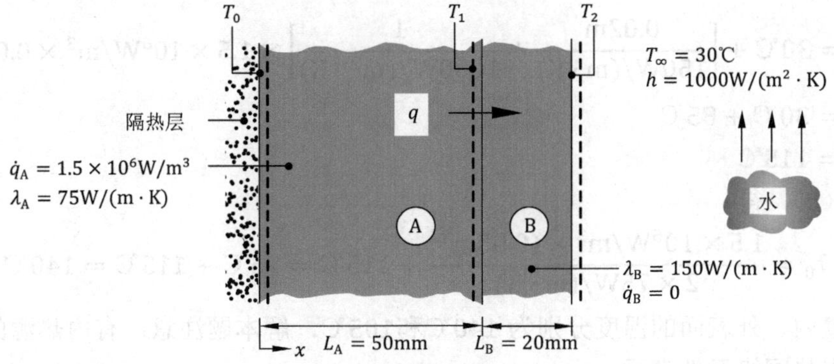


图 8.17　例 8.4 图

**解**　可将材料 B 作为一个控制体积应用能量平衡式得到其外表面温度$T_2$，由于材料 B 中不存在热源，因此，对于稳定态条件和单位面积来说，在$x = L_A$处进入材料 B 的热流速率必定等于在$x = L_A + L_B$处的单位表面上以对流方式散失的热流速率．因此

$$q = h(T_2 - T_\infty) \tag{a}$$

热流密度（单位面积热流速率）$q$可通过对材料A中的一个控制体积再次应用能量平衡式得到，特别是由于在$x = 0$处是绝热表面．单位时间产生的能量必定与流出的相等．因此，对于单位表面积，有

$$\dot{q}L_A = q \tag{b}$$

联合式（a）和（b），可得外表面温度为

$$T_2 = T_\infty + \frac{\dot{q}L_A}{h}$$

$$T_2 = 30℃ + \frac{1.5 \times 10^6 W/m^3 \times 0.05m}{1000W/(m^2 \cdot K)} = 105℃$$

由式（8.53），隔热表面的温度为

$$T_0 = \frac{\dot{q}{L_A}^2}{2\lambda_A} + T_1 \tag{c}$$

式中，$T_1$可由下面的热网络求得

$$T_1 = T_\infty + (R_{cond,B} + R_{conv})q$$

其中，单位表面的热阻为

$$R_{cond,B} = \frac{L_B}{\lambda_B}, \quad R_{conv} = \frac{1}{h}$$

因此

$$T_1 = 30℃ + \left[\frac{0.02\text{m}}{150\text{W}/(\text{m}\cdot\text{K})} + \frac{1}{1000\text{W}/(\text{m}^2\cdot\text{K})}\right] \times 1.5\times10^6\text{W/m}^3 \times 0.05\text{m}$$

$$= 30℃ + 85℃$$

$$= 115℃$$

代入式（c），得

$$T_0 = \frac{1.5\times10^6\text{W/m}^3 \times (0.05\text{m})^2}{2\times75\text{W}/(\text{m}\cdot\text{K})} + 115℃ = 25℃ + 115℃ = 140℃$$

即复合壁内、外表面的温度分别为 140℃和105℃．解本题注意：有内热源的材料 A 中不能用热网络元件表示．

## 8.5　扩展表面的稳态传热

在很多情况下需要利用对流换热过程将热量转移或将多余的热量排出，根据牛顿冷却定律，$Q = Ah\Delta T$，$Q$是传热速率，$A$是传热面积，$h$是对流换热系数，$\Delta T$是传热温差．由此可见，要提高传热速率，只有三种情况可以选择：提高对流换热系数；提高传热温差；增加换热面积．提高对流换热系数是一种常见的方法，如采用强迫对流的方式，但对确定的换热流体，要进一步提高对流换热系数毕竟有限．提高传热温差要受到很多因素的限制，如能量损失或装置的耐热性能等．剩下一种可以选择的办法就是增加传热面积，因此工程中出现了许多具有扩展表面的换热设备，最常见的装置就是带有扩展表面的换热器．图 8.18 给出了几种经典的扩展表面结构．一般地说，扩展平壁表面以直肋片居多，扩展圆柱面表面以环肋片居多．工程上还有许多异形的肋片，如杆状的、针肋状的或圆锥状的等，取决于使用的场合和经济因素．

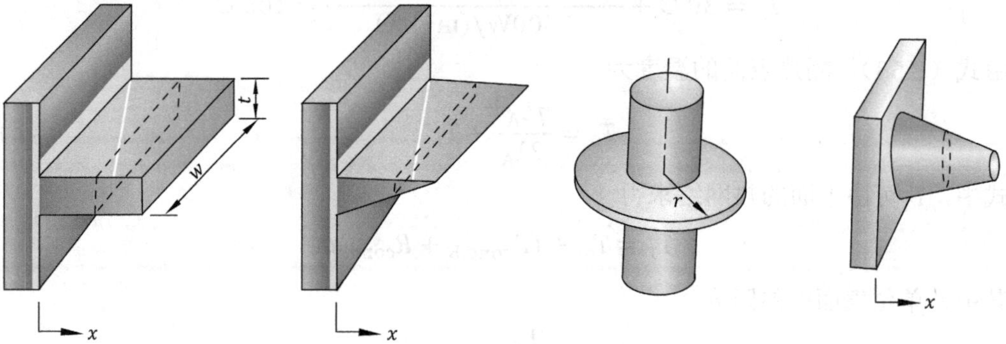


(a)等截面直肋片　(b)变截面直肋片　(c)环肋片　(b)针肋片

图 8.18　几种典型的扩展表面结构

在很多情况下，肋片外部是对流换热过程，但内部却是一维导热过程，因此可以与本节讨论的问题归为一类. 在这种情况下，肋片内部的温度仅沿肋高方向变化，而在肋片厚度方向上任一截面的温度是均匀的. 肋片传热的显著特点是对流与传导过程同时发生，它在沿肋片高度方向导热的同时，它的四周还要与环境进行对流换热. 因此要特别注意，导热过程的传热面积与对流传热过程的面积不同，包括位置不同，大小不同.

### 8.5.1　一般扩展表面的传热问题

图 8.19 给出了一个一般的扩展表面的传热问题. 对图中所示微元进行能量平衡分析，得

$$Q_x = Q_{x+\mathrm{d}x} + \mathrm{d}Q_{\mathrm{conv}} \tag{8.58}$$

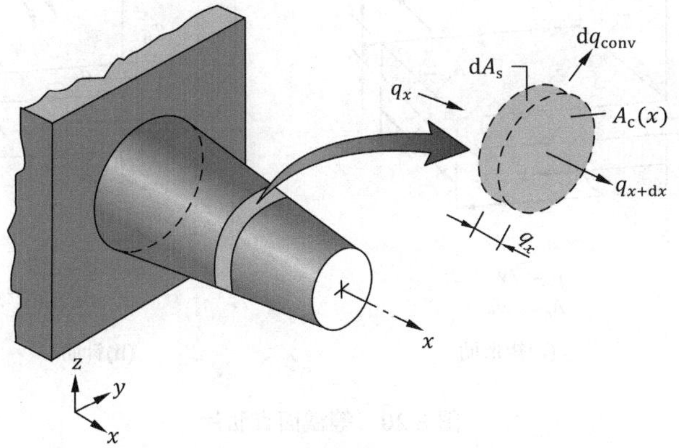


图 8.19　扩展表面肋片上的能量分析

即沿着$x$方向导热传热的减小量等于肋片表面向外对流传出的热量. 另一方面，从数学的关系上可得

$$Q_{x+\mathrm{d}x} - Q_x = \frac{\mathrm{d}Q_x}{\mathrm{d}x}\mathrm{d}x \tag{8.59}$$

所以

$$\frac{\mathrm{d}Q_{\mathrm{conv}}}{\mathrm{d}x} = -\frac{\mathrm{d}Q_x}{\mathrm{d}x} \tag{8.60}$$

根据傅里叶定律和牛顿冷却定律，分别得到

$$\mathrm{d}Q_{\mathrm{conv}} = \mathrm{d}A_{\mathrm{s}} \cdot h(T - T_\infty) \tag{8.61}$$

$$Q_x = -\lambda A_{\mathrm{c}} \frac{\mathrm{d}T}{\mathrm{d}x} \tag{8.62}$$

$\mathrm{d}A_{\mathrm{s}}$是微元体向外对流传热的表面积，$A_{\mathrm{c}}$是微元体内导热传热的截面积，两者是不同

的．将式（8.61）和（8.62）代入式（8.60）得

$$\frac{\mathrm{d}}{\mathrm{d}x}\left(A_c\frac{\mathrm{d}T}{\mathrm{d}x}\right)-\frac{h}{\lambda}\times(T-T_\infty)\frac{\mathrm{d}A_s}{\mathrm{d}x}=0 \tag{8.63}$$

这就是扩展表面强化传热的一般表达式．这里，$A_c$和$A_s$都可能与$x$有关．

## 8.5.2　等截面扩展表面的传热

等截面肋片在工艺上易于制造，所以很多强化换热表面上是等截面的扩展表面，比较典型的有等截面矩形肋片和等截面柱状肋片等，如图 8.20 所示．

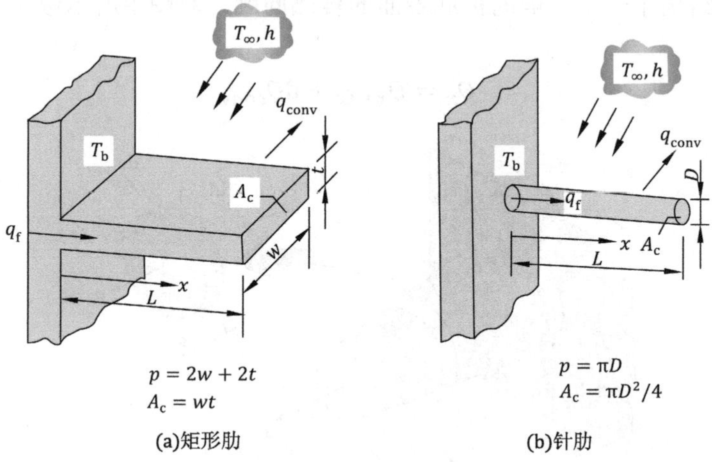


图 8.20　等截面直肋片

等截面直肋片的情况下，$A_c$为常数，$A_s$与$x$呈线性关系，比例系数是肋片的周长，即

$$A_s = P\cdot x$$

$P$是肋片的截面周长，代入式（8.63）得

$$\frac{\mathrm{d}^2T}{\mathrm{d}x^2}-\frac{h\cdot P}{\lambda A_c}\times(T-T_\infty)=0 \tag{8.64}$$

为了便于求解，令$\theta(x)=T(x)-T_\infty$，代表肋片温度与环境温度的差，称为过余温度．于是，式（8.64）可以写为

$$\frac{\mathrm{d}^2\theta}{\mathrm{d}x^2}-m^2\theta=0 \tag{8.65}$$

这里

$$m^2=\frac{h\cdot P}{\lambda A_c}$$

式（8.65）即为等截面肋片的传热方程，据此可以求出肋内的温度分布．它是一个标

准的线性齐次常系数二阶微分方程，通解形式为

$$\theta(x) = C_1\mathrm{e}^{mx} + C_2\mathrm{e}^{-mx} \tag{8.66}$$

$C_1$和$C_2$是两个积分常数，可以根据边界条件确定．一般已知肋基的温度为$T(x=0)=T_\mathrm{b}$，所以有

$$\theta(0) = T_\mathrm{b} - T_\infty = \theta_\mathrm{b} \tag{8.67}$$

还剩下一个边界条件，可能有多种选择，要根据实际情况来确定，因为肋端可以是对流边界条件、绝热条件或给定温度条件等．但最可能的是对流边界条件，这时在肋的顶端满足

$$A_\mathrm{c}\cdot h[T(L) - T_\infty] = -\lambda A_\mathrm{c}\left.\frac{\mathrm{d}T}{\mathrm{d}x}\right|_{x=L}$$

进一步得到

$$h\theta(L) = -\lambda\left.\frac{\mathrm{d}T}{\mathrm{d}x}\right|_{x=L} \tag{8.68}$$

将边界条件（8.67）和（8.68）代入方程的通解，得

$$\theta_\mathrm{b} = C_1 + C_2$$

$$h(C_1\mathrm{e}^{mL} + C_2\mathrm{e}^{-mL}) = \lambda m(C_2\mathrm{e}^{-mL} - C_1\mathrm{e}^{mL})$$

解出积分常数，并代入方程通解，即得到等截面扩展表面内部的温度分布

$$\frac{\theta}{\theta_\mathrm{b}} = \frac{\mathrm{ch}[m(L-x)] + \left(\frac{h}{m\lambda}\right)\mathrm{sh}[m(L-x)]}{\mathrm{ch}(mL) + \left(\frac{h}{m\lambda}\right)\mathrm{sh}(mL)} \tag{8.69}$$

这是在对流边界条件下等截面肋片内部的温度分布，不同的边界条件将给出不同的温度分布．一旦已知温度分布，就可以利用傅里叶定律求得肋片内部任何一处的传热速率或热流密度，注意传热速率一定是随$x$变化的．上述的讨论忽略了肋片外表面的辐射损失，当温度不高时，这种假定是合理的，但当温度升高后，辐射传热增加，那么辐射损失不能忽略不计，必须重新推导上述方程，并根据边界条件求解．

## 8.6　集总热容法求解非稳态传热问题

传热是一个过程问题，所以它一般是与时间相关的．当热物体突然被置于冷环境中，如锻造过程中的淬火，物体的温度将随时间而降低．反之，铁球放入火炉中，温度则随时间而升高．总之，在实际工程中有许多传热问题是与时间有关的，其内部的温度场随着边界条件和初始条件的不同，呈现出各种变化．

对非稳态导热的分析，最传统的方法是求解热扩散方程（8.13），但这注定是一个艰难的过程，因为这个方程是空间坐标的二阶导数和时间的一阶导数，需要求解

高阶导数方程. 即使是一维传热且没有内热源的问题，有时也很难得到精确的解. 为此，实际工程中特别需要便捷的求解非稳态导热的方法，集总热容法就是一个尤其值得推荐的方法.

如图 8.21 所示，一个体积为$V$，表面积为$A$的一个常物性无内热源的物体，初始温度为$T_0$，突然被置于温度为$T_\infty$的流体中被冷却或者加热，假定物体与流体之间的对流换热系数为$h$. 它们会发生什么样的传热和换热过程呢？

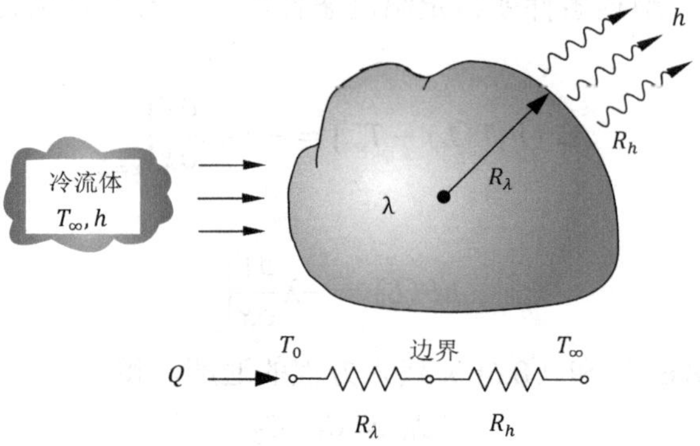


图 8.21　集总热容法

首先，由于边界与流体最先接触，在边界上将立即发生对流换热过程，物体内部靠近边界的部分将率先降低温度，这时物体内部中心处与边界附近将产生温差，出现导热过程. 然后，由于边界对流过程的继续，物体内部边界上的温度进一步降低，中心部位与边界的温差继续加大，促进了物体内部的导热过程. 由此分析不难看出，物体内部的热量向冷流体的传递分为两个步骤：①物体内部的热量先通过导热传至物体的边界；②物体边界与流体发生对流传热过程，将热量最后传给流体. 因此，热量在传递过程中会遇到两个热阻：导热热阻$R_\lambda$和对流热阻$R_h$.

精细地求解物体内部温度场随时间的变化有时是非常困难的，它涉及高阶热扩散方程的求解. 但进一步分析导热热阻$R_\lambda$和对流热阻$R_h$的相对大小，发现在很多情况下，它们的相对大小是完全不同的，对于一般的金属物体，其内部的导热热阻要远远小于边界上的对流热阻，在极端情况下，甚至可以忽略导热热阻. 于是，这种忽略物体内部导热热阻的分析方法称为集总热容法，它的实质是假定在瞬态过程中任何时刻固体中的温度在空间上是均匀的. 这个假定意味着固体中的温度梯度可以忽略不计. 根据傅里叶定律，没有温度梯度的导热意味着存在无限大的导热率.

忽略了固体中的温度梯度，就不能再根据热扩散方程来考虑这样的传热问题，只能根据能量守恒关系来确定瞬态温度的响应. 我们知道，任何过程必须遵守能量守恒定律，那么固体传出的热量必然是流体得到的热量，换句话说，流体与固体的对流换热速率一定是固体内能的减少速率．因此，可以得到如下能量平衡方程：

$$-A_\mathrm{s}\cdot h(T-T_\infty)=\rho Vc_p\frac{\mathrm{d}T}{\mathrm{d}t} \tag{8.70}$$

这里，$A_\mathrm{s}$是物体与流体的换热面积，$\rho$是物体的密度，$V$是物体的体积，$c_p$是物体的定压比热，$T$是物体的温度，$t$是时间．为了便于求解上述方程，引入过余温度$\theta=T-T_\infty$，并注意$T_\infty$是常数，于是方程（8.70）可以改写成

$$\frac{\rho Vc_p}{hA_\mathrm{s}}\frac{\mathrm{d}\theta}{\mathrm{d}t}=-\theta \tag{8.71}$$

分离变量，并作不定积分，注意$t=0$时，$\theta|_{t=0}=\theta_0=T_0-T_\infty$，可得

$$\frac{\rho Vc_p}{hA_\mathrm{s}}\int_{\theta_0}^{\theta}\frac{\mathrm{d}\theta}{\theta}=-\int_0^t\mathrm{d}t$$

最后得到

$$\frac{\rho Vc_p}{hA_\mathrm{s}}\ln\frac{\theta_0}{\theta}=t$$

改写成指数形式

$$\frac{\theta}{\theta_0}=\frac{T-T_\infty}{T_0-T_\infty}=\exp\left[-\left(\frac{hA_\mathrm{s}}{\rho Vc_p}\right)t\right] \tag{8.72}$$

式（8.72）即是利用集总热容法求得的物体温度与时间的关系，它显然可以用来计算从初始温度到达某个温度值所需要的时间．当时间趋于无穷时，固体温度必然与流体温度趋于一致．从式（8.72）可以看出，$\rho Vc_p/(hA_\mathrm{s})$这个量应该有时间的量纲，称为**集总时间常数**，表示为

$$\tau=\left(\frac{1}{hA_\mathrm{s}}\right)(\rho Vc_p)=R_hC_\mathrm{t} \tag{8.73}$$

$R_h$为对流热阻，$C_\mathrm{t}$为固体的集总热容．于是，式（8.64）可以再表示为

$$\frac{T-T_\infty}{T_0-T_\infty}=\exp\left(-\frac{t}{\tau}\right) \tag{8.74}$$

有了物体内部温度的变化关系，就可以求出到$t$时刻物体向外传递的总热量

$$Q=(T_0-T)C_\mathrm{t}=[(T_0-T_\infty)-(T-T_\infty)]C_\mathrm{t}=\rho Vc_p(T_0-T_\infty)[1-\exp(-t/\tau)]$$

上式也可以通过对对流换热速率的积分求得．值得指出，上述讨论是针对物体被冷却的情况得到的，但如果加热过程满足导热热阻远远小于对流热阻，上面的结论同样适用，只是传热的方向相反，所以$Q$是负值．

集总热容法求解此类瞬态问题物理意义清晰、方法简单，但一定要注意它的适用条件，它是在导热热阻远远小于对流热阻的情况下才是正确的．虽然物体的形状是未知的，导热的距离也就无从得知，但可以近似地取为$V/A$，即它的体积除上它的表面积，这是一个具有长度量纲的参数，用$L_\mathrm{c}$表示，是物体内部等效的导热传热距

离．于是，导热热阻可以表示为

$$R_\lambda = \frac{L_c}{\lambda A_s}$$

同样，可以写出对流热阻为

$$R_h = \frac{1}{hA_s}$$

令$Bi$表示两个热阻的比，即

$$Bi = \frac{R_\lambda}{R_h} = \frac{hL_c}{\lambda} \tag{8.75}$$

这里，$Bi$称为**毕渥数**，它是一个无量纲参数，是导热热阻与对流热阻的比值．只有毕渥数远远小于 1 时，集总热容法才是正确的．工程实践表明，只要毕渥数满足

$$Bi = \frac{hL_c}{\lambda} < 0.1$$

传热计算就能取得好的精度，所以这是集总热容法使用的条件，这个条件在很多情况下是容易满足的．计算具体问题时，必须首先计算毕渥数以判断集总热容法是否可行．计算复杂几何形状物体的特征长度一般采用$L_c = V/A_s$，$A_s$是它的表面积．对于厚度为 $2L$的平壁，特征长度取半厚度（注意平壁有两个表面）；对长圆柱体取$r_0/2$，即为半径的一半；对球体，取$r_0/3$．

**例 8.5** 放在冰箱内的碎肉被包装成$100\text{mm} \times 100\text{mm} \times 200\text{mm}$的长方体，其整体温度为$-23$℃．然后从冰箱取出暴露于21℃的空气中，空气与肉间的表面传热系数为$8.5\text{W}/(\text{m}^2 \cdot \text{K})$．把肉看成具有与冰一样的物性来处理，试计算保持肉的任何一部分都不被溶化所能够持续的时间．对冰来说，$\lambda = 2.2\text{W}/(\text{m} \cdot \text{K})$和$a = 0.0045\text{m}^2/\text{h}$．

**解** 首先判断是否可用集总参数法．碎肉的特征长度为

$$L_c = \frac{V}{A} = \frac{0.1 \times 0.1 \times 0.2\text{m}^3}{(0.1 \times 0.2) \times 4\text{m}^2 + (0.1 \times 0.1) \times 2\text{m}^2} = 0.02\text{m}$$

集总热容法的判据

$$Bi = \frac{hL_c}{\lambda} = \frac{8.5 \times 0.02}{2.2} = 0.0773 < 0.1$$

可用集总热容法．据式（8.64）有

$$\frac{T - T_\infty}{T_0 - T_\infty} == \exp\left[-\left(\frac{hA_s}{\rho V c_p}\right)t\right] = \exp\left[-\left(\frac{Bi \cdot a}{{L_c}^2}\right)t\right]$$

因溶化在$T = 0$℃开始，则上式变为

$$\frac{0 - 21}{-23 - 21} = \exp\left[-\left(\frac{0.0773 \times 0.0045}{0.02^2}\right)t\right]$$

最后，解得

$$t = 0.850\text{h} = 51.0\text{min}$$

即保持碎肉不被溶化所能够持续的时间为51min.

**例 8. 6**　用一个热电偶测定气流的温度，热电偶的测点可近似为一个球体(图 8.22). 测点表面与气流之间的对流换热系数为$h = 400\text{W}/(\text{m}^2 \cdot \text{K})$，热电偶测点的热物性为$\lambda = 20\ \text{W}/(\text{m} \cdot \text{K})$、比热容$c = 400\text{J}/(\text{kg} \cdot \text{K})$、$\rho = 8500\text{kg}/\text{m}^3$. 确定使时间常数为1s的热电偶测点的直径. 若将温度为25℃的测点放在200℃的气流中，热电偶测点达到199℃需多少时间？

**已知**：用于测定气流温度的热电偶测点的物性.

**求**：（1）时间常数为1s的热电偶接点的直径；

（2）在200℃的气流中达到199℃所需时间.

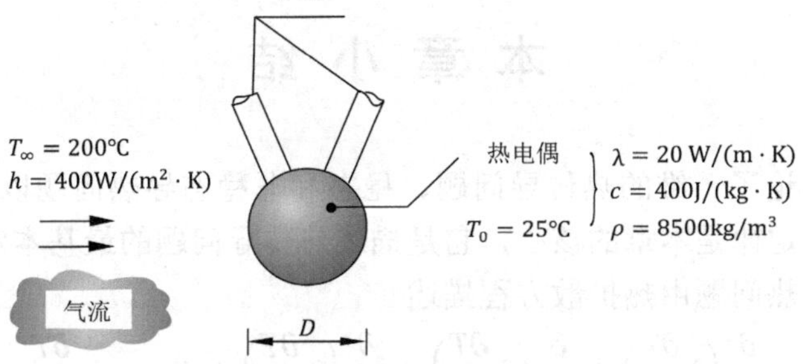


图 8.22　例 8.6 图

**假定**：1．在任何时刻接点的温度都是均匀的；

2．与环境的辐射换热可忽略；

3．通过导线的导热热损可忽略；

4．物性为常数.

**解**　（1）由于并不知道接点的直径，所以不可能用式（8.67）来确定是否满足采用集总热容法的条件，但可以用这个方法求直径，然后再确定是否满足所需的条件.

对球体有$A_\text{s} = \pi D^2$和$V = \pi D^3/6$，据此可求得集总热容的时间常数为

$$\tau = \frac{1}{h\pi D^2} \times \frac{\rho\pi D^3}{6} c$$

重新整理后代入数值得

$$D = \frac{6h\tau}{\rho c} = \frac{6 \times 400\text{W}/(\text{m}^2 \cdot \text{K}) \times 1\text{s}}{8500\text{kg}/\text{m}^3 \times 400\text{J}/(\text{kg} \cdot \text{K})} = 7.06 \times 10^{-4}\text{m}$$

对于球体，取$L_\text{c} = r_0/3$，于是可以求得毕渥数

$$Bi = \frac{h(r_0/3)}{\lambda} = \frac{400\mathrm{W/(m^2 \cdot K)} \times 3.53 \times 10^{-4}\mathrm{m}}{3 \times 20\,\mathrm{W/(m \cdot K)}} = 2.35 \times 10^{-3}$$

因此，$Bi$数满足小于 0.1 的条件，采用集总热容法是极好的近似.

（2）由式（8.64）得热电偶测点达到$T = 199$℃所需的时间为

$$t = \frac{\rho(\pi D^3/6)c}{h(\pi D^2)} \ln\frac{T_0 - T_\infty}{T - T_\infty} = \frac{\rho D c}{6h} \ln\frac{T_0 - T_\infty}{T - T_\infty}$$

$$= \frac{8500\mathrm{kg/m^3} \times 7.06 \times 10^{-4}\mathrm{m} \times 400\mathrm{J/(kg \cdot K)}}{6 \times 400\mathrm{W/(m^2 \cdot K)}} \ln\frac{(25 - 200)\mathrm{K}}{(199 - 200)\mathrm{K}}$$

$$= 5.2\mathrm{s}$$

说明：由于热电偶测点与环境之间还存在辐射换热，并且通过导线的导热也会影响测点的时间响应，因此精确的测定必须考虑这些因素.

# 本 章 小 结

本章主要讨论了一维的热传导问题、稳态和非稳态导热问题以及有内热源的导热问题. 傅里叶定律是本章的核心，它是描述热传导问题的最基本定律.

最一般的导热问题由热扩散方程描述

$$\frac{\partial}{\partial x}\left(\lambda\frac{\partial T}{\partial x}\right) + \frac{\partial}{\partial y}\left(\lambda\frac{\partial T}{\partial y}\right) + \frac{\partial}{\partial z}\left(\lambda\frac{\partial T}{\partial z}\right) + \dot{q} = \rho c_p \frac{\partial T}{\partial t}$$

求解热扩散方程需要有两个边界条件和时间初始条件. 边界条件通常可以分为以下三类.

第一类边界条件：给定边界上的温度数值，即

$$t > 0 \text{ 时，} T_\mathrm{b} = f_1(t)$$

最简单的情况是，边界上温度为常数，$T_\mathrm{b} =$ 常数.

第二类边界条件：给定边界上的热流密度值，即

$$t > 0 \text{ 时，} -\lambda\left(\frac{\partial T}{\partial n}\right)_\mathrm{b} = f_2(t)$$

最简单的情况是边界上的热流密度保持常数，$q_\mathrm{b} =$ 常数.

第三类边界条件：针对在边界表面上存在对流换热的情况，给定边界表面上与周围流体之间的对流换热系数和周围温度的数值，即

$$t > 0 \text{ 时，} -\lambda\left(\frac{\partial T}{\partial n}\right)_\mathrm{b} = h(T_\mathrm{b} - T_\infty)$$

式中，$h$是对流换热系数.

一维稳态导热方程为

$$Q = \frac{A\lambda}{L}(T_1 - T_2)$$

一维稳态导热热阻可以表示为

$$R = \frac{L}{A\lambda}$$

多层壁的一维导热速率可以表示为

$$Q_x = \frac{(T_{\mathrm{A}} - T_{\mathrm{B}})}{R_{\mathrm{tot}}} = \frac{(T_{\mathrm{A}} - T_{\mathrm{B}})}{\dfrac{1}{h_1 A} + \sum\limits_{i=1}^{n} \dfrac{x_i}{A\lambda_i} + \dfrac{1}{h_2 A}}$$

长圆筒壁的导热速率为

$$Q_{\mathrm{r}} = \frac{T_1 - T_2}{R} = \frac{T_1 - T_2}{\dfrac{1}{2\pi\lambda L}\ln\dfrac{r_2}{r_1}}$$

球体中的导热速率为

$$Q_{\mathrm{r}} = \frac{4\pi\lambda(T_1 - T_2)}{\dfrac{1}{r_1} - \dfrac{1}{r_2}}$$

通过变截面物体的导热速率为

$$Q_x = \frac{\pi a^2 \lambda(T_1 - T_2)}{\dfrac{1}{x_1} - \dfrac{1}{x_2}}$$

有内热源的平壁一维稳态导热问题，平壁内部的温度分布为

$$T = -\frac{\dot{q}}{2\lambda}x^2 + \frac{(T_2 - T_1) + \dfrac{\dot{q}}{2\lambda}L^2}{L}x + T_1$$

对于扩展表面的稳态传热，需要特别注意物体内部热传导与表面的对流的关系问题，内部导热速率的减少等于表面对外的对流热损失，这里必须分清导热的方向及传热面积与对流传递方向及传热面积的不同，对流只在表面发生，而传导则在物体内部.

在对流热阻远大于物体内部导热热阻的条件下，利用集总热容法求解非稳态传热问题是一条可行的办法. 判断能否使用集总热容法的条件是毕渥数远远小于 1，一般取

$$Bi = \frac{hL_{\mathrm{c}}}{\lambda} < 0.1$$

此时，可以认为物体内部的温度是均匀的，物体的内能损失等于表面的对流损失，即

$$-A_s \cdot h(T - T_\infty) = \rho V c_p \frac{\mathrm{d}T}{\mathrm{d}t}$$

总之，导热是物体内部的主要传热方式，掌握热传导规律对学习传热学有重要的意义.

# 习 题

8-1 有一厚为20mm的平面墙，热导率为1.3W/(m · K). 为使每平方米墙的热损失不超过1500W，在外表面上覆盖了一层热导率为0.2W/(m · K)的保温材料. 已知复合壁两侧的温度分别为750℃及55℃，试确定此时保温层的厚度.

8-2 一钢制热风管，内径为160mm，外径为170mm，热导率$\lambda_1 = 58.2\mathrm{W/(m \cdot K)}$. 热风管外包有两层保温材料，内层厚$\delta_2 = 30\mathrm{mm}$，热导率$\lambda_2 = 0.135\mathrm{W/(m \cdot K)}$；外层厚$\delta_3 = 80\mathrm{mm}$，热导率$\lambda_3 = 0.0932\mathrm{W/(m \cdot K)}$. 热风管内表面温度$T_{w1} = 300℃$，外层保温材料的外表面温度$T_{w4} = 50℃$. 求热风管的热损失和各层间分界面的温度.

8-3 某炉墙由耐火砖层、硅藻土焙烧板层和金属密封板所构成，如习题 8-3 图所示. 各层的热导率分别为$\lambda_1 = 0.7 + 0.00058T\ \mathrm{W/(m \cdot ℃)}$，$\lambda_2 = 0.047 + 0.000201T\ \mathrm{W/(m \cdot ℃)}$和$\lambda_3 = 45\mathrm{W/(m \cdot K)}$（这里$T$的单位为℃）；厚度分别为$\delta_1 = 115\mathrm{mm}$，$\delta_2 = 185\mathrm{mm}$和$\delta_3 = 3\mathrm{mm}$；炉墙内外表面的温度分别为$T_{w1} = 542℃$和$T_{w4} = 54℃$. 试求通过炉墙的热流密度.

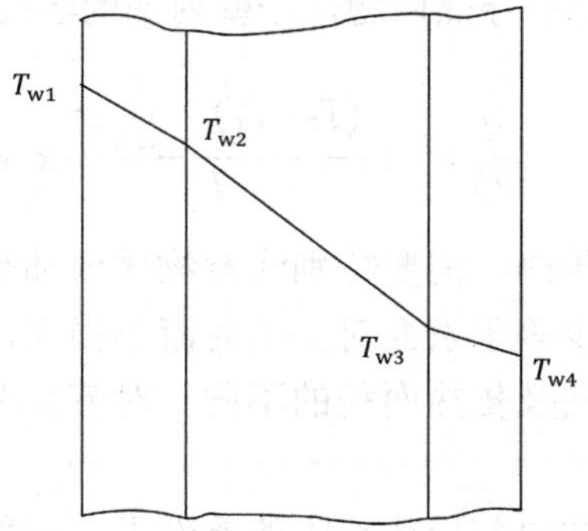


习题 8-3 图

8-4 设有一块厚为$2\delta$的金属板，初始温度为$T_0$，突然将它置于温度为$T$的流体中进行冷却. 试针对下列两种情况，画出不同时刻金属板中及板表面附近流体的温度分布曲线：

（1）金属板导热热阻$\delta/\lambda \ll 1/h$（表面对流换热热阻）；

（2）$\delta/\lambda \gg 1/h$.

8-5　一个火炉的壁面由 250mm 的耐火砖，125mm 的隔热砖和 250mm 的建筑砖构成. 内壁温度为 600℃，环境温度为 20℃. 外壁表面的传热系数为$10W/(m^2 \cdot K)$. 耐火砖、隔热砖和建筑砖的导热系数分别为$1.4W/(m \cdot K)$，$0.2W/(m \cdot K)$和$0.7W/(m \cdot K)$. 若忽略辐射换热的影响，请计算壁面单位面积的散热率，以及火炉外壁的温度.

8-6　一个 350℃的电加热平板可使得某种溶液维持在 95℃沸腾的状态. 这种溶液装于一个搪瓷铸铁容器里，这一容器铸铁壁厚 25mm，搪瓷厚度为 0.8mm. 已知沸腾溶液的对流传热系数为 $5.5\ kW/(m^2 \cdot K)$，铸铁和搪瓷的导热系数分别为$50W/(m \cdot K)$和$1.05W/(m \cdot K)$. 请计算该容器单位面积的热阻以及单位面积的导热率（搪瓷铸铁容器可视为平壁）.

8-7　在环境温度为 15℃的条件下，80℃的水流过一根口径为 50mm 且壁厚为 6mm 的钢管. 钢的导热系数为$48W/(m \cdot K)$，该钢管的内表面与外表面的对流传热系数分别为$2800W/(m^2 \cdot K)$和$17W/(m^2 \cdot K)$. 若忽略辐射换热的影响，请计算该管单位长度的热损失速率.

8-8　一个外直径为 150mm 的蒸汽总管内含有 2.8MPa 的湿蒸汽. 总管内层为 40mm 厚的硅藻土构成的保温层；外层为 85%的氧化镁，其厚度为 25mm. 管的内表面温度为蒸汽温度，外层外表面的传热系数为 $17\ W/(m^2 \cdot K)$. 硅藻土与 85%氧化镁的导热系数分别为$0.09W/(m \cdot K)$和$0.06W/(m \cdot K)$. 忽略辐射换热以及管壁热阻的影响，请计算当环境温度为 20℃时，单位长度的散热率以及保温层外表面的温度.

8-9　一个内直径为 1m 的球形容器由 20mm 厚的钢板构成. 容器外包裹一层 25mm 厚的隔热材料，最外层覆盖一层 10mm 的石棉网. 已知最外表面换热系数为$20W/(m^2 \cdot K)$，钢、隔热材料和石棉网的导热系数分别为$48W/(m \cdot K)$，$0.047W/(m \cdot K)$和$0.21W/(m \cdot K)$. 若忽略辐射换热的影响，试求当球体容器内表面温度为 500℃，室内温度为 20℃时，该容器的散热率.

8-10　已知一个厚度为 200mm 的无限大金属平板的初始温度为 20℃. 平板的其中一个表面与温度为 20℃的空气接触，另外一个表面由于暴露在电热元件下，因此有 $100kW/m^2$ 的净辐射热流流入该表面. 假设该平板在任意时刻各部分温度一致，试求电热元件通电后，平板温度到达 70℃所需的时间.

8-11　如习题 8-11 图所示，在一个生产过程中，要把一个透明薄膜粘贴在衬底上. 为在温度 $T_0$= 60℃下固化黏结剂，采用了一个辐射源，它可提供热流密度$q''_0(W/m^2)$，该热流密度可完全被黏结表面吸收，衬底底部温度保持在 $T_1$= 30℃，而薄膜的自由表面则暴露于温度为$T_\infty = 20$℃的空气中，对流换热系数为$h = 50\ W/(m^2 \cdot K)$. 请问该条件下所需的热流密度$q''_0$为多少$W/m^2$？

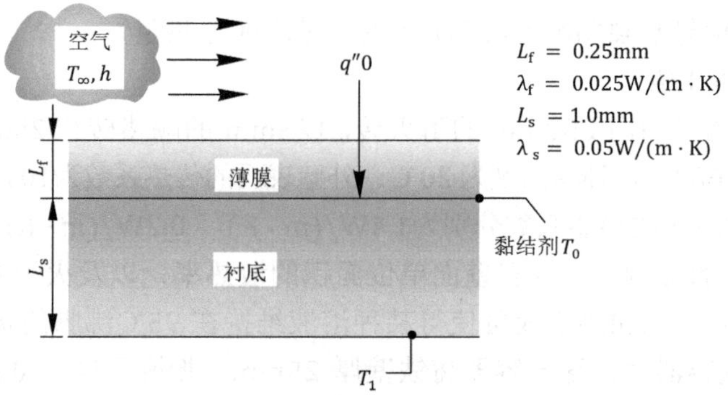


习题 8-11 图

8-12　测量表明，通过一个没有产热的平壁的稳态导热产生了一个凸起的温度分布，中点处的温度比预期的线性温度分布在中点处的值高了$\Delta T_0$．如习题 8-12 图所示，假定热导率与温度的关系为线性，$\lambda = \lambda_0(1 + \alpha T)$，其中$\alpha$是个常数，推导可用$\Delta T_0$、$T_1$及$T_2$计算$\alpha$的关系式．

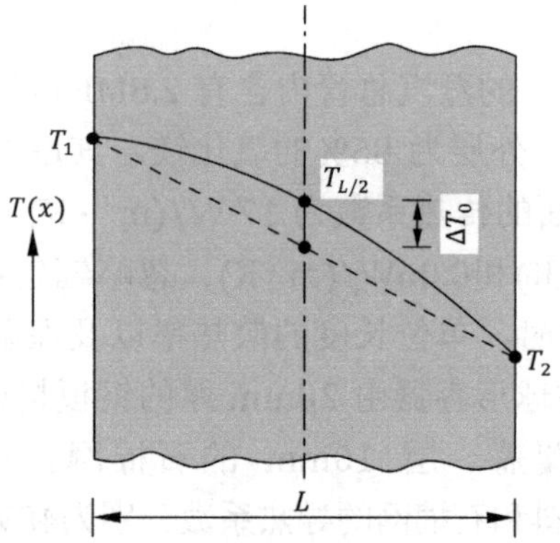


习题 8-12 图

8-13　用一些钢管($\lambda = 35$ W/(m · K))把 575℃的过热蒸汽从锅炉输送到电厂的汽轮机中，钢管的内直径为 300mm，壁厚为 30mm．为减少向环境的热损失并使外表面保持可安全接触的温度，在管的外表面上加了一层硅酸钙隔热层($\lambda = 0.10$ W/(m · K))；为减缓隔热材料的退化，在其外部包裹一层发射率$\varepsilon = 0.20$的铝箔．电厂中空气和墙壁的温度均为 27℃．假定钢管的内表面温度与蒸汽的相同，且铝箔外表面的对流系数为 6W/(m² · K)，为确保铝箔温度不超过 50℃所需的最小隔热层厚度为多少？单位管长对应的热损失速率是多少？

8-14　用一个中空的铝球来测量隔热材料的导热率，铝球中心有电加热器．球的内外半径分别为 0.15m 和 0.18m，测试是在稳态条件下进行的，铝球的内表面保持在 250℃．在一次特定的测试中，在铝球的外表面加上了一层 0.12m 厚的球壳型隔热材料．系统处于空气温度为 20℃的室内，隔热层外表面上的对流系数为 $30\mathrm{W/(m^2 \cdot K)}$．如果在稳态条件下加热器的功率为 80W，问隔热材料的导热率为多少？

8–15　一个厚度和热导率分别为 0.1m 和 $25\mathrm{W/(m \cdot K)}$的平壁中有 $0.3\mathrm{MW/m^3}$ 的均匀体积产热．平壁一侧隔热，另一侧则暴露于 92℃的流体．壁与流体之间的对流换热系数为 $500\mathrm{W/(m^2 \cdot K)}$．请确定壁中的最高温度．

8–16　紫铜管路与厚度为$t$的太阳能集热器吸热板连接（习题 8–16 图），工作流体使位于管子正上方的吸热板温度保持$T_0$．吸热板的上表面上有均匀的净辐射热流密度$q''_{\mathrm{rad}}$，底表面隔热良好．上表面同时还暴露于温度为$T_\infty$的流体中，其对流系数均匀，为$h$．

（a）推导吸热板内温度分布$T(x)$的控制微分方程．

（b）利用适合的边界条件求解该方程．

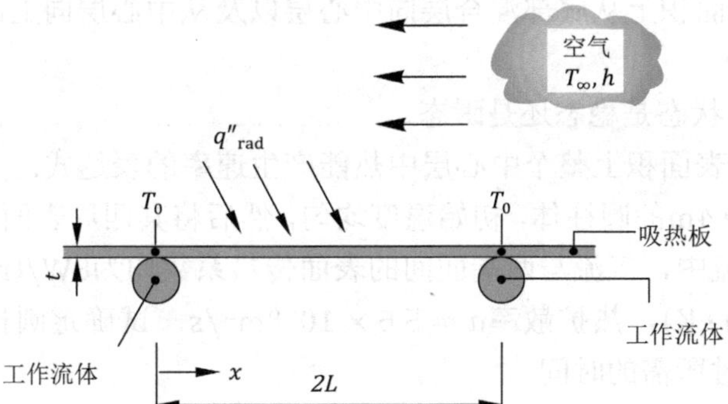


习题 8–16 图

8–17　在一个测量固体材料热导率的实验装置中，使用了两根长棒，它们除了热导率，其他特征均相同，其中一根是用热导率为$\lambda_{\mathrm{A}}$的标准材料制作的，而另一根的材料热导率$\lambda_{\mathrm{B}}$待测．两根棒的一端均与温度固定为$T_{\mathrm{b}}$的热源连接，它们均暴露于温度为$T_\infty$的流体中，采用热电偶测量两根棒上离热源的距离为$x_1$处的温度．如果标准材料为$\lambda_{\mathrm{A}} = 200\ \mathrm{W/(m \cdot K)}$的铝，在$T_{\mathrm{b}} = 100$℃和$T_\infty = 25$℃时得$T_{\mathrm{A}} = 75$℃和$T_{\mathrm{B}} = 60$℃，请问待测材料的热导率$\lambda_{\mathrm{B}}$是多少？

8–18　盐度梯度太阳池为一浅层水体，由三个不同的流体层构成，可用于收集太阳能．最上和最下两层混合良好，中心层的上下表面处于均匀温度$T_1$和$T_2$，这里$T_2 > T_1$（习题 8–18 图）．虽然在混合层中有流体整体运动，但在中心层中则不然．考虑以下情形：中心层中对太阳辐射的吸收使其中有不均匀的产热，形式为$\dot{q} = A\mathrm{e}^{-ax}$，中心层的温度分布为

$$T(x) = -\frac{A}{\lambda a^2}\mathrm{e}^{-ax} + Bx + C$$

$A$(W/m$^3$)、$a$(1/m)、$B$(K/m)和$C$(K)为已知常数，λ为热导率，也是常数.

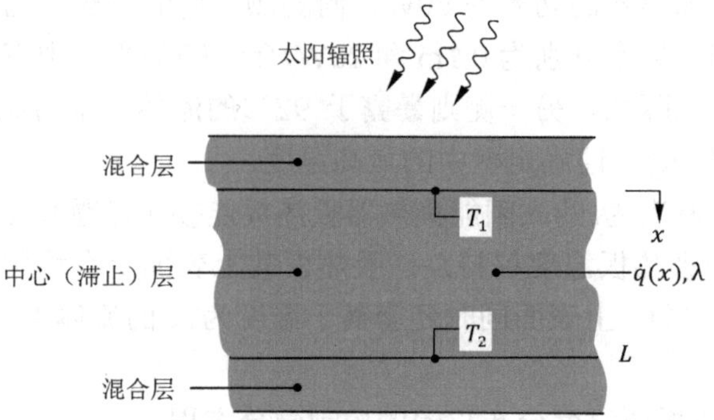


习题 8-18 图

（a）求单位面积上从底部混合层向中心层以及从中心层向上部混合层的传热速率的表达式.

（b）确定该状态是稳态还是瞬态.

（c）求单位表面积上整个中心层中热能产生速率的表达式.

8-19　一高$H = 0.4$m的圆柱体，初始温度均匀，然后将其四周表面完全绝热，而上、下底面暴露于气流中，气流与两端面间的表面传热系数均为8W/(m$^2$ · K)，圆柱体热导率$\lambda = 20$W/(m · K)，热扩散率$a = 5.6 \times 10^{-6}$m$^2$/s. 试确定圆柱体中心过余温度下降到初值一半时所需的时间.

8-20　一块厚20mm的钢板，加热到500℃后置于20℃的空气中冷却. 设冷却过程中钢板两侧面的平均表面传热系数为35W/(m$^2$ · K)，钢板的热导率为45W/(m · K)，热扩散率为$1.37 \times 10^{-5}$m$^2$/s. 试确定使钢板冷却到与空气相差10℃时所需的时间.

# 第 9 章　对流换热与牛顿冷却定律

对流是与传导有着显著不同的换热过程，它存在流体与固体界面的相互作用，它是流体流过固体壁面时，由于两者温度不同所发生的热量转移过程．它包含了流体整体运动和分子随机运动两种运动引起的热量传递过程．对流换热过程在工程中非常普遍，采暖系统对空气的加热、冷却塔中空气与水的作用过程等都可以看做是对流换热过程．

如果流体与壁面相互作用时引起流体发生了相变，称为多相流对流换热过程．按照流动起因还分成自然对流和强迫对流两类．本章的主要目的就是了解对流传热的机理及获得计算对流传热速率的方法．

## 9.1　局部和平均对流换热系数

无论哪种对流换热形式，从宏观上看，对流换热的速率都可以用牛顿冷却公式计算，即

$$Q = hA_s(T_s - T_\infty) \tag{9.1}$$

这里，$A_s$是对流换热的面积，$h$是对流换热系数．牛顿冷却公式非常简洁，而且温度和面积都是非常易于测量的物理量，似乎对流换热是一个容易掌握的过程．其实不然，牛顿冷却公式中对流换热系数是一个非常复杂的物理量，与众多因素有关，因此人们对对流换热过程的研究，基本都围绕如何确定对流换热系数展开．因为一旦对流换热系数被确定，对流传热过程或传热速率都可以通过牛顿冷却公式确定．

考察如图 9.1 所示的对流换热过程，一股温度为$T_\infty$的流体以速度 $V$ 流过一个表面积为$A_s$的固体表面．固体表面温度为$T_s$，如果流体温度与固体表面温度不相同，那么两者之间就会发生对流换热．很显然，由于固体表面有大有小，有迎着流体的正面，也有背着流体的后面，各处表面与流体的作用各不相同，因此各地点的对流换热系数也肯定不同．比较可靠的计算是将固体表面微分，然后求出各微元的对流换热速率，即

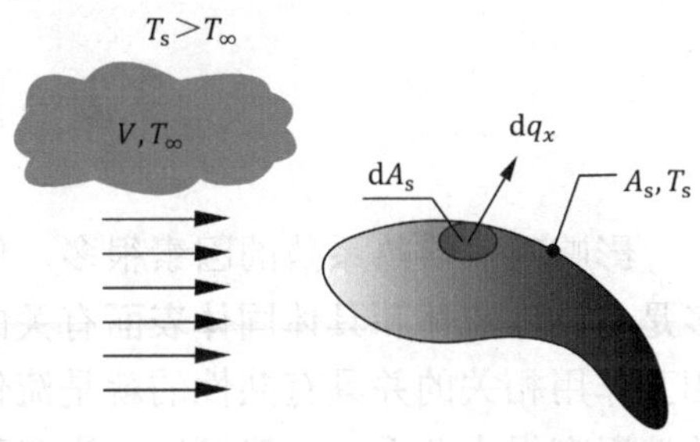


图 9.1　任意形状的固体表面对流换热

$$\mathrm{d}Q_x = h(T_\mathrm{s} - T_\infty)\mathrm{d}A_\mathrm{s} \tag{9.2}$$

固体表面与流体的总换热速率为

$$Q = \int_0^{A_\mathrm{s}} h(T_\mathrm{s} - T_\infty)\mathrm{d}A_\mathrm{s} \tag{9.3}$$

如果固体表面温度各处保持一致，那么$T_\mathrm{s} - T_\infty$是常数，可以移至积分号外，于是得到

$$Q = (T_\mathrm{s} - T_\infty)\int_0^{A_\mathrm{s}} h\mathrm{d}A_\mathrm{s} \tag{9.4}$$

这时，可以定义一个平均的对流换热系数$\bar{h}$，并等于

$$\bar{h} = \frac{1}{A_\mathrm{s}}\int_0^{A_\mathrm{s}} h\mathrm{d}A_\mathrm{s} \tag{9.5}$$

与此对应，$h$称为局部对流换热系数．于是，式（9.4）可以写为

$$Q = \bar{h}A_\mathrm{s}(T_\mathrm{s} - T_\infty) \tag{9.6}$$

式（9.5）对平均对流换热系数的定义对于所有情况都成立，某些情况下可以简化．例如，流体流过平板表面，由于$h$只随平板的长度方向（$x$）变化，所以平均对流换热系数可以简化为

$$\bar{h} = \frac{1}{L}\int_0^{L} h\mathrm{d}x \tag{9.7}$$

在对流传热问题中，求取局部的热流密度和总的传热速率具有重要意义，但需要知道局部对流换热系数和平均的对流换热系数．而往往这些系数的确定是非常困难的，主要是因为影响对流换热的因素很多，与流体有关的有流体的密度、黏性、导热率及比热容等；与固体表面有关的有几何形状、大小和放置的位置；与固体和流体相互作用有关的有流速与流态、有无相变等．如此多的影响因素，使得对流换热系数的变化规律和计算方式变得非常复杂和困难，只有针对不同的情况，分门别类地进行讨论才能得到需要的结果．

## 9.2 层流和湍流

影响对流换热系数的因素很多，做初步总结有八个之多．但这些影响因素中许多是与具体流体和具体固体表面有关的，需要对具体问题具体分析．与流体和表面相互作用相关的并具有共性的就是流体流动的形态，这种流态的形成，与固体表面的情况有很大关系，一般可以分为三种情况：层流、过渡流和湍流．流体的形态对换热系数有很大影响，在处理任何对流问题时，都必须首先确定流体的流态形式，是层流还是湍流．

### 9.2.1　层流和湍流速度边界层

在工程中，流体与界面的相互作用关系主要有几大类：流体掠过平板、流体在管中流动和流体在管外掠过等．在不同的界面流过，可能会产生不同的流形，也可能同时产生层流和湍流．

如图 9.2 所示平板，有流体从其上表面流过，如果流体是透明的，如空气，在空气中撒入非常细小的微粒，如花粉之类的粒子，那么在平板和空气之间，可以观察到如图所示的流动边界层逐渐形成和变化的过程．在平板的前缘，边界层的厚度由薄变厚，逐渐增加，这主要是由于壁面黏性力逐渐向流体内部传递和渗透，受到影响的流体越来越多，所以边界层逐渐加厚．但在某一个距离$x_c$之前，流体运动极为规则，边界层内流体呈现分层的、有序的滑动状流动，各层互不干扰，这种流动状况称为层流流动，板的前端部分的边界层称为层流边界层．

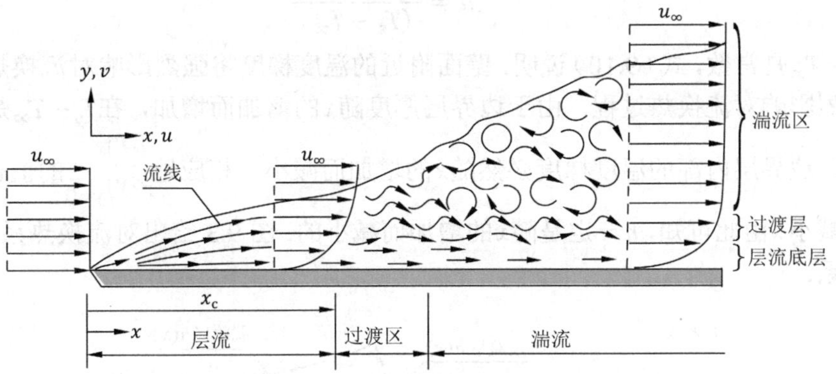


图 9.2　平板上流动形态的变化

随着流动的深入和边界层的加厚，边界层内部的流动变得不稳定起来，开始有涡旋流出现．开始时，涡旋流的产生并不多，但随着流动的深入，边界层内部的涡流越来越多，最后占领了边界层内部的大部分区域．此时的流动形态称为湍流，对应的边界层称为湍流边界层．在湍流边界层内部，紧贴壁面的一个薄层内，由于受壁面摩擦的作用，流动速度非常缓慢，黏性力仍然占主导地位，仍然能够维持层流状态，这个薄层称为层流底层．因此，不同的流动形态把边界层分成了三个区：层流区、过渡区和湍流区．在湍流区，流体在沿着 $x$ 方向流动的前提下，又附着有沿 $y$ 方向的脉动，因此流体的运动必须用 $x$ 和 $y$ 两个方向上的速度分量来描述．即使是在湍流边界层内部，沿着 $y$ 方向看，也可以分为三个不同区域：湍流区或湍流层、过渡层和层流底层．在层流底层，热传递主要受扩散控制，混合过程很弱．在过渡层扩散与湍流混合程度相当，而在湍流区热传递主要受湍流混合控制，扩散处于次要地位．通常定义速度边界层的厚度为$u = 0.99u_\infty$时的 $y$ 值，用$\delta$表示．

有了上述流动边界层的微观描述，很容易对对流换热过程做进一步解释．由于在非常靠近平板表面的附近，流动呈现层流的性质，它的传热机制主要是热扩散．于是，在平板$x$处的局部表面热流密度可以通过对$y=0$处的流体应用傅里叶定律得到，即

$$q_x = -\lambda_{\mathrm{f}} \frac{\partial T}{\partial y}\bigg|_{y=0} \tag{9.8}$$

这里，$\lambda_f$是流体的导热系数．这是由于表面附近不存在流体运动，热量只能通过传导进行．但从宏观来看，它必须满足牛顿冷却公式，应该有

$$q_x = h(T_{\mathrm{s}} - T_{\infty}) \tag{9.9}$$

将上式与式（9.8）联立，立即得到界面的换热系数为

$$h = \frac{-\lambda_{\mathrm{f}} \dfrac{\partial T}{\partial y}\Big|_{y=0}}{(T_{\mathrm{s}} - T_{\infty})} \tag{9.10}$$

如果$T_{\mathrm{s}} - T_{\infty}$是常数，式（9.10）说明，壁面附近的温度梯度将强烈影响对流换热系数，进而强烈影响对流换热过程．由于边界层厚度随$x$的增加而增加，在$T_{\mathrm{s}} - T_{\infty}$是常数的情况下，边界层内部的温度梯度必然随$x$的增加而减小，相应地$\dfrac{\partial T}{\partial y}\Big|_{y=0}$的值也随$x$的增加而减小．由此可知，$h$一定是随$x$的增加而减小的．图 9.3 给出对流换热系数随$x$的变化关系．

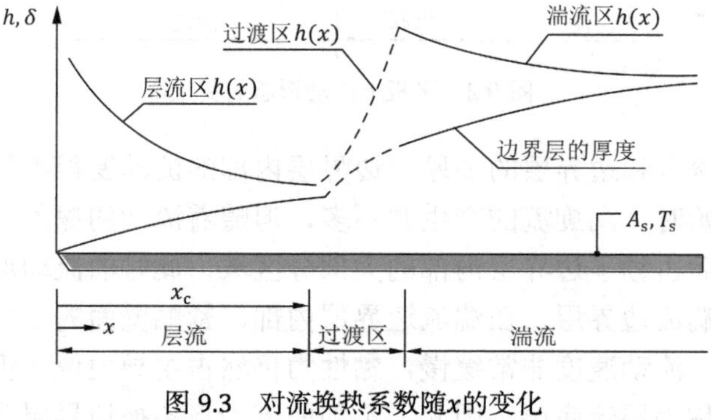


图 9.3　对流换热系数随$x$的变化

由图 9.3 所示，尽管在大趋势上，$h$是随着的$x$增加而减少的，但边界层的流形不同，$h$的值相差很大．开始时，$h$的值很大，但随着$x$的增加，$h$的值快速地减小，直到过渡区．在过渡区由于湍流的出现，边界层变厚，但对流换热系数却迅速增加，说明湍流有利于对流换热．当湍流完全形成后，对流换热系数达到最大值．再随着$x$的增加，边界层变厚，对流换热系数又开始逐渐减小．因此，可以初步总结出两个结论：①湍流比层流更利于对流换热；②在平壁的前端换热系数较大，后端较低．因

此，为了强化对流换热，使流动处于湍流状态是非常有效的措施．

从图 9.2 还可以发现，在层流边界层内，在 $y$ 方向上的速度梯度$\partial u/\partial y$在整个边界层中都有较大变化．而在湍流边界层内，速度梯度$\partial u/\partial y$主要分布在层流底层和过渡层，但在湍流区速度的变化却不大．层流向湍流的过渡，由多个因素决定，如板壁的粗糙度、流体的流速和流体的黏性．实验表明，板壁越粗糙越容易产生湍流，流体的流速越大也越容易产生湍流；但另一方面，流体的黏性越大越不容易产生湍流，所以它是两种矛盾的结果．为了定量地表示层流向湍流的过渡，定义一个无量纲数：惯性力与黏性力的比，即

$$Re_x = \frac{\rho u_\infty x}{\mu} \tag{9.11}$$

这个无量纲参数叫做雷诺数，常用$Re$表示．式（9.11）中$\rho$是流体密度，$u_\infty$是流体的速度，$\mu$是流体的动力黏度；$x$一般称为特征长度，对平板而言，它正是离开板壁前缘的距离．实验表明，当雷诺数达到$5\times10^5$附近值时，将可能发生层流向湍流的变化，所以大多数情况都把雷诺数

$$Re_{x,\mathrm{c}} = \frac{\rho u_\infty x_\mathrm{c}}{\mu} = 5\times10^5 \tag{9.12}$$

当做临界值．在计算中，雷诺数大于临界值时，认为是湍流换热；小于临界值时，认为是层流换热．

### 9.2.2　热边界层

假设有一块温度保持为$T_\mathrm{s}$的平壁，有一股温度为$T_\infty$的流体从其表面掠过，很显然由于热量传递的作用，流体中靠近壁面附近的流体也会发生温度的改变，形成一个温度激烈变化的边界层，称为热边界层．通过精确的温度测定，也能发现这个热边界层的存在．它的大致形状如图 9.4 所示．

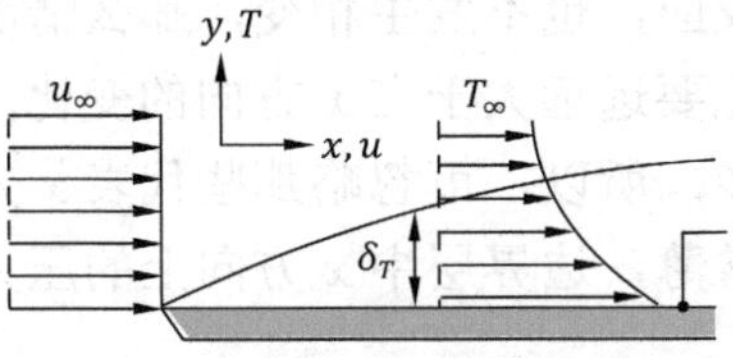

(a)流体被加热时的边界层

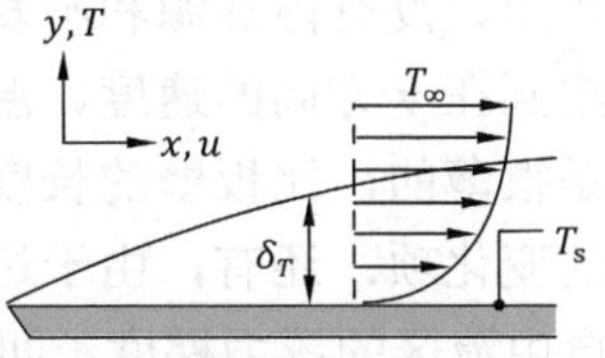

(b)流体被冷却时的边界层

图 9.4　等温平壁上的热边界层

为了更详细地研究热边界层，一般将流体的过余温度$(T-T_\mathrm{s})$与主流过余温度$(T-T_\infty)$之比等于 99%时的$y$值当做热边界层的外界，亦即边界层的厚度，用$\delta_T$表示．值得指出的是，速度边界层与热边界层不是相同的概念，两者可能有完全不同的数值，因为它们产生的原因不同．速度边界层的产生是由于表面存在摩擦，热边

界层的产生是因为表面与流体之间存在温差，如果温差不存在就没有热边界层，但速度边界层总是存在的.

热边界层与速度边界层既有区别也有联系，它们的厚度有时候可以是相近的. 速度边界层的厚度$\delta$反映流体分子动量扩散的程度，与运动黏度$\nu$有关. 而热边界层的厚度$\delta_T$反映流体分子热扩散的程度，与热扩散率 $a$ 有关，所以$\delta/\delta_T$应与$\nu/a$有关. 为此，用一个无量纲参数 $Pr$ 表示速度边界层与热边界层的相对大小，即

$$Pr = \frac{\nu}{a} = \frac{\mu c}{\lambda} \tag{9.13}$$

$Pr$称为普朗特数，$c$是流体的比热容. 注意，$a = \lambda/\rho c$，$\nu = \mu/\rho$.

$Pr$数等于 1 的对流换热过程，速度边界层的厚度与热边界层的厚度相当，大体相等；$Pr$数大于 1，速度边界层更厚，反之$Pr$数小于 1，则速度边界层更薄.

# 9.3 边界层方程

牛顿冷却公式虽然简单，但最关键的困难集中在确定对流换热系数上. 为此，提出了边界层理论，希望通过对边界层中传热过程的本质认识，得到对流换热系数的求解方法. 从根本上说，流体流过具有不同温度的界面，它必须遵守能量守恒定律、质量守恒定律和牛顿第二定律等基本的自然规律. 为此，可以将流体化分为许多微小的单元，列出每个单元必须遵守的基本物理定律，那么最终会得到流体流动及传热情况.

边界层中一般都包含了层流边界层和湍流边界层，但在湍流边界层的底部仍然有层流底层存在. 因此，层流边界层问题更加普遍，而且层流内部更加稳定，更易于得到较简单的方程. 因此，大部分的边界层方程都是从层流入手的. 假定流体不受外力的作用、没有内热源和不发生化学反应，也不发生相变，那么情况变得相对简单. 考虑到在 $y$ 方向的速度、温度的变化要远远大于在 $x$ 方向的变化，因为边界层相对总是很薄的，比板壁的长度要小得多. 所以，可忽略那些代表 $x$ 方向上的动量、热量的变化项. 还有，由于边界层非常薄，边界层中 $x$ 方向上的压力梯度可以近似等于自由流区的压力梯度，即

$$\frac{\partial p}{\partial x} = \frac{\partial p_\infty}{\partial x} \tag{9.14}$$

这就是说，压力梯度可以当做已知量来处理，虽然它跟具体的表面情况有关. 有了上述假定，就可以得到层流中某微元容积控制体($\mathrm{d}x \cdot \mathrm{d}y \cdot 1$)的连续性方程、动量方程和能量方程，它们分别是

$$\frac{\partial u}{\partial x}=\frac{\partial v}{\partial y} \tag{9.15}$$

$$u\frac{\partial u}{\partial x}+v\frac{\partial u}{\partial y}=-\frac{1}{\rho}\times\frac{\mathrm{d}p_\infty}{\mathrm{d}x}+\nu\frac{\partial^2 u}{\partial y^2} \tag{9.16}$$

$$u\frac{\partial T}{\partial x}+v\frac{\partial T}{\partial y}=a\times\frac{\partial^2 T}{\partial y^2}+\frac{\nu}{c_p}\left(\frac{\partial u}{\partial y}\right)^2 \tag{9.17}$$

这里，$a$是热扩散系数，$c_p$是流体的定压比热容．剩下的问题是如何求解这些方程．

事实上，求解上述方程一般是非常困难的，一方面各种情况有不同的表面，另一方面，即使有相同的表面，也会有不同的边界条件．幸运的是，现代大型计算机和计算软件的出现，已经为数值求解上述方程提供了条件．实际上，建立边界层方程，不仅为了求解，还有一个目的是通过这些方程加深对边界层中的物理过程的理解，如边界层中的摩擦、能量传递的方式与过程等，甚至通过这些方程还可以得到传热、传质等过程的类比．

这些方程虽然难解，但可以对解的一些形式进行初步判断．为此，可将边界层方程转变成无量纲方程，为此令

$$x^*=\frac{x}{L}\quad 和\quad y^*=\frac{y}{L} \tag{9.18}$$

式中，$L$ 是所研究表面的特征长度（对平板是平板的长度，对圆管是管的半径等）．同样，定义无量纲速度，即

$$u^*=\frac{u}{u_\infty}\quad 和\quad v^*=\frac{v}{u_\infty} \tag{9.19}$$

和无量纲温度

$$T^*=\frac{T-T_s}{T_\infty-T_s} \tag{9.20}$$

将方程（9.18）～（9.20）分别代入方程（9.15）～（9.17），那么可以得到无量纲边界层方程如下：

$$\frac{\partial u^*}{\partial x^*}=\frac{\partial v^*}{\partial y^*} \tag{9.21}$$

$$u^*\frac{\partial u^*}{\partial x^*}+v^*\frac{\partial u^*}{\partial y^*}=-\frac{\mathrm{d}p^*}{\mathrm{d}x^*}+\frac{1}{Re_L}\frac{\partial^2 u^*}{\partial y^{*2}} \tag{9.22}$$

$$u^*\frac{\partial T^*}{\partial x^*}+v^*\frac{\partial T^*}{\partial y^*}=\frac{1}{Re_L\cdot Pr}\times\frac{\partial^2 T^*}{\partial y^{*2}} \tag{9.23}$$

注意，式(9.23)中忽略了黏性项$\left(\frac{\partial u}{\partial y}\right)^2$．同时注意，$p^*={p_\infty}/{(\rho u_\infty{}^2)}$，为无量纲压力．上述方程中，出现了两个非常重要的无量纲参数，它们是雷诺数$Re_L$和普朗特

数$Pr$．引入无量纲方程和无量纲参数的好处是，方程可以应用于表面不同但几何相似的对流传热表面．这就是说，只要雷诺数$Re_L$和普朗特数$Pr$相同，无量纲边界条件相同，则无量纲方程得到的无量纲速度和无量纲温度也会相同．

下面对方程（9.22）和（9.23）的解的形式进行初步判断．从方程（9.21）可以得到$u^*$与$v^*$的关系，代入方程（9.22）中可以消去$v^*$，因此方程（9.22）的解应该具有如下形式：

$$u^* = f\left(x^*, y^*, Re_L, \frac{\mathrm{d}p^*}{\mathrm{d}x^*}\right) \tag{9.24}$$

式中，$\frac{\mathrm{d}p^*}{\mathrm{d}x^*}$体现几何形状对速度的影响，因为$p^*(x^*)$与表面的几何形状有关．同样，方程（9.23）的解也可以表达成如下形式：

$$T^* = f\left(x^*, y^*, Re_L, Pr, \frac{\mathrm{d}p^*}{\mathrm{d}x^*}\right) \tag{9.25}$$

$\frac{\mathrm{d}p^*}{\mathrm{d}x^*}$仍然体现出几何形状的影响，表面几何形状不但可以影响流动状况，也会影响传热状况．如果得到了表面的温度分布，那么就可以简单地计算出传热速率．根据对流换热系数与边界层中导热速率的关系方程（9.10），得到

$$h = \frac{-k_\mathrm{f}\left.\frac{\partial T}{\partial y}\right|_{y=0}}{T_\mathrm{s} - T_\infty} = -\frac{\lambda_\mathrm{f}}{L} \times \frac{T_\infty - T_\mathrm{s}}{T_\mathrm{s} - T_\infty} \times \left.\frac{\partial T^*}{\partial y^*}\right|_{y^*=0} = \frac{\lambda_\mathrm{f}}{L} \times \left.\frac{\partial T^*}{\partial y^*}\right|_{y^*=0} \tag{9.26}$$

这个式子说明，可以定义一个无量纲的因变参数，表达传热表面附近流体的温度梯度，即

$$Nu = \frac{hL}{\lambda_\mathrm{f}} = \left.\frac{\partial T^*}{\partial y^*}\right|_{y^*=0} \tag{9.27}$$

式中，$Nu$称为努塞特数．它表征对流换热表面附近的温度变化的快慢，显然与传热速率有关．由于上面的方程都是无量纲的，所以对于几何相似的对流换热界面，努塞特数也具有相同的数值．如果某一问题已经给定了几何形状，那么$\frac{\mathrm{d}p^*}{\mathrm{d}x^*}$也随之确定；从式（9.27）还可以知道，$Nu$应该与$y^*$无关．所以，根据式（9.25）可以分析得到，方程（9.27）的解应该具有如下形式：

$$Nu = f(x^*, Re_L, Pr) \tag{9.28}$$

这意味着，对于给定的几何形状，努塞特数一定是$x^*$、$Re_L$和$Pr$的某个通用函数．如果已知这个函数，就可以得到努塞特数，进而根据方程（9.27）求出该过程局部的对流换热系数$h(x^*)$．由于平均的对流换热系数是通过对物体表面积分得到的，所以平均对流换热系数必定与坐标$x^*$无关．于是，平均的努塞特数的通用形式应该是

$$\overline{Nu}=\frac{\bar{h}L}{\lambda_f}=f(Re_L,Pr) \tag{9.29}$$

上式表明，对对流传热问题的研究，可以转化为对三个无量纲参数之间关系的研究．这种转化是很有意义的，首先它是一种普适的关系，一旦这种关系通过实验得到，它可以使用具有相似几何形状的表面．其次，由于公式中自变量的个数减少了，也更易于通过图或者表来对它进行描述．正因为如此，现代对流换热过程的研究中，主要采取了这种手段．与它类似的还有对自然对流和对传质问题的研究，取得了巨大成就．

**例 9.1**　对图 9.5 所示涡轮叶片上一个部位所做的实验测试表明，当空气流速为$u_\infty=160\text{m/s}$且温度$T_\infty=1150℃$时，传给叶片的热流密度为$q=95000\text{W/m}^2$．为保持稳态表面温度为800℃，用叶片内的循环冷却液带走传给叶片的热量．如果叶片被安装在$T_\infty=1150℃$和$u_{\infty,2}=80\text{m/s}$的空气流中运行，并仍要求保持$T_s=800℃$，试确定弦长$L=80\text{mm}$的相似的涡轮叶片上相同无量纲位置处的热流密度．

**解**　运行状况前后的相关参数如图 9.5 所示．

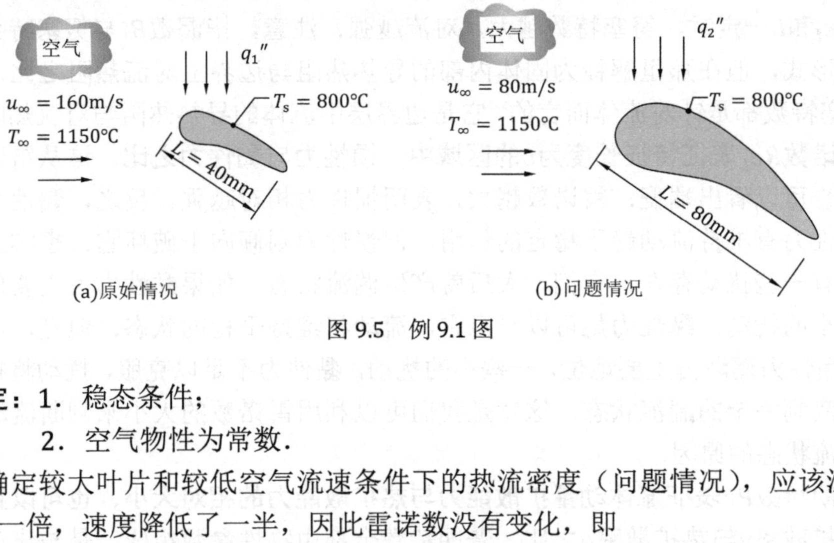


图 9.5　例 9.1 图

**假定**：1．稳态条件；

2．空气物性为常数．

为确定较大叶片和较低空气流速条件下的热流密度（问题情况），应该注意到，$L$增加了一倍，速度降低了一半，因此雷诺数没有变化，即

$$Re_{L,2}=\frac{u_{\infty,2}L_2}{v}=\frac{u_\infty L}{v}=Re_L$$

此外，由于$x^*$和$Pr$也没有变化，局部努塞特数也将保持不变，所以

$$Nu_2=Nu$$

然而，由于特征长度不同了，所以对流系数变了，有

$$\frac{h_2L_2}{\lambda}=\frac{hL}{\lambda}\quad \text{或}\quad h_2=h\frac{L}{L_2}=\frac{q}{T_\infty-T_s}\times\frac{L}{L_2}$$

注意，这里有$q=h(T_\infty-T_s)$（牛顿冷却公式）．于是，问题情况的热流密度为

$$q_2=h_2(T_\infty-T_s)=95000\text{W/m}^2\times\frac{0.04\text{m}}{0.08\text{m}}=47500\text{W/m}^2$$

即涡轮叶片上的热流密度降低到原来的一半．

## 9.4 无量纲参数的物理意义

在现代传热学的研究中，采用无量纲参数减少自变量个数的方法是很普遍的．如式（9.29），它成功地将有 7 个自变量的方程转变成了只有 2 个自变量的方程．这种变化是有道理的，引进无量纲参数也不是毫无目的的．为了更加明确它们的物理意义，下面分别对它们进行解释．

**努塞特数$Nu$表征对流传热与纯的导热之比．**这从它的定义式可以看出，$Nu=hL/\lambda_f$，可以进一步改写为$Nu=h/(\lambda_f/L)$，式中分子代表对流传热的快慢，分母则代表在流体中导热的快慢,也可以解释为流体中导热热阻与对流热阻的比．这说明，当$k_f$和$L$一定时，努塞特数越大，对流越强．注意，毕渥数$Bi$与努塞特数有完全相同的形式，但在那里解释为固体内部的导热热阻与边界上对流热阻之比．但在这里，努塞特数都是针对流体而言的，它是边界层中流体的导热热阻与对流热阻之比．

**雷诺数$Re_L$表征特征长度为$L$的区域中，惯性力与黏性力之比．**这从雷诺数的定义方程也可以看出端倪．雷诺数越大，表明惯性力相对越强，反之，黏性力相对越强．黏性力有维持流动趋于稳定的作用，但惯性力则倾向于破坏它．事实上，任何流动都有一些扰动存在，它们增大后就产生湍流状态．如果黏性力占主要作用，对于一些小的扰动，黏性力足可以平息它，流动将维持平稳的状态．但是，当雷诺数增加，惯性力逐渐占主要地位，一些小的扰动，黏性力不足以克服，扰动将被放大，最后过渡到完全的湍流状态．这就是我们可以利用雷诺数的大小来判断流动是层流还是湍流状态的原因．

**普朗特数$Pr$表征流体动量扩散能力与热扩散能力的相对大小，也可以直接解释为动量扩散率$\nu$与热扩散率$a$之比．**普朗特数全部由物性参数组成，是与流动情况无关的一个参数，或者说它可以提供一个速度边界层和热边界层中由扩散引起的动量和能量输运相对效果的度量．对于一般气体，普朗特数接近为 1，表明由扩散引起的能量和动量的传递是相当的，速度边界层与热边界层厚度相当，即$\delta\approx\delta_T$．油类物质，$Pr\gg1$，说明速度边界层比热边界层厚，即$\delta\ll\delta_T$．相反，对于液态金属流体，$Pr\ll1$，说明速度边界层比热边界层薄，即$\delta\ll\delta_T$．

对流换热过程中，还有一种换热形式叫做自然对流，它是流体受热膨胀而受到浮升力作用引起的．在自然对流换热过程中，**格拉晓夫数提供了速度边界层中浮升**

**力与黏性力相对大小的量度**．它起的作用与强迫对流中雷诺数起的作用相当．格拉晓夫数的定义为

$$Gr = \frac{g\beta(T_s - T_\infty)L^3}{\nu^2} \tag{9.30}$$

式中，$\beta$为流体的体膨胀系数；对于理想气体则$\beta = 1/T$，$T$为气体的热力学温度．其他流体也可以查相关表得到．$g$是当地重力加速度；$g\beta(T_s - T_\infty)$反应了由于温差造成流体内部密度差而引起不同的浮升力的大小．若设$\rho$和$\rho_1$分别代表流体温度分别为$T$和$T_1$时的密度，如果$T > T_1$则$\rho < \rho_1$，那么单位体积因密度差异而产生的浮升力（浮力与重力之差）为

$$(\rho_1 - \rho)g = [\rho(1 + \beta\Delta T) - \rho]g = \rho g\beta\Delta T$$

所以，格拉晓夫数$Gr$越大，表明浮力越大，自然对流越强烈．这里$\Delta T = T - T_1$．

自然对流也是对流的一种形式，格拉晓夫数与雷诺数$Re$的作用完全相当，因此也可以推测出，它与努塞特数的关系应该满足如下形式：

$$\overline{Nu} = f(Gr, Pr) \tag{9.31}$$

尽管式（9.29）和（9.31）分别给出了努塞特数与雷诺数或格拉晓夫数以及普朗特数的函数关系，但它们仍然是一个未知的关系方程．为了得到它们的近似解并应用于工程中，通常都把它们写成简单的形式，如简单的指数关系，然后再通过实验验证，证明它们在什么范围内是正确的，所以这些通过实验建立起来的解通常称为经验方程．实践表明，方程（9.29）和（9.31）常可以表示成如下近似形式：

$$Nu = CRe^m Pr^n \tag{9.32}$$

$$Nu = CGr^m Pr^n \tag{9.33}$$

式(9.32)对应强迫对流，式(9.33)对应自然对流．式中，$C$、$m$、$n$代表不同类型换热过程的经验常数，一般由实验方法得到．

对流换热与经验关联式

上述经验方程的使用一定要注意如下事项：

（1）通过经验方程得到的只是努塞特数，还必须通过特征长度和流体导热系数等，求出对流换热系数，最后才能计算出对流换热速率．这个过程中，特征长度的选取非常关键，一般纵掠平壁时选取流动方向上的壁面长度，管内强迫对流换热时，选择管内直径，横掠单管和管束时选用管道外直径．

（2）计算无量纲特征参数时，都会用到物性参数，而物性参数一般都是与温度有关的，所以必须选择有代表性的温度来确定物性参数．最常见的是选择平均温度、壁面平均温度或流体与壁面温度的算术平均值．

（3）主流速度是影响雷诺数的重要参数，因此主流速度必须正确选取．纵掠平壁时，选择自由流时的速度．管内强制对流时，选择管内流体平均温度下流动截面下的平均速度．横掠管束时，选择管间最大流速$u_{\max}$．

（4）正确选择各种修正系数．由于对流换热的复杂性，一般实验中会先忽略一些次要因素，得到实验结果后，再通过次要因素进行修正．如管道中的弯道、大温差流体的物性参数或未充分发展的边界层等．

（5）实验产生的经验方程都有着严格的使用区间，当超出这些使用区间或范围时，经验方程便不能再使用，必须采用另外的经验方程．

# 9.5 管内强迫对流换热

## 9.5.1 管内流动状态及特征

考虑半径为 $D$ 的一根圆管，流体以均匀速度进入管内．当流体与管的内壁表面接触时，流体的黏性及与固体表面的摩擦将发生作用，随即将在管的内部形成速度边界层．随着流动的深入，边界层的厚度随 $x$ 的增加，最后将充满整个管道（边界层厚度为 $D/2$）．当边界层充满管道后，厚度不会再增加，此时流动达到了充分发展的阶段，流动的速度分布完全定型．所以，习惯上把从进口到充分发展阶段的距离称为进口段或入口段．流体形态充分发展后的距离称为充分发展段．

圆管内部流动的雷诺数定义为

$$Re_D = \frac{\rho u_{\mathrm{m}} D}{\mu} = \frac{u_{\mathrm{m}} D}{\nu} \tag{9.34}$$

式中，$u_{\mathrm{m}}$是圆管横截面上的平均流速，$D$ 是圆管直径．实验研究证明，在充分发展段中，对应湍流发生的临界雷诺数大致为

$$Re_{D,\mathrm{c}} = 2300$$

所以，管内充分发展段究竟是层流还是湍流，可以通过如下雷诺数判断，当

$$Re_D < 2200 \tag{9.35}$$

则管内流动为层流．当

$$Re_D > 10^4 \tag{9.36}$$

则管内流动为湍流．当雷诺数处在这个中间范围时，则是过渡段，是层流与湍流的共生区．也有一些资料认为，从入口到湍流充分发展的长度近似为直径的 10 倍．

## 9.5.2 管内平均流速与速度分布特征

由于流体与界面会发生摩擦作用，因此流体在管内流动时，横截面上速度是不均匀的，而且也不存在真正意义上的自由流．所以在计算雷诺数等物理参数时，应该采用平均流速$u_{\mathrm{m}}$．

求解平均流速比较简便的方法是通过质量流率导出．已知管内流动的质量流率为$\dot{m}$，流体密度为$\rho$，管的横截面积为$A$．那么管内平均流速可以表示为

$$u_{\mathrm{m}} = \frac{\dot{m}}{\rho A} \tag{9.37}$$

对于圆管内稳定流动的不可压缩流体，圆管截面积为$A = \pi D^2/4$，根据方程（9.34），可以得到圆管内流动的雷诺数为

$$Re_D = \frac{4\dot{m}}{\pi \rho \nu D} \tag{9.38}$$

如果圆管内流体的流动状态是层流，并且流体是不可压缩的，那么从理论上可以证明，充分发展段的流体速度沿截面呈抛物线分布，如图 9.6（a）所示．但如果是充分发展的湍流，则速度分布的确定比较困难，它的横向速度梯度主要集中在近壁处，管的中间则速度分布相对均匀，如图 9.6（b）所示．

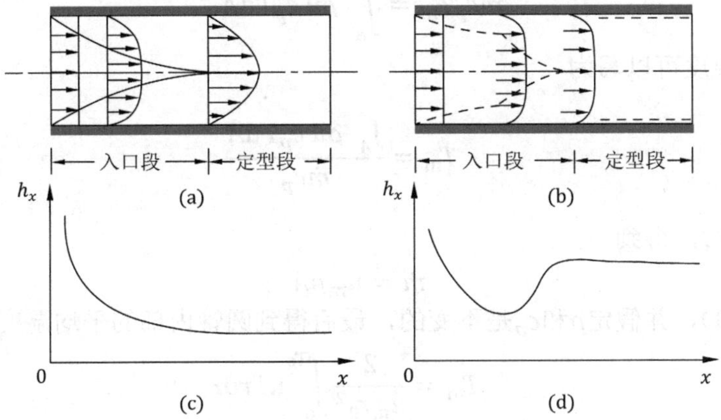

图 9.6　管内流动特征与换热系数的变化

### 9.5.3　对流换热系数的变化特点

当流体温度与管壁温度不相同时，流体与管壁之间就会发生对流传热．流体进入管道后，在形成速度边界层的同时，也在形成热边界层，并不断发展加厚，直至充满整个管道．

如果管道内部的流动为层流，流体内部的传热过程主要是导热，随着边界层的加厚，导热热阻增加，可以预计传热速率降低，对流换热系数将减小．因此可以用层流边界层的厚度来判定局部对流换热系数$h_x$随 $x$ 的变化．如图 9.6（c）所示．在入口附近，$h_x$为最大，随着边界层的加厚，导热变得困难，$h_x$逐渐减小，直至定型段，趋于一个相对固定的值．

但当层流向湍流过渡时，$h_x$突然增加，又产生一个较大值，这是由于边界层内部强烈的脉动混合使对流换热得到了强化产生的．而且这时的对流换热系数往往要比层流时大得多，这就是换热器中希望产生湍流换热的原因．然后$h_x$随着湍流边界

层的发展逐渐趋于稳定，或许有部分下降，但总体要比层流换热过程的高．总体变化趋势如图 9.6（d）所示．

### 9.5.4 管内平均温度及传热速率的确定

对流传热最终的目标是计算出传热速率或热流密度，这除了要知道对流换热系数外，还需知道传热温差．而在管内流动中，传热温差也变得难以确定了，因为管内流动中没有自由流，而且流体的温度是沿着 $x$ 方向变化的．一个可行的办法就是采用管内横截面上的平均温度计算．令$T_{\mathrm{m}}$代表管道横截面上流体的平均温度，那么在 $x$ 方向上流体的热能流动速率为$\dot{m}c_pT_{\mathrm{m}}$，这个值必定等于横截面上热能流率对面积的积分，即

$$\dot{m}c_pT_{\mathrm{m}} = \int_A \rho u\, c_p T\mathrm{d}A \tag{9.39}$$

于是，平均温度可以写为

$$T_{\mathrm{m}} = \frac{\int_A \rho u\, c_p T\mathrm{d}A}{\dot{m}c_p} \tag{9.40}$$

根据式（9.37），得到

$$\dot{m} = u_{\mathrm{m}}\rho A$$

代入式（9.40），并假定$\rho$和$c_p$是不变的，最后得到圆管内部的平均温度为

$$T_{\mathrm{m}} = \frac{2}{u_{\mathrm{m}}{r_0}^2}\int_0^{r_0} uTr\mathrm{d}r \tag{9.41}$$

这里，$r_0$是圆管的半径．这个方程的积分需要知道$u$和$T$在半径方向上的分布函数，一般来说也是比较困难的．

值得指出的是，管内流动存在着两种平均温度的概念，一种是管道截面上的平均温度，可以用方程（9.41）计算给出．还有一种平均温度是沿着流动方向上的平均温度，例如，知道流体进出口温度分别为$T_{\mathrm{in}}$和$T_{\mathrm{out}}$，那么在流动方向上的平均温度为

$$\bar{T} = \frac{T_{\mathrm{in}} + T_{\mathrm{out}}}{2} \tag{9.42}$$

这两个流体的平均温度在不同场合使用，不要混淆．

知道了管内平均温度之后，就可以根据牛顿冷却公式计算当地的热流密度，计算方程为

$$q_x = h_x(T_{\mathrm{s}} - T_{\mathrm{m}}) \tag{9.43}$$

式中，$h_x$是局部对流换热系数，$q_x$是 $x$ 处的热流密度．注意，在 $x$ 方向上$T_{\mathrm{m}}$是变化的．如果管壁给流体加热，则$T_{\mathrm{m}}$随 $x$ 的增加而增加．反之，如果流体给管壁加热，则$T_{\mathrm{m}}$随 $x$ 的增加而减少．

上述讨论已经指出，管道横截面上的平均温度$T_m$是随 $x$ 的增加而变化的，它是 $x$ 的函数，即有$T_m(x)$. 如果是稳定流动过程，质量流率$\dot{m}$不随时间变化. 可以选取 $x$ 处一段控制容积进行能量平衡分析，如图 9.7 所示. 根据方程（9.43）可以得到沿壁面进入控制体的能量为

$$\mathrm{d}q = q_x P\mathrm{d}x = h_x(T_\mathrm{s} - T_\mathrm{m})\,P\mathrm{d}x \tag{9.44}$$

式中，$P$ 为与控制体元对应的圆管壁周长，$P\mathrm{d}x$为圆管壁与控制体元的传热面积. 这个热量一定等于控制体元内部热能的增加量，即

$$\mathrm{d}q = \dot{m}c_p[(T_\mathrm{m} + \mathrm{d}T_\mathrm{m}) - T_\mathrm{m}] = \dot{m}c_p\mathrm{d}T_\mathrm{m} \tag{9.45}$$

联立式（9.44）和（9.45），可以整理得到圆管界面上平均温度满足的方程为

$$\frac{\mathrm{d}T_\mathrm{m}}{\mathrm{d}x} = \frac{P}{\dot{m}c_p} h_x(T_\mathrm{s} - T_\mathrm{m}) \tag{9.46}$$

这是一个很有用的方程，可以确定截面平均温度沿着 $x$ 方向上的变化. 如果$T_\mathrm{s} > T_\mathrm{m}$，流体是吸热的，$T_\mathrm{m}$随 $x$ 增加. 反之，流体是放热的，$T_\mathrm{m}$随 $x$ 减少.

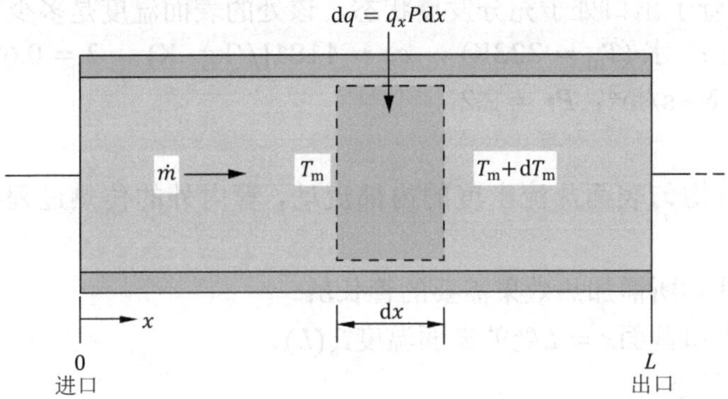


图 9.7　管内流动的控制容积

### 9.5.5　管内对流换热的经验关联式

上面对管内或槽内的传热问题进行了讨论，给出了流形的判断标准和平均温度等重要参数，但最终仍然没有得到对流换热系数，这是一个困难的过程，一般由实验关系式得到. 下面针对层流和湍流流动给出经验关联式.

**1. 管内层流换热**

圆管内部如果进行稳定的层流流动，并且流体是不可压缩和常物性的，那么可以理论上推导出传热系数，是一种比较简单的情况.

推导结果表明，如果管壁表面的传热密度是均匀的，即$q_x$ = 常数，则对充分发展的层流，努塞特数是常数，与雷诺数$Re_D$、普朗特数 $Pr$ 以及轴向的 $x$ 位置无关，并且

$$Nu_D = 4.36$$

如果管壁表面的温度是均匀的，即$T_\mathrm{s}$ = 常数，则对充分发展的层流，努塞特数

也是常数，并且

$$Nu_D = 3.66$$

注意上述两个努塞特数的不同及它们使用的条件.

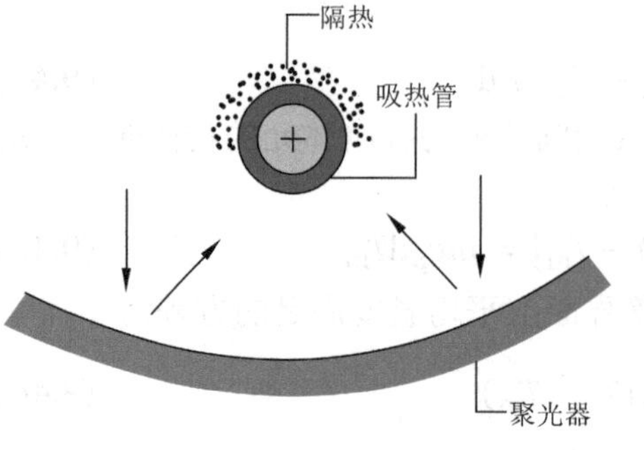


图 9.8 例 9.2 图

**例 9.2** 在一种收集太阳能的方案中，把接收管子放置在抛物面反射器的焦平面上，并在其中通流体以带走热能(图 9.8).

这种布置的净效应可近似为在管表面拥有均匀加热条件．这就是说，可假定传给流体的热流密度$q_x$在管子的周边和轴向均是不变的．考虑直径$D = 60\text{mm}$的管子在$q_x = 2000\text{W/m}^2$的晴天运行情况.

（1）如果加压水以$\dot{m} = 0.01\text{kg/s}$和$T_{\text{m,i}} = 20℃$进入管子，为得到$T_{\text{m,o}} = 80℃$的出口温度所需的管长$L$是多少？

（2）假定管子出口处于充分发展状态，该处的表面温度是多少？

**已知物性**：水 ($\bar{T}_\text{m} = 323\text{K}$)，$c_p = 4181\text{J/(kg} \cdot \text{K)}$，$\lambda = 0.670\text{W/(m} \cdot \text{K)}$，$\mu = 352 \times 10^{-6}\text{N} \cdot \text{s/m}^2$，$Pr = 2.2$.

**解析**

已知：具有均匀表面热流密度的内部流动，管内外的传热过程示意图如图 9.9 所示.

求：（1）达到所需加热效果需要的管长$L$；

（2）出口截面$x = L$处的表面温度$T_\text{s}(L)$.

**假定**：1．稳态；

2．液体不可压缩且黏性耗散可忽略；

3．常物性；

4．管子出口处于充分发展状态.

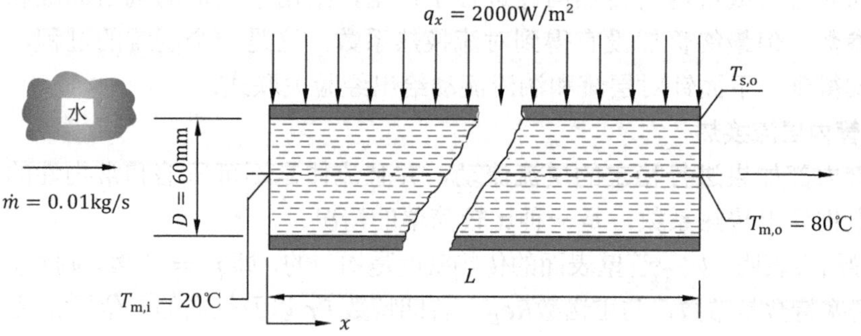


图 9.9 例 9.2 中接收管内外的传热过程

**解**　(1) 在等表面热流密度的情况下，接收管接收到的总能量应该等于水得到的总能量，所以应该有

$$A_s q_x = \dot{m} c_p (T_{m,o} - T_{m,i})$$

可得

$$A_s = \pi DL = \frac{\dot{m} c_p (T_{m,o} - T_{m,i})}{q_x}$$

$$L = \frac{\dot{m} c_p}{\pi D q_x}(T_{m,o} - T_{m,i})$$

因此

$$L = \frac{0.01\text{kg/s} \times 4181\text{J/(kg} \cdot \text{K)}}{\pi \times 0.060\text{m} \times 2000\text{W/m}^2} \times (80 - 20)℃ = 6.65\text{m}$$

(2) 由牛顿冷却定律（式（9.43））可求得出口处的表面温度，即

$$T_{s,o} = \frac{q_x}{h} + T_{m,o}$$

为求得管子出口处的局部对流系数，首先必须确定流动状态．根据式（9.38）

$$Re_D = \frac{4\dot{m}}{\pi D \mu} = \frac{4 \times 0.01\text{kg/s}}{\pi \times 0.060\text{m} \times 352 \times 10^{-6}\text{N} \cdot \text{s/m}^2} = 603$$

因此流动为层流．根据充分发展状态的假定，可得合适的传热关系式为

$$Nu_D = \frac{hD}{\lambda} = 4.36$$

因而

$$h = 4.36\frac{\lambda}{D} = 4.36\frac{0.670\text{W/(m} \cdot \text{K)}}{0.06\text{m}} = 48.7\text{W/(m}^2 \cdot \text{K)}$$

于是，管子出口处的表面温度为

$$T_{s,o} = \frac{2000\text{W/m}^2}{48.7\text{W/(m}^2 \cdot \text{K)}} + 80℃ = 121℃$$

即接收器管子出口处管壁温度为 121℃．

### 2. 管内湍流换热

湍流流动更加复杂，因此理论求解要困难得多，所以更加强调实验关联式的应用．对于光滑管内充分发展的湍流，最为常用的是一组**迪图斯-贝尔特**（Dittus-Boelter）方程，形式为

$$Nu_D = 0.023 Re_D^{0.8} Pr^n \tag{9.47}$$

其中，加热（$T_s > T_m$）时，$n = 0.4$；冷却（$T_s < T_m$）时，$n = 0.3$．实验证明这个方程适用于以下条件范围：

$$\begin{cases} 0.7 \leqslant Pr \leqslant 160 \\ Re_D \geqslant 10^4 \\ \dfrac{L}{D} \geqslant 10 \end{cases} \tag{9.48}$$

值得指出，采用上述方程进行计算，有可能产生大致 25%的误差，如果需要更精确的结果，则需要对相关的参数进行修正或采用更加复杂的方程. 注意，所有物性参数都是根据流体在轴线上的平均温度选取，一般是管道进、出口界面上的平均温度的算术平均值，即

$$\bar{T}_{\mathrm{m}} = \frac{T_{\mathrm{m,o}} + T_{\mathrm{m,i}}}{2}$$

也把这个温度称为定性温度.

**例 9.3** 水流过管长$l = 10\mathrm{m}$的直管，从$T_{\mathrm{in}} = 25℃$被加热到$T_{\mathrm{out}} = 35℃$，管子内径$D = 20\mathrm{mm}$，水流速为$2\mathrm{m/s}$，不考虑热流方向的影响，求表面传热系数.

**解** （1）先确定水的物性参数. 水的平均温度为

$$T_{\mathrm{m}} = \frac{1}{2}(T_{\mathrm{in}} + T_{\mathrm{out}}) = \frac{25 + 35}{2}℃ = 30℃$$

以此为定性温度，从附录表格中查得水的物性为

$$\lambda_{\mathrm{m}} = 0.618\mathrm{W/(m \cdot K)}，v_{\mathrm{m}} = 0.805 \times 10^{-6}\mathrm{m^2/s}，Pr_{\mathrm{m}} = 5.42$$

（2）判断流态. 管内雷诺数为

$$Re_{\mathrm{f}} = \frac{u_{\mathrm{m}} D}{v_{\mathrm{m}}} = \frac{2 \times 0.02}{0.805 \times 10^{-6}} = 4.97 \times 10^4$$

流动属于湍流.

（3）求表面传热系数. 由于

$$\frac{l}{d} = \frac{10}{0.02} = 500 > 60$$

而且是直管，所以可以直接使用**迪图斯-贝尔特**方程

$$h = 0.023\frac{\lambda_{\mathrm{m}}}{d}Re_{\mathrm{f}}^{0.8}Pr^{0.4} = 0.023 \times \frac{0.618}{0.02} \times (4.97 \times 10^4)^{0.8} \times 5.42^{0.4}\mathrm{W/(m^2 \cdot K)}$$

$$= 7972\mathrm{W/(m^2 \cdot K)}$$

即管道壁面与流体的对流换热系数为$7972\mathrm{W/(m^2 \cdot K)}$.

## 9.6 纵掠平板的对流换热

纵掠平面的对流换热过程很常见，风吹过地面和水面，空气掠过热的金属板面

等，都属于这种情况．前面已经对流体与平壁相互作用时的速度边界层和热边界层进行了讨论，一般情况下，流体掠过平壁产生的边界层都分为层流边界层和湍流边界层，层流边界层在前端，一定距离后，层流边界层转化为湍流边界层，如图 9.10 所示．两种边界层中的对流换热系数有较大的差别，因此将层流换热过程与湍流换热过程分开处理可以得到更准确的结果．

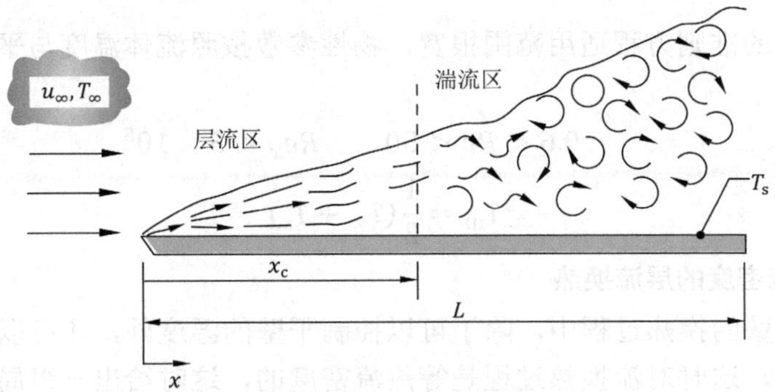


图 9.10　纵掠平壁时的边界层

## 9.6.1　纵掠平壁时的层流换热

### 1. 等壁温的层流换热

流体掠过具有等壁温的平板，可以通过联合连续性方程、动量方程和能量方程进行理论求解，并且理论结果与实测结果符合较好，这是强制对流换热过程中最简单的情况．对于纵掠平壁的情况，一般可以当做一维来处理，所以对 $x$ 长的平壁，其雷诺数可以表示为

$$Re_x = \frac{u_\infty x}{\nu}$$

有了雷诺数后，定义速度边界层的厚度为$u/u_\infty = 0.99$时的 $y$ 值，可以理论求解得到

$$\delta = \frac{5x}{\sqrt{Re_x}} \tag{9.49}$$

这是一个很重要的公式，可以判断平壁上层流流动边界层的厚度．取平壁温度与自由流的温度之差作为确定表面传热系数的温差，则可以从理论上近似求得局部努塞特数的准则方程为

$$Nu_x = \frac{h_x x}{\lambda} = 0.332{Re_x}^{1/2} Pr^{1/3}, \qquad Pr \geqslant 0.6 \tag{9.50}$$

并可以进一步得到，速度与温度边界层的厚度之比为

$$\frac{\delta}{\delta_T} \approx Pr^{1/3} \tag{9.51}$$

利用方程(9.49)，还可以证明，平均对流换热系数与局部对流换热系数的关系为

$$\bar{h}_x = \frac{1}{x}\int_0^x h_x \mathrm{d}x = 2h_x$$

所以，全壁面的平均努塞特数的准则方程为

$$\overline{Nu}_x = \frac{\bar{h}_x x}{\lambda} = 0.664{Re_x}^{1/2}Pr^{1/3} = 2Nu_x, \qquad Pr \geqslant 0.6 \tag{9.52}$$

上述努塞特数的准则方程适用范围很宽，物性参数按照流体温度与平壁温度的平均值选取，即

$$0.6 < Pr < 50, \qquad Re_x < 5 \times 10^5$$

$$T_\mathrm{m} = \frac{1}{2}(T_\infty + T_\mathrm{s})$$

**2. 等热流密度的层流换热**

流体与平壁的换热过程中，除了可以控制平壁的温度外，还可以在表面施加均匀的热流密度，这时对流换热过程是等热流密度的，这时给出一组局部努塞特数的准则方程为

$$Nu_x = 0.453{Re_x}^{1/2}Pr^{1/3}, \qquad Pr \geqslant 0.6 \tag{9.53}$$

这时，努塞特数将比等壁温情况时大 36%，说明等热流密度时换热更加强烈.

### 9.6.2 纵掠平壁时的湍流换热

**1. 等壁温的湍流换热**

如果平壁较长或者比较粗糙，流动将过渡到湍流边界层，此时对流传热系数将有较大的变化，所以在湍流区，上述层流的努塞特数准则方程将不适用，另外采用的局部努塞特数准则方程为

$$Nu_x = 0.0296{Re_x}^{4/5}Pr^{1/3} \tag{9.54}$$

适用的范围是

$$5 \times 10^5 < Re_x < 10^7$$

作为合理的近似，速度边界层的厚度可以表示为

$$\delta = 0.37x{Re_x}^{-1/5} \tag{9.55}$$

值得指出的是，在流体纵掠平壁时，往往都是层流和湍流同时出现，前端出现层流，后端出现湍流，两种情况的换热系数不同，应该分别计算其传热过程. 但如果层流向湍流的过渡区不长，假设当$x = x_\mathrm{c}$时，层流突然向湍流过渡，那么平均的对流传热系数可以下面方程计算：

$$\bar{h}_L = \frac{1}{L}\left(\int_0^{x_\mathrm{c}} h_{x,\mathrm{lam}}\mathrm{d}x + \int_{x_\mathrm{c}}^{L} h_{x,\mathrm{turb}}\mathrm{d}x\right) \tag{9.56}$$

**2. 等热流密度的湍流换热**

同样，在等热流密度的情况下，也可以得到一组湍流的局部努塞特数的准则方程

$$Nu_x = 0.0308 Re_x{}^{4/5} Pr^{1/3} \tag{9.57}$$

使用条件为$0.6 \leqslant Pr \leqslant 60$．比较方程（9.54）与（9.57），发现两者差别不大，后者比前者仅大 4%，说明等热流密度的传热系数与等温表面时的情况相当．

**例 9.4**　压力和温度分别为$6\text{kN/m}^2$和300℃的空气以10m/s的速度流过一块0.5m长的平板（图 9.11）．计算为使平板表面维持在27℃所需的单位板宽的冷却速率．

**已知**：空气流过一块等温平板．

**求**：单位宽度平板的冷却速率$q'$(W/m)．

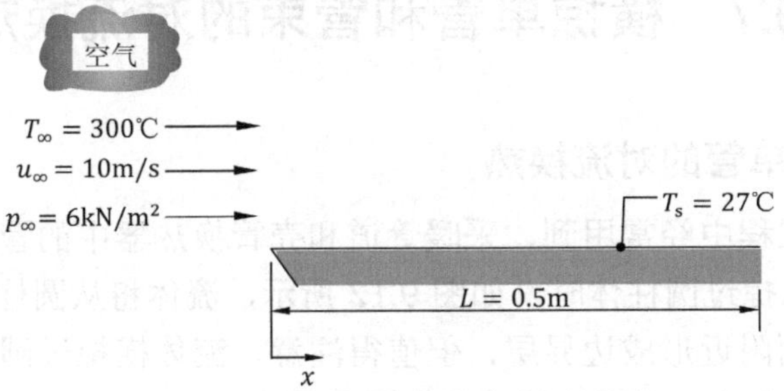


图 9.11　例 9.4 图

**假定**：1．稳态条件；

2．辐射的影响可忽略．

**物性**：空气$(T_\text{f} = 437\text{K}，p = 1\text{atm})$，$v = 30.84 \times 10^{-6}\text{m}^2/\text{s}$，$\lambda = 36.4 \times 10^{-3}\text{W/(m}\cdot\text{K)}$，$Pr = 0.687$．作为很好的近似，可假定$k$、$Pr$和$\mu$等性质与压力无关．但是，气体的运动黏度$v = \mu/\rho$会因与密度有关而随压力变化．根据理想气体的定律，$\rho = p/(RT)$，可得气体在相同温度但不同压力（$p_1$和$p_2$）下的运动黏度之比为$(v_1/v_2) = (p_1/p_2)$．因此，在437K和$p_\infty = 6 \times 10^3\text{N/m}^2$时，空气的运动黏度为

$$v = 30.84 \times \frac{10^{-6}\text{m}^2}{\text{s}} \times \frac{1.0133 \times 10^5\text{N/m}^2}{6 \times 10^3\text{N/m}^2} = 5.21 \times 10^{-4}\text{m}^2/\text{s}$$

**解**　对于单位宽度的平板，由牛顿冷却定律可得向平板的对流传热速率为

$$q = \bar{h}L(T_\infty - T_\text{s})$$

为确定计算$\bar{h}$的合适的对流关系式，首先必须确定雷诺数

$$Re_L = \frac{u_\infty L}{v} = \frac{10\text{m/s} \times 0.5\text{m}}{5.21 \times 10^{-4}\text{m}^2/\text{s}} = 9597$$

因此整个平板上都是层流，适用的关系式由式（9.52）给出

$$\overline{Nu}_L = 0.664 Re_L^{1/2} Pr^{1/3} = 0.664 \times (9597)^{1/2} \times (0.687)^{1/3} = 57.4$$

于是，平均对流系数为

$$\bar{h}=\frac{\overline{Nu}_L\lambda}{L}=\frac{57.4\times0.0364\mathrm{W/(m\cdot K)}}{0.5\mathrm{m}}=4.18\mathrm{W/(m^2\cdot K)}$$

从而单位宽度的平板需要的冷却速率为

$$q=4.18\mathrm{W/(m^2\cdot K)}\times0.5\mathrm{m}\times(300-27)℃=570\ \mathrm{W/m}$$

说明：一般的气体物性表中所给出的结果都是指一个大气压力下的气体物性．除了运动黏度、质量密度和热扩散系数之外，这些结果一般可用于其他压力条件，不必修正．将表中的值除以压力值(atm)可获得不是1（atm）压力下的运动黏度和热扩散系数．

# 9.7 横掠单管和管束的对流换热

## 9.7.1 横掠单管的对流换热

管道在实际工程中经常用到，采暖管道和壳管换热器中的管束等都有被流体掠过冷却的问题．在掠过圆柱体时，如图 9.12 所示，流体将从圆柱体上下两侧流过，并在圆柱体的壁面附近形成边界层．但值得注意，流体横掠过圆柱体与掠过平壁是不同的，在掠过平壁中，平壁附近静压力沿程不变，即$\mathrm{d}p/\mathrm{d}x=0$．前部分主流速度增加($\mathrm{d}u/\mathrm{d}x>0$)，静压力沿程减小($\mathrm{d}p/\mathrm{d}x<0$)．横掠的后部分主流速度减小($\mathrm{d}u/\mathrm{d}x<0$)，压力沿程回升($\mathrm{d}p/\mathrm{d}x>0$)．由于后部分的沿程压力是增加的，所以流体不能靠静压差的推动向前，只能靠流体本身的动能转化为静压力，才能克服压力的增加向前运动．随着动能的消耗，流体的流速逐渐减少，最后将出现壁面附近某点处的速度梯度为零，这时壁面上的边界层就会产生脱离现象，速度梯度$(\partial u/\partial y)_s=0$的点称为分离点．

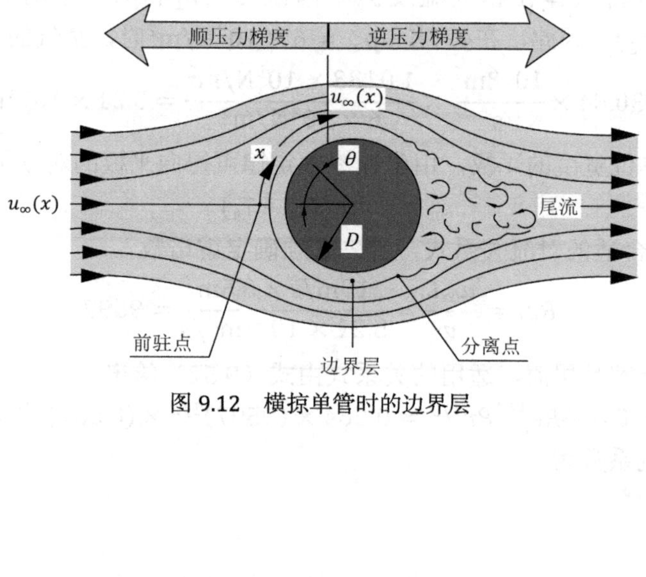


图 9.12　横掠单管时的边界层

横掠圆柱体的问题，分离点的位置是非常重要的，它强烈与雷诺数有关．绕圆柱体的雷诺数定义如下：

$$Re_D = \frac{\rho u_\infty D}{\mu} = \frac{u_\infty D}{\nu} \tag{9.58}$$

式中，$D$ 是圆柱体的直径．研究表明，当雷诺数$Re_D \leqslant 2\times 10^5$时，边界层为层流，分离将发生在$\theta \approx 80°$附近；然而，如果$Re_D \geqslant 2\times 10^5$，会发生边界层过渡，分离将延迟至$\theta \approx 140°$．

综合整理有关气体和液体横掠单管时的实验数据，取壁面温度与来流温度之差作为确定表面传热系数的温差，同时物性的定性温度取为流体与壁面的平均温度，即$T_\mathrm{m} = (T_\infty + T_\mathrm{s})/2$，这个条件下，希尔伯特（Hilpert）给出了以下被广泛使用的平均努塞特数的准则关系式：

$$\overline{Nu}_D \equiv \frac{\bar{h}D}{\lambda} = CRe_D^m Pr^{\frac{1}{3}} \tag{9.59}$$

$$Pr \gtrsim 0.7$$

式中，常数$C$和$m$列于表 9.1 中．式（9.59）也可用于气体横向流过非圆截面的柱体，特征长度$D$和指数常数可从表 9.2 获得．在使用式（9.59）时，所有的物体性质都要用膜温计算．

表 9.1 适用于横掠圆柱体的式（9.59）中的常数

| $Re_D$ | $C$ | $m$ | $Re_D$ | $C$ | $m$ |
|---|---|---|---|---|---|
| 0.4~4 | 0.989 | 0.330 | 4000~40000 | 0.193 | 0.618 |
| 4~40 | 0.911 | 0.385 | 40000~400000 | 0.027 | 0.805 |
| 40~4000 | 0.683 | 0.466 | | | |

表 9.2 适用于横向流过非圆柱体的式(9.59)中的常数

| 截面形状 | $Re_D$ | $C$ | $m$ |
|---|---|---|---|
| 正方形 | | | |
| 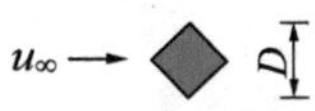  | $5\times10^3$~$10^5$ | 0.246 | 0.588 |
|   | $5\times10^3$~$10^5$ | 0.102 | 0.675 |
| 六边形 | | | |
| 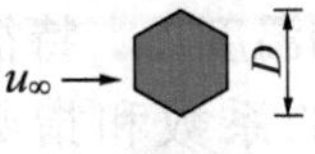  | $5\times10^3$~$1.95\times10^4$<br>$1.95\times10^4$~$10^5$ | 0.160<br>0.0385 | 0.638<br>0.782 |
| 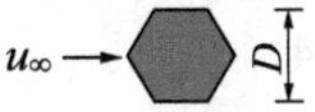  | $5\times10^3$~$10^5$ | 0.153 | 0.638 |
| 垂直平板 | | | |
| 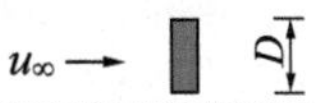  | $4\times10^3$~$1.5\times10^4$ | 0.228 | 0.731 |

值得指出的是，由上述准则关系式得出的计算结果一般只是一个近似的值，工程上甚至会产生 20%以上的误差，所以计算时要充分了解计算的条件，在应用时也不要过分自信.

### 9.7.2 横掠管束的对流换热

当流场中圆柱体不只一个时，上面的准则方程将不能使用．将多根管子放置在一起以增加系统的总换热速率是工业上经常采用的方法．这时，由于管间的相互影响及对流体的扰动，会直接影响流场分布，从而影响到换热速率．

工业中管束的排列一般是规则的，只有顺排和叉排两种典型方式，如图 9.13 所示．两种方式各有优缺点，顺排时，换热强度相对较低，但沿程阻力较小．相反，叉排时换热强度有所增加，但沿程阻力也增加．两种方式的选择要权衡利弊，具体情况具体分析．管子之间的距离（横向管距$s_1$和纵向管距$s_2$）对流动和传热都有影响．另外，管束中前几排受入口影响较大，通常经过多排后趋于稳定，表面传热系数也大致保持不变.

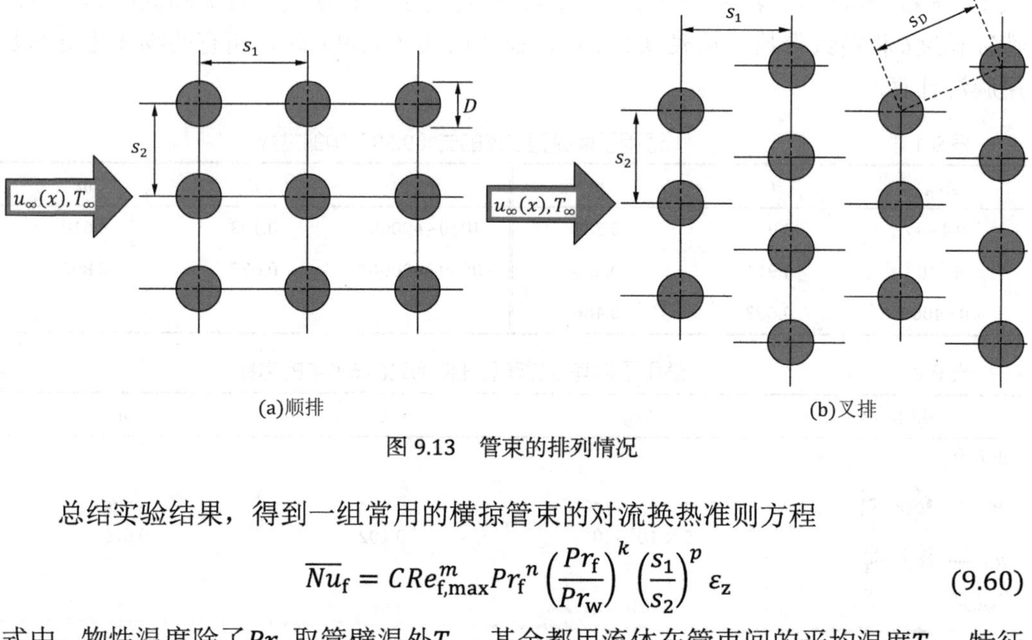


图 9.13 管束的排列情况

总结实验结果，得到一组常用的横掠管束的对流换热准则方程

$$\overline{Nu}_{\mathrm{f}} = CRe_{\mathrm{f,max}}^{m}Pr_{\mathrm{f}}^{\ n}\left(\frac{Pr_{\mathrm{f}}}{Pr_{\mathrm{w}}}\right)^{k}\left(\frac{s_1}{s_2}\right)^{p}\varepsilon_{\mathrm{z}} \tag{9.60}$$

式中，物性温度除了$Pr_{\mathrm{w}}$取管壁温外$T_{\mathrm{w}}$，其余都用流体在管束间的平均温度$T_{\mathrm{m}}$．特征长度取管的外径 $D$，$Re_{\mathrm{f,max}}$是流体在管束中的最大流速．式中的系数和指数 $C$、$m$、$n$、$k$和$p$ 如表 9.3 中所示，$\varepsilon_{\mathrm{z}}$为管束排数的修正系数，见表 9.4.

表 9.3　　式（9.60）中的系数和指数

| 排数 | $Re_{f,max}$ | $C$ | $m$ | $n$ | $k$ | $p$ | 备注 |
|---|---|---|---|---|---|---|---|
| 顺排 | $10^3$~$2\times10^5$ | 0.27 | 0.63 | 0.36 | 0.25 | 0 | |
| | $2\times10^5$~$2\times10^6$ | 0.033 | 0.8 | 0.36 | 0.25 | 0 | |
| 叉排 | $10^3$~$2\times10^5$ | 0.35 | 0.60 | 0.36 | 0.25 | 0.2 | $s_1/s_2\leqslant2$ |
| | $10^3$~$2\times10^5$ | 0.40 | 0.60 | 0.36 | 0.25 | 0 | $s_1/s_2>2$ |
| | $2\times10^5$~$2\times10^6$ | 0.031 | 0.80 | 0.36 | 0.25 | 0.2 | |

表 9.4　　管排修正系数$\varepsilon_z$

| 总排数 | 1 | 2 | 3 | 4 | 5 | 6 | 7 | 8 | 9 | 10 | 12 | 15 |
|---|---|---|---|---|---|---|---|---|---|---|---|---|
| 顺排 $Re>10^3$ | 0.700 | 0.800 | 0.865 | 0.910 | 0.928 | 0.942 | 0.954 | 0.965 | 0.972 | 0.978 | 0.987 | 0.994 |
| 叉排 $Re>10^3$ | 0.619 | 0.758 | 0.840 | 0.897 | 0.923 | 0.942 | 0.954 | 0.965 | 0.971 | 0.977 | 0.986 | 0.997 |

$u_{max}$的计算比较麻烦，参见图 9.14，顺排的最大流速为

$$u_{max}=u_\infty\frac{s_1}{s_1-D}\tag{9.61}$$

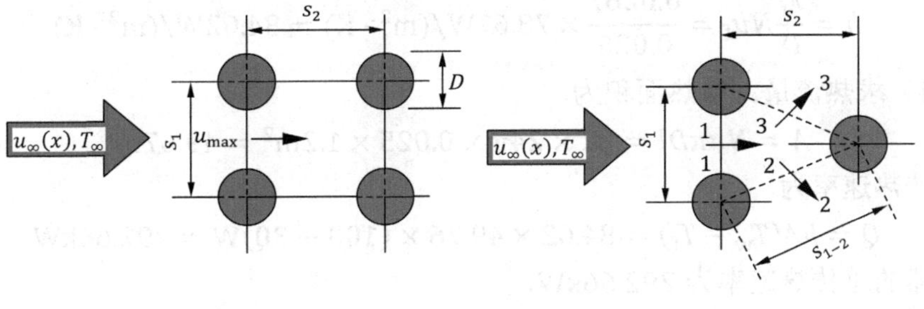


图 9.14　横掠管束时的最大流速确定

叉排时，斜向节距$s_{2-2}=\sqrt{s_2^2+(s_1/2)^2}$．如果$(s_{2-2}-D)<(s_{2-2}-D)/2$，截面 2-2（或 3-3）处的流速要大于截面 1-1 处的流速，这时最大流速为

$$u_{max}=u_\infty\frac{s_1}{2(s_{2-2}-D)}\tag{9.62}$$

反之，如果$(s_{2-2}-d)>(s_1-d)/2$，则最大流速为

$$u_{max}=u_\infty\frac{s_1}{s_1-D}\tag{9.63}$$

**例 9.5**　空气横掠一光滑管束空气预热器．已知管束有 22 排，每排 24 根管子，管子外径为 25mm，管长为 1.2m；管束叉排布置，管子间距$s_1=50\text{mm}$，$s_2=38\text{mm}$；管壁温度为100℃；空气最大流速$u_{max}=6\text{m/s}$，平均温度为30℃．试求表面传热系数及热流量$Q$．

**解** （1）求空气的物性值．以30℃为定性温度，查附录 A-7 得空气的物性参数为

$$\lambda_f = 0.0267\text{W}/(\text{m}\cdot\text{K}),\qquad v_f = 16.0\times10^{-6}\text{m}^2/\text{s},\qquad Pr_f = 0.701$$

下标“f”表示用膜温计算．

（2）计算雷诺数

$$Pe_{\text{f,max}} = \frac{u_{\max}D}{v_f} = \frac{6\times0.025}{16\times10^{-6}} = 9375$$

（3）求表面传热系数．$s_1/s_2 = 50/38 = 1.32 < 2$，根据$Re_f$、叉排以及$s_1/s_2$的值，查表 9.3 和表 9.4 可得准则方程（9.60）中的各系数以及指数分别为$C = 0.35$，$m = 0.6$，$n = 0.36$，$k = 0.25$，$p = 0.2$，$\varepsilon_z = 1.0$．

对于空气，$(Pr_f/Pr_w)^{0.25}\approx 1$．应用式（9.60），得

$$Nu_f = CRe_{\text{f,max}}^m Rr_f^n\left(\frac{Pr_f}{Pr_w}\right)^k\left(\frac{s_1}{s_2}\right)^p\varepsilon_z$$

$$= 0.35\times9397^{0.6}\times0.701^{0.36}\times1.0\times1.32^{0.2}\times1.0 = 78.67$$

$$h = \frac{\lambda_f}{D}Nu_f = \frac{0.0267}{0.025}\times78.67\text{W}/(\text{m}^2\cdot\text{K}) = 84.02\text{W}/(\text{m}^2\cdot\text{K})$$

（4）求热流量．换热面积为

$$A = Nu\pi Dl = 22\times24\pi\times0.025\times1.2\text{m}^2 = 49.67\text{m}^2$$

求得总传热速率为

$$Q = hA(T_w - T_f) = 84.02\times49.76\times(100-30)\text{W} = 292.66\text{kW}$$

即预热器的总传热速率为 292.66kW．

## 9.8 自然对流换热及其实验关联式

自然对流是非常典型的传热过程，在生活中随处可见，可以说任何物体在流速不大的流体中的自然冷却或加热过程都是自然对流过程．自然对流产生的原因也很好理解，就是当流体与温度不同的壁面直接接触时，在壁面附近的流体由于受热而产生膨胀效应（受冷则是收缩效应），膨胀效应使得该处流体的密度降低；如果远离壁面的流体密度没有变化，那么这部分流体所受的浮升力就会大于其重力；于是在密度变化形成的浮升力的驱动下，流体沿壁面流动，由于这种流动所伴生的传热过程称为自然对流换热．

显热，自然对流与流体所受的浮升力密切相关，而浮升力又与流体的密度以及温度膨胀系数有直接关系．设流体密度为$\rho$，温度膨胀系数为$\beta$，那么当流体的温度从$T_1$变化到$T_2$时，产生的密度差可以表示为

$$\rho_1 - \rho_2 = \rho_2\beta(T_2 - T_1)$$

由密度差产生的浮升力为$(\rho_1 - \rho_2)g$，这里的$g$是当地的重力加速度．因此，自然对流传热必然与$\rho_2\beta(T_2 - T_1)g = \rho_2\beta\Delta Tg$有关．

与强迫对流过程比较可以发现，除了流动的起因不同外，强迫对流与自然对流在其他方面是完全相同的，因此，可以采用与强迫对流相同的分析方法对自然对流过程进行分析，为此引进一个与雷诺数完全等价的无量纲数，代表浮升力与黏性力的比，定义为

$$Gr = \frac{g\beta\rho^2(T_s - T_\infty)L^3}{\mu^2} = \frac{g\beta(T_s - T_\infty)L^3}{\nu^2}$$

$Gr$称为格拉晓夫数，式中$\mu$是流体的动力黏度．于是，也可以推测出，它与努塞特数的关系应该满足如下形式：

$$\overline{Nu} = f(Gr, Pr)$$

上述的讨论只给出自然对流的起因和传热关系的预测，传热速率的大小还必然与系统所处的外在条件和边界层的流动状况有关．首先，自然对流换热与流体所处的空间大小直接有关．如果空间很大，壁面上边界层的形成和发展不因空间的限制而受到干扰，边界层可以得到充分发展．如果流体的自然对流被约束在封闭的夹层中发生相互干扰，这样的空间称为有限空间，边界层得不到充分发展，这时必须具体问题具体分析，难于得到通用的公式．因此，这里仅讨论大空间的自然对流换热．其次，自然对流的传热速率还与边界层内部的流动状况密切相关，层流和紊流将给出完全不同的传热系数．与强迫对流类似，随着流动的深入，自然对流边界层内部的流动状况也发生不同的变化．

图 9.15 表示流体受垂直壁面加热时的自然对流情况．紧靠壁面的流体将产生浮升力，在浮升力的驱动下，流体向上浮起．在上浮过程中，它还不断地从壁面吸取热量，温度继续升高，其邻近的流体越来越厚．在壁的下端，流体呈层流状态，随着边界层的增厚，逐渐进入过渡流状态，最后上升为紊流状态．自然对流换热系数也随着边界层内部流动状况的变化呈现出大小不同的变化．从换热壁面下端开始，随着高度的增加，由于层流边界层不断增厚，对流换热热阻增加，表面传热系数$h_x$逐渐减小．此后，由于层流边界层向紊流边界层过渡，边界层内流体的紊流作用加强从而使$h_x$增加．转变成紊流边界层后，$h_x$基

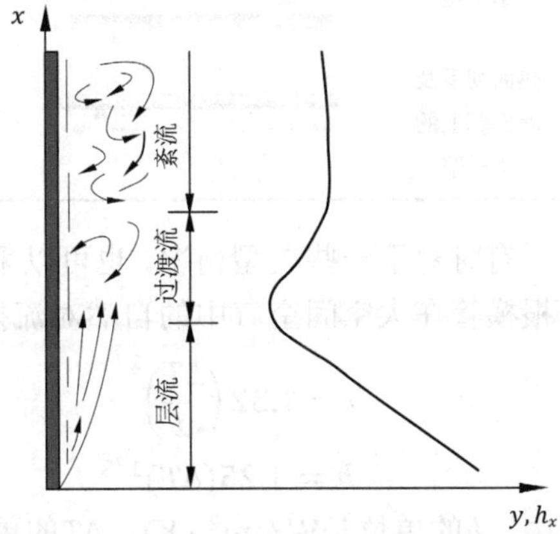

图 9.15　自然对流边界层和局部传热系数的变化

本不再变化.

上例是流体受热的情况，若流体被冷却，也将发生上述类似情况，不过流体运动方向则相反.

大空间自然对流换热的准则方程式一般可以表示为

$$Nu_{\mathrm{m}} = C(Gr \cdot Pr)_{\mathrm{m}}^{n} \tag{9.64}$$

式中，物性温度取为流体温度与壁面温度的平均值$T_{\mathrm{m}}$，常数 $C$ 和 $n$ 由实验决定，几种典型自然对流换热方式的值列于表 9.5.

表 9.5　　式（9.64）中的$C$和$n$值

| 壁面形状及位置 | 流动情况示意 | 流动状态 | $C$ | $n$ | 特性长度 | 适用范围 $(Gr \cdot Pr)_{\mathrm{m}}$ |
|---|---|---|---|---|---|---|
| 垂直平壁及直圆筒 | 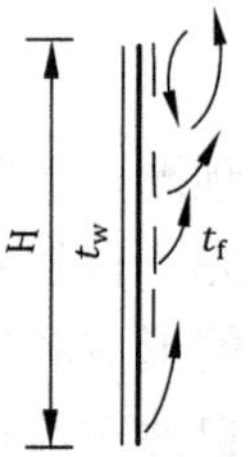 | 层流 | 0.59 | $\frac{1}{4}$ | 高度$H$ | $10^4 \sim 10^9$ |
| | | 湍流 | 0.10 | $\frac{1}{3}$ | | $10^9 \sim 10^{13}$ |
| 水平圆 | 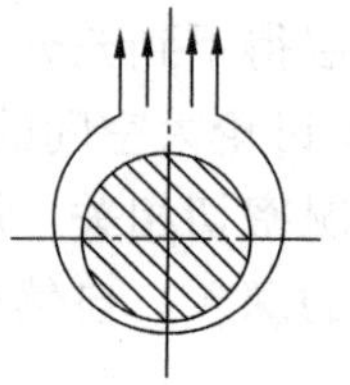 | 层流 | 0.53 | $\frac{1}{4}$ | 外直径$D$ | $10^4 \sim 10^9$ |
| | | 湍流 | 0.13 | $\frac{1}{3}$ | | $10^9 \sim 10^{12}$ |
| 热面朝上及冷面朝下的水平壁 | 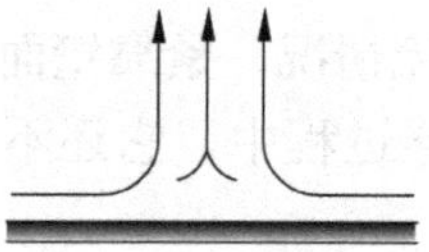 | 层流 | 0.54 | $\frac{1}{4}$ | 平板面积与周长之比，圆盘取 0.9$D$ | $10^4 \sim 10^7$ |
| | | 湍流 | 0.15 | $\frac{1}{3}$ | | $8 \times 10^6 \sim 10^{11}$ |
| 热面朝下及冷面朝上的水平壁 |  | 层流 | 0.58 | $\frac{1}{5}$ | 矩形取两个边长的平均值，圆盘取 0.9$D$ | $10^5 \sim 10^{10}$ |

有时对于一些典型情况，也可以采用更加简便的近似公式计算传热速率. 例如，一根横管在大空间空气中的自然对流换热系数，可以采用如下近似公式计算：

$$h = 1.32\left(\frac{\Delta T}{d}\right)^{1/4}, \qquad 10^4 < Gr < 10^9 \tag{9.65}$$

$$h = 1.25(\Delta T)^{1/3}, \qquad 10^9 < Gr < 10^{12} \tag{9.66}$$

式中，$h$的单位是$\mathrm{W/(m^2 \cdot K)}$，$\Delta T$的单位是K；$d$是管的直径，单位是 m.

大空间中的一个竖壁或竖板，从底部算起，$x$ 位置处的对流换热系数，与从底部

到$x$处的平均对流换热系数的关系可以表示为

$$h_{\mathrm{av}} = \frac{4}{3} h_x \tag{9.67}$$

$h_{\mathrm{av}}$是板壁的平均对流换热系数．当地对流换热系数可以采用如下公式计算：

$$h_x = 1.42\left(\frac{\Delta T}{x}\right)^{1/4}, \quad 10^4 < Gr < 10^9 \tag{9.68}$$

$$h = 1.31(\Delta T)^{1/3}, \quad 10^9 < Gr < 10^{12} \tag{9.69}$$

注意，上述公式特性参数都采用平均温度$T = (T_{\mathrm{w}} - T_{\mathrm{f}})/2$计算，温度单位是绝对温度 K，$x$ 的单位是 m．

**例 9.6** 计算一根 150mm 直径横管每米长的自然对流热损失率．已知横管的表面温度为 277℃，管外大空间的空气温度为 17℃.

**解** 根据管外表温度和空气温度，计算平均温度为

$$T_{\mathrm{m}} = \frac{T_{\mathrm{w}} + T_{\mathrm{f}}}{2} = \frac{550 + 290}{2} = 420(\mathrm{K})$$

已知空气的$Pr$ =0.686，空气的导热系数为$k_{\mathrm{a}} = 3.635 \times 10^{-2}\mathrm{W/(m{\cdot}K)}$．计算格拉晓夫数为

$$Gr = \frac{\beta g \Delta T d^3}{\nu^2} = \frac{9.81 \times (277 - 17) \times 0.15^3}{290 \times (2.822 \times 10^{-5})^2} = 37.27 \times 10^6$$

于是

$$GrPr = 25.57 \times 10^6$$

对比表 9.5，可以知道该情况下为层流自然对流，经验关联式为

$$Nu = 0.53(GrPr)^{1/4}$$

所以

$$Nu = 0.53 \times (25.57 \times 10^6)^{1/4} = 37.7$$

即对流换热系数为

$$h = \frac{Nu \cdot \lambda_{\mathrm{a}}}{d} = \frac{37.7 \times 3.635 \times 10^{-2}}{0.15} = 9.13\mathrm{W/(m^2 \cdot K)}$$

因此，对流换热速率为

$$Q = h \cdot A(t_{\mathrm{w}} - t_{\mathrm{f}}) = 9.13 \times \pi \times 0.15 \times 1 \times (277 - 17) = 1118\mathrm{W}$$

即每米横管的热损失率为 1118W.

**例 9.7** 利用式（9.65）计算例 9.6 中的热损失系数.

**解** 已知$GrPr = 25.57 \times 10^6$，可知该自然对流为层流，因此可以利用式（9.65）计算

$$h = 1.32\left(\frac{\Delta T}{d}\right)^{1/4} = 1.32 \times \left(\frac{277-17}{0.15}\right)^{1/4} = 8.52\text{W}/(\text{m}^2 \cdot \text{K})$$

可见，与上例计算得到的自然对流换热系数 9.13 $\text{W}/(\text{m}^2 \cdot \text{K})$有 0.62 的差别，在要求不是太高的条件下是可以接受的.

**例 9.8** 室温为10℃的大房间中有一个直径为10cm的烟筒，其竖直部分高1.5m，水平部分长 15 m．求烟筒的平均壁温为110℃时，每小时的对流散热量.

**解** 平均温度

$$T_{\text{m}} = \frac{1}{2}(T_{\text{f}} + T_{\text{w}}) = \frac{1}{2}(10+110)℃ = 60℃$$

由附录 A-7 查得，60℃时空气的物性$\rho = 1.060\text{kg}/\text{m}^3$，$c_p = 1.005\text{kJ}/(\text{kg} \cdot \text{K})$，$k = 0.029\text{W}/(\text{m} \cdot \text{K})$，$v = 18.97 \times 10^{-6}\text{m}^2/s$，$Pr = 0.696$

（1）烟筒竖直部分的散热

$$Gr_{\text{m}} = \frac{g\beta H^3 \Delta T}{v^2} = \frac{9.8 \times 1.5^3 \times (110-10)}{(18.97 \times 10^{-6})^2 \times (273+60)} = 2.76 \times 10^{10}$$

注意，这里的$\beta$是空气的热膨胀系数，并等于$\beta = 1/T$.

$$(GrPr)_{\text{m}} = 2.76 \times 10^{10} \times 0.696 = 1.92 \times 10^{10}$$

由表 9.5 知

$$Nu_{\text{m}} = 0.10 \times (1.92 \times 10^{10})^{1/3} = 268$$

所以

$$h_1 = Nu_{\text{m}} \frac{\lambda}{H} = 268 \times \frac{0.029}{1.5}\text{W}/(\text{m}^2 \cdot \text{K}) = 5.18\text{W}/(\text{m}^2 \cdot \text{K})$$

烟囱竖直部分的总散热速率为

$$Q_1 = \pi D H h_1 (T_{\text{w}} - T_{\text{f}}) = 3.14 \times 0.1 \times 1.5 \times 5.18 \times (110-10) = 244(\text{W})$$

（2）烟筒水平部分的散热

$$Gr_{\text{m}} = \frac{g\beta D^3 \Delta T}{v^2} = \frac{9.8 \times 0.1^3 \times 100}{(18.97 \times 10^{-6})^2 \times (273+60)} = 8.2 \times 10^6$$

$$(GrPr)_{\text{m}} = 8.2 \times 10^6 \times 0.696 = 5.22 \times 10^6$$

由表 9.5 知

$$Nu_{\text{m}} = 0.53 \times (5.22 \times 10^6)^{1/4} = 25.4$$

所以

$$h_2 = 25.4 \times \frac{0.029}{0.1} = 7.36\text{W}/(\text{m}^2 \cdot \text{K})$$

因此水平部分的总传热速率为

$$Q_2 = \pi D L h_2 (T_{\text{w}} - T_{\text{f}}) = 3.14 \times 0.1 \times 15 \times 7.36 \times (110-10) = 3470(\text{W})$$

整个烟筒的自然对流散热总速率为

$$Q = Q_1 + Q_2 = 244\text{W} + 3470\text{W} = 3710\text{W}$$

# 本 章 小 结

计算对流传热最重要的公式是牛顿冷却公式

$$Q = hA_s(T_s - T_\infty)$$

其中，$h$是对流换热系数．其实，在对流换热的计算中，最复杂的就是如何求得对流换热系数，这往往是非常困难的，因为影响对流换热系数的因素有很多，如流动的起因、换热表面的形状、性质和位置以及流体的性质等，这使得关于对流换热的讨论，最终都归结为对流换热系数的求解．为此，引入了边界层理论，发现边界层可以主要分为层流边界层和湍流边界层．层流边界层中对流换热系数随流动的深入而减小，湍流边界层的对流换热系数要比层流边界层大得多．同样，为了深入地分析边界层附近的传热情况，也引入了热边界层的概念．分析发现，热边界层与流动边界层的厚度一般是不同的，用一个无量纲参数$Pr$表示速度边界层与热边界层的相对大小，即

$$Pr = \frac{\delta}{\delta_T}$$

为了对边界层方程的求解和对解的大致判断，引入了几个重要的无量纲参数，分别给出如下．

努塞特数$Nu$表征对流传热与纯的导热之比

$$Nu = \frac{hL}{\lambda_f}$$

雷诺数$Re_L$表征特征长度为 $L$ 的区域中，惯性力与黏性力之比

$$Re_L = \frac{\rho u_\infty L}{\mu}$$

普朗特数$Pr$表征流体动量扩散能力与热扩散能力的相对大小，也可以直接解释为动量扩散率$\nu$与热扩散率 $a$ 之比

$$Pr = \frac{\nu}{a} = \frac{\mu c}{\lambda}$$

格拉晓夫数$Gr$提供了速度边界层中浮升力与黏性力相对大小的量度

$$Gr = \frac{g\beta(T_s - T_\infty)L^3}{\nu^2}$$

一般情况下，雷诺数$Re$、格拉晓夫数$Gr$、普朗特数$Pr$与努塞特数$Nu$有如下关系：

$$\overline{Nu} = f(Re, Gr, Pr)$$

经验上表示为

$$Nu = CRe^m Pr^n$$

$$Nu = CGr^m Pr^n$$

其中，$C$、$m$和$n$均为经验常数，通过实验确定.

实验证明，对于特征尺寸为 $D$ 的管内流动，流动形态由下面条件区分

当$Re_D < 2200$，属于层流

当$Re_D > 10^4$，属于湍流

如果管内为层流，努塞特数$Nu$的计算如下.

当管壁的热流密度$q_x =$ 常数时，

$$Nu_D = 4.36$$

当管壁表面的温度是均匀时，即$T_s =$ 常数，

$$Nu_D = 3.66$$

注意上述两个努塞特数的不同及它们使用的条件.

如果管内为湍流，用如下公式计算努塞特数$Nu$，

$$Nu_D = 0.023{Re_D}^{0.8} Pr^n$$

其中，加热（$T_s > T_m$）时，$n = 0.4$；冷却（$T_s < T_m$）时，$n = 0.3$. 方程适用于以下条件范围：

$$\begin{cases} 0.7 \leqslant Pr \leqslant 160 \\ Re_D \geqslant 10^4 \\ \dfrac{L}{D} \geqslant 10 \end{cases}$$

纵掠平板的对流经验关联式为

$$\text{等壁温条件：} Nu_x = \frac{h_x x}{\lambda} = 0.332{Re_x}^{1/2} Pr^{1/3}, \qquad Pr \geqslant 0.6$$

$$\text{等热流密度条件：} Nu_x = 0.453{Re_x}^{1/2} Pr^{1/3} = 2Nu_x, \qquad Pr \geqslant 0.6$$

类似地也可以计算横掠单管、横掠管束和自然对流换热问题. 此类问题求解传热速率的一般方法是：

第一步，确定问题的特征尺寸，计算确定流体性质的膜温，有时也称为平均温度；

第二步，计算流体的雷诺数和普朗特数，根据雷诺数确定流体形态；

第三步，根据流动形态，寻找合适的经验关联式，计算努塞特数；

第四步，计算对流换热系数，通过牛顿冷却公式计算传热速率，最终得到问题的解.

# 习　题

9-1　在一个特殊应用中，空气流过一个热的表面，其边界层温度可近似为

$$\frac{T-T_s}{T_\infty-T_s}=1-\exp\left(-Pr\frac{u_\infty y}{v}\right)$$

其中，$y$是离开表面的垂直距离，普朗特数$Pr=c_p\mu/\lambda=0.7$是一个无量纲的流体物性．如果$T_\infty=400\text{K}$、$T_s=300\text{K}$且$u_\infty/v=5000\ \text{m}^{-1}$，则表面的热流密度是多少？

9-2　考虑膜温为 300K、以 1m/s 的速度在一块平板上平行流动的下述流体：常压空气、水、机油和水银．

（a）确定每一种流体在离开前缘 40mm 处的速度和温度边界层的厚度．

（b）在板长为 40mm 时，在相同的坐标系中画出上述各种流体的边界层厚度随$x$的变化．

9-3　考虑 27℃的水以 2m/s 的速度平行流过一块长为 1m 的等温平板．

（a）画出对应于临界雷诺数分别为①$5\times10^5$、②$3\times10^5$和③0（流动全部为湍流）的三种流动条件下局部换热系数$h_x(x)$随$x$的变化．

（b）画出上述三种流动条件下平均换热系数$\bar{h}_x(x)$随$x$的变化．

（c）三种情况下整块板的平均换热系数$\bar{h}_L$是多少？

9-4　水以 0.8kg/s 的流量在内径 $D$ =2.5cm 的管内流动，管子内表面温度为 90℃，进口处水的温度为 20℃．试求水被加热至 40℃时所需的管长．

9-5　在一个大气压下，温度为 30℃的空气以 45m/s 的速度掠过长度为 0.6m、壁温为 250℃的平板．试计算单位宽度的平板传给空气的总传热速率、层流边界层区域的换热速率和湍流边界层区域的换热速率．

9-6　在一个冷油器中，160℃的油流入直径为 10mm 的管内被降温到 40℃．油在管内的平均流速为 1.5m/s，试求油的换热系数．对于被降温的湍流液体，可以使用如下经验公式：

$$Nu=0.0265(Re)^{0.8}(Pr)^{0.3}$$

对于层流，可以使用$Nu$=3.65．选用下表在平均温度下的机油参数进行计算．

| $T$/℃ | $\rho$/(kg/m³) | $v$/(m²/s) | λ/[W/(m·K)] | $c$/[kJ/(kg·K)] |
|---|---|---|---|---|
| 40 | 878 | $251\times10^{-6}$ | 0.144 | 1.96 |
| 100 | 839 | $20.4\times10^{-6}$ | 0.137 | 2.22 |
| 160 | 806 | $5.7\times10^{-6}$ | 0.131 | 2.48 |

9-7　一外直径为 75 mm 的排气管包含在含有水的总管内，总管中的水使其冷却．排气以 350℃的温度进入排气管，水以 10℃的温度进入总管．排气与水的换热系数分别为 0.3 kW/(m²·K)和 1.5kW/(m²·K)，排气管的壁厚可忽略不计．排气要求被冷却

至 100℃，冷却过程中，其平均等压比热容为 1.13kJ/(kg·K)．排气与水的质量流量分别为 200 kg/h 和 1400kg/h．若水的比热容取 4.19kJ/(kg·K)，则：

（a）平行流时所需管长为多少？

（b）对流时所需管长为多少？

9-8 对于平板上的层流，已知局部换热系数$h_x$随$x^{-1/2}$而变化，其中$x$是离开平板前缘（$x = 0$）处的距离．问从前缘到平板上某个位置 $x$ 处之间的平均换热系数和 $x$ 处局部换热系数之比是多少？

9-9 一个形状不规则物体的特征长度为$L = 1\ \mathrm{m}$，其表面处于平均温度$T_s = 400\mathrm{K}$．当将它放置在温度为$T_\infty = 300\mathrm{K}$并以速度$V = 100\ \mathrm{m/s}$运动的常压空气中时，表面到空气的平均热流密度为 20000W/m$^2$．如果另一个具有相同形状但特征长度为$L = 5\ \mathrm{m}$的物体的表面也处于温度$T_s = 400\mathrm{K}$，并放置在温度为$T_\infty = 300\mathrm{K}$的常压空气中，且空气速度为$V = 20\ \mathrm{m/s}$，求平均对流系数的值将是多少？

9-10 一个外直径为 25mm 的圆管处于 25℃和 1atm 的空气流中．空气以 15m/s 的速度横向流过圆管，圆管的外表面处于 100℃．问单位长度圆管上的传热速率是多少？

9-11 机油在流过一根直径$D = 50\ \mathrm{mm}$、长度$L = 25\ \mathrm{m}$的圆管时被加热，圆管表面维持在 150℃．如果油的流速和进口温度分别为 0.5kg/s 和 20℃，问出口温度$T_{\mathrm{m,o}}$是多少？管子的总传热速率$Q$是多少？

9-12 乙二醇以速率 0.01kg/s 通过一根直径为 3mm 的薄壁管．管子以盘绕的方式浸没在一个处于 25℃且搅拌充分的水浴中．如果流体进入管子时温度为 85℃，为使流体离开时达到 35℃，所需的传热速率和管长分别是多少？忽略因盘缠绕而导致的传热强化．

9-13 已知一个高 1m、宽 0.6m 的垂直表面对温度比其低 20K 的静止空气的自然对流传热速率，则该传热速率与一个高 0.6m、宽 1m 的垂直表面和温度比其高 20K 的静止空气之间的传热速率之比是多少？忽略辐射传热以及温度对空气相关热物性的影响．

9-14 环境温度为 15℃的条件下，一面高 0.6m 宽 3m 的墙面维持在 79℃．忽略端部效应以及辐射换热的影响，试求该墙面因自然对流产生的散热率．注意，对于竖直平面的自然对流而言，在任意距离$x$处

$$Nu_x = 0.509(Pr)^{1/2}(Pr + 0.952)^{-1/4}(Gr_x)^{1/4}$$

$\beta = 1/T$，其中 $T$为空气的绝对温度．其余参数根据膜平均温度确定．

9-15 将一块厚 5mm、边长 200mm 的正方形铝板垂直悬挂在 40℃的静止空气中进行加热．在平板温度为 15℃时，用下述两种方法确定其平均换热系数：利用边界层方程的近似解的结果及利用实验关系式的结果．

9–16　一根直径 5mm 的水平棒浸没在 18℃的水中．如果棒的表面温度为 56℃，计算单位棒长上的自然对流换热速率．

9–17　封装在长和直径分别为 150mm 和 60mm 的罐中的饮料的初始温度为 27℃，把它放在 4℃的冰箱冷藏室中冷却．为使冷却速度最大，罐子在冷藏室中应水平还是垂直放置？作为初步近似，忽略端部传热．

# 第 10 章　辐射换热与斯特藩-玻尔兹曼定律

辐射换热不需要物体相互接触，也不需要中间的介质，因此它的换热形式与传导和对流有显著的不同．辐射换热中最重要的基本定律是斯特藩-玻尔兹曼定律，它描述了表面发出热辐射的能力．由于两个物体的辐射换热不需要接触，因此两个表面之间换热的大小还有另外一个决定因素，即它们之间的几何关系，几何关系用角系数描述．所以，角系数与斯特藩-玻尔兹曼定律是辐射换热的核心．

## 10.1　黑体表面的辐射与斯特藩-玻尔兹曼定律

众所周知，物质是由分子或原子组成的，分子或原子中的电子正围绕着原子核做高速运动，当电子从一个能态向另一个能态跃迁时，就可能放出一个光子，这就是产生热辐射的根本原因．所以说，任何温度高于绝对零度的物质，都有不断发射热辐射的能力．从本质上讲，热辐射就是一种电磁波，根据波长不同，可以分为红外线、可见光、紫外线、X 射线和γ射线等几种形式．

热辐射的强弱及波长与发射物质的温度强烈相关．一般来说，物质发出的热辐射是包含有各种波长的，但温度越高的物体发出的热辐射短波比例越高，但它们的传播速度不变，因为频率与波长的乘积是常数，等于光速，即

$$c = \lambda \cdot \nu$$

这里，$\lambda$是辐射的波长，$\nu$是辐射的频率，$c$是介质中的光速，如果光在真空中传播，则光速$c_0$=$2.998 \times 10^8 \mathrm{m/s}$．波长的单位通常用μm表示，$1\mu\mathrm{m} = 10^{-6}\mathrm{m}$．

20 世纪初，围绕光是粒子还是波产生了很大争论，最后以光具有“波粒二相性”得到解决．为了探索黑体辐射的光谱分布问题，普朗克首先提出了光量子概念，并认为光谱发射功率可以表示为

$$E_{\lambda,\mathrm{b}}(\lambda, T) = \frac{C_1}{\lambda^5[\exp(C_2/\lambda T) - 1]} \tag{10.1}$$

式中，$C_1 = 2\pi h {c_0}^2 = 3.742 \times 10^8 \mathrm{W} \cdot \mu\mathrm{m}^4/\mathrm{m}^2$和$C_2 = hc_0/k = 1.439 \times 10^4 \mu\mathrm{m} \cdot \mathrm{K}$，$k$是玻尔兹曼常量，$h$是普朗克常量．式（10.1）中下标“b”代表黑体表面．

将黑体表面发射的全波长所有辐射能进行积分，那么得到总发射能量为

$$E_{\mathrm{b}} = \int_0^{\infty} \frac{C_1}{\lambda^5[\exp(C_2/\lambda T) - 1]} \,\mathrm{d}\lambda \tag{10.2}$$

最后，积分上式得到

$$E_b = \sigma T^4 \tag{10.3}$$

式中，$\sigma$称为斯特藩-玻尔兹曼常量，并

$$\sigma = 5.67 \times 10^{-8} \mathrm{W/(m^2 \cdot K^4)}$$

式（10.3）是一个非常重要的公式，称为**斯特藩-玻尔兹曼定律**．只要知道黑体表面的温度，就可以由该定律计算出表面向半球空间发射的包含全部波长的热辐射能量．

注意，斯特藩-玻尔兹曼定律给出的是单位表面发出的总辐射功率，这个能量是向着表面对应的上部半球空间发射的．但实际测试表明，这个能量分布在半球空间是不均匀的，令$I$表示在如图 10.1 所示某个半径球面上的辐射强度（能流密度，$\mathrm{W/m^2}$），显然$I$是与天顶角$\theta$有关的，即$I(\theta)$．如果在垂直表面方向上的辐射强度为$I_0$，那么由**朗伯（Lambert）定律**指出，在$\theta$方向的辐射能流密度$I(\theta)$为

$$I(\theta) = I_0 \cos\theta \tag{10.4}$$

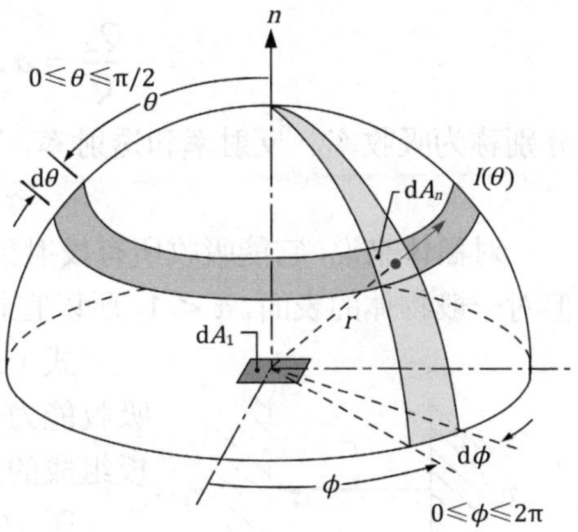

图 10.1 表面对半球空间的辐射

## 10.2 实际表面的辐射与基尔霍夫定律

黑体是一个理想的概念，在相同温度下黑体辐射能力最强，因此一般以黑体辐射能力为标准，再讨论实际表面的辐射能力．把实际物体的辐射力 $E$ 与同温度下黑体辐射力$E_b$之比定义为该物体的发射率$\varepsilon$（有时也称黑度），则

$$\varepsilon = \frac{E(T)}{E_b(T)} \tag{10.5}$$

发射率表征实际表面的发射能力与黑体表面的接近程度，它的值总是介于 0 与 1 之间．一般来说，物体的发射率不仅与温度有关，也与物体材料本身有关．根据方程（10.5）也可以写出实际物体的辐射力方程，即

$$E = \varepsilon E_b = \varepsilon \sigma T^4 \tag{10.6}$$

从另一角度看，实际表面除了发射能力弱于黑体表面之外，它也不能像黑体表面一样吸收所有入射到它上面的热辐射，它会产生反射、吸收和透射，如图 10.2 所示．

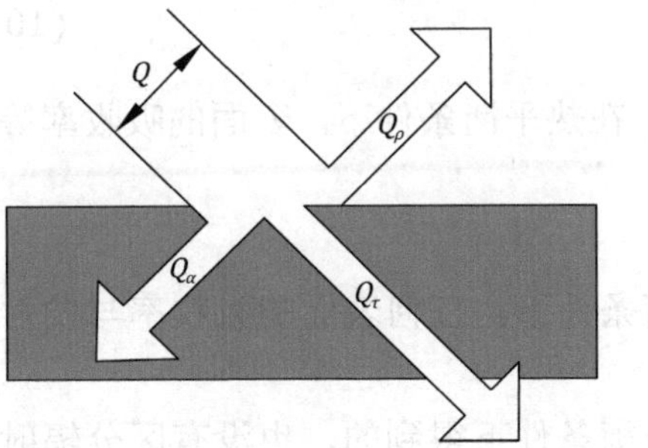

图 10.2 实际表面对辐射的吸收、发射和透射

根据能量守恒定律，可以得到能量平衡方程

$$Q = Q_\alpha + Q_\rho + Q_\tau$$

或

$$\frac{Q_\alpha}{Q} + \frac{Q_\rho}{Q} + \frac{Q_\tau}{Q} = 1$$

令

$$\frac{Q_\alpha}{Q} = \alpha, \quad \frac{Q_\rho}{Q} = \rho, \quad \frac{Q_\tau}{Q} = \tau$$

分别称为吸收率、反射率和透射率，则

$$\alpha + \rho + \tau = 1$$

对黑体来说，它能吸收所有投射到它上面的热辐射，所以黑体的$\alpha = 1$，$\rho = \tau = 0$. 但对一般物体的表面，$\alpha < 1$，所以它将存在反射和透射. 如果物体不透明，那么$\tau = 0$.

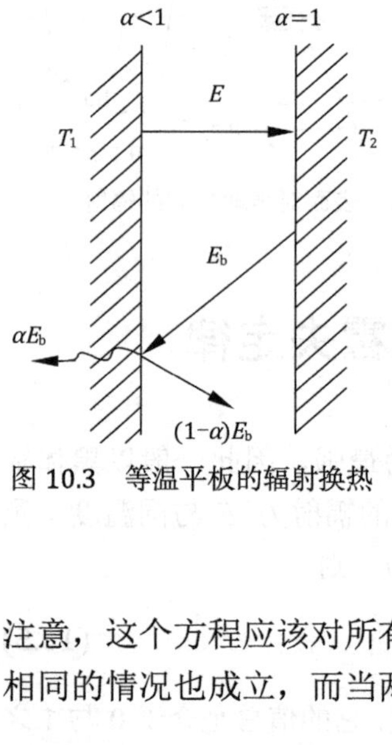


图 10.3 等温平板的辐射换热

式（10.5）中的$\varepsilon$表征表面的发射能力，$\alpha$表征表面的吸收能力，它们的关系如何呢？为此，考察两个大平行平板组成的系统，如图 10.3 所示.

图 10.2 中假设板 1 为实际表面，板 2 为黑体表面. 因为两者靠得很近，可以忽略边缘效应. 实际表面发出 $E$ 的辐射能，都被表面 2 吸收，因为表面 2 是黑体. 而表面 2 发出辐射能$E_\text{b}$，投射到表面 1 上，但表面 1 不能完全吸收，假设是不透明的，那么有将有$(1-\alpha)E_\text{b}$反射回表面 2，表面 2 又把这部分能量吸收，因为表面 2 是黑体，它吸收所有到达它上面的辐射能. 于是，对于表面 1 来说，它的支出与收入之差即是两个表面的换热速率 $q$，即

$$q = E - \alpha E_\text{b}$$

注意，这个方程应该对所有温度下的表面情况都成立，当然对表面 1 与表面 2 温度相同的情况也成立，而当两面的温度相同时，没有热量交换，即$q = 0$，所以有

$$\alpha = \frac{E}{E_\text{b}} \tag{10.7}$$

将式（10.7）与式（10.5）比较立即可以发现，在热平衡条件下，表面的吸收率等于发射率，即

$$\alpha = \varepsilon$$

这个结论称为**基尔霍夫定律**. 它说明在热平衡条件下，任何表面的吸收率与发射率相等.

注意，上述基尔霍夫定律的结论是在热平衡条件下得到的，也没有区分辐射的频率或波长. 事实上，当温度变化时，实际表面发出的辐射波长是变化的，温度越

高的物体发出的热辐射短波比例越大．比如一块铁板，当它的温度为 500℃时，人眼还不能看见它发出来的热辐射，但可以用皮肤或手感觉到它的存在．随着温度的升高，铁块先呈红色，然后转为黄色，说明铁块辐射出来的波段正在朝短波方向移动，短波比例越来越高．

另一方面，实际表面的吸收率和发射率一般都是与辐射的波长有关的，是波长的函数，即

$$\alpha_\lambda = \alpha(\lambda)$$
$$\varepsilon_\lambda = \varepsilon(\lambda)$$

这是一个很重要的结论，满足这个结论的实际表面叫做选择性吸收表面．这种性能可以利用在收集太阳能的集热器上．如图 10.4 所示，是在一根真空管太阳能接收器的外表面上镀有选择性吸收涂层．它对太阳光的吸收率可以达到 92%以上，而它的发射率只有 8%左右，极大地减少了真空管接收器的散热损失．这得益于太阳光的波长范围与接收表面发出的红外辐射的波长范围不同．太阳光来自太阳表面，太阳表面的温度在 5700K 左右，其光谱主要集中在可见光和近红外光范围．而真空管接收器表面的温度只有几百度，所以它们发出的辐射主要集中在远红外区，两者有很大区别．

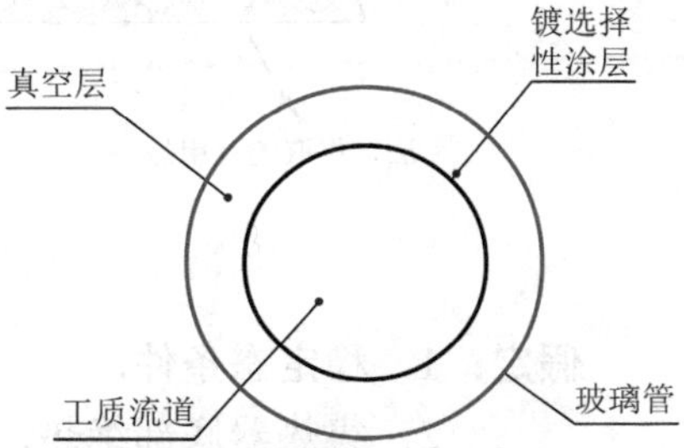

图 10.4 真空管太阳能集热器吸收表面的选择性涂层

综上所述，基尔霍夫定律指出，对不区分辐射波长的实际表面（称为灰体表面），它的发射率等于其吸收率，对热辐射接收比例越高的表面，发射能力也越强．其实，灰体也是理想物体，就吸收和辐射能力而言，灰体与黑体非常相似，灰体的$\varepsilon$和$\alpha$仅体现在它与黑体在辐射和吸收能力的数量上的差异而已．

**例 10.1** 一个无盖板的平板太阳集热器带有发射率为 0.1 和吸收率为 0.95 的选择性吸收表面．在白天的某一给定时间，吸热器的表面温度$T_S$为 120℃，当时的太阳透射辐射为750W/m²，天空有效温度为−10℃，环境气温$T_\infty$为 30℃．假定在无风的天气条件下对流换热系数可由下式计算：

$$\bar{h} = 0.22(T_s - T_\infty)^{1/3}\ \mathrm{W/(m^2 \cdot K)}$$

计算在这些条件下可从集热器提取的有用热流速率(W/m²)，以及相应的集热器的效率是多少？

**已知：**一个平板太阳集热器的运行条件．

**求：**（1）提取的有用热流速率，$q_u$(W/m²)．

（2）集热器的效率$\eta$．

示意图如图 10.5 所示.

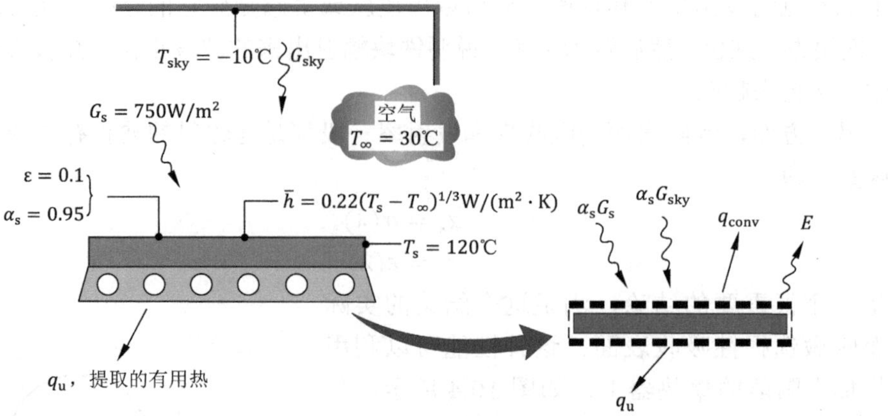


图 10.5　例 10.1 图

**假定**：1．稳定态条件.

2．集热器底部绝热.

3．吸热器的表面具有漫射性质.

**解**　（1）对吸热器写出能量平衡关系式

$$\dot{E}_{in} - \dot{E}_{out} = 0$$

或者以单位表面积计算

$$\alpha_s G_s + \alpha_{sky} G_{sky} - q_{conv} - E - q_u = 0$$

天空辐射可以写为

$$G_{sky} = \sigma T_{sky}^4$$

由于天空辐射集中的光谱区大致与集热器表面发射的光谱区相同，所以可合理地认为

$$\alpha_{sky} \approx \varepsilon = 0.1$$

由已知条件和斯特藩-玻尔兹曼定律可得

$$q_{conv} = \bar{h}(T_s - T_\infty) = 0.22(T_s - T_\infty)^{1/3}, \qquad E = \varepsilon\sigma T_s^4$$

于是，可得

$$q_u = \alpha_s G_s + \varepsilon\sigma T_{sky}^4 - 0.22(T_s - T_\infty)^{\frac{4}{3}} - \varepsilon\sigma T_s^4$$

$$= 0.95 \times 750W/m^2 - 0.22(120 - 30)^{\frac{4}{3}}W/m^2 - 0.1 \times 5.76 \times 10^{-8}W/(m^2 \cdot K^4)$$

$$\times (393^4 - 263^4)K^4$$

$$= (712.5 - 88.7 - 108.1)W/m^2 = 516W/m^2$$

（2）集热器效率的定义是提取的有用能量在太阳投射辐射中所占的份额，所以

$$\eta = \frac{q_u}{G_s} = \frac{516}{750} = 0.69$$

即该太阳能集热器的效率为 69%. 注意，实际的太阳能集热器的效率不可能达到这么高，这是在假定了对流换热系数比较小的时候得到的结果. 如果环境有一定风速，对流换热系数就会增加，从而降低集热器的效率.

# 10.3　黑体表面间的辐射换热与角系数

## 10.3.1　角系数的定义

前面已经指出，对于黑体表面而言，只要知道表面的温度，即可以通过斯特藩-玻尔兹曼定律计算出表面的辐射能量，如果只从热能的方面来考虑，那么温度为 $T$ 的黑体表面，它的辐射散热功率为

$$Q = A\sigma T^4 \tag{10.8}$$

式中，$A$ 是表面积. 然而，对于两个物体之间的辐射换热问题，却没有导热和对流问题那么简单，因为辐射换热中两个物体是不接触的，它们的面积完全可以不一样. 另外，它们发出的热辐射也不一定能够完全到达对方的表面上. 于是，它们之间的辐射换热问题不但与黑体的温度和表面形状有关，还与两个黑体之间的相对位置有关.

体现两个黑体表面相对位置的参数是视角系数，简称角系数. 如图 10.6 所示，$A_1$ 和 $A_2$ 分别是温度为 $T_1$ 和 $T_2$ 的两个黑体表面，表面 1 发出的总辐射能为 $E_{b1}$，表面 2 发出的总辐射能为 $E_{b2}$. 由于两个表面之间隔开了一定距离，显然 $E_{b1}$ 不可能全部落在表面 2 上，同样 $E_{b2}$ 也不可能全部落在表面 1 上.

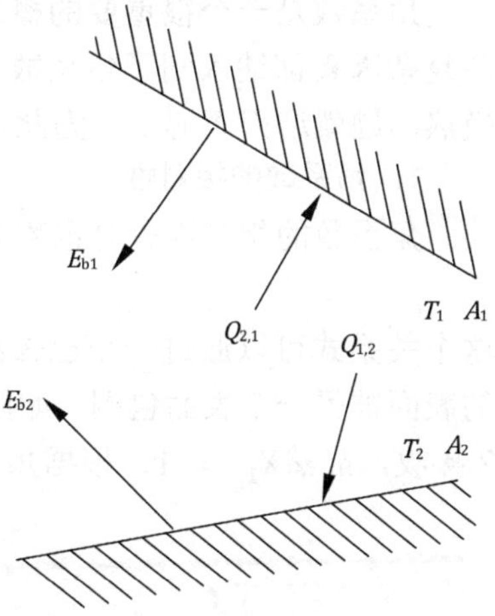

图 10.6　两个表面的辐射换热

定义**离开表面 1 的热辐射被表面 2 所拦截的百分数称为表面 1 对表面 2 的角系数**，记为 $X_{1,2}$. 同理，也可定义离开表面 2 的热辐射被表面 1 所拦截的百分数称为表面 2 对表面 1 的角系数，记为 $X_{2,1}$. 于是，单位时间从表面 1 发出而到达表面 2 的热辐射能可以写为$E_{b1}A_1X_{1,2}$. 同理，也可以写出单位时间从表面 2 发出到达表面 1 的热辐射能为$E_{b2}A_2X_{2,1}$. 由于两个表面都是黑体，所以它们能够吸收所有落在它们之上的热辐射，因此它们之间的净热交换量为

$$Q_{1,2} = E_{b1}A_1X_{1,2} - E_{b2}A_2X_{2,1} \tag{10.9}$$

辐射传热角系数

这个方程应该对任何温度的辐射换热都成立，条件是只要温度是稳定的．那么，当两个黑体表面温度相同时也应该成立，这时 $Q_{1,2}=0$，$E_{b1}=E_{b2}$，从方程（10.9）立即可以得到

$$A_1X_{1,2}=A_2X_{2,1} \tag{10.10}$$

上式说明，表面 1 的面积乘上表面 1 对表面 2 的角系数等于表面 2 的面积乘上表面 2 对表面 1 的角系数，也就是说角系数具有相对性．这个性质是非常有意义的，已知一个表面的角系数，就可以计算另一个表面的角系数．值得指出，式（10.10）虽然是在热平衡的条件下得到的，但它可以应用到任何情况下的辐射换热问题，因为角系数完全是几何问题，一旦两个表面的形状、大小和位置确定，两个表面的角系数就确定了，与是否热平衡无关，与表面是否是黑体也无关．

将式（10.10）的结论代入式（10.9），可以得到两个表面的净换热速率为

$$Q_{1,2}=A_1X_{1,2}(E_{b1}-E_{b2})=\frac{\sigma({T_1}^4-{T_2}^4)}{\dfrac{1}{A_1X_{1,2}}} \tag{10.11}$$

在导热和对流换热的内容中都引入了热阻的概念，这里 $1/A_1X_{1,2}$ 也可以理解为辐射传热的一个阻力，由于它只与空间的位置有关，所以称为辐射传热的空间热阻．

### 10.3.2　角系数的性质与计算

角系数是一个很重要的概念，在辐射换热中，看似简单的公式其实是由于把诸多复杂因素都纳入到了角系数中的缘故．所以，只要把角系数计算出来，那么辐射换热问题就迎刃而解了．为此，先要了解角系数的性质．

**1．角系数的相对性**

角系数的相对性有时也称为角系数的互换性．它由方程（10.10）给出，即

$$A_1X_{1,2}=A_2X_{2,1}$$

这个关系式可以通过一个已知的角系数求取另一个未知的角系数．比如，一个非凹的表面被另一个表面包围，如图 10.7 所示．因为表面 1 发出的辐射能将全部被表面 2 接收，显然 $X_{1,2}=1$．根据角系数的相对性，立即可以计算出

$$X_{2,1}=\frac{A_1}{A_2}$$

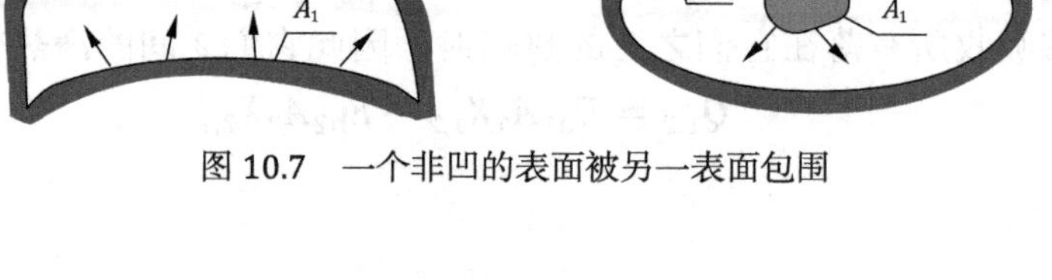


图 10.7　一个非凹的表面被另一表面包围

**2. 角系数的完整性**

如图 10.8 所示，一个由 $N$ 个表面组成的封闭空腔，每一个表面都会发出辐射，也会接收辐射．但由于空腔是封闭的，所以没有能量溢出空腔．于是，任何一个表面发出的能量都必然被其他表面接收．甚至，如果这个表面是凹的，还有一部分发出的辐射将被自己吸收，即它可以看得见一部分自己，即$X_{i,i} \neq 0$，这是凹状表面特有的现象．取第$i$个表面出来分析，根据能量守恒定律，它对其他表面的角系数之和应该为 1，即有

$$X_{i,1} + X_{i,2} + \cdots + X_{i,j} + \cdots + X_{i,N} = \sum_{i=1}^{j} X_{i,j} = 1 \tag{10.12}$$

**3. 角系数的分解性**

角系数是一个几何参数，但它又与能量守恒密切相关，有时候可以从能量守恒定律找到它们之间的关系．如图 10.9 所示的三个表面，从 $A_1$ 表面发出的辐射能到达表面 $A_{2+3}$ 的比例等于从 $A_1$ 分别投射到 $A_2$ 和 $A_3$ 上的辐射能之和，因此

$$X_{1,2+3} = X_{1,2} + X_{1,3}$$

利用角系数的相对性，还可进一步写成

$$A_{2+3}X_{2+3,1} = A_2X_{2,1} + A_3X_{3,1}$$

这就是角系数的分解性．

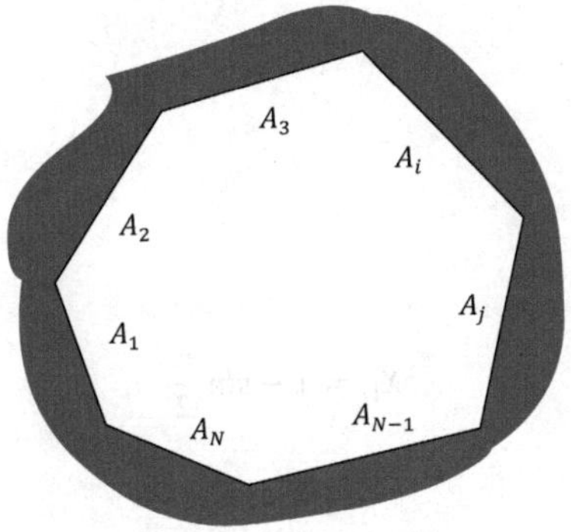


图 10.8　由 $N$ 个表面组成的空腔

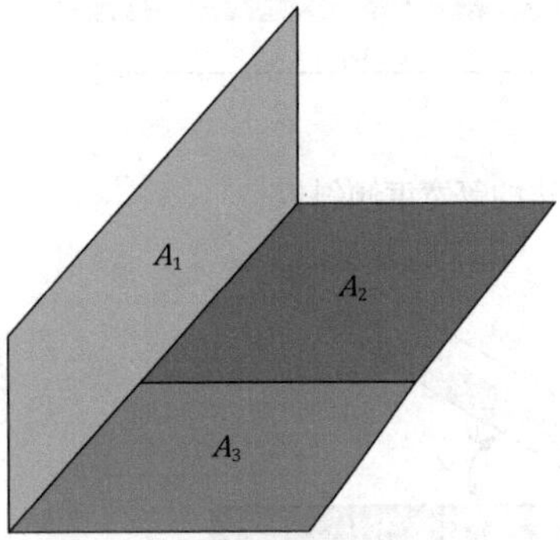


图 10.9　角系数的分解性

**4. 角系数的确定与计算**

在辐射换热的求解中，角系数是一个比较难以获得的参数，对一些简单的情况可以通过数学方法得到，有些也可以试验测得．一些特殊情况，还可以根据上面讨论的角系数的性质加上能量守恒关系得到．比如，两块靠得很近的大平行平板，如图 10.10 所示，由于平板很大，因此可以忽略边缘效应．它们是平板，不能自己看到自己，所以每一个表面发出的能量都可以百分之百地到达另一块平板，于是根据角

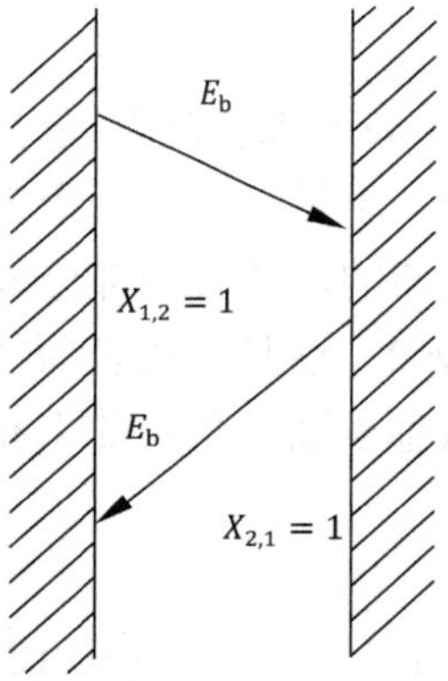


图 10.10 平行平板角系数

系数的物理意义，立即得到

$$X_{1,2}=X_{2,1}=1$$

对于一些稍微复杂的几何表面，一些书籍中有表或图可以查询，表 10.1 给出了一些相对简单的表面之间的角系数，方便查阅.

工程上为了方便，还常将一些具有特定位置的几何表面的角系数绘制成图，便于查找.

图 10.11~图 10.13 分别给出了几种特定表面关系的角系数，需要时可以对照使用.

表 10.1 几种简单形状的角系数

| 几何形状和方位 | 角系数关系式 |
| --- | --- |
| 中心线在垂直方向上的平行平板<br>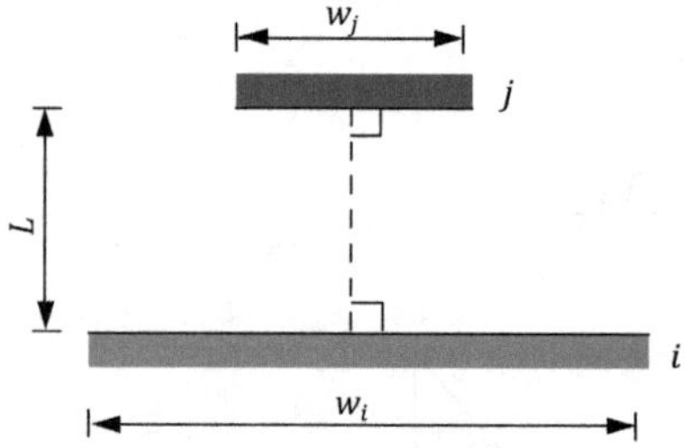<br> | $X_{ij}=\frac{[(W_i+W_j)^2+4]^{1/2}-[(W_j-W_i)^2+4]^{1/2}}{2W_i}$<br>$W_i=\frac{w_i}{L}$， $W_j=\frac{w_j}{L}$ |
| 带公共边的等宽度倾斜板<br>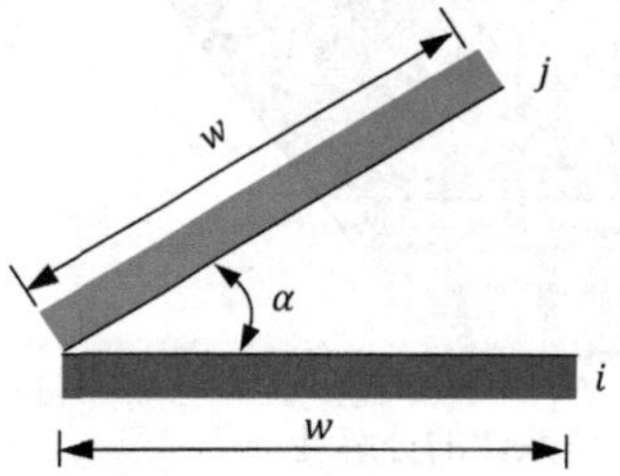<br> | $X_{ij}=1-\sin\frac{\alpha}{2}$ |
| 带公共边的相互垂直的平板<br>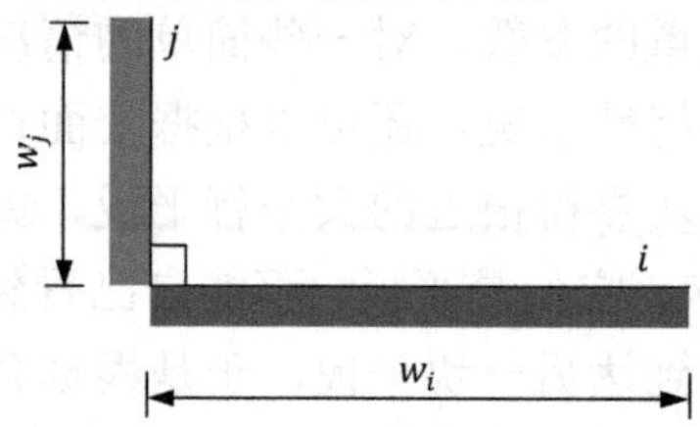<br> | $X_{ij}=\frac{1+(w_j/w_i)-[1+(w_j/w_i)^2]^{1/2}}{2}$ |

续表

| 几何形状和方位 | 角系数关系式 |
| --- | --- |
| 三个面构成的腔体<br>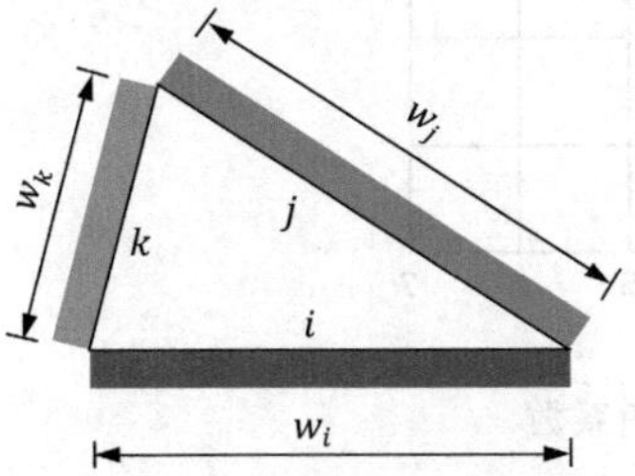<br> | $X_{ij}=\dfrac{w_i+w_j-w_k}{2w_i}$ |
| 不同半径的平行圆柱体<br>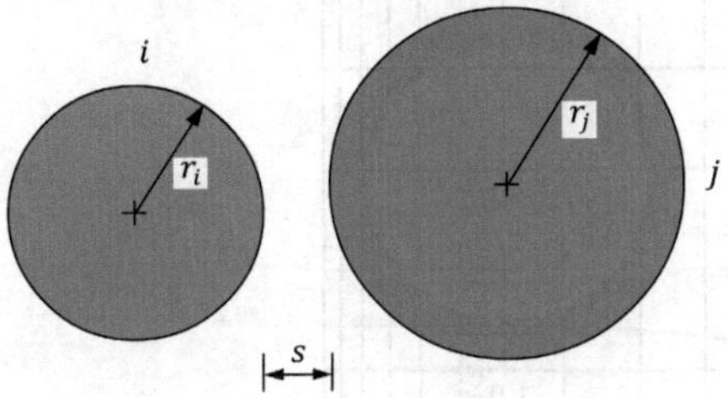<br> | $X_{ij}=\dfrac{1}{2\pi}\Big\{\pi+[C^2-(R+1)^2]^{1/2}-[C^2-(R-1)^2]^{1/2}+(R-1)\arccos\left(\dfrac{R}{C}-\dfrac{1}{C}\right)-(R+1)\arccos\left(\dfrac{R}{C}+\dfrac{1}{C}\right)\Big\}$<br>$R=r_j/r_i$，$S=s/r_i$，　$C=1+R+S$ |
| 圆柱和平行矩形<br>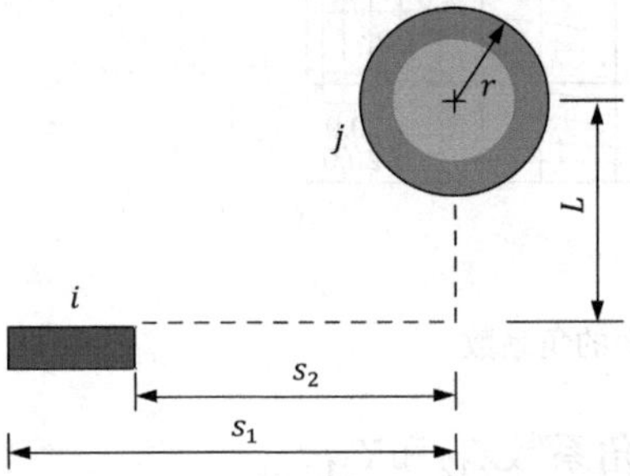<br> | $X_{ij}=\dfrac{r}{s_1-s_2}\left(\arctan\dfrac{s_1}{L}-\arctan\dfrac{s_2}{L}\right)$ |

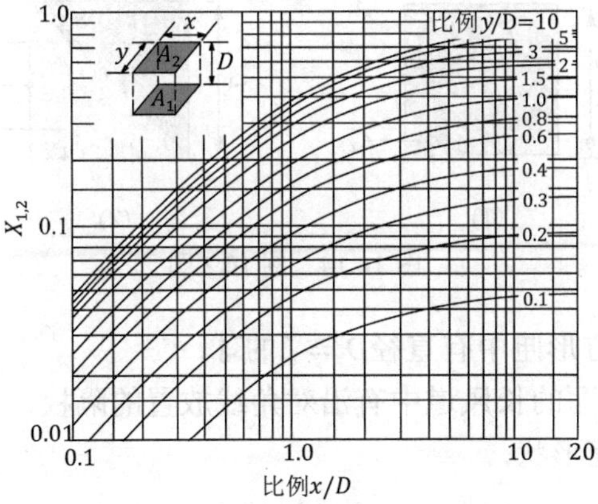


图 10.11　平行矩形表面的角系数

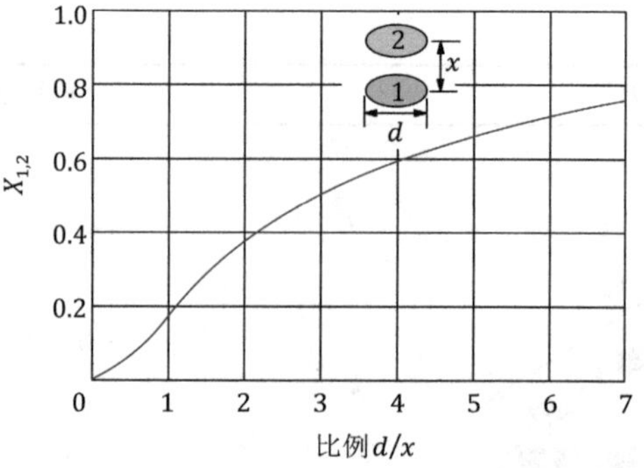


图 10.12　同轴平行圆片的角系数

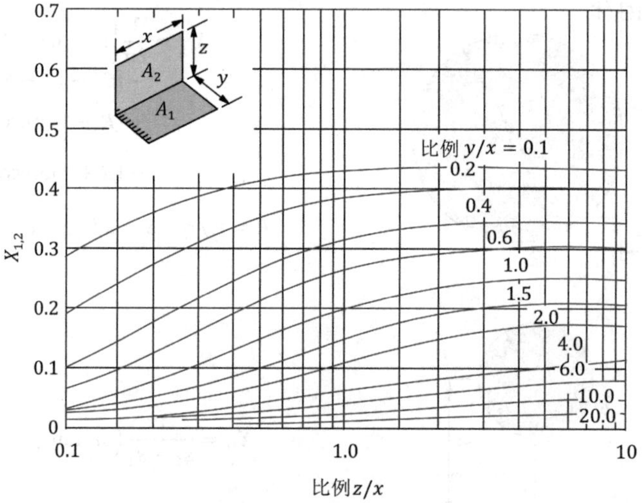


图 10.13　带公共边互相垂直平面的角系数

**例 10.2**　确定下述几何形状（图 10.14）的视角系数$X_{12}$和$X_{21}$.

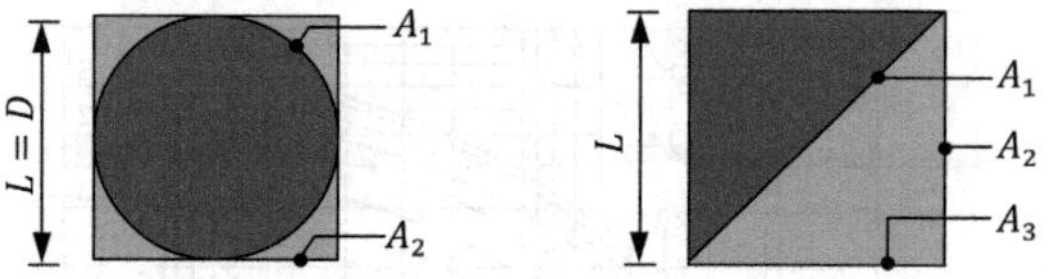


图 10.14　例 10.2 图

（1）长为$L$的正方形匣中有直径$D = L$的球.

（2）在正方形截面的长风道中有沿对角线放置的隔板.

**已知**：表面的几何形状.

**求**：视角系数.

**假定**：具有均匀有效辐射密度的漫射表面.

**分析**：可通过观察、互换规则、求和规则或利用图表确定所需的视角系数.

（1）方匣内的球.

由观察知，$X_{12} = 1$

由互换规则，$X_{21} = \dfrac{A_1}{A_2}X_{12} = \dfrac{\pi D^2}{6L^2} \times 1 = \dfrac{\pi}{6}$

（2）正方形截面的风道中的隔板.

由求和规则

$$X_{11} + X_{12} + X_{13} = 1$$

式中，$X_{11} = 0$.

由对称性

$$X_{12} = X_{13}$$

因此

$$X_{12} = 0.50$$

由互换规则

$$X_{21} = \frac{A_1}{A_2}X_{12} = \frac{\sqrt{2}L}{L} \times 0.5 = 0.71$$

### 10.3.3　黑体表面间的辐射换热

黑体表面具有吸收所有投射到它上面的热辐射的能力，因此两个黑体表面之间的换热不用考虑表面的反射和透射问题，方程（10.11）已经给出了两个黑体表面的净换热速率为

$$Q_{1,2} = \frac{E_{b1} - E_{b2}}{\dfrac{1}{A_1X_{1,2}}} = \frac{\sigma({T_1}^4 - {T_2}^4)}{\dfrac{1}{A_1X_{1,2}}} \tag{10.13}$$

这里，常把$1/A_1X_{1,2}$理解为表面辐射换热的空间热阻. 上式说明，辐射换热是在势差$(E_{b1} - E_{b2})$的作用下发生的，没有势差就没有传热，它受到的阻力是$R_r = 1/A_1X_{1,2}$，于是黑体表面之间辐射换热的公式可以写成

$$Q_{1,2} = \frac{E_{b1} - E_{b2}}{R_r} \tag{10.14}$$

这种表述是很有意义的，因为表面换热并不仅仅局限在两个表面之间，当多个表面出现同时换热问题时，我们可以借助电学中电路串并联的规则，对辐射换热问题进行简化求解. 另外，辐射问题往往与对流或传导问题同时出现，这时可以通过对导热热阻、对流热阻和辐射热阻的复合计算，得到总的传热热阻，从而计算出总

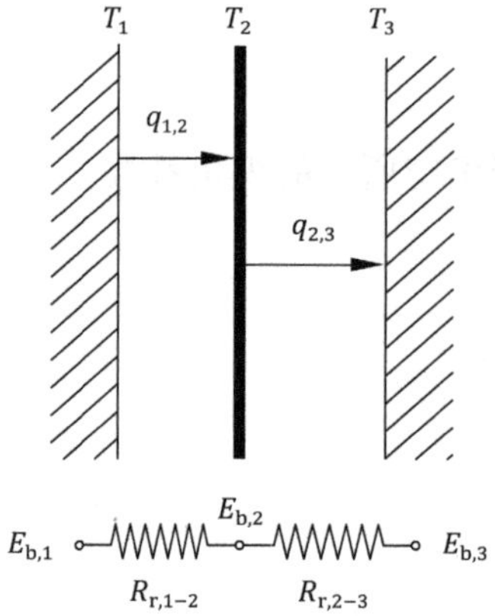


图 10.15 三黑体表面辐射换热

的传热速率. 作为一个简单的例子，我们考虑如图 10.15 所示的一个三体辐射换热问题.

表面的温度分别是 $T_1$、$T_2$ 和 $T_3$，它们的辐射力分别为$E_{b1}$、$E_{b1}$和$E_{b1}$. 根据方程（10.14），很容易得到

$$Q_{1,2} = \frac{E_{b1} - E_{b2}}{R_{r,1}}$$

$$Q_{2,3} = \frac{E_{b2} - E_{b3}}{R_{r,2}}$$

根据热阻的串联特性，也可以得到

$$Q_{1,2,3} = \frac{E_{b1} - E_{b3}}{R_{r,1} + R_{r,2}}$$

有了辐射热阻的概念后，可以比较清晰和比较直观地分析辐射传热问题，这对加深对辐射传热问题的理解是有好处的.

## 10.4 灰体表面间的辐射换热

灰体表面的换热过程牵涉至少两个表面，表面附近的辐射来源有三种情况：一种是表面自己发出的，这部分为 $E$；另一部分是由另一个表面发出，投射到这个表面的这部分为 $G$；还有一部分是由于灰体表面不能全部吸收而产生的反射，为 $G_{ref}$，如图 10.16 所示. 实际上，由于灰体不能全部吸收投射到它上的热辐射，它将产生反射，被反射的光线有可能再被其他表面反射回来，从而出现多次反射的问题. 要精确计算每一次反射是非常困难的，因此在讨论灰体表面辐射换热问题时，常不区分辐射来源于哪里，只区分辐射是入射至表面还是从表面离开. 为此，引进两个很重要的物理概念：投入辐射与有效辐射.

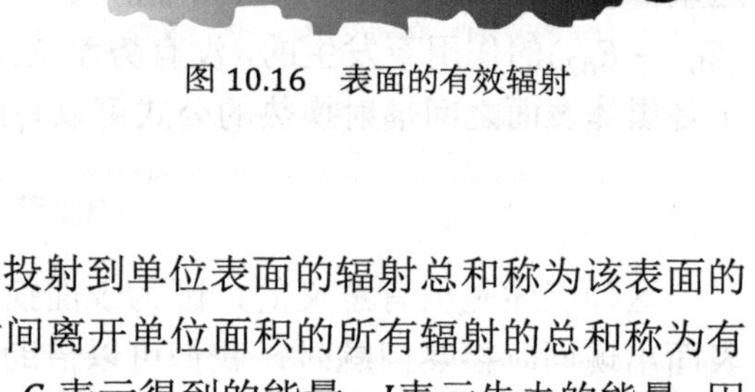


图 10.16 表面的有效辐射

### 10.4.1 投入辐射与有效辐射

在不考察辐射的来源时，把单位时间投射到单位表面的辐射总和称为该表面的投入辐射，用 $G$ 表示. 类似地，把单位时间离开单位面积的所有辐射的总和称为有效辐射，记为 $J$. 于是，对于一个表面来说，$G$ 表示得到的能量，$J$表示失去的能量. 因此，它的热损失功率可以表示为

$$q = J - G \tag{10.15}$$

由图 10.13 可知，表面的有效辐射应该是表面自身的发射辐射加上表面的反射辐射，即

$$J = E + \rho G \tag{10.16}$$

已知表面的发射率为$\varepsilon$，并知道$\varepsilon = \alpha$，所以方程（10.16）可以进一步被改写为

$$J = \varepsilon E_b + (1-\alpha)G = \varepsilon E_b + (1-\varepsilon)G \tag{10.17}$$

联立方程（10.15）和（10.16）并消去 $G$，得到

$$q = \frac{E_b - J}{\frac{1-\varepsilon}{\varepsilon}} \tag{10.18}$$

对于具有表面积 $A$ 的灰体表面，辐射的热损失总量为

$$Q = \frac{E_b - J}{\frac{1-\varepsilon}{\varepsilon A}} \tag{10.19}$$

上式表明，黑体表面的热辐射力$E_b$是与灰体表面的有效辐射强度$J$有差别的，黑体辐射力大于灰体表面的有效辐射，当表面的发射率越接近 1 时，$E_b$与$J$也越接近，否则表面的净辐射率将变成无限大.

### 10.4.2　表面辐射热阻

10.3 节我们已经讨论了两个黑体表面之间的辐射换热，由于空间位置不同和距离的存在，两个黑体表面之间出现了空间热阻. 10.4.1 节讨论灰体表面时又发现，由于表面的发射率小于 1，致使灰体表面的辐射能力有所下降，由$E_b$变成了$J$，并且$J \leqslant E_b$. 这种现象可以理解为灰体表面由于发射率不为 1，而产生了一个表面热阻，正如在黑体表面蒙上了一层“灰”，阻挡了表面的辐射能力，因此将式（10.19）中的$(1-\varepsilon)/\varepsilon A$定义为表面辐射热阻，用$R_{r,s}$表示，即

$$R_{r,s} = \frac{1-\varepsilon}{\varepsilon A} \tag{10.20}$$

值得注意，上面的讨论是针对灰体向外发射辐射的情况而言的，此时灰体静辐射热流是正的，$q > 0$. 事实上，上面的讨论对灰体获得净辐射热能的情况也适用，此时$q < 0$，$J > E_b$. 但表面热阻的概念同样适用，说明表面的阻力仍然存在.

### 10.4.3　灰体表面之间的辐射换热

灰体表面之间的辐射换热与黑体表面之间的辐射换热有所不同，主要是灰体的向外发射的能力不再是$E_b$，而变成了有效辐射$J$. 除此之外，其他过程完全相同. 因此，灰体表面之间的换热可以表示为

$$Q_{1,2}=J_1A_1X_{1,2}-J_2A_2X_{2,1}=\frac{J_1-J_2}{\dfrac{1}{A_1X_{1,2}}}=\frac{J_1-J_2}{R_r} \tag{10.21}$$

这里，$R_r$仍然为空间辐射阻力．当两个表面都是黑体时，$J_1=E_{b1}$，$J_2=E_{b2}$，那么式（10.21）与式（10.13）完全一致．

如果系统只涉及两个表面的换热，而与其他表面无关，即热量只在两个表面之间交换，不会泄漏出去，比如两个灰体表面组成的空腔或两块无限大平板组成的辐射换热系统等，如图 10.17 所示为一个封闭空腔的灰体辐射系统，那么表面 1 损失的热量就是表面 2 得到的热量，这时应有$Q_{1,2}=Q_{1\to2}=-Q_{2\to1}$，联立式（10.21）和（10.18），立即得到

$$Q_{1,2}=\frac{E_{b1}-E_{b2}}{\dfrac{1-\varepsilon_1}{\varepsilon_1A_1}+\dfrac{1}{A_1X_{1,2}}+\dfrac{1-\varepsilon_2}{\varepsilon_2A_2}}=\frac{E_{b1}-E_{b2}}{R_{r,s1}+R_r+R_{r,s2}} \tag{10.22}$$

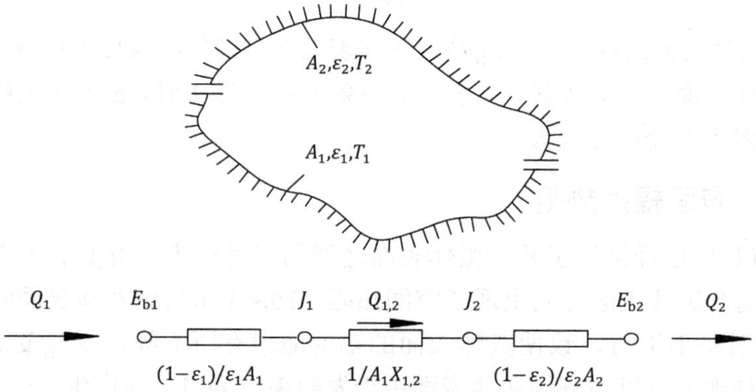


图 10.17　灰体表面组成的封闭空腔系统

注意，方程（10.22）是没有外泄能量的两个灰体表面之间的辐射换热方程，如果能量有外泄，那么必须考虑辐射外泄引起的能量损失．这时，仍然可以采用与电路分析类似的热网络分析法，列出能量平衡方程，最后计算出辐射的热交换．

在一些特殊情况下，方程（10.22）可以进一步被简化，例如：

（1）两块靠得很近的平板之间的辐射换热，此时平板的表面积 $A_1$ 与 $A_2$ 相差很小，同时角系数等于 1，所以方程（10.22）可简化为

$$Q_{1,2}=\frac{(E_{b1}-E_{b2})A}{\dfrac{1}{\varepsilon_1}+\dfrac{1}{\varepsilon_2}-1} \tag{10.23}$$

（2）当表面 1 为一个非凹表面，并被表面 2 包围时，这时$X_{1,2}=1$，可得

$$Q_{1,2}=\frac{(E_{\mathrm{b}1}-E_{\mathrm{b}2})A_1}{\frac{1}{\varepsilon_1}+\frac{A_1}{A_2}\left(\frac{1}{\varepsilon_2}-1\right)} \tag{10.24}$$

（3）当表面 1 为一个非凹表面，并被表面 2 包围，且$A_1/A_2\approx 0$，这时仍然有$X_{1,2}=1$，可得

$$Q_{1,2}=(E_{\mathrm{b}1}-E_{\mathrm{b}2})A_1\varepsilon_1 \tag{10.25}$$

这时发现，辐射换热与第二个表面发射率无关.

**例 10.3**　薄壁真空球形空腔 $A_2$ 包围着另一个球体表面 $A_1$，组成了封闭空腔. 已知两个表面的发射率$\varepsilon_1=\varepsilon_2=0.8$，直径$D_1=0.125\mathrm{m}$，$D_2=0.5\mathrm{m}$，$A_1$的温度$T_1=427$℃，$A_2$外侧空气温度$T_\infty=37$℃. 外侧对流换热速率设为同侧辐射换热的 5 倍. 试计算 $A_1$ 和 $A_2$ 之间的辐射换热速率$Q_{1,2}$.

**解**　$A_2$ 的外侧是很大的环境，作为近似也可以把它看成一个大空腔$A_3$，那么$A_3$的温度就是空气温度$T_\infty$. 由于$A_3$很大，所以$A_2/A_3\to 0$，故从 $A_2$ 到 $A_3$ 的辐射换热速率$Q_{2,3,\mathrm{r}}$可以按照式（10.25）计算，即

$$Q_{2,3,\mathrm{r}}=(E_{\mathrm{b}2}-E_{\mathrm{b}3})A_2\varepsilon_2=A_2\varepsilon_2\sigma\times(T_2^4-T_\infty^4)$$

$A_2$ 外侧空气的对流换热速率按照题意是辐射换热的 5 倍，因此

$$Q_{2,3,\mathrm{conv}}=5A_2\varepsilon_2\sigma\times(T_2^4-T_\infty^4)$$

因此，$A_2$ 的总散热速率为

$$Q_{2,3}=6A_2\varepsilon_2\sigma\times(T_2^4-T_\infty^4)$$

另一方面，$A_2$是从$A_1$得到热量的，即是$A_1$与$A_2$的辐射换热速率，这时可以按照式（10.23）计算，即

$$Q_{1,2}=\frac{A_1\sigma(T_1^4-T_2^4)}{\frac{1}{\varepsilon_1}+\left(\frac{1}{\varepsilon_2}-1\right)\frac{A_1}{A_2}}$$

根据能量守恒定律，列出$A_2$的热平衡方程为

$$Q_{1,2}=Q_{2,3}=6A_2\varepsilon_2\sigma\times(T_2^4-T_\infty^4)$$

代入相应的数值，求解温度$T_2$.

$$\frac{4\pi\times 0.0625^2\times 5.67\times 10^{-8}(700^4-T_2^4)}{\frac{1}{0.8}+\left(\frac{1}{0.8}-1\right)\frac{4\pi\times 0.0625^2}{4\pi\times 0.25^2}}$$

$$=64\pi\times 0.25^2\times 0.8\times 5.67\times 10^{-8}\times(T_2^4-310^4)$$

由上式解得，$T_2=328\mathrm{K}$，再代回$Q_{1,2}$的方程，得到 $A_1$ 和 $A_2$ 之间的辐射换热速率$Q_{1,2}=502\mathrm{W}$.

### 10.4.4 防辐射屏

两个表面之间的辐射传热存在空间热阻和表面热阻，如果为了减弱两者之间的辐射换热，如炼钢炉前的工人、夏季对太阳的遮挡等都需要这样做，可以采取增加表面热阻和空间热阻的办法，最简单的方式就是在两个辐射换热表面之间插入一块低发射率的防辐射屏，如图 10.18 所示.

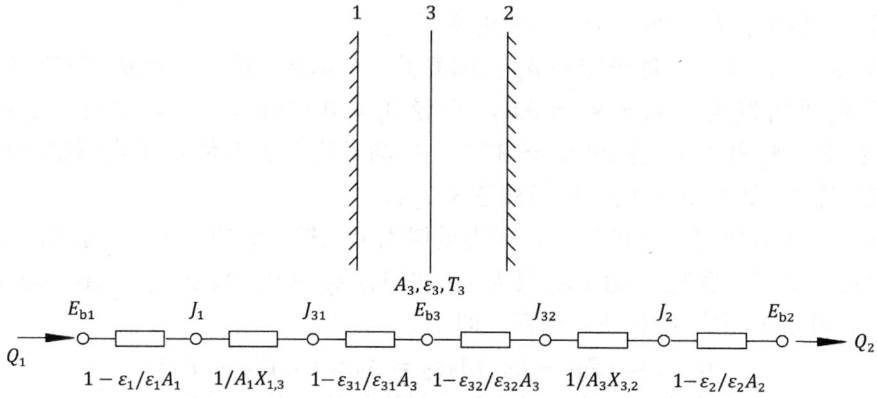


图 10.18 两块大平板之间插入防辐射屏

未加防辐射屏时，两个表面之间的换热存在两个表面热阻和一个空间热阻. 加了防辐射屏之后，将增加两个表面热阻和一个空间热阻，因此总热阻将增加，表面 1 和表面 2 之间的辐射换热量将减少，这就是防辐射屏的工作原理. 如果防辐射屏的发射率很低，效果更好. 但要注意，防辐射屏的两面发射率不一定一样，需要单独考虑. 如果防辐射屏的面积足够大，并与原来的辐射表面平行，那么各板之间的视角系数均为 1. 于是，系统的总传热速率为

$$Q_{1,2,3}=Q_{1,3}=Q_{3,2}=\frac{(E_{b1}-E_{b2})A}{\frac{1}{\varepsilon_1}+\frac{1}{\varepsilon_{1,3}}-1+\frac{1}{\varepsilon_{3,2}}+\frac{1}{\varepsilon_2}-1} \tag{10.26}$$

这个方程告诉我们，如果$\varepsilon_{1,3}$和$\varepsilon_{3,2}$很小，那么表面热阻将变得非常大，防辐射效果明显. 在稳态条件下，如果知道 $T_1$ 和 $T_2$，并确定防辐射屏两边的传热速率相同，就可以确定 $T_3$. 简单情况下，如果各表面的发射率相同，$\varepsilon_1=\varepsilon_{1,3}=\varepsilon_{3,2}=\varepsilon_2=\varepsilon$，那么式（10.26）变为

$$Q_{1,2,3}=Q_{1,3}=Q_{3,2}=\frac{(E_{b1}-E_{b2})A}{2\left(\frac{2}{\varepsilon}-1\right)}=\frac{Q_{1,2}}{2} \tag{10.27}$$

这里，$Q_{1,2}$是未插入防辐射屏时的辐射传热速率. 可见，插入具有相同发射率的防辐射屏，可以将辐射换热降为原来的一半. 同理，如果在两块大的平行平板之间插入 $n$块

具有相同发射率的防辐射屏，那么总传热速率将降为原来的$1/(n+1)$，即

$$Q_{1\to n}=\frac{Q_{1,2}}{n+1}$$

上述遮热原理已经在许多领域得到利用．例如，在翅片式的真空管太阳能集热器中，为了减少翅片背部的辐射热损失，通常会增加一个防辐射铝箔．遮热原理在农业工程中和保温工程中也有许多应用．

# 本 章 小 结

本章最重要的定律是斯特藩-玻尔兹曼定律

$$E_{\mathrm{b}}=\sigma T^4$$

它表示单位面积黑体表面向半球空间发射热辐射的总能量．式中，$\sigma$称为斯特藩-玻尔兹曼常数，

$$\sigma=5.67\times10^{-8}\mathrm{W/(m^2\cdot K^4)}$$

但热辐射的能量分布在半球空间是不均匀的，即它的发射是有方向倾向性的，在垂直表面的方向上发出的强度最大，如果在垂直表面方向上的辐射强度为$I_0$，那么由**朗伯定律**指出，在$\theta$方向的辐射能流密度$I(\theta)$为

$$I(\theta)=I_0\cos\theta$$

实际表面的发射能力可以表述为

$$E=\varepsilon E_{\mathrm{b}}=\varepsilon\sigma T^4$$

其中，$\varepsilon$称为表面的发射率，它与表面温度和材料本身有关．基尔霍夫定律指出，在热平衡条件下，任何表面的吸收率与它的发射率相等，即

$$\alpha=\varepsilon$$

实际表面的吸收率和发射率一般都是与辐射的波长有关的，是波长的函数，即

$$\alpha_\lambda=\alpha(\lambda)$$
$$\varepsilon_\lambda=\varepsilon(\lambda)$$

为了描述两个表面之间的换热，引入角系数的概念，即离开表面 1 的热辐射被表面 2 所拦截的百分数称为表面 1 对表面 2 的角系数，记为$X_{1,2}$．角系数是几何关系，一般有如下性质．

相对性：

$$A_1X_{1,2}=A_2X_{2,1}$$

完整性：由 $N$个表面组成的封闭空腔，某表面对其他表面的角系数之和为 1．

$$X_{i,1}+X_{i,2}+\cdots+X_{i,j}+\cdots+X_{i,N}=\sum_{j=1}^{N}X_{i,j}=1$$

分解性：

$$X_{1,2+3}=X_{1,2}+X_{1,3}$$

黑体表面具有吸收所有投射到它上面的热辐射的能力，因此两个黑体表面之间的换热的净换热速率为

$$Q_{1,2}=\frac{E_{\mathrm{b1}}-E_{\mathrm{b2}}}{\dfrac{1}{A_1X_{1,2}}}=\frac{\sigma({T_1}^4-{T_2}^4)}{\dfrac{1}{A_1X_{1,2}}}$$

灰体表面的换热必须考虑多次反射与多次吸收的问题，为此引入投入辐射与有效辐射的概念. 单位时间投射到单位表面的辐射总和称为该表面的投入辐射，用 $G$ 表示. 单位时间离开单位面积的所有辐射的总和称为有效辐射，记为 $J$. 具有表面积 $A$ 的灰体表面，辐射的热损失总量为

$$Q=\frac{E_{\mathrm{b}}-J}{\dfrac{1-\varepsilon}{\varepsilon A}}$$

于是，两个灰体表面之间的辐射换热可以表述为

$$Q_{1,2}=\frac{E_{\mathrm{b1}}-E_{\mathrm{b2}}}{\dfrac{1-\varepsilon_1}{\varepsilon_1A_1}+\dfrac{1}{A_1X_{1,2}}+\dfrac{1-\varepsilon_2}{\varepsilon_2A_2}}$$

上式中的分母包括了空间热阻和表面热阻.

## 习　题

**10-1**　已准确测定了投射在地球大气层外表面上的太阳辐射的能流密度，其值为 $1353\mathrm{W/m^2}$. 太阳和地球的直径分别为 $1.39\times10^9\mathrm{m}$ 和 $1.29\times10^7\mathrm{m}$，太阳与地球之间的距离为 $1.5\times10^{11}\mathrm{m}$. 假定宇宙背景的温度为2K.

（a）太阳发射的辐射功率是多少？

（b）将太阳表面近似为黑体，其表面温度是多少？

（c）假定地球表面是黑体，且太阳是地球唯一的能源，估算地球表面的温度.

**10-2**　平行放置的两块钢板，温度分别保持为500℃和20℃，发射率均为0.8，钢板尺寸比两板之间的距离大得多. 求两板的辐射力、有效辐射、投入辐射以及它们之间的辐射换热速率.

10-3　计算下述图形（习题 10-3 图）表面的角系数$X_{1,2}$和$X_{2,1}$.

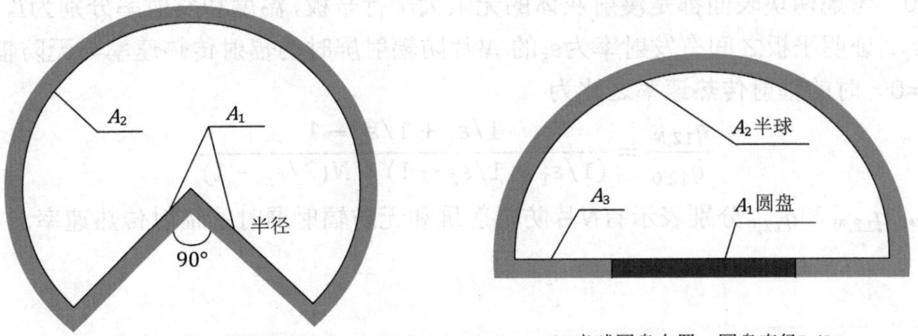


(a)一个长通道　　(b)半球圆盘布置，圆盘直径D/2

习题 10-3 图

10-4　直径为 25m 的圆形溜冰场被直径为 35m 的半球形穹定围住. 如果冰和穹顶内表面可以近似为黑体，温度分别为 0℃和 15℃，问由穹顶至冰场的净辐射传热速率是多少？

10-5　一根 260℃的铜管放置于 15℃的大房间中．已知铜 260℃时的发射率为 0.6，15℃时的发射率为 0.56，并假设吸收率仅与辐射源温度有关．请计算单位面积的管表面通过辐射换热散失的热量.

10-6　请计算非常靠近且平行放置的两面砖墙的单位面积的辐射换热率．已知这两面墙的表面温度分别为 15℃和 30℃，砖的发射率为 0.93，墙面可被假设为灰体.

10-7　500℃的半径$R$为 0.1m 的圆盘放置于大房间中，已知房间墙壁的温度为 10℃，房间内空气平均温度为 15℃．一个小的球形热电偶放置于距离圆盘中心≤ 0.1m 处．已知热电偶对空气的换热系数为 25.6W/(m²·K)，圆盘表面可被假设为黑体表面. 请证明热电偶显示的温度大约为 100℃.（已知小球与圆盘中心垂直距离为$L$时的角系数为：$\frac{1}{2}[1-\frac{L}{\sqrt{L^2+R^2}}]$）

10-8　一直径为 25mm，长度为 0.3m 的电热棒用于给一个房间供暖．房间内绝大部分空气的温度为 20℃，墙壁温度为 15℃，加热棒表面温度为 540℃．请计算加热棒供暖所消耗的电能．已知电加热棒的对流换热可以假设为

$$Nu = 0.4(Gr)^{1/4}$$

其中，$\beta = 1/T$中的 $T$采用空气绝对温度，单位为 K，其余所有参数均采用膜温度进行计算．已知电热棒表面的发射率为 0.55，并可假设环境为黑体.

10-9　讨论背部良好隔热的一块不透明的水平板．平板上的投射辐射密度为 2500 W/m²，其中被反射的分量为 500W/m²．平板的温度为 227℃，其发射功率为 1200W/m²．温度 127℃的空气流过平板，已知对流换热系数为 15W/(m²·K)．请

确定平板的发射率、吸收率和有效辐射密度，以及单位面积的净传热率是多少？

10-10 考虑两块表面都是漫射灰体的无限大平行平板，温度和发射率分别为$T_1$，$\varepsilon_1$和$T_2$，$\varepsilon_2$. 证明平板之间有发射率为$\varepsilon_s$的 $N$片防辐射屏时的辐射传热速率与无防辐射屏（$N$=0）时的辐射传热速率之比为

$$\frac{q_{12,N}}{q_{12,0}}=\frac{1/\varepsilon_1+1/\varepsilon_2-1}{(1/\varepsilon_1+1/\varepsilon_2-1)+N(2/\varepsilon_s-1)}$$

式中，$q_{12,N}$和$q_{12,0}$分别表示有$N$片防辐射屏和无防辐射屏时的辐射传热速率.

# 第 11 章 换热器及其设计计算

换热器是热工系统中最常见的装置之一，在化工、干燥、采暖、空调和车辆工程中都会大量使用这些装置．简单地说，换热器就是冷热流体相互换热的设备，一股流体的热量将会通过换热器的板壁传递给另一股流体．经过多年的发展，已经产生了多种形式的换热器，有管板式的、管壳式的和套管式的等．根据它们的形式不同，将会有不同的设计计算方法．

## 11.1 换热器中的基本流动形式

换热器中一般都同时有两种不同的流体在流动，热的流体不断变冷，另一侧的冷流体不断受到加热而升温，根据换热器中冷热流体的流动形式不同，一般可以将换热器中的流动形式分为如下四种情况：① 顺流式换热器，如图 11.1（a）所示，这时冷热流体的流动方向相同，进出口也在相同方向上；② 逆流式换热器，如图 11.1（b）所示，这时冷热流体的流动方向相反，而且进出口的方向也相反；③ 叉流式换热器，如图 11.2 所示，这时冷热流体的流动方向基本是互相垂直的，冷热流体的设置比较随意，可以在同一侧，也可以在不同侧；④ 复杂流换热器，如图 11.3 所示，这时冷热流体的流动方向可以包括多种形式，可能是叉流、顺流和逆流结合在一起，所以有时也称为紧凑型换热器．

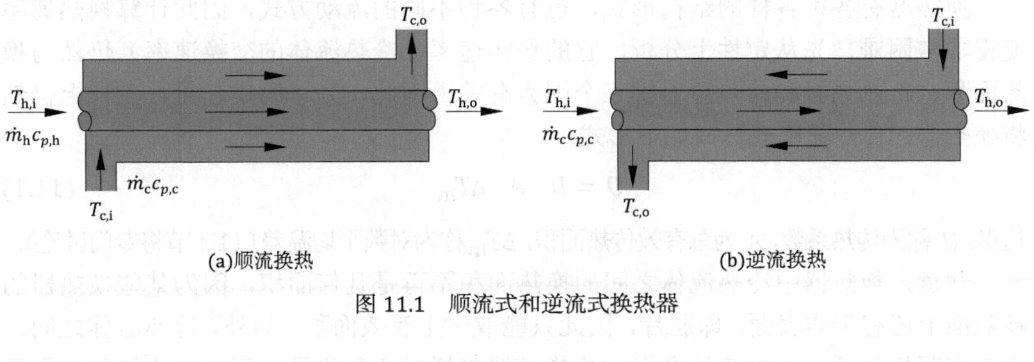


图 11.1 顺流式和逆流式换热器

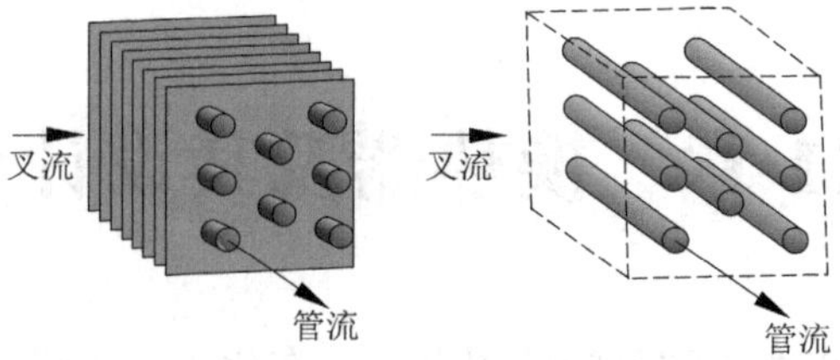


(a)管道带肋片　　(b)管道不带肋片

图 11.2　叉流式换热器

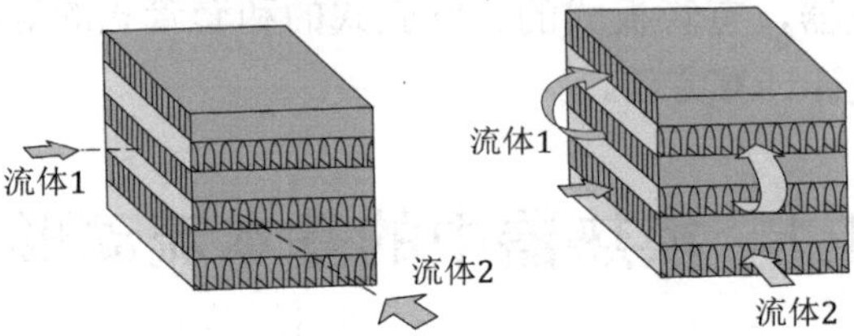


(a)单流程复杂流　　(b)多流程复杂流

图 11.3　平板-肋片式复杂流换热器

上述几种流动形式中，顺流和逆流方式是最经典的，也是研究起来相对简单的. 因此，大多数的换热器的研究都是从顺流和逆流形式入手，然后将研究结果再延伸应用到其他流动形式中.

## 11.2　换热器中传热速率的计算

换热器有各种各样的结构形式，也有各种不同的流动方式，因此计算换热速率变得非常困难. 先从定性上分析，它的传热速率（冷热流体的交换速率）仍然与换热面积、传热系数和传热温差等三个因素有关. 因此，为了简单起见，工程上仍然将换热器的传热速率表达成如下形式：

$$Q = U \cdot A \cdot \Delta T_{\ln} \tag{11.1}$$

这里，$U$ 称为传热系数，$A$ 为总有效传热面积，$\Delta T_{\ln}$ 称为对数平均温差（11.3 节将专门讨论）.

注意，换热器中冷热流体之间的换热面积不再是几何面积，因为某些换热器的换热面上还有延伸表面，即肋片，因此只能取一个有效面积. 另外，冷热流体之间，由于有隔板隔开，冷热流体之间的传热必然包括对流和传导，所以传热热阻将是几个热阻之和，同时还要考虑换热器使用过程中，因换热表面的锈蚀而产生的污垢系数. 因此，有时也把 $UA$ 称为总传热系数. 最后，换热器传热速率显然与冷热流体的温差有关，但由于冷热流体在换热器中的温度是变化的，所以在换热器中的不同位置，冷热流体的温差是变化的，无法采用固定的温差，必须寻找新的温差表示形式，11.3 节我们将知道，应该采用对数平均温差.

在任何换热器中，总传热系数 $UA$ 是最基本的，也是最难确定的. 为此，可以考察如图 11.4 所示的传热模型，它表示的正是平板隔开的两股冷热流体之间的换热过程. 高温流体 1 首先是将热能通过对流传递给隔板，隔板得到热能后，通过导热传递到冷流体的一面，最后通过对流传递给冷流体. 这是基本的换热过程，但在实际的换热器中，还需考虑隔板两面由于腐蚀、表面沉淀或水垢等因素所产生的污垢热阻. 从图 11.4 很容易得到总传热过程的总热阻

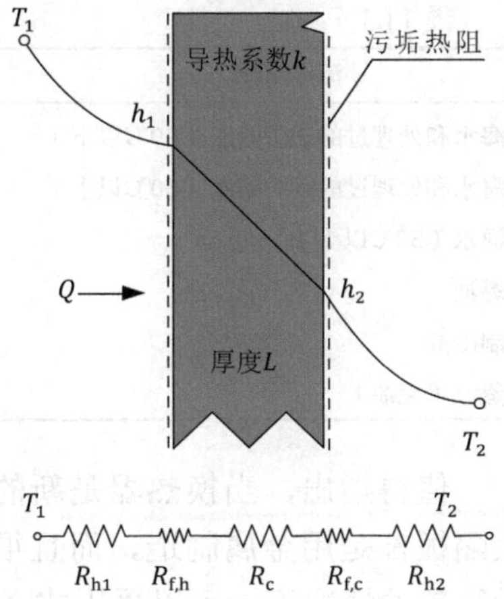

图 11.4　冷热流体之间的换热热阻

$$R_T = R_{h1} + R_{f,h} + R_c + R_{f,c} + R_{h2}$$

这里，$R_{h1}$是热流体侧的对流换热热阻；$R_{f,h}$是热流体侧的污垢热阻；$R_c$是板壁的导热热阻；$R_{f,c}$是冷流体侧的污垢热阻；$R_{h2}$是冷流体侧的对流热阻.

考虑到在流体一侧或两侧常常会增加肋片以便增加传热面积，同时还要考虑污垢的形成与影响，所以换热器的总传热系数常被表示为

$$\frac{1}{UA} = \frac{1}{(\eta_0 hA)_h} + \frac{\xi_h}{(\eta_0 A)_h} + \left(\frac{L}{A\lambda}\right)_c + \frac{\xi_c}{(\eta_0 A)_c} + \frac{1}{(\eta_0 hA)_c} \tag{11.2}$$

式中，$\xi_h$和$\xi_c$分别是热侧和冷侧的污垢系数，表 11.1 给出了一些典型情况下的污垢系数，如果换热器是新的，污垢系数为 0. $\left(\frac{L}{A\lambda}\right)_c$是隔板的有效导热热阻. $\eta_0$是带肋片的表面的总表面效率，不管是热侧还是冷侧，对于没有污垢的表面，它都可以定义如下：

$$Q = \eta_0 hA(T_b - T_\infty) \tag{11.3}$$

注意，这里的$T_b$是基面温度，$A$ 是肋片加暴露基面的总面积. 因此，只要测出总传热速率、基面温度和传热系数，就可以决定$\eta_0$. 对于不是特别复杂的肋片形状，总表面效率可以用如下公式估算：

$$\eta_0 = 1 - \frac{A_f}{A}(1 - \eta_f) \tag{11.4}$$

这里，$A_f$是所有肋片的总表面积；$A$是换热侧的总面积. $\eta_f$是单个肋片的效率，对于常见的肋片，其值可以在有关书籍和资料中很容易查到.

表 11.1 典型情况的污垢系数

| 流体情况 | 污垢系数$\xi$/($m^2 \cdot K/W$) |
|---|---|
| 海水和处理过的锅炉给水（50℃以下） | 0.0001 |
| 海水和处理过的锅炉给水（50℃以上） | 0.0002 |
| 河水（50℃以下） | 0.0002~0.001 |
| 燃油 | 0.0009 |
| 制冷液 | 0.0002 |
| 蒸汽（无油） | 0.0001 |

值得指出，当换热器是新的时，污垢热阻可以忽略．并且，在实际情况中，一般隔板都是用金属制造，而且很薄，所以导热热阻要比对流热阻小很多．因此，在最简单的情况下，可以采用式（11.2）的简单形式对总传热系数进行估算，即

$$\frac{1}{UA}=\frac{1}{(\eta_0 hA)_{\mathrm{h}}}+\frac{1}{(\eta_0 hA)_{\mathrm{c}}} \tag{11.5}$$

有时肋片面积要比基表面积大得多，所以$A_{\mathrm{f}}/A \approx 1$，此时$\eta_0 \approx \eta_{\mathrm{f}}$，可以查表得到.

## 11.3 换热器对数平均温差的确定

式（11.1）给出了计算换热器换热速率的一般方程，方程（11.2）又给出了总传热系数的计算公式．那么，剩下一个问题是如何确定换热器两侧的温差．

换热器是一个非常普通的工业设备，不管它的结构如何复杂，形式如何多样，它一定满足能量守恒原理，即热流体放出的热量一定等于冷流体得到的热量．假定热流体和冷流体的质量流率分别是$\dot{m}_{\mathrm{h}}$(kg/s)和$\dot{m}_{\mathrm{c}}$(kg/s)，它们的比热容分别是$c_{p,\mathrm{h}}$和$c_{p,\mathrm{c}}$，那么热流体放出的热量应该为

$$Q=\dot{m}_{\mathrm{h}} c_{p,\mathrm{h}}\left(T_{\mathrm{h,i}}-T_{\mathrm{h,o}}\right) \tag{11.6}$$

冷流体得到的热量应为

$$Q=\dot{m}_{\mathrm{c}} c_{p,\mathrm{c}}\left(T_{\mathrm{c,o}}-T_{\mathrm{c,i}}\right) \tag{11.7}$$

这里，$T_{\mathrm{h,i}}$和$T_{\mathrm{h,o}}$分别是热流体的进出口的温度；$T_{\mathrm{c,i}}$和$T_{\mathrm{c,o}}$分别是冷流体的进出口的温度．为了描述方便，令$C_{\mathrm{h}}$和$C_{\mathrm{c}}$分别表示热流体和冷流体的热容流率，那么式（11.6）和（11.7）可分别表示为

$$Q=C_{\mathrm{h}}\left(T_{\mathrm{h,i}}-T_{\mathrm{h,o}}\right) \tag{11.8}$$

$$Q=C_{\mathrm{c}}\left(T_{\mathrm{c,o}}-T_{\mathrm{c,i}}\right) \tag{11.9}$$

这里，$C_{\mathrm{h}}=\dot{m}_{\mathrm{h}} c_{p,\mathrm{h}}$，$C_{\mathrm{c}}=\dot{m}_{\mathrm{c}} c_{p,\mathrm{c}}$．注意，式（11.8）和（11.9）给出的是流体放热

或吸热的最终效果．但对于一个给定的换热器，如果已知它的总传热系数，也可以利用方程（11.1）对总传热速率进行计算与分析．但在方程（11.1）中，$\Delta T_{\ln}$表示的温差不是冷热流体进出口温差的简单相减，也不是热流体平均温度与冷流体平均温度的差，而是对数平均温差．而且，不同的流动形式有不同的对数平均温差，必须注意．

### 11.3.1　顺流换热器的对数平均温差

在顺流换热器中，由于流体的流动方向相同，所以在热流体的进口端，两股流体的温差最大，随着流动的深入，冷热流体的温差逐渐减小，图 11.5 给出了冷热流体的温度变化曲线．从图 11.5 所示的温度变化曲线，很容易发现，进口侧的温度差最大，所以传热效率在进口侧附近也是最高的．到了出口侧，由于温差减小，传热速率大大降低，因此选择太长的换热通道是没有意义的．特别是，当换热通道很长时，冷热流体的温度差趋于零，已经没有换热效果，所以必须选择合适的换热长度．另外，顺流换热过程中，冷流体的出口温度永远不可能高于热流体的出口温度．

选取换热器中$x$位置的一小段微元进行能量平衡分析，如图 11.5 所示．假定换热器与环境的热损失可以忽略，也忽略流体动能和势能的变化，同时假定热量只在垂直流动方向有传递，其他方向的传热可以忽略．那么，热流体失去的热量就正好是冷流体得到的热量，即

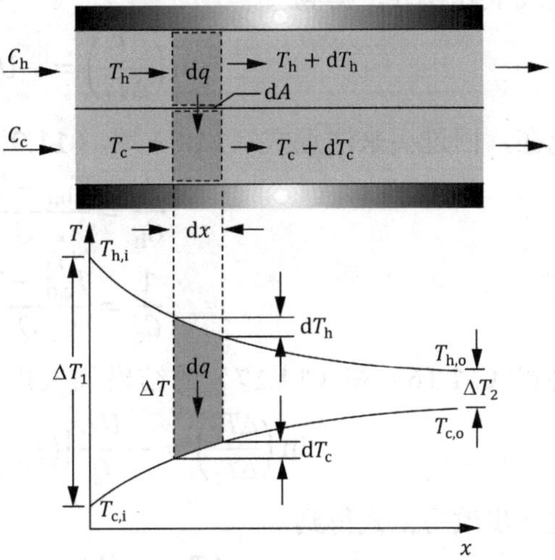


图 11.5　顺流换热器的温度分布

$$dQ = -\dot{m}_h c_{p,h} dT_h = C_h dT_h \tag{11.10}$$

和

$$dQ = C_c dT_c \tag{11.11}$$

假设这时冷热流体的换热面积为 d$A$，那么根据式（11.1）还可以把该微元的传热量表示为

$$dQ = U \cdot \Delta T \cdot dA \tag{11.12}$$

式中，$\Delta T = T_h - T_c$是微元中冷热流体的温差．

显然，式（11.10）～（11.12）表示的是同一个传热量，并注意

$$\mathrm{d}(\Delta T) = \mathrm{d}T_\mathrm{h} - \mathrm{d}T_\mathrm{c}$$

将式（11.10）和（11.11）代入上式，得到

$$\mathrm{d}(\Delta T) = -\mathrm{d}Q\left(\frac{1}{C_\mathrm{h}} + \frac{1}{C_\mathrm{c}}\right)$$

再将式（11.12）的结果代入，上式可以进一步写成

$$\frac{\mathrm{d}(\Delta T)}{\Delta T} = -U\mathrm{d}A\left(\frac{1}{C_\mathrm{h}} + \frac{1}{C_\mathrm{c}}\right) \tag{11.13}$$

式（11.13）正是该换热微元的能量平衡方程．从热流体的进口积分到热流体出口，并认为冷热流体的热容流率是常数，那么得到

$$\int_1^2 \frac{\mathrm{d}(\Delta T)}{\Delta T} = -U\left(\frac{1}{C_\mathrm{h}} + \frac{1}{C_\mathrm{c}}\right)\int_1^2 \mathrm{d}A \tag{11.14}$$

完成上式积分，得到

$$\ln\left(\frac{\Delta T_2}{\Delta T_1}\right) = -UA\left(\frac{1}{C_\mathrm{h}} + \frac{1}{C_\mathrm{c}}\right) \tag{11.15}$$

现在，回过头来注意式（11.8）和（11.9），可以分别改成

$$\frac{1}{C_\mathrm{h}} = \frac{T_\mathrm{h,i} - T_\mathrm{h,o}}{Q} \tag{11.16}$$

$$\frac{1}{C_\mathrm{c}} = \frac{T_\mathrm{c,o} - T_\mathrm{c,i}}{Q} \tag{11.17}$$

将式（11.16）和（11.17）的结果代入式（11.15），得

$$\ln\left(\frac{\Delta T_2}{\Delta T_1}\right) = -\frac{UA}{Q}\left[(T_\mathrm{h,i} - T_\mathrm{h,o}) + (T_\mathrm{c,o} - T_\mathrm{c,i})\right] \tag{11.18}$$

进一步改写上式得到

$$\ln\left(\frac{\Delta T_2}{\Delta T_1}\right) = \frac{UA}{Q}(\Delta T_2 - \Delta T_1)$$

换热器

最后，得到总传热速率的计算公式为

$$Q = UA\frac{\Delta T_2 - \Delta T_1}{\ln\left(\dfrac{\Delta T_2}{\Delta T_1}\right)} = U \cdot A \cdot \Delta T_\mathrm{ln} \tag{11.19}$$

注意，上式中$\Delta T_1 = T_\mathrm{h,i} - T_\mathrm{c,i}$，$\Delta T_2 = T_\mathrm{h,o} - T_\mathrm{c,o}$；$\Delta T_\mathrm{ln}$称为对数平均温差，并且

$$\Delta T_\mathrm{ln} = \frac{\Delta T_2 - \Delta T_1}{\ln\left(\dfrac{\Delta T_2}{\Delta T_1}\right)} \tag{11.20}$$

### 11.3.2　逆流换热器的对数平均温差

上述对顺流换热器的讨论，可以非常类似地应用到逆流换热器中．图 11.6 给出了逆流换热器中冷热流体温度的变化曲线．从曲线的变化趋势可以发现，逆流换热器中的冷热流体温差变化不像顺流那样变化显著，在整个换热器中都保持了较均匀的温差，特别是，如果换热器足够长，冷流体的出口温度可以高于热流体的出口温度，甚至冷流体的出口温度可以接近热流体的进口温度，从而获得较高的温度．这是逆流换热器的一大优势，也是工业中常采用逆流换热的原因之一．

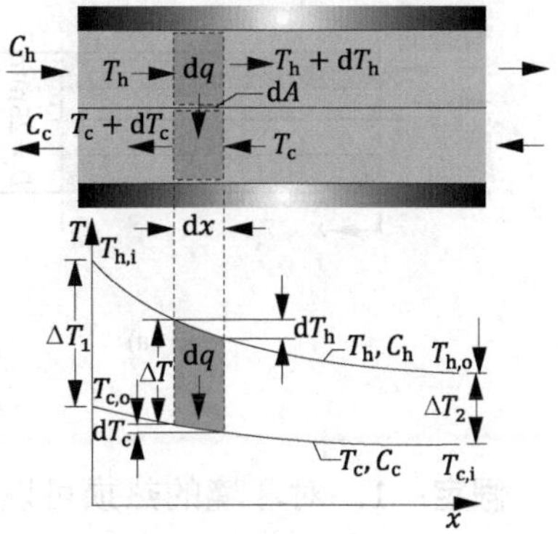

图 11.6　逆流换热器的温度分布

对于逆流换热器，我们同样可以选择换热器中某一微元进行传热分析，如图 11.6 所示．作与顺流换热完全类似的讨论，最后也得到与式（11.19）完全相同的总传热速率计算公式．但此时，端点的温差计算公式要改写，变成

$$\Delta T_1 = T_{h,i} - T_{c,o}$$

$$\Delta T_2 = T_{h,o} - T_{c,i}$$

为了方便记忆并与顺流换热器统一，可以这样认为：不管顺流还是逆流换热器，总是左边一侧的冷热流体温度相减得到一个温差，右边一侧的冷热流体温度相减得到一个温差，然后代入式（11.19）进行计算．

有一种特殊的情况值得指出，对于逆流换热器，如果冷热流体的热容量流率相等，即$C_h = C_c$，这样，整个换热器中冷热流体的温差必定为常数，有$\Delta T = \Delta T_1 = \Delta T_2$．

对于叉流和其他复杂流形的换热器，原则上式（11.8）和（11.9）仍然是成立的，也可以类似采用式（11.19）计算总传热速率，但对数平均温差的定义需要修正，这里不再进一步展开，可以参考其他专门著作．

**例 11.1**　用一个逆流同心管换热器来冷却一个大型工业燃气轮机的润滑油．内管($D_i = 25$mm)中的冷却水的流率为0.2kg/s，外单环形空间($D_o = 45$mm)中的油的流率为0.1kg/s．油和水的进口温度分别为100℃和30℃．如果油的出口温度达到60℃，管子必须有多长？（如果环形空间为层流，则$Nu_i = 5.63$）

**已知**：一个给定内外径的逆流同心管换热器中流体的流率和进口温度．

**求**：达到想要的热流体的出口温度所需的管长．

示意图如图 11.7 所示．

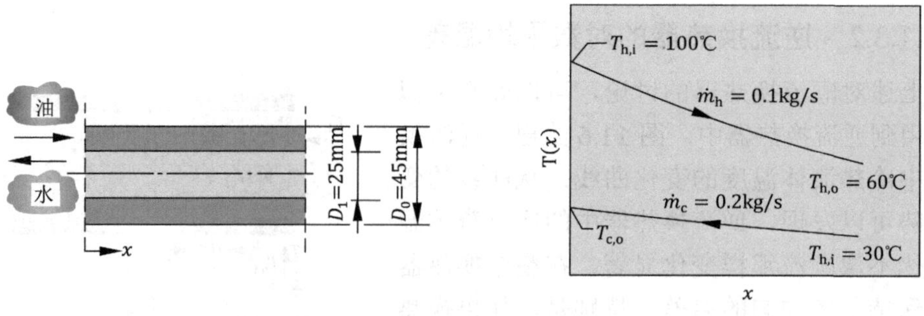


(a) (b)

图 11.7　例 11.1 图

**假定**：1．对环境的热损可以忽略；

2．动能和势能的变化可以忽略；

3．物性为常数；

4．管的壁面热阻和污垢系数可以忽略；

5．水和油都处于充分发展的状态（$U$与$x$无关）．

**物性**：没有用过的机油$(\bar{T}_h=80℃=353K)$：$c_p=2131J/(kg\cdot K)$，$\mu=3.25\times 10^{-2}N\cdot s/m^2$，$\lambda=0.138W/(m\cdot K)$．水$(\bar{T}_c\approx 30℃)$：$c_p=4178J/(kg\cdot K)$，$\mu=725\times 10^{-6}N\cdot s/m^2$，$\lambda=0.625W/(m\cdot K)$，$Pr=4.85$．

**解**　热流体放出的热量即冷流体得到的热量，已知热油的流率及进出口温度，可求得传热速率为

$$q=\dot m_h c_{p,h}(T_{h,i}-T_{h,o})=0.1kg/s\times 2131J/(kg\cdot K)\times(100-60)℃=8524W$$

这个热量即被水吸收的热量，因此水的出口温度为

$$T_{c,o}=\frac{q}{\dot m_c c_{p,c}}+T_{c,i}=\frac{8524W}{0.2kg/s\times 4178J/(kg\cdot K)}+30℃=40.2℃$$

因此采用$\bar{T}_c=35℃$取水的物性值是一个好的选择．另外，根据对数平均温差和传热系数，也可以将套管换热器的传热速率写为

$$q=UA\Delta T_{lm}$$

其中，$A=\pi D_i L$，计算对数平均温差

$$\Delta T_{lm}=\frac{(T_{h,i}-T_{c,o})-(T_{h,o}-T_{c,i})}{\ln[(T_{h,i}-T_{c,o})/(T_{h,o}-T_{c,i})]}=\frac{59.8-30}{\ln(59.8/30)}=43.2℃$$

根据管中传热的热阻关系，可以得到总传热系数为

$$U=\frac{1}{(1/h_i)+(1/h_o)}$$

对于管中水的流动

$$Re_{\mathrm{D}}=\frac{4\dot{m}_{\mathrm{e}}}{\pi D_{\mathrm{i}}\mu}=\frac{4\times0.2\mathrm{kg/s}}{\pi\times0.025\mathrm{m}\times725\times10^{-6}\mathrm{N\cdot s/m^2}}=14050$$

因此，流动为湍流．根据湍流内部流动的经验关联式，计算对流系数为

$$Nu_D=0.023Re_{\mathrm{D}}^{4/5}Pr^{0.4}=0.023\times(14050)^{4/5}\times(4.85)^{0.4}=90$$

因此

$$h_{\mathrm{i}}=Nu_{\mathrm{D}}\frac{\lambda}{D_{\mathrm{i}}}=\frac{90\times0.625\mathrm{W/(m\cdot K)}}{0.025\mathrm{m}}=2250\mathrm{W/(m^2\cdot K)}$$

对于环形空间中油的流动，根据同心套管水力直径的提取规则，水力直径为 $D_{\mathrm{h}}=D_{\mathrm{o}}-D_{\mathrm{i}}=0.02\mathrm{m}$，于是雷诺数为

$$Re_{\mathrm{D}}=\frac{\rho u_{\mathrm{m}}D_{\mathrm{h}}}{\mu}=\frac{\rho(D_{\mathrm{o}}-D_{\mathrm{i}})}{\mu}\times\frac{\dot{m}_{\mathrm{h}}}{\rho\pi(D_{\mathrm{o}}^2-D_{\mathrm{i}}^2)/4}=\frac{4\dot{m}_{\mathrm{h}}}{\pi(D_{\mathrm{o}}+D_{\mathrm{i}})\mu}$$

$$=\frac{4\times0.1\mathrm{kg/s}}{\pi\times(0.045+0.025)\mathrm{m}\times3.25\times10^{-2}\mathrm{kg/(s\cdot m)}}=56.0$$

因此圆环内的流动为层流．假定沿环形空间内表面的温度是均匀的，而且外表面隔热极好，已知

$$Nu_{\mathrm{i}}=\frac{h_{\mathrm{o}}D_{\mathrm{h}}}{\lambda}=5.63$$

因此

$$h_{\mathrm{o}}=5.63\times\frac{0.138\mathrm{W/(m\cdot K)}}{0.020\mathrm{m}}=38.8\ \mathrm{W/(m^2\cdot K)}$$

于是，总的对流系数为

$$U=\frac{1}{[1/2250\mathrm{W/(m^2\cdot K)}]+[1/38.8\ \mathrm{W/(m^2\cdot K)}]}=38.1\mathrm{W/(m^2\cdot K)}$$

根据速率方程，可得

$$L=\frac{q}{U\pi D_{\mathrm{i}}\Delta T_{\mathrm{lm}}}=\frac{8524\mathrm{W}}{38.1\mathrm{W/(m^2\cdot K)}\times\pi\times0.025\mathrm{m}\times43.2℃}=65.9\mathrm{m}$$

说明：（1）热侧的对流系数支配了两种流体之间的传热速率，因为$h_{\mathrm{o}}$的值很低，所以需要很大的$L$值．为减小换热器的尺寸，可以采用传热强化方法．

（2）由于$h_{\mathrm{i}}\gg h_{\mathrm{o}}$，管壁温度应接近于冷却水温度．因此，求$h_{\mathrm{o}}$时假设的均匀壁面温度是合理的．

## 11.4　换热器的有效度分析

换热器中流动的是两股流体，所以换热器的效率与两股流体的热容量流率密切

相关．如果一股流体可以携带的热容量很大，而另一股流体所能携带的热容量很小，显然换热器不能发挥最大的效率．因此，必须考虑换热器的有效度的问题．这也是换热器设计中经常遇到的问题．

所谓换热器的有效度，其定义为：换热器实际的换热速率与最大可能的换热速率之比，即

$$\varepsilon = \frac{Q}{Q_{\max}} \tag{11.21}$$

这里，$Q$是实际的换热速率，并且上面的讨论已经给出了它的计算方程，式（11.8）、式（11.9）或（11.19）都可以用来对它进行计算．$Q_{\max}$有必要作进一步讨论．

前面已经指出，换热器中是两股流体在交换热量，热流体放出的热量必为冷流体得到的热量，所以两股流体中，哪一股流体的热容量流率更小，那么它经历的温度变化就越大．不妨利用一个长度为无穷长的逆流换热器来考虑最大换热速率的问题．这时，冷流体的出口温度必定与热流体的进口温度相同，即$T_{\mathrm{h,i}} = T_{\mathrm{c,o}}$.

当$C_{\mathrm{h}} > C_{\mathrm{c}}$时，显然冷流体将经历更大的温度变化，并且

$$T_{\mathrm{c,o}} - T_{\mathrm{c,i}} \approx T_{\mathrm{h,i}} - T_{\mathrm{c,i}}$$

这时，系统的最大换热速率为

$$Q_{\max} = C_{\mathrm{c}}(T_{\mathrm{h,i}} - T_{\mathrm{c,i}}) \tag{11.22}$$

反之，当$C_{\mathrm{h}} < C_{\mathrm{c}}$时，显然热流体将经历更大的温度变化，并会被冷却到等于冷流体的进口温度，即

$$T_{\mathrm{h,i}} - T_{\mathrm{h,o}} \approx T_{\mathrm{h,i}} - T_{\mathrm{c,i}}$$

这时，系统的最大换热速率为

$$Q_{\max} = C_{\mathrm{h}}(T_{\mathrm{h,i}} - T_{\mathrm{c,i}}) \tag{11.23}$$

观察式（11.22）和（11.23）很容易发现，系统的最大换热速率为

$$Q_{\max} = C_{\min}(T_{\mathrm{h,i}} - T_{\mathrm{c,i}}) \tag{11.24}$$

式中，$C_{\min}$是$C_{\mathrm{h}}$和$C_{\mathrm{c}}$中较小的一个．这就是换热器的最大可能换热速率．将式（11.24）代入式（11.21），并利用式（11.8）或（11.9）的结果，得到

$$\varepsilon = \frac{C_{\mathrm{h}}(T_{\mathrm{h,i}} - T_{\mathrm{h,o}})}{C_{\min}(T_{\mathrm{h,i}} - T_{\mathrm{c,i}})} \tag{11.25}$$

或者

$$\varepsilon = \frac{C_{\mathrm{c}}(T_{\mathrm{c,o}} - T_{\mathrm{c,i}})}{C_{\min}(T_{\mathrm{h,i}} - T_{\mathrm{c,i}})} \tag{11.26}$$

根据定义可以知道，有效度必然$0 \leqslant \varepsilon \leqslant 1$．有了有效度的概念，如果一个换热

器已知了冷热流体的进口温度，并已知有效度，那么系统的换热速率很容易表示成

$$Q = \varepsilon C_{\min}(T_{\mathrm{h,i}} - T_{\mathrm{c,i}}) \tag{11.27}$$

事实上，换热器的有效度是热容流率和总传热系数以及传热面积的一个函数，为了解析给出换热器有效度的函数关系，先定义一个广泛用于换热器分析的无量纲参数：传热单元数（$NTU$）.

$$NTU = \frac{UA}{C_{\min}} \tag{11.28}$$

可以证明，对于顺流换热器，有效度的表达式为

$$\varepsilon = \frac{1 - \exp\{-NTU[1 + (C_{\min}/C_{\max})]\}}{1 + (C_{\min}/C_{\max})} \tag{11.29}$$

对于逆流换热器

$$\varepsilon = \frac{1 - \exp\{-NTU[1 - (C_{\min}/C_{\max})]\}}{1 - (C_{\min}/C_{\max})\exp\{-NTU[1 - (C_{\min}/C_{\max})]\}}，C_{\min}/C_{\max} < 1 \tag{11.30}$$

$$\varepsilon = \frac{NTU}{1 + NTU}，C_{\min}/C_{\max} = 1 \tag{11.31}$$

其他类型的换热器也有有效度的函数表达式，可以查阅相关资料.

# 本 章 小 结

换热器是热工系统中最常见的装置之一，其内部的流动形式大致可分为如下四种情况：① 顺流式换热器；② 逆流式换热器；③ 叉流式换热器；④ 复杂流换热器. 换热器的换热速率一般表达成如下形式

$$Q = U \cdot A \cdot \Delta T_{\ln}$$

这里，$U$称为传热系数，$A$为总有效传热面积，$\Delta T_{\ln}$称为对数平均温差. 顺流换热器的对数平均温差表述为

$$\Delta T_{\ln} = \frac{\Delta T_2 - \Delta T_1}{\ln\left(\frac{\Delta T_2}{\Delta T_1}\right)}$$

逆流换热器的对数平均温差也有上式的形式，但要注意温差的选择如下：

$$\Delta T_1 = T_{\mathrm{h,i}} - T_{\mathrm{c,o}}$$

$$\Delta T_2 = T_{\mathrm{h,o}} - T_{\mathrm{c,i}}$$

换热器的有效度定义为：换热器实际的换热速率与最大可能的换热速率之比，即

$$\varepsilon = \frac{Q}{Q_{\max}}$$

这里，$Q$是实际的换热速率，$Q_{max}$是最大的换热速率.

## 习 题

11-1 要将比热容和流速分别为3500J/(kg · K)和2 kg/s的工作流体从80℃冷却到50℃，所用冷水的温度和流速分别为15℃和2.5 kg/s. 假定总传热系数为2000 W/(m² · K)，计算下列换热器结构所需的换热面积：（a）顺流；（b）逆流.

11-2 采用一根内外径分别为$D_i = 20$mm和$D_o = 26$mm的钢管($\lambda = 50$ W/(m · K))使热气对冷水传热，热气横向绕流管道($h_h = 200$ W/(m² · K))，冷水则在管内流动($h_c = 800$ W/(m² · K)). 问冷侧的总传热系数$U_c$是多少？为了强化传热，在管道外表面上沿纵向安装了16个矩形剖面的直肋. 肋片在管上等距排列，肋片厚度和长度分别为2mm和15mm. 相应的总传热系数$U_c$是多少？

11-3 饱和苯液被水从77℃冷却到47℃，苯的质量流量为1kg/s，比热容为1758J/(kg · K)，冷却水温为13℃，质量流量为0.63kg/s. 试确定单行程逆流时的换热面积（传热系数均取310W/(m² · K)).

11-4 一干净的冷油器为套管式换热器，内径为1.27cm，壁厚为0.127cm的同心直管套，套管外绝热. 油以0.063kg/s的质量流量在管间的环形空间内流动，且与水流动方向相反，水的质量流率为0.03kg/s. 油从177℃被冷却到65.5℃，冷却水的进口温度为10℃. 已知油的对流换热表面传热系数为1.7kW/(m² · K)，比热容为1.675kJ/(kg · K)；水的对流换热表面传热系数为3.97kW/(m² · K)，比热容为4.19kJ/(kg · K). 忽略管壁热阻，试计算所需管长.

11-5 套管热交换器的有效度为0.5，且其中一流体的热容量是另一流体热容量的2倍. 请计算当两种流体质量流量均不变时，颠倒一种流体的流动方向后的有效度为多少？

11-6 质量流量为500 kg/h的120℃的油在一个对流的环形套管热交换器中，被通入热交换器内管的10℃冷却水冷却. 已知内管的内直径为25mm，管壁厚2mm，外管的内直径为50mm，套管有效长度为12m. 计算出口油温，忽略管壁热阻的影响. 使用下列数据：

油：基于当量直径$d_e = 4 \times$流通面积/单位长度的传热面积，取$Nu = 30$；比热容为2.31 kJ/(kg · K)；导热系数为0.135 W/(m · K)；污垢系数为0.001 m² · K/W.

水：假设简单的雷诺相似关系成立，其速度为1 m/s，摩擦系数$f$为0.0002；比热容为4.18 kJ/(kg · K)；密度为1000 kg/m³；污垢系数为0.0002 m² · K/W.

11-7 用一个内外直径分别为25mm和45mm的同心管换热器冷却润滑油，管壁内管中走水，外管走油. 换热器以逆流形式运行，总传热系数为60 W/(m² · K)，平均物性如下：

（a）在出口油温为 60℃时，请确定总的传热速率及出口水温；

（b）确定所需的换热器长度.

| 物性 | 水 | 油 |
|---|---|---|
| $\rho$/(kg/m$^3$) | 1000 | 800 |
| $c_p$/J/(kg·K) | 4200 | 1900 |
| $\nu$/(m$^2$/s) | $7\times10^{-7}$ | $1\times10^{-5}$ |
| $\lambda$/[W/(m·K)] | 0.64 | 0.134 |
| $Pr$ | 4.7 | 140 |

# 参考文献


陈则韶．2014．高等工程热力学．合肥：中国科学技术大学出版社

陈贵堂，王永珍．2008．工程热力学．北京：北京理工大学出版社

傅秦生，何雅玲．2006．热工基础与应用．北京：机械工业出版社

沈维道，童钧耕．2006．工程热力学．北京：高等教育出版社

童钧耕．2004．工程热力学学习辅导与习题解答．北京：高等教育出版社

严家騄，余晓福．1995．水和水蒸气热力性质图表．北京：高等教育出版社

杨世铭，陶文铨．1998．传热学．3 版．北京：高等教育出版社

Borgnakke C, Sonntag R E. 2008. Fundamentals of Thermodynamics. 7th edition. Wiley

Cengel Y, Boles M. 2006. Thermodynamics an Engineering Approach. 6th edition. McGraw-Hill Science/ Engineering /Math Press

Eastop T D , McConkey A. 1993. Applied Thermodynamics for Engineering Technologists. 5th edition. Longman Group UK Limited

Incropera F P, Dewitt D P, Bergman T L, et al. 2007. 葛新石，叶宏，译．传热与传质基本原理．北京：化学工业出版社

Incropera F P, Dewitt D P, Bergman T L, et al. 2011. Fundamentals of Heat and Mass Transfer. John Wiley & Sons, Inc

Moran M J, Shapiro H N. 2010.Fundamentals of Engineering Thermodynamics. John Wiley and Sons. Inc.

Winterbone D, Turan A. 2015. Advanced Thermodynamics for Engineering. 2nd edition. Butterworth-Heinemann

# 附　录

## 附 录 A

附录 A-1　　饱和水与饱和水蒸气热力性质表（按温度排列）

| 温度 | 压力 | 比体积 | | 焓 | | 汽化潜热 | 熵 | |
|---|---|---|---|---|---|---|---|---|
| | | 液体 | 蒸汽 | 液体 | 蒸汽 | | 液体 | 蒸汽 |
| $t$/℃ | $p$/MPa | $v'$/(m$^3$/kg) | $v''$/(m$^3$/kg) | $h'$/(kJ/kg) | $h''$/(kJ/kg) | $\gamma$/(kJ/kg) | $s'$/[kJ/(kg·K)] | $s''$/[kJ/(kg·K)] |
| 0.00 | 0.0006112 | 0.00100022 | 206.154 | −0.05 | 2500.51 | 2500.6 | −0.0002 | 9.1544 |
| 0.01 | 0.0006117 | 0.00100021 | 206.012 | 0.00 | 2500.53 | 2500.5 | 0.0000 | 9.1541 |
| 1 | 0.0006571 | 0.00100018 | 192.464 | 4.18 | 2502.35 | 2498.2 | 0.0153 | 9.1278 |
| 2 | 0.0007059 | 0.00100013 | 179.787 | 8.39 | 2504.19 | 2495.8 | 0.0306 | 9.1014 |
| 4 | 0.0008135 | 0.00100008 | 157.151 | 16.82 | 2507.87 | 2491.1 | 0.0611 | 9.0493 |
| 5 | 0.0008725 | 0.00100008 | 147.048 | 21.02 | 2509.71 | 2488.7 | 0.0763 | 9.0236 |
| 6 | 0.0009352 | 0.00100010 | 137.670 | 25.22 | 2511.55 | 2486.3 | 0.0913 | 8.9982 |
| 8 | 0.0010728 | 0.00100019 | 120.868 | 33.62 | 2515.23 | 2481.6 | 0.1213 | 8.9480 |
| 10 | 0.0012279 | 0.00100034 | 106.341 | 42.00 | 2518.90 | 2476.9 | 0.1510 | 8.8988 |
| 12 | 0.0014025 | 0.00100054 | 93.756 | 50.38 | 2522.57 | 2472.2 | 0.1805 | 8.8504 |
| 14 | 0.0015985 | 0.00100080 | 82.828 | 58.76 | 2526.24 | 2467.5 | 0.2098 | 8.8029 |
| 15 | 0.0017053 | 0.00100094 | 77.910 | 62.95 | 2528.07 | 2465.1 | 0.2243 | 8.7794 |
| 16 | 0.0018183 | 0.00100110 | 73.320 | 67.13 | 2529.90 | 2462.8 | 0.2388 | 8.7562 |
| 18 | 0.0020640 | 0.00100145 | 65.029 | 75.50 | 2533.55 | 2458.1 | 0.2677 | 8.7103 |
| 20 | 0.0023358 | 0.00100185 | 57.786 | 83.86 | 2537.20 | 2453.3 | 0.2963 | 8.6652 |
| 22 | 0.0026444 | 0.00100229 | 51.455 | 92.23 | 2540.84 | 2448.6 | 0.3247 | 8.6210 |
| 24 | 0.0029846 | 0.00100276 | 45.884 | 100.59 | 2544.47 | 2443.9 | 0.3530 | 8.5774 |
| 25 | 0.0031687 | 0.00100302 | 43.362 | 104.77 | 2546.29 | 2441.5 | 0.3670 | 8.5560 |
| 26 | 0.0033625 | 0.00100328 | 40.997 | 108.95 | 2548.10 | 2439.2 | 0.3810 | 8.5347 |
| 28 | 0.0037814 | 0.00100383 | 36.694 | 117.32 | 2551.73 | 2434.4 | 0.4089 | 8.4927 |
| 30 | 0.0042451 | 0.00100442 | 32.899 | 125.68 | 2555.35 | 2429.7 | 0.4366 | 8.4514 |
| 35 | 0.0056263 | 0.00100605 | 25.222 | 146.59 | 2564.38 | 2417.8 | 0.5050 | 8.3511 |
| 40 | 0.0073811 | 0.00100789 | 19.529 | 167.50 | 2573.36 | 2405.9 | 0.5723 | 8.2551 |
| 45 | 0.0095897 | 0.00100993 | 15.2636 | 188.42 | 2582.30 | 2393.9 | 0.6386 | 8.1630 |
| 50 | 0.0123446 | 0.00101216 | 12.0365 | 209.33 | 2591.19 | 2381.9 | 0.7038 | 8.0745 |
| 55 | 0.015752 | 0.00101455 | 9.5723 | 230.24 | 2600.02 | 2369.8 | 0.7680 | 7.9896 |
| 60 | 0.019933 | 0.00101713 | 7.6740 | 251.15 | 2608.79 | 2357.6 | 0.8312 | 7.9080 |
| 65 | 0.025024 | 0.00101986 | 6.1992 | 272.08 | 2617.48 | 2345.4 | 0.8935 | 7.8295 |
| 70 | 0.031178 | 0.00102276 | 5.0443 | 293.01 | 2626.10 | 2333.1 | 0.9550 | 7.7540 |

续表

| 温度 | 压力 | 比体积 | | 焓 | | 汽化潜热 | 熵 | |
| --- | --- | --- | --- | --- | --- | --- | --- | --- |
| | | 液体 | 蒸汽 | 液体 | 蒸汽 | | 液体 | 蒸汽 |
| $t$/℃ | $p$/MPa | $v'$/(m³/kg) | $v''$/(m³/kg) | $h'$/(kJ/kg) | $h''$/(kJ/kg) | $\gamma$/(kJ/kg) | $s'$/[kJ/(kg·K)] | $s''$/[kJ/(kg·K)] |
| 75 | 0.038565 | 0.00102582 | 4.1330 | 313.96 | 2634.63 | 2320.7 | 1.0156 | 7.6812 |
| 80 | 0.047376 | 0.00102903 | 3.4086 | 334.93 | 2643.06 | 2308.1 | 1.0753 | 7.6112 |
| 85 | 0.057818 | 0.00103240 | 2.8288 | 355.92 | 2651.40 | 2295.5 | 1.1343 | 7.5436 |
| 90 | 0.070121 | 0.00103593 | 2.3616 | 376.94 | 2659.63 | 2282.7 | 1.1926 | 7.4783 |
| 95 | 0.084533 | 0.00103961 | 1.9827 | 397.98 | 2667.73 | 2269.7 | 1.2501 | 7.4154 |
| 100 | 0.101325 | 0.00104344 | 1.6736 | 419.06 | 2675.71 | 2256.6 | 1.3069 | 7.3545 |
| 110 | 0.143243 | 0.00105156 | 1.2106 | 461.33 | 2691.26 | 2229.9 | 1.4186 | 7.2386 |
| 120 | 0.198483 | 0.00106031 | 0.89219 | 503.76 | 2706.18 | 2202.4 | 1.5277 | 7.1297 |
| 130 | 0.270018 | 0.00106968 | 0.66873 | 546.38 | 2720.39 | 2174.0 | 1.6346 | 7.0272 |
| 140 | 0.361190 | 0.00107972 | 0.50900 | 589.21 | 2733.81 | 2144.6 | 1.7393 | 6.9302 |
| 150 | 0.47571 | 0.00109046 | 0.39286 | 632.28 | 2746.35 | 2114.1 | 1.8420 | 6.8381 |
| 160 | 0.61766 | 0.00110193 | 0.30709 | 657.62 | 2757.92 | 2082.3 | 1.9429 | 6.7502 |
| 170 | 0.79147 | 0.00111420 | 0.24283 | 719.25 | 2768.42 | 2049.2 | 2.0420 | 6.6661 |
| 180 | 1.00193 | 0.00112732 | 0.19403 | 763.22 | 2777.74 | 2014.5 | 2.1396 | 6.5852 |
| 190 | 1.25417 | 0.00114136 | 0.15650 | 807.56 | 2785.80 | 1978.2 | 2.2358 | 6.5071 |
| 200 | 1.55366 | 0.00115641 | 0.12732 | 852.34 | 2792.47 | 1940.1 | 2.3307 | 6.4312 |
| 210 | 1.90617 | 0.00117258 | 0.10438 | 897.62 | 2797.65 | 1900.0 | 2.4245 | 6.3571 |
| 220 | 2.31783 | 0.00119000 | 0.086157 | 943.46 | 2801.20 | 1857.7 | 2.5175 | 6.2846 |
| 230 | 2.79505 | 0.00120882 | 0.071553 | 989.95 | 2803.00 | 1813.0 | 2.6096 | 6.2130 |
| 240 | 3.34459 | 0.00122922 | 0.059743 | 1037.2 | 2802.88 | 1765.7 | 2.7013 | 6.1422 |
| 250 | 3.97351 | 0.00125145 | 0.050112 | 1085.3 | 2800.66 | 1715.4 | 2.7926 | 6.0716 |
| 260 | 4.68923 | 0.00127579 | 0.042195 | 1134.3 | 2796.14 | 1661.8 | 2.8837 | 6.0007 |
| 270 | 5.49956 | 0.00130262 | 0.035637 | 1184.5 | 2789.05 | 1604.5 | 2.9751 | 5.9292 |
| 280 | 6.41273 | 0.00133242 | 0.030165 | 1236.0 | 2779.08 | 1543.1 | 3.0668 | 5.8564 |
| 290 | 7.43746 | 0.00136582 | 0.025565 | 1289.1 | 2765.81 | 1476.7 | 3.1594 | 5.7817 |
| 300 | 8.58308 | 0.00140369 | 0.021669 | 1344.0 | 2748.71 | 1404.7 | 3.2533 | 5.7042 |
| 310 | 9.8597 | 0.00144728 | 0.018343 | 1401.2 | 2727.01 | 1325.9 | 3.3490 | 5.6226 |
| 320 | 11.278 | 0.00149844 | 0.015479 | 1461.2 | 2699.72 | 1238.5 | 3.4475 | 5.5356 |
| 330 | 12.851 | 0.00156008 | 0.012987 | 1524.9 | 2665.30 | 1140.4 | 3.5500 | 5.4408 |
| 340 | 14.593 | 0.00163728 | 0.010790 | 1593.7 | 2621.32 | 1027.6 | 3.6586 | 5.3345 |
| 350 | 16.521 | 0.00174008 | 0.008812 | 1670.3 | 2563.39 | 893.0 | 3.7773 | 5.2104 |
| 360 | 18.657 | 0.00189423 | 0.006958 | 1761.1 | 2481.68 | 720.6 | 3.9155 | 5.0536 |
| 370 | 21.033 | 0.00221480 | 0.004982 | 1891.7 | 2338.79 | 447.1 | 4.1125 | 4.8076 |
| 372 | 21.542 | 0.00236530 | 0.004451 | 1936.1 | 2282.99 | 346.9 | 4.1796 | 4.7173 |
| 373.99 | 22.064 | 0.003106 | 0.003106 | 2085.9 | 2085.87 | 0.0 | 4.4092 | 4.4092 |

此表引自文献：严家騄，余晓福．1995．水和水蒸气热力性质图表．北京：高等教育出版社．

附录 A-2　　饱和水与饱和水蒸气热力性质表（按压力排列）

| 压力 | 温度 | 比体积 | | 焓 | | 汽化潜热 | 熵 | |
|---|---|---|---|---|---|---|---|---|
| | | 液体 | 蒸汽 | 液体 | 蒸汽 | | 液体 | 蒸汽 |
| $p$/MPa | $t$/℃ | $v'$/($m^3$/kg) | $v''$/($m^3$/kg) | $h'$/(kJ/kg) | $h''$/(kJ/kg) | $\gamma$/(kJ/kg) | $s'$/[kJ/(kg·K)] | $s''$/[kJ/(kg·K)] |
| 0.001 | 6.9491 | 0.0010001 | 129.185 | 29.21 | 2513.29 | 2484.1 | 0.1056 | 8.9735 |
| 0.002 | 17.5403 | 0.0010014 | 67.008 | 73.58 | 2532.71 | 2459.1 | 0.2611 | 8.7220 |
| 0.003 | 24.1142 | 0.0010028 | 45.666 | 101.07 | 2544.68 | 2443.6 | 0.3546 | 8.5758 |
| 0.004 | 28.9533 | 0.0010041 | 34.796 | 121.30 | 2553.45 | 2432.2 | 0.4221 | 8.4725 |
| 0.005 | 32.8793 | 0.0010053 | 28.191 | 137.72 | 2560.55 | 2422.8 | 0.4761 | 8.3930 |
| 0.006 | 36.1663 | 0.0010065 | 23.738 | 151.47 | 2566.48 | 2415.0 | 0.5208 | 8.3283 |
| 0.007 | 38.9967 | 0.0010075 | 20.528 | 163.31 | 2571.56 | 2408.3 | 0.5589 | 8.2737 |
| 0.008 | 41.5075 | 0.0010085 | 18.102 | 173.81 | 2576.06 | 2402.3 | 0.5924 | 8.2266 |
| 0.009 | 43.7901 | 0.0010094 | 16.204 | 183.36 | 2580.15 | 2396.8 | 0.6226 | 8.1854 |
| 0.010 | 45.7988 | 0.0010103 | 14.673 | 191.76 | 2583.72 | 2392.0 | 0.6490 | 8.1481 |
| 0.015 | 53.9705 | 0.0010140 | 10.022 | 225.93 | 2598.21 | 2372.3 | 0.7548 | 8.0065 |
| 0.020 | 60.0650 | 0.0010172 | 7.6497 | 251.43 | 2608.90 | 2357.5 | 0.8320 | 7.9068 |
| 0.025 | 64.9726 | 0.0010198 | 6.2047 | 271.96 | 2617.43 | 2345.5 | 0.8932 | 7.8298 |
| 0.030 | 69.1041 | 0.0010222 | 5.2296 | 289.26 | 2624.56 | 2335.3 | 0.9440 | 7.7671 |
| 0.040 | 75.8720 | 0.0010264 | 3.9939 | 317.61 | 2636.10 | 2318.5 | 1.0260 | 7.6688 |
| 0.050 | 81.3388 | 0.0010299 | 3.2409 | 340.55 | 2645.31 | 2304.8 | 1.0912 | 7.5928 |
| 0.060 | 85.9496 | 0.0010331 | 2.7324 | 359.91 | 2652.97 | 2293.1 | 1.1454 | 7.5310 |
| 0.070 | 89.9556 | 0.0010359 | 2.3654 | 376.75 | 2659.55 | 2282.8 | 1.1921 | 7.4789 |
| 0.080 | 93.5107 | 0.0010385 | 2.0876 | 391.71 | 2665.33 | 2273.6 | 1.2330 | 7.4339 |
| 0.090 | 96.7121 | 0.0010409 | 1.8698 | 405.20 | 2670.48 | 2265.3 | 1.2696 | 7.3943 |
| 0.100 | 99.634 | 0.0010432 | 1.6943 | 417.52 | 2675.14 | 2257.6 | 1.3028 | 7.3589 |
| 0.120 | 104.810 | 0.0010473 | 1.4287 | 439.37 | 2683.26 | 2243.9 | 1.3609 | 7.2978 |
| 0.140 | 109.318 | 0.0010510 | 1.2368 | 458.44 | 2690.22 | 2231.8 | 1.4110 | 7.2462 |
| 0.150 | 111.378 | 0.0010527 | 1.15953 | 467.17 | 2693.35 | 2226.2 | 1.4338 | 7.2232 |
| 0.160 | 113.326 | 0.0010544 | 1.09159 | 475.42 | 2696.29 | 2220.9 | 1.4552 | 7.2016 |
| 0.180 | 116.941 | 0.0010576 | 0.97767 | 490.76 | 2701.69 | 2210.9 | 1.4946 | 7.1623 |
| 0.200 | 120.240 | 0.0010605 | 0.88585 | 504.78 | 2706.53 | 2201.7 | 1.5303 | 7.1272 |
| 0.250 | 127.444 | 0.0010672 | 0.71879 | 535.47 | 2716.83 | 2181.4 | 1.6075 | 7.0528 |
| 0.300 | 133.556 | 0.0010732 | 0.60587 | 561.58 | 2725.26 | 2163.7 | 1.6721 | 6.9921 |
| 0.350 | 138.891 | 0.0010786 | 0.52427 | 584.45 | 2732.37 | 2147.9 | 1.7278 | 6.9407 |
| 0.400 | 143.642 | 0.0010835 | 0.46246 | 604.87 | 2738.49 | 2133.6 | 1.7769 | 6.8961 |
| 0.450 | 147.939 | 0.0010882 | 0.41396 | 623.38 | 2743.85 | 2120.5 | 1.8210 | 6.8567 |
| 0.500 | 151.867 | 0.0010925 | 0.37486 | 640.35 | 2748.59 | 2108.2 | 1.8610 | 6.8214 |
| 0.600 | 158.863 | 0 .0011006 | 0.31563 | 670.67 | 2756.66 | 2086.0 | 1.9315 | 6.7600 |
| 0.700 | 164.983 | 0.0011079 | 0.27281 | 697.32 | 2763.29 | 2066.0 | 1.9925 | 6.7079 |
| 0.800 | 170.444 | 0.0011148 | 0.24037 | 721.20 | 2768.86 | 2047.7 | 2.0464 | 6.6625 |
| 0.900 | 175.389 | 0.0011212 | 0.21491 | 742.90 | 2773.59 | 2030.7 | 2.0948 | 6.6222 |
| 1.00 | 179.916 | 0.0011272 | 0.19438 | 762.84 | 2777.67 | 2014.8 | 2.1388 | 6.5859 |

续表

| 压力 | 温度 | 比体积 | | 焓 | | 汽化潜热 | 熵 | |
|---|---|---|---|---|---|---|---|---|
| | | 液体 | 蒸汽 | 液体 | 蒸汽 | | 液体 | 蒸汽 |
| $p$/MPa | $t$/℃ | $v'$/(m$^3$/kg) | $v''$/(m$^3$/kg) | $h'$/(kJ/kg) | $h''$/(kJ/kg) | $\gamma$/(kJ/kg) | $s'$/[kJ/(kg·K)] | $s''$/[kJ/(kg·K)] |
| 1.10 | 184.100 | 0.0011330 | 0.17747 | 781.35 | 2781.21 | 1999.9 | 2.1792 | 6.5529 |
| 1.20 | 187.995 | 0.0011385 | 0.16328 | 798.64 | 2784.29 | 1985.7 | 2.2166 | 6.5225 |
| 1.30 | 191.644 | 0.0011438 | 0.15120 | 814.89 | 2786.99 | 1972.1 | 2.2515 | 6.4944 |
| 1.40 | 195.078 | 0.0011489 | 0 .14079 | 830.24 | 2789.37 | 1959.1 | 2.2841 | 6.4683 |
| 1.50 | 198.327 | 0.0011538 | 0.13172 | 844.82 | 2791.46 | 1946.6 | 2.3149 | 6.4437 |
| 1.60 | 210.410 | 0.0011586 | 0.12375 | 858.69 | 2793.29 | 1934.6 | 2.3440 | 6.4206 |
| 1.70 | 204.346 | 0.0011633 | 0.11668 | 871.96 | 2794.91 | 1923.0 | 2.3716 | 6.3988 |
| 1.80 | 207.151 | 0.0011679 | 0.11037 | 884.67 | 2796.33 | 1911.7 | 2.3979 | 6.3781 |
| 1.90 | 209.838 | 0.0011723 | 0.104707 | 896.88 | 2797.58 | 1900.7 | 2.4230 | 6.3583 |
| 2.00 | 212.417 | 0.0011767 | 0.099588 | 908.64 | 2798.66 | 1890.0 | 2.4471 | 6.3395 |
| 2.50 | 223.990 | 0.0011973 | 0.079949 | 961.93 | 2802.14 | 1840.2 | 2.5543 | 6.2559 |
| 3.00 | 233.893 | 0.0012166 | 0.066662 | 1008.2 | 2803.19 | 1794.9 | 2.6454 | 6.1854 |
| 3.50 | 242.597 | 0.0012348 | 0.057054 | 1049.6 | 2802.51 | 1752.9 | 2.7250 | 6.1238 |
| 4.00 | 250.394 | 0.0012524 | 0.049771 | 1087.2 | 2800.53 | 1713.4 | 2.7962 | 6.0688 |
| 4.50 | 257.477 | 0.0012694 | 0.044052 | 1121.8 | 2797.51 | 1675.7 | 2.8607 | 6.0187 |
| 5.00 | 263.980 | 0.0012862 | 0.039439 | 1154.2 | 2793.64 | 1639.5 | 2.9201 | 5.9724 |
| 6.00 | 275.625 | 0.0013190 | 0.032440 | 1213.3 | 2783.82 | 1570.5 | 3.0266 | 5.8885 |
| 7.00 | 285.869 | 0.0013515 | 0.027371 | 1266 .9 | 2771.72 | 1504.8 | 3.1210 | 5.8129 |
| 8.00 | 295.048 | 0.0013843 | 0.023520 | 1316.5 | 2757.70 | 1441.2 | 3.2066 | 5.7430 |
| 9.00 | 303.385 | 0.0014177 | 0.020485 | 1363.1 | 2741.92 | 1378.9 | 3.2854 | 5.6771 |
| 10.0 | 311.037 | 0.0014522 | 0.018026 | 1407.2 | 2724.46 | 1317.2 | 3.3591 | 5.6139 |
| 12.0 | 324.715 | 0.0015260 | 0.014263 | 1490.7 | 2684.50 | 1193.8 | 3.4952 | 5.4920 |
| 14.0 | 336.707 | 0.0016097 | 0.011486 | 1570.4 | 2637.07 | 1066.7 | 3.6220 | 5.3711 |
| 16.0 | 347.396 | 0.0017099 | 0.009311 | 1649.4 | 2580.21 | 930.8 | 3.7451 | 5.2450 |
| 18.0 | 357.034 | 0.0018402 | 0.007503 | 1732.0 | 2509.45 | 777.4 | 3.8715 | 5.1051 |
| 20.0 | 365.789 | 0.0020379 | 0.005870 | 1827.2 | 2413.05 | 585.9 | 4.0153 | 4.9322 |
| 22.0 | 373.752 | 0.0027040 | 0.003684 | 2013.0 | 2084.02 | 71.0 | 4.2969 | 4.4066 |
| 22.064 | 373.99 | 0.003106 | 0.003106 | 2085.9 | 2085.87 | 0.0 | 4.4092 | 4.4092 |

此表引自文献：严家騄，余晓福．1995．水和水蒸气热力性质图表．北京：高等教育出版社．

附录 A-3　　未饱和水与过热蒸汽热力性质表

| $p$ | 0.001MPa | | | 0.005MPa | | | 0.01MPa | | |
|---|---|---|---|---|---|---|---|---|---|
| 饱和参数 | $t_s = 6.949$℃<br>$v' = 0.0010001$　$v'' = 129.185$<br>$h' = 29.21$　$h'' = 2513.3$<br>$s' = 0.1056$　$s'' = 8.9735$ | | | $t_s = 32.879$℃<br>$v' = 0.0010053$　$v'' = 28.191$<br>$h' = 137.72$　$h'' = 2560.6$<br>$s' = 0.4761$　$s'' = 8.3930$ | | | $t_s = 45.799$℃<br>$v' = 0.0010103$　$v'' = 14.673$<br>$h' = 191.76$　$h'' = 2583.7$<br>$s' = 0.6490$　$s'' = 8.1481$ | | |
| $t$/℃ | $v$/(m³/kg) | $h$/(kJ/kg) | $s$/[kJ/(kg·K)] | $v$/(m³/kg) | $h$/(kJ/kg) | $s$/[kJ/(kg·K)] | $v$/(m³/kg) | $h$/(kJ/kg) | $s$/[kJ/(kg·K)] |
| 0 | 0.0010002 | -0.05 | -0.0002 | 0.0010002 | -0.05 | -0.0002 | 0.0010002 | -0.04 | -0.0002 |
| 10 | 130.598 | 2519.0 | 8.9938 | 0.0010003 | 42.01 | 0.1510 | 0.0010003 | 42.01 | 0.1510 |
| 20 | 135.226 | 2537.7 | 9.0588 | 0.0010018 | 83.87 | 0.2963 | 0.0010018 | 83.87 | 0.2963 |
| 40 | 144.475 | 2575.2 | 9.1823 | 28.854 | 2574.0 | 8.4366 | 0.0010079 | 167.51 | 0.5723 |
| 50 | 149.096 | 2593.9 | 9.2412 | 29.783 | 2592.9 | 8.4961 | 14.869 | 2591.8 | 8.1732 |
| 60 | 153.717 | 2612.7 | 9.2984 | 30.712 | 2611.8 | 8.5537 | 15.336 | 2610.8 | 8.2313 |
| 80 | 162.956 | 2650.3 | 9.4080 | 32.566 | 2649.7 | 8.6639 | 16.268 | 2648.9 | 8.3422 |
| 100 | 172.192 | 2688.0 | 9.5120 | 34.418 | 2687.5 | 8.7682 | 17.196 | 2686.9 | 8.4471 |
| 120 | 181.426 | 2725.9 | 9.6109 | 36.269 | 2725.5 | 8.8674 | 18.124 | 2725.1 | 8.5466 |
| 140 | 190.660 | 2764.0 | 9.7054 | 38.118 | 2763.7 | 8.9620 | 19.050 | 2763.3 | 8.6414 |
| 150 | 195.277 | 2783.1 | 9.7511 | 39.042 | 2782.8 | 9.0078 | 19.513 | 2782.5 | 8.6873 |
| 160 | 199.893 | 2802.3 | 9.7959 | 39.967 | 2802.0 | 9.0526 | 19.976 | 2801.7 | 8.7322 |
| 180 | 209.126 | 2840.7 | 9.8827 | 41.815 | 2840.5 | 9.1396 | 20.901 | 2840.2 | 8.8192 |
| 200 | 218.358 | 2879.4 | 9.9662 | 43.662 | 2879.2 | 9.2232 | 21.826 | 2879.0 | 8.9029 |
| 250 | 241.437 | 2977.1 | 10.1625 | 48.281 | 2977.0 | 9.4195 | 24.136 | 2976.8 | 9.0994 |
| 300 | 264.515 | 3076.2 | 10.3434 | 52.898 | 3076.1 | 9.6005 | 26.448 | 3078.0 | 9.2805 |
| 350 | 287.592 | 3176.8 | 10.5117 | 57.514 | 3176.7 | 9.7688 | 28.755 | 3176.6 | 9.4488 |
| 400 | 310.669 | 3278.9 | 10.6692 | 62.131 | 3278.8 | 9.9264 | 31.063 | 3278.7 | 9.6064 |
| 450 | 333.746 | 3382.4 | 10.8176 | 66.747 | 3382.4 | 10.0747 | 33.372 | 3382.3 | 9.7548 |
| 500 | 356.823 | 3487.5 | 10.9581 | 71.362 | 3487.5 | 10.2153 | 35.680 | 3487.4 | 9.8953 |
| 600 | 402.976 | 3703.4 | 11.2206 | 80.594 | 3703.4 | 10.4778 | 40.296 | 3703.4 | 10.1579 |

续表

| $p$ | 0.050MPa | | | 0.10MPa | | | 0.20MPa | | |
|---|---|---|---|---|---|---|---|---|---|
| 饱和参数 | $t_s = 81.339$℃<br>$v' = 0.0010299$ $v'' = 3.2409$<br>$h' = 340.55$ $h'' = 2645.3$<br>$s' = 1.0912$ $s'' = 7.5928$ | | | $t_s = 99.634$℃<br>$v' = 0.0010431$ $v'' = 1.6943$<br>$h' = 417.52$ $h'' = 2675.1$<br>$s' = 1.3028$ $s'' = 7.3589$ | | | $t_s = 120.240$℃<br>$v' = 0.0010605$ $v'' = 0.88590$<br>$h' = 504.78$ $h'' = 2706.5$<br>$s' = 1.5303$ $s'' = 7.1272$ | | |
| $t$ /℃ | $v$/ ($m^3$/kg) | $h$/ (kJ/kg) | $s$/ [kJ/(kg·K)] | $v$/ ($m^3$/kg) | $h$/ (kJ/kg) | $s$/ [kJ/(kg·K)] | $v$/ ($m^3$/kg) | $h$/ (kJ/kg) | $s$/ [kJ/(kg·K)] |
| 0 | 0.0010002 | 0.00 | -0.0002 | 0.0010002 | 0.05 | -0.0002 | 0.0010001 | 0.15 | -0.0002 |
| 10 | 0.0010003 | 42.05 | 0.1510 | 0.0010003 | 42.10 | 0.1510 | 0.0010002 | 42.20 | 0.1510 |
| 20 | 0.0010018 | 83.91 | 0.2963 | 0.0010018 | 83.96 | 0.2963 | 0.0010018 | 84.05 | 0.2963 |
| 40 | 0.0010079 | 167.54 | 0.5723 | 0.0010078 | 167.59 | 0.5723 | 0.0010078 | 167.67 | 0.5722 |
| 50 | 0.0010121 | 209.36 | 0.7037 | 0.0010121 | 209.40 | 0.7037 | 0.0010121 | 209.49 | 0.7037 |
| 60 | 0.0010171 | 251.18 | 0.8312 | 0.0010171 | 251.22 | 0.8312 | 0.0010170 | 251.31 | 0.8311 |
| 80 | 0.0010290 | 334.93 | 1.0753 | 0.0010290 | 334.97 | 1.0753 | 0.0010290 | 335.05 | 1.0752 |
| 100 | 3.4188 | 2682.1 | 7.6941 | 1.6961 | 2675.9 | 7.3609 | 0.0010434 | 419.14 | 1.3068 |
| 120 | 3.6078 | 2721.2 | 7.7962 | 1.7931 | 2716.3 | 7.4665 | 0.0010603 | 503.76 | 1.5277 |
| 140 | 3.7958 | 2760.2 | 7.8928 | 1.8889 | 2756.2 | 7.5654 | 0.93511 | 2748.0 | 7.2300 |
| 150 | 3.8895 | 2779.6 | 7.9393 | 1.9364 | 2776.0 | 7.6128 | 0.95968 | 2768.6 | 7.2793 |
| 160 | 3.9830 | 2799.1 | 7.9848 | 1.9838 | 2795.8 | 7.6590 | 0.98407 | 2789.0 | 7.3271 |
| 180 | 4.1697 | 2838.1 | 8.0727 | 2.0783 | 2835.3 | 7.7482 | 1.03241 | 2829.6 | 7.4187 |
| 200 | 4.3560 | 2877.1 | 8.1571 | 2.1723 | 2874.8 | 7.8334 | 1.08030 | 2870.0 | 7.5058 |
| 250 | 4.8205 | 2975.5 | 8.3547 | 2.4061 | 2973.8 | 8.0324 | 1.19878 | 2970.4 | 7.7076 |
| 300 | 5.2840 | 3075.0 | 8.5364 | 2.6388 | 3073.8 | 8.2148 | 1.31617 | 3071.2 | 7.8917 |
| 350 | 5.7469 | 3175.9 | 8.7051 | 2.8709 | 3174.9 | 8.3840 | 1.43294 | 3172.9 | 8.0618 |
| 400 | 6.2094 | 3278.1 | 8.8629 | 3.1027 | 3277.3 | 8.5422 | 1.54932 | 3275.8 | 8.2205 |
| 450 | 6.6717 | 3381.8 | 9.0115 | 3.3342 | 3381.2 | 8.6909 | 1.66546 | 3379.9 | 8.3697 |
| 500 | 7.1338 | 3487.0 | 9.1521 | 3.5656 | 3486.5 | 8.8317 | 1.78142 | 3485.4 | 8.5108 |
| 600 | 8.0577 | 3703.1 | 9.4148 | 4.0279 | 3702.7 | 9.0946 | 2.01301 | 3701.9 | 8.7740 |

续表

| $p$ | 0.50MPa | | | 0.80MPa | | | 1.0MPa | | |
|---|---|---|---|---|---|---|---|---|---|
| 饱和参数 | $t_s = 151.867$℃<br>$v' = 0.0010925$　$v'' = 0.37490$<br>$h' = 640.55$　$h'' = 2748.6$<br>$s' = 1.8610$　$s'' = 6.8214$ | | | $t_s = 170.444$℃<br>$v' = 0.0011148$　$v'' = 0.24040$<br>$h' = 721.20$　$h'' = 2768.9$<br>$s' = 2.0464$　$s'' = 6.6625$ | | | $t_s = 179.916$℃<br>$v' = 0.0011272$　$v'' = 0.19440$<br>$h' = 762.84$　$h'' = 2777.7$<br>$s' = 2.1388$　$s'' = 6.5859$ | | |
| $t$ /℃ | $v$/ ($m^3$/kg) | $h$/ (kJ/kg) | $s$/ [kJ/(kg·K)] | $v$/ ($m^3$/kg) | $h$/ (kJ/kg) | $s$/ [kJ/(kg·K)] | $v$/ ($m^3$/kg) | $h$/ (kJ/kg) | $s$/ [kJ/(kg·K)] |
| 0 | 0.0010000 | 0.46 | -0.0001 | 0.0009998 | 0.77 | -0.0001 | 0.0009997 | 0.97 | -0.0001 |
| 10 | 0.0010001 | 42.49 | 0.1510 | 0.0010000 | 42.78 | 0.1510 | 0.0009999 | 42.98 | 0.1509 |
| 20 | 0.0010016 | 84.33 | 0.2962 | 0.0010015 | 84.61 | 0.2961 | 0.0010014 | 84.80 | 0.2961 |
| 40 | 0.0010077 | 167.94 | 0.5721 | 0.0010075 | 168.21 | 0.5720 | 0.0010074 | 168.38 | 0.5719 |
| 50 | 0.0010119 | 209.75 | 0.7035 | 0.0010118 | 210.01 | 0.7034 | 0.0010117 | 210.18 | 0.7033 |
| 60 | 0.0010169 | 251.56 | 0.8310 | 0.0010168 | 251.81 | 0.8308 | 0.0010167 | 251.98 | 0.8307 |
| 80 | 0.0010288 | 335.29 | 1.0750 | 0.0010287 | 335.53 | 1.0748 | 0.0010286 | 335.69 | 1.0747 |
| 100 | 0.0010432 | 419.36 | 1.3066 | 0.0010431 | 419.59 | 1.3064 | 0.0010430 | 419.74 | 1.3062 |
| 120 | 0.0010601 | 503.97 | 1.5275 | 0.0010600 | 504.18 | 1.5272 | 0.0010599 | 504.32 | 1.5270 |
| 140 | 0.0010796 | 589.30 | 1.7392 | 0.0010794 | 589.49 | 1.7389 | 0.0010793 | 589.62 | 1.7386 |
| 150 | 0.0010904 | 632.30 | 1.8420 | 0.0010902 | 632.48 | 1.8417 | 0.0010901 | 632.61 | 1.8414 |
| 160 | 0.38358 | 2767.2 | 6.8647 | 0.0011018 | 675.72 | 1.9427 | 0.0011017 | 675.84 | 1.9424 |
| 180 | 0.40450 | 2811.7 | 6.9651 | 0.24711 | 2792.0 | 6.7142 | 0.19443 | 2777.9 | 6.5864 |
| 200 | 0.42487 | 2854.9 | 7.0585 | 0.26074 | 2838.7 | 6.8151 | 0.20590 | 2827.3 | 6.6931 |
| 250 | 0.47432 | 2960.0 | 7.2697 | 0.29310 | 2949.2 | 7.0371 | 0.23264 | 2941.8 | 6.9233 |
| 300 | 0.52255 | 3063.6 | 7.4588 | 0.32410 | 3055.7 | 7.2316 | 0.25793 | 3050.4 | 7.1216 |
| 350 | 0.57012 | 3167.0 | 7.6319 | 0.35439 | 3161.0 | 7.4078 | 0.28247 | 3157.0 | 7.2999 |
| 400 | 0.61729 | 3271.1 | 7.7924 | 0.38426 | 3266.3 | 7.5703 | 0.30658 | 3263.1 | 7.4638 |
| 450 | 0.66420 | 3376.0 | 7.9428 | 0.41388 | 3372.1 | 7.7219 | 0.33043 | 3369.6 | 7.6163 |
| 500 | 0.71094 | 3482.2 | 8.0848 | 0.44331 | 3479.0 | 7.8648 | 0.35410 | 3476.8 | 7.7597 |
| 600 | 0.80408 | 3699.6 | 8.3491 | 0.50184 | 3697.2 | 8.1302 | 0.40109 | 3695.7 | 8.0259 |

续表

| $p$ | 2.0MPa | | | 3.0MPa | | | 4.0MPa | | |
|---|---|---|---|---|---|---|---|---|---|
| 饱和参数 | $t_s = 212.417$℃<br>$v' = 0.0011767$　$v'' = 0.099600$<br>$h' = 908.64$　$h'' = 2798.7$<br>$s' = 2.4471$　$s'' = 6.3395$ | | | $t_s = 233.893$℃<br>$v' = 0.0012166$　$v'' = 0.066700$<br>$h' = 1008.2$　$h'' = 2803.2$<br>$s' = 2.6454$　$s'' = 6.1854$ | | | $t_s = 250.394$℃<br>$v' = 0.0012524$　$v'' = 0.049800$<br>$h' = 1087.2$　$h'' = 2800.5$<br>$s' = 2.7962$　$s'' = 6.0688$ | | |
| $t$ /℃ | $v$/ ($m^3$/kg) | $h$/ (kJ/kg) | $s$/ [kJ/(kg·K)] | $v$/ ($m^3$/kg) | $h$/ (kJ/kg) | $s$/ [kJ/(kg·K)] | $v$/ ($m^3$/kg) | $h$/ (kJ/kg) | $s$/ [kJ/(kg·K)] |
| 0 | 0.0009992 | 1.99 | 0.0000 | 0.0009987 | 3.01 | 0.0000 | 0.0009982 | 4.03 | 0.0001 |
| 10 | 0.0009994 | 43.95 | 0.1508 | 0.0009989 | 44.92 | 0.1507 | 0.0009984 | 45.89 | 0.1507 |
| 20 | 0.0010009 | 85.74 | 0.2959 | 0.0010005 | 86.68 | 0.2957 | 0.0010000 | 87.62 | 0.2955 |
| 40 | 0.0010070 | 169.27 | 0.5715 | 0.0010066 | 170.15 | 0.5711 | 0.0010061 | 171.04 | 0.5708 |
| 50 | 0.0010113 | 211.04 | 0.7028 | 0.0010108 | 211.90 | 0.7024 | 0.0010104 | 212.77 | 0.7019 |
| 60 | 0.0010162 | 252.82 | 0.8302 | 0.0010158 | 253.66 | 0.8296 | 0.0010153 | 254.50 | 0.8291 |
| 80 | 0.0010281 | 336.48 | 1.0740 | 0.0010276 | 337.28 | 1.0734 | 0.0010272 | 338.07 | 1.0727 |
| 100 | 0.0010425 | 420.49 | 1.3054 | 0.0010420 | 421.24 | 1.3047 | 0.0010415 | 421.99 | 1.3039 |
| 120 | 0.0010593 | 505.03 | 1.5261 | 0.0010587 | 505.73 | 1.5252 | 0.0010582 | 506.44 | 1.5243 |
| 140 | 0.0010787 | 590.27 | 1.7376 | 0.0010781 | 590.92 | 1.7366 | 0.0010774 | 591.58 | 1.7355 |
| 150 | 0.0010894 | 633.22 | 1.8403 | 0.0010888 | 633.84 | 1.8392 | 0.0010881 | 634.46 | 1.8381 |
| 160 | 0.0011009 | 676.43 | 1.9412 | 0.0011002 | 677.01 | 1.9400 | 0.0010995 | 677.60 | 1.9389 |
| 180 | 0.0011265 | 763.72 | 2.1382 | 0.0011256 | 764.23 | 2.1369 | 0.0011248 | 764.74 | 2.1355 |
| 200 | 0.0011560 | 852.52 | 2.3300 | 0.0011549 | 852.93 | 2.3284 | 0.0011539 | 853.31 | 2.3268 |
| 250 | 0.111412 | 2901.5 | 6.5436 | 0.070564 | 2854.7 | 6.2855 | 0.0012514 | 1085.3 | 2.7925 |
| 300 | 0.125449 | 3022.6 | 6.7648 | 0.081126 | 2992.4 | 6.5371 | 0.058821 | 2959.5 | 6.3595 |
| 350 | 0.138564 | 3136.2 | 6.9550 | 0.090520 | 3114.4 | 6.7414 | 0.066436 | 3091.5 | 6.5805 |
| 400 | 0.151190 | 3246.8 | 7.1258 | 0.099352 | 3230.1 | 6.9199 | 0.073401 | 3212.7 | 6.7677 |
| 450 | 0.163523 | 3356.4 | 7.2828 | 0.107864 | 3343.0 | 7.0817 | 0.080016 | 3329.2 | 6.9347 |
| 500 | 0.175666 | 3465.9 | 7.4293 | 0.116174 | 3454.9 | 7.2314 | 0.086417 | 3443.6 | 7.0877 |
| 600 | 0.199598 | 3687.8 | 7.6991 | 0.132427 | 3679.9 | 7.5051 | 0.098836 | 3671.9 | 7.3653 |

续表

| $p$ | 5.0MPa | | | 6.0MPa | | | 7.0MPa | | |
|---|---|---|---|---|---|---|---|---|---|
| 饱和参数 | $t_s = 263.980$℃ $v' = 0.0012861$ $v'' = 0.039400$ $h' = 1154.2$ $h'' = 2793.6$ $s' = 2.9200$ $s'' = 5.9724$ | | | $t_s = 275.625$℃ $v' = 0.0013190$ $v'' = 0.032400$ $h' = 1213.3$ $h'' = 2783.8$ $s' = 3.0266$ $s'' = 5.8885$ | | | $t_s = 285.869$℃ $v' = 0.0013515$ $v'' = 0.027400$ $h' = 1266.9$ $h'' = 2771.7$ $s' = 3.1210$ $s'' = 5.8129$ | | |
| $t$ /℃ | $v$/ ($m^3$/kg) | $h$/ (kJ/kg) | $s$/ [kJ/(kg·K)] | $v$/ ($m^3$/kg) | $h$/ (kJ/kg) | $s$/ [kJ/(kg·K)] | $v$/ ($m^3$/kg) | $h$/ (kJ/kg) | $s$/ [kJ/(kg·K)] |
| 0 | 0.0009977 | 5.04 | 0.0002 | 0.0009972 | 6.05 | 0.0002 | 0.0009967 | 7.07 | 0.0003 |
| 10 | 0.0009979 | 46.87 | 0.1506 | 0.0009975 | 47.83 | 0.1505 | 0.0009970 | 48.80 | 0.1504 |
| 20 | 0.0009996 | 88.55 | 0.2952 | 0.0009991 | 89.49 | 0.2950 | 0.0009986 | 90.42 | 0.2948 |
| 40 | 0.0010057 | 171.92 | 0.5704 | 0.0010052 | 172.81 | 0.5700 | 0.0010048 | 173.69 | 0.5696 |
| 50 | 0.0010099 | 213.63 | 0.7015 | 0.0010095 | 214.49 | 0.7010 | 0.0010091 | 215.35 | 0.7005 |
| 60 | 0.0010149 | 255.34 | 0.8286 | 0.0010144 | 256.18 | 0.8280 | 0.0010140 | 257.01 | 0.8275 |
| 80 | 0.0010267 | 338.87 | 1.0721 | 0.0010262 | 339.67 | 1.0714 | 0.0010258 | 340.46 | 1.0708 |
| 100 | 0.0010410 | 422.75 | 1.3031 | 0.0010404 | 423.50 | 1.3023 | 0.0010399 | 424.25 | 1.3016 |
| 120 | 0.0010576 | 507.14 | 1.5234 | 0.0010571 | 507.85 | 1.5225 | 0.0010565 | 508.55 | 1.5216 |
| 140 | 0.0010768 | 592.23 | 1.7345 | 0.0010762 | 592.88 | 1.7335 | 0.0010756 | 593.54 | 1.7325 |
| 150 | 0.0010874 | 635.09 | 1.8370 | 0.0010868 | 635.71 | 1.8359 | 0.0010861 | 636.34 | 1.8348 |
| 160 | 0.0010988 | 678.19 | 1.9377 | 0.0010981 | 678.78 | 1.9365 | 0.0010974 | 679.37 | 1.9353 |
| 180 | 0.0011240 | 765.25 | 2.1342 | 0.0011231 | 765.76 | 2.1328 | 0.0011223 | 766.28 | 2.1315 |
| 200 | 0.0011529 | 853.75 | 2.3253 | 0.0011519 | 854.17 | 2.3237 | 0.0011510 | 854.59 | 2.3222 |
| 250 | 0.0012496 | 1085.2 | 2.7901 | 0.0012478 | 1085.2 | 2.7877 | 0.0012460 | 1085.2 | 2.7853 |
| 300 | 0.045301 | 2923.3 | 6.2064 | 0.036148 | 2883.1 | 6.0656 | 0.029457 | 2837.5 | 5.9291 |
| 350 | 0.051932 | 3067.4 | 6.4477 | 0.042213 | 3041.9 | 6.3317 | 0.035225 | 3014.8 | 6.2265 |
| 400 | 0.057804 | 3194.9 | 6.6448 | 0.047382 | 3176.4 | 6.5395 | 0.039917 | 3157.3 | 6.4465 |
| 450 | 0.063291 | 3315.2 | 6.8170 | 0.052128 | 3300.9 | 6.7179 | 0.044143 | 3286.2 | 6.6314 |
| 500 | 0.068552 | 3432.2 | 6.9735 | 0.056632 | 3420.6 | 6.8781 | 0.048110 | 3408.9 | 6.7954 |
| 600 | 0.078675 | 3663.9 | 7.2553 | 0.065228 | 3655.7 | 7.1640 | 0.055617 | 3647.5 | 7.0857 |

续表

| $p$ | 8.0MPa | | | 9.0MPa | | | 10.0MPa | | |
|---|---|---|---|---|---|---|---|---|---|
| 饱和参数 | $t_s = 295.048$℃<br>$v' = 0.0013843$ $v'' = 0.023520$<br>$h' = 1316.5$ $h'' = 2757.7$<br>$s' = 3.2066$ $s'' = 5.7430$ | | | $t_s = 303.385$℃<br>$v' = 0.0014177$ $v'' = 0.020500$<br>$h' = 1363.1$ $h'' = 2741.9$<br>$s' = 3.2854$ $s'' = 5.6771$ | | | $t_s = 311.037$℃<br>$v' = 0.0014522$ $v'' = 0.018000$<br>$h' = 1407.2$ $h'' = 2724.5$<br>$s' = 3.3591$ $s'' = 5.6139$ | | |
| $t$ /℃ | $v$/ ($m^3$/kg) | $h$/ (kJ/kg) | $s$/ [kJ/(kg·K)] | $v$/ ($m^3$/kg) | $h$/ (kJ/kg) | $s$/ [kJ/(kg·K)] | $v$/ ($m^3$/kg) | $h$/ (kJ/kg) | $s$/ [kJ/(kg·K)] |
| 0 | 0.0009962 | 8.08 | 0.0003 | 0.0009957 | 9.08 | 0.0004 | 0.0009952 | 10.09 | 0.0004 |
| 10 | 0.0009965 | 49.77 | 0.1502 | 0.0009961 | 50.74 | 0.1501 | 0.0009956 | 51.70 | 0.1500 |
| 20 | 0.0009982 | 91.36 | 0.2946 | 0.0009977 | 92.29 | 0.2944 | 0.0009973 | 93.22 | 0.2942 |
| 40 | 0.0010044 | 174.57 | 0.5692 | 0.0010309 | 175.46 | 0.5688 | 0.0010035 | 176.34 | 0.5684 |
| 50 | 0.0010086 | 216.21 | 0.7001 | 0.0010082 | 217.07 | 0.6996 | 0.0010078 | 217.93 | 0.6992 |
| 60 | 0.0010136 | 257.85 | 0.8270 | 0.0010131 | 258.69 | 0.8265 | 0.0010127 | 259.53 | 0.8259 |
| 80 | 0.0010253 | 341.26 | 1.0701 | 0.0010248 | 342.06 | 1.0695 | 0.0010244 | 342.85 | 1.0688 |
| 100 | 0.0010395 | 425.01 | 1.3008 | 0.0010390 | 425.76 | 1.3000 | 0.0010385 | 426.51 | 1.2993 |
| 120 | 0.0010560 | 509.26 | 1.5207 | 0.0010554 | 509.97 | 1.5199 | 0.0010549 | 510.68 | 1.5190 |
| 140 | 0.0010750 | 594.19 | 1.7314 | 0.0010744 | 594.85 | 1.7304 | 0.0010738 | 595.50 | 1.7294 |
| 150 | 0.0010855 | 636.96 | 1.8337 | 0.0010848 | 637.59 | 1.8327 | 0.0010842 | 638.22 | 1.8316 |
| 160 | 0.0010967 | 679.97 | 1.9342 | 0.0010960 | 680.56 | 1.9330 | 0.0010953 | 681.16 | 1.9319 |
| 180 | 0.0011215 | 766.80 | 2.1302 | 0.0011207 | 767.32 | 2.1288 | 0.0011199 | 767.84 | 2.1275 |
| 200 | 0.0011500 | 855.02 | 2.3207 | 0.0011490 | 855.44 | 2.3191 | 0.0011481 | 855.88 | 2.3176 |
| 250 | 0.0012443 | 1085.2 | 2.7829 | 0.0012425 | 1085.3 | 2.7806 | 0.0012408 | 1085.3 | 2.7783 |
| 300 | 0.024255 | 2784.5 | 5.7899 | 0.0014018 | 1343.5 | 3.2514 | 0.0013975 | 1342.3 | 3.2469 |
| 350 | 0.029940 | 2986.1 | 6.1282 | 0.025786 | 2955.3 | 6.0342 | 0.022415 | 2922.1 | 5.9423 |
| 400 | 0.034302 | 3137.5 | 6.3622 | 0.029921 | 3117.1 | 6.2842 | 0.026402 | 3095.8 | 6.2109 |
| 450 | 0.038145 | 3271.3 | 6.5540 | 0.033474 | 3256.0 | 6.4835 | 0.029735 | 3240.5 | 6.4184 |
| 500 | 0.041712 | 3397.0 | 6.7221 | 0.036733 | 3385.0 | 6.6560 | 0.032750 | 3372.8 | 6.5954 |
| 600 | 0.048403 | 3639.2 | 7.0168 | 0.042789 | 3630.8 | 6.9552 | 0.038297 | 3622.5 | 6.8992 |

续表

| $p$ | 15.0MPa | | | 20.0MPa | | | 30.0MPa | | |
|---|---|---|---|---|---|---|---|---|---|
| 饱和参数 | $t_s = 342.196℃$<br>$v' = 0.0016571$　$v'' = 0.010300$<br>$h' = 1609.8$　$h'' = 2610.0$<br>$s' = 3.6836$　$s'' = 5.3091$ | | | $t_s = 365.789℃$<br>$v' = 0.0020379$　$v'' = 0.0058702$<br>$h' = 1827.2$　$h'' = 2413.1$<br>$s' = 4.0153$　$s'' = 4.9322$ | | | | | |
| $t$ /℃ | $v$/ ($m^3$/kg) | $h$/ (kJ/kg) | $s$/ [kJ/(kg·K)] | $v$/ ($m^3$/kg) | $h$/ (kJ/kg) | $s$/ [kJ/(kg·K)] | $v$/ ($m^3$/kg) | $h$/ (kJ/kg) | $s$/ [kJ/(kg·K)] |
| 0 | 0.0009928 | 15.10 | 0.0006 | 0.0009904 | 20.08 | 0.0006 | 0.0009857 | 29.92 | 0.0005 |
| 10 | 0.0009933 | 56.51 | 0.1494 | 0.0009911 | 61.29 | 0.1488 | 0.0009866 | 70.77 | 0.1474 |
| 20 | 0.0009951 | 97.87 | 0.2930 | 0.0009929 | 102.50 | 0.2919 | 0.0009887 | 111.71 | 0.2895 |
| 40 | 0.0010014 | 180.74 | 0.5665 | 0.0009992 | 185.13 | 0.5645 | 0.0009951 | 193.87 | 0.5606 |
| 50 | 0.0010056 | 222.22 | 0.6969 | 0.0010035 | 226.50 | 0.6946 | 0.0009993 | 235.05 | 0.6900 |
| 60 | 0.0010105 | 263.72 | 0.8233 | 0.0010084 | 267.90 | 0.8207 | 0.0010042 | 276.25 | 0.8156 |
| 80 | 0.0010221 | 346.84 | 1.0656 | 0.0010199 | 350.82 | 1.0624 | 0.0010155 | 358.78 | 1.0562 |
| 100 | 0.0010360 | 430.29 | 1.2955 | 0.0010336 | 434.06 | 1.2917 | 0.0010290 | 441.64 | 1.2844 |
| 120 | 0.0010522 | 514.23 | 1.5146 | 0.0010496 | 517.79 | 1.5103 | 0.0010445 | 524.95 | 1.5019 |
| 140 | 0.0010708 | 598.80 | 1.7244 | 0.0010679 | 602.12 | 1.7195 | 0.0010622 | 608.82 | 1.7100 |
| 150 | 0.0010810 | 641.37 | 1.8262 | 0.0010779 | 644.56 | 1.8210 | 0.0010719 | 651.00 | 1.8108 |
| 160 | 0.0010919 | 684.16 | 1.9262 | 0.0010886 | 687.20 | 1.9206 | 0.0010822 | 693.36 | 1.9098 |
| 180 | 0.0011159 | 770.49 | 2.1210 | 0.0011121 | 773.19 | 2.1147 | 0.0011048 | 778.72 | 2.1024 |
| 200 | 0.0011434 | 858.08 | 2.3102 | 0.0011389 | 860.36 | 2.3029 | 0.0011303 | 865.12 | 2.2890 |
| 250 | 0.0012327 | 1085.6 | 2.7671 | 0.0012251 | 1086.2 | 2.7564 | 0.0012110 | 1087.9 | 2.7364 |
| 300 | 0.0013777 | 1337.3 | 3.2260 | 0.0013605 | 1333.4 | 3.2072 | 0.0013317 | 1327.9 | 3.1742 |
| 350 | 0.011469 | 2691.2 | 5.4403 | 0.0016645 | 1645.3 | 3.7275 | 0.0015522 | 1608.0 | 3.6420 |
| 400 | 0.015652 | 2974.60 | 5.8798 | 0.0099458 | 2816.8 | 5.5520 | 0.0027929 | 2150.6 | 4.4721 |
| 450 | 0.018449 | 3156.5 | 6.1408 | 0.0127013 | 3060.7 | 5.9025 | 0.0067363 | 2822.1 | 5.4433 |
| 500 | 0.020797 | 3309.0 | 6.3449 | 0.0147681 | 3239.3 | 6.1415 | 0.0086761 | 3083.3 | 5.7934 |
| 600 | 0.024882 | 3580.7 | 6.6757 | 0.0181655 | 3536.3 | 6.5035 | 0.0114310 | 3442.9 | 6.2321 |

此表引自文献：严家騄，余晓福．1995．水和水蒸气热力性质图表．北京：高等教育出版社．

附录 A-4　常用金属材料的密度、比热容及热导率

| 材料名称 | 20℃ | | | 热导率k/[W/(m·K)] | | | | | | | | | |
|---|---|---|---|---|---|---|---|---|---|---|---|---|---|
| | 密度$\rho$/(kg/m$^3$) | 比热容$c$/[J/(kg·K)] | 热导率$k$/[W/(m·K)] | 温度/℃ | | | | | | | | | |
| | | | | -100 | 0 | 100 | 200 | 300 | 400 | 600 | 800 | 1000 | 1200 |
| 纯铝 | 2710 | 902 | 236 | 243 | 236 | 240 | 238 | 234 | 228 | 215 | | | |
| 杜拉铝（96Al-4Cu，微量 Mg） | 2790 | 881 | 169 | 124 | 160 | 188 | 188 | 193 | | | | | |
| 铝合金（92Al-8Mg） | 2610 | 904 | 107 | 86 | 102 | 123 | 148 | | | | | | |
| 铝合金（87Al-13Si） | 2660 | 871 | 162 | 139 | 158 | 173 | 176 | 180 | | | | | |
| 铍 | 1850 | 1758 | 219 | 382 | 218 | 170 | 145 | 129 | 118 | | | | |
| 纯铜 | 8930 | 386 | 398 | 421 | 401 | 393 | 389 | 384 | 379 | 366 | 352 | | |
| 铝青铜（90Cu-10Al） | 8360 | 420 | 56 | | 49 | 57 | 66 | | | | | | |
| 青铜（89Cu-11Sn） | 8800 | 343 | 24.8 | | 24 | 28.4 | 33.2 | | | | | | |
| 黄铜（70Cu-30Zn） | 8440 | 377 | 109 | 90 | 106 | 131 | 143 | 145 | 148 | | | | |
| 铜合金（60Cu-40Ni） | 8920 | 410 | 22.2 | 19 | 22.2 | 23.4 | | | | | | | |
| 黄金 | 19300 | 127 | 315 | 331 | 318 | 313 | 310 | 305 | 300 | 287 | | | |
| 纯铁 | 7870 | 455 | 81.1 | 96.7 | 83.5 | 72.1 | 63.5 | 56.5 | 50.3 | 39.4 | 29.6 | 29.4 | 31.6 |
| 阿姆口铁 | 7860 | 455 | 73.2 | 82.9 | 74.7 | 67.5 | 61.0 | 54.8 | 49.9 | 38.6 | 29.3 | 29.3 | 31.1 |
| 灰铸铁($\omega_c \approx 3\%$) | 7570 | 470 | 39.2 | | 28.5 | 32.4 | 35.8 | 37.2 | 36.6 | 20.8 | 19.2 | | |
| 碳钢($\omega_c \approx 0.5\%$) | 7840 | 465 | 49.8 | | 50.5 | 47.5 | 44.8 | 42.0 | 39.4 | 34.0 | 29.0 | | |
| 碳钢($\omega_c \approx 1.0\%$) | 7790 | 470 | 43.2 | | 43.0 | 42.8 | 42.2 | 41.5 | 40.6 | 36.7 | 32.2 | | |
| 碳钢($\omega_c \approx 1.5\%$) | 7750 | 470 | 36.7 | | 36.8 | 36.6 | 36.2 | 35.7 | 34.7 | 31.7 | 27.8 | | |
| 铬钢($\omega_{cr} \approx 5\%$) | 7830 | 460 | 36.1 | | 36.3 | 35.2 | 34.7 | 33.5 | 31.4 | 28.0 | 27.2 | 27.2 | 27.2 |
| 铬钢($\omega_{cr} \approx 13\%$) | 7740 | 460 | 26.8 | | 26.5 | 27.0 | 27.0 | 27.0 | 27.6 | 28.4 | 29.0 | 29.0 | |
| 铬钢($\omega_{cr} \approx 17\%$) | 7710 | 460 | 22 | | 22 | 22.2 | 22.6 | 22.6 | 23.3 | 24.0 | 24.8 | 25.5 | |
| 铬钢($\omega_{cr} \approx 26\%$) | 7650 | 460 | 22.6 | | 22.6 | 23.8 | 25.5 | 27.2 | 28.5 | 31.8 | 35.1 | 38 | |
| 铬镍钢（18-20Cr/8-12Ni） | 7820 | 460 | 15.2 | 12.2 | 14.7 | 16.6 | 18.0 | 19.4 | 20.8 | 23.5 | 26.3 | | |
| 铬镍钢（17-19Cr/9-13Ni） | 7830 | 460 | 14.7 | 11.8 | 14.3 | 16.1 | 17.5 | 18.8 | 20.2 | 22.8 | 25.5 | 28.2 | 30.9 |

续表

| 材料名称 | 20℃ | | | 热导率k/[W/(m·K)] | | | | | | | | | |
|---|---|---|---|---|---|---|---|---|---|---|---|---|---|
| | 密度$\rho$/（kg/m³） | 比热容$c$/[J/(kg·K)] | 热导率$k$/[W/(m·K)] | 温度/℃ | | | | | | | | | |
| | | | | −100 | 0 | 100 | 200 | 300 | 400 | 600 | 800 | 1000 | 1200 |
| 镍钢($\omega_{Na}\approx 1\%$) | 7900 | 460 | 45.5 | 40.8 | 45.2 | 46.8 | 46.1 | 44.1 | 41.2 | 35.7 | | | |
| 镍钢($\omega_{Na}\approx 3.5\%$) | 7910 | 460 | 36.5 | 30.7 | 36.0 | 38.8 | 39.7 | 39.2 | 37.8 | | | | |
| 镍钢($\omega_{Na}\approx 25\%$) | 8030 | 460 | 13.0 | — | | | | | | | | | |
| 镍钢($\omega_{Na}\approx 35\%$) | 8110 | 460 | 13.8 | 10.9 | 13.4 | 15.4 | 17.1 | 18.6 | 20.1 | 23.1 | | | |
| 镍钢($\omega_{Na}\approx 44\%$) | 8190 | 460 | 15.8 | | 15.7 | 16.1 | 16.5 | 16.9 | 17.1 | 17.8 | 18.4 | | |
| 镍钢($\omega_{Na}\approx 50\%$) | 8260 | 460 | 19.6 | 17.3 | 19.4 | 20.5 | 21.0 | 21.1 | 21.3 | 22.5 | | | |
| 锰钢($\omega_{Mn}\approx 12\sim13\%$，$\omega_{Na}\approx 3\%$) | 7800 | 487 | 13.6 | | | 14.8 | 16.0 | 17.1 | 18.3 | | | | |
| 锰钢($\omega_{Mn}\approx 0.4\%$) | 7860 | 440 | 51.2 | | | 51.0 | 50.0 | 47.0 | 43.5 | 35.5 | 27 | | |
| 钨钢($\omega_{W}\approx 5\sim6\%$) | 8070 | 436 | 18.7 | | 18.4 | 19.7 | 21.0 | 22.3 | 23.6 | 24.9 | 26.3 | | |
| 铅 | 11340 | 128 | 35.3 | 37.2 | 35.5 | 34.3 | 32.8 | 31.5 | | | | | |
| 镁 | 1730 | 1020 | 156 | 160 | 157 | 154 | 152 | 150 | | | | | |
| 钼 | 9590 | 255 | 138 | 146 | 139 | 135 | 131 | 127 | 123 | 116 | 109 | 103 | 93.7 |
| 镍 | 8900 | 444 | 91.4 | 144 | 94 | 82.8 | 74.2 | 67.3 | 64.6 | 69.0 | 73.3 | 77.6 | 81.9 |
| 铂 | 21450 | 133 | 71.4 | 73.3 | 71.5 | 71.6 | 72.0 | 72.8 | 73.6 | 76.6 | 80.0 | 84.2 | 88.9 |
| 银 | 10500 | 234 | 427 | 431 | 428 | 422 | 415 | 407 | 399 | 384 | | | |
| 锡 | 7310 | 228 | 67 | 75 | 68.2 | 63.2 | 60.9 | | | | | | |
| 钛 | 4500 | 520 | 22 | 23.3 | 22.4 | 20.7 | 19.9 | 19.5 | 19.4 | 19.9 | | | |
| 铀 | 19070 | 116 | 27.4 | 24.3 | 27 | 29.1 | 31.1 | 33.4 | 35.7 | 40.6 | 45.6 | | |
| 锌 | 7140 | 388 | 121 | 123 | 122 | 117 | 112 | | | | | | |
| 锆 | 6570 | 276 | 22.9 | 26.5 | 23.2 | 21.8 | 21.2 | 20.9 | 21.4 | 22.3 | 24.5 | 26.4 | 28.0 |
| 钨 | 19350 | 134 | 179 | 204 | 182 | 166 | 153 | 142 | 134 | 125 | 119 | 114 | 110 |

此表引自文献：杨世铭，陶文铨. 1998. 传热学. 3 版. 北京：高等教育出版社.

附录 A-5　　　　常用保温和建筑材料的密度和导热率

| 材料名称 | 温度$t$/℃ | 密度$\rho$/(kg/m³) | 热导率$\lambda$/[W/(m·K)] |
|---|---|---|---|
| 膨胀珍珠岩散料 | 25 | 60 ~ 300 | 0.021 ~ 0.062 |
| 沥青膨胀珍珠岩 | 31 | 233 ~ 282 | 0.069 ~ 0.076 |
| 磷酸盐膨胀珍珠岩制品 | 20 | 200 ~ 250 | 0.044 ~ 0.052 |
| 水玻璃膨胀珍珠岩制品 | 20 | 200 ~ 300 | 0.056 ~ 0.065 |
| 岩棉制品 | 20 | 80 ~ 150 | 0.035 ~ 0.038 |
| 膨胀蛭石 | 20 | 100 ~ 130 | 0.051 ~ 0.07 |
| 沥青蛭石板管 | 20 | 350 ~ 400 | 0.081 ~ 0.10 |
| 石棉粉 | 22 | 744 ~ 1400 | 0.099 ~ 0.19 |
| 石棉砖 | 21 | 384 | 0.099 |
| 石棉绳 | | 590 ~ 730 | 0.10 ~ 0.21 |
| 石棉绒 | | 35 ~ 230 | 0.055 ~ 0.077 |
| 石棉板 | 30 | 770 ~ 1045 | 0.10 ~ 0.14 |
| 碳酸镁石棉灰 | | 240 ~ 490 | 0.077 ~ 0.086 |
| 硅藻土石棉灰 | | 280 ~ 380 | 0.085 ~ 0.11 |
| 粉煤灰砖 | 27 | 458 ~ 589 | 0.12 ~ 0.22 |
| 矿渣棉 | 30 | 207 | 0.058 |
| 玻璃丝 | 35 | 120 ~ 492 | 0.058 ~ 0.07 |
| 玻璃棉毡 | 28 | 18.4 ~ 38.3 | 0.043 |
| 软木板 | 20 | 105 ~ 437 | 0.044 ~ 0.079 |
| 木丝纤维板 | 25 | 245 | 0.048 |
| 稻草浆板 | 20 | 325 ~ 365 | 0.068 ~ 0.084 |
| 麻杆板 | 25 | 108 ~ 147 | 0.056 ~ 0.11 |
| 甘蔗板 | 20 | 282 | 0.067 ~ 0.072 |
| 葵芯板 | 20 | 95.5 | 0.05 |
| 玉米梗板 | 22 | 25.2 | 0.065 |
| 棉花 | 20 | 117 | 0.049 |
| 丝 | 20 | 57.7 | 0.036 |
| 锯木屑 | 20 | 179 | 0.083 |
| 硬泡沫塑料 | 30 | 29.5 ~ 56.3 | 0.041 ~ 0.048 |
| 软泡沫塑料 | 30 | 41 ~ 162 | 0.043 ~ 0.056 |
| 铝箔间隔层（5 层） | 21 | | 0.042 |
| 红砖（营造状态） | 25 | 1860 | 0.87 |

续表

| 材料名称 | 温度 $t$/℃ | 密度 $\rho$/(kg/m³) | 热导率$\lambda$/[W/(m·K)] |
|---|---|---|---|
| 红砖 | 35 | 1560 | 0.49 |
| 松木（垂直木纹） | 15 | 496 | 0.15 |
| 松木（平行木纹） | 21 | 527 | 0.35 |
| 水泥 | 30 | 1900 | 0.30 |
| 混凝土板 | 35 | 1930 | 0.79 |
| 耐酸混凝土板 | 30 | 2250 | 1.5 ~ 1.6 |
| 黄砂 | 30 | 1580 ~ 1700 | 0.28 ~ 0.34 |
| 泥土 | 20 | | 0.83 |
| 瓷砖 | 37 | 2090 | 1.1 |
| 玻璃 | 45 | 2500 | 0.65 ~ 0.71 |
| 聚苯乙烯 | 30 | 24.7 ~ 37.8 | 0.04 ~ 0.043 |
| 花岗石 | | 2643 | 1.73 ~ 3.98 |
| 大理石 | | 2499 ~ 2707 | 2.70 |
| 云母 | | 290 | 0.58 |
| 水垢 | 65 | | 1.31 ~ 3.14 |
| 冰 | 0 | 913 | 2.22 |
| 黏土 | 27 | 1460 | 1.3 |

此表引自文献：傅秦生，何雅玲．2006．热工基础与应用．北京机械工业出版社．

附录 A-6　　几种保温和耐火材料的热导率与温度的关系

| 材料名称 | 材料最高允许温度/℃ | 密度$\rho$/ (kg/m$^3$) | 热导率$\lambda$/ [W/ (m·K)] |
|---|---|---|---|
| 超细玻璃棉毡、管 | 400 | 18-20 | $0.033+0.000230t$① |
| 矿渣棉 | 550～600 | 350 | $0.0674+0.000215t$ |
| 水泥蛭石制品 | 800 | 420～450 | $0.103+0.000198t$ |
| 水泥珍珠岩制品 | 600 | 300～400 | $0.0651+0.000105t$ |
| 粉煤灰泡沫砖 | 300 | 500 | $0.099+0.0002t$ |
| 岩棉玻璃布缝板 | 600 | 100 | $0.0314+0.000198t$ |
| A 级硅藻土制品 | 900 | 500 | $0.0395+0.00019t$ |
| B 级硅藻土制品 | 900 | 550 | $0.0477+0.0002t$ |
| 膨胀珍珠岩 | 1000 | 55 | $0.0424+0.000137t$ |
| 微孔硅酸钙制品 | 650 | ≤250 | $0.041+0.0002t$ |
| 耐火黏土砖 | 1350～1450 | 1800～2040 | （0.7～0.84）$+0.00058t$ |
| 轻质耐火黏土砖 | 1250～1300 | 800～1300 | （0.29～0.41）$+0.00026t$ |
| 超轻质耐火黏土砖（1） | 1150～1300 | 540～610 | $0.093+0.00016t$ |
| 超轻质耐火黏土砖（2） | 1100 | 270～330 | $0.058+0.00017t$ |
| 硅砖 | 1700 | 1900～1950 | $0.93+0.0007t$ |
| 镁砖 | 1600～1700 | 2300～2600 | $2.1+0.00019t$ |
| 铬砖 | 1600～1700 | 2600～2800 | $4.7+0.00017t$ |

① $t$表示材料的平均温度.

附录 A-7　　干空气的热物理性质（$p$ =1.01325×10⁵Pa）

| $t$/℃ | $\rho$/ (kg/m³) | $c_p$/ [kJ/(kg·℃)] | $\lambda\times10^2$/ [W/(m·℃)] | $\alpha\times10^6$/ (m²/s) | $\eta\times10^6$/ [kg/(m/s)] | $\nu\times10^6$/ (m²/s) | $Pr$ |
|---|---|---|---|---|---|---|---|
| −50 | 1.584 | 1.013 | 2.04 | 12.7 | 14.6 | 9.23 | 0.728 |
| −40 | 1.515 | 1.013 | 2.12 | 13.8 | 15.2 | 10.04 | 0.728 |
| −30 | 1.453 | 1.013 | 2.20 | 14.9 | 15.7 | 10.80 | 0.723 |
| −20 | 1.395 | 1.009 | 2.28 | 16.2 | 16.2 | 11.61 | 0.716 |
| −10 | 1.342 | 1.009 | 2.36 | 17.4 | 16.7 | 12.43 | 0.712 |
| 0 | 1.293 | 1.005 | 2.44 | 18.8 | 17.2 | 13.28 | 0.707 |
| 10 | 1.247 | 1.005 | 2.51 | 20.0 | 17.6 | 14.16 | 0.705 |
| 20 | 1.205 | 1.005 | 2.59 | 21.4 | 18.1 | 15.06 | 0.703 |
| 30 | 1.165 | 1.005 | 2.67 | 22.9 | 18.6 | 16.00 | 0.701 |
| 40 | 1.128 | 1.005 | 2.76 | 24.3 | 19.1 | 16.96 | 0.699 |
| 50 | 1.093 | 1.005 | 2.83 | 25.7 | 19.6 | 17.95 | 0.698 |
| 60 | 1.060 | 1.005 | 2.90 | 27.2 | 20.1 | 18.97 | 0.696 |
| 70 | 1.029 | 1.009 | 2.96 | 28.6 | 20.6 | 20.02 | 0.694 |
| 80 | 1.000 | 1.009 | 3.05 | 30.2 | 21.1 | 21.09 | 0.692 |
| 90 | 0.972 | 1.009 | 3.13 | 31.9 | 21.5 | 22.10 | 0.690 |
| 100 | 0.946 | 1.009 | 3.21 | 33.6 | 21.9 | 23.13 | 0.688 |
| 120 | 0.898 | 1.009 | 3.34 | 36.8 | 22.8 | 25.45 | 0.686 |
| 140 | 0.854 | 1.013 | 3.49 | 40.3 | 23.7 | 27.80 | 0.684 |
| 160 | 0.815 | 1.017 | 3.64 | 43.9 | 24.5 | 30.09 | 0.682 |
| 180 | 0.779 | 1.022 | 3.78 | 47.5 | 25.3 | 32.49 | 0.681 |
| 200 | 0.746 | 1.026 | 3.93 | 51.4 | 26.0 | 34.85 | 0.680 |
| 250 | 0.674 | 1.038 | 4.27 | 61.0 | 27.4 | 40.61 | 0.677 |
| 300 | 0.615 | 1.047 | 4.60 | 71.6 | 29.7 | 48.33 | 0.674 |
| 350 | 0.566 | 1.059 | 4.91 | 81.9 | 31.4 | 55.46 | 0.676 |
| 400 | 0.524 | 1.068 | 5.21 | 93.1 | 33.0 | 63.09 | 0.678 |
| 500 | 0.456 | 1.093 | 5.74 | 115.3 | 36.2 | 79.38 | 0.687 |
| 600 | 0.404 | 1.114 | 6.22 | 138.3 | 39.1 | 96.89 | 0.699 |
| 700 | 0.362 | 1.135 | 6.71 | 163.4 | 41.8 | 115.4 | 0.706 |
| 800 | 0.329 | 1.156 | 7.18 | 188.8 | 44.3 | 134.8 | 0.713 |
| 900 | 0.301 | 1.172 | 7.63 | 216.2 | 46.7 | 155.1 | 0.717 |
| 1000 | 0.277 | 1.185 | 8.07 | 245.9 | 49.0 | 177.1 | 0.719 |
| 1100 | 0.257 | 1.197 | 8.50 | 276.2 | 51.2 | 199.3 | 0.722 |
| 1200 | 0.239 | 1.210 | 9.15 | 316.5 | 53.5 | 233.7 | 0.724 |

此表引自文献：杨世铭，陶文铨．1998．传热学．3 版．北京：高等教育出版社．

附录 A-8　　饱和水的热物理性质

| $t$/℃ | $p\times10^{-5}$ /Pa | $\rho$/ (kg/m³) | $h'$/ (kJ/kg) | $c$/ [kJ/ (kg·K)] | $\lambda\times10^2$ /[W/ (m·K)] | $\alpha\times10^8$ /(m²·s) | $\eta\times10^6$ /[W/ (m·s)] | $\nu\times10^6$ /(m²·s) | $\alpha_v\times10^4$ /K⁻¹ | $\gamma\times10^4$ /(N/m) | $Pr$ |
|---|---|---|---|---|---|---|---|---|---|---|---|
| 0 | 0.00611 | 999.9 | 0 | 4.212 | 55.1 | 13.1 | 1788 | 1.789 | −0.81 | 756.4 | 13.67 |
| 10 | 0.01227 | 999.7 | 42.04 | 4.191 | 57.4 | 13.7 | 1306 | 1.306 | +0.87 | 741.6 | 9.52 |
| 20 | 0.02338 | 998.2 | 83.91 | 4.183 | 59.9 | 14.3 | 1004 | 1.006 | 2.09 | 726.9 | 7.02 |
| 30 | 0.04241 | 995.7 | 125.7 | 4.174 | 61.8 | 14.9 | 801.5 | 0.805 | 3.05 | 712.2 | 5.42 |
| 40 | 0.07375 | 992.2 | 167.5 | 4.174 | 63.5 | 15.3 | 653.3 | 0.659 | 3.86 | 696.5 | 4.31 |
| 50 | 0.12335 | 988.1 | 209.3 | 4.174 | 64.8 | 15.7 | 549.4 | 0.556 | 4.57 | 676.9 | 3.54 |
| 60 | 0.19920 | 983.1 | 251.1 | 4.179 | 65.9 | 16.0 | 469.9 | 0.478 | 5.22 | 662.2 | 2.99 |
| 70 | 0.3116 | 977.8 | 293.0 | 4.187 | 66.8 | 16.3 | 406.1 | 0.415 | 5.83 | 643.5 | 2.55 |
| 80 | 0.4736 | 971.8 | 355.0 | 4.195 | 67.4 | 16.6 | 355.1 | 0.365 | 6.40 | 625.9 | 2.21 |
| 90 | 0.7011 | 965.3 | 377.0 | 4.208 | 68.0 | 16.8 | 314.9 | 0.326 | 6.96 | 607.2 | 1.95 |
| 100 | 1.013 | 958.4 | 419.1 | 4.220 | 68.3 | 16.9 | 282.5 | 0.295 | 7.50 | 588.6 | 1.75 |
| 110 | 1.43 | 951.0 | 461.4 | 4.233 | 68.5 | 17.0 | 259.0 | 0.272 | 8.04 | 569.0 | 1.60 |
| 120 | 1.98 | 943.1 | 503.7 | 4.250 | 68.6 | 17.1 | 237.4 | 0.252 | 8.58 | 548.4 | 1.47 |
| 130 | 2.70 | 934.8 | 546.4 | 4.266 | 68.6 | 17.2 | 217.8 | 0.233 | 9.12 | 528.8 | 1.36 |
| 140 | 3.61 | 926.1 | 589.1 | 4.287 | 68.5 | 17.2 | 201.1 | 0.217 | 9.68 | 507.2 | 1.26 |
| 150 | 4.76 | 917.0 | 632.2 | 4.313 | 68.4 | 17.3 | 186.4 | 0.203 | 10.26 | 486.6 | 1.17 |
| 160 | 6.18 | 907.0 | 675.4 | 4.346 | 68.3 | 17.3 | 173.6 | 0.191 | 10.87 | 466.0 | 1.10 |
| 170 | 7.92 | 897.3 | 719.3 | 4.380 | 67.9 | 17.3 | 162.8 | 0.181 | 11.52 | 443.4 | 1.05 |
| 180 | 10.03 | 886.9 | 763.3 | 4.417 | 67.4 | 17.2 | 153.0 | 0.173 | 12.21 | 422.8 | 1.00 |
| 190 | 12.55 | 876.0 | 807.8 | 4.459 | 67.0 | 17.1 | 144.2 | 0.165 | 12.96 | 400.2 | 0.96 |
| 200 | 15.55 | 863.0 | 852.8 | 4.505 | 66.3 | 17.0 | 136.4 | 0.158 | 13.77 | 376.7 | 0.93 |
| 210 | 19.08 | 852.3 | 897.7 | 4.555 | 65.5 | 16.9 | 130.5 | 0.153 | 14.67 | 354.1 | 0.91 |
| 220 | 23.20 | 840.3 | 943.7 | 4.614 | 64.5 | 16.6 | 124.6 | 0.148 | 15.67 | 331.6 | 0.89 |
| 230 | 27.98 | 827.3 | 990.2 | 4.681 | 63.7 | 16.4 | 119.7 | 0.145 | 16.80 | 310.0 | 0.88 |
| 240 | 33.48 | 813.6 | 1037.5 | 4.756 | 62.8 | 16.2 | 114.8 | 0.141 | 18.08 | 285.5 | 0.87 |
| 250 | 39.78 | 799.0 | 1085.7 | 4.844 | 61.8 | 15.9 | 109.9 | 0.137 | 19.55 | 261.9 | 0.86 |
| 260 | 46.94 | 784.0 | 1135.7 | 4.949 | 60.5 | 15.6 | 105.9 | 0.135 | 21.27 | 237.4 | 0.87 |
| 270 | 55.05 | 767.9 | 1185.7 | 5.070 | 59.0 | 15.1 | 102.0 | 0.133 | 23.31 | 214.8 | 0.88 |
| 280 | 64.19 | 750.7 | 1236.8 | 5.230 | 57.4 | 14.6 | 98.1 | 0.131 | 25.79 | 191.3 | 0.90 |
| 290 | 74.45 | 732.3 | 1290.0 | 5.485 | 55.8 | 13.9 | 94.2 | 0.129 | 28.84 | 168.7 | 0.93 |
| 300 | 85.92 | 712.5 | 1344.9 | 5.736 | 54.0 | 13.2 | 91.2 | 0.128 | 32.73 | 144.2 | 0.97 |
| 310 | 98.70 | 691.1 | 1402.2 | 6.071 | 52.3 | 12.5 | 88.3 | 0.128 | 37.85 | 120.7 | 1.03 |
| 320 | 112.90 | 667.1 | 1462.1 | 6.574 | 50.6 | 11.5 | 85.3 | 0.128 | 44.91 | 98.10 | 1.11 |
| 330 | 128.65 | 640.2 | 1526.2 | 7.244 | 48.4 | 10.4 | 81.4 | 0.127 | 55.31 | 76.71 | 1.22 |
| 340 | 146.08 | 610.1 | 1594.8 | 8.165 | 45.7 | 9.17 | 77.5 | 0.127 | 72.10 | 56.70 | 1.39 |
| 350 | 165.37 | 574.4 | 1671.4 | 9.504 | 43.0 | 7.88 | 72.6 | 0.126 | 103.7 | 38.16 | 1.60 |
| 360 | 186.74 | 528.0 | 1761.5 | 13.984 | 39.5 | 5.36 | 66.7 | 0.126 | 182.9 | 20.21 | 2.35 |
| 370 | 210.53 | 450.5 | 1892.5 | 40.321 | 33.7 | 1.86 | 56.9 | 0.126 | 676.7 | 4.709 | 6.79 |

附录 A-9　　干饱和水蒸气的热物理性质

| $t$/℃ | $p\times10^{-5}$ /Pa | $\rho''$/ (kg/m$^3$) | $h''$/ (kJ/kg) | $r$/ (kJ/kg) | $c$/ [kJ/ (kg·K)] | $\lambda\times10^2$ /[W/ (m·K)] | $\alpha\times10^8$ /(m$^2$/s) | $\eta\times10^6$ /[kg/ (m·s)] | $\upsilon\times10^6$ /(m$^2$/s) | $Pr$ |
|---|---|---|---|---|---|---|---|---|---|---|
| 0 | 0.00611 | 0.004847 | 2501.6 | 2501.6 | 1.8543 | 1.83 | 7313.0 | 8.022 | 1655.01 | 0.815 |
| 10 | 0.01227 | 0.009396 | 2520.0 | 2477.7 | 1.8594 | 1.88 | 3881.3 | 8.424 | 896.54 | 0.831 |
| 20 | 0.02338 | 0.01729 | 2538.0 | 2454.3 | 1.8661 | 1.94 | 2167.2 | 8.840 | 509.90 | 0.847 |
| 30 | 0.04241 | 0.03037 | 2556.5 | 2430.9 | 1.8744 | 2.00 | 1265.1 | 9.218 | 303.53 | 0.863 |
| 40 | 0.07375 | 0.05116 | 2574.5 | 2407.0 | 1.8853 | 2.06 | 768.45 | 9.620 | 188.04 | 0.883 |
| 50 | 0.12335 | 0.08302 | 2592.0 | 2382.7 | 1.8987 | 2.12 | 483.59 | 10.022 | 120.72 | 0.896 |
| 60 | 0.19920 | 0.1302 | 2609.6 | 2358.4 | 1.9155 | 2.19 | 315.55 | 10.424 | 80.07 | 0.913 |
| 70 | 0.3116 | 0.1982 | 2626.8 | 2334.1 | 1.9364 | 2.25 | 210.57 | 10.817 | 54.57 | 0.930 |
| 80 | 0.4736 | 0.2933 | 2643.5 | 2309.0 | 1.9615 | 2.33 | 145.53 | 11.219 | 38.25 | 0.947 |
| 90 | 0.7011 | 0.4235 | 2660.3 | 2283.1 | 1.9921 | 2.40 | 102.22 | 11.621 | 27.44 | 0.966 |
| 100 | 1.0130 | 0.5977 | 2676.2 | 2257.1 | 2.0281 | 2.48 | 73.57 | 12.023 | 20.12 | 0.984 |
| 110 | 1.4327 | 0.8265 | 2691.3 | 2229.0 | 2.0704 | 2.56 | 53.83 | 12.425 | 15.03 | 1.00 |
| 120 | 1.9854 | 1.122 | 2705.9 | 2202.3 | 2.1198 | 2.65 | 40.15 | 12.798 | 11.41 | 1.02 |
| 130 | 2.7013 | 1.497 | 2719.7 | 2173.1 | 2.1763 | 2.76 | 30.46 | 13.170 | 8.80 | 1.04 |
| 140 | 3.614 | 1.967 | 2733.1 | 2144.1 | 2.2408 | 2.85 | 23.28 | 13.543 | 6.89 | 1.06 |
| 150 | 4.760 | 2.548 | 2745.3 | 2113.1 | 2.3145 | 2.97 | 18.10 | 13.896 | 5.45 | 1.08 |
| 160 | 6.181 | 3.260 | 2756.6 | 2081.3 | 2.3974 | 3.08 | 14.20 | 14.249 | 4.37 | 1.11 |
| 170 | 7.920 | 4.123 | 2767.1 | 2047.8 | 2.4911 | 3.21 | 11.25 | 14.612 | 3.54 | 1.13 |
| 180 | 10.027 | 5.160 | 2776.3 | 2013.0 | 2.5958 | 3.36 | 9.03 | 14.965 | 2.90 | 1.15 |
| 190 | 12.551 | 6.397 | 2784.2 | 1976.6 | 2.7126 | 3.51 | 7.29 | 15.298 | 2.39 | 1.18 |
| 200 | 15.549 | 7.864 | 2790.9 | 1938.5 | 2.8428 | 3.68 | 5.92 | 15.651 | 1.99 | 1.21 |
| 210 | 19.077 | 9.593 | 2796.4 | 1898.3 | 2.9877 | 3.87 | 4.86 | 15.995 | 1.67 | 1.24 |
| 220 | 23.198 | 11.62 | 2799.7 | 1856.4 | 3.1497 | 4.07 | 4.00 | 16.338 | 1.41 | 1.26 |
| 230 | 27.976 | 14.00 | 2801.8 | 1811.6 | 3.3310 | 4.30 | 3.32 | 16.701 | 1.19 | 1.29 |
| 240 | 33.478 | 16.76 | 2802.2 | 1764.7 | 3.5366 | 4.54 | 2.76 | 17.073 | 1.02 | 1.33 |
| 250 | 39.776 | 19.99 | 2800.6 | 1714.4 | 3.7723 | 4.84 | 2.31 | 17.446 | 0.873 | 1.36 |
| 260 | 46.943 | 23.73 | 2796.4 | 1661.3 | 4.0470 | 5.18 | 1.94 | 17.848 | 0.752 | 1.40 |
| 270 | 55.058 | 28.10 | 2789.7 | 1604.8 | 4.3735 | 5.55 | 1.63 | 18.280 | 0.651 | 1.44 |
| 280 | 64.202 | 33.19 | 2780.5 | 1543.7 | 4.7675 | 6.00 | 1.37 | 18.750 | 0.565 | 1.49 |
| 290 | 74.461 | 39.16 | 2767.5 | 1477.5 | 5.2528 | 6.55 | 1.15 | 19.270 | 0.492 | 1.54 |
| 300 | 85.927 | 46.19 | 2751.1 | 1405.9 | 5.8632 | 7.22 | 0.96 | 19.839 | 0.430 | 1.61 |
| 310 | 98.700 | 54.54 | 2730.2 | 1327.6 | 6.6503 | 8.06 | 0.80 | 20.691 | 0.380 | 1.71 |
| 320 | 112.89 | 64.60 | 2703.8 | 1241.0 | 7.7217 | 8.65 | 0.62 | 21.691 | 0.336 | 1.94 |
| 330 | 128.63 | 76.99 | 2670.3 | 1143.8 | 9.3613 | 9.61 | 0.48 | 23.093 | 0.300 | 2.24 |
| 340 | 146.05 | 92.76 | 2626.0 | 1030.8 | 12.2108 | 10.70 | 0.34 | 24.692 | 0.266 | 2.82 |
| 350 | 165.35 | 113.6 | 2567.8 | 895.6 | 17.1504 | 11.90 | 0.22 | 26.594 | 0.234 | 3.83 |
| 360 | 186.75 | 144.1 | 2485.3 | 721.4 | 25.1162 | 13.70 | 0.14 | 29.193 | 0.203 | 5.34 |
| 370 | 210.54 | 201.1 | 2342.9 | 452.6 | 76.9157 | 16.60 | 0.04 | 33.989 | 0.169 | 15.7 |
| 374 | 221.20 | 315.5 | 2107.2 | 0.0 | ∞ | 23.79 | 0.0 | 44.992 | 0.143 | ∞ |

此表引自文献：杨世铭，陶文铨．1998．传热学．3 版．北京：高等教育出版社．

附录 A-10　　　　几种气体的热物理性质（$p$=1.01325×10⁵Pa）

| 气体名称 | $t$/℃ | $\rho$/(kg/m³) | $c$/[kJ/(kg·K)] | $\lambda\times10^2$/[W/(m·K)] | $a\times10^2$/(m²/h) | $\eta\times10^6$/[kg/(m·s)] | $v\times10^2$/(m²·s) | $Pr$ |
|---|---|---|---|---|---|---|---|---|
| 氢气（$H_2$） | −50 | 0.1064 | 13.82 | 14.07 | 34.4 | 7.355 | 69.1 | 0.72 |
| | 0 | 0.0869 | 14.19 | 16.75 | 48.6 | 8.414 | 96.8 | 0.72 |
| | 50 | 0.0734 | 14.40 | 19.19 | 65.3 | 9.385 | 128 | 0.71 |
| | 100 | 0.0636 | 14.49 | 21.40 | 84.0 | 10.277 | 162 | 0.69 |
| | 150 | 0.0560 | 14.49 | 23.61 | 105 | 11.121 | 199 | 0.68 |
| | 200 | 0.0502 | 14.53 | 25.70 | 128 | 11.915 | 237 | 0.66 |
| | 250 | 0.0453 | 14.53 | 27.56 | 152 | 12.651 | 279 | 0.66 |
| | 300 | 0.0415 | 14.57 | 29.54 | 178 | 13.631 | 321 | 0.65 |
| 氮气（$N_2$） | −50 | 1.485 | 1.043 | 2.000 | 4.65 | 14.122 | 9.5 | 0.74 |
| | 0 | 1.211 | 1.043 | 2.407 | 6.87 | 16.671 | 13.8 | 0.72 |
| | 50 | 1.023 | 1.043 | 2.791 | 9.42 | 18.927 | 18.5 | 0.71 |
| | 100 | 0.887 | 1.043 | 3.128 | 12.2 | 21.084 | 23.8 | 0.70 |
| | 150 | 0.782 | 1.047 | 3.477 | 15.3 | 23.046 | 29.5 | 0.69 |
| | 200 | 0.699 | 1.055 | 3.815 | 18.6 | 24.811 | 35.5 | 0.69 |
| | 250 | 0.631 | 1.059 | 4.129 | 22.1 | 26.674 | 42.3 | 0.69 |
| | 300 | 0.577 | 1.072 | 4.419 | 25.7 | 28.241 | 49.1 | 0.69 |
| 二氧化碳（$CO_2$） | −50 | 2.373 | 0.766 | 1.105 | 2.2 | 11.28 | 4.8 | 0.78 |
| | 0 | 1.912 | 0.829 | 1.454 | 3.3 | 13.83 | 7.2 | 0.78 |
| | 50 | 1.616 | 0.875 | 1.830 | 4.7 | 16.18 | 10.0 | 0.77 |
| | 100 | 1.400 | 0.921 | 2.221 | 6.2 | 18.34 | 13.1 | 0.76 |
| | 150 | 1.235 | 0.959 | 2.628 | 8.0 | 20.40 | 16.5 | 0.74 |
| | 200 | 1.103 | 0.996 | 3.059 | 10.1 | 22.36 | 20.3 | 0.72 |
| | 250 | 0.996 | 1.030 | 3.512 | 12.3 | 24.22 | 24.3 | 0.71 |
| | 300 | 0.911 | 1.063 | 3.989 | 14.8 | 25.99 | 28.5 | 0.59 |
| 氧气（$O_2$） | −100 | 2.192 | 0.917 | 1.465 | 2.7 | 12.94 | 5.9 | 0.80 |
| | −50 | 1.694 | 0.917 | 1.884 | 4.4 | 16.18 | 9.6 | 0.79 |
| | 0 | 1.382 | 0.917 | 2.291 | 6.5 | 19.12 | 13.9 | 0.77 |
| | 50 | 1.168 | 0.925 | 2.687 | 8.9 | 21.97 | 18.8 | 0.76 |
| | 100 | 1.012 | 0.934 | 3.035 | 11.6 | 24.61 | 24.3 | 0.76 |

附录 A-11　常见材料的表面发射率

| 材料类别和表面状况 | 温度$t$/℃ | 发射率$\varepsilon$ |
|---|---|---|
| 铝：抛光，纯度98% | 200～600 | 0.04～0.06 |
| 工业用板 | 100 | 0.09 |
| 粗制板 | 40 | 0.07 |
| 严重氧化 | 100～550 | 0.20～0.33 |
| 箔，光亮 | 100～300 | 0.06～0.07 |
| 黄铜：高度抛光 | 250 | 0.03 |
| 抛光 | 40 | 0.07 |
| 无光泽板 | 40～250 | 0.22 |
| 氧化 | 40～250 | 0.46～0.56 |
| 铬：抛光薄板 | 40～550 | 0.08～0.27 |
| 紫铜：高度抛光的电解铜 | 100 | 0.02 |
| 抛光 | 40 | 0.04 |
| 轻度抛光 | 40 | 0.12 |
| 无光泽 | 40 | 0.15 |
| 氧化发黑 | 40 | 0.76 |
| 金：高度抛光，纯金 | 100～600 | 0.02～0.035 |
| 钢铁：低碳钢，抛光 | 150～500 | 0.14～0.32 |
| 钢，抛光 | 40～250 | 0.07～0.10 |
| 钢板，轧制 | 40 | 0.66 |
| 钢板，粗糙，严重氧化 | 40 | 0.80 |
| 铸铁，有处理表皮层 | 40 | 0.70～0.80 |
| 铸铁，新加工面 | 40 | 0.44 |
| 铸铁，氧化 | 40～250 | 0.57～0.66 |
| 铸铁，抛光 | 200 | 0.21 |
| 锻铁，光洁 | 40 | 0.35 |
| 锻铁，暗色氧化 | 20～360 | 0.94 |
| 不锈钢，抛光 | 40 | 0.07～0.17 |
| 不锈钢，重复加热冷却后 | 230～930 | 0.50～0.70 |
| 石棉：石棉板 | 40 | 0.96 |
| 石棉水泥 | 40 | 0.96 |
| 石棉瓦 | 40 | 0.97 |
| 砖：粗制红砖 | 40 | 0.93 |
| 耐火黏土砖 | 1000 | 0.75 |
| 灯炱 | 40 | 0.95 |
| 黏土：烧结 | 100 | 0.91 |
| 混凝土：粗糙表面 | 40 | 0.94 |
| 玻璃：平板玻璃 | 40 | 0.94 |
| 石英玻璃（厚2mm） | 250～550 | 0.96～0.66 |

续表

| 材料类别和表面状况 | 温度$t$/℃ | 发射率$\varepsilon$ |
|---|---|---|
| 硼硅酸玻璃 | 250 ~ 550 | 0.94 ~ 0.75 |
| 石膏 | 40 | 0.80 ~ 0.90 |
| 雪 | −3 | 0.82 |
| 冰：光滑面 | 0 | 0.97 |
| 水：厚 0.1mm 以上 | 40 | 0.96 |
| 云母 | 40 | 0.75 |
| 油漆：各种油漆 | 40 | 0.92 ~ 0.96 |
| 白色油漆 | 40 | 0.80 ~ 0.95 |
| 光亮黑漆 | 40 | 0.9 |
| 纸：白纸 | 40 | 0.95 |
| 粗糙屋面焦油纸毡 | 40 | 0.90 |
| 瓷：上釉 | 40 | 0.93 |
| 橡胶：硬质 | 40 | 0.94 |
| 雪 | −12 ~ −6 | 0.82 |
| 锅炉炉渣 | 0 ~ 1000 | 0.97 ~ 0.70 |
| 抹灰的墙 | 20 | 0.94 |
| 各种木材 | 40 | 0.80 ~ 0.92 |

# 附 录 B

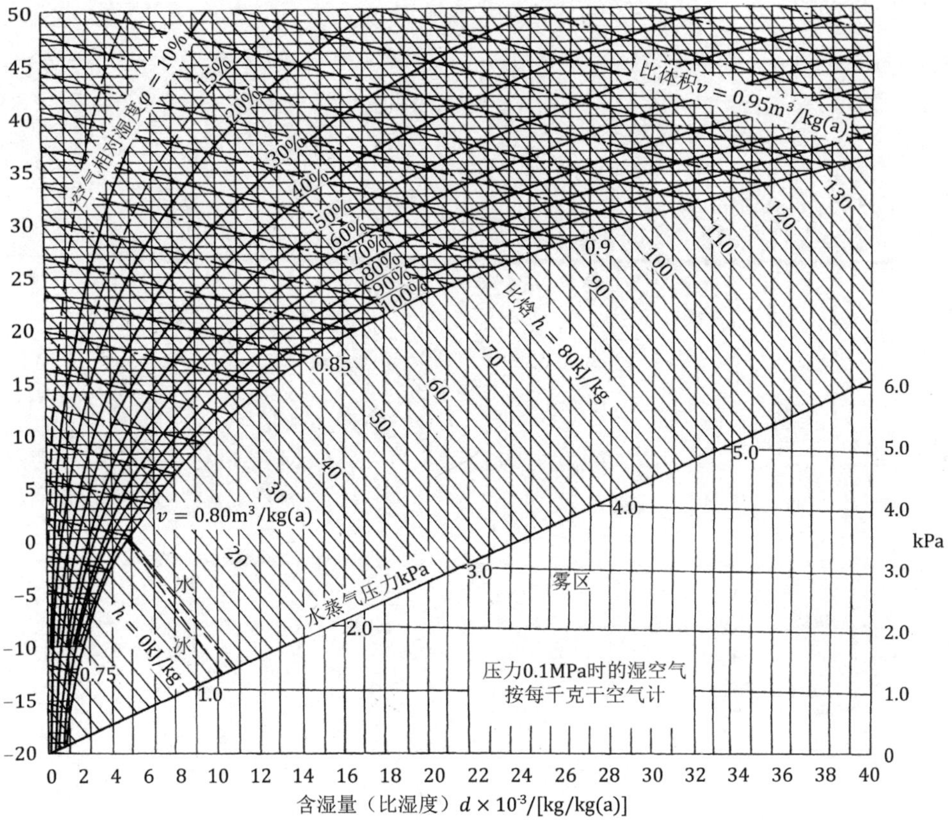


附录 B 湿空气焓湿图（$p_b = 0.1\text{MPa}$）

上海市教育委员会重点课程建设项目

# 概率论与数理统计

叶慈南　刘锡平　主编
曹伟丽　范洪福　樊亚莉　副主编



科学出版社
北京

# 内 容 简 介

全书共有 9 章，分别介绍了随机事件与概率、随机变量及其分布、随机变量的数字特征、多维随机变量及其分布、大数定律与中心极限定理、数理统计的基本概念、参数估计、假设检验、回归分析及方差分析. 每章最后都有一节介绍综合例题. 每节都有相当数量的习题，每章末附有复习题，书末附有部分习题答案.

本书可作为高等院校工科、理科(非数学专业)以及其他各相关专业的概率论与数理统计课程的教材，也可作为工程技术人员等实际工作者的自学用书.

**图书在版编目(CIP)数据**

概率论与数理统计/ 叶慈南，刘锡平主编. —北京：科学出版社，2009

ISBN 978-7-03-023914-3

I. 概… II. ① 叶… ② 刘… III. ① 概率论—高等学校—教材 ② 数理统计—高等学校—教材 IV. 021

中国版本图书馆 CIP 数据核字(2008)第 003450 号

责任编辑：谭宏宇 房 阳 / 责任校对：赵桂芬

责任印制：刘 学 / 封面设计：一 明

科 学 出 版 社出版

北京东黄城根北街 16 号

邮政编码：100717

http://www.sciencep.com

广东虎彩云印刷有限公司印刷

科学出版社编务公司排版制作

科学出版社发行 各地新华书店经销

*

2009 年 1 月第 一 版 开本：B5(720 × 1000)

2024 年 6 月第 二十一 次印刷 印张：20 1/4

字数：391 000

**定价：39.00 元**

# 前　言

概率论与数理统计是研究随机现象数量规律性的一门学科，是最活跃的数学学科之一. 因为随机性的影响无处不在，所以概率论与数理统计的应用十分广泛，不仅在自然科学、工程技术、工农业生产等领域有着广泛的应用，在经济、医学、金融、保险等领域也有着越来越广泛的应用. 正因如此，“概率论与数理统计”也成为各专业大学生最重要的数学必修课之一.

本书是我们在上海理工大学多年教授“概率论与数理统计”课程教学实践基础上编写而成的. 学习本书内容只需微积分学和线性代数的相关知识. 本书共 9 章，包括两部分内容. 前 5 章是概率论部分，后 4 章是数理统计部分. 在撰写本书过程中，为了便于读者理解和掌握，我们力求将概念叙述得清晰易懂. 本书还注意了举例的多样性，所举例子涉及工业、农业、工程技术、保险、医学、经济等多个领域，以使读者在理解基本概念、掌握基本方法的同时，体会到概率统计应用的广泛性. 本书在每节末都附有习题，每章末附有复习题，全书末附有部分习题答案.

本书可作为高等院校工科和理科（非数学专业）各专业概率论与数理统计课程的教材，也可作为其他专业该课程的教材；工程技术人员、自然科学工作者和社会科学工作者可将其作为自学用书.

我们在编写本书的过程中作了一些尝试：除第 9 章外，每章的最后编写了一节“综合例题”. 在“综合例题”一节中，我们选编了一些稍难的、综合运用概率统计知识的例子或教材正文内容的一些补充例子，供使用本教材的教师在授课时选用，也供学有余力的学生课外阅读. 编写本书过程中的这些尝试是为教学过程中的“分层次教学”作准备的. 对于每周 3 学时的课程，讲授本书时可略去带*的内容以及“综合例题”内容；对于每周 4 学时的课程，可讲完全书的内容；对于开展“分层次教学”的每周 3 学时学习本课程的基础较好的班级，可选用“综合例题”中的一些例子和带*部分的若干内容.

本书的编写作如下分工：第 1、2 章由刘锡平编写；第 3、5 章和 4.6~4.8 节由范洪福编写；4.1~4.5 节和 4.8 节由樊亚莉编写；第 6、8 章和 9.1~9.3 节由叶慈南编写；第 7 章和 9.4 节由曹伟丽编写. 全书由叶慈南统稿. 在本书初稿完成之后，资深统计学家、华东师范大学统计系茆诗松教授仔细审阅了全部书稿，提出了许多宝贵的修改意见，为提高本书的质量起了很大的作用.

本书的编写工作得到上海市教育委员会重点课程建设项目和教育部高等教育司教学改革项目的资助. 在编写过程中, 上海理工大学工程数学教研室许多教师提出了建设性的意见和建议, 上海理工大学理学院和教务部门给予了大力帮助. 本书的出版得到了科学出版社的大力支持. 在此一并致以深深的谢意.

由于我们水平有限, 书中不当以及疏漏之处在所难免, 恳请广大读者和同行批评指正.

编 者

2008 年 10 月 1 日

# 目　录


**前　言**

**第 1 章　随机事件与概率** …… 1

1.1　随机事件 …… 1

1.1.1　随机现象 …… 1

1.1.2　样本空间与随机事件 …… 2

1.1.3　事件间的关系与运算 …… 3

习题 1.1 …… 6

1.2　概率的定义与性质 …… 7

1.2.1　概率的定义 …… 7

1.2.2　概率的性质 …… 13

习题 1.2 …… 15

1.3　条件概率 …… 16

1.3.1　条件概率与乘法公式 …… 16

1.3.2　全概率公式与贝叶斯公式 …… 19

习题 1.3 …… 22

1.4　事件的独立性 …… 23

1.4.1　事件的独立性 …… 23

1.4.2　伯努利试验与二项概率公式 …… 26

习题 1.4 …… 27

*1.5　综合例题 …… 28

复习题 1 …… 33

**第 2 章　随机变量及其分布** …… 35

2.1　随机变量及其分布函数 …… 35

习题 2.1 …… 38

2.2　离散随机变量及其分布律 …… 39

2.2.1　离散随机变量及其分布律 …… 39

2.2.2　几种常见的离散随机变量及其分布律 …… 41

习题 2.2 …… 44

2.3　连续随机变量及其概率密度 …… 45

2.3.1 连续随机变量及其概率密度 …… 45
2.3.2 几种常见的连续随机变量 …… 48
习题 2.3 …… 59
2.4 随机变量的函数的分布 …… 60
2.4.1 离散随机变量的函数的分布 …… 61
2.4.2 连续随机变量的函数的分布 …… 62
习题 2.4 …… 64
*2.5 综合例题 …… 65
复习题 2 …… 68
**第 3 章 随机变量的数字特征** …… 70
3.1 数学期望 …… 70
3.1.1 数学期望的定义及其性质 …… 70
3.1.2 随机变量函数的数学期望 …… 75
习题 3.1 …… 77
3.2 方差 …… 78
3.2.1 方差的定义 …… 78
3.2.2 方差的性质 …… 80
习题 3.2 …… 82
3.3 分位数与众数 …… 83
3.3.1 分位数 …… 83
3.3.2 众数 …… 85
习题 3.3 …… 86
*3.4 综合例题 …… 86
复习题 3 …… 88
**第 4 章 多维随机变量及其分布** …… 89
4.1 多维随机变量及其联合分布 …… 89
4.1.1 二维随机变量及其联合分布函数 …… 89
4.1.2 二维离散随机变量及其联合分布律 …… 91
4.1.3 二维连续随机变量及其联合概率密度函数 …… 94
4.1.4 两个常见的二维连续随机变量 …… 96
*4.1.5 $n$ 维随机变量($n$ 维随机向量) …… 98
习题 4.1 …… 99
4.2 多维随机变量的边缘分布 …… 100
4.2.1 边缘分布函数 …… 100

4.2.2 边缘分布律 …… 101
4.2.3 边缘概率密度函数 …… 102
习题 4.2 …… 105
*4.3 条件分布 …… 105
4.3.1 离散随机变量的条件分布 …… 106
4.3.2 连续随机变量的条件分布 …… 107
习题 4.3 …… 111
4.4 随机变量的独立性 …… 112
习题 4.4 …… 115
4.5 多维随机变量函数的分布 …… 116
4.5.1 二维离散随机变量函数的分布 …… 116
4.5.2 二维连续随机变量函数的分布 …… 117
习题 4.5 …… 122
4.6 多维随机变量的数字特征 …… 123
4.6.1 二维随机变量函数的数学期望 …… 123
4.6.2 数学期望的运算性质 …… 124
4.6.3 方差的运算性质 …… 126
习题 4.6 …… 128
4.7 矩、协方差、相关系数 …… 128
4.7.1 原点矩与中心矩 …… 128
4.7.2 协方差与相关系数 …… 129
习题 4.7 …… 136
*4.8 综合例题 …… 137
复习题 4 …… 144
**第 5 章 大数定律与中心极限定理** …… 147
5.1 切比雪夫不等式 …… 147
习题 5.1 …… 148
5.2 大数定律 …… 148
习题 5.2 …… 151
5.3 中心极限定理 …… 151
习题 5.3 …… 155
*5.4 综合例题 …… 155
复习题 5 …… 157

**第 6 章 数理统计的基本概念** …… 158
6.1 引言 …… 158
6.2 总体与样本 …… 158
6.3 样本观察值的整理 …… 160
6.3.1 频率分布表 …… 160
6.3.2 直方图 …… 162
6.3.3 经验分布函数 …… 163
习题 6.3 …… 165
6.4 统计量与抽样分布 …… 166
6.4.1 统计量与抽样分布的定义 …… 166
6.4.2 三大抽样分布 …… 167
6.4.3 正态总体样本均值与样本方差的分布 …… 174
习题 6.4 …… 178
*6.5 综合例题 …… 179
复习题 6 …… 183
**第 7 章 参数估计** …… 184
7.1 求点估计的方法 …… 184
7.1.1 矩法 …… 184
7.1.2 最大似然法 …… 188
习题 7.1 …… 192
7.2 点估计的评价标准 …… 193
7.2.1 无偏性 …… 193
7.2.2 有效性 …… 194
7.2.3 相合性 …… 196
习题 7.2 …… 196
7.3 区间估计 …… 197
7.3.1 单个正态总体的情况 …… 198
7.3.2 两个正态总体的情况 …… 203
7.3.3 单侧置信限 …… 207
习题 7.3 …… 209
*7.4 综合例题 …… 210
复习题 7 …… 214
**第 8 章 假设检验** …… 216
8.1 假设检验的基本概念 …… 216

8.1.1 假设检验的统计思想 ······ 216
8.1.2 检验的两类错误和显著性水平 ······ 219
*8.1.3 检验的 $p$ 值 ······ 220
8.2 正态总体均值的假设检验 ······ 221
8.2.1 单个正态总体均值的检验 ······ 221
8.2.2 两个正态总体均值差的检验(两样本 $t$ 检验) ······ 225
*8.2.3 成对数据的检验(单样本 $t$ 检验) ······ 227
习题 8.2 ······ 229
8.3 正态总体方差的假设检验 ······ 229
8.3.1 单个正态总体方差的检验($\chi^2$ 检验) ······ 229
8.3.2 两个正态总体方差比的检验($F$ 检验) ······ 231
习题 8.3 ······ 234
*8.4 分布拟合检验 ······ 234
8.4.1 分布拟合的 $\chi^2$ 检验 ······ 234
8.4.2 独立性检验(列联表方法) ······ 240
习题 8.4 ······ 243
*8.5 综合例题 ······ 244
复习题 8 ······ 248
*第 9 章 回归分析及方差分析 ······ 251
9.1 回归分析的概念 ······ 251
9.2 一元线性回归 ······ 252
9.2.1 $\beta_0$ 和 $\beta_1$ 的估计及其性质 ······ 253
9.2.2 $\sigma^2$ 的估计 ······ 258
9.2.3 回归方程的显著性检验 ······ 259
9.2.4 回归系数 $\beta_1$ 的置信区间 ······ 261
9.2.5 预测 ······ 261
习题 9.2 ······ 264
9.3 可线性化的一元非线性回归 ······ 265
习题 9.3 ······ 269
9.4 单因素试验方差分析 ······ 269
9.4.1 基本思想与数学模型 ······ 269
9.4.2 统计分析 ······ 272
习题 9.4 ······ 280
复习题 9 ······ 281

**参考文献**……283
**附录**……284
　附表 1　标准正态分布表……284
　附表 2　$\chi^2$ 分布分位数表……285
　附表 3　$t$ 分布分位数表……287
　附表 4　$F$ 分布分位数表……289
**部分习题答案**……294

# 第 1 章　随机事件与概率

概率论是研究随机现象数量规律性的学科，它是一个重要的数学分支. 概率论产生于17世纪，当时人们为了研究在赌博中的赔率问题而产生了一些简单的概率模型. 后来由于在社会活动、生产实践中不断提出的一些新的随机问题，如测量误差、航海风险、人生寿命等，人们开始对一些简单的随机模型进行系统研究. 20世纪30年代，随着数学理论的不断完善、科学技术的发展、一些新兴学科的出现，概率论在理论上和应用上都得到了迅速发展. 现在，概率论不仅在自然科学、工程技术、工农业生产等领域有着广泛的应用，在经济、金融、保险、医学等领域也扮演着越来越重要的角色.

本章介绍概率论的基本概念及运算，这些是学习以后各章内容的重要基础.

## 1.1　随 机 事 件

### 1.1.1　随机现象

如果细心观察，我们不难发现，在自然界和人类社会活动中存在着两类不同的现象. 有一类现象，在确定的条件下只有一种结果出现，称为**确定性现象**. 例如，在一个标准大气压下，纯水加热到100℃一定会沸腾；真空中带同号电荷的粒子必然相互排斥；在平面直角坐标系中，抛物线 $y=1-x^2$ 和 $y=-1+x^2$ 所围成的平面图形的面积为 $\frac{8}{3}$ 等. 对于这类现象，无论重复多少次，只要前提条件相同，都会出现同一个结果.

还有一类现象，它们在一定条件下进行试验，可能出现的结果不止一个. 例如，上抛一枚质地均匀的硬币，它落地后可能正面朝上，也可能是反面朝上，但是在抛掷前无法确定；新战士进行射击训练，如果要求其直到击中目标才能停止射击，那么他射击的次数可能为 1, 2, …，但在开始前是无法确定他今天到底要射击多少次；测量刚刚从商场里买回的灯泡的使用寿命，可能长一些也可能短一些，结果可能是集合 $\Omega=\{t|\ t\geqslant 0\}$ 中的任何一个数值；一次感冒治愈所需要的时间可能为集合 $\Omega=\{t|\ 0\leqslant t\leqslant T\}$ 中的某个数值(其中 $T$ 为感冒的最长发病时间)等. 在相同条件下进行试验可能出现不同结果的现象称为**随机现象**.

### 1.1.2 样本空间与随机事件

一般地, 我们是通过试验来研究随机现象的, 这里所指的试验包括各种各样的科学实验, 也包括对随机现象某种特征的观察、分析. 具有以下两个特征的试验称为**随机试验**, 简称**试验**:

(1) 可重复性 可以在相同条件下重复进行;

(2) 不确定性 试验的可能结果不止一个, 试验前可以知道试验的所有可能结果, 但每次试验具体出现哪种结果, 事先无法确定.

随机试验常用 $E$ 表示, 随机试验随处可见. 例如,

试验 $E_1$: 上抛一枚质地均匀的硬币, 观察落地后出现“正面”, 还是“反面”;

试验 $E_2$: 掷一枚骰子, 观察出现的点数;

试验 $E_3$: 某市电话号码查询台在一个时间段内接到的查询电话次数;

试验 $E_4$: 在一批电子元件中随机地抽取一只, 检测其使用寿命.

研究随机试验各种结果出现的规律性是概率论的重要内容. 为了获得这些规律, 有时通过大量重复试验; 有时根据问题的实际情况、经验或套用一些熟知的简单模型, 通过理论推算来得到其规律性.

也有一些随机现象是不可重复的, 如重大体育比赛的胜负、流行病的爆发、火山爆发对环境造成的影响等. 概率论也研究不可重复的随机现象. 为方便起见, 在以后的讨论中所说的随机试验也包括对不可重复的随机现象的观察和分析.

根据前面的讨论知道, 随机试验可能出现的结果不止一个, 试验可能出现的所有结果组成的集合称为该试验的**样本空间**, 样本空间常用大写字母 $\Omega$ 表示. 如前面提到的试验 $E_1, E_2, E_3, E_4$ 的样本空间可分别写为 $\Omega_1$={正面、反面}, $\Omega_2=\{1, 2, 3, 4, 5, 6\}$, $\Omega_3=\{0, 1, 2, 3, \cdots\}$, $\Omega_4=\{t|\ t\geqslant 0\}$. 样本空间的每一个元素称为一个**样本点**.

从前面的例子不难看出, 样本空间可能是有限集, 如 $\Omega_1$ 中只有“正面”、“反面”两个样本点; $\Omega_2$ 中只有 6 个样本点. 而有些样本空间是无限集, 其中包含无限多个样本点, 如 $\Omega_3$ 中的样本点是所有非负整数; $\Omega_4$ 中的样本点是所有非负实数.

在对某些问题的研究中, 有时我们关心的不仅仅是某一个样本点出现的情况, 而且常常需要研究在试验中满足一定条件的那些样本点出现的机会有多大. 如在试验 $E_2$ 中是否出现偶数 $\{2, 4, 6\}$, 在检测电子元件的试验中, 若假设其寿命不小于 5000 小时为合格, 那么在试验 $E_4$ 中我们所关心的是在 $\{t|\ t\geqslant 5000\}$ 中的那些结果是否出现, 这些都是样本空间的子集. 我们把样本空间的某些样本点组成的集合称为**随机事件**, 简称**事件**, 常用大写字母 $A$、$B$、$C$、$\cdots$ 表示. 如在试验 $E_2$ 中事件

“出现偶数”，表示为 $A_1=\{2, 4, 6\}$，事件“小于 4 点”可表示为 $B_1=\{1, 2, 3\}$. 在试验 $E_4$ 中，事件 $A_2$ 为“元件合格”，则 $A_2=\{t|\ t\geqslant 5000\}$，“元件不合格”可表示为 $B_2=\{t|\ t<5000\}$.

在一次试验中，说事件 $A$ 发生了，当且仅当试验的结果恰是 $A$ 中的一个样本点出现. 值得注意的是，在学习过程中，要注意培养将“用语言叙述的事件”与“用数学的集合符号表示的事件”进行“互译”的能力.

特殊地，将仅有一个样本点的事件，称为**基本事件**. 在一定条件下必然发生的事件称为**必然事件**，如“从一批产品中随机抽取 10 件，不合格品数不超过 10 件”. 在一定条件下必然不会发生的事件称为**不可能事件**，如“从一批产品中随机抽取 10 件，不合格品数超过 10 件”. 显然，必然事件是样本空间 $\Omega$ 本身. 而不可能事件是 $\Omega$ 的空子集，用 $\varnothing$ 表示，在每次试验中，它都不可能发生.

**例 1.1.1** 试写出下列随机试验的样本空间：

(1) 将一枚硬币连续抛掷 3 次，观察其正反面出现的情况；

(2) 某电话交换机在一个时间段内接到的电话呼叫次数；

(3) 某种电子元件的使用寿命.

**解** (1) 将抛掷硬币出现正面记为 H，出现反面记为 T，如连续抛掷三次依次为正、正、反，则用 HHT 表示，于是 $\Omega_1=\{$HHH, HHT, HTH, THH, HTT, THT, TTH, TTT$\}$.

(2) 电话交换机在一个时间段内接到的电话呼叫次数可能为 0，即该时间段内没有来电，也可能有 $n$ 次，$n$ 为自然数. 故样本空间 $\Omega_2=\{0, 1, 2, \cdots, n, \cdots\}$.

(3) 电子元件的使用寿命可能长一些，也可能短一些，但不会出现小于 0 的情况，因此样本空间 $\Omega_3=\{t\mid t\geqslant 0\}=[0,+\infty)$.

### 1.1.3 事件间的关系与运算

通过前面的讨论可以知道，事件是样本空间的子集. 一个随机试验可能出现的各种结果，对应各式各样的事件，这些事件之间存在着各种关系，它们的关系与运算同集合论中所讨论的集合关系与运算完全类似. 在讨论事件之间的关系与运算时，仍用集合的符号和概念表示，但是值得注意的是要理解它们在概率论中“事件”的意义. 并且可借助文氏(Venn)图来研究这些关系与运算，这样可使问题变得直观起来.

在以下的讨论中，总假设 $A, B, C$ 为同一个样本空间 $\Omega$ 的事件.

#### 1. 事件的包含关系

若事件 $A$ 中的所有样本点都是事件 $B$ 中的样本点，则称事件 $A$ 包含于 $B$，或称事件 $B$ 包含 $A$，记作 $A\subset B$，即如果事件 $A\subset B$，则意味着 $A$ 发生必然导致 $B$ 发生，

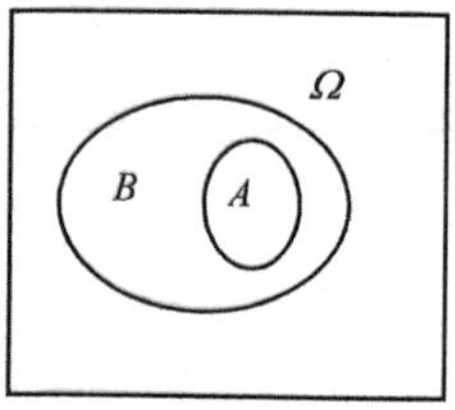


图 1.1.1 $A\subset B$

如图 1.1.1 所示.

**例 1.1.2** 在前面所讨论的试验 $E_4$ 中，设事件 $A$ 为“元件寿命不小于 2000 小时”，事件 $B$ 为“元件寿命大于 1000 小时”，即 $A=\{t|\ t\geqslant 2000\}$, $B=\{t|\ t>1000\}$，则有 $A\subset B$.

2. 事件相等

若事件 $A$ 中的所有样本点都是事件 $B$ 中的样本点，同时事件 $B$ 中的所有样本点也都是事件 $A$ 中的样本点，则称 $A$ 与 $B$ 相等，记作 $A=B$，即如果事件 $A\subset B$，且 $B\subset A$，则 $A=B$.

3. 事件的和

设 $A$ 与 $B$ 都是随机事件，则“事件 $A$ 与 $B$ 至少有一个发生”也是一个随机事件，称为事件 $A$ 与 $B$ 的和(或并)，记作 $A\cup B$，即 $A\cup B=\{\omega \mid \omega\in A\ 或 \omega\in B\}$，如图 1.1.2 所示.

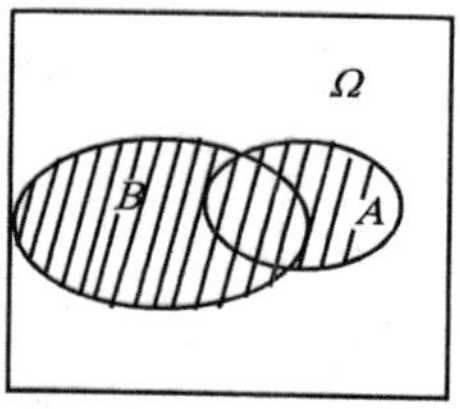


图 1.1.2 $A\cup B$

**例 1.1.3** 考虑前面所讨论的试验 $E_2$：掷一枚骰子，观察出现的点数.

设事件 $A$=“出现偶数点”，$B$=“出现的点数大于 4”，则 $A\cup B$=“出现点数为偶数或大于 4”，即 $A\cup B=\{2, 4, 5, 6\}$.

类似地，事件和的概念可推广到 $n$ 个事件的场合：$\bigcup\limits_{k=1}^{n}A_k$ 表示“事件 $A_1, A_2, \cdots, A_n$ 至少有一个发生”；甚至可推广到可列个事件的场合：$\bigcup\limits_{k=1}^{\infty}A_k$ 表示“事件 $A_1, A_2, \cdots$ 中至少有一个发生”.

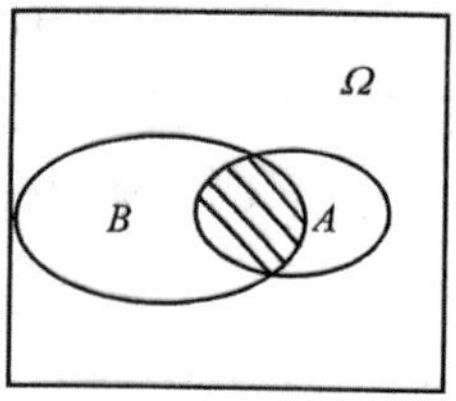


图 1.1.3 $AB$

4. 事件的积

设 $A$ 与 $B$ 都是随机事件，则“事件 $A$ 与 $B$ 同时发生”也是一个随机事件，称为事件 $A$ 与 $B$ 的积(或交)，记作 $AB$(或 $A\cap B$)，即 $AB=\{\omega \mid \omega\in A\ 且 \omega\in B\}$，如图 1.1.3 所示.

**例 1.1.4** 考虑例 1.1.3 中的事件 $A$=“出现偶数点”，$B$=“出现的点数大于 4”，则 $AB$=“出现点数为偶数且大于 4”，其中只含有一个样本点，即 $AB$=“出现点数为 6”，它是一个基本事件.

类似地，事件积的概念可推广到$n$个事件的场合：$\bigcap_{k=1}^{n} A_k$ 表示“事件 $A_1, A_2, \cdots, A_n$ 同时发生”，甚至可推广到可列个事件的场合：$\bigcap_{k=1}^{\infty} A_k$ 表示“事件 $A_1, A_2, \cdots$ 同时发生”.

5. 互不相容事件

如果事件$A$与$B$没有公共的样本点，则称$A$与$B$为互不相容事件，即$A$与$B$为互不相容事件的充分必要条件是$AB=\varnothing$，如图 1.1.4 所示.

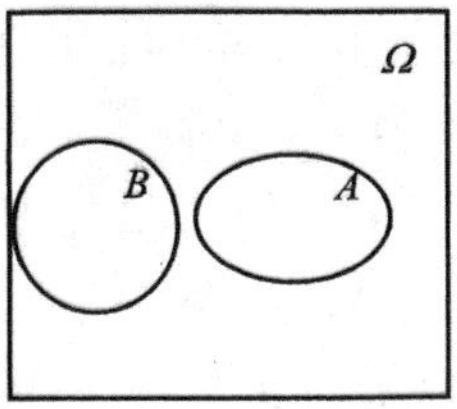

图 1.1.4 $A$与$B$互不相容

**例 1.1.5** 考虑前面所讨论的试验$E_3$：某市电话号码查询台在一个时间段内接到的查询电话次数. 设事件$A$=“查询次数是 100 的倍数”，$B$=“出现的点数不超过 30 次”，则$AB=\varnothing$，即$A$与$B$互不相容.

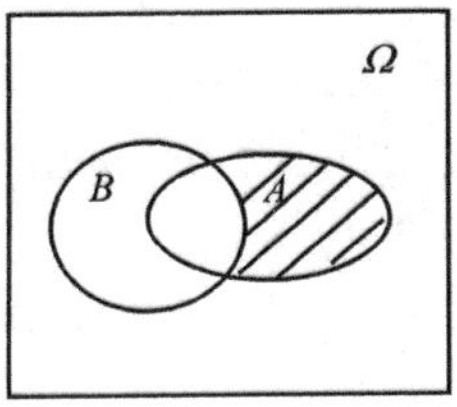

图 1.1.5 $A-B$

6. 事件的差

设$A$与$B$都是随机事件，则“事件$A$发生，但$B$不发生”也是一个随机事件，称该事件为事件$A$与$B$的差事件，记作$A-B$，即$A-B=\{\omega|\omega\in A$ 但 $\omega\notin B\}$，如图 1.1.5 所示.

7. 事件的逆

设$A$是随机事件，则“事件$A$不发生”也是一个随机事件，称该事件为$A$的逆事件(或对立事件)，记作$\overline{A}$，即$\overline{A}=\{\omega|\omega\notin A\}$，如图 1.1.6 所示.

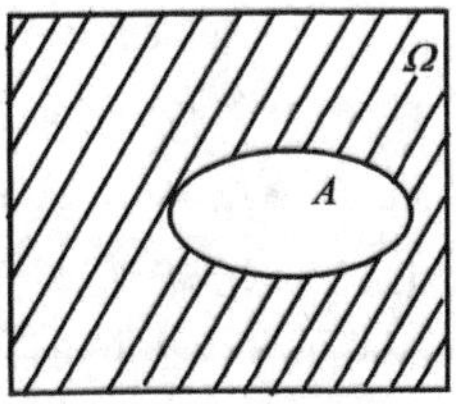

图 1.1.6 $\overline{A}$

对于$A$的逆事件$\overline{A}$有$A\cup\overline{A}=\Omega$且$A\overline{A}=\varnothing$.

引进了逆事件的记号以后，事件$A$与$B$的差事件也可表示为

$$A-B=A\overline{B}. \tag{1.1.1}$$

与在集合论中完全类似，事件运算有以下运算律：

(1) 交换律：$A\cup B=B\cup A, AB=BA$；

(2) 结合律：$A\cup(B\cup C)=(A\cup B)\cup C, (AB)C=A(BC)$；

(3) 分配律：$A(B\cup C)=(AB)\cup(AC), A\cup(BC)=(A\cup B)(A\cup C)$；

(4) 德·摩根(De Morgan)律 $\overline{A\cup B}=\overline{A}\,\overline{B}$，$\overline{AB}=\overline{A}\cup\overline{B}$.

**例 1.1.6** 一个工人生产了三个零件，事件 $A_i$ 表示“他生产的第 $i$ 个零件为正品”($i=1, 2, 3$).试写出以下事件：

(1) 全是正品；

(2) 至少有一个零件是次品；

(3) 恰有一个零件是次品；

(4) 至少有两个零件是次品.

**解** (1) “全是正品”，即 $A_1, A_2, A_3$ 同时发生，表示为 $A_1A_2A_3$；

(2) “至少有一个零件是次品”，即 $A_1, A_2, A_3$ 没有同时发生，表示为 $\overline{A_1A_2A_3}$ 或 $\overline{A_1}\cup\overline{A_2}\cup\overline{A_3}$；

(3) “恰有一个零件是次品”表示为 $\overline{A_1}A_2A_3\cup A_1\overline{A_2}A_3\cup A_1A_2\overline{A_3}$；

(4) “至少有两个零件是次品”表示为 $\overline{A_1}\,\overline{A_2}\cup\overline{A_2}\,\overline{A_3}\cup\overline{A_1}\,\overline{A_3}$.

**例 1.1.7** 化简下列各式：

(1) $A\cup(B-AB)\cup(C-AC)$;

(2) $(A\cup B)(A\cup\overline{B})$.

**解** (1) 因为 $A\cup(B-AB)=A\cup B$, $A\cup(C-AC)=A\cup C$, 所以 $A\cup(B-AB)\cup(C-AC)=A\cup B\cup C$.

(2) $(A\cup B)(A\cup\overline{B})=A\cup(B\overline{B})=A$.

## 习 题 1.1

1. 写出下列随机试验的样本空间：

(1) 从一批含有正品和次品的元件中任选一个，观察选到的元件是正品还是次品；

(2) 从一批含有正品和次品的元件中任选三个，观察选到的元件中正品的件数.

2. 有三个同学参加应聘面试，以 $A_i$ 与 $\overline{A_i}$ $(i=1,2,3)$ 分别表示第 $i$ 个同学面试“通过”、“不通过”的事件.试用 $A_i$ 与 $\overline{A_i}$ $(i=1,2,3)$ 表示以下事件：

(1) 面试全部通过；

(2) 至少有一个同学面试通过；

(3) 恰有一个同学面试通过；

(4) 至少有两个同学面试没有通过.

3. 设 $A,B,C$ 为三个随机事件，试将下列事件用 $A, B, C$ 表示出来：

(1) $A$ 发生，$B, C$ 不发生；

(2) $C$ 发生，$A, B$ 不同时发生；

(3) 三个随机事件都发生；

(4) 三个随机事件至少有一个发生；

(5) 三个随机事件至多有一个发生；

(6) 三个随机事件都不发生；

(7) 三个随机事件不都发生.

4. 用文氏图验证下列各式：

(1) $(A\cup B)C=AC\cup BC$；

(2) $\overline{A\cup B}=\overline{A}\overline{B}$；

(3) $(AB)\cup C=(A\cup C)(B\cup C)$；

(4) $(AB)C=A(BC)$.

## 1.2 概率的定义与性质

概率也叫几率、或然率，是表示随机事件发生可能性大小的量. 在历史上，不同的发展阶段，针对不同问题，产生过概率的多种定义形式. 这也正好体现了概率论不断发展、完善的过程. 下面让我们逐步了解这一过程.

### 1.2.1 概率的定义

1. 概率的古典定义

在科学研究和社会生活中经常遇到一些试验，它们的样本空间是有限集，即每次试验可能发生的结果只有有限个. 并且通过对事物的分析，可明确知道每个基本事件发生的可能性是相等的.

例如，关于抛硬币的试验 $E_1$ 只有两种结果：正面或反面，且出现正面或反面的可能性是相同的. 掷骰子的试验 $E_2$，观察出现的点数，只有 1, 2, 3, 4, 5, 6 这六种可能，且每个点数出现的可能性是相同的.

像 $E_1$ 和 $E_2$ 这样，如果一个随机试验具有以下两个特征：

(1) 样本空间为有限集，即 $\Omega=\{\omega_1, \omega_2, \cdots, \omega_n\}$；

(2) 每个基本事件在一次试验中出现的可能性相等，

则称这个随机试验是**古典概型**，或等可能概型.

古典概型是一种既简单，又有着重要应用的概率形式. 在产品检验、指标评估等许多问题中都发挥着重要作用，这也是历史上概率论最先研究的问题之一.

**定义 1.2.1** 在古典概型中，设样本空间 $\Omega$ 中所含样本点总数为 $n$. 若事件 $A$ 中含有 $k$ 个样本点，则比值：

$$\frac{\text{事件}A\text{所含样本点数}}{\text{样本空间}\Omega\text{所含样本点总数}}=\frac{k}{n}$$

称为事件 $A$ 发生的概率，记作 $P(A)$，即 $P(A)=\dfrac{k}{n}$.

称定义 1.2.1 为**概率的古典定义**.

在以后的学习过程中，计算事件的概率，首先要判定它是否符合古典概率的特征，在进行古典概型问题概率的计算时，需要确定样本空间 $\Omega$ 中所含样本点的总数 $n$，和事件 $A$ 中所含的样本点个数 $k$.

下面给出计算古典概率的几个简单模型. 有一些实际问题可归结为这些模型中的某一个. 通过这些方法可以解决我们所遇到的问题.

**例 1.2.1** 把一枚质地均匀硬币连续抛三次，观察其正(H)反(T)面出现的情况. 计算事件 $A$="恰有一次出现正面"及事件 $B$="至少有两次出现正面"的概率 $P(A)$, $P(B)$.

**解** 我们知道，该试验的样本空间 $\Omega=\{HHH, HHT, HTH, THH, HTT, THT, TTH, TTT\}$是有限集，并且每个基本事件发生都是等可能的. 事件 $A=\{HTT, THT, TTH\}$，事件 $B=\{HHT, HTH, THH, HHH\}$. 样本空间 $\Omega$ 所含的样本点总数 $n=8$，事件 $A, B$ 所含的样本点数分别为 $k_A=3, k_B=4$. 于是

$$P(A)=\frac{k_A}{n}=\frac{3}{8},\quad P(B)=\frac{k_B}{n}=\frac{4}{8}=\frac{1}{2}.$$

**例 1.2.2** 有 $r$ 只小球，有 $N$ 个大盒子$(r\leqslant N)$. 现将小球全都随机地投到了 $N$ 个盒子中. 试求下列事件的概率：

(1) $A=$"某指定的 $r$ 个盒子中各有一只小球"；

(2) $B=$"任意 $r$ 个盒子中各有一只小球"；

(3) $C=$"某指定的一个盒子中，恰有 $k$ 只小球$(k\leqslant r)$"；

(4) $D=$"至少有一个盒子中至少有两只小球".

**解** 先确定样本空间中所包含的样本点总数：由假设知，每只小球有 $N$ 个放法，现有 $r$ 只小球，故样本空间 $\Omega$ 中所含样本点总数 $n=N^r$.

(1) $r$ 只小球投到指定的 $r$ 个盒子中：第一只小球可以投到 $r$ 个盒子中的任何一个，故有 $r$ 种投法；第二个小球可以投到剩余的 $r-1$ 个盒子中的任何一个，有 $r-1$ 种投法；……最后一只(第 $r$ 只)小球只能投到剩余的 1 个盒子里，只有 1 种投法. 因此事件 $A$ 所包含的样本点个数是 $k_A=r!$. 于是

$$P(A)=\frac{r!}{N^r}.$$

(2) 先在 $N$ 个盒子中任意取定 $r$ 个盒子，有 $C_N^r$ 种取法，然后在每种指定的 $r$ 个盒子中各投有一个小球，于是事件 $B$ 所包含的样本点个数是 $k_B=C_N^r r!$. 故

$$P(B)=\frac{C_N^r r!}{N^r}.$$

(3) 先从 $r$ 只小球中任意选取 $k$ 只将其投到指定的那一个盒子中，有 $C_r^k$ 种取法，每种取法对应着另外 $r-k$ 只小球任意投到另外的 $N-1$ 个盒子中，有 $(N-1)^{r-k}$ 种投法. 故事件 $C$ 所含样本点数为 $C_r^k(N-1)^{r-k}$. 因此

$$P(C)=\frac{C_r^k(N-1)^{r-k}}{N^r}.$$

(4) 容易看出事件 $D$ 为事件 $B$ 的对立事件，即 $D=\overline{B}$，$k_D=N^r-k_B=N^r-C_N^r r!$，于是

$$P(D)=P(\overline{B})=\frac{N^r-C_N^r r!}{N^r}=1-P(B).$$

这个模型可以运用到许多问题中，如考虑一个班级 $r(r\leqslant 365)$位同学的生日(小球)在一年 365 天(盒子)中的分布情况；在一辆公共汽车中有 $r$ 个乘客，考虑他们在 $N(r\leqslant N)$个车站下车的情况等.

在研究概率问题时经常涉及抽样问题，即从由若干个个体组成的整体中抽取一些做检验或检测. 当抽取一件观察其特性以后，再放回整体继续参加抽样时，我们称之为**放回抽样**；当抽取一件观察其特性以后，不再放回参加抽样时，我们称之为**不放回抽样**.

**例 1.2.3**　设有 $N$ 件产品，其中有 $M$ 件次品. 现从 $N$ 件产品中任取 $n\ (n<N)$件，试在放回抽样和不放回抽样两种情况下，求 $n$ 件产品中含有 $k$ 件$(k\leqslant M)$次品的概率.

**解**　设事件 $A_k$ 表示在放回抽样的情况下，“所抽取的 $n$ 件产品中有 $k$ 件$(k\leqslant M)$次品”. 由于从 $N$ 件产品中有放回地抽取 $n$ 件，每一次抽取都有 $N$ 种选择，故样本空间中所含样本点总数为 $N^n$，而事件 $A_k$ 中所含样本点个数为 $C_n^k M^k(N-M)^{n-k}$. 于是事件 $A_k$ 的概率为

$$P(A_k)=\frac{C_n^k M^k(N-M)^{n-k}}{N^n}=C_n^k\left(\frac{M}{N}\right)^k\left(1-\frac{M}{N}\right)^{n-k}. \tag{1.2.1}$$

式(1.2.1)为以后要讨论的二项分布.

设事件 $B_k$ 表示在不放回抽样的情况下，“所抽取的 $n$ 件产品中有 $k$ 件$(k\leqslant M)$次品”. 对于不放回抽样的情况有两种解法：

其一，考虑先后顺序，样本空间所含样本点总数为 $\mathrm{P}_N^n$，事件 $B_k$ 中所含样本点个数为 $\mathrm{C}_n^k\mathrm{P}_M^k\mathrm{P}_{N-M}^{n-k}$，于是

$$P(B_k)=\frac{\mathrm{C}_n^k\mathrm{P}_M^k\mathrm{P}_{N-M}^{n-k}}{\mathrm{P}_N^n}.$$

其二，不考虑先后顺序，由于从 $N$ 件产品中不放回地抽取 $n$ 件，与一次性从中抽取 $n$ 件元件无异，故样本空间中所含样本点总数为 $\mathrm{C}_N^n$，而事件 $B_k$ 中所含样本点个数为 $\mathrm{C}_M^k\mathrm{C}_{N-M}^{n-k}$. 于是事件 $B_k$ 的概率为

$$P(B_k)=\frac{\mathrm{C}_M^k\mathrm{C}_{N-M}^{n-k}}{\mathrm{C}_N^n}. \tag{1.2.2}$$

容易验证这两种解法算得的概率是相等的.

式(1.2.2)所表示的概率称为超几何分布. 超几何分布是古典概率计算中的一个典型模型，在产品抽样检查、质量监控等方面有很重要的应用.

**例 1.2.4**　某班共35名同学，在一次学校组织的文艺汇演中，学院只分给该班 5 张入场券. 他们决定通过排队抽签的方法分配这 5 张入场券，即做 35 张小纸片，将其中 5 张作上标记作为有效票，其余 30 张为无效票，然后将它们折成外表相同的纸团，混合在一起，抽签时每人抽取一张. 试计算排在第 $i(i=1, 2,\cdots, 35)$位的同学抽到有效票的概率.

**解**　设 $A_i$ 表示“排在第 $i$ 位的同学抽到有效票”，那么“$A_i$ 发生”为该同学抽到 5 张有效中的任意一张，而其余 34 位同学则抽到另外的 34 张，为此

$$P(A_i)=\frac{\mathrm{P}_5^1\cdot 34!}{35!}=\frac{5}{35}=\frac{1}{7}.$$

由此可看出，排在第 $i$ 位的同学抽到有效票的概率 $P(A_i)$与其位次 $i$ 无关，即在排队抽签时每个人抽到有效票的概率与其所处的顺序无关，大家机会均等.

2. 几何概率

古典概率有两个必须满足的条件，一是要求每个基本事件的出现是等可能的，二是要求样本空间 $\Omega$ 中所含样本点个数是有限的. 但是，有一种随机试验它们的样本点对应于一个区间或区域上的所有点，其个数是无限的，但发生在每个“大小”相等的区域上的可能性是相等的. 这里所说的区域“大小”是指数学上所讲的“度量”. 一般地，在一维空间指区间的长度、二维空间指区域的面积、三维空

间指区域的体积等.

**定义 1.2.2** 设$\Omega$是一个区域，其度量为$S_\Omega$，若随机试验的结果落在$\Omega$内任一度量相等的子区域的可能性是相等的，事件$A$发生在$\Omega$内的一个度量为$S_A$的子区域，则$A$的概率为

$$P(A)=\frac{S_A}{S_\Omega}.$$

这种概率称为**几何概率**.

**例 1.2.5** 某人早晨醒来发现表停了，他打开收音机准备听电台的整点报时，求他等待的时间不超过 15 分钟的概率.

**解** 可以认为自然醒来的时刻在两次整点报时之间的任一时刻是等可能的. 设事件$A$表示"醒来等待的时间不超过 15 分钟听到整点报时"，于是$\Omega=\{t|\ 0\leqslant t\leqslant 60\}$，$A=\{t\ |45\leqslant t\leqslant 60\}$，那么

$$P(A)=\frac{15}{60}=\frac{1}{4},$$

即他等待时间不超过 15 分钟的概率为$\frac{1}{4}$.

**例 1.2.6** 甲乙两人相约在晚上 8 点至 9 点在某地会面，先到者等后到者 15 分钟，过时离开. 假设他们在这一小时内任何一刻到达是等可能的，求他们能够见面的概率.

**解** 设甲在 8 点后的第$x(0\leqslant x\leqslant 60)$分钟到达，乙在 8 点后的第$y(0\leqslant y\leqslant 60)$分钟到达，则两人到达时刻等可能地分布在正方形区域：$\Omega=\{(x,y)|\ 0\leqslant x\leqslant 60,\ 0\leqslant y\leqslant 60\}$内.设"两人能见面"用事件$A$表示，则$A=\{(x,y)|\ |x-y|\leqslant 15\}$，如图 1.2.1 所示，于是

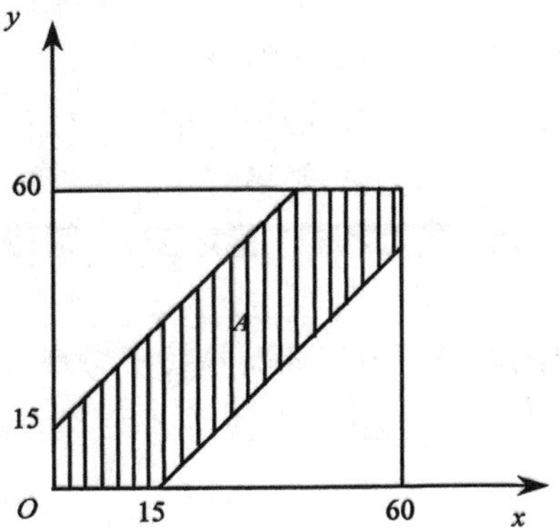


图 1.2.1 例 1.2.6 图

$$P(A)=\frac{S_A}{S_\Omega}=\frac{S_\Omega-45^2}{S_\Omega}=0.4375,$$

即他们能会面的概率为 0.4375.

3. 概率的统计定义

在古典概率中考虑的是试验的每个结果出现是等可能的情况，事实上，有许多实际问题并非如此，如观察某地区天气中晴天、阴天情况；考虑某批枪弹在一定条件下击发可以发火、不能发火的情况；某商场一天内所接待的顾客人数；研究某一批产品的合格率等．处理这类问题显然不能应用古典概率和几何概率，我们通常是在相同条件下进行大量重复试验，通过在这些试验中某事件发生的次数来推算该事件发生的可能性的大小．这就是概率的统计定义产生的背景．

一般地，如果在 $n$ 次重复试验中随机事件 $A$ 发生了 $k$ 次($0\leqslant k\leqslant n$)，则称比值

$$f_n(A)=\frac{k}{n}$$

为事件 $A$ 在这 $n$ 次试验中发生的**频率**，称 $k$ 为**频数**.

显然，频率有下列性质：

(1) $f_n(A)\geqslant 0$;

(2) $f_n(A)\leqslant 1, f_n(\Omega)=1$;

(3) 若 $m$ 个事件 $A_1, A_2, \cdots, A_m$ 为互不相容事件，即 $A_i A_j=\varnothing$ ( $i\neq j$ )，则

$$f_n\left(\bigcup_{k=1}^{m} A_k\right)=\sum_{k=1}^{m} f_n(A_k).$$

对于一个事件，其发生的频率不是固定值，但在相同条件下多次重复试验，事件发生的频率会稳定地在某个常数 $p$ 附近摆动，这个常数 $p$ 是由事件 $A$ 本身固有的性质所决定的，它反映了事件 $A$ 发生的可能性的大小.

**定义 1.2.3**　如果事件 $A$ 发生的频率 $f_n(A)$ 随着试验次数的增加而在区间[0, 1]上的某个数值 $p$ 附近摆动，并且逐渐地稳定于 $p$，则称 $p$ 为事件 $A$ 的概率，记作 $P(A)$，即 $P(A)=p$.

定义 1.2.3 称为**概率的统计定义**．下面是关于频率稳定性的例子：

**例 1.2.7**　历史上人们做过大量的抛硬币试验，以观察正反面出现的情况，表 1.2.1 是这些试验的数据.

**表 1.2.1　抛硬币试验数据**

| 实验者 | 抛掷次数 | 正面出现次数 | 频率 |
|---|---|---|---|
| 德·摩根 (De Morgan) | 2048 | 1061 | 0.5181 |
| 蒲丰(Buffon) | 4040 | 2048 | 0.5069 |
| 费勒(Feller) | 10000 | 4979 | 0.4979 |
| 皮尔逊(Pearson) | 12000 | 6019 | 0.5016 |

从这些数据不难看出随着试验次数的增加出现正面的频率逐渐稳定于 0.5, 这与我们平时的观察是相符合的.

4. 概率的公理化定义

前面已经看到在概率论的发展史上, 针对不同的问题, 产生了古典概率、几何概率、统计概率等多种定义形式, 它们都很好地解决了部分问题. 但是, 我们也容易看出, 这些定义很难相互替代, 它们存在着通用性较差的弊端, 哪一种定义都很难概括概率的全貌, 这样就不便于进行数学研究.

20 世纪 30 年代, 前苏联数学家柯尔莫哥洛夫提出了概率的公理化定义, 从而使这一概念有了统一的定义.

**定义 1.2.4**　设$\Omega$是随机试验$E$的样本空间, 对$\Omega$中的任何事件$A$赋予一个实数 $P=P(A)$满足:

(1) 非负性: $P(A)\geqslant 0$;

(2) 规范性: $P(\Omega)=1$;

(3) 可列可加性: 若事件 $A_1, A_2, \cdots$ 为互不相容事件, 即 $A_iA_j=\varnothing$ $(i, j=1, 2, \cdots, i\neq j)$, 则有

$$P\left(\bigcup_{k=1}^{\infty} A_k\right)=\sum_{k=1}^{\infty} P(A_k).$$

那么, 称 $P(A)$为事件 $A$ 的**概率**.

该定义称为概率的公理化定义. 概率的公理化定义将概率论建立在数学的公理化体系中, 使得理论研究更加严谨.

### 1.2.2　概率的性质

根据概率的定义可推导出概率如下的性质:

**性质 1.2.1**　不可能事件$\varnothing$的概率为 0, 即 $P(\varnothing)=0$.

**证**　令 $A_k=\varnothing, k=1,2,\cdots$，则 $A_iA_j=\varnothing(i,j=1,2,\cdots,i\neq j)$，且 $\bigcup\limits_{k=1}^{\infty}A_k=\varnothing$，由概率的可列可加性，$P(\varnothing)=P\left(\bigcup\limits_{k=1}^{\infty}A_k\right)=\sum\limits_{k=1}^{\infty}P(A_k)=\sum\limits_{k=1}^{\infty}P(\varnothing)$，又因为 $P(\varnothing)\geqslant 0$，所以，$P(\varnothing)=0$.

**性质 1.2.2**(有限可加性)　设事件 $A_1,A_2,\cdots,A_n$ 为互不相容事件，即 $A_iA_j=\varnothing$ $(i,j=1,2,\cdots,n,i\neq j)$，则

$$P\left(\bigcup_{k=1}^{n}A_k\right)=\sum_{k=1}^{n}P(A_k).$$

**证**　令 $A_k=\varnothing$, $k=n+1,n+2,\cdots$，则 $A_iA_j=\varnothing$ $(i,j=1,2,\cdots,i\neq j)$，$\bigcup\limits_{k=1}^{\infty}A_k=\bigcup\limits_{k=1}^{n}A_k$，由概率的可列可加性，

$$P\left(\bigcup_{k=1}^{n}A_k\right)=P\left(\bigcup_{k=1}^{\infty}A_k\right)=\sum_{k=1}^{\infty}P(A_k)=\sum_{k=1}^{n}P(A_k)+\sum_{k=n+1}^{\infty}P(A_k)=\sum_{k=1}^{n}P(A_k).$$

**性质 1.2.3**　设 $A$ 是随机事件，则有 $P(\overline{A})=1-P(A)$.

**证**　因为 $A\cup\overline{A}=\Omega$，且 $A\overline{A}=\varnothing$，故 $P(\Omega)=P(A\cup\overline{A})=P(A)+P(\overline{A})=1$，因此有

$$P(\overline{A})=1-P(A).$$

**性质 1.2.4**　设 $A,B$ 是两个随机事件，且 $A\subset B$，则有 $P(B-A)=P(B)-P(A)$，且 $P(A)\leqslant P(B)$.

**证**　因为 $A\subset B$，则有 $B=A\cup(B-A)$，且 $A(B-A)=\varnothing$，故 $P(B)=P(A\cup(B-A))=P(A)+P(B-A)$，于是，$P(B-A)=P(B)-P(A)$. 又因为，$P(B-A)=P(B)-P(A)\geqslant 0$，所以 $P(A)\leqslant P(B)$.

**性质 1.2.5**(加法公式)　对任意两个随机事件 $A,B$，有

$$P(A\cup B)=P(A)+P(B)-P(AB). \tag{1.2.3}$$

**证**　因为 $A\cup B=A\cup(B-AB)$，且 $A(B-AB)=\varnothing, AB\subset B$，由性质1.2.2、性质1.2.4，有

$$P(A\cup B)=P(A\cup(B-AB))=P(A)+P(B-AB)=P(A)+P(B)-P(AB).$$

性质1.2.5可推广到更多的事件概率的加法公式，如果 $A_1,A_2,A_3$ 为三个随机事件，有

$$P(A_1\cup A_2\cup A_3)=P(A_1)+P(A_2)+P(A_3)-P(A_1A_2)-P(A_2A_3)-P(A_1A_3)+P(A_1A_2A_3).$$

该结论请读者自己证明.

**例 1.2.8** 某班有 40 名同学，在一次期中考试中，进行了甲、乙两门课程的测试，测试结果为：课程甲不及格率为 20%，课程乙不及格率为 25%，而该班有 28 位同学没有出现不及格现象. 求随机指定一名同学，该同学两门课程都不及格的概率.

**解** 设事件 $A$ 表示"随机指定一名同学，该同学课程甲不及格"，$B$ 表示"随机指定一名同学，该同学课程乙不及格". 由题意知，$P(A)=0.2$，$P(B)=0.25$，而 $P(\overline{A}\,\overline{B})=\dfrac{28}{40}=0.7=P(\overline{A\cup B})$，于是 $P(A\cup B)=1-P(\overline{A\cup B})=1-0.7=0.3$，由概率的加法公式(1.2.3)，

$$P(AB)=P(A)+P(B)-P(A\cup B)=0.2+0.25-0.3=0.15,$$

于是两门课程都不及格的概率为 15%.

**例 1.2.9** 已知 $P(A)=\dfrac{1}{2}$，$P(B)=\dfrac{1}{3}$. 在下列三种情况下，分别计算 $P(A\overline{B})$：

(1) $A$ 与 $B$ 为互不相容事件；

(2) $B\subset A$；

(3) $P(A\cup B)=\dfrac{3}{4}$.

**解** 由式(1.1.1)得 $A\overline{B}=A-B$ .

(1) $A$ 与 $B$ 为互不相容事件，$AB=\varnothing$，$A\subset\overline{B}$，$P(A\overline{B})=P(A)=\dfrac{1}{2}$.

(2) $B\subset A$，$P(A\overline{B})=P(A-B)=P(A)-P(B)=\dfrac{1}{6}$.

(3) $P(A\cup B)=P(A)+P(B)-P(AB)=\dfrac{3}{4}$，

$$P(AB)=P(A)+P(B)-P(A\cup B)=\frac{1}{2}+\frac{1}{3}-\frac{3}{4}=\frac{1}{12}.$$

又因为 $A\overline{B}=A-AB$，$AB\subset A$，故 $P(A\overline{B})=P(A)-P(AB)=\dfrac{1}{2}-\dfrac{1}{12}=\dfrac{5}{12}$.

## 习 题 1.2

1. 一个袋子中装有 5 个白球和 2 个黑球. 现从袋中任取一球，观察它的颜色后放回袋中，然后再从袋中任取一球. 设每次取球时袋子中各个球被取到的可能性相同，计算下列事件的概率：

(1) 第一次、第二次都取到白球；

(2) 第一次取到白球，第二次取到黑球；

(3) 两次取到的球黑、白各一个.

2. 四人打扑克，规定每人从 52 张牌中抓取 13 张，试求红心 A 与方块 A 被同一人抓到的概率.

3. 现有 40 个小球，分别编有号码 1, 2,⋯, 40，设抽取每个球的概率均相同，求下列事件的概率：

(1) 从中抽取 1 个球，其编号不超过 10;

(2) 从中抽取 3 个球，其编号均不超过 10;

(3) 每次抽 1 个球，不放回抽取三次，其编号均不超过 10;

(4) 每次抽取 1 个球，不放回抽取 5 次，最后一次编号不超过 10.

4. 从 0, 1, 2, 3 四个数中任取三个数进行排列，求“得到一个三位数且为偶数”的概率.

5. 有 3 男 2 女五位学生去打羽毛球，他们决定用抽签的办法分组，于是做了 2 红 2 绿 1 黑共五张卡片，抽到红色、绿色卡片的分别为一组，抽到黑色卡片的作裁判. 试求他们分组恰为男女混合双打的概率.

6. 从 1~100 的一百个整数中任取一数. 求取到的整数能被 5 或 7 整除的概率.

7. 设有一个均匀的陀螺，其圆周均匀地刻上区间(0, 10)上的数字 1, 2,⋯, 10，旋转陀螺. 求它停下后圆周上触及地面点的刻度在[4, 5]上的概率.

8. 设 $A$，$B$ 为随机事件，已知 $P(A)=p_1$，$P(B)=p_2$，$P(A\cup B)=p_3$. 求 $P(A\overline{B})$ 与 $P(\overline{A}\overline{B})$.

9. 同寝室有 4 位同学，他们的生日可能是在春夏秋冬 4 个季节中的任何一个季节，求下列事件的概率：

(1) 4 位同学的生日在同一个季节里；

(2) 4 位同学的生日分别在 4 季节里；

(3) 恰有两位的生日在同一个季节里.

## 1.3　条件概率

### 1.3.1　条件概率与乘法公式

在许多问题中常常需要计算在一个事件已经发生的条件下，另外一个事件发生的概率，就是下面将要讨论的条件概率.

**例 1.3.1**　在掷骰子的试验中，考虑两个事件：$A$ 为“出现偶数点”，$B$ 为“点数不小于 4”. 求在 $A$ 已经发生的条件下，$B$ 发生的概率.

将此概率记作 $P(B|A)$. 该试验的样本空间为 $\Omega=\{1, 2, 3, 4, 5, 6\}$，$n$=6，$A=\{2, 4, 6\}$，$k_A$=3，$B=\{4, 5, 6\}$，$k_B$=3，$AB=\{4, 6\}$，$k_{AB}$=2. 显然，$P(A)$=0.5，$P(B)$=0.5，$P(AB)=\dfrac{1}{3}$. 而在事件 $A$ 发生时，所有可能结果只有三种：2, 4, 6；此时 $B$ 再发生就只有两种可能：4, 6. 于是

$$P(B|A)=\frac{2}{3}=\frac{2/6}{3/6}=\frac{P(AB)}{P(A)}.$$

例 1.3.1 中所得到的关系具有一般性，这样可以得到条件概率的定义.

**定义 1.3.1** 设 $A$, $B$ 为两个随机事件，且 $P(A)>0$，则称比值 $\frac{P(AB)}{P(A)}$ 为在 $A$ 发生的条件下，$B$ 发生的**条件概率**. 记作 $P(B|A)$，即

$$P(B|A)=\frac{P(AB)}{P(A)}. \tag{1.3.1}$$

**例 1.3.2** 假设男女出生率相同，考虑有三个小孩的家庭，事件 $A$ 为"有男孩"，事件 $B$ 为"有女孩"，求 $P(B|A)$.

**解** 分别用 b 和 g 表示男孩和女孩，则样本空间 $\Omega$={bbb, bbg, bgb, gbb, bgg, gbg, ggb, ggg}共含 8 个样本点，$A$={bbb, bbg, bgb, gbb, bgg, gbg, ggb}，$B$={bbg, bgb, gbb, bgg, gbg, ggb, ggg}，$AB$={bbg, bgb, gbb, bgg, gbg, ggb}，于是 $n=8$, $n_A=7$, $n_B=7$, $n_{AB}=6$. $P(A)=\frac{7}{8}$, $P(B)=\frac{7}{8}$, $P(AB)=\frac{6}{8}$，那么 $P(B|A)=\frac{P(AB)}{P(A)}=\frac{6}{7}$，即一个家庭在有男孩的条件下，有女孩的条件概率为 $\frac{6}{7}$.

**例 1.3.3** 甲、乙两个城市都位于长江下游，根据多年的气象记录知道，一年中雨天的比例是：甲为 20%，乙为 18%，两地同时下雨为 12%，求

(1) 甲市下雨时，乙市下雨的概率；

(2) 甲市不下雨时，乙市下雨的概率；

(3) 甲、乙两市至少有一个下雨的概率.

**解** 设事件甲、乙市下雨分别用 $A$, $B$ 表示，则 $P(A)=0.2$, $P(B)=0.18$，且 $P(AB)=0.12$. 于是有

(1) 甲市下雨时，乙市下雨的概率: $P(B|A)=\frac{P(AB)}{P(A)}=\frac{0.12}{0.2}=0.6$.

(2) 因为 $P(\bar{A})=1-P(A)=0.8$, $\bar{A}B=B-AB$, $AB\subset B$, 故 $P(\bar{A}B)=P(B)-P(AB)=0.06$. 于是甲市不下雨时，乙市下雨的概率：$P(B|\bar{A})=\frac{P(\bar{A}B)}{P(\bar{A})}=\frac{0.06}{0.8}=0.075$.

(3) 甲、乙两市至少有一个下雨的概率：$P(A\cup B)=P(A)+P(B)-P(AB)=0.2+0.18-0.12=0.26$.

结合事件的运算规律及概率的基本性质，易得条件概率具有以下性质，当 $P(A)>0$时：

(1) 非负性 $0\leqslant P(B|A)\leqslant 1$, $P(\varnothing|A)=0$;

(2) 规范性　$P(\Omega|A)=1$;

(3) 可列可加性　若事件 $B_1, B_2, \cdots$ 为互不相容事件, 即 $B_i B_j=\varnothing(i\neq j)$, 则

$$P\left((\bigcup_{k=1}^{\infty} B_k)\mid A\right)=\sum_{k=1}^{\infty} P(B_k \mid A).$$

在概率计算中, 常用的性质还有

(4) $P(B|A)=1-P(\overline{B}|A)$;

(5) $P((B_1 \cup B_2)\mid A)=P(B_1\mid A)+P(B_2\mid A)-P((B_1B_2)\mid A)$.

由公式(1.3.1), 容易得到乘法定理如下:

**定理 1.3.1**(乘法定理)　设 $P(A)>0$, 则

$$P(AB)=P(B|A)P(A). \tag{1.3.2}$$

设 $P(B)>0$, 则

$$P(AB)=P(A|B)P(B). \tag{1.3.3}$$

式(1.3.2)和(1.3.3)也称为**乘法公式**.

**推论 1.3.1**　设 $A_1, A_2, \cdots, A_n$ 为任意 $n$ 个事件, 且 $P(A_1A_2\cdots A_{n-1})>0$, 则有

$$P(A_1A_2\cdots A_n)=P(A_1)P(A_2|A_1)P(A_3|A_1A_2)\cdots P(A_n|A_1A_2\cdots A_{n-1}). \tag{1.3.4}$$

**例 1.3.4**　在一个盒子里装有 $b$ 个黑球和 $w$ 个白球, 从中随机地抽取一个, 观察其颜色后放回并同时再加入 $x$ 个与之同色的球, 再取第二次; 如此反复进行 4 次. 试求: 第一、二两次取得黑球且第三、四两次取得白球的概率.

**解**　设 $A_i$ 表示第 $i$ 次取到白球, $i=1, 2, 3, 4$. 则事件“第一、二两次取得黑球且第三、四两次取得白球”可表示为 $\overline{A}_1\overline{A}_2A_3A_4$, 于是

$$P(\overline{A}_1\overline{A}_2A_3A_4)=P(\overline{A}_1)P(\overline{A}_2|\overline{A}_1)P(A_3|\overline{A}_1\overline{A}_2)P(A_4|\overline{A}_1\overline{A}_2A_3)$$

$$=\frac{b}{b+w}\cdot\frac{b+x}{b+w+x}\cdot\frac{w}{b+w+2x}\cdot\frac{w+x}{b+w+3x}.$$

由上式不难看出, 在这个试验中, 该概率只取决于抽取的黑球与白球的个数, 而与第几次取到哪种颜色的球无关.

该模型称为波利亚(Polya)模型, 当 $x=-1$ 时为不放回抽样; 当 $x=0$ 时为放回抽样, 前面抽取的结果对后面的抽样没有影响, 当从大量产品中随机抽取几次进行检验时, 可视为放回抽样; 当 $x>0$ 时, 常用来解释传染病问题: 每发现一例传染病, 后面会增加传染机会.

### 1.3.2 全概率公式与贝叶斯公式

当需要解决的问题比较复杂时，常常将其化为若干个简单问题，通过逐一解决这些简单的问题来达到处理复杂问题的目的. 全概率公式就是一种利用这一原则来求一些较复杂事件概率的方法.

**定义 1.3.2** 设$\Omega$是试验 $E$ 的样本空间, $A_1, A_2,\cdots, A_n$是一组事件，若它们满足：

(1) $A_iA_j=\varnothing( i, j =1, 2, 3,\cdots, n, i\neq j)$;

(2) $\bigcup\limits_{k=1}^{n} A_k=\Omega$,

则称 $A_1, A_2,\cdots, A_n$ 是$\Omega$的一个**划分**.

**定理 1.3.2**(全概率公式) 设一组事件 $A_1, A_2,\cdots, A_n$ 是样本空间$\Omega$的一个划分，并且 $P(A_i)>0( i=1, 2,\cdots, n)$, 那么对任意事件 $B$，有

$$P(B)=\sum_{k=1}^{n}P(A_k)P(B\mid A_k). \tag{1.3.5}$$

**证** 因为 $B=B\left(\bigcup\limits_{k=1}^{n}A_k\right)=\bigcup\limits_{k=1}^{n}(BA_k)$，且事件 $A_1B, A_2B,\cdots, A_nB$ 互不相容，由概率的可加性有 $P(B)=P\left(\bigcup\limits_{k=1}^{n}(BA_k)\right)=\sum\limits_{k=1}^{n}P(A_kB)=\sum\limits_{k=1}^{n}P(A_k)P(B\mid A_k)$.

式(1.3.5)称为**全概率公式**. 从图 1.3.1 可以看出全概率公式的含义.

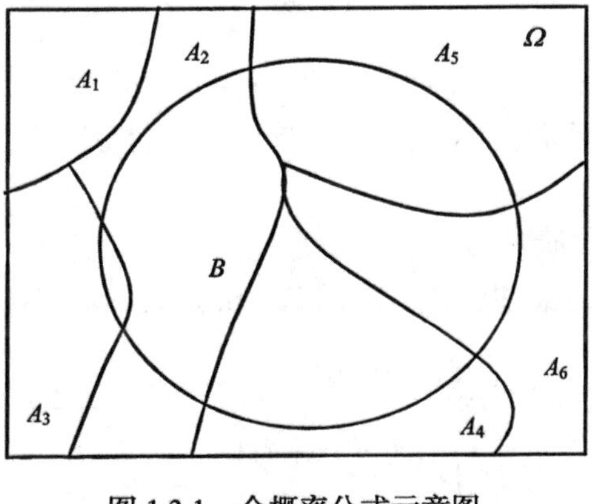


图 1.3.1 全概率公式示意图

**例 1.3.5** 有甲乙两类稻谷种子，据调查它们中都含有一级、二级、三级共 3 个级别的种子，甲中三种级别种子所占比例分别为：80%, 5%, 15%；乙中三种级

别种子所占比例分别为：75%, 20%, 5%. 已知一、二、三级种子的发芽率分别为 95%, 80%, 60%, 试比较甲乙两类种子, 哪类发芽率高?

**解**　设从甲中任取一粒种子, 取到一级、二级、三级种子的事件分别记为 $A_1$, $A_2, A_3$, 则 $A_1, A_2, A_3$ 是试验"从甲中任意取出一粒种子"的样本空间的一个划分, 又设从甲中任取一粒种子能发芽记为 $A$. 于是甲类种子的发芽率

$$P(A)=\sum_{k=1}^{3}P(A_k)P(A\mid A_k)=0.8\times0.95+0.05\times0.8+0.15\times0.6=0.89.$$

类似地, 设从乙中任取一粒种子, 取到一级、二级、三级种子的事件分别为 $B_1, B_2, B_3$, 则 $B_1, B_2, B_3$ 是试验 "从乙中任意取出一粒种子" 的样本空间的一个划分. 又设从乙中任取一粒种子能发芽记作 $B$, 于是乙类种子的发芽率

$$\begin{aligned}P(B)&=\sum_{k=1}^{n}P(B_k)P(B\mid B_k)=\sum_{k=1}^{3}P(B_k)P(B\mid B_k)\\&=0.75\times0.95+0.2\times0.8+0.05\times0.6=0.9025.\end{aligned}$$

由以上计算可知：乙类种子的发芽率高于甲类种子.

设一组事件 $A_1, A_2,\cdots, A_n$ 是导致事件 $B$ 发生的 "原因" 的一个划分, 一般地, $P(A_i)$反映了各种 "原因" 发生的可能性大小, 往往可以通过以往的经验和统计得知, 故称之为**先验概率**. 并且各种 "原因" 导致事件 $B$ 发生的概率 $P(B|A_i)$也是可预知的. 当计算事件 $B$ 发生的概率 $P(B)$时用全概率公式：

$$P(B)=\sum_{k=1}^{n}P(A_k)P(B\mid A_k).$$

现在, 若事件 $B$ 发生了, 我们要问: 在事件 $B$ 已经发生的条件下, 某个"原因" $A_i$ 发生概率有多大? 即要求 $P(A_i\mid B)$, 通常称之为**后验概率**. 此时, 要使用下面的贝叶斯公式：

**定理 1.3.3**　设一组事件 $A_1, A_2,\cdots, A_n$ 是样本空间 $\Omega$ 的一个划分, 并且 $P(A_i)>0(i=1, 2, 3,\cdots, n)$, $B$ 是任意事件, 并且 $P(B)>0$, 那么

$$P(A_i\mid B)=\frac{P(A_i)P(B\mid A_i)}{\sum_{k=1}^{n}P(A_k)P(B\mid A_k)},\quad i=1,2,3,\cdots,n. \tag{1.3.6}$$

**证**　由乘法公式(1.3.2)和全概率公式(1.3.5)即可得

$$P(A_i \mid B) = \frac{P(A_i)P(B \mid A_i)}{P(B)} = \frac{P(A_i)P(B \mid A_i)}{\sum_{k=1}^{n} P(A_k)P(B \mid A_k)}.$$

式(1.3.6)称为**贝叶斯(Bayes)公式**.

我们知道，事件 $A$ 与 $\overline{A}$ 是 $\Omega$ 的一个划分，这样可得到最简单的贝叶斯公式：

$$P(A \mid B) = \frac{P(A)P(B \mid A)}{P(A)P(B \mid A) + P(\overline{A})P(B \mid \overline{A})}.$$

**例 1.3.6** 有一种诊断某种癌症的试验，设事件 $A$ 为"被检查者确实患有癌症"，事件 $B$ 表示"试验呈阳性"．由以往的临床记录，当癌症患者做检查时，试验呈阳性的概率为 95%，即 $P(B|A)=0.95$，当非癌症患者做检查时，试验呈阴性的概率也为 95%，即 $P(\overline{B} \mid \overline{A})=0.95$. 假设做该项检查的人群中该种癌症患病率为 0.5%，即 $P(A)=0.005$. 张三很不幸，他在做该项检查时呈阳性了，试求他确实患有癌症的概率.

**解** 该问题转化为概率问题就是计算条件概率 $P(A \mid B)$ 的问题，由题设可知：$P(\overline{A})=1-P(A)=0.995$, $P(B \mid \overline{A})=0.05$，根据贝叶斯公式有

$$P(A \mid B) = \frac{P(A)P(B \mid A)}{P(A)P(B \mid A) + P(\overline{A})P(B \mid \overline{A})}$$

$$= \frac{0.005 \times 0.95}{0.005 \times 0.95 + 0.995 \times 0.05} = 0.087.$$

通过计算可以看出，当该项检查反应呈阳性时，其实真正患病的概率只有 8.7%，因此，有时需要做多项检查才能确诊就医者是否患有某种疾病.

**例 1.3.7** (贝叶斯决策) 为判断某木材是桦木还是桉木，先考察它们的某一特征 $X$ (如平均亮度)，以 $A_1$, $A_2$ 分别表示该木是桦木还是桉木，事先掌握了 $P(A_1)$, $P(A_2)$, $P(X|A_1)$, $P(X|A_2)$，由贝叶斯公式得

$$P(A_i \mid X) = \frac{P(A_i)P(X \mid A_i)}{\sum_{k=1}^{2} P(A_k)P(X \mid A_k)}, \quad i=1, 2.$$

若 $P(A_1|X) > P(A_2|X)$，则认定该木材是桦木；反之，则认为是桉木. 在实际操作中，若 $P(A_1|X)$ 与 $P(A_2|X)$ 相等或相近，一般认为单凭该项特征无法作出判断，若必须作出判断，则需要另作调查，增加新的信息.

上述方法称为**贝叶斯决策**，在模式识别等学科中这种方法有重要的应用，并且这一理论也有很好的发展前景.

## 习 题 1.3

1. 同时抛掷4枚质地均匀的骰子，事件$A$表示“各个骰子出现的点数都不相同”，事件$B$表示“至少有一个骰子出现的点数是1”. 求$P(B|A)$与$P(A|B)$.

2. 从编号分别为0, 1, 2, 3, 4, 5, 6的七个球中随机地抽取一个. 试求在抽得的号码不超过4的条件下，抽得球的号码是奇数的概率.

3. 设有两盒同类电子元件，第一盒内装50件，其中10件是一等品；第二盒内装30件，其中18件是一等品. 现从两盒中随机取出一盒，然后从该盒中先后随机地取出两个零件(取出后不放回)，试求：

(1) 第一次取出的零件是一等品的概率；

(2) 第一次取出的零件是一等品的条件下，第二次取出的零件是一等品的概率.

4. 在乒乓球训练时，盒中装有12个乒乓球，其中9个是新球，3个是已用过的旧球，第一次取出3个球，使用后放回盒子中，第二次再从盒子任取3个，求第二次取出的都是新球的概率.

5. 现有100只电子元件，其中有10只次品，每次从中取一只进行检验. 检验后不放回. 求第三次才取到正品的概率.

6. 袋子中装有20只球，其颜色与材质如下表所示：

| 颜色 \ 个数 \ 材质 | 塑料 | 木质 | 玻璃 |
|---|---|---|---|
| 白色 | 4 | 3 | 3 |
| 红色 | 2 | 5 | 3 |

试求：(1) 从中任取一球，取到的是玻璃球的概率；

(2) 从中任取一球，若已知该球是红色，那么它是玻璃球的概率.

7. 某社团收到来自$A$，$B$，$C$三个学院的新生报名表，数量分别是10份、15份和25份. 其中女生的报名表分别为3份、7份、5份.

(1) 将表格混在一起，从中随机抽取一份报名表，试求抽到的是女生的报名表的概率. 若已知抽到的是女生的报名表，求它是来自$A$学院的报名表的概率.

(2) 将来自三个学院表格分别放入三个抽屉中，随机打开一个抽屉，并从中随机抽取一份报名表，试求抽到的是女生的报名表的概率. 若已知抽到的是女生的报名表，求它是来自$A$学院的报名表的概率.

# 1.4 事件的独立性

## 1.4.1 事件的独立性

在我们所研究的随机试验中，有时一个事件 $A$ 的发生对另一个事件 $B$ 的发生有影响，有时事件 $A$ 的发生与否对事件 $B$ 的发生不带来任何影响.

**例 1.4.1** 设试验 $E$ 为抛掷甲(如一元)、乙(如五角)两枚硬币，观察正反面出现的情况，“甲正面H出现”用$A$表示，“乙正面H出现”用$B$表示，则$E$的样本空间$\Omega$={HH, HT, TH, TT}，事件$A$={HH, HT}，事件$B$={HH, TH }，$AB$={HH }. 很显然，事件$A$的发生与否并不影响事件$B$的发生. 此时，$P(A)=\frac{1}{2}$，$P(B)=\frac{1}{2}$，$P(AB)=\frac{1}{4}$，并且$P(B|A)=P(B)$，那么有

$$P(AB)=P(A)\,P(B|A)=P(A)P(B).$$

这就是概率论中所说的事件的独立性.

**定义 1.4.1** 对事件 $A$ 和 $B$，若有 $P(AB)=P(A)P(B)$，则称事件 $A$ 和 $B$ **相互独立**，简称 $A$ 和 $B$ **独立**.

**定理 1.4.1** 设 $A$ 和 $B$ 为随机事件，且 $P(A)>0$(或 $P(B)>0$)，则 $A$，$B$ 独立的充分必要条件是：$P(B|A)=P(B)$(或 $P(A|B)=P(A)$).

**证** 这里只证明当 $P(A)>0$ 时，$A$, $B$ 独立的充分必要条件是：$P(B|A)=P(B)$.

必要性. 设 $A$，$B$ 独立，结合乘法公式(1.3.2)有 $P(AB)=P(A)P(B|A)=P(A)P(B)$，因为 $P(A)>0$，于是 $P(B|A)=P(B)$.

充分性. 由条件概率知 $P(B\mid A)=\dfrac{P(AB)}{P(A)}=P(B)$，所以 $P(AB)=P(A)P(B)$，故$A$，$B$ 相互独立.

**推论 1.4.1** 若事件 $A$ 和 $B$ 相互独立，则事件 $A$ 与$\overline{B}$，$B$ 与$\overline{A}$，$\overline{A}$与$\overline{B}$ 也分别相互独立.

事件的独立性是概率论的一个重要概念，在工程技术中有着广泛的应用. 值得注意的是，在应用中，事件是否独立往往是根据问题的实际意义来确定的.

**例 1.4.2** 甲、乙两人独立地对同一目标各射击一次，已知甲、乙的命中率分别为 0.8, 0.7，求

(1) 两人都命中目标的概率；

(2) 至少有一人命中目标的概率；

(3) 恰有一人命中目标的概率；

(4) 若已知目标被击中，求它是被甲击中的概率.

**解**　设“甲击中目标”用 $A$ 表示，“乙击中目标”用 $B$ 表示. 于是 $P(A)=0.8$, $P(B)=0.7$, 因为 $A$ 与 $B$ 相互独立，则 $P(AB)=P(A)P(B)$. 于是

(1) 两人都命中目标的概率为 $P(AB)=P(A)P(B)=0.56$；

(2) 至少有一人命中目标的概率为

$$P(A\cup B)=P(A)+P(B)-P(AB)=P(A)+P(B)-P(A)P(B)=0.94$$

或

$$P(A\cup B)=1-P(\overline{A\cup B})=1-P(\overline{A}\,\overline{B})=1-P(\overline{A})P(\overline{B})=1-0.2\times 0.3=0.94.$$

(3) 恰有一人命中目标的概率为

$$P(A\overline{B}\cup B\overline{A})=P(A\overline{B})+P(B\overline{A})=P(A)P(\overline{B})+P(\overline{A})P(B)=0.38$$

或

$$P(A\overline{B}\cup B\overline{A})=P[(A\cup B)-AB]=P(A\cup B)-P(AB)=0.38.$$

(4) 设“目标被击中”用 $C$ 表示，则 $C=A\cup B$, 若已知目标被击中，它是被甲射中的概率为

$$P(A|C)=\frac{P(AC)}{P(C)}=\frac{P(A)}{P(A\cup B)}=\frac{0.8}{0.94}=\frac{40}{47}.$$

事件独立性的概念可推广到多个事件的情形：

**定义 1.4.2**　设 $A_1, A_2,\cdots, A_n$ 是 $n$ 个事件，若其中任意 $k$ 个 $(2\leqslant k\leqslant n)$ 事件积的概率都等于各个事件概率的积，即对任意 $A_{i_1}, A_{i_2},\cdots, A_{i_k}$, 都有 $P(A_{i_1}A_{i_2}\cdots A_{i_k})=P(A_{i_1})P(A_{i_2})\cdots P(A_{i_k})$, 则称 $n$ 个事件 $A_1, A_2,\cdots, A_n$ 是相互独立的.

特殊地，对三个事件 $A, B, C$, 如果它们满足：

$$P(AB)=P(A)P(B),\quad P(AC)=P(A)P(C),\quad P(BC)=P(B)P(C),$$

并且有

$$P(ABC)=P(A)P(B)P(C)$$

同时成立，则称三个事件 $A, B, C$ 是相互独立的.

这里一定要注意：两两相互独立的 $n$ 个事件并不一定是相互独立的.

**例 1.4.3** 设$\Omega=\{\omega_1, \omega_2, \omega_3, \omega_4\}$，$P(\omega_i)=\dfrac{1}{4}(i=1, 2, 3, 4)$，事件$A_1=\{\omega_1, \omega_2\}$，$A_2=\{\omega_1, \omega_3\}, A_3=\{\omega_1, \omega_4\}$，则显然有$P(A_1)=P(A_2)=P(A_3)=\dfrac{1}{2}$，于是，

$$P(A_1A_2)=P(A_1)P(A_2)=\frac{1}{4},$$

$$P(A_1A_3)=P(A_1)P(A_3)=\frac{1}{4},\ P(A_2A_3)=P(A_2)P(A_3)=\frac{1}{4},$$

即$A_1, A_2, A_3$两两独立，但是由于

$$P(A_1A_2A_3)=\frac{1}{4}\neq P(A_1)P(A_2)P(A_3)=\frac{1}{8},$$

故$A_1, A_2, A_3$三个事件不是相互独立的.

**例 1.4.4** 假设正常人血清含有肝炎病毒的概率为 0.4%，若将 100 个互不相干的人的血清混合，试求混合血清含有肝炎病毒的概率.

**解** 设$A_i$表示第$i$人的血清含有肝炎病毒，由题设$A_1, A_2, \cdots, A_{100}$相互独立，"混合血液中含有病毒"相当于事件$A_1, A_2, \cdots, A_{100}$至少有一个发生，于是混合血液中含有病毒的概率为

$$P\left(\bigcup_{k=1}^{100}A_k\right)=1-P\left(\overline{\bigcup_{k=1}^{100}A_k}\right)=1-P(\overline{A_1}\,\overline{A_2}\cdots\overline{A_{100}})=1-0.996^{100}=0.33.$$

由例 1.4.4 的计算可知 100 个人的血清混合后含病毒的概率将提高到 33%，因此，在血液制品的生产过程中一定要严格执行生产安全规定.

随着电子技术的发展、自动控制系统的大量应用，人们对系统可靠性的研究越来越重视. 对于一个元件或系统，能正常工作的概率通常称为它的**可靠度**.

**例 1.4.5** 现有 4 个独立工作的元件 1, 2, 3, 4，按如图 1.4.1 和图 1.4.2 所示的方式组成甲、乙两个系统，假设每个元件的可靠度均为$p(0<p<1)$，试比较甲、乙两个系统的可靠度.

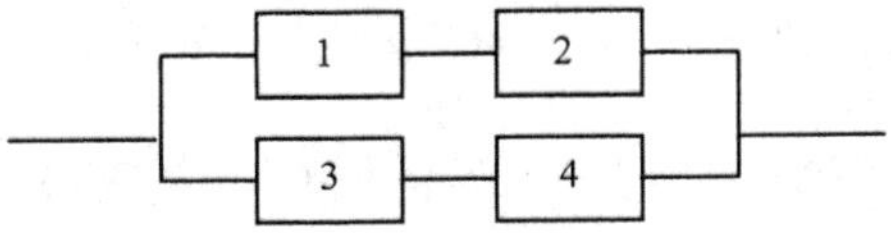


图 1.4.1 甲系统

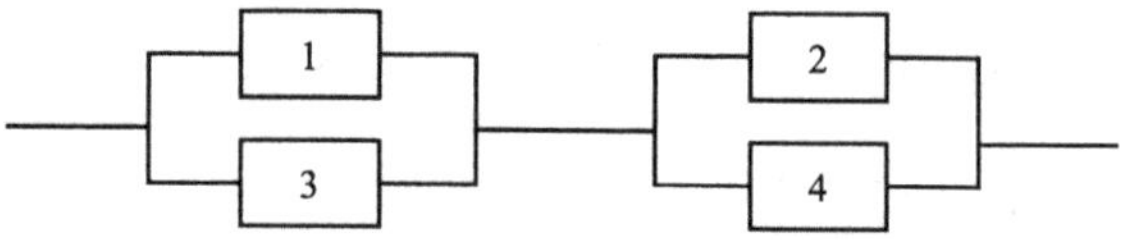


图 1.4.2　乙系统

**解**　设事件 $A_i$ 表示第 $i$ 个元件正常工作，事件 $A$, $B$ 分别表示系统甲、乙正常工作，则 $A=A_1A_2\cup A_3A_4$, $B=(A_1\cup A_3)(A_2\cup A_4)$，由事件的独立性，得系统甲、乙的可靠度分别为

$$P(A)=P(A_1A_2\cup A_3A_4)=P(A_1A_2)+P(A_3A_4)-P(A_1A_2A_3A_4)=2p^2-p^4,$$

$$P(B)=P((A_1\cup A_3)(A_2\cup A_4))=P(A_1\cup A_3)P(A_2\cup A_4)$$

$$=[P(A_1)+P(A_3)-P(A_1A_3)][P(A_2)+P(A_4)-P(A_2A_4)]=(2p-p^2)^2.$$

因为 $(2p-p^2)^2>2p^2-p^4$，即 $P(B)>P(A)$，故系统乙的可靠度高于系统甲.

### 1.4.2　伯努利试验与二项概率公式

在许多实际问题中，人们关心的常常是随机试验中事件 $A$ 发生了没有. 如产品检验合格还是不合格，做某件事情成功了还是没有成功. 一般地，如果随机试验的可能结果只有 $A$ 和 $\overline{A}$ 两种，则称该试验为**伯努利(Bernoulli)试验**. 在相同条件下将伯努利试验相互独立地重复进行 $n$ 次，则称之为 **$n$ 重伯努利试验**.

设在每一次伯努利试验中 $A$ 发生的概率都为 $P(A)=p$，则 $P(\overline{A})=1-p$. 现考虑在 $n$ 重伯努利试验中 $A$ 恰好发生 $k(0\leqslant k\leqslant n)$次的概率 $p_k$.

由于试验是相互独立的，那么事件 $A$ 在指定的 $k$ 次发生的概率应为

$$p^k(1-p)^{n-k}.$$

于是 $A$ 发生 $k(0\leqslant k\leqslant n)$次的概率为

$$p_k=P_n(k)=\mathrm{C}_n^k p^k(1-p)^{n-k},\quad k=0,1,2,\cdots,n.$$

若记 $P(\overline{A})=1-p=q$，则有

$$p_k=P_n(k)=\mathrm{C}_n^k p^k(1-p)^{n-k}=\mathrm{C}_n^k p^k q^{n-k},\quad k=0,1,2,\cdots,n. \tag{1.4.1}$$

注意到 $P_n(k)=\mathrm{C}_n^k p^k q^{n-k}$ 恰为二项式 $(p+q)^n$ 的展开式的第 $k$ 项，因此称式(1.4.1)为**二项概率公式**.

**例 1.4.6**　在一个盒子里装有 3 个红球、7 个白球共 10 个小球，从中随机地取

出一只观察后放回，试求这样重复抽取 10 次，恰有 4 次取到红球的概率.

**解** 设每抽取一次取到的是红球用 $A$ 表示，则 $P(A)=p=\frac{3}{10}$，根据二项概率公式，相互独立地抽取 10 次，恰有 4 次取到红球的概率：

$$P_{10}(4)=C_{10}^{4}\times 0.3^{4}\times 0.7^{6}=0.2276.$$

**例 1.4.7** 某制药厂生产一种药物，制造商声称这种药物对某种疾病的治愈率为 80%，现有 10 名患者同时服用了此药，按厂方的说法计算 10 人中至少有 6 人治愈的概率有多大？若这 10 人中治愈的人数没有超过 5 人，问其治愈率为 80%的宣传是否可信？

**解** 将每个患者服用该药物看作一次试验，试验结果只有两种可能：治愈和不治愈，那么该问题为 $p=0.8$ 的伯努利试验，有 10 名患者同时服用了此药认为相互独立地做了 10 次试验，于是至少有 6 人治愈的概率为

$$\sum_{k=6}^{10}P_{10}(k)=\sum_{k=6}^{10}C_{10}^{k}0.8^{k}\times 0.2^{10-k}=0.967,$$

即至少治愈 6 人的概率应为 96.7%. 那么，治愈的人数不超过 5 人的概率应为 3.3%，属小概率事件. 一般认为"小概率事件在一次试验中几乎是不发生的"，若如厂家所言治愈率为 80%的话，"10 人中治愈的人数没有超过 5 人"就不发生了. 而事实上它发生了. 因此其治愈率为 80%的宣传值得怀疑.

## 习 题 1.4

1. 已知在三次独立的试验中某事件至少发生一次的概率为 $\frac{19}{27}$，试求在一次试验中该事件发生的概率.

2. 在一个会议室装有 3 个独立工作的应急灯，它们在出现紧急情况时工作的概率均为 0.95，试求出现紧急情况时下列事件的概率：

(1) 三个应急灯同时工作；

(2) 恰有两个应急灯工作；

(3) 至少有一个应急灯工作.

3. 三个人独立地向一个目标射击. 已知他们击中目标的概率分别是 $\frac{1}{5}$，$\frac{1}{3}$，$\frac{1}{4}$，求目标被击中的概率.

4. 设随机事件 $A$，$B$，$C$ 两两独立，且满足：$ABC=\varnothing$，$P(A)=P(B)=P(C)<\frac{1}{2}$，$P(A\cup B\cup C)=\frac{9}{16}$.求 $P(A)$.

5. 甲乙丙三个医生分别诊治耳、鼻、喉三个部位的疾病，他们同在一间诊室接待患者. 假设来该诊室的病人患耳、鼻、喉三个部位疾病的概率分别为 0.4, 0.4, 0.2, 甲乙丙三个医生外出的概率分别为 0.5, 0.25 和 0.25，并且他们外出是相互独立的. 试求：

(1) 三个医生同时外出的概率；

(2) 患者前来就诊能找到相应医生的概率；

若有三个患者同时前来就诊，求：

(3) 三个患者同时找同一个医生的概率；

(4) 三个患者分别找不同一个医生的概率.

## *1.5　综 合 例 题

计算事件的概率是本章的重点内容.

**例 1.5.1**　某种商品成箱出售，每箱 20 只. 假设各箱含有 0 只、1 只、2 只次品的概率分别为 0.8, 0.1, 0.1，一顾客欲买下一箱商品，售货员随意取出一箱，顾客打开后随意检查 4 只，如无次品则买下这箱商品，否则退回.

(1) 求顾客买下这箱商品的概率；

(2) 如顾客买下该箱商品，求该箱中无次品的概率.

**解**　设 $B_i$ 表示“箱中有 $i$ 件次品”，$i=0,1,2$，$A$ 表示“顾客买下该箱商品”，

$$P(B_0)=0.8,\quad P(B_1)=P(B_2)=0.1,\quad P(A|B_i)=\frac{C_{20-i}^4}{C_{20}^4},\quad i=0,1,2\,.$$

(1) 由全概率公式，$P(A)=\sum\limits_{i=0}^{2}P(B_i)P(A\,|\,B_i)=0.8\times 1+0.1\times 0.8+0.1\times \dfrac{12}{19}=0.94.$

(2) 由贝叶斯公式，

$$P(B_0|A)=\frac{P(A\,|\,B_0)P(B_0)}{P(A)}=1\times\frac{0.8}{0.94}=0.85.$$

**例 1.5.2**　从 5 双不同的鞋中任取 4 只，问这 4 只鞋中至少有两只配成一双的概率是多少？

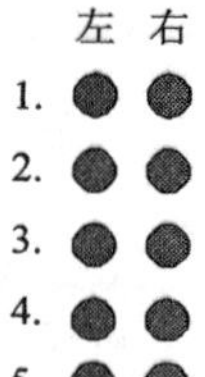


图 1.5.1

**解**　设 $A$ 表示“至少有两只鞋配成一双”，则其对立事件 $\overline{A}$ 为“4 只鞋都不能配成双”(图 1.5.1).

计算古典概型中的概率时往往可用多种方法，下面的解法 1~解法 3 都是采用“通过算 $P(\overline{A})$ 来计算 $P(A)$的方法”；解法 4~解法 8 都是直接计算 $P(A)$.

解法 1　考虑抽取过程的先后顺序，用排列方法计算样本空

间中所含样本点总数为 $n=\mathrm{P}_{10}^4$；同样用排列方法计算事件 $\overline{A}$ 中所含样本点个数为 $n_{\overline{A}}=10\times8\times6\times4$．于是4只鞋都不能配成双的概率为 $P(\overline{A})=\dfrac{10\times8\times6\times4}{10\times9\times8\times7}=\dfrac{8}{21}$，那么 $P(A)=1-P(\overline{A})=1-\dfrac{8}{21}=\dfrac{13}{21}=0.6190$．

解法 2　不考虑抽取过程的先后顺序，用组合方法计算样本空间中样本点数为 $n=\mathrm{C}_{10}^4$；同样用组合方法计算事件 $\overline{A}$ 中所含样本点个数为 $n_{\overline{A}}=\mathrm{C}_5^4\cdot2^4$，于是4只鞋都不能配成双的概率为 $P(\overline{A})=\dfrac{\mathrm{C}_5^4\cdot2^4}{\mathrm{C}_{10}^4}$．

基于多种考虑，本题还有以下一些解法.

解法 3　$P(\overline{A})=\dfrac{\sum_{k=0}^{4}\mathrm{C}_5^k\cdot\mathrm{C}_{5-k}^{4-k}}{\mathrm{C}_{10}^4}$．

容易验证，解法 2 和解法 3 算出的 $P(\overline{A})$ 都是 $\dfrac{8}{21}$．

解法 4　$P(A)=\dfrac{\mathrm{C}_5^2+\mathrm{C}_5^1(\mathrm{C}_8^2-4)}{\mathrm{C}_{10}^4}$．

解法 5　$P(A)=\dfrac{\mathrm{C}_5^1\mathrm{C}_8^2-\mathrm{C}_5^2}{\mathrm{C}_{10}^4}$．

解法 6　$P(A)=\dfrac{\mathrm{C}_5^2+\mathrm{C}_5^1\mathrm{C}_4^2\cdot2^2}{\mathrm{C}_{10}^4}$．

解法 7　$P(A)=\dfrac{\mathrm{C}_5^2+\mathrm{C}_5^1(\mathrm{C}_8^1\mathrm{C}_6^1/2)}{\mathrm{C}_{10}^4}$．

解法 8　$P(A)=\dfrac{\mathrm{C}_5^2+\mathrm{C}_5^1\sum_{k=0}^{2}\mathrm{C}_4^k\mathrm{C}_{4-k}^{2-k}}{\mathrm{C}_{10}^4}$．

容易验证，解法 4~解法 8 算出的 $P(A)$ 也都是 $\dfrac{13}{21}$．

通过例 1.5.2，可归纳出计算事件的概率时需注意以下几点：

(1) 排列组合在求古典概率时有很重要的应用，在计算样本空间中样本点总数及事件中所含的样本点个数时．一般地，当考虑取样的先后顺序时应当用排列，而不考虑取样的先后顺序时应当用组合．但有时既可用排列方法也可用组合方法．若计算样本空间中样本点总数用排列方法(组合方法)，那么计算相关事件包含的样本点个数也要用排列方法(组合方法)；

(2) 计算 $P(A)$可以先算 $P(\overline{A})$，然后算 $P(A)$，也可以直接算；

(3) 计算事件 $A$ 包含的样本点个数时不要重复计算.

**例 1.5.3**　设 $A, B$ 是任意两个事件，计算概率 $P\left((\overline{A}\cup B)(A\cup B)(\overline{A}\cup\overline{B})(A\cup\overline{B})\right)$.

**解**　因为

$$(\overline{A}\cup B)(A\cup B)(\overline{A}\cup\overline{B})(A\cup\overline{B})=\left[(\overline{A}A)\cup B\right]\left[(A\overline{A})\cup\overline{B}\right]=B\overline{B}=\varnothing,$$

所以

$$P\left((\overline{A}\cup B)(A\cup B)(\overline{A}\cup\overline{B})(A\cup\overline{B})\right)=0.$$

**例 1.5.4**(巴拿赫火柴问题)　某人在自己的左右两个口袋中各放一盒火柴，设每盒中都有 $m$ 根火柴，当他用火柴时，随机地取出一盒，并从中取一根使用，试求某天当他取出一盒时发现该盒已空，而另一盒还有 $n$ 根火柴的概率.

**解**　设“从左口袋取火柴”为事件 $A$，则发现左空右有 $n$ 根相当于在前 $2m-n$ 次伯努利试验中 $A$ 发生了 $m$ 次，并且在第 $2m-n+1$ 次试验中 $A$ 发生了. 于是发现左空右有 $n$ 根的概率为

$$p_1=\mathrm{C}_{2m-n}^{m}\left(\frac{1}{2}\right)^{m}\left(\frac{1}{2}\right)^{m-n}\cdot\frac{1}{2}=\mathrm{C}_{2m-n}^{m}\left(\frac{1}{2}\right)^{2m-n}\cdot\frac{1}{2},$$

同理发现右空左有 $n$ 根的概率

$$p_2=\mathrm{C}_{2m-n}^{m}\left(\frac{1}{2}\right)^{m}\left(\frac{1}{2}\right)^{m-n}\cdot\frac{1}{2}=\mathrm{C}_{2m-n}^{m}\left(\frac{1}{2}\right)^{2m-n}\cdot\frac{1}{2},$$

由加法公式，发现一盒空而另一盒有 $n$ 根的概率

$$p=p_1+p_2=\mathrm{C}_{2m-n}^{m}\left(\frac{1}{2}\right)^{2m-n}.$$

现在把例 1.5.4 推广，来看一个有趣的例子.

**例 1.5.5**　甲、乙两人进行乒乓球比赛，设在每个球的争夺中，甲取胜的概率为 $p$，乙取胜的概率为 $q=1-p$，并假设谁首先胜 21 个球谁就获胜(不考虑超出对方 2 个球才算获胜的规定). 现在问在一场比赛中，甲获胜的概率为多少？

**解**　按题设的规定，一场比赛决出胜负至少要争夺 21 个球，至多有 41 个球就可决出胜负. 那么“甲在第 $21+k$ 个球赢得胜利”相当于“在前 $21+k-1$ 个球中，甲赢了 20 球，并且甲赢得了第 $21+k$ 个球”. 于是，甲在 $21+k$ 个球赢得胜利的概率为

$$p_k=\mathrm{C}_{20+k}^{20}p^{20}\cdot q^{k}\cdot p=\mathrm{C}_{20+k}^{20}p^{21}\cdot q^{k},\quad k=0,1,\cdots,20.$$

那么，甲获胜的概率为

$$P=\sum_{k=0}^{20}p_k=\sum_{k=0}^{20}\mathrm{C}_{20+k}^{20}p^{21}q^k=\sum_{k=0}^{20}\mathrm{C}_{20+k}^{20}p^{21}(1-p)^k .$$

若已知 $p=0.6$，则甲获胜的概率 $P=0.9035$.

**例 1.5.6**(蒲丰投针问题) 平面上画着一些等距离 $a$ 的平行线. 现随机地向平面上投一根长度为 $b(b<a)$ 的针. 试求针与任何平行线相交的概率.

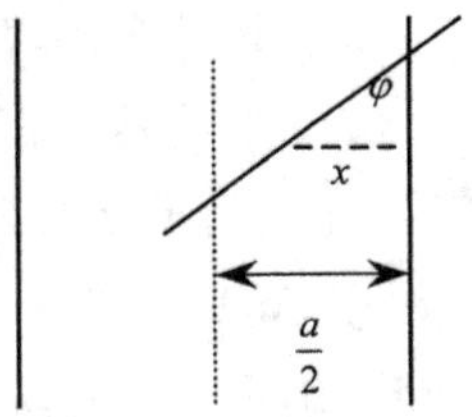


图 1.5.2 蒲丰投针问题示意图

**解** 设针的中点到平行线的最短距离为 $x$，针与平行线的夹角为$\varphi$：$0\leqslant\varphi\leqslant\dfrac{\pi}{2}$，如图 1.5.2 所示. 用 $x$，$\varphi$ 组成直角坐标系. 则 $(x,\ \varphi)$ 可为区域 $\Omega=\left\{(x,\varphi)\,|\,0\leqslant x\leqslant\dfrac{a}{2},0\leqslant\varphi\leqslant\dfrac{\pi}{2}\right\}$中的任何一点,且落在该区域内任一点都是等可能的. 而针与平行线相交当且仅当$(x,\ \varphi)\in\Omega$ 且 $x<\dfrac{b}{2}\sin\varphi$. 将“针与平行线相交”记为 $A$，于是 $A=\left\{(x,\varphi)\,|\,(x,\varphi)\in\Omega,x<\dfrac{b}{2}\sin\varphi\right\}$，用 $S_A$, $S_\Omega$分别表示 $A$, $\Omega$的面积，如图 1.5.3 所示. 故所求概率为

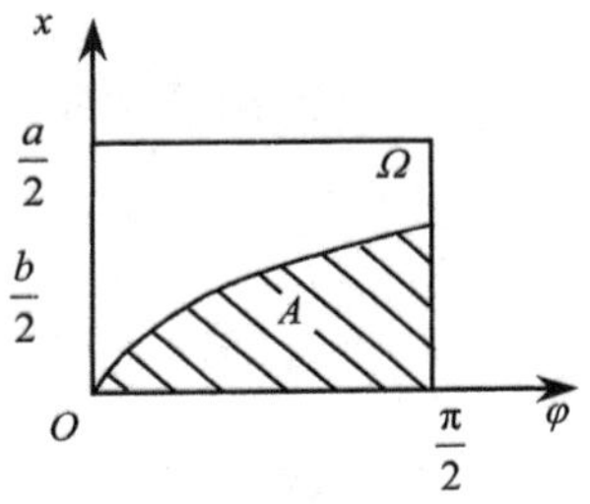


图 1.5.3 蒲丰投针问题中的$\Omega$和 $A$

$$P(A)=\frac{S_A}{S_\Omega}=\frac{\int_0^{\frac{\pi}{2}}\frac{b}{2}\sin\varphi\mathrm{d}\varphi}{\frac{a}{2}\cdot\frac{\pi}{2}}=\frac{\left[-\frac{b}{2}\cos\varphi\right]_0^{\frac{\pi}{2}}}{\frac{a\pi}{4}}=\frac{\frac{b}{2}}{\frac{a\pi}{4}}=\frac{2b}{a\pi}.$$

**例 1.5.7**(彩票模型) 以“东方大乐透”电脑福利彩票为例讨论彩票问题：

中国福利彩票东方大乐透 37 选 7 是一种组合式游戏，即从 01~37 共 37 个数字号码中选择 7 个号码组合为一注投注号码，每注面值人民币 2 元. 中奖号码由基本号码和特别号码组成. 摇奖时先后摇出 8 个号码，前 7 个号码为基本号码，最后 1 个号码为特别号码.

中国福利彩票东方大乐透 37 选 7 根据投注号码与当期中奖号码相符个数的多少，确定中奖等级，具体为单注投注号码与当期中奖号码

(1) 7 个基本号码全部相同(顺序不限，下同)为一等奖；

(2) 任意 6 个基本号码及特别号码相同为二等奖；

(3) 任意 6 个基本号码相同为三等奖；

(4) 任意 5 个基本号码及特别号码相同为四等奖；

(5) 任意 5 个基本号码相同为五等奖；

(6) 任意 4 个基本号码及特别号码相同为六等奖；

(7) 任意 4 个基本号码相同，或任意 3 个基本号码及特别号码相同为七等奖.

试计算各个等级奖励的中奖概率.

**解**　由于是从 37 个号码中不重复选取 7 个号码，故样本空间中所含样本点总数为 $C_{37}^7$. 为便于分析，我们将 37 个号码分成：7 个基本号、1 个特别号和 29 个无效号. 可以认为，不同等级奖励的确定是由所选号码中所含的三种号码的个数不同而确定的. 用 $p_i$ 表示 $i$ 等奖的概率. 于是有

一等奖为所选的 7 个号码是：从 7 个基本号中取 7 个、从 1 个特别号中取 0 个，并从 29 个无效号中取 0 个，故

$$p_1=\frac{C_7^7C_1^0C_{29}^0}{C_{37}^7}=\frac{1}{10295472}=9.713007\times10^{-8}.$$

二等奖为所选的 7 个号码是：从 7 个基本号中取 6 个、从 1 个特别号中取 1 个，并从 29 个无效号中取 0 个，故

$$p_2=\frac{C_7^6C_1^1C_{29}^0}{C_{37}^7}=\frac{7}{10295472}=6.79911\times10^{-7}.$$

三等奖为所选的 7 个号码是：从 7 个基本号中取 6 个、从 1 个特别号中取 0 个，并从 29 个无效号中取 1 个，故

$$p_3=\frac{C_7^6C_1^0C_{29}^1}{C_{37}^7}=\frac{203}{110295472}=1.97174\times10^{-5}.$$

四等奖为所选的 7 个号码是：从 7 个基本号中取 5 个、从 1 个特别号中取 1 个，并从 29 个无效号中取 1 个，故

$$p_4=\frac{C_7^5C_1^1C_{29}^1}{C_{37}^7}=\frac{203}{3431824}=5.91522\times10^{-5}.$$

五等奖为所选的 7 个号码是：从 7 个基本号中取 5 个、从 1 个特别号中取 0 个，并从 29 个无效号中取 2 个，故

$$p_5=\frac{C_7^5C_1^0C_{29}^2}{C_{37}^7}=\frac{1421}{1715912}=8.28131\times10^{-4}.$$

六等奖为所选的 7 个号码是：从 7 个基本号中取 4 个、从 1 个特别号中取 1 个，并从 29 个无效号中取 2 个，故

$$p_6=\frac{C_7^4C_1^1C_{29}^2}{C_{37}^7}=\frac{7105}{5147736}=1.38022\times10^{-3}.$$

七等奖为所选的 7 个号码是：从 7 个基本号中取 4 个、从 1 个特别号中取 0 个，并从 29 个无效号中取 3 个，或是：从 7 个基本号中取 3 个、从 1 个特别号中取 1 个，并从 29 个无效号中取 3 个，故

$$p_7=\frac{C_7^4C_1^0C_{29}^3+C_7^3C_1^1C_{29}^3}{C_{37}^7}=\frac{21315}{857956}=2.48439\times10^{-2}.$$

从本例不难看出，在彩票游戏中获得一等奖的概率不到千万分之一，是非常小的.

# 复 习 题 1

1. 设 $A$，$B$，$C$ 为随机事件且 $P(A)=P(B)=P(C)=\frac{1}{4}$，$P(AB)=P(BC)=0$，$P(AC)=\frac{1}{8}$. 求 $P(A\cup B\cup C)$.

2. 甲乙两人约定某天上午 8:00~9:00 到某一公交车站乘公共汽车. 已知在该时间段内共有三班汽车，到站时刻为 8:10, 8:20, 9:00. 设他们两人到达车站的时刻相互独立. 且每人在这 1 小时时间内任何时刻到达的可能性相同，在互不等待，来车即乘的情况下，求他们乘上同一辆车的概率.

3. 对某一目标进行独立射击，直至击中为止. 如果每次射击的命中率为 $p$，求第 $k$ 次才击中的概率.

4. 有一批电子元件共有 $m$ 个，其中有 $n$ 个是次品，每次从中取一个进行检测，检测后不放回. 求第 $k$ 次才取到次品的概率.

5. 从 $0, 1, 2, \cdots, 9$ 共 10 个数字中任选出 3 个不同的数. 求下列事件的概率：

(1) 组成一个三位偶数；

(2) 组成一个能被 5 整除的三位数字.

6. 在区间(0, 1)内任取两个数，试求下列事件的概率：

(1) “两数之和小于 $\frac{6}{5}$ ”的概率；

(2) “两数之差大于$\frac{1}{2}$”的概率.

7. 假设盒子中原有一个球, 且该球不是白球就是黑球, 现在把一个白球放入盒中, 然后随机拿出一球, 结果拿出的球是白色的. 试求盒子中剩下一球是白球的概率.

8. 设在一次试验中事件 $A$ 发生的概率为 $P(A)=p$, 现独立地进行重复试验, 若要事件 $A$ 至少发生一次的概率不小于 $p_1(0<p_1<1)$, 至少要进行多少次试验?

9. 某次考试中,要从 20 题随机抽出 6 题,若考生在 6 题中答对的题目不少于 4 题为合格, 6 题全都答对为优秀.已知某考生能答对这 20 题中的 10 题,并且知道自己已经合格,求他得到优秀的概率 .

10. 设有甲乙两人分别向两个目标射击. 已知在一次射击中甲、乙击中目标的概率分别为 70%和 60%, 现他们各自独立射击 3 次. 试求下列事件的概率:

(1) 两人命中目标的次数相同;

(2) 甲命中目标的次数比乙多;

(3) 乙命中目标的次数比甲多.

11. 假设在一个容积为 $V$(mL)的密闭房间里, 均匀地散发 $n$ 个致病菌, 某人一次呼吸会吸入空气 $x$(mL), 试求他每次至少吸入一个病菌的概率.

# 第 2 章　随机变量及其分布

第 1 章介绍了随机事件及其概率，在那里计算事件的概率往往是通过事件间的运算进行的，这对于一些简单的问题是很有效的．但是对于一些较为复杂的问题只有事件运算是不够的．为了便于应用数学理论研究随机现象，需要将随机事件数量化，这就是本章所要研究的主要内容——随机变量．有了随机变量，我们就可以借助于更多的数学工具来研究随机现象了．

## 2.1　随机变量及其分布函数

在随机现象中有许多试验的结果本身就是数量，如电子元件的使用寿命、掷骰子出现的点数等．但是也有一些随机试验的结果不是数量，如抛掷硬币观察其反正面、做某个实验是否成功等．然而只要稍加留心，就会发现对于那些结果不是数量的试验，可以构造一个函数，将试验结果与数量对应起来，用数量表示，只是这个函数的“自变量”是样本点．如抛掷硬币观察其反正面，可以构造函数，规定“出现正面”对应 1、“出现反面”对应 0(当然也可以反过来定义用“正面”对应 0、用“反面”对应 1)．这样做的好处在于可以定义一个变量，将随机试验的每一个结果与变量的某个数值对应起来．用于表示随机试验结果的变量称为随机变量．

**定义 2.1.1**　设$\Omega=\{\omega\}$是随机试验 $E$ 的样本空间，$X(\omega)$是定义在$\Omega$上的实值函数，即对任意$\omega\in\Omega$，有唯一确定的实数 $X=X(\omega)$与之对应，则称 $X(\omega)$为一个**随机变量**．

本书中，随机变量用大写的英文字母 $X, Y, Z$ 等表示，其取值用小写字母 $x, y, z$ 等表示．

值得注意的是，随机变量的定义域是样本空间，自变量是样本点，其取值是实数．

有了随机变量，就可以用它来表示随机事件．一般地，把随机变量 $X$ 取值不超过 $x$ 的事件$\{\omega|\ X(\omega)\leqslant x\}$简记为$\{X(\omega)\leqslant x\}$，或$\{X\leqslant x\}$，并将事件$\{X\leqslant x\}$的概率记为 $P\{X\leqslant x\}$．同理，用$\{X=x\}$表示随机变量 $X$ 取值为 $x$ 的事件，$P\{X=x\}$表示该事件的概率．

**例 2.1.1**　掷一枚骰子，观察出现的点数，试用随机变量表示下列事件：

(1) $A$：“出现的点数为奇数”；

(2) $B$:“出现的点数不超过 4”;

(3) $A \cup B$ ;

(4) $A \cup B$.

**解**　设 $X$ 表示随机掷一枚骰子出现的点数. 那么, $X$ 是随机变量.

(1) 事件 $A$: “出现奇数点”可表示为 $A=\{X|X=1, 3, 5\}=\{1, 3, 5\}$.

(2) 事件 $B$: 出现的点数不超过 4 可表示为 $B=\{X\leqslant 4\}$.

(3) $A \cup B=\{X|X=1, 2, 3, 4, 5\}=\{1, 2, 3, 4, 5\}$, 即或掷出“1, 3, 5”——$A$ 发生, 或掷出“1, 2, 3, 4”——$B$ 发生.

(4) $A \cap B$ 表示 $A$ 发生——掷出“1, 3, 5”中的一个, 并且 $B$ 发生——掷出“1, 2, 3, 4”中的一个, 于是 $A \cap B=\{X|X=1, 3\}=\{1, 3\}$.

**例 2.1.2**　某厂生产一种电子元件, 按规定这种电子元件的寿命小于 1000 小时为次品, 在 1000 小时到 2000 小时之间为二等品, 超过 2000 小时为一等品. 现随机抽取一件进行检测, 设 $X$ 表示所检测元件的寿命, 那么, $X$ 是随机变量, 则事件 $A=\{X<1000\}$表示“产品为次品”, $B=\{1000\leqslant X\leqslant 2000\}$表示“产品为二等品”, $C=\{X>2000\}$表示“产品为一等品”.

研究随机变量不仅要知道它取哪些值, 更要了解它取到这些值的概率.

**例 2.1.3**　将一枚硬币抛掷三次, 观察正面 H, 反面 T 出现的情况, 则样本空间$\Omega$={ HHH, HHT, HTH, THH, HTT, THT, TTH, TTT}, 现设出现正面的次数为 $X$, 则 $X$ 是随机变量, 并且 $X$ 与样本点的对应关系如下表所示:

| 样本点 | HHH | HHT | HTH | THH | HTT | THT | TTH | TTT |
|---|---|---|---|---|---|---|---|---|
| $X$ | 3 | 2 | 2 | 2 | 1 | 1 | 1 | 0 |

那么随机事件与随机变量 $X$ 的对应关系如下表所示:

| 事件 | {TTT} | {HTT, THT, TTH} | {HHT, HTH, THH} | {HHH} |
|---|---|---|---|---|
| $X$ | 0 | 1 | 2 | 3 |

用随机变量 $X$ 来计算事件的概率, 则有 $P\{X=0\}=\dfrac{1}{8}$, $P\{X=1\}=\dfrac{3}{8}$, $P\{X=2\}=\dfrac{3}{8}$, $P\{X=3\}=\dfrac{1}{8}$.

设 $X$ 是随机变量, 那么对于任意实数 $x$, 事件$\{X\leqslant x\}$对应的概率 $P\{X\leqslant x\}$为一个确定的实数, 并且 $P\{X\leqslant x\}$能很好地反映 $X$ 的取值规律.

**定义 2.1.2** 设 $X$ 是随机变量, 则对于任意实数 $x\in(-\infty, +\infty)$, 有确定的实数 $P\{X\leqslant x\}$与之对应, 称函数

$$F(x)=P\{X\leqslant x\}$$

为随机变量 $X$ 的**分布函数**.

**例 2.1.4** 在例 2.1.3 中, 当 $x<0$ 时, $\{X\leqslant x\}$为不可能事件, 故 $F(x)=P\{X\leqslant x\}=0$; 当 $0\leqslant x<1$ 时, $\{X\leqslant x\}=\{X=0\}=\{\mathrm{TTT}\}$, 于是 $F(x)=P\{X\leqslant x\}=\dfrac{1}{8}$, 同理可得其他情况, 于是 $X$ 的分布函数(图 2.1.1)为

$$F(x)=\begin{cases}0, & x<0,\\ \dfrac{1}{8}, & 0\leqslant x<1,\\ \dfrac{1}{2}, & 1\leqslant x<2,\\ \dfrac{7}{8}, & 2\leqslant x<3,\\ 1, & x\geqslant 3.\end{cases}$$

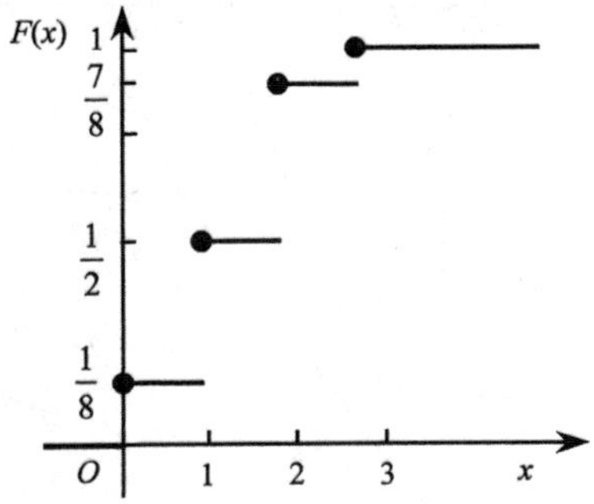

图 2.1.1 例 2.1.4 的分布函数

由分布函数的定义易得, 分布函数有下列基本性质:

**性质 2.1.1** $F(x)$单调不减, 即任意 $x_1<x_2$, 有 $F(x_1)\leqslant F(x_2)$.

这是因为当 $x_1<x_2$ 时, 随机事件 $\{X\leqslant x_1\}\subset\{X\leqslant x_2\}$, 所以 $F(x_1)=P\{X\leqslant x_1\}\leqslant P\{X\leqslant x_2\}=F(x_2)$.

**性质 2.1.2** $0\leqslant F(x)\leqslant 1$.

由于 $F(x)$表示的是事件$\{X\leqslant x\}$的概率, 所以 $0\leqslant F(x)=P\{X\leqslant x\}\leqslant 1$.

**性质 2.1.3** $F(-\infty)=\lim\limits_{x\to-\infty}F(x)=0$, $F(+\infty)=\lim\limits_{x\to+\infty}F(x)=1$.

事实上, 从几何意义上来看, 将点 $x$ 沿数轴向左无限移动($x\to-\infty$), 则"随机变量 $X$ 的取值落在 $x$ 左侧"$=\{X\leqslant x\}$, 这一事件将趋于不可能事件$\varnothing$, 故 $F(-\infty)=\lim\limits_{x\to-\infty}F(x)=0$; 而将点 $x$ 沿数轴向右无限移动($x\to+\infty$), 则"随机变量 $X$ 的取值落在 $x$ 左侧"$=\{X\leqslant x\}$, 这一事件将趋于必然事件$\Omega$, 故 $F(+\infty)=\lim\limits_{x\to+\infty}F(x)=1$.

**性质 2.1.4** $F(x)$右连续, 即 $F(x+0)=F(x)$.

性质 2.1.4 从例 2.1.4 可以清楚看出, 证明从略.

任何随机变量的分布函数都具有以上几条性质, 反之, 满足以上几条性质的函数 $F(x)$一定是某个随机变量 $X$ 的分布函数. 因此, 这四条性质常被用于检验一

个函数是否为某个随机变量的分布函数.

当已知随机变量 $X$ 的分布函数 $F(x)$时，可利用以下几个公式计算有关事件的概率：

(1) $P\{a<X\leqslant b\}=P\{X\leqslant b\}-P\{X\leqslant a\}=F(b)-F(a)$;

(2) $P\{X>a\}=1-P\{X\leqslant a\}=1-F(a)$;

(3) $P\{X=a\}=F(a)-F(a-0)$.

以上公式根据分布函数的定义或基本性质容易得到.

**例 2.1.5**　设有一个均匀的陀螺，其边缘圆周上均匀地刻有区间[0, 10)上的数字，旋转陀螺．求当它停下后圆周上触及桌面点的刻度 $X$ 的分布函数.

**解**　$X$ 为随机变量, $F(x)=P\{X\leqslant x\}$.

当 $x<0$ 时，$\{X\leqslant x\}=\varnothing$, $F(x)=0$；

当 $0\leqslant x<10$ 时, $F(x)=P\{X\leqslant x\}=\dfrac{x}{10}$；

当 $10\leqslant x$ 时，$\{X\leqslant x\}=\Omega$，$F(x)=1$．于是分布函数(图 2.1.2)为

$$F(x)=\begin{cases}0, & x<0,\\ \dfrac{x}{10}, & 0\leqslant x<10,\\ 1, & 10\leqslant x.\end{cases}$$

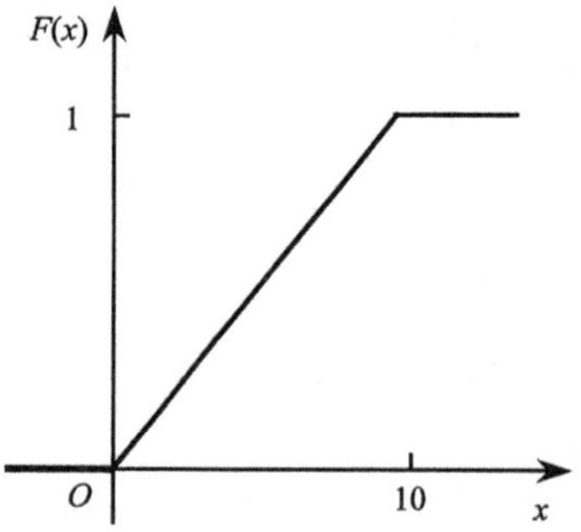


图 2.1.2　例 2.1.5 的分布函数

## 习　题　2.1

1. 观察某市一年的降水量，用随机变量表示事件：

(1) 降水量不足 200mm；

(2) 降水量为 30~50mm.

2. 一个班级有 35 人，设随机变量 $X$ 表示某天晚自习时间到教室自修的人数．试解释下列事件：

(1) $A=\{X=0\}$；(2) $B=\{X\geqslant 15\}$；(3) $C=\{X=35\}$；(4) $D=\{X\leqslant 20\}$；(5) $BD$；(6) $\overline{B}$.

3. 有一批产品共 50 件，其中有 45 件正品，其余为次品．现从中随机抽出 10 件，用 $X$ 表示取到的次品数量．写出 $X$ 的分布函数.

4. 一个靶子是半径为 10cm 的圆盘．设击中靶上任何以靶心为圆心的同心圆盘上的点的概率与该圆盘的面积成正比．并假设射击都能中靶子，$X$ 表示弹着点与圆心的距离，求随机变量 $X$ 的分布函数.

5. 设函数 $F_1(x)$ 和 $F_2(x)$是随机变量的分布函数，$a$, $b$ 为非负常数，且 $a+b=1$，试证明函数 $F(x)=aF_1(x)+bF_2(x)$也是随机变量的分布函数.

# 2.2 离散随机变量及其分布律

## 2.2.1 离散随机变量及其分布律

通过 2.1 节的学习，可以知道随机变量是定义在样本空间上的函数，即 $X=X(\omega)$, $\omega\in\Omega$. 若随机变量 $X(\omega)$的取值只有有限个或可列个，则称 $X$ 为**离散随机变量**.

为了研究离散随机变量的统计规律性，给出分布律的概念：

**定义 2.2.1** 设 $X=X(\omega)$是一个离散随机变量，$X$ 的所有可能取值为 $x_1$, $x_2,\cdots$, $x_n,\cdots$. 称

$$P\{X=x_k\}=p_k,\quad k=1,2,\cdots,n,\cdots \tag{2.2.1}$$

为 $X$ 的**分布律**.

分布律也可以用表格形式表示为

| $X$ | $x_1$ | $x_2$ | $\cdots$ | $x_k$ | $\cdots$ |
|---|---|---|---|---|---|
| $P$ | $p_1$ | $p_2$ | $\cdots$ | $p_k$ | $\cdots$ |

根据分布函数的概念，若离散随机变量 $X$ 的分布律为 $P\{X=x_i\}=p_i$, $i=1, 2,\cdots$, $n,\cdots$, 则 $X$ 的分布函数为

$$F(x)=\sum_{x_k\leqslant x}P\{X=x_k\}=\sum_{x_k\leqslant x}p_k.$$

**例 2.2.1** 现有一名新战士进行射击训练，如果他每次射击击中目标的概率为 $p$, 那么不能击中目标的概率为 $1-p$, 用 $X$ 表示首次击中目标所需要的射击次数，则 $X$ 的分布律为

$$P\{X=k\}=p(1-p)^{k-1},\ k=1,2,\cdots,n,\cdots. \tag{2.2.2}$$

容易得出

$$\sum_{k=1}^{\infty}P\{X=k\}=\sum_{k=1}^{\infty}p(1-p)^{k-1}=1.$$

在概率论中，如果随机变量 $X$ 的分布律为式(2.2.2)，则称 $X$ 服从参数为 $p$ 的**几何分布**，记作 $X\sim G(p)$.

**例 2.2.2** 有 10 件产品，其中有 7 件合格，3 件不合格，从中任意抽取 4 件，用

$X$表示抽到的 4 件产品中不合格品的数量. 则$X$为随机变量, 其可能取值为 0, 1, 2, 3, 于是 $X$的分布律为

$$P\{X=k\}=\frac{C_3^k C_7^{4-k}}{C_{10}^4}, k=0, 1, 2, 3.$$

或用表格表示为

| $X$ | 0 | 1 | 2 | 3 |
|---|---|---|---|---|
| $P$ | $\frac{1}{6}$ | $\frac{1}{2}$ | $\frac{3}{10}$ | $\frac{1}{30}$ |

在例 1.2.3 中讨论了在产品抽样检查中经常遇到一类问题, 假定在 $N$ 件产品中有 $M$ 件不合格品. 在 $N$ 件产品中随机抽 $n$ 件做检查, 有 $X$ 件是不合格品, 则 $X$ 的分布律为

$$P\{X=k\}=\frac{C_M^k C_{N-M}^{n-k}}{C_N^n}, \quad k=0, 1, 2, \cdots, n. \tag{2.2.3}$$

这与例 1.2.3 中的结论 $P(B_k)=\frac{C_M^k C_{N-M}^{n-k}}{C_N^n}$ 是一致的.

一般地, 若随机变量 $X$ 分布律为式(2.2.3), 则称 $X$ 服从**超几何分布**, 记作 $X \sim H(n,M,N)$.

由概率的性质, 易得离散随机变量的分布律的性质.

**性质 2.2.1** 非负性: $0 \leqslant p_k \leqslant 1, k=1, 2, \cdots, n, \cdots$;

**性质 2.2.2** 规范性: $\sum_{k=1}^{\infty} p_k = 1$.

**例 2.2.3** 设随机变量 $X$ 的分布律为

| $X$ | 0 | 1 | 2 | 3 |
|---|---|---|---|---|
| $P$ | $\frac{1}{6}$ | $r$ | $\frac{1}{3}$ | $2r$ |

(1) 求常数 $r$;

(2) 写出 $X$ 的分布函数.

**解** (1)由分布律的性质知: $\frac{1}{6}+r+\frac{1}{3}+2r=1$, 解之得 $r=\frac{1}{6}$.

(2) $X$ 的分布函数为

$$F(x)=P\{X\leqslant x\}=\begin{cases}0, & x<0,\\ \dfrac{1}{6}, & 0\leqslant x<1,\\ \dfrac{1}{3}, & 1\leqslant x<2,\\ \dfrac{2}{3}, & 2\leqslant x<3,\\ 1, & x\geqslant 3.\end{cases}$$

$X$ 的分布函数如图 2.2.1 所示.

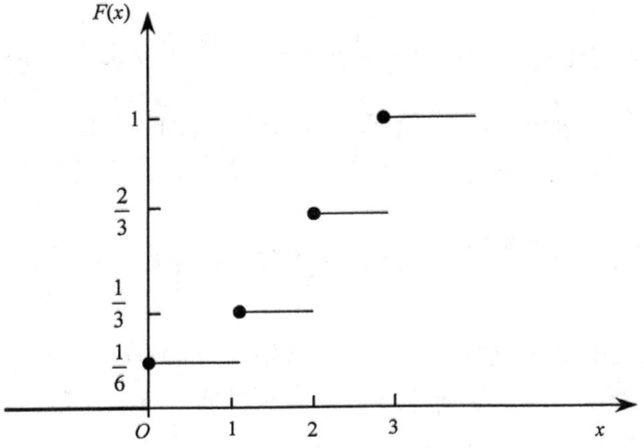


图 2.2.1 例 2.2.3 的分布函数

### 2.2.2 几种常见的离散随机变量及其分布律

1. 0-1 分布

若随机变量 $X$ 的可能取值只有 0 和 1, 并且它的分布律为: $P\{X=1\}=p$, $P\{X=0\}=1-p$, 即

| $X$ | 0 | 1 |
|---|---|---|
| $P$ | $1-p$ | $p$ |

则称 $X$ 服从参数为 $p$ 的 **0-1 分布或两点分布**.

0-1 分布可以用来描述只包含两个结果 $A$ 和 $\overline{A}$ 的随机试验的概率分布, 如在伯努利试验中样本空间中只有两个结果 $A$ 和 $\overline{A}$, 设随机变量 $X$ 表示在一次试

验中事件 $A$ 发生的次数, 则当事件 $A$ 发生时取 1, 当事件 $\overline{A}$ 发生时取 0. 那么这样的随机变量就服从 0-1 分布.

**例 2.2.4**　从装有 6 只红球和 4 只白球的盒子里, 随机取出一球, 设随机变量 $X$ 表示取得红球数, 写出 $X$ 的分布律.

**解**　该问题中 $X$ 服从 0-1 分布, 并且 $p=0.6$, 则 $X$ 的分布律为

| $X$ | 0 | 1 |
|---|---|---|
| $P$ | 0.4 | 0.6 |

2. 二项分布

若随机变量 $X$ 的分布律为

$$p_k = P\{X = k\} = \mathrm{C}_n^k p^k (1-p)^{n-k}, k=0, 1, 2, \cdots, n, \tag{2.2.4}$$

则称 $X$ 服从参数为 $n, p$ 的**二项分布**, 记作 $X \sim B(n, p)$.

设 $q=1-p$, 则式(2.2.4)的每一项恰与二项式$(p+q)^n$ 的展开式各项对应, 因此

$$\sum_{k=0}^{n} P\{X = k\} = \sum_{k=0}^{n} \mathrm{C}_n^k p^k (1-p)^{n-k} = 1 .$$

设在一次伯努利试验中 $A$ 发生的概率为 $P(A)=p$, 那么 $A$ 不发生的概率为 $P(\overline{A})=1-p$, 用随机变量 $X$ 表示在 $n$ 重伯努利试验中 $A$ 发生的次数, 则有 $X \sim B(n, p)$. 特别地, 当 $n=1$ 时, 二项分布即为 0-1 分布.

**例 2.2.5**　文具厂生产铅笔, 每 10 支一包出售, 已知该厂铅笔的合格率为 95%, 用随机变量 $X$ 表示一包中不合格铅笔的支数.

(1) 写出 $X$ 的分布律;

(2) 厂商承诺, 若一包铅笔中有 2 支及以上的铅笔不合格, 则整包退货, 试计算出售铅笔的退货率.

**解**　由题意知 $X \sim B(10, 0.05)$.

(1) $X$ 的分布律为

$$P\{X=k\} = \mathrm{C}_n^k p^k (1-p)^{n-k} = \mathrm{C}_{10}^k\, 0.05^k \times 0.95^{10-k}, k=0, 1, 2, \cdots, 10.$$

(2) 用 $A$ 表示“某包产品被退货”, 则 $A$ 事件与“一包产品中的不合格品个数不超过 1”为对立事件, 于是

$$P(A) = P\{X \geqslant 2\} = 1 - P\{X \leqslant 1\} = 1 - \mathrm{C}_{10}^0 \times 0.05^0 \times 0.95^{10} - \mathrm{C}_{10}^1 \times 0.05^1 \times 0.95^9 = 0.09,$$

即售出产品的退货率为 9%.

这是一个不小的概率，若厂方提高质量，将铅笔的合格率提高到 99%，则退货率迅速降为 0.4266%.

3. 泊松分布

如果离散随机变量 $X$ 的分布律为

$$P\{X=k\}=\frac{\lambda^k e^{-\lambda}}{k!},\ k=0,1,2,\cdots, \tag{2.2.5}$$

其中 $\lambda>0$ 为常数，则称 $X$ 服从参数为 $\lambda$ 的**泊松(Poisson)分布**，记作 $X\sim P(\lambda)$.

容易验证

$$\sum_{k=0}^{\infty}P\{X=k\}=\sum_{k=0}^{\infty}\frac{\lambda^k e^{-\lambda}}{k!}=e^{-\lambda}\sum_{k=0}^{\infty}\frac{\lambda^k}{k!}=e^{-\lambda}\cdot e^{\lambda}=1.$$

一般地，某个事物在单位区域(时间、空间)上的缺陷数 $X$ 被认为服从参数为 $\lambda$ 的泊松分布，其中的 $\lambda$ 是单位区域上缺陷数的平均值(在第 3 章将给出进一步的研究)，如一本书的一页中的印刷错误数，每个铸件中所含有的砂眼的数量等. 还有许多随机变量服从泊松分布，如在一段时间内电话交换机接到的转接次数，某地区一个时期内所发生的交通事故数，均被认为服从泊松分布.

对于 $X\sim B(n,p)$，当 $n$ 很大时计算 $p_k=P_n\{X=k\}=C_n^k p^k(1-p)^{n-k}$ 较为烦琐，人们发现并证明，当 $n$ 很大，$p$ 很小，而 $\lambda=np$ 适中时，有近似公式：

$$P\{X=k\}=C_n^k p^k(1-p)^{n-k}\approx\frac{\lambda^k e^{-\lambda}}{k!}. \tag{2.2.6}$$

因此，当 $n$ 很大，$p$ 很小，而 $\lambda=np$ 适中时，也可利用式(2.2.6)近似计算在 $n$ 重伯努利试验中某事件发生 $k$ 次的概率.

**例 2.2.6** 为保证设备正常工作，需要配备一些维修工人，如果每台设备发生故障是相互独立的，且每台设备发生故障的概率都是 1%，试在以下各种情况下求设备发生故障而不能及时修理的概率.

(1) 每位维修工人负责 20 台设备；

(2) 3 名维修工同时负责 90 台设备；

(3) 12 名维修工同时负责 400 台设备.

**解** (1) 设 20 台设备同时发生故障的台数为 $X_1$，则 $X_1\sim B(20,0.01)$. 只有当两台及两台以上的机器同时发生故障时，事件“不能及时修理”才会发生，于是所

求概率为

$$P\{X_1>1\}=1-\sum_{k=0}^{1}P\{X=k\}=1-\sum_{k=0}^{1}\mathrm{C}_{20}^{k}0.01^k\times0.99^{20-k}=0.0169.$$

(2) 设 90 台设备同时发生故障的台数为 $X_2$，则 $X_2\sim B(90,0.01)$. 只有当 3 台以上的机器同时发生故障时，事件“不能及时修理”才会发生，于是所求概率为

$$P\{X_2>3\}=1-\sum_{k=0}^{3}\mathrm{C}_{90}^{k}0.01^k\times0.99^{90-k}=0.01294.$$

(3) 设 400 台设备同时发生故障的台数为 $X_3$，则 $X_3\sim B(400,0.01)$. 只有当 12 台以上的机器同时发生故障时，事件“不能及时修理”才会发生，于是所求概率为

$$P\{X_3>12\}=1-\sum_{k=0}^{12}\mathrm{C}_{400}^{k}0.01^k\times0.99^{500-k}=1-0.9998=0.0002.$$

通过前面的计算不难看出，如果由 12 人同时负责维修 400 台机器，设备发生故障而不能及时修理的概率要比每人负责 20 台设备和 3 名维修工同时负责 90 台设备时的情况小得多，这样大大提高了工作效率.

由于在(3)中，用式(2.2.4)计算量较大，且 $n=400$ 很大，$p=0.01$ 很小，而 $\lambda=np=400\times0.01=4$ 比较适中，可用近似计算公式(2.2.5)，得

$$P\{X_3>12\}\approx1-\sum_{k=0}^{12}\frac{4^k}{k!}\mathrm{e}^{-4}=1-0.9997=0.0003.$$

此时，两种算法所得结果仅差 0.0001，但后者的计算量要减少了许多.

## 习 题 2.2

1. 将一枚质地均匀硬币投掷三次. 用 $X$ 表示正面出现的次数. 求 $X$ 的分布律.

2. 在一个袋子中装有 6 个小球，其中 2 个黑色，3 个白色和 1 个红色，若取到黑球记−2 分，取到白球记 0 分，取到红球记 3 分，现从袋子中任取一球，用 $X$ 表示所得分数. 写出 $X$ 的分布律和分布函数.

3. 设随机变量 $X$ 的分布律为 $P\{X=k\}=p_k=\dfrac{c}{3^k}$，$k=0,1,2,\cdots$，求常数 $c$ 的值.

4. 某人在体育馆练习投篮，每次投中的概率为 $\dfrac{1}{4}$，直到投中为止. 用 $X$ 表示首次投中时所需投篮的总次数，求 $X$ 的分布律.

5. 有6个分别标有1, 2, 3, 4, 5, 6的小球，从中随机地取出三个，用 $X$ 表示所取出的三个小球上的最大号码数，用 $Y$ 表示所取出的三个小球上的最小号码数. 分别写出 $X$ 和 $Y$ 的分布律.

6. 甲乙两个足球队进行比赛，比赛结果对每个队来讲都有取胜、平局和负于对方三种可能. 根据以往经验，甲队取胜的概率为 $\frac{1}{4}$，战成平局的概率为 $\frac{5}{12}$. 按规定，每场比赛胜者得 2 分，负者得0分，平局各得1分，现两队连战三场，累计得分. 用 $X$ 表示甲队的得分. 写出 $X$ 的分布律.

7. 在 5 个产品中有 1 个次品. 连续抽 2 次，每次取 1 个，求：

(1) 第一次抽出产品后放回的情况下，抽到的次品总数 $X$ 的分布律；

(2) 第一次产品抽出后不放回的情况下，抽到的次品总数 $Y$ 的分布律.

8. 同时掷两枚骰子，设随机变量 $X$ 表示两枚骰子出现的点数之和，写出 $X$ 的分布律.

# 2.3 连续随机变量及其概率密度

## 2.3.1 连续随机变量及其概率密度

前面介绍了离散随机变量，它们的取值只有有限个或可列个. 事实上，有些随机变量是很复杂的，在非离散随机变量中有一类非常重要的随机变量就是连续随机变量，它们在科学研究、社会调查和日常生活中都有着极其广泛的应用.

**定义 2.3.1** 设 $X=X(\omega)$是随机变量，若存在非负可积函数 $f(x)$，对于任意 $x\in(-\infty,+\infty)$, $X$ 的分布函数为

$$F(x)=P\{X\leqslant x\}=\int_{-\infty}^{x}f(t)\,\mathrm{d}t,\quad x\in(-\infty,+\infty),$$

则称 $X$ 是**连续随机变量**. 其中 $f(x)$称为 $X$ 的**概率密度函数**，简称**概率密度**(图 2.3.1).

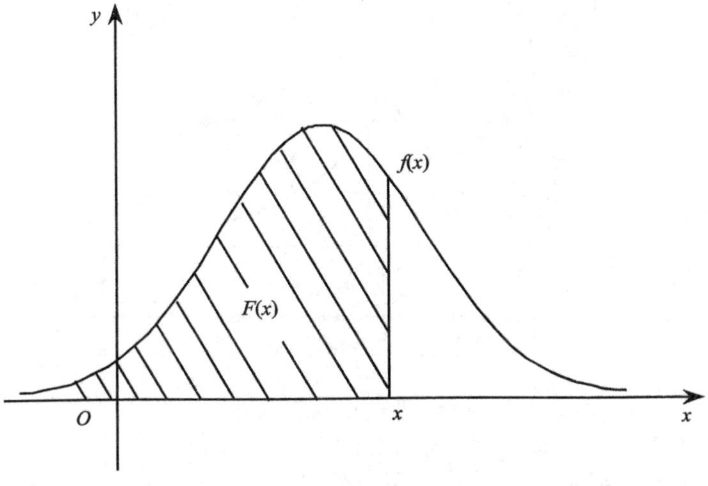


图 2.3.1 概率密度与分布函数

需要指出的是，当 $x=x_0$ 时，概率密度的函数值 $f(x_0)$不是随机变量 $X$ 在 $x=x_0$ 处

的概率，而是 $X$ 在 $x=x_0$ 处取值的概率密度值．而 $f(x_0)\Delta x$ 是随机变量 $X$ 在 $(x_0, x_0+\Delta x]$ 上取值的概率的近似值，$\Delta x$ 越小这种近似的程度越高．

对于连续随机变量，如果知道了它的概率密度，也就掌握了它的变化情况，因此连续随机变量的概率密度与离散随机变量的分布律一样，都是我们的重点研究对象．

由定义易得概率密度的性质：

**性质 2.3.1**(非负性)　对任意的 $x\in(-\infty, +\infty)$，都有 $f(x)\geqslant 0$；

**性质 2.3.2** (规范性)　$\int_{-\infty}^{+\infty} f(x)\mathrm{d}x = 1$．

以上两个性质是概率密度的基本性质，如果一个函数 $f(x)$满足这两条性质，那么它一定是某个连续随机变量的概率密度．

概率密度除了基本性质以外，还有以下性质：

**性质 2.3.3**　对任意实数 $a<b$，连续随机变量 $X$ 取值落在区间$(a, b]$的概率为

$$P\{a < X \leqslant b\} = \int_a^b f(x)\mathrm{d}x = F(b) - F(a). \tag{2.3.1}$$

结合定积分的几何意义，式(2.3.1)说明连续随机变量 $X$ 取值落在区间$(a, b]$的概率等于概率密度曲线 $f(x)$与直线 $x=a$, $x=b$ 及 $x$ 轴所围成曲边梯形的面积，如图 2.3.2 所示．

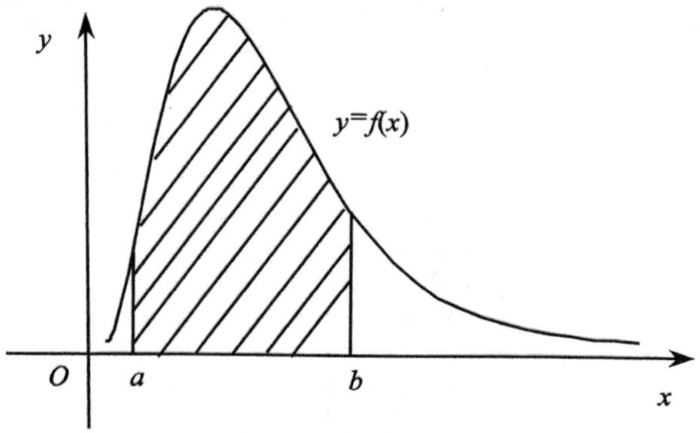


图 2.3.2　$P\{a<x\leqslant b\}$

**性质 2.3.4**　若 $f(x)$在 $x$ 处连续，则 $f(x)=F'(x)$.

连续随机变量与离散随机变量有下列两个不同之处：

(1) 连续随机变量的分布函数 $F(x)$是连续函数，而离散随机变量的分布函数 $F(x)$是右连续的；

(2) 设 $X$ 为连续随机变量，$a$ 为任意实数，则 $P\{X=a\}=0$．即使 $f(a)>0$，仍然有

$P\{X=a\}=0$.

这是因为：当取$\Delta a>0$ 时，$P\{X=a\}=\lim\limits_{\Delta a\to 0^+}P\{a-\Delta a<X\leqslant a\}=\lim\limits_{\Delta a\to 0^+}[F(a)-F(a-\Delta a)]=0$.

而对离散随机变量则不然.

由 $P\{X=a\}=0$ 可以看出，概率为零的事件并非都是不可能事件，同理，概率为 1 的事件也并不一定都是必然事件. 此外，由于连续随机变量$X$取值落在任何一点$a$处的概率为零，因此在计算连续随机变量$X$的取值落在某区间上的概率时，该区间是否包含端点对概率大小没有影响. 也就是说，连续随机变量 $X$ 的取值落在端点相同的开区间、闭区间、半开半闭区间上的概率是相同的. 即

$$P\{a<X<b\}=P\{a<X\leqslant b\}=P\{a\leqslant X\leqslant b\}=P\{a\leqslant X<b\}. \tag{2.3.2}$$

**例 2.3.1** 已知连续随机变量$X$概率密度为 $f(x)=\begin{cases}ax, & 0<x\leqslant 1,\\ 0, & 其他.\end{cases}$ 试求：

(1) 常数 $a$;

(2) 分布函数 $F(x)$;

(3) $P\left\{\dfrac{1}{2}<X\leqslant\dfrac{2}{3}\right\}$.

**解** (1) 由概率密度的基本性质可得：$\int_{-\infty}^{+\infty}f(x)\mathrm{d}x=\int_0^1 ax\mathrm{d}x=\dfrac{1}{2}a=1$，所以 $a=2$.

(2) 当 $x\leqslant 0$ 时，$F(x)=0$;当 $0<x\leqslant 1$ 时，$F(x)=\int_{-\infty}^{x}f(t)\mathrm{d}t=\int_0^x 2t\mathrm{d}t=x^2$ ;当 $x>1$ 时，$F(x)=1$.

于是分布函数 $F(x)=\begin{cases}0, & x<0,\\ x^2, & 0\leqslant x<1,\\ 1, & x\geqslant 1.\end{cases}$

(3) $P\left\{\dfrac{1}{2}<X\leqslant\dfrac{2}{3}\right\}=\int_{1/2}^{2/3}f(x)\mathrm{d}x=\int_{1/2}^{2/3}2x\mathrm{d}x=\dfrac{7}{36}$

或

$$P\left\{\frac{1}{2}<X\leqslant\frac{2}{3}\right\}=F\left(\frac{2}{3}\right)-F\left(\frac{1}{2}\right)=\left(\frac{2}{3}\right)^2-\left(\frac{1}{2}\right)^2=\frac{7}{36}.$$

### 2.3.2　几种常见的连续随机变量

下面介绍几种常用的连续随机变量.

1. 均匀分布

若 $X$ 的概率密度为

$$f(x)=\begin{cases}\dfrac{1}{b-a}, & a\leqslant x\leqslant b,\\ 0, & \text{其他},\end{cases} \tag{2.3.3}$$

则称随机变量 $X$ 服从区间$[a,b]$上的**均匀分布**. 记作 $X\sim U(a,b)$.

设 $X\sim U(a,b)$, 则 $X$ 的分布函数为

$$F(x)=\begin{cases}0, & x<a,\\ \dfrac{x-a}{b-a}, & a\leqslant x\leqslant b,\\ 1, & x>b.\end{cases} \tag{2.3.4}$$

$X$ 的概率密度 $f(x)$和分布函数 $F(x)$的图形如图 2.3.3 和图 2.3.4 所示.

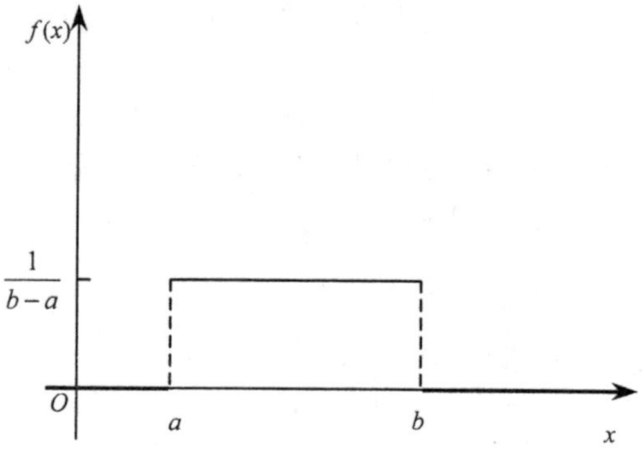


图 2.3.3　$U(a,b)$ 的概率密度

设 $X$ 服从区间$[a,b]$上的均匀分布, 则对任意 $x_0\in[a,b]$及 $l>0$, 使得$(x_0, x_0+l]\subset[a,b]$, 有

$$P\{x_0<X\leqslant x_0+l\}=\int_{x_0}^{x_0+l}\frac{1}{b-a}\mathrm{d}x=\frac{l}{b-a}. \tag{2.3.5}$$

从式(2.3.5)知, 服从均匀分布的连续随机变量 $X$ 的取值落在区间$[a,b]$内长度

为 $l$ 的子区间上的概率，仅与其长度 $l$ 有关，而与子区间的位置无关. 这是均匀分布的一个重要性质. 常用“等可能地取[$a$ , $b$]上的值”、或“随机地在[$a$ , $b$]上取值”来描述这一性质.

在科学计算中，常常采用“四舍五入”的原则对数据的末位进行处理，经过这样处理的数据，其舍入误差被认为服从$\left[-\frac{1}{2}\times10^{-k},\frac{1}{2}\times10^{-k}\right)$上的均匀分布，其中 $k$ 由末位数的位数确定.

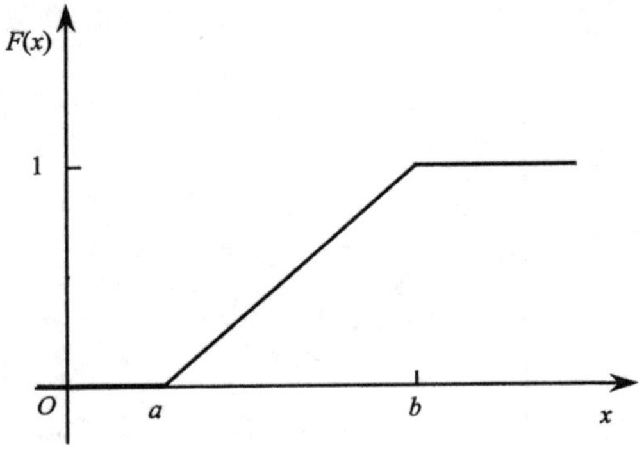


图 2.3.4 $U(a , b)$ 的分布函数

**例 2.3.2** 秒表最小刻度值为 0.01s. 若计时精度是取最近的刻度值，求使用该表计时产生的随机误差 $X$ 的概率密度，并计算误差的绝对值不超过 0.004s 的概率.

**解** 由题意知，$X$ 等可能地取得区间 $[-0.005,0.005)$ 上的任一值，故 $X\sim U(-0.005,0.005)$，则概率密度为 $f(x)=\begin{cases}100, & -0.005\leqslant x<0.005,\\ 0, & \text{其他}.\end{cases}$ 于是

$$P\{|X|\leqslant 0.004\}=\int_{-0.004}^{0.004}f(x)\mathrm{d}x=\int_{-0.004}^{0.004}100\mathrm{d}x=0.8.$$

从本例不难看出，刻度为0.01s(或长度单位)的计时器(或尺)，在测量中所产生的误差有 80%应在±0.004 之间.

2. 指数分布

设随机变量 $X$ 的概率密度为

$$f(x)=\begin{cases}\lambda\mathrm{e}^{-\lambda x}, & x\geqslant 0,\\ 0, & \text{其他},\end{cases}\quad \lambda>0, \tag{2.3.6}$$

则称 $X$ 服从参数为 $\lambda$ 的**指数分布**，记作 $X\sim \mathrm{Exp}(\lambda)$.

设 $X\sim \mathrm{Exp}(\lambda)$，则 $X$ 的分布函数

$$F(x)=\begin{cases}1-\mathrm{e}^{-\lambda x}, & x>0,\\ 0, & x\leqslant 0.\end{cases} \tag{2.3.7}$$

$X$ 的概率密度 $f(x)$ 的图形如图 2.3.5 所示，$X$ 的分布函数 $F(x)$ 的图形如图 2.3.6 所示.

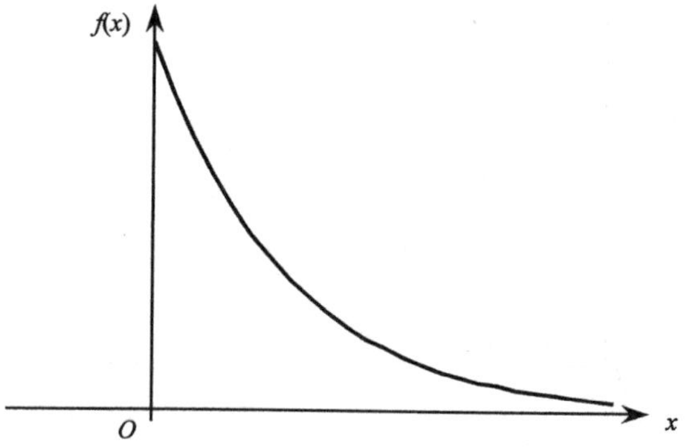


图 2.3.5　指数分布的概率密度

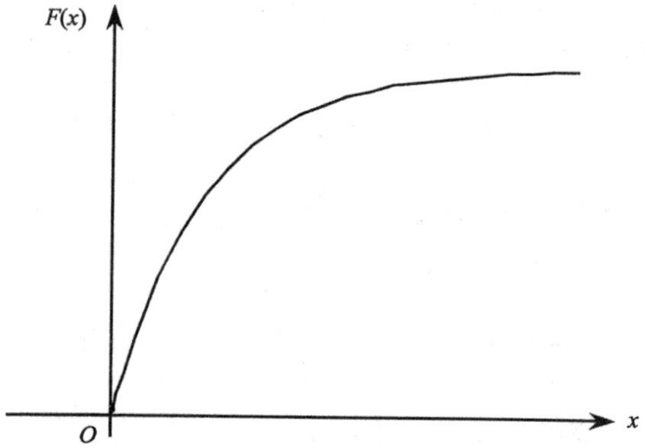


图 2.3.6　指数分布的分布函数

设 $X\sim \mathrm{Exp}(\lambda)$，则对任意 $x>0$，有 $P\{X>x\}=\mathrm{e}^{-\lambda x}$.

由指数分布的概率密度可以看出，服从指数分布的随机变量 $X$ 取较小值的可能性大，取较大值的可能性小. 在科学研究和生活、生产实践中，涉及“寿命”的随机变量，常常被认为服从指数分布，如电子元件的使用寿命、动植物的存活寿命、电话服务中的通话时间、顾客被服务的时间等. 两次突发事件之间的相隔时

间，如两次暴雨间的间隔时间、两次地震间的间隔时间等，有时也被认为服从指数分布. 指数分布在排队论和可靠性理论中有着广泛的应用.

**例 2.3.3** 机器里安装有某种元件，已知这种元件的使用寿命 $X$(年)服从参数为$\lambda=\dfrac{1}{5}$的指数分布，

(1) 计算一个这种元件使用 8 年后仍能正常工作的概率；

(2) 若机器里装有 5 个独立工作的这种元件，试计算使用 8 年后至少有一个仍能正常工作的概率.

**解** (1) $X$ 服从参数为$\lambda=\dfrac{1}{5}$的指数分布，即 $X\sim\mathrm{Exp}\left(\dfrac{1}{5}\right)$，则概率密度 $f(x)=\begin{cases}\dfrac{1}{5}\mathrm{e}^{-x/5}, & x\geqslant 0,\\ 0, & x<0.\end{cases}$ 于是

$$P\{X>8\}=\int_8^{+\infty}f(x)\mathrm{d}x=\int_8^{+\infty}\frac{1}{5}\mathrm{e}^{-x/5}\mathrm{d}x=\mathrm{e}^{-8/5}=0.2019,$$

即元件使用 8 年后仍能正常工作的概率为 0.2019.

(2) 设 $A$ 表示一个元件使用 8 年后仍能正常工作，则 $P(A)=0.2019$，5 个元件使用 8 年后仍能正常工作的元件个数 $Y\sim B(5,0.2019)$，于是

$$P\{Y\geqslant 1\}=1-P\{Y=0\}=1-(1-0.2019)^5=0.6762,$$

即使用 8 年后至少有一个仍能正常工作的概率为 0.6762.

下面介绍指数分布的无记忆性，设 $s,t>0$，计算在 $X>s$ 的条件下 $X>s+t$ 的条件概率：

$$P\{X>s+t\mid X>s\}=\frac{P\{X>s+t\}}{P\{X>s\}}=\frac{\mathrm{e}^{-\lambda(s+t)}}{\mathrm{e}^{-\lambda s}}=\mathrm{e}^{-\lambda t}=P\{X>t\},$$

即

$$P\{X>s+t\mid X>s\}=P\{X>t\}. \tag{2.3.8}$$

式(2.3.8)称为指数分布的**无记忆性**，这是指数分布的一个重要性质. 若将随机变量 $X$ 视为某种“寿命”，则以后存活 $t$ 年的概率与以前已经存活的时间 $s$ 年无关. 如在数据存储中，数据能够继续存储若干年的概率与它以前存留的时间无关.

可以证明，若非负连续随机变量 $X$ 具有性质(2.3.8)，则 $X$ 服从指数分布，即具

有无记忆性的连续随机变量服从指数分布.

3. 正态分布

1) 正态分布及其性质

设$\mu$, $\sigma$ 为常数, $\sigma>0$, 若随机变量 $X$ 的概率密度为

$$f(x)=\frac{1}{\sqrt{2\pi}\sigma}\mathrm{e}^{-\frac{(x-\mu)^2}{2\sigma^2}},\quad x\in(-\infty,+\infty), \tag{2.3.9}$$

则称 $X$ 服从参数为$\mu$, $\sigma^2$的**正态分布**, 记作$X\sim N(\mu,\sigma^2)$. $X$的概率密度函数的图形如图 2.3.7 所示.

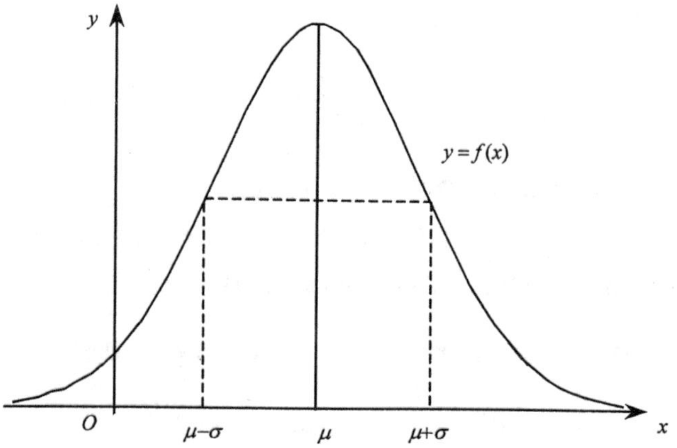


图 2.3.7　正态分布的概率密度

设 $X\sim N(\mu,\sigma^2)$, 则 $X$ 的分布函数为

$$F(x)=\int_{-\infty}^{x}f(t)\mathrm{d}t=\int_{-\infty}^{x}\frac{1}{\sqrt{2\pi}\sigma}\mathrm{e}^{-\frac{(t-\mu)^2}{2\sigma^2}}\mathrm{d}t, \tag{2.3.10}$$

$X$ 分布函数的图形如图 2.3.8 所示.

下面我们验证 $f(x)=\frac{1}{\sqrt{2\pi}\sigma}\mathrm{e}^{-\frac{(x-\mu)^2}{2\sigma^2}}$ 满足概率密度函数的两条基本性质.

首先, 非负性显然满足;

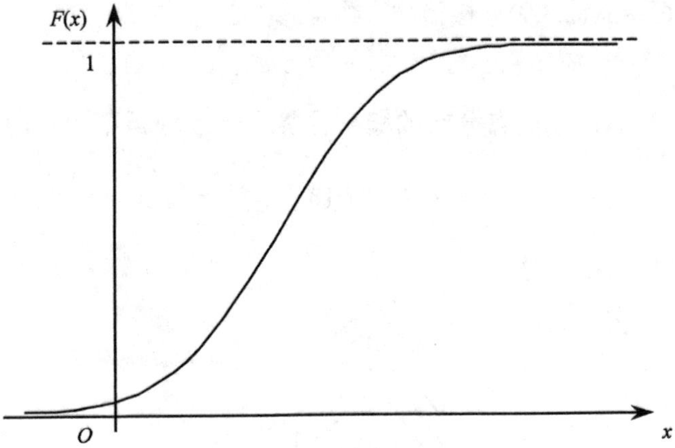


图 2.3.8 正态分布的分布函数

其次，证明 $I=\int_{-\infty}^{+\infty} f(x)\mathrm{d}x=\int_{-\infty}^{+\infty}\frac{1}{\sqrt{2\pi}\sigma}\mathrm{e}^{-\frac{(x-\mu)^2}{2\sigma^2}}\mathrm{d}x=1$，作变量代换，令 $t=\frac{x-\mu}{\sigma}$，则

$$I=\int_{-\infty}^{+\infty}\frac{1}{\sqrt{2\pi}\sigma}\mathrm{e}^{-\frac{(x-\mu)^2}{2\sigma^2}}\mathrm{d}x=\int_{-\infty}^{+\infty}\frac{1}{\sqrt{2\pi}}\mathrm{e}^{-\frac{t^2}{2}}\mathrm{d}t,$$

于是

$$I^2=\left(\int_{-\infty}^{+\infty}\frac{1}{\sqrt{2\pi}}\mathrm{e}^{-x^2/2}\mathrm{d}x\right)\left(\int_{-\infty}^{+\infty}\frac{1}{\sqrt{2\pi}}\mathrm{e}^{-y^2/2}\mathrm{d}y\right)=\frac{1}{2\pi}\int_{-\infty}^{+\infty}\int_{-\infty}^{+\infty}\mathrm{e}^{-(x^2+y^2)/2}\mathrm{d}x\mathrm{d}y,$$

利用极坐标计算，令 $x=r\cos\varphi, y=r\sin\varphi$，其中 $0\leqslant r<+\infty, 0\leqslant\varphi\leqslant 2\pi$，于是

$$I^2=\frac{1}{2\pi}\int_0^{+\infty}\int_0^{2\pi}\mathrm{e}^{-r^2/2}r\mathrm{d}\varphi\mathrm{d}r=\int_0^{+\infty}r\mathrm{e}^{-r^2/2}\mathrm{d}r=1.$$

又因为 $f(x)\geqslant 0$，则 $I$ 非负，故

$$I=\int_{-\infty}^{+\infty} f(x)\mathrm{d}x=\int_{-\infty}^{+\infty}\frac{1}{\sqrt{2\pi}\sigma}\mathrm{e}^{-\frac{(x-\mu)^2}{2\sigma^2}}\mathrm{d}x=1.$$

一般地，如果 $X\sim N(\mu,\ \sigma^2)$，则称 $X$ 为正态变量. 正态分布的概率密度函数 $f(x)$ 的图形称为**正态曲线**，正态曲线具有下列性质：

**性质 2.3.5** 关于 $x=\mu$ 对称，即对任意 $x\in[0,\ +\infty)$，$f(\mu-x)=f(\mu+x)$. 如图 2.3.9 所示.

性质 2.3.5 可由式(2.3.9)直接得出. 结合式(2.3.1), 易得

$$P\{\mu - x < X \leqslant \mu\} = P\{\mu < X \leqslant \mu + x\}.$$

正态曲线的对称性在正态分布的概率计算中起着很重要的作用, 如

$$P\{X \leqslant \mu\} = P\{X \geqslant \mu\} = \frac{1}{2}.$$

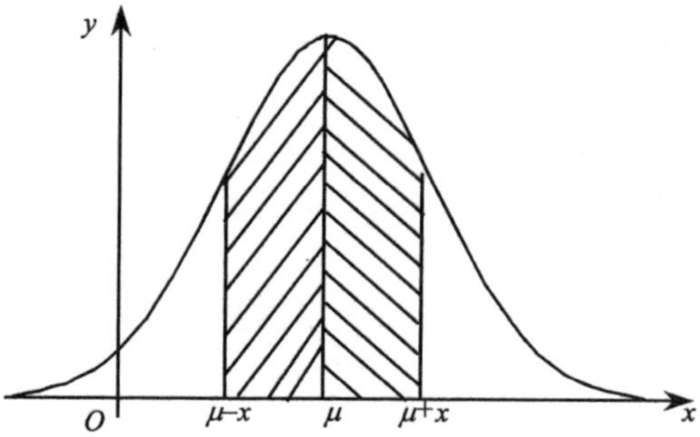


图 2.3.9　正态曲线的对称性

**性质2.3.6**　正态曲线在$(-\infty, \mu)$内严格单调递增, 在$(\mu, +\infty)$内严格单调递减, 在$x=\mu$处取得最大值; 在$(\mu-\sigma, \mu+\sigma)$内是凸的, 在$(-\infty, \mu-\sigma)$和$(\mu+\sigma, +\infty)$内是凹的, 在$x=\mu\pm\sigma$处有拐点.

**性质 2.3.7**　当$x\to\pm\infty$时, $f(x)\to 0$, 即 $x$ 轴为正态曲线的水平渐近线.

参数$\mu$, $\sigma^2$对正态曲线的影响:

(1) 若$\sigma^2$不变, 当$\mu$减小(增大)时, 正态曲线沿水平方向向左(右)平移, 而形状不变, 如图 2.3.10 所示;

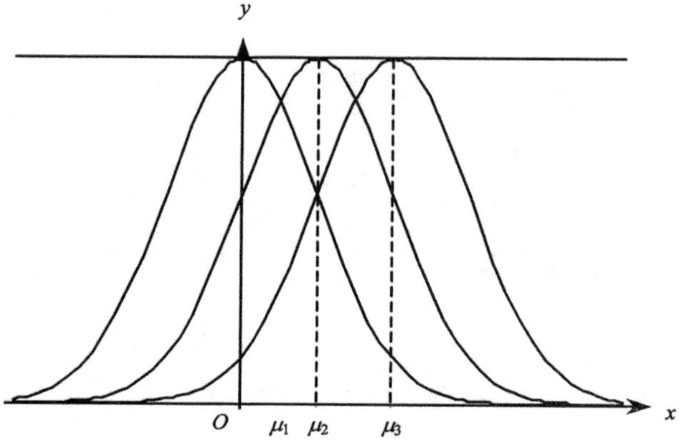


图 2.3.10　$\sigma$值相同的正态曲线

(2) 若$\mu$不变, 当$\sigma^2$减小(增大)时, 正态曲线的对称轴不变, 其曲线形状变得

陡峭(平缓)，如图 2.3.11 所示，其中$\sigma_1>\sigma_2>\sigma_3$.

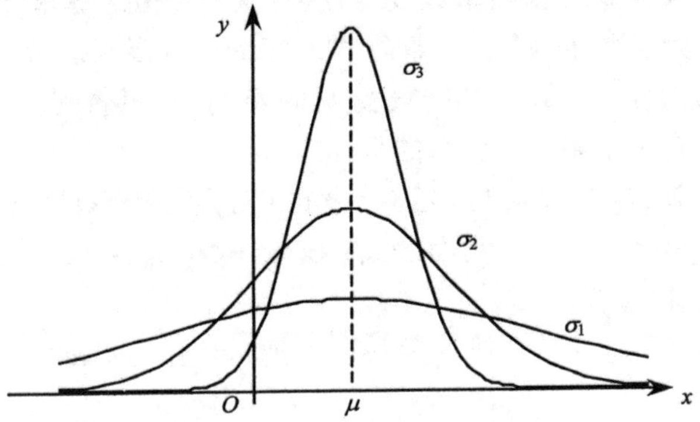


图 2.3.11　$\mu$ 值相同的正态曲线

如果正态分布的参数$\mu=0$, $\sigma^2=1$, 则称 $X$ 服从**标准正态分布**，记作 $X\sim N(0,\ 1)$，此时概率密度函数记作

$$\varphi(x)=\frac{1}{\sqrt{2\pi}}\mathrm{e}^{-x^2/2},\ x\in(-\infty,+\infty).$$

分布函数记为

$$\Phi(x)=\int_{-\infty}^{x}\varphi(t)\mathrm{d}t=\int_{-\infty}^{x}\frac{1}{\sqrt{2\pi}}\mathrm{e}^{-t^2/2}\mathrm{d}t,\ x\in(-\infty,+\infty).$$

标准正态分布的正态曲线以 $x=0$ 为对称轴，于是 $\varphi(-x)=\varphi(x)$, $\Phi(-x)=1-\Phi(x)$, 见图 2.3.12.

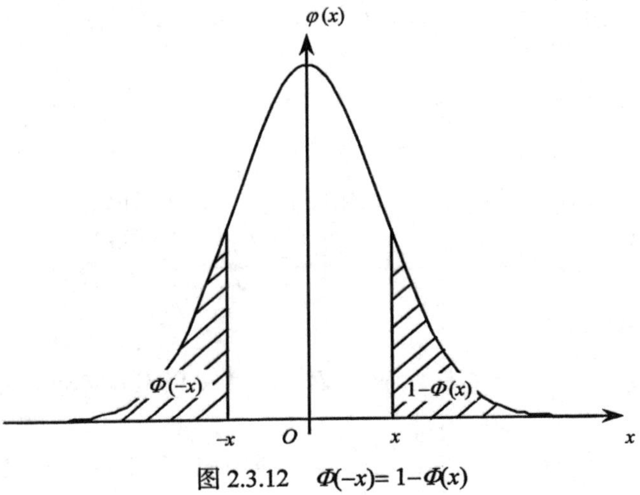


图 2.3.12　$\Phi(-x)=1-\Phi(x)$

2) 有关正态分布的概率计算

由于正态变量 $X$ 的概率密度函数较为复杂，通过积分运算求 $X$ 落在某区间上的概率比较困难. 为了便于计算，人们很早就编制了标准正态分布表. 本书后面附有标准正态分布的分布函数 $\Phi(x)$ 的数表(见附表 1)，可供查阅.

下面给出计算有关正态分布概率的具体方法.

对于标准正态分布，$X\sim N(0, 1)$，当 $0<x\leqslant 6.0$ 时，直接查标准正态分布表(附表 1)可得 $P\{X\leqslant x\}=\Phi(x)$；当 $x<0$ 时，利用公式 $P\{X\leqslant x\}=\Phi(x)=1-\Phi(-x)$ 计算；当 $x>6.0$ 时，一般认为 $\Phi(x)\approx 1$.

对于 $X\sim N(\mu, \sigma^2)$，通过一个线性变换即可把它转化为标准正态分布. 为此有下面的定理.

**定理 2.3.1**　设随机变量 $X\sim N(\mu, \sigma^2)$，则随机变量 $X^*=\dfrac{X-\mu}{\sigma}\sim N(0, 1)$.

**证**　考虑 $X^*$ 的分布函数

$$F_{X*}(x)=P\{X^*\leqslant x\}=P\left\{\frac{X-\mu}{\sigma}\leqslant x\right\}=P\{X\leqslant \mu+\sigma x\}=\frac{1}{\sqrt{2\pi}\sigma}\int_{-\infty}^{\mu+\sigma x}\mathrm{e}^{-\frac{(t-\mu)^2}{2\sigma^2}}\mathrm{d}t,$$

作变量代换，令 $\dfrac{t-\mu}{\sigma}=s$，则 $F_{X*}(x)=\dfrac{1}{\sqrt{2\pi}}\displaystyle\int_{-\infty}^{x}\mathrm{e}^{-s^2/2}\mathrm{d}s=\Phi(x)$.

于是，$X^*=\dfrac{X-\mu}{\sigma}\sim N(0, 1)$. 称 $X^*$ 为 $X$ 的**标准化随机变量**.

根据定理 2.3.1，若 $X\sim N(\mu, \sigma^2)$，那么概率

$$P\{X\leqslant x\}=P\left\{\frac{X-\mu}{\sigma}\leqslant\frac{x-\mu}{\sigma}\right\}=P\left\{X^*\leqslant\frac{x-\mu}{\sigma}\right\}=\Phi\left(\frac{x-\mu}{\sigma}\right)\qquad(2.3.11)$$

查标准正态分布表可得.

**例 2.3.4**　设 $X\sim N(3, 4)$，计算：

(1) $P\{X\leqslant 3\}$；　(2) $P\{X\leqslant 0\}$；　(3) $P\{X>4\}$；　(4) $P\{|X|<2\}$.

**解**　根据公式(2.3.11)，$P\{X\leqslant x\}=\Phi\left(\dfrac{x-\mu}{\sigma}\right)=\Phi\left(\dfrac{x-3}{2}\right)$，于是

(1) $P\{X\leqslant 3\}=\Phi(0)=0.5$.

(2) $P\{X\leqslant 0\}=\Phi\left(\dfrac{0-3}{2}\right)=\Phi(-1.5)=1-\Phi(1.5)=1-0.9332=0.0668$.

(3) $P\{X>4\}=1-P\{X\leqslant 4\}=1-\Phi\left(\dfrac{4-3}{2}\right)=1-\Phi(0.5)=1-0.6915=0.3085$.

(4) $P\{|X|<2\}=P\{X<2\}-P\{X\leqslant -2\}=\Phi(-0.5)-\Phi(-2.5)$

$$=1-\Phi(0.5)-[1-\Phi(2.5)]=0.3085-0.0062=0.3023.$$

3) 正态分布的应用

历史上，高斯(Gauss)在研究误差理论时用正态分布来刻画误差，有时也将正态分布称为高斯分布. 在一般情况下，产生正误差与负误差的机会是均等的，而且小误差出现机会大，大误差出现机会小，特大误差发生的机会更小. 正态分布在科学技术、产品质量管理等领域有着非常广泛的应用. 因此，正态分布也是本课程的重点研究对象.

如果一个随机现象受大量相互独立的因素共同影响，而且每个因素单独产生的影响对随机现象的影响很小，且没有一个因素起主导作用，那么用于描述这种随机现象的随机变量通常被认为服从或近似服从正态分布. 如测量误差；在稳定条件下生产出的产品的各种指标；某地区人的身高、体重；大面积考试的分数等. 虽然这些随机变量的取值往往是在某个有限区间，不能取得无穷大或负数，但在一般情况下它们的概率密度曲线在其取值范围内与正态曲线有很好的拟合，因此这些随机变量常常用正态分布近似处理.

**例 2.3.5** 设随机变量 $X\sim N(\mu,\sigma^2)$，试计算 $P\{|X-\mu|\leqslant 3\sigma\}$.

**解** 根据正态分布的性质，可得

$$P\{|X-\mu|\leqslant 3\sigma\}=\Phi(3)-\Phi(-3)=2\Phi(3)-1=2\times 0.9987-1=0.9974.$$

从例 2.3.5 中可以看出，虽然正态变量的取值范围是$(-\infty,+\infty)$，但它的 99.74% 的值落在$(\mu-3\sigma,\mu+3\sigma)$内，这就是正态分布的 $3\sigma$原则，见图 2.3.13.

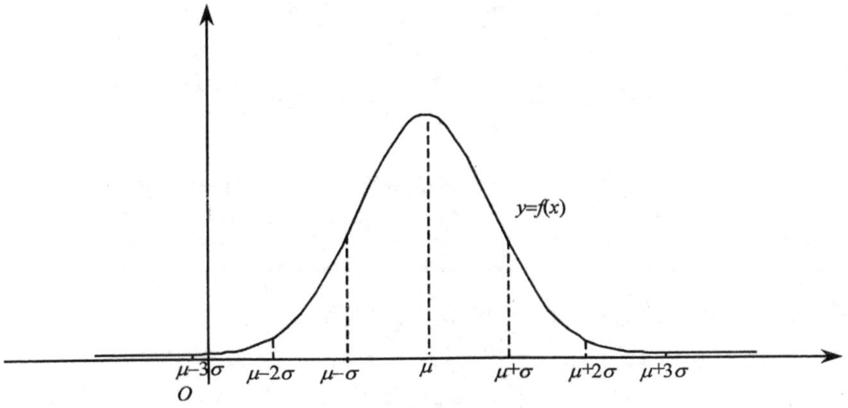


图 2.3.13 正态分布的 $3\sigma$原则

**例 2.3.6** 假设在设计公共汽车车门的高度时，要求男子的碰头机会在 1%以下，设男子的身高 $X$(单位：cm)服从正态分布，$X\sim N(170, 36)$，问车门高度至少应为多高？

**解** 设车门高度为 $x$ cm，按要求 $P\{X>x\}<0.01$，即

$$P\{X>x\}=1-P\{X\leqslant x\}=1-\Phi\left(\frac{x-170}{6}\right)<0.01.$$

于是 $\Phi\left(\frac{x-170}{6}\right)\geqslant 0.99$，经反查标准正态分布表(附表 1)可得，当 $\frac{x-170}{6}\geqslant 2.326$，即 $x\geqslant 183.96$cm 时，能满足碰头机会在 1%以下的要求.

**例2.3.7** 研究中把坐高身高指数定义为：坐高身高指数=坐高×100/身高. 坐高身高指数是评价体型状况的重要指标，在一次调查中发现某大学在校学生的坐高身高指数服从参数$\mu_{男}=52.95$($\mu_{女}=52.45$)和$\sigma_{男}=1.48$($\sigma_{女}=2.12$)的正态分布，试求男生的坐高身高指数在[49.99, 55.91]区间，女生的坐高身高指数在[48.21, 56.69]区间的比例各为多少？

**解** 设男生的坐高身高指数为$X$，女生的坐高身高指数为$Y$，则$X\sim N(52.95, 1.48^2)$，$Y\sim N(52.45, 2.12^2)$. 根据公式(2.3.11)，$P\{a\leqslant X\leqslant b\}=\Phi\left(\frac{b-\mu}{\sigma}\right)-\Phi\left(\frac{a-\mu}{\sigma}\right)$，于是

$$P\{49.99\leqslant X\leqslant 55.91\}=\Phi\left(\frac{55.91-52.95}{1.48}\right)-\Phi\left(\frac{49.99-52.95}{1.48}\right)$$

$$=\Phi(2)-\Phi(-2)=2\Phi(2)-1=0.9544,$$

$$P\{48.21\leqslant Y\leqslant 56.69\}=\Phi\left(\frac{56.69-52.45}{2.12}\right)-\Phi\left(\frac{48.21-52.45}{2.12}\right)$$

$$=\Phi(2)-\Phi(-2)=2\Phi(2)-1=0.9544.$$

4. Γ分布

设常数$\alpha, \lambda>0$，若随机变量 $X$ 的概率密度为

$$f(x)=\begin{cases}\dfrac{\lambda^{\alpha}}{\Gamma(\alpha)}x^{\alpha-1}\mathrm{e}^{-\lambda x}, & x\geqslant 0,\\ 0, & x<0,\end{cases}$$

则称 $X$ 服从参数为$\alpha, \lambda$ 的**Γ分布**，记作$X\sim\Gamma(\alpha, \lambda)$. 其中$\alpha$称为形状参数，$\lambda$称为尺

度参数.

其中函数 $\Gamma(\alpha)=\int_0^{+\infty} x^{\alpha-1}\mathrm{e}^{-x}\,\mathrm{d}x(\alpha>0)$ 称为**Γ函数**.

容易证明, $\Gamma(1)=1$, $\Gamma\left(\frac{1}{2}\right)=\sqrt{\pi}$, 并且$\Gamma(\alpha+1)=\alpha\Gamma(\alpha)$, $\alpha>0$. 当$\alpha=n$为自然数时, $\Gamma(n+1)=n\Gamma(n)=n!$.

不难看出, 当$\alpha=1$时, $f(x)=\begin{cases}\lambda\mathrm{e}^{-\lambda x}, & x\geqslant 0,\\ 0, & x<0,\end{cases}$ 即$\Gamma(1,\lambda)=\mathrm{Exp}(\lambda)$.

设$X\sim\Gamma(\alpha,\lambda)$, 则$X$的概率密度曲线如图 2.3.14 所示.

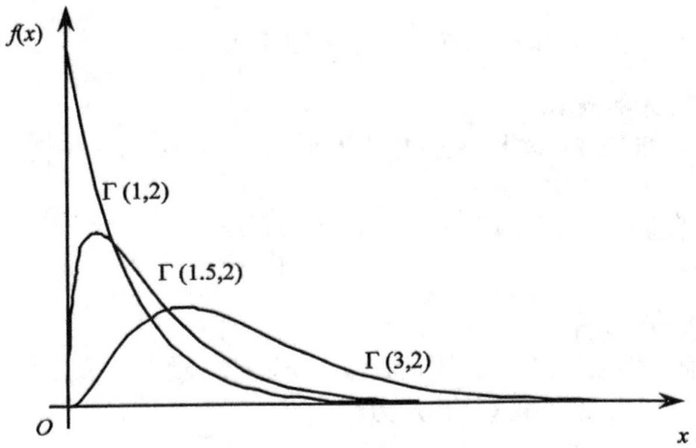


图 2.3.14 Γ分布的概率密度

Γ分布不仅在可靠性理论、气象学等领域有着许多实用背景, 而且在数理统计和随机过程中有着重要应用, 而当$\alpha=\frac{n}{2},\lambda=\frac{1}{2}$时, Γ分布即为数理统计学中的自由度为$n$的$\chi^2$分布, 记为$\chi^2(n)$.

## 习 题 2.3

1. 设$X$为连续随机变量, 其概率密度为 $f(x)=\begin{cases}k(3x^2+x), & 0\leqslant x<2,\\ 0, & \text{其他}.\end{cases}$ 求:

(1) 常数$k$;

(2) $X$的分布函数;

(3) $P\{1\leqslant X\leqslant 2\}$, $P\left\{-1\leqslant X\leqslant\frac{1}{2}\right\}$.

2. 设 $X$ 为连续随机变量，其概率密度为 $f(x)=\begin{cases}\dfrac{2}{3}x, & 0\leqslant x<1,\\ 1-\dfrac{1}{3}x, & 1\leqslant x<3,\\ 0, & 其他.\end{cases}$ 试求下列概率：

(1) $P\left\{\dfrac{1}{4}\leqslant X\leqslant\dfrac{1}{2}\right\}$；

(2) $P\{2\leqslant X\leqslant 3\}$；

(3) $P\left\{\dfrac{1}{2}\leqslant X\leqslant 2\right\}$；

(4) $P\{-1\leqslant X\leqslant 2\}$.

3. 设某种电子元件的寿命服从参数 $\lambda=\dfrac{1}{200}$ 的指数分布，一个元件已经使用了 100 天. 求它至少还能再使用 80 天的概率.

4. 某种品牌的电视机按规定实行“三包”，若不足 30 天出现故障，顾客可以退换. 假设电视机的无故障的时间(单位：天)$X$ 的概率密度为 $f(x)=\begin{cases}\dfrac{1}{1000}\mathrm{e}^{-\frac{x}{1000}}, & x\geqslant 0,\\ 0, & x<0,\end{cases}$ 试求

(1) 该品牌电视机的退货率；

(2) 如果假设 $X$ 服从指数分布，在“不足 30 天出现故障，顾客可以退换”的承诺不变的条件下，保证退货率在 1%以内，$X$ 的概率密度应为什么？

5. 设 $X\sim N(5,2^2)$，求下列概率：

(1) $P\{2\leqslant X\leqslant 5\}$； (2) $P\{|X|\leqslant 2\}$； (3) $P\{X>3\}$； (4) $P\{-3\leqslant X\leqslant 9\}$.

6. 已知某次测试的成绩 $X\sim N(73,\sigma^2)$，95 分以上的同学占 2.28%. 求

(1) 介于 80 分与 90 分之间的同学的比例；

(2) 小于 60 分的同学的比例.

## 2.4 随机变量的函数的分布

在许多实际问题中，我们不仅关心随机变量 $X$ 的分布，有时我们对 $X$ 的函数 $g(X)$ 的分布更感兴趣. 例如，某厂生产球形钢珠，它的直径 $D$ 是随机变量. 因为体积 $V$ 和表面积 $S$ 都是随机变量 $D$ 的函数，因此，体积 $V$ 和表面积 $S$ 也是随机变量. 我们想通过 $D$ 的分布得到体积 $V=\dfrac{4}{3}\pi\left(\dfrac{D}{2}\right)^3$ 或表面积 $S=4\pi\left(\dfrac{D}{2}\right)^2$ 的分布. 在概率论与数理统计中，经常需要根据随机变量的分布计算它的函数 $g(X)$的分布.

### 2.4.1 离散随机变量的函数的分布

设 $X$ 为离散随机变量, $X$ 的所有可能取值 $x_k(k=1, 2,\cdots)$为有限或无穷可列个, 其分布律为 $P\{X=x_i\}=p_i, i=1, 2,\cdots$ 或

| $X$ | $x_1$ | $x_2$ | $\cdots$ | $x_k$ | $\cdots$ |
|---|---|---|---|---|---|
| $P$ | $p_1$ | $p_2$ | $\cdots$ | $p_k$ | $\cdots$ |

那么, 相应地, $X$的函数 $Y=g(X)$的取值$y_k=g(x_k)(k=1, 2,\cdots)$ 也为有限或无穷可列个, 于是 $Y$ 也是一个离散随机变量, $Y$ 的取值及相应的概率如下表所示.

| $Y$ | $y_1=g(x_1)$ | $y_2=g(x_2)$ | $\cdots$ | $y_k=g(x_k)$ | $\cdots$ |
|---|---|---|---|---|---|
| $P$ | $p_1$ | $p_2$ | $\cdots$ | $p_k$ | $\cdots$ |

在这里, 当函数 $Y=g(X)$不是一一对应时, 对于不同的 $x_i$ 值, 有些 $y_i=g(x_i)$的值可能是相等的, 只要把那些相等的合并到一起, 同时将其对应的概率相加, 即可得 $Y$ 的分布律.

**例 2.4.1** 已知 $X$ 的分布律为

| $X$ | $-2$ | $-1$ | $0$ | $1$ | $2$ |
|---|---|---|---|---|---|
| $P$ | $\frac{2}{9}$ | $\frac{1}{9}$ | $\frac{1}{3}$ | $\frac{1}{9}$ | $\frac{2}{9}$ |

求 $Y=X^2$ 的分布律.

**解** 由 $Y=X^2$, 易得 $X, Y$ 及其概率的对应表为

| $X$ | $-2$ | $-1$ | $0$ | $1$ | $2$ |
|---|---|---|---|---|---|
| $Y$ | $4$ | $1$ | $0$ | $1$ | $4$ |
| $P$ | $\frac{2}{9}$ | $\frac{1}{9}$ | $\frac{1}{3}$ | $\frac{1}{9}$ | $\frac{2}{9}$ |

于是 $Y$ 的分布律为

| $Y$ | $0$ | $1$ | $4$ |
|---|---|---|---|
| $P$ | $\frac{1}{3}$ | $\frac{2}{9}$ | $\frac{4}{9}$ |

### 2.4.2　连续随机变量的函数的分布

设 $X$ 为连续随机变量, $Y=g(X)$是 $X$ 的函数, 可以先求出 $Y$ 的分布函数, 再求其概率密度.

**例 2.4.2**　设 $X$ 的概率密度函数为 $f(x)=\begin{cases}2x, & 0<x<1,\\ 0, & 其他,\end{cases}$ 求随机变量 $Y=3X+1$ 的概率密度.

**解**　分别用 $F_X(x)$, $F_Y(y)$表示 $X$, $Y$ 的分布函数, 则

$$F_Y(y)=P\{Y\leqslant y\}=P\{3X+1\leqslant y\}=P\left\{X\leqslant\frac{y-1}{3}\right\}=F_X\left(\frac{y-1}{3}\right).$$

将 $F_Y(y)$求关于 $y$ 的导数, 可得随机变量 $Y=3X+1$ 的概率密度为

$$f_Y(y)=f_X\left(\frac{y-1}{3}\right)\left(\frac{y-1}{3}\right)'=\begin{cases}2\left(\frac{y-1}{3}\right)\cdot\frac{1}{3}, & 0<\frac{y-1}{3}<1,\\ 0, & 其他,\end{cases}$$

$$=\begin{cases}\frac{2}{9}(y-1), & 1<y<4,\\ 0, & 其他.\end{cases}$$

**例 2.4.3**　设 $X$ 的概率密度函数为$f(x)$, 求随机变量 $Y=X^2$ 的概率密度.

**解**　分别用 $F_X(x)$, $F_Y(y)$表示 $X$, $Y$ 的分布函数, 由于 $Y=X^2\geqslant 0$, 故 $y\leqslant 0$ 时 $F_Y(y)=0$. 当 $y>0$ 时, $F_Y(y)=P\{Y\leqslant y\}=P\{X^2\leqslant y\}=P\{-\sqrt{y}\leqslant X\leqslant\sqrt{y}\}=F_X(\sqrt{y})-F_X(-\sqrt{y})$.

将 $F_Y(y)$求关于 $y$ 的导数, 可得随机变量 $Y=X^2$ 的概率密度:

$$f_Y(y)=\begin{cases}\frac{1}{2\sqrt{y}}[f_X(\sqrt{y})+f_X(-\sqrt{y})], & y>0,\\ 0, & y\leqslant 0.\end{cases}$$

一般地, 如果 $Y=g(X)$是严格单调函数, 有如下定理.

**定理 2.4.1**　设随机变量 $X$ 具有概率密度 $f_X(x)$, $-\infty<x<+\infty$, 又设函数 $g(x)$ 处处可导, 且恒有 $g'(x)>0$(或恒有 $g'(x)<0$), 则 $Y=g(X)$是连续随机变量, 其概率密度为

$$f_Y(y)=\begin{cases} f_X(h(y))|h'(y)|, & \alpha<y<\beta, \\ 0, & \text{其他}. \end{cases}$$

其中$\alpha=\min\{g(-\infty), g(+\infty)\}$, $\beta=\max\{g(-\infty), g(+\infty)\}$, $h(y)$是 $g(x)$的反函数.

**证** 不妨设 $g'(x)>0(-\infty<x<+\infty)$, 则 $g(x)$是严格单调增函数, 这时它的反函数 $h(y)$也是严格单调增的, 且 $h'(y)>0$. 记$\alpha=g(-\infty)$, $\beta=g(+\infty)$, $\alpha<\beta$, 则 $Y=g(X)$仅在区间$(\alpha, \beta)$上取值, 于是

当$y\leqslant\alpha$时, $F_Y(y)=0$;

当$y\geqslant\beta$时, $F_Y(y)=1$.

当$\alpha<y<\beta$时,

$$F_Y(y)=P\{Y\leqslant y\}=P\{g(X)\leqslant y\}=P\{X\leqslant h(y)\}=\int_{-\infty}^{h(y)} f_X(x)\mathrm{d}x .$$

于是有

$$f_Y(y)=\begin{cases} f_X(h(y))|h'(y)|, & \alpha<y<\beta, \\ 0, & \text{其他}. \end{cases}$$

同理, 当 $g'(x)<0(-\infty<x<+\infty)$时, 结论也成立, 只是此时 $h'(y)<0$, 故计算概率密度时需加绝对值.

需要注意的是, 若 $f_X(x)$在有限区间$[a, b]$以外的值为零, 则只需要求在$[a, b]$上 $g(x)$处处可导, 且恒有 $g'(x)>0$(或恒有 $g'(x)<0$), 而取$\alpha=\min\{g(a), g(b)\}$, $\beta=\max\{g(a), g(b)\}$即可.

**例 2.4.4** 设随机变量 $X\sim U\left(-\dfrac{\pi}{2},\dfrac{\pi}{2}\right)$, $Y=\tan X$, 试求 $Y$ 的概率密度.

**解** 因为 $X$ 的概率密度为 $f_X(x)=\begin{cases} \dfrac{1}{\pi}, & -\dfrac{\pi}{2}<x<\dfrac{\pi}{2}, \\ 0, & \text{其他}, \end{cases}$ $y=g(x)=\tan x$, $y=g'(x)=\sec^2 x>0\left(x\in\left(-\dfrac{\pi}{2},\dfrac{\pi}{2}\right)\right)$满足定理 2.4.1 的条件, 其反函数为 $x=h(y)=\arctan y$, $h'(y)=\dfrac{1}{1+y^2}$, $\alpha=-\infty$, $\beta=+\infty$, 因此 $Y$ 的概率密度 $f_Y(y)=\dfrac{1}{\pi(1+y^2)}, -\infty<y<+\infty$.

称随机变量 $Y$ 服从**柯西**(Cauchy)**分布**, 它的概率密度曲线如图 2.4.1 所示, 也是一条单峰对称曲线(实线), 与标准正态曲线(虚线)相比, 峰比标准正态曲线低, 两端尾部比标准正态曲线厚一些.

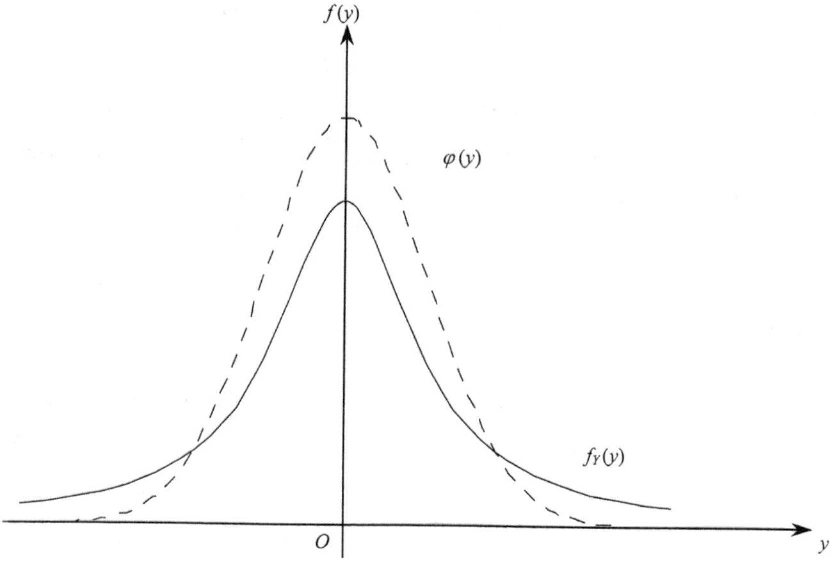


图 2.4.1 Cauchy分布

**例 2.4.5** 设随机变量 $X\sim N(\mu, \sigma^2)$，证明 $X$ 的线性函数 $Y=aX+b$ $(a\neq 0)$也服从正态分布.

**证** 因为$X$的概率密度为

$$f_X(x)=\frac{1}{\sqrt{2\pi}\sigma}\mathrm{e}^{-\frac{(x-\mu)^2}{2\sigma^2}}, x\in(-\infty, +\infty).$$

函数 $y=g(x)=ax+b$, $y=g'(x)=a\neq 0$ 恒大于 0 或恒小于 0, 满足定理 2.4.1 的条件, $y=g(x)$的反函数为 $x=h(y)=\dfrac{y-b}{a}, h'(y)=\dfrac{1}{a}$, $Y$ 的概率密度为

$$f_Y(y)=\frac{1}{|a|}f_X\left(\frac{y-b}{a}\right)=\frac{1}{|a|\sigma\sqrt{2\pi}}\mathrm{e}^{-\frac{\left(\frac{y-b}{a}-\mu\right)^2}{2\sigma^2}}=\frac{1}{|a|\sigma\sqrt{2\pi}}\mathrm{e}^{-\frac{[y-(a\mu+b)]^2}{2(a\sigma)^2}},$$

$$y\in(-\infty, +\infty),$$

于是 $Y\sim N(a\mu+b, (a\sigma)^2)$, 即服从参数为 $a\mu+b, (a\sigma)^2$ 的正态分布.

由例 2.4.5 可得：正态变量的线性变换仍服从正态分布.

## 习 题 2.4

1.设随机变量 $X$ 的分布律为

| $X$ | $-2$ | $-1$ | 0 | 1 | 2 | 3 | 4 |
|---|---|---|---|---|---|---|---|
| $P$ | 0.05 | 0.05 | 0.2 | 0.3 | 0.15 | 0.1 | 0.15 |

分别写出随机变量 $Y=X^2-3$ 和 $Z=\ln(|X|+1)$ 的分布律.

2. 设随机变量 $X\sim P(\lambda)$, 试求 $Y=2X+1$ 的分布律.

3. 设随机变量 $X\sim U(0, 1)$, 试求 $Y=1-2X$ 的概率密度.

4. 设随机变量 $X\sim \mathrm{Exp}(\lambda)$, 求 $Y=2X+1$ 的概率密度.

5. 设连续随机变量 $X$ 的分布函数为 $F(x)$, 求下列随机变量的分布函数:

(1) $Y=\mathrm{e}^X$;

(2) $Y=4X^2+1$;

(3) $Y=|X|$.

6. 设相角 $X$ 是随机变量, 且 $X\sim U\left(-\dfrac{\pi}{2},\dfrac{\pi}{2}\right)$, 已知电压 $V=A\sin X$, 其中 $A>0$ 为常数, 试求 $V$ 的概率密度.

7. 某工程队完成工程所需要的时间 $X$(单位: 天)服从正态分布 $N(100,5^2)$. 按合同规定, 若 100 天内完成, 则可得利润 10000 元; 若 100~115 天内完成, 则可得利润 1000 元; 若超过 115 天, 则需赔付 5000 元的罚款. 求该工程队在完成该项任务时, 所得利润 $Y$ 的分布律.

8. 设 $X$ 的分布律为 $P\left\{X=\dfrac{n\pi}{2}\right\}=2^{-n}$, $n=1,2,\cdots$. 求 $Y=\sin X$ 的分布律.

## *2.5 综合例题

**例 2.5.1** 假设某年高考学生的成绩 $X\sim N(390, 80^2)$, 按高考成绩分 1, 2, 3, 4 共四个等级. 高于 470 分为 1 级; 在 390~470 分内为 2 级; 在 300~390 分内为 3 级; 低于 300 分为 4 级. 设随机变量 $Y$ 表示等级分, 求 $Y$ 的分布律.

**解** 随机变量 $Y$ 取得 1, 2, 3, 4 各值的概率分别为

$$P\{Y=1\}=P\{X>470\}=1-\Phi\left(\frac{470-390}{80}\right)=1-\Phi(1)=0.1587,$$

$$P\{Y=2\}=P\{390<X\leqslant 470\}=\Phi(1)-\Phi(0)=0.8413-0.5=0.3413,$$

$$P\{Y=3\}=P\{300<X\leqslant 390\}=\Phi(0)-\Phi(-1.125)=0.5-1+0.8697=0.3697,$$

$$P\{Y=4\}=P\{X\leqslant 300\}=\Phi(-1.125)=0.1303.$$

所以 $Y$ 的分布律为

| $Y$ | 1 | 2 | 3 | 4 |
|---|---|---|---|---|
| $P$ | 0.1587 | 0.3413 | 0.3697 | 0.1303 |

**例 2.5.2** 从学校乘车到火车站有两条路可走，第一条穿过市区路程较短，但交通拥挤，所需时间(单位：min)服从正态分布 $N(50, 100)$. 第二条线路走高架环线公路，路程长，但意外阻塞较少，所需时间服从正态分布 $N(60, 16)$. 假设不计道路长短造成的费用影响，试问

(1) 如果有 70 分钟的时间可用，应走哪条路线？

(2) 如果只有 65 分钟的时间可用，应走哪条路线？

**解** 设 $X, Y$ 分别表示走第一、第二条路线所需要的时间.

(1) 走第一条路线在 70 分钟内到达的概率为

$$P\{X \leqslant 70\} = \Phi\left(\frac{70-50}{10}\right) = \Phi(2) = 0.9772 .$$

走第二条路线在 70 分钟内到达的概率为

$$P\{Y \leqslant 70\} = \Phi\left(\frac{70-60}{4}\right) = \Phi(2.5) = 0.9938 .$$

因此，走第二条路线在 70 分钟内到达的概率比走第一条路线大，所以应走第二条路线.

(2) 走第一条路线在 65 分钟内到达的概率为

$$P\{X \leqslant 65\} = \Phi\left(\frac{65-50}{10}\right) = \Phi(1.5) = 0.9332 ,$$

走第二条路线在 65 分钟内到达的概率为

$$P\{Y \leqslant 65\} = \Phi\left(\frac{65-60}{4}\right) = \Phi(1.25) = 0.8944 .$$

因此，走第一条路线在 65 分钟内到达的概率比走第二条路线大，所以应走第一条路线.

**例 2.5.3** 设随机变量 $X$ 和 $Y$ 具有相同的分布，且 $X$ 的概率密度为 $f(x)=\begin{cases}\frac{3}{8}x^2, & 0<x<2,\\ 0, & \text{其他}.\end{cases}$ 已知事件 $A=\{X>a\}$ 与 $B=\{Y>a\}$ 独立，且 $P(A\cup B)=\frac{3}{4}$. 求常数 $a$.

**解** 设 $P(A)=P(B)=p$，则 $P(A\cup B)=P(A)+P(B)-P(A)P(B)=2p-p^2=\dfrac{3}{4}$，解之得 $p=\dfrac{1}{2}$．又 $P\{X\leqslant a\}=\int_0^a f(x)\mathrm{d}x=\int_0^a \dfrac{3}{8}x^2\mathrm{d}x=\dfrac{1}{8}a^3=1-P\{X>a\}=\dfrac{1}{2}$，故 $a=\sqrt[3]{4}$．

**例 2.5.4** 设 $X\sim N(60,9)$，求分点 $x_1,x_2,x_3,x_4$，使得 $X$ 落在 $(-\infty,x_1),(x_1,x_2),(x_2,x_3),(x_3,x_4),(x_4,+\infty)$ 内的概率之比为 1∶4∶10∶4∶1.

**解** 因为 $\{X\leqslant x_1\},\{x_1<X\leqslant x_2\},\{x_2<X\leqslant x_3\},\{x_3<X\leqslant x_4\},\{X\geqslant x_4\}$ 为 $\Omega=(-\infty,+\infty)$ 的一个划分，设 $P\{X\leqslant x_1\}=p$，则 $p+4p+10p+4p+p=20p=1$，于是 $p=0.05$.

又因为 $P\{X\leqslant x_1\}=\varPhi\left(\dfrac{x_1-60}{3}\right)=p=0.05$，反查标准正态分布表(附表 1)得 $\dfrac{x_1-60}{3}=-1.65$，于是 $x_1=55.05$.

类似地，由 $P\{X\leqslant x_2\}=\varPhi\left(\dfrac{x_2-60}{3}\right)=P\{X\leqslant x_1\}+P\{x_1<X\leqslant x_2\}=5p=0.25$，得 $x_2=57.99$；

由 $P\{X\leqslant x_3\}=15p=0.75$，得 $x_3=62.01$；

由 $P\{X\leqslant x_4\}=19p=0.95$，得 $x_4=64.92$.

故分点 $x_1,x_2,x_3,x_4$ 分别为 55.05, 57.99, 62.01. 64.92.

**例 2.5.5** 设 $X\sim \mathrm{Exp}(\lambda)$，$F(x)$ 为 $X$ 的分布函数. 试求随机变量 $Y=F(X)$ 的分布函数和概率密度函数.

**解** $X\sim\mathrm{Exp}(\lambda)$，则 $F_X(x)=\begin{cases}1-\mathrm{e}^{-\lambda x}, & x\geqslant 0,\\ 0, & x<0.\end{cases}$

$Y=F(X)\in[0,1]$，故当 $y<0$ 时，$F_Y(y)=0$；当 $y\geqslant 1$ 时，$F_Y(y)=1$；

当 $0\leqslant y<1$ 时，

$$F_Y(y)=P\{Y\leqslant y\}=P\{F_X(X)\leqslant y\}=P\{1-\mathrm{e}^{-\lambda X}\leqslant y\}=P\left\{X\leqslant -\frac{1}{\lambda}\ln(1-y)\right\}$$
$$=F_X\left(-\frac{1}{\lambda}\ln(1-y)\right)=y.$$

故 $F_Y(y)=\begin{cases}0, & y<0,\\ y, & 0\leqslant y<1,\\ 1, & y\geqslant 1\end{cases}$，于是 $f_Y(y)=\begin{cases}1, & 0\leqslant y\leqslant 1,\\ 0, & \text{其他}.\end{cases}$

从 $f_Y(y)$ 的表达式可以看出 $Y=F(X)\sim U(0,1)$. 事实上，可以证明，若 $X$ 的分布函数为 $F(x)$，且 $F(x)$ 为连续函数，则必有 $Y=F(X)\sim U(0,1)$.

# 复 习 题 2

1. 设 $X$ 为随机变量, 它可以取 0~10 的任意数, 事件 $A=\{3\leqslant X\leqslant 4\}$, $B=\{2\leqslant X\leqslant 7\}$, $C=\{5\leqslant X\leqslant 8\}$. 用 $X$ 表示下列事件:

$$AB,\ A\cup B,\ AC,\ A\overline{C},\ ABC,\ B\cup C,\ BC,\ A\cup B\cup C,\ \overline{A}B,\ \overline{A}\,\overline{B}\,\overline{C}.$$

2. 设随机变量 $X$ 的分布律为

$$P\{X=k\}=p_k=\frac{c}{2+k},\quad k=0,1,2,3.$$

求(1) 常数 $c$ 的值;

(2) 事件 $\{X=3\}$, $\{X<3\}$, $\{X=2\}\cup\{X=3\}$ 的概率;

(3) 写出 $X$ 的分布函数.

3. 设函数 $g(x)=\dfrac{1}{1+x^2}$, 试在下列各情况下考虑 $f(x)$是否可以作为一个随机变量的概率密度函数:

(1) $f(x)=g(x)$, $-\infty<x<+\infty$;

(2) 在$-\infty<x\leqslant 0$ 上, $f(x)=g(x)$; 在 $0<x<+\infty$ 上, $f(x)$适当定义;

(3) 在 $1<x<+\infty$ 上, $f(x)=g(x)$; 在$-\infty<x\leqslant 1$ 上, $f(x)$适当定义.

4. 设随机变量 $X$ 的概率密度为 $f(x)=\begin{cases}\lambda e^{-\lambda x}, & x>0,\\ 0, & x\leqslant 0,\end{cases}$ $\lambda>0$, 求常数 $r$, 使得 $P\{X>r\}=\dfrac{1}{2}$.

5. 设 $X$ 为连续随机变量, 其概率密度为

$$f(x)=\begin{cases}A(1+\sin x), & -\dfrac{\pi}{2}\leqslant x<\dfrac{\pi}{2},\\ 0, & \text{其他}.\end{cases}$$

试求(1) 常数 $A$;

(2) $X$ 的分布函数;

(3) $P\left\{-\dfrac{\pi}{4}\leqslant X\leqslant\dfrac{\pi}{4}\right\}$, $P\left\{-\dfrac{3\pi}{4}\leqslant X\leqslant 0\right\}$, $P\left\{X\geqslant\dfrac{3\pi}{4}\right\}$.

6. 设 $X\sim B(2,p)$, $Y\sim B(3,p)$, 且 $P\{X\geqslant 1\}=\dfrac{5}{9}$, 试计算 $P\{Y\geqslant 1\}$.

7. 已知电源电压在“不超过 200V”、“在 200~240V 内”和“超过 240V”三种情况下, 某种电器损坏的概率分别为 0.1, 0.001 和 0.2. 设电源电压 $X$ 服从正态分布 $N(220,25^2)$, 求

(1) 该种电器损坏的概率;

(2) 该种电器损坏时, 电源电压为 200 ~ 240V 的概率.

8. 设随机变量 $X$ 的概率密度为 $f(x)=\begin{cases}\dfrac{2x}{\pi^2}, & 0<x<\pi,\\ 0, & 其他.\end{cases}$ 求 $Y=\sin X$ 的概率密度.

9. 设连续随机变量 $X$ 的分布函数为 $F(x)=a+b\arctan x$, $-\infty<x<+\infty$, 试求

(1) 常数 $a, b$;

(2) $P\{-1<X\leqslant 1\}$.

10. 已知随机变量 $X$ 的概率密度为 $f(x)=k\mathrm{e}^{-|x|}$, $-\infty<x<+\infty$, 试求

(1) 常数 $k$;

(2) $X$ 的分布函数.

# 第 3 章　随机变量的数字特征

第 2 章讨论了一维随机变量的分布函数. 我们知道, 分布函数能够完整地描述随机变量的数量规律性. 但是, 随机变量的分布函数不能"集中"地反映出它的某些特点. 在一些实际问题中, 有时不容易确定一些随机变量的分布函数; 有时并不需要全面地掌握随机变量的分布函数, 而只需知道它们的某些特征. 分布是描述随机变量取值的统计规律, 它有很多重要侧面, 如位置特征、分散特征等. 它们对认识分布特别重要也很有用, 需要重点认识. 例如, 在气象学上研究一个地区的干旱程度, 就要考察该地区的年平均降雨量和年平均蒸发量; 又如, 检查一批水泥板的质量时, 既需要考察水泥板的平均承受力, 又要考察每块水泥板的承受力与平均值的偏离程度, 平均承受力大、偏离程度较小, 质量就佳. 从以上例子可以看出, 与随机变量有关的某些数值, 虽然不能完整地描述随机变量, 但能描述随机变量在某些方面的重要特征, 我们称之为随机变量的**数字特征**. 这些数字特征在理论和实践上都具有重要的意义. 常用的数字特征有数学期望、方差、标准差、矩、协方差、相关系数、分位数、众数等, 其中, 矩、协方差、相关系数在介绍了多维随机变量之后再作介绍. 求数字特征所用计算工具是级数求和与积分计算.

## 3.1　数 学 期 望

### 3.1.1　数学期望的定义及其性质

先看一个例子. 一名射手进行打靶训练, 靶的环数分为 $0, 1, 2, \cdots, 10$. 他共射击 $N$ 次, 打中 0 环, 1 环, 2环, $\cdots$, 10 环的次数分别为 $n_0, n_1, n_2, \cdots, n_{10}$ 次, $\sum_{k=0}^{10} n_k = N$, 则射中的平均环数为

$$\frac{1}{N}\sum_{k=0}^{10} k\, n_k = \sum_{k=0}^{10} k \frac{n_k}{N}.$$

若用随机变量 $X$ 表示射手一次射击的得分数(环数), 设 $X$ 的分布律为

$$P\{X=k\} = p_k, \quad k=0, 1, 2, \cdots, 10.$$

由第 1 章知道，$\dfrac{n_k}{N}$ 是事件 $\{X=k\}$ 发生的频率. 当 $N$ 很大时，$\dfrac{n_k}{N}$ 接近于事件 $\{X=k\}$ 的概率 $p_k$，即平均值 $\sum\limits_{k=0}^{10} k\dfrac{n_k}{N}$ 接近于 $\sum\limits_{k=0}^{10} k\,p_k$ . 平均值 $\sum\limits_{k=0}^{10} k\dfrac{n_k}{N}$ 具有波动性，依赖于试验结果；而数值 $\sum\limits_{k=0}^{10} k\,p_k$ 是稳定的，称为随机变量 $X$ 的数学期望. 有如下定义：

**定义 3.1.1** 设离散随机变量 $X$ 的分布律为

$$P\{X=x_k\}=p_k, \quad k=1,2,3,\cdots.$$

若级数 $\sum\limits_{k=1}^{+\infty} x_k p_k$ 绝对收敛，则称级数 $\sum\limits_{k=1}^{+\infty} x_k p_k$ 的和为 $X$ 的**数学期望**，简称为**期望**或**均值**，记作

$$E(X)=\sum_{k=1}^{+\infty} x_k p_k . \tag{3.1.1}$$

设连续随机变量 $X$ 的概率密度函数为 $f(x)$，若积分 $\int_{-\infty}^{+\infty} xf(x)\mathrm{d}x$ 绝对收敛，则称 $\int_{-\infty}^{+\infty} xf(x)\mathrm{d}x$ 的值为 $X$ 的**数学期望**，记作

$$E(X)=\int_{-\infty}^{+\infty} xf(x)\mathrm{d}x . \tag{3.1.2}$$

若随机变量 $X$ 服从某一分布，亦称 $E(X)$ 是这一分布的数学期望.

**例 3.1.1** 设随机变量 $X$ 服从 0-1 分布，分布律为

| $X$ | 0 | 1 |
|---|---|---|
| $P$ | $1-p$ | $p$ |

求 $E(X)$.

**解** $E(X)=\sum\limits_{k=1}^{+\infty} x_k\,p_k=0\times(1-p)+1\times p=p$，即 0-1 分布的数学期望就是 $X$ 取 1 的概率 $p$ .

**例 3.1.2** 设随机变量 $X\sim P(\lambda)$，$\lambda>0$，求 $E(X)$.

**解** $X$ 的分布律为 $P\{X=k\}=\dfrac{\lambda^k \mathrm{e}^{-\lambda}}{k!}$, $\quad k=0,1,2,3,\cdots$. 故

$$E(X)=\sum_{k=0}^{+\infty}\frac{k\lambda^k e^{-\lambda}}{k!}=\lambda\,e^{-\lambda}\sum_{k=1}^{+\infty}\frac{\lambda^{k-1}}{(k-1)!}=\lambda\,e^{-\lambda}\cdot e^{\lambda}=\lambda,$$

即泊松分布的数学期望就是其参数 $\lambda$.

**例 3.1.3**　设随机变量 $X\sim B(n,p)$，求 $E(X)$.

**解**　$X$ 的分布律为 $P\{X=k\}=C_n^k p^k(1-p)^{n-k}$，$k=0,1,2,\cdots,n$. 故

$$\begin{aligned}E(X)&=\sum_{k=0}^{n}kC_n^k p^k(1-p)^{n-k}=\sum_{k=0}^{n}\frac{k\cdot n!}{k!(n-k)!}p^k(1-p)^{n-k}\\&=n\sum_{k=1}^{n}\frac{(n-1)!}{(k-1)!(n-k)!}p^k(1-p)^{n-k}\\&=np\sum_{k=1}^{n}C_{n-1}^{k-1}p^{k-1}(1-p)^{n-k}=np\sum_{j=0}^{n-1}C_{n-1}^{j}p^{j}(1-p)^{n-1-j}=np,\end{aligned}$$

即二项分布的数学期望就是两个参数的乘积 $np$.

**例 3.1.4**　设每对夫妻生男生女的概率各为 1/2，每胎是男还是女相互独立，不考虑多胞胎，试求：

(1) 若直到生了儿子才停止生育，则平均一对夫妻要生几胎？

(2) 若想儿女双全才停止生育，则平均一对夫妻要生几胎？

**解**　(1) 设随机变量 $X$ 为一对夫妻直到生了儿子才停止生育需要生育的胎数，则

$$P\{X=k\}=P\{\text{前}k-1\text{个生女，第}k\text{个生男}\}=0.5^{k-1}\times 0.5=0.5^k,\quad k=1,2,3,\cdots.$$

$X$ 的分布律为

| $X$ | 1 | 2 | 3 | $\cdots$ | $k$ | $\cdots$ |
|---|---|---|---|---|---|---|
| $P$ | 0.5 | $0.5^2$ | $0.5^3$ | $\cdots$ | $0.5^k$ | $\cdots$ |

故

$$\begin{aligned}E(X)&=\sum_{k=1}^{+\infty}k\cdot 0.5^k=0.5\sum_{k=1}^{+\infty}k\cdot 0.5^{k-1}=0.5\sum_{k=1}^{+\infty}\left(x^k\right)'\Big|_{x=0.5}\\&=0.5\left(\sum_{k=1}^{+\infty}x^k\right)'\Bigg|_{x=0.5}=0.5\left(\frac{x}{1-x}\right)'\Bigg|_{x=0.5}=\frac{0.5}{(1-x)^2}\Bigg|_{x=0.5}=2,\end{aligned}$$

即若直到生了儿子才停止生育，则平均一对夫妻要生 2 胎.

(2) 用随机变量 $Y$ 表示一对夫妻想儿女双全才停止生育需要生育的胎数，则

$$\begin{aligned}P\{Y=k\}&=P\{\text{前}k-1\text{个生女及第}k\text{个生男或者前}k-1\text{个生男及第}k\text{个生女}\}\\&=P\{\text{前}k-1\text{个生女及第}k\text{个生男}\}+P\{\text{前}k-1\text{个生男及第}k\text{个生女}\}\\&=0.5^k+0.5^k=0.5^{k-1},\quad k\geqslant 2.\end{aligned}$$

所以，$Y$ 的分布律为

| $X$ | 2 | 3 | 4 | $\cdots$ | $k$ | $\cdots$ |
|---|---|---|---|---|---|---|
| $P$ | 0.5 | $0.5^2$ | $0.5^3$ | $\cdots$ | $0.5^{k-1}$ | $\cdots$ |

于是

$$E(Y)=\sum_{k=2}^{+\infty}k\cdot 0.5^{k-1}=\left(\sum_{k=2}^{+\infty}x^k\right)'\Bigg|_{x=0.5}=\left(\frac{x^2}{1-x}\right)'\Bigg|_{x=0.5}=\frac{2x-x^2}{(1-x)^2}\Bigg|_{x=0.5}=3,$$

即若想儿女双全才停止生育，则平均一对夫妻要生 3 胎.

一般地，若随机变量 $X\sim G(p)$，$0<p<1$，那么 $X$ 的数学期望为

$$\begin{aligned}E(X)&=\sum_{k=1}^{+\infty}kp(1-p)^{k-1}=p\sum_{k=1}^{+\infty}\left(x^k\right)'\Big|_{x=1-p}\\&=p\left(\sum_{k=1}^{+\infty}x^k\right)'\Bigg|_{x=1-p}=p\left(\frac{x}{1-x}\right)'\Bigg|_{x=1-p}=\frac{1}{p}.\end{aligned}$$

**例 3.1.5** 设 $X\sim U(a,b)$，求 $E(X)$.

**解** $X$ 的概率密度函数为 $f(x)=\begin{cases}\dfrac{1}{b-a}, & a\leqslant x\leqslant b,\\ 0, & \text{其他}.\end{cases}$ 所以，

$$E(X)=\int_{-\infty}^{+\infty}xf(x)\mathrm{d}x=\int_a^b\frac{x}{b-a}\mathrm{d}x=\frac{a+b}{2},$$

即均匀分布 $U(a,b)$ 的数学期望就是区间中点值.

**例 3.1.6** 设随机变量 $X$ 服从帕雷托(Pareto)分布，概率密度函数为

$$f(x)=\begin{cases}\alpha x_0^{\alpha}\cdot x^{-(\alpha+1)}, & x\geqslant x_0,\\ 0, & x<x_0,\end{cases}$$

其中常数$\alpha>1$, $x_0>0$. 求$E(X)$.

**解**

$$E(X)=\int_{-\infty}^{+\infty}xf(x)\mathrm{d}x=\int_{-\infty}^{x_0}0\mathrm{d}x+\int_{x_0}^{+\infty}\alpha x_0^{\alpha}\cdot x\cdot x^{-(\alpha+1)}\mathrm{d}x$$

$$=\frac{\alpha x_0^{\alpha}}{1-\alpha}x^{-\alpha+1}\Big|_{x_0}^{+\infty}=\frac{\alpha x_0}{\alpha-1}.$$

帕雷托分布在经济学中常用来描述居民收入的分布.

**例 3.1.7**　某种品牌的电视机按规定实行“三包”，若寿命不足 30 天，顾客可以退换，工厂则要亏损 500 元；若寿命为 30~365 天，顾客可以要求免费维修，工厂则要亏损 100 元；若寿命超过 365 天，电视机超过保修期，工厂获利 150 元. 假设电视机的寿命 $X$(单位：天)的概率密度函数为 $f(x)=\begin{cases}\dfrac{1}{1000}\mathrm{e}^{-x/1000}, & x\geqslant 0\\ 0, & x<0.\end{cases}$ 试求工厂每生产一台电视机平均获利多少元？

**解**　$X$的分布函数为$F(x)=\int_{-\infty}^{x}f(t)\mathrm{d}t=\begin{cases}1-\mathrm{e}^{-x/1000}, & x\geqslant 0,\\ 0, & x<0.\end{cases}$

用随机变量 $Y$ 表示工厂生产一台电视机的获利，则 $Y$ 的可能取值为−500, −100 和 150, 且

$$P\{Y=-500\}=P\{X<30\}=F(30)=1-\mathrm{e}^{-30/1000}=0.0296,$$

$$P\{Y=-100\}=P\{30\leqslant X\leqslant 365\}=F(365)-F(30)=0.3058-0.0296=0.2762,$$

$$P\{Y=150\}=P\{X>365\}=1-P\{X\leqslant 365\}=1-F(365)=1-0.3058=0.6942.$$

于是得

$$E(Y)=\sum_{k=1}^{3}y_kp_k=-500\times 0.0296-100\times 0.2762+150\times 0.6942=61.71\ (\text{元}),$$

即工厂每生产一台电视机平均获利 61.71 元.

数学期望具有如下性质. 假设以下出现的数学期望均存在.

**性质 3.1.1** 设 $c$ 是常数，则 $E(c)=c$.

**性质 3.1.2** 设 $a$，$b$ 是常数，$X$ 是随机变量，则

$$E(aX+b)=aE(X)+b.$$

**证** 性质 3.1.1 显然. 对于性质 3.1.2，设 $X$ 是连续随机变量，概率密度函数为 $f_X(x)$. 若 $a=0$，则等式显然成立. 若 $a\neq 0$，则 $y=ax+b$ 的反函数是 $x=a^{-1}(y-b)$，根据定理 2.4.1 得 $Y=aX+b$ 的概率密度函数为 $f_Y(y)=\dfrac{1}{|a|}f_X\left(\dfrac{y-b}{a}\right)$，从而可得

$$E(aX+b)=E(Y)=\int_{-\infty}^{+\infty}\frac{y}{|a|}f_X\left(\frac{y-b}{a}\right)\mathrm{d}y=\int_{-\infty}^{+\infty}(ax+b)f_X(x)\mathrm{d}x$$

$$=a\int_{-\infty}^{+\infty}xf_X(x)\mathrm{d}x+b\int_{-\infty}^{+\infty}f_X(x)\mathrm{d}x=aE(X)+b.$$

若 $X$ 是离散随机变量，证明类似.

**例 3.1.8** 设随机变量 $X\sim N(0,\ 1)$，求 $E(3X-4)$.

**解** $f(x)=\dfrac{1}{\sqrt{2\pi}}\mathrm{e}^{-x^2/2}$，　$x\in(-\infty,\ +\infty)$.

由于以下的广义积分收敛，根据奇函数积分的性质得

$$E(X)=\int_{-\infty}^{+\infty}\frac{x}{\sqrt{2\pi}}\mathrm{e}^{-x^2/2}\mathrm{d}x=0.$$

再根据性质 3.1.2 可得

$$E(3X-4)=3E(X)-4=3\times 0-4=-4.$$

### 3.1.2 随机变量函数的数学期望

在实际问题中，常常需要计算随机变量 $X$ 的函数 $Y=g(X)$的数学期望 $E(Y)$，这里 $y=g(x)$ 通常是一个连续函数. 例如，已知一个容器内氧气分子的速率 $V$ 的分布，要求分子运动的动能 $E=\dfrac{1}{2}mV^2$ 的期望(平均值)，这里 $m$ 是氧气分子的质量. 可以利用如下定理来计算动能 $E$ 的期望：

**定理 3.1.1** 设 $Y$ 是随机变量 $X$ 的函数 $Y=g(X)$，其中 $g(x)$是连续函数.

(1) 若 $X$ 是离散随机变量，其分布律为 $P\{X=x_k\}=p_k$, $k=1,2,3,\cdots$. 级数

$\sum_{k=1}^{+\infty} g(x_k)p_k$ 绝对收敛，则有

$$E(Y)=E\big(g(X)\big)=\sum_{k=1}^{+\infty} g(x_k)\,p_k\,. \tag{3.1.3}$$

(2) 若 $X$ 是连续随机变量，其概率密度为 $f(x)$，积分 $\int_{-\infty}^{+\infty} g(x)f(x)\mathrm{d}x$ 绝对收敛，则有

$$E(Y)=E\big(g(X)\big)=\int_{-\infty}^{+\infty} g(x)f(x)\mathrm{d}x\,. \tag{3.1.4}$$

定理 3.1.1 的证明比较复杂，故从略. 它的重要性在于，不必求出随机变量函数的分布，可直接由 $X$ 的分布计算其函数的数学期望. 而在实际问题中要求随机变量函数的分布有时是很困难的.

推论 设 $Y=g(X),Z=h(X)$ 是随机变量 $X$ 的函数，其中 $g,h$ 连续，则 $E[g(X)+h(X)]=E[g(X)]+E[h(X)]$..

**例 3.1.9** 设随机变量 $X$ 的分布律为

| $X$ | $-2$ | $2$ | $3$ | $4$ |
|---|---|---|---|---|
| $P$ | $\frac{1}{8}$ | $\frac{1}{4}$ | $\frac{1}{2}$ | $\frac{1}{8}$ |

求 $E(X^2-1)$，$E\left(\frac{1}{X+3}\right)$.

**解** $g(x)=x^2-1$ 是连续函数，根据式(3.1.3)得

$$E(X^2-1)=[(-2)^2-1]\times\frac{1}{8}+(2^2-1)\times\frac{1}{4}+(3^2-1)\times\frac{1}{2}+(4^2-1)\times\frac{1}{8}=7\,.$$

当 $x>-3$ 时 $g(x)=\frac{1}{x+3}$ 连续，根据式(3.1.3)得

$$E\left(\frac{1}{X+3}\right)=\frac{1}{-2+3}\times\frac{1}{8}+\frac{1}{2+3}\times\frac{1}{4}+\frac{1}{3+3}\times\frac{1}{2}+\frac{1}{4+3}\times\frac{1}{8}=\frac{29}{105}\,.$$

**例 3.1.10** 设随机变量 $X\sim N(0,\ 1)$，求 $E(X^2)$.

**解** 对于$Y=X^2$，因 $g(x)=x^2$ 是连续函数，故

$$E(X^2)=\int_{-\infty}^{+\infty}g(x)f(x)\mathrm{d}x=\frac{1}{\sqrt{2\pi}}\int_{-\infty}^{+\infty}x^2\ \mathrm{e}^{-x^2/2}\mathrm{d}x=\frac{-1}{\sqrt{2\pi}}\int_{-\infty}^{+\infty}x\mathrm{d}\left(\mathrm{e}^{-x^2/2}\right)$$

$$=\frac{-x}{\sqrt{2\pi}}\mathrm{e}^{-x^2/2}\Big|_{-\infty}^{+\infty}+\frac{1}{\sqrt{2\pi}}\int_{-\infty}^{+\infty}\mathrm{e}^{-x^2/2}\mathrm{d}x=0+1=1.$$

若先求出 $Y=X^2$ 的概率密度函数 $f_Y(y)$，根据例 2.4.3 可先求得 $f_Y(y)=\begin{cases}\dfrac{1}{\sqrt{2\pi}}y^{-1/2}\mathrm{e}^{-y/2}, & y>0,\\ 0, & y\leqslant 0,\end{cases}$ 从而

$$E(X^2)=E(Y)=\int_{-\infty}^{+\infty}yf_Y(y)\mathrm{d}y=\frac{1}{\sqrt{2\pi}}\int_0^{+\infty}y^{1/2}\mathrm{e}^{-y/2}\mathrm{d}y.$$

显然，这种方法的计算要复杂得多.

## 习 题 3.1

1. 一个袋子中有 3 只黑球、5 只白球一共 8 只球. 现从中不放回地抽出 3 只球，求这 3 球中黑球数的数学期望.

2. 从学校乘汽车到某个公园的途中有 3 个交通岗，假设在每个交通岗遇到红灯的概率都是 0.4，并且相互独立. 用 $X$ 表示途中遇到的红灯数，求 $X$ 的分布律和 $E(X)$.

3. 根据气象资料，设某地区的年降雨量 $X$(单位：mm)的概率密度函数为

$$f(x)=\begin{cases}\theta^2 x\mathrm{e}^{-\theta x}, & x\geqslant 0,\\ 0, & x<0,\end{cases}$$

其中 $\theta=0.01$. 求该地区的年平均降雨量 $E(X)$.

4. 设随机变量 $X$ 具有概率密度函数 $f(x)=\begin{cases}\dfrac{1}{\pi\sqrt{1-x^2}}, & |x|<1,\\ 0, & |x|\geqslant 1,\end{cases}$ 求 $E(X)$.

5. 设随机变量 $X$ 具有分布律：

| $X$ | $-2$ | $0$ | $1$ | $\frac{3}{2}$ | $2$ |
|---|---|---|---|---|---|
| $P$ | $\frac{1}{10}$ | $\frac{1}{5}$ | $\frac{1}{10}$ | $\frac{2}{5}$ | $\frac{1}{5}$ |

求 $E(X)$, $E(X^2)$, $E(2X+3)$.

6. 设随机变量 $X$ 具有概率密度函数 $f(x)=\begin{cases}\dfrac{1}{x^2}, & x\geqslant 1,\\ 0, & x<1.\end{cases}$ 证明 $X$ 的数学期望不存在.

7. 设随机变量 $X$ 的概率密度函数为 $f(x)=\begin{cases}k\,x^a, & 0<x\leqslant 1,\\ 0, & 其他,\end{cases}$ 且 $E(X)=0.75$，求正常数 $k$ 与 $a$ 的值.

8. 设 $X\sim U(a,\ b)$，求 $E(4X+5)$，$E(X^2)$.

9. 设随机变量 $X$ 具有概率密度函数 $f(x)=\begin{cases}2\mathrm{e}^{-2x}, & x\geqslant 0\\ 0, & x<0\end{cases}$，求 $E(2X-3)$，$E(\mathrm{e}^{-3X})$.

10. 一种产品每件表面上的疵点数服从泊松分布，平均每件上有 0.8 个疵点. 若规定疵点数不超过 1 为一等品，价格 10 元；疵点数大于 1 但不多于 4 为二等品，价格 8 元；疵点数 4 个以上者为废品，价格 0 元. 求

(1) 产品的废品率；

(2) 产品的平均价格.

## 3.2　方　　差

### 3.2.1　方差的定义

前面说到评判一批水泥板的质量问题. 若它们平均承受力较大，如 1000kg，但其中可能有一部分水泥板的承受力在 1800kg 以上，而另一部分的承受力不足 200kg. 这批水泥板的承受力与平均值 1000kg 的偏离程度较大，质量不稳定、较差，不能被用于建造房屋，否则很可能会发生事故. 那么，该用什么量去衡量这个偏离程度呢？对于随机变量 $X$，虽然量 $E\left(|X-E(X)|\right)$ 能度量 $X$ 与其均值 $E(X)$ 的偏离程度，但它带有绝对值，运算不方便. 为了运算方便，通常使用

$$E\left(X-E(X)\right)^2$$

来度量 $X$ 与其均值 $E(X)$ 的偏离程度.

**定义 3.2.1**　设 $X$ 是随机变量，若 $E\left(X-E(X)\right)^2$ 存在，则称 $E\left(X-E(X)\right)^2$ 为 $X$ 的**方差**，记作

$$\operatorname{Var}(X)=E\left(X-E(X)\right)^2 \quad 或 \quad D(X)=E\left(X-E(X)\right)^2, \tag{3.2.1}$$

称 $\sigma(X)=\sqrt{\operatorname{Var}(X)}$ 为 $X$ 的**标准差**.

按照定义，$\operatorname{Var}(X)\geqslant 0$. 方差 $\operatorname{Var}(X)$ 是衡量 $X$ 的取值与其均值 $E(X)$ 的偏离程度的一个量. 若 $X$ 表示一个物理量，带有量纲，则 $\operatorname{Var}(X)$ 的量纲是 $X$ 的量纲

的平方，而$\sigma(X)$的量纲与$X$一致．所以在实际问题中，人们常常使用标准差．

对于$\mathrm{Var}(X)$，通常采用如下的计算公式：

$$\mathrm{Var}(X)=E(X^2)-[E(X)]^2. \tag{3.2.2}$$

事实上，由随机变量函数的数学期望性质可得

$$\mathrm{Var}(X)=E(X-E(X))^2=E\left(X^2-2XE(X)+[E(X)]^2\right)$$

$$=E(X^2)-2E(X)E(X)+[E(X)]^2=E(X^2)-[E(X)]^2.$$

**例 3.2.1**　设随机变量$X\sim P(\lambda)$，求$\mathrm{Var}(X)$．

**解**　例 3.1.2 已求得$E(X)=\lambda$，而

$$E(X^2)=\sum_{k=0}^{+\infty}k^2\cdot\frac{\lambda^k\mathrm{e}^{-\lambda}}{k!}=\lambda\mathrm{e}^{-\lambda}\sum_{k=1}^{+\infty}\frac{k\lambda^{k-1}}{(k-1)!}=\lambda\mathrm{e}^{-\lambda}\left[\sum_{k=1}^{+\infty}\frac{x^k}{(k-1)!}\right]'\Bigg|_{x=\lambda}$$

$$=\lambda\mathrm{e}^{-\lambda}\left[x\sum_{k=1}^{+\infty}\frac{x^{k-1}}{(k-1)!}\right]'\Bigg|_{x=\lambda}=\lambda\mathrm{e}^{-\lambda}(x\mathrm{e}^{x})'\big|_{x=\lambda}=\lambda\mathrm{e}^{-\lambda}(\mathrm{e}^{\lambda}+\lambda\mathrm{e}^{\lambda})=\lambda+\lambda^2,$$

所以$\mathrm{Var}(X)=E(X^2)-[E(X)]^2=(\lambda+\lambda^2)-\lambda^2=\lambda$．

由此可知，泊松分布的期望与方差都等于参数$\lambda$．只要得知它的期望或方差就能完全确定它的分布了．

**例 3.2.2**　设随机变量$X\sim \mathrm{Exp}(\lambda)$，其概率密度函数为$f(x)=\begin{cases}\lambda\mathrm{e}^{-\lambda x}, & x\geqslant 0,\\ 0, & x<0,\end{cases}$ $\lambda>0$．求$E(X)$，$\mathrm{Var}(X)$．

**解**

$$E(X)=\int_{-\infty}^{0}0\mathrm{d}x+\int_{0}^{+\infty}\lambda x\,\mathrm{e}^{-\lambda x}\,\mathrm{d}x=-x\mathrm{e}^{-\lambda x}\Big|_0^{+\infty}+\int_0^{+\infty}\mathrm{e}^{-\lambda x}\mathrm{d}x=0-\frac{1}{\lambda}\,\mathrm{e}^{-\lambda x}\Big|_0^{+\infty}=\frac{1}{\lambda},$$

再根据公式(3.1.4)可得

$$\mathrm{Var}(X)=E(X^2)-[E(X)]^2=\int_0^{+\infty}\lambda x^2\mathrm{e}^{-\lambda x}\mathrm{d}x-\frac{1}{\lambda^2}=\frac{2}{\lambda^2}-\frac{1}{\lambda^2}=\frac{1}{\lambda^2},$$

即指数分布的数学期望就是其参数$\lambda$的倒数，方差等于$\lambda$的倒数的平方．

**例 3.2.3**　设随机变量 $X$ 具有期望 $E(X)=\mu$，标准差 $\sigma(X)=\sigma>0$，记

$$X^*=\frac{X-\mu}{\sigma}.$$

称 $X^*$ 为 $X$ 的**标准化随机变量**. 求证 $E(X^*)=0$, $\mathrm{Var}(X^*)=1$.

**证**　$E(X^*)=E\left(\frac{X-\mu}{\sigma}\right)=\frac{1}{\sigma}[E(X)-\mu]=0$,

$$\mathrm{Var}(X^*)=E\left((X^*)^2\right)-\left[E(X^*)\right]^2=E\left(\frac{X-\mu}{\sigma}\right)^2-0^2=\frac{1}{\sigma^2}E(X-\mu)^2=\frac{\sigma^2}{\sigma^2}=1.$$

### 3.2.2　方差的性质

方差具有如下性质:

**性质 3.2.1**　设 $c$ 是常数，则 $\mathrm{Var}(c)=0$.

**证**　$\mathrm{Var}(c)=E\left(c-E(c)\right)^2=E(0)=0$.

**性质 3.2.2**　设 $a,b,c$ 是常数，$X$ 是随机变量，则

$$\mathrm{Var}(cX)=c^2\mathrm{Var}(X),\quad \mathrm{Var}(aX+b)=a^2\mathrm{Var}(X).$$

**证**　$\mathrm{Var}(cX)=E\left(cX-E(cX)\right)^2=c^2E\left(X-E(X)\right)^2=c^2\mathrm{Var}(X)$;

第二个等式留给读者自证.

**性质 3.2.3**　$\mathrm{Var}(X)=0$ 的充分必要条件是 $X$ 以概率 1 取常数值 $c$，即 $P\{X=c\}=1$. 这里 $c=E(X)$.

证明略.

**例 3.2.4**　设 $X\sim N(\mu,\ \sigma^2)$，求 $E(X)$, $\mathrm{Var}(X)$.

**解**　$X$ 的概率密度函数为 $f(x)=\frac{1}{\sqrt{2\pi}\sigma}\mathrm{e}^{-\frac{(x-\mu)^2}{2\sigma^2}}$，$x\in(-\infty,\ +\infty)$，$-\infty<\mu<+\infty$，$\sigma>0$.

根据定理 2.3.1，$X^*=\frac{X-\mu}{\sigma}\sim N(0,\ 1)$；再据例 3.1.8 和例 3.1.10，$E(X^*)=0$，$E\left((X^*)^2\right)=1$，故

$$\mathrm{Var}(X^*)=E\left((X^*)^2\right)-[E(X^*)]^2=1-0=1.$$

这样，

$$X=\sigma X^{*}+\mu,\ E(X)=\sigma E(X^{*})+\mu=\mu,$$

$$\operatorname{Var}(X)=\sigma^{2}\operatorname{Var}(X^{*})=\sigma^{2}.$$

$X$ 是一个对称分布，期望在对称中心 $\mu$．即正态分布 $N(\mu,\ \sigma^{2})$ 的数学期望就是参数 $\mu$，方差就是参数 $\sigma^{2}$，标准差是 $\sigma$．

20 世纪 90 年代以来，美国的通用电气公司(GE)、摩托罗拉公司这样一些著名的国际大企业，在质量管理中推行 $6\sigma$ 质量管理方法，取得了巨大成功．这里的 $\sigma$ 指的就是正态分布 $N(\mu,\ \sigma^{2})$ 的标准差 $\sigma$．

**例 3.2.5** 设随机变量 $X$ 具有概率密度函数 $f(x)=\begin{cases}x, & 0\leqslant x\leqslant 1,\\ \dfrac{1}{2x}, & 1<x\leqslant \mathrm{e},\\ 0, & \text{其他},\end{cases}$ 求 $E(6X-2)$，$\operatorname{Var}(6X-2)$．

**解** 由于

$$E(X)=\int_{-\infty}^{+\infty}xf(x)\mathrm{d}x=\int_{-\infty}^{0}0\mathrm{d}x+\int_{0}^{1}x^{2}\mathrm{d}x+\int_{1}^{\mathrm{e}}\frac{x}{2x}\mathrm{d}x+\int_{\mathrm{e}}^{+\infty}0\mathrm{d}x=\frac{\mathrm{e}}{2}-\frac{1}{6},$$

所以 $E(6X-2)=6E(X)-2=6\cdot\left(\dfrac{\mathrm{e}}{2}-\dfrac{1}{6}\right)-2=3\mathrm{e}-3$．又

$$E(X^{2})=\int_{-\infty}^{+\infty}x^{2}f(x)\mathrm{d}x=\int_{0}^{1}x^{3}\mathrm{d}x+\int_{1}^{\mathrm{e}}\frac{x^{2}}{2x}\mathrm{d}x=\frac{1}{4}\mathrm{e}^{2},$$

从而

$$\operatorname{Var}(X)=E(X^{2})-[E(X)]^{2}=\frac{6\mathrm{e}-1}{36}.$$

所以

$$\operatorname{Var}(6X-2)=36\operatorname{Var}(X)=36\times\frac{6\mathrm{e}-1}{36}=6\mathrm{e}-1.$$

下面给出常用概率分布及其数学期望和方差的一览表(表 3.2.1)，供读者查阅．

**表 3.2.1　常见概率分布及其数学期望与方差**

| 概率分布 | 记　号 | 分布律或概率密度 | 参数 | 数学期望 | 方　差 |
|---|---|---|---|---|---|
| 0-1 分布 | $B(1, p)$ | $P\{X=k\}=p^k(1-p)^{1-k}$<br>$k=0,\ 1$ | $0<p<1$ | $p$ | $p(1-p)$ |
| 二项分布 | $B(n, p)$ | $P\{X=k\}=\mathrm{C}_n^k p^k(1-p)^{n-k}$<br>$k=0,\ 1,\ \cdots,n$ | $0<p<1$<br>$n\geqslant 1$ | $np$ | $np(1-p)$ |
| 泊松分布 | $P(\lambda)$ | $P\{X=k\}=\dfrac{\lambda^k \mathrm{e}^{-\lambda}}{k!}$<br>$k=0, 1, 2, 3, \cdots$ | $\lambda>0$ | $\lambda$ | $\lambda$ |
| 几何分布 | $G(p)$ | $P\{X=k\}=p(1-p)^{k-1}$<br>$k=1,\ 2,\ 3,\ \cdots$ | $0<p<1$ | $\dfrac{1}{p}$ | $\dfrac{1-p}{p^2}$ |
| 超几何分布 | $H(n,M,N)$ | $P\{X=k\}=\dfrac{\mathrm{C}_M^k \mathrm{C}_{N-M}^{n-k}}{\mathrm{C}_N^n}$<br>$k=0,\ 1,\ 2,\ \cdots,n$ | $N,M,n$<br>$(n\leqslant M)$ | $\dfrac{nM}{N}$ | $\dfrac{nM}{N}\dfrac{N-n}{N-1}\left(1-\dfrac{M}{N}\right)$ |
| 均匀分布 | $U(a,\ b)$ | $f(x)=\begin{cases}\dfrac{1}{b-a}, & a\leqslant x\leqslant b,\\ 0, & 其他\end{cases}$ | $a<b$ | $\dfrac{a+b}{2}$ | $\dfrac{(b-a)^2}{12}$ |
| 正态分布 | $N(\mu,\ \sigma^2)$ | $f(x)=\dfrac{1}{\sqrt{2\pi}\sigma}\mathrm{e}^{\frac{-(x-\mu)^2}{2\sigma^2}}$<br>$x\in(-\infty,\ +\infty)$ | $-\infty<\mu<+\infty$<br>$\sigma>0$ | $\mu$ | $\sigma^2$ |
| 指数分布 | $\mathrm{Exp}(\lambda)$ | $f(x)=\begin{cases}\lambda \mathrm{e}^{-\lambda x}, & x\geqslant 0\\ 0, & x<0\end{cases}$ | $\lambda>0$ | $\dfrac{1}{\lambda}$ | $\dfrac{1}{\lambda^2}$ |
| Γ 分布 | $\Gamma(\alpha,\ \lambda)$ | $f(x)=\begin{cases}\dfrac{\lambda^\alpha x^{\alpha-1}\mathrm{e}^{-\lambda x}}{\Gamma(\alpha)}, & x>0\\ 0, & x\leqslant 0\end{cases}$ | $\alpha>0$<br>$\lambda>0$ | $\dfrac{\alpha}{\lambda}$ | $\dfrac{\alpha}{\lambda^2}$ |

## 习　题　3.2

1. 设连续随机变量 $X$ 的分布函数为 $F(x)=\begin{cases}0, & x<-1,\\ a+bx, & -1\leqslant x\leqslant 1,\\ 1, & x>1.\end{cases}$ 试求：(1) 常数 $a$ 和 $b$；(2) $E(X)$，$\mathrm{Var}(X)$.

2. 设随机变量 $X$ 的分布律为

| $X$ | $-1$ | $0$ | $1$ |
|---|---|---|---|
| $P$ | $a$ | $b$ | $c$ |

且 $E(X^2)=0.8$, $\mathrm{Var}(X)=0.79$ . 试求常数 $a, b, c$ .

3. 设随机变量 $X$ 服从几何分布, 分布律为 $P\{X=k\}=p(1-p)^{k-1}$, $k=1,2,3,\cdots$, 其中常数 $p\in(0,\ 1)$ . 求 $\mathrm{Var}(X)$ .

4. 设随机变量 $X$ 具有概率密度函数 $f(x)=\begin{cases}\dfrac{3x^2}{2}, & 0\leqslant x\leqslant 1,\\ x-1, & 1<x\leqslant 2,\\ 0, & \text{其他},\end{cases}$ 求 $E(2X^2+1)$, $E\left(\dfrac{1}{X}\right)$, $\mathrm{Var}\left(\dfrac{1}{X}\right)$ .

## 3.3　分位数与众数

本节再介绍两个常用的随机变量的数字特征.

### 3.3.1　分位数

**定义 3.3.1**　设 $X$ 是连续随机变量, $0<p<1$ . 若实数 $x_p$ 满足

$$F(x_p)=P\{X\leqslant x_p\}=p, \tag{3.3.1}$$

则称 $x_p$ 是 $X$(或 $X$ 服从的分布)的 $p$ **分位数**或 $p$ **分位点**. 当 $p=0.5$ 时, 称 $x_{0.5}$ 为 $X$ 的**中位数**.

若用 $X$ 的概率密度函数 $f(x)$ 来表达, 则有

$$F(x_p)=\int_{-\infty}^{x_p} f(x)\mathrm{d}x=p .$$

若 $X\sim N(\mu,\ \sigma^2)$, 如图 3.3.1 所示, 阴影部分面积为 $p$ .

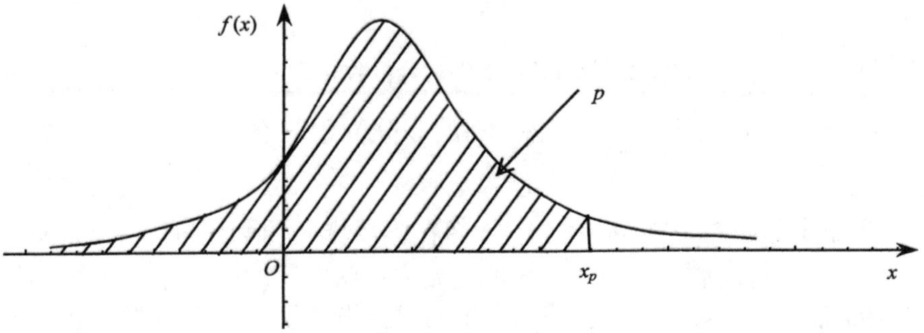


图 3.3.1　$p$ 分位数

**例 3.3.1** 设随机变量 $X \sim \mathrm{Exp}\left(\frac{1}{3}\right)$，其概率密度函数为 $f(x)=\begin{cases}\frac{1}{3}\mathrm{e}^{-x/3}, & x \geqslant 0,\\ 0, & x<0,\end{cases}$ 求 $X$ 的 0.90 分位数 $x_{0.90}$.

**解** $X$ 的分布函数为 $F(x)=\int_{-\infty}^{x} f(t)\mathrm{d}t=\begin{cases}1-\mathrm{e}^{-x/3}, & x \geqslant 0,\\ 0, & x<0.\end{cases}$ 由 $F(x_{0.90})=1-\mathrm{e}^{-x_{0.90}/3}=0.90$ 解得

$$x_{0.90}=-3\ln 0.10=3\ln 10=6.9078.$$

对于标准正态分布 $N(0, 1)$，常用 $u_p$ 表示其 $p$ 分位数. 根据其概率密度函数 $\varphi(x)$ 的对称性易知 $u_{1-p}=-u_p$，见图 3.3.2.

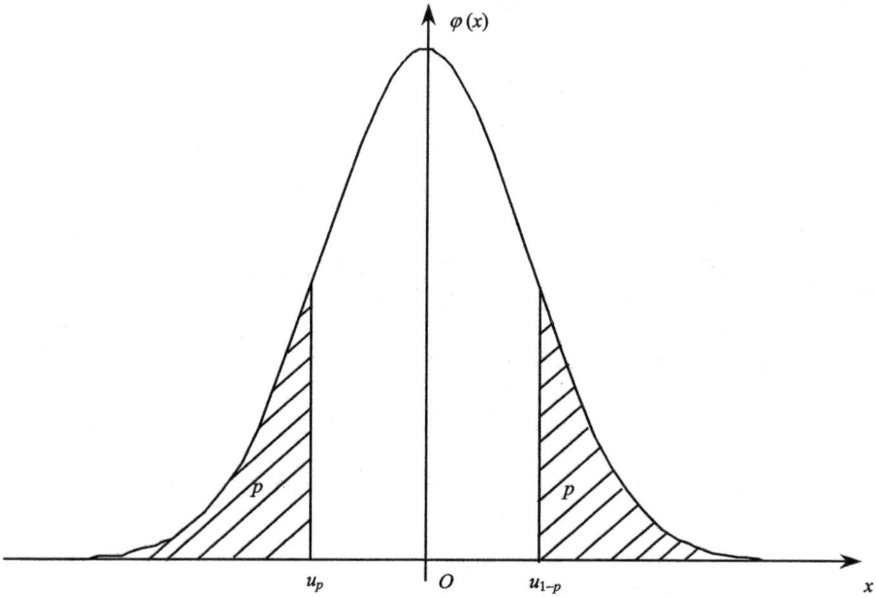


图 3.3.2 标准正态分布的分位数 $u_p$ 和 $u_{1-p}$

下面列出了几个常用的标准正态分布的 $p$ 分位数 $u_p$ 的值. 它的中位数是0(表 3.3.1).

分位数在实际问题中常用. 例如，旅客在机场排队领取登机牌，若要求 95%的旅客能在 15 分钟内领到，那么，15 就是旅客排队时间(单位：分钟)这一随机变量 $X$ 的 0.95 分位数 $x_{0.95}$；又如，在生产车间机器设备发生故障需要维修，若要求 90%的故障在 30 分钟内完成维修，那么，30 就是维修时间(单位：分钟)这一随机

变量 $Y$ 的 0.90 分位数 $y_{0.90}$.

**表 3.3.1 标准正态分布的 $p$ 分位数**

| $p$ | 0.001 | 0.005 | 0.010 | 0.025 | 0.050 | 0.100 | 0.500 |
|---|---|---|---|---|---|---|---|
| $u_p$ | −3.090 | −2.576 | −2.326 | −1.960 | −1.645 | −1.282 | 0 |
| $p$ | 0.900 | 0.925 | 0.950 | 0.975 | 0.990 | 0.995 | 0.999 |
| $u_p$ | 1.282 | 1.439 | 1.645 | 1.960 | 2.326 | 2.576 | 3.090 |

与数学期望一样, 中位数也是描述随机变量的位置特征. 在实际中, 中位数也常用. 例如, 在某一年上海市就业的大学毕业生当年的月薪金的中位数是 2100 元, 这表明上海市该年大学毕业生中有半数人月薪金高于 2100 元, 另外半数人月薪金则低于 2100 元. 与数学期望相比, 中位数总存在, 但数学期望不一定存在. 这是它的优点. 中位数的缺点是, 它没有像数学期望那样好的运算性质.

### 3.3.2 众数

**定义 3.3.2** (1) 设离散随机变量 $X$ 的分布律为

$$P\{X=x_k\}=p_k, \quad k=1, 2, 3, \cdots.$$

若存在实数 $x^*$, 使得对每个 $k=1, 2, 3, \cdots$, 有

$$P\{X=x^*\} \geqslant P\{X=x_k\}, \tag{3.3.2}$$

则称 $x^*$ 为 $X$(或 $X$ 服从的分布) 的**众数**.

(2) 设连续随机变量 $X$ 的概率密度函数为 $f(x)$, 若存在实数 $x^*$, 使得对一切 $x \in \mathbf{R}$ 有

$$f(x^*) \geqslant f(x), \tag{3.3.3}$$

则称 $x^*$ 为 $X$(或 $X$ 服从的分布) 的**众数**.

例如, (1) 某鞋厂生产一种青年女子凉鞋, 用 $X$ 表示市场上对此种鞋的需求量的尺码大小, 设 $X$ 的分布律为

| $X$ | 22 | 23 | 24 | $\cdots$ | 49 | 50 |
|---|---|---|---|---|---|---|
| $P$ | $p_1$ | $p_2$ | $p_3$ | $\cdots$ | $p_{28}$ | $p_{29}$ |

那么, $X$ 的众数就是需求量最大的尺码 $x^*$，如 $x^*=37$.

(2) 在例 2.3.6 中，曾假设成年男子身高 $X\sim N(170,\ 36)$，概率密度函数为 $f(x)=\dfrac{1}{6\sqrt{2\pi}}\exp\left\{-\dfrac{(x-170)^2}{72}\right\}$. 当 $x=\mu=170$ 时，$f(x)$ 取得最大值 $f(170)=\dfrac{1}{6\sqrt{2\pi}}$，故 $x^*=170$ 是 $X$ 的众数. 它也是成年男子身高的平均值.

### 习 题 3.3

1. 设随机变量 $X\sim N(0,\ 1)$，利用标准正态分布表对下列各种情况求出常数 $c$，并且用 $p$ 分位数 $u_p$ 表示 $c$.

(1) $P\{X<c\}=0.95$；　(2) $P\{X>c\}=0.5$；　(3) $P\{\,|X|\leqslant c\}=0.8$.

2. 设随机变量 $X\sim \mathrm{Exp}(\lambda)$，常数 $\lambda>0$. 若 $X$ 的 0.70 分位数 $x_{0.70}=120$，求参数 $\lambda$.

## *3.4 综 合 例 题

**例 3.4.1** 设随机变量 $X$ 具有分布律 $P\left\{X=2^k\right\}=\dfrac{2}{3^k}$，$k=1,2,3,\cdots$. 试证明：$E(X)$存在，但 $\mathrm{Var}(X)$ 不存在.

**证** 因为 $\sum\limits_{k=1}^{+\infty}|x_k p_k|=\sum\limits_{k=1}^{+\infty}2^k\times\dfrac{2}{3^k}=2\sum\limits_{k=1}^{+\infty}\left(\dfrac{2}{3}\right)^k=2\times\dfrac{2/3}{1-2/3}=4$ 收敛，所以 $E(X)$ 存在.

但因级数 $\sum\limits_{k=1}^{+\infty}x_k^2\, p_k=\sum\limits_{k=1}^{+\infty}\left(2^k\right)^2\times\dfrac{2}{3^k}=2\sum\limits_{k=1}^{+\infty}\left(\dfrac{4}{3}\right)^k$ 发散，$E(X^2)$ 不存在，故 $\mathrm{Var}(X)=E(X^2)-\left[E(X)\right]^2$ 不存在.

**例 3.4.2** 设随机变量 $X\sim\Gamma(\alpha,\ \lambda)$，其中 $\alpha>0,\ \lambda>0$ 是常数. 求 $E(X)$, $\mathrm{Var}(X)$.

**解** 令 $t=\lambda x$ 可得

$$E(X)=\int_{-\infty}^{+\infty}xf(x)\mathrm{d}x=\int_0^{+\infty}\frac{\lambda^\alpha}{\Gamma(\alpha)}x^\alpha\mathrm{e}^{-\lambda x}\mathrm{d}x=\frac{1}{\lambda\Gamma(\alpha)}\int_0^{+\infty}t^\alpha\mathrm{e}^{-t}\mathrm{d}t$$
$$=\frac{1}{\lambda\Gamma(\alpha)}\int_0^{+\infty}t^{(\alpha+1)-1}\mathrm{e}^{-t}\mathrm{d}t=\frac{\Gamma(\alpha+1)}{\lambda\,\Gamma(\alpha)}.$$

由递推公式 $\Gamma(\alpha+1)=\alpha\Gamma(\alpha)$ 知

$$E(X)=\frac{\alpha\,\Gamma(\alpha)}{\lambda\,\Gamma(\alpha)}=\frac{\alpha}{\lambda}.$$

又

$$\begin{aligned}E(X^2)&=\int_{-\infty}^{+\infty}x^2f(x)\mathrm{d}x=\int_0^{+\infty}\frac{\lambda^\alpha}{\Gamma(\alpha)}x^{\alpha+1}\mathrm{e}^{-\lambda x}\mathrm{d}x\\&=\frac{1}{\lambda^2\Gamma(\alpha)}\int_0^{+\infty}t^{\alpha+1}\mathrm{e}^{-t}\mathrm{d}t=\frac{\Gamma(\alpha+2)}{\lambda^2\Gamma(\alpha)}\\&=\frac{(\alpha+1)\,\Gamma(\alpha+1)}{\lambda^2\Gamma(\alpha)}=\frac{\alpha(\alpha+1)\,\Gamma(\alpha)}{\lambda^2\Gamma(\alpha)}=\frac{\alpha(\alpha+1)}{\lambda^2},\end{aligned}$$

故

$$\mathrm{Var}(X)=E(X^2)-[E(X)]^2=\frac{\alpha(\alpha+1)}{\lambda^2}-\left(\frac{\alpha}{\lambda}\right)^2=\frac{\alpha}{\lambda^2}.$$

**例 3.4.3** 设随机变量 $X$ 具有概率密度函数 $f(x)=\begin{cases}ax^2+bx+c, & 0\leqslant x\leqslant 1,\\ 0, & \text{其他},\end{cases}$ 且 $E(X)=0.5,\ \mathrm{Var}(X)=0.15$，试求常数 $a, b, c$.

**解** 根据条件可得

$$\int_{-\infty}^{+\infty}f(x)\mathrm{d}x=\int_0^1(ax^2+bx+c)\mathrm{d}x=\frac{1}{3}a+\frac{1}{2}b+c=1,$$

$$E(X)=\int_{-\infty}^{+\infty}xf(x)\mathrm{d}x=\int_0^1x(ax^2+bx+c)\mathrm{d}x=\frac{1}{4}a+\frac{1}{3}b+\frac{1}{2}c=0.5,$$

$$\begin{aligned}\mathrm{Var}(X)&=E(X^2)-[E(X)]^2=\int_{-\infty}^{+\infty}x^2f(x)\mathrm{d}x-0.5^2=\int_0^1x^2(ax^2+bx+c)\mathrm{d}x-0.25\\&=\frac{1}{5}a+\frac{1}{4}b+\frac{1}{3}c-0.25=0.15.\end{aligned}$$

由以上三个方程解得 $a=12,\quad b=-12,\quad c=3$.

**例 3.4.4** 设随机变量 $X\sim B(n,p)$，常数 $p>0$．求 $X$ 的众数.

**解** $X$ 的分布律为 $p_k=P\{X=k\}=\mathrm{C}_n^kp^k(1-p)^{n-k}$，$k=0, 1, 2, \cdots, n$．令

$$\frac{p_{k+1}}{p_k}=\frac{\mathrm{C}_n^{k+1}p^{k+1}(1-p)^{n-k-1}}{\mathrm{C}_n^kp^k(1-p)^{n-k}}=\frac{n!k!(n-k)!p}{n!(k+1)!(n-k-1)!(1-p)}=\frac{(n-k)p}{(k+1)(1-p)}=1,$$

得 $k=(n+1)p-1$.

当 $k<(n+1)p-1$ 时，$\dfrac{p_{k+1}}{p_k}>1$；当 $k>(n+1)p-1$ 时，$\dfrac{p_{k+1}}{p_k}<1$.

当整数 $k=[(n+1)p]$ 时，$p_k$ 取得最大值. 故 $X$ 的众数为 $x^*=[(n+1)p]$.

# 复　习　题　3

1. 假设国际市场每年对我国某种出口商品的需求量是随机变量 $X$(单位：吨), $X\sim U(1000,\ 5000)$. 设该商品每售出一吨可获利 3 万美元；但若销售不出积压于库，则每吨每年需支付保管费 1 万美元. 试问如何计划年出口量，能使国家期望获利最多？

2. 设随机变量 $X$ 具有概率密度函数 $f(x)=\begin{cases}ax^2, & 0\leqslant x\leqslant 1,\\ 0, & \text{其他},\end{cases}$ 试求：(1) 常数 $a$；(2) $E(X)$；(3) $P\{X>E(X)\}$.

3. 设 $X$ 是随机变量，$c$ 是常数，证明：$\mathrm{Var}(X)\leqslant E(X-c)^2$.

4. 设随机变量 $X$ 服从瑞利分布，其概率密度函数为 $f(x)=\begin{cases}\dfrac{x}{\sigma^2}\mathrm{e}^{-x^2/(2\sigma^2)}, & x\geqslant 0,\\ 0, & x<0,\end{cases}$ 其中常数 $\sigma>0$. 瑞利分布常用于描述随机噪音. 求 $E(X)$, $\mathrm{Var}(X)$.

5. 由统计物理学知，一种气体分子运动的速率 $V$ 服从 Maxwell 分布，其概率密度函数为

$$f(v)=\begin{cases}Av^2\mathrm{e}^{-v^2/b}, & v\geqslant 0,\\ 0, & v<0,\end{cases}$$

其中常数 $b=\dfrac{m}{2kT}$, $k$ 为 Boltzmann 常量，$T$ 为绝对温度，$m$ 为气体分子质量. 试确定常数 $A$, 并求动能 $E=\dfrac{1}{2}mV^2$ 的平均值.

6. 设随机变量 $X\sim P(\lambda)$, 常数 $\lambda>0$. 求 $X$ 的众数.

# 第 4 章　多维随机变量及其分布

第 2 章介绍了一维随机变量及其分布. 我们知道, 一维随机变量取某个值代表随机试验出现某种结果. 但是对于许多实际问题, 仅仅用一个随机变量去描述往往是不够的. 例如, 考虑未来某天的天气状况, $X$ 表示当天的最高气温、$Y$ 表示当天的最大湿度、$Z$ 表示当天的风力等级等, 这时仅用一个随机变量去描述天气状况显然是片面的, 需要把 $X,Y,Z$ 等随机变量作为一个整体来研究, 这就要引进多维随机变量. 本章就来讨论多维随机变量的分布以及多维随机变量的数字特征等内容. 为了叙述和学习的方便起见, 下面我们总是先研究二维随机变量, 然后再推广到任意有限维随机变量.

## 4.1　多维随机变量及其联合分布

### 4.1.1　二维随机变量及其联合分布函数

**定义 4.1.1**　若 $X$ 和 $Y$ 是定义在同一个样本空间上的两个随机变量, 则称 $(X,Y)$ 为**二维随机变量**或**二维随机向量**.

在实际问题中经常会碰到二维随机变量. 例如, 为描述射击选手射击时弹着点在靶子上的位置, 用 $X$ 表示弹着点的横坐标, 用 $Y$ 表示弹着点的纵坐标, 则 $X$ 与 $Y$ 定义在同一个样本空间上, 所以 $(X, Y)$是一个二维随机变量; 又如, 为考察某大学一年级学生的身体发育情况, 用 $X$ 表示该大学一年级学生的身高, 用 $Y$ 表示其体重, 则 $(X,Y)$ 也是一个二维随机变量. 和一维情形类似, 也可以用“分布函数”来描述二维随机变量的取值规律.

**定义 4.1.2**　设 $(X,Y)$ 是二维随机变量, 对于任意实数 $x$ 和 $y$, 二元函数

$$F(x,y)=P\{(X\leqslant x)\cap(Y\leqslant y)\}\triangleq P\{X\leqslant x,Y\leqslant y\} \tag{4.1.1}$$

称为二维随机变量 $(X,Y)$ 的**联合分布函数**.

联合分布函数 $F(x,y)$ 表示随机事件 $\{X\leqslant x\}$ 和随机事件 $\{Y\leqslant y\}$ 同时发生的概率. 如果把二维随机变量 $(X,Y)$ 看成是平面上随机点的坐标, 则 $F(x,y)$ 在 $(x,y)$ 处的值就是随机点 $(X,Y)$ 落在平面上以 $(x,y)$ 为顶点而位于该点左下方的无限矩形区域内的概率, 如图 4.1.1 所示.

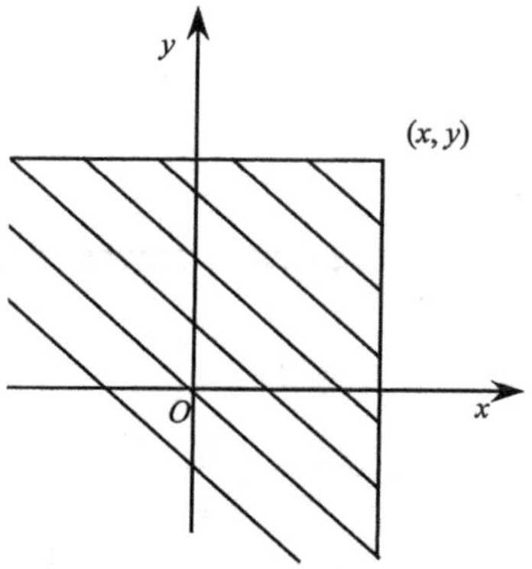


图 4.1.1　联合分布函数示意图

任意一个二维随机变量 $(X,Y)$ 的联合分布函数 $F(x,y)$ 具有以下 4 条基本性质：

**性质 4.1.1**　$F(x,y)$ 分别对 $x$ 和 $y$ 是单调不减的，即

对固定的 $y$，当 $x_1 < x_2$ 时，$F(x_1,y) \leqslant F(x_2,y)$；对固定的 $x$，当 $y_1 < y_2$ 时，$F(x,y_1) \leqslant F(x,y_2)$.

事实上，当 $x_1 < x_2$ 时，有 $\{X \leqslant x_1\} \subset \{X \leqslant x_2\}$，所以对任意给定的 $y$ 有

$$\{X \leqslant x_1, Y \leqslant y\} \subset \{X \leqslant x_2, Y \leqslant y\},$$

由概率的单调性有

$$F(x_1,y) = P\{X \leqslant x_1, Y \leqslant y\} \leqslant P\{X \leqslant x_2, Y \leqslant y\} = F(x_2,y),$$

即 $F(x,y)$ 关于 $x$ 单调不减. 同理 $F(x,y)$ 关于 $y$ 也是单调不减的.

**性质 4.1.2**　对任意的 $x$ 和 $y$，有 $0 \leqslant F(x,y) \leqslant 1$，且有

对固定的 $y$，

$$F(-\infty,y) = \lim_{x\to-\infty} F(x,y) = 0. \tag{4.1.2}$$

对固定的 $x$，

$$F(x,-\infty) = \lim_{y\to-\infty} F(x,y) = 0. \tag{4.1.3}$$

且有

$$F(-\infty,-\infty) = \lim_{x,y\to-\infty} F(x,y) = 0, \tag{4.1.4}$$

$$F(+\infty,+\infty) = \lim_{x,y\to+\infty} F(x,y) = 1. \tag{4.1.5}$$

事实上，由于$F(x,y)$的值是概率值，由概率的性质显然有$0 \leqslant F(x,y) \leqslant 1$. 又因为对任意固定的$y$(或$x$)，当$x$(或$y$)趋于$-\infty$时，或者$x$和$y$都趋于$-\infty$时，$\{(X \leqslant x)\bigcap(Y \leqslant y)\}$趋于不可能事件．而当$x$和$y$都趋于$+\infty$时，$\{(X \leqslant x)\bigcap(Y \leqslant y)\}$趋于必然事件，所以(4.1.2)~(4.1.5)四式成立.

**性质 4.1.3** $F(x,y)$对每个单变量是右连续的．即$F(x+0,y)=F(x,y)$, $F(x,y+0)=F(x,y)$．证明略.

**性质 4.1.4** 对于任意$(x_1,y_1),(x_2,y_2),x_1<x_2,y_1<y_2$，下述不等式成立：

$$F(x_2,y_2)-F(x_1,y_2)-F(x_2,y_1)+F(x_1,y_1) \geqslant 0 . \tag{4.1.6}$$

事实上，由图 4.1.2 容易得到，随机点$(X,Y)$落在矩形区域$\{(x,y): x_1<x \leqslant x_2, y_1<y \leqslant y_2\}$内的概率为$P\{x_1<X \leqslant x_2, y_1<Y \leqslant y_2\}=F(x_2,y_2)-F(x_1,y_2)-F(x_2,y_1)+F(x_1,y_1)$，再由概率的非负性可得式(4.1.6).

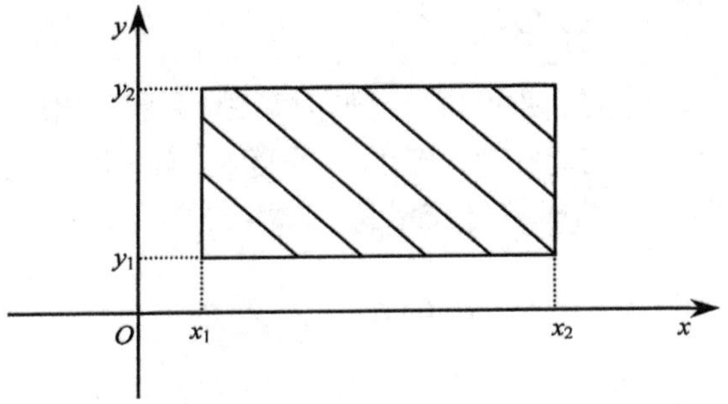


图 4.1.2 二维随机变量$(X,Y)$落在矩形中的情况

这里要注意的是，一维随机变量的分布函数也具有类似于性质 4.1.1~性质 4.1.3 的性质，而这里的性质 4.1.4 是二维随机变量的联合分布函数所特有的性质. 反过来，还可以证明，任意一个具有上述四个性质的二元函数必定可作为某个二维随机变量的联合分布函数.

### 4.1.2 二维离散随机变量及其联合分布律

**定义 4.1.3** 如果二维随机变量$(X,Y)$所有可能取值是有限个或可列个数对$(x_i,y_j)$，则称$(X,Y)$为**二维离散随机变量**，称

$$p_{ij}=P\{X=x_i,Y=y_j\}, \quad i,j=1,2,\cdots,n,\cdots \tag{4.1.7}$$

为$(X,Y)$的**联合分布律**，也可以将其写成表 4.1.1 的形式.

表 4.1.1

| $X \backslash Y$ | $y_1$ | $y_2$ | $\cdots$ | $y_j$ | $\cdots$ |
|---|---|---|---|---|---|
| $x_1$ | $p_{11}$ | $p_{12}$ | $\cdots$ | $p_{1j}$ | $\cdots$ |
| $x_2$ | $p_{21}$ | $p_{22}$ | $\cdots$ | $p_{2j}$ | $\cdots$ |
| $\vdots$ | $\vdots$ | $\vdots$ | | $\vdots$ | |
| $x_i$ | $p_{i1}$ | $p_{i2}$ | $\cdots$ | $p_{ij}$ | $\cdots$ |
| $\vdots$ | $\vdots$ | $\vdots$ | | $\vdots$ | |

由定义 4.1.3 不难得出$(X,Y)$的联合分布律满足以下两个基本性质：

**性质 4.1.5**(非负性) $p_{ij} \geqslant 0$，$i,j=1,2,3,\cdots$.

**性质 4.1.6**(规范性) $\sum\limits_{i=1}^{+\infty}\sum\limits_{j=1}^{+\infty} p_{ij}=1$.

求二维离散随机变量$(X,Y)$的联合分布律，关键是写出$(X,Y)$的所有可能取的数对及其发生的概率. 若将$(X,Y)$看成一个随机点的坐标，$G$ 为平面上的一个区域，则事件$\{(X,Y)\in G\}$的概率可表示为

$$P\{(X,Y)\in G\}=\sum_{(x_i,y_j)\in G}\sum p_{ij}\ . \tag{4.1.8}$$

由图 4.1.1 知道二维离散随机变量$(X,Y)$的联合分布函数可由其联合分布律计算，即

$$F(x,y)=\sum_{x_i\leqslant x}\sum_{y_j\leqslant y} p_{ij}\ . \tag{4.1.9}$$

**例 4.1.1** 设袋中有 16 个小球，其中有 10 个白球，6 个黑球. 现从中任取两次，每次取 1 个球，取后不放回. 令

$$X=\begin{cases}1, & \text{若第一次取到黑球},\\ 0, & \text{若第一次取到白球},\end{cases}\qquad Y=\begin{cases}1, & \text{若第二次取到黑球},\\ 0, & \text{若第二次取到白球},\end{cases}$$

求$(X,Y)$的联合分布律.

**解** $(X,Y)$的所有可能取的数对是$(0,0),(0,1),(1,0),(1,1)$.

首先求$P\{X=0,Y=0\}$，即第一次取到白球，第二次也取到白球的概率，易得

$$P\{X=0,Y=0\}=\frac{10\times 9}{16\times 15}=\frac{3}{8}.$$

同理可分别求得

$$P\{X=0,Y=1\}=\frac{10\times 6}{16\times 15}=\frac{1}{4},\qquad P\{X=1,Y=0\}=\frac{6\times 10}{16\times 15}=\frac{1}{4},$$

$$P\{X=1,Y=1\}=\frac{6\times 5}{16\times 15}=\frac{1}{8}.$$

$(X,Y)$ 的联合分布律可用表格表示为

| $X$ \ $Y$ | 0 | 1 |
|---|---|---|
| 0 | $\frac{3}{8}$ | $\frac{1}{4}$ |
| 1 | $\frac{1}{4}$ | $\frac{1}{8}$ |

**例 4.1.2** 把三个小球等可能地放入编号为 1, 2, 3 的三个盒子中，记落入第一个盒子中的球数为 $X$，落入第二个盒子中的球数为 $Y$，则 $(X,Y)$ 是一个二维离散随机变量. 求 $(X,Y)$ 的联合分布律，并计算 $P\{X=Y\},P\{X>Y\}$.

**解** 分别用 $i$ 和 $j$ 来记 $X$ 和 $Y$ 的取值，$(X,Y)$ 可能取的数对为 $(i,j),i,j=0,1,2,3$，则由条件概率中的乘法公式，并注意到 $0\leqslant X+Y\leqslant 3$，可知

$$p_{ij}=P\{X=i,Y=j\}=P\{Y=j\,|\,X=i\}\cdot P\{X=i\},\quad 0\leqslant i+j\leqslant 3.$$

这时显然有

$$P\{X=i\}=\mathrm{C}_3^i\left(\frac{1}{3}\right)^i\left(\frac{2}{3}\right)^{3-i},\qquad 0\leqslant i\leqslant 3,$$

$$P\{Y=j\,|\,X=i\}=\mathrm{C}_{3-i}^j\left(\frac{1}{2}\right)^j\left(\frac{1}{2}\right)^{3-i-j},\quad 0\leqslant i+j\leqslant 3.$$

于是

$$p_{ij}=\mathrm{C}_3^i\left(\frac{1}{3}\right)^i\left(\frac{2}{3}\right)^{3-i}\cdot \mathrm{C}_{3-i}^j\left(\frac{1}{2}\right)^i\left(\frac{1}{2}\right)^{3-i-j}=\frac{1}{27}\cdot\frac{3!}{i!\,j!(3-i-j)!},\quad 0\leqslant i+j\leqslant 3.$$

当$i+j>3$或$i+j<0$时，显然有 $p_{ij}=0$.

把上面的计算结果列表如下：

| $X$ \ $Y$ | 0 | 1 | 2 | 3 |
|---|---|---|---|---|
| 0 | $\frac{1}{27}$ | $\frac{1}{9}$ | $\frac{1}{9}$ | $\frac{1}{27}$ |
| 1 | $\frac{1}{9}$ | $\frac{2}{9}$ | $\frac{1}{9}$ | 0 |
| 2 | $\frac{1}{9}$ | $\frac{1}{9}$ | 0 | 0 |
| 3 | $\frac{1}{27}$ | 0 | 0 | 0 |

由此可计算出

$$P\{X=Y\}=p_{00}+p_{11}+p_{22}+p_{33}=\frac{1}{27}+\frac{2}{9}+0+0=\frac{7}{27},$$

$$P\{X>Y\}=p_{10}+p_{20}+p_{21}+p_{30}+p_{31}+p_{32}=\frac{10}{27}.$$

### 4.1.3 二维连续随机变量及其联合概率密度函数

**定义 4.1.4** 如果存在二元非负可积函数 $f(x,y)$，使得二维随机变量$(X,Y)$的联合分布函数$F(x,y)$可表示为

$$F(x,y)=\int_{-\infty}^{x}\left(\int_{-\infty}^{y}f(s,t)\mathrm{d}t\right)\mathrm{d}s, \tag{4.1.10}$$

则称$(X,Y)$为**二维连续随机变量**，称 $f(x,y)$ 为$(X,Y)$的**联合概率密度函数**，简称为**联合概率密度**.

$f(x,y)$ 具有以下两条基本性质：

**性质 4.1.7** (非负性) 对任意实数 $x$ 和 $y$，有 $f(x,y)\geqslant 0$.

**性质 4.1.8** (规范性) $\int_{-\infty}^{+\infty}\int_{-\infty}^{+\infty}f(x,y)\mathrm{d}x\mathrm{d}y=1$.

规范性的几何意义为空间曲面 $z=f(x,y)$ 与 $xOy$ 平面围成的空间区域的体积为 1.

反过来，如果二元函数 $f(x,y)$ 满足上述两条性质，那么它一定是某个二维连续随机变量的联合概率密度. 除了上述两条基本性质以外，$f(x,y)$ 还具有如

下性质：

**性质 4.1.9** 设 $G$ 为平面上的一个区域，则事件 $\{(X,Y)\in G\}$ 的概率可表示为 $G$ 上 $f(x,y)$ 的二重积分

$$P\{(X,Y)\in G\}=\iint\limits_{G} f(x,y)\mathrm{d}x\mathrm{d}y. \tag{4.1.11}$$

由性质 4.1.9，若已知 $(X,Y)$ 的联合概率密度函数 $f(x,y)$，就可以求与 $(X,Y)$ 有关的事件的概率了.

**性质 4.1.10** 在 $f(x,y)$ 的连续点 $(x,y)$ 上有

$$f(x,y)=\frac{\partial^2}{\partial x\partial y}F(x,y). \tag{4.1.12}$$

**例 4.1.3** 设二维随机变量 $(X,Y)$ 的联合概率密度函数为

$$f(x,y)=\begin{cases}6\mathrm{e}^{-2x-3y}, & x>0,y>0,\\ 0, & \text{其他}.\end{cases}$$

求：(1) $(X,Y)$ 的联合分布函数 $F(x,y)$；(2) $P\{X<1,Y>1\}$；(3) $P\{X>Y\}$.

**解** (1) $F(x,y)=\int_{-\infty}^{y}\left(\int_{-\infty}^{x}f(s,t)\mathrm{d}s\right)\mathrm{d}t=\begin{cases}6\int_0^x \mathrm{e}^{-2s}\mathrm{d}s\int_0^y \mathrm{e}^{-3t}\mathrm{d}t, & x>0,y>0,\\ 0, & \text{其他}\end{cases}$

$$=\begin{cases}(1-\mathrm{e}^{-2x})(1-\mathrm{e}^{-3y}), & x>0,y>0,\\ 0, & \text{其他}.\end{cases}$$

(2) 将 $(X,Y)$ 看作平面上随机点的坐标，即有 $\{X<1,Y>1\}=\{(X,Y)\in G_1\}$，其中 $G_1$ 为平面上区域，如图 4.1.3(a) 所示.

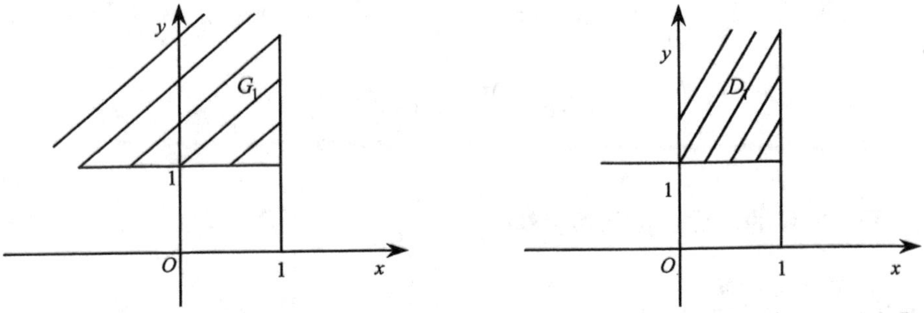


(a) $\{x<1,y>1\}$ 的区域 $G_1$　　(b) $f(x,y)$ 的非零区域与 $G_1$ 的交集

图 4.1.3

记 $D_1 = G_1 \cap \{(x,y): x>0, y>0\}$，如图 4.1.3(b) 所示，则

$$P\{X<1, Y>1\} = \iint\limits_{G_1} f(x,y)\mathrm{d}x\mathrm{d}y = \iint\limits_{D_1} 6\mathrm{e}^{-2x-3y}\mathrm{d}x\mathrm{d}y$$

$$= \int_1^{+\infty}\left(\int_0^1 6\mathrm{e}^{-2x-3y}\mathrm{d}x\right)\mathrm{d}y = 6\int_0^1 \mathrm{e}^{-2x}\mathrm{d}x\int_1^{+\infty}\mathrm{e}^{-3y}\mathrm{d}y$$

$$= (1-\mathrm{e}^{-2})\mathrm{e}^{-3}.$$

(3) 同理，$\{X>Y\} = \{(X,Y)\in G_2\}$，这里 $G_2$ 如图 4.1.4 (a)所示.

$D_2 = G_2 \cap \{(x,y): x>0, y>0\}$，如图 4.1.4 (b)所示，所以有

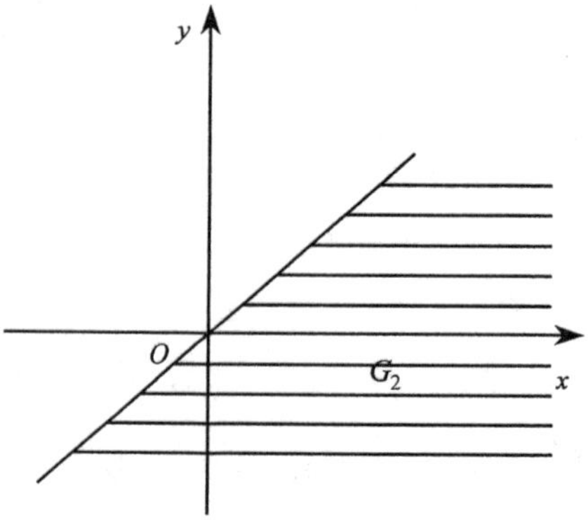


(a) $\{x>y\}$ 的区域 $G_2$

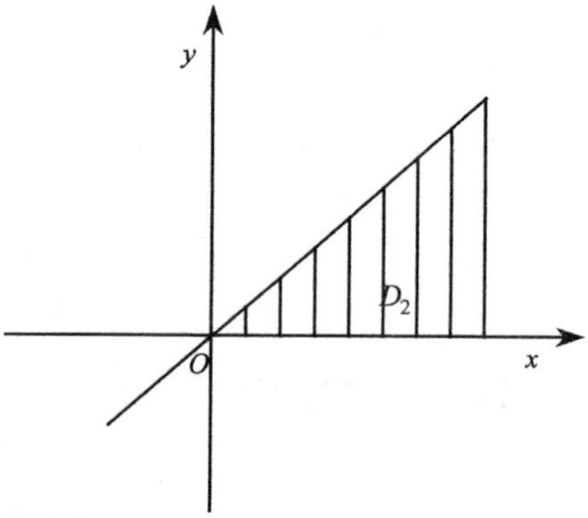


(b) $f(x,y)$ 的非零区域与 $G_2$ 的交集

图 4.1.4

$$P\{X>Y\} = \iint\limits_{G_2} f(x,y)\,\mathrm{d}x\,\mathrm{d}y = \iint\limits_{D_2} 6\mathrm{e}^{-2x-3y}\,\mathrm{d}x\,\mathrm{d}y$$

$$= \int_0^{+\infty}\left(\int_0^x 6\mathrm{e}^{-2x-3y}\,\mathrm{d}y\right)\mathrm{d}x = \int_0^{+\infty} 2\mathrm{e}^{-2x}(1-\mathrm{e}^{-3x})\,\mathrm{d}x$$

$$= \left(-\mathrm{e}^{-2x} + \frac{2}{5}\mathrm{e}^{-5x}\right)\Big|_0^{+\infty} = 1 - \frac{2}{5} = \frac{3}{5}.$$

### 4.1.4　两个常见的二维连续随机变量

1. 二维均匀分布

**定义 4.1.5**　设 $D$ 是平面上的有界区域，其面积为 $S_D$，若二维随机变量 $(X,Y)$ 的联合概率密度函数为

$$f(x,y)=\begin{cases}\dfrac{1}{S_D}, & (x,y)\in D,\\ 0, & 其他,\end{cases}$$

则称 $(X,Y)$ 服从 $D$ 上的**二维均匀分布**.

容易验证，上述 $f(x,y)$ 满足非负性和规范性. 且 $(X,Y)$ 落在 $D$ 中某一子区域 $A$ 内的概率与 $A$ 的面积成正比，而与 $A$ 的位置和形状无关，即

$$P\{(X,Y)\in A\}=\iint\limits_{A} f(x,y)\mathrm{d}x\mathrm{d}y=\iint\limits_{A\cap D}\frac{1}{S_D}\mathrm{d}x\mathrm{d}y=\iint\limits_{A}\frac{1}{S_D}\mathrm{d}x\mathrm{d}y=\frac{S_A}{S_D}, \quad (4.1.13)$$

这里 $S_A$ 表示区域 $A$ 的面积.

2. 二维正态分布

**定义 4.1.6** 设二维随机变量 $(X,Y)$ 的联合概率密度函数为

$$f(x,y)=\frac{1}{2\pi\sigma_1\sigma_2\sqrt{1-\rho^2}}\exp\left\{-\frac{1}{2(1-\rho^2)}\left[\frac{(x-\mu_1)^2}{\sigma_1^{\ 2}}-2\rho\frac{(x-\mu_1)(y-\mu_2)}{\sigma_1\sigma_2}+\frac{(y-\mu_2)^2}{\sigma_2^{\ 2}}\right]\right\},$$

$$x,y\in\mathbf{R}, \quad (4.1.14)$$

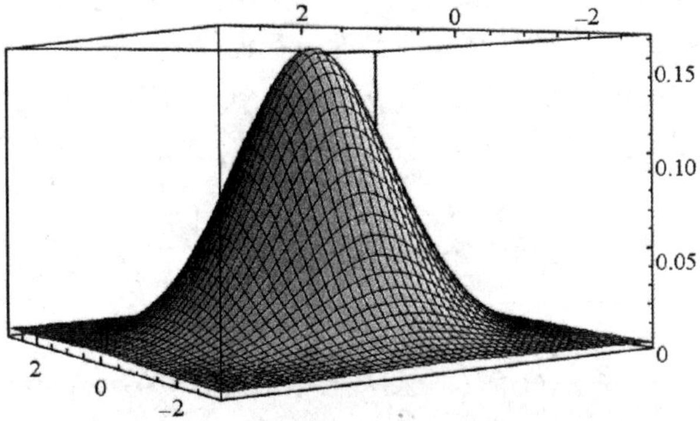


图 4.1.5 二维正态分布的联合概率密度函数

其中 $\mu_1\in\mathbf{R},\mu_2\in\mathbf{R}$，$\sigma_1\in\mathbf{R}^+,\sigma_2\in\mathbf{R}^+$，$|\rho|<1$，则称 $(X,Y)$ 服从参数为 $\mu_1,\mu_2,\sigma_1^{\ 2}$ $\sigma_2^{\ 2},\rho$，的**二维正态分布**，记作 $(X,Y)\sim N(\mu_1,\mu_2,\sigma_1^{\ 2},\sigma_2^{\ 2},\rho)$. 同时称 $(X,Y)$ 是**二维正态随机变量**.

$z=f(x,y)$在三维空间中的图形就像是一个倒扣在 $xOy$ 平面上的钟，其中心在$(\mu_1,\mu_2)$处，见图 4.1.5. 同样，可以验证 $f(x,y)$满足非负性和规范性.

### *4.1.5　$n$ 维随机变量($n$ 维随机向量)

将二维随机变量推广到 $n$ 维随机变量并没有实质性的困难.

**定义 4.1.7**　若 $X_1,X_2,\cdots,X_n$ 是定义在同一样本空间上的 $n$ 个随机变量, 则称 $X=(X_1,X_2,\cdots,X_n)$ 为 **$n$ 维随机变量**或 **$n$ 维随机向量**. 对于任意 $n$ 个实数 $x_1,x_2,\cdots,x_n$, 称 $n$ 元函数

$$F(x_1,x_2,\cdots,x_n)=P\{X_1\leqslant x_1,X_2\leqslant x_2,\cdots,X_n\leqslant x_n\} \tag{4.1.15}$$

为 $(X_1,X_2,\cdots,X_n)$ 的联合分布函数. 这里 $(X_1\leqslant x_1,X_2\leqslant x_2,\cdots,X_n\leqslant x_n)$ 相当于 $\{(X_1\leqslant x_1)\cap(X_2\leqslant x_2)\cap\cdots\cap(X_n\leqslant x_n)\}$, $F(x_1,x_2,\cdots,x_n)$ 也具有与二维随机变量的联合分布函数类似的性质.

如果 $n$ 维随机变量 $(X_1,X_2,\cdots,X_n)$ 中每一个分量都是离散随机变量, 则称 $(X_1,X_2,\cdots,X_n)$ 为 $n$ 维离散随机变量. 设 $X_i$ 的所有可能取值为 $x_{i1},x_{i2},\cdots$, $i=1,2,3,\cdots$,则称

$$P\{X_1=x_{1j_1},X_2=x_{2j_2},\cdots,X_n=x_{nj_n}\}\triangleq p_{j_1j_2\cdots j_n},\quad j_k=1,2,3,\cdots,k=1,2,\cdots,n$$

为 $(X_1,X_2,\cdots,X_n)$ 的联合分布律. 该联合分布律同样具有非负性和规范性.

一种重要的 $n$ 维离散随机变量的分布是多项分布. 多项分布是二项分布的推广. 我们知道, 二项分布产生于只有两个可能结果的随机试验. 不难想象, 一个有 $n$ 种可能结果的随机试验将导致 $n$ 项分布. 若记这 $n$ 个试验结果为 $A_1,A_2,\cdots,A_n$. 它们在一次试验中出现的概率分别为 $p_1,p_2,\cdots,p_n$, 将这样的试验独立重复 $N$ 次, 用 $X_i$ 表示结果 $A_i$ 出现的次数, $i=1,2,\cdots,n$, 则 $(X_1,X_2,\cdots,X_n)$ 的联合分布律为

$$P\{X_1=k_1,X_2=k_2,\cdots,X_n=k_n\}=\frac{N!}{k_1!k_2!\cdots k_n!}p_1^{k_1}p_2^{k_2}\cdots p_n^{k_n}, \tag{4.1.16}$$

其中 $k_i\geqslant 0,i=1,2,\cdots n$,且 $\sum\limits_{i=1}^{n}k_i=N$, $\sum\limits_{i=1}^{n}p_i=1$.这时称 $(X_1,X_2,\cdots,X_n)$ 服从 $n$ 项分布, 记为 $M(N;p_1,p_2,\cdots,p_n)$.

对于 $n$ 维随机变量 $(X_1,X_2,\cdots,X_n)$, 如果存在 $n$ 元非负函数 $f(x_1,x_2,\cdots,x_n)$, 使得对于任意实数 $x_1,x_2,\cdots,x_n$ 有

$$F(x_1,x_2,\cdots,x_n)=\int_{-\infty}^{x_n}\cdots\left(\int_{-\infty}^{x_2}\left(\int_{-\infty}^{x_1}f(s_1,s_2,\cdots,s_n)\mathrm{d}s_1\right)\mathrm{d}s_2\right)\cdots\mathrm{d}s_n, \tag{4.1.17}$$

则称 $(X_1,X_2,\cdots,X_n)$ 为 $n$ 维连续随机向量, 称 $f(x_1,x_2,\cdots,x_n)$ 为 $(X_1,X_2,\cdots,X_n)$ 的

联合概率密度函数. 同样, $f(x_1,x_2,\cdots,x_n)$ 有非负性和规范性. 此外, 有类似(4.1.11)的结论: 对 $\mathbf{R}^n$ 中的任一区域 $G$, 有

$$P\{(X_1,X_2,\cdots,X_n)\in G\}=\underset{G}{\int\int\cdots\int} f(x_1,x_2,\cdots,x_n)\mathrm{d}x_1\mathrm{d}x_2\cdots\mathrm{d}x_n. \quad (4.1.18)$$

一种非常重要的 $n$ 维连续随机向量的分布是 $n$ 维正态分布. 它是二维正态分布的直接推广. $n$ 维正态分布将在 4.7 节中详细介绍.

## 习 题 4.1

1. 设袋中有 3 个黑球, 2 个红球, 2 个白球. 现从中任取两次, 每次取一个球, 取后不放回. 令

$$X=\begin{cases}1, & 第一次取到红球,\\ 0, & 第一次没有取到红球.\end{cases} \qquad Y=\begin{cases}1, & 第二次取到白球,\\ 0, & 第二次没有取到白球.\end{cases}$$

求 $(X,Y)$ 的联合分布律.

2. 设随机变量 $X,Y$ 都只取 $-1$ 和 1 两个值, 满足

$$P\{X=1\}=\frac{1}{2}, \quad P\{Y=1|X=1\}=P\{Y=-1|X=-1\}=\frac{1}{3}.$$

(1) 求$(X, Y)$的联合分布律;

(2) 求 $t$ 的方程 $t^2+Xt+Y=0$ 有实根的概率.

3. 设二维随机变量$(X, Y)$ 的联合概率密度函数为

$$f(x,y)=\begin{cases}a(6-x-y), & 0\leqslant x\leqslant 1, 0\leqslant y\leqslant 2,\\ 0, & 其他.\end{cases}$$

(1) 确定常数 $a$;

(2) 求 $P\{X+Y\leqslant 4\}$;

(3) 求 $P\{(X,Y)\in D\}$, 这里 $D$ 是由 $x=0, y=0$ 和 $x+y=1$ 三线围成的三角形区域.

4. 设二维随机变量$(X, Y)$的联合概率密度函数为

$$f(x,y)=\begin{cases}2\mathrm{e}^{-(2x+y)}, & x>0, y>0,\\ 0, & 其他.\end{cases}$$

(1) 求$(X, Y)$ 的联合分布函数;

(2) 求 $P\{Y\leqslant X\}$;

(3) 求 $X$ 与 $Y$ 至少有一个小于 0.5 的概率.

5. 设随机变量 $Y\sim \mathrm{Exp}(1)$, 定义随机变量 $X_k$ 如下:

$$X_k=\begin{cases}0, & Y\leqslant k,\\ 1, & Y>k,\end{cases}\quad k=1,2.$$

求 $(X_1,X_2)$ 的联合分布律.

6. 设 $(X,Y)$ 服从正方形：$[0,1]\times[0,1]$ 上的二维均匀分布，计算 $X$ 与 $Y$ 的乘积不超过 0.5 的概率.

## 4.2 多维随机变量的边缘分布

二维随机变量 $(X,Y)$ 作为一个整体，具有联合分布函数 $F(x,y)$，而其分量 $X$ 和 $Y$ 都是随机变量，也有自己的分布函数，将它们分别记为 $F_X(x),F_Y(y)$，依次称为 $X$ 和 $Y$ 的**边缘分布函数**. 这里 $X$ 与 $Y$ 的边缘分布函数实际上就是一维随机变量 $X$ 与 $Y$ 的分布函数，现在称其为 $X$ 与 $Y$ 的边缘分布函数，是相对于 $X$ 和 $Y$ 的联合分布函数而言的. 本节讨论如何由 $X$ 和 $Y$ 的联合分布来求出 $X$ 和 $Y$ 的边缘分布.

### 4.2.1 边缘分布函数

由于事件 $\{X<+\infty\}$ 与 $\{Y<+\infty\}$ 都为必然事件，所以

$$F_X(x)=P\{X\leqslant x\}=P\{X\leqslant x,Y<+\infty\}=F(x,+\infty). \tag{4.2.1}$$

同理，

$$F_Y(y)=P\{Y\leqslant y\}=P\{X<+\infty,Y\leqslant y\}=F(+\infty,y). \tag{4.2.2}$$

(4.2.1)和(4.2.2)给出了由 $X$ 和 $Y$ 的联合分布分布函数求 $X$ 和 $Y$ 的边缘分布函数的公式.

**例 4.2.1** 设二维随机变量 $(X,Y)$ 的联合分布函数为

$$F(x,y)=\begin{cases}1-\mathrm{e}^{-x}-\mathrm{e}^{-y}+\mathrm{e}^{-x-y-\lambda xy}, & x>0,y>0,\\ 0, & \text{其他},\end{cases}$$

其中参数 $\lambda>0$.

由(4.2.1)和(4.2.2)容易得到 $X$ 与 $Y$ 的边缘分布函数分别为

$$F_X(x)=F(x,+\infty)=\begin{cases}1-\mathrm{e}^{-x}, & x>0,\\ 0, & x\leqslant 0\end{cases}$$

和

$$F_Y(y)=F(+\infty,y)=\begin{cases}1-\mathrm{e}^{-y}, & y>0,\\ 0, & y\leqslant 0.\end{cases}$$

它们都是一维指数分布，且与参数 $\lambda$ 无关. 这里可以看到不同的 $\lambda$ 对应不同的联合分布，但它们的两个边缘分布都相同，这说明：二维随机变量的联合分布不仅含有每个分量的概率分布的信息，而且还含有两个分量之间相依性的信息.

### 4.2.2 边缘分布律

在二维离散随机变量 $(X,Y)$ 的联合分布律 $P\{X=x_i,Y=y_j\}$ 中，对 $j$ 求和所得的分布律

$$P\{X=x_i\}=\sum_{j=1}^{+\infty}P\{X=x_i,Y=y_j\}=\sum_{j=1}^{+\infty}p_{ij}\triangleq p_{i\cdot},\quad i=1,2,\cdots \tag{4.2.3}$$

称为 $X$ 的**边缘分布律**. 类似地，对 $i$ 求和所得的分布律

$$P\{Y=y_j\}=\sum_{i=1}^{+\infty}P\{X=x_i,Y=y_j\}=\sum_{i=1}^{+\infty}p_{ij}\triangleq p_{\cdot j},\quad j=1,2,\cdots \tag{4.2.4}$$

称为 $Y$ 的**边缘分布律**.

这里 $X$ 和 $Y$ 的边缘分布律实际上也就是一维随机变量 $X$ 和 $Y$ 的分布律. 不难验证它们都满足分布律的非负性和规范性. (4.2.3)和(4.2.4)给出了由 $X$ 和 $Y$ 的联合分布律求 $X$ 和 $Y$ 的边缘分布律的公式.

**例 4.2.2** 设二维随机变量 $(X,Y)$ 的联合分布律为

| $X$ \ $Y$ | 0 | 1 | 2 |
|---|---|---|---|
| 0 | 0.09 | 0.21 | 0.24 |
| 1 | 0.07 | 0.12 | 0.27 |

在上述联合分布律中，对第一行、第二行的概率分别求和得 0.54, 0.46, 并把它们写在对应行的右侧，这就是 $X$ 的边缘分布律. 再对第一列、第二列、第三列分别求和得 0.16, 0.33 和 0.51, 并把它们写在对应列的下面，这就是 $Y$ 的边缘分布律，见下表.

| X \ Y | 0 | 1 | 2 | $P\{X=i\}$ |
| --- | --- | --- | --- | --- |
| 0 | 0.09 | 0.21 | 0.24 | 0.54 |
| 1 | 0.07 | 0.12 | 0.27 | 0.46 |
| $P\{Y=j\}$ | 0.16 | 0.33 | 0.51 | 1 |

### 4.2.3　边缘概率密度函数

设二维连续随机变量$(X,Y)$的联合概率密度函数为$f(x,y)$，联合分布函数为$F(x,y)$，$X$的分布函数和概率密度函数分别为$F_X(x),f_X(x)$，$Y$的分布函数和概率密度函数分别为$F_Y(y),f_Y(y)$．因为

$$F_X(x)=F(x,+\infty)=\int_{-\infty}^{x}\left(\int_{-\infty}^{+\infty}f(s,t)\,\mathrm{d}t\right)\mathrm{d}s, \tag{4.2.5}$$

又有

$$F_X(x)=\int_{-\infty}^{x}f_X(s)\,\mathrm{d}s, \tag{4.2.6}$$

比较(4.2.5)和(4.2.6)，得到

$$f_X(x)=\int_{-\infty}^{+\infty}f(x,y)\,\mathrm{d}y. \tag{4.2.7}$$

同理，有

$$f_Y(y)=\int_{-\infty}^{+\infty}f(x,y)\,\mathrm{d}x. \tag{4.2.8}$$

相对于$X$和$Y$的联合概率密度函数，称$f_X(x)$为$X$**的边缘概率密度函数**，$f_Y(y)$为$Y$**的边缘概率密度函数**. (4.2.7)和(4.2.8)给出了由$X$和$Y$的联合概率密度函数求$X$和$Y$的边缘概率密度函数的公式.

**例 4.2.3**　设二维随机变量$(X,Y)$的联合概率密度函数为

$$f(x,y)=\begin{cases}4.8y(2-x), & 0<x<1,0<y<x,\\ 0, & \text{其他}.\end{cases}$$

求：(1) 边缘概率密度函数$f_X(x)$，$f_Y(y)$；(2) $P\left\{X<\dfrac{1}{2}\right\}$.

**解**　首先识别$f(x,y)$的非零区域，如图 4.2.1 所示.

(1) 先求 $f_X(x)$：当 $x\leqslant 0$ 或 $x\geqslant 1$ 时，因为 $f(x,y)=0$，所以有 $f_X(x)=0$.而当 $0<x<1$ 时，

$$f_X(x)=\int_{-\infty}^{+\infty}f(x,y)\mathrm{d}y=\int_0^x 4.8y(2-x)\mathrm{d}y=2.4x^2(2-x).$$

所以 $f_X(x)=\begin{cases}2.4x^2(2-x), & 0<x<1,\\ 0, & \text{其他}.\end{cases}$

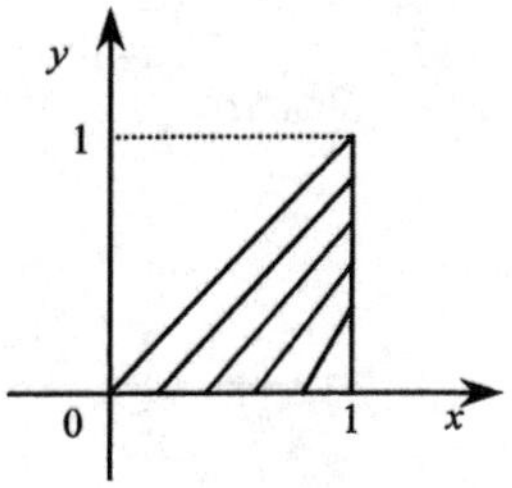


图 4.2.1 $f(x,y)$ 的非零区域

再求 $f_Y(y)$：当 $y\leqslant 0$ 或 $y\geqslant 1$ 时，因为 $f(x,y)=0$，所以有 $f_Y(y)=0$．而当 $0<y<1$ 时，

$$f_Y(y)=\int_{-\infty}^{+\infty}f(x,y)\,\mathrm{d}x=\int_y^1 4.8y(2-x)\,\mathrm{d}x=2.4y(3-4y+y^2).$$

所以 $f_Y(y)=\begin{cases}2.4y(3-4y+y^2), & 0<y<1,\\ 0, & \text{其他}.\end{cases}$

(2) 要求的是 $X<\dfrac{1}{2}$ 的概率，仅涉及 $X$ 一个随机变量，而 $X$ 的概率密度函数已知，所以可以用它的概率密度函数来求，

$$P\left\{X<\frac{1}{2}\right\}=\int_{-\infty}^{1/2}f_X(x)\,\mathrm{d}x=\int_0^{1/2}2.4x^2(2-x)\,\mathrm{d}x=\frac{13}{80}.$$

这里需要注意的是，也可以直接用 $(X,Y)$ 的联合概率密度函数 $f(x,y)$ 来求 $P\left\{X<\dfrac{1}{2}\right\}$.

因为 $\left\{X<\dfrac{1}{2}\right\}=\left\{X<\dfrac{1}{2},-\infty<Y<+\infty\right\}$，所以

$$\begin{aligned}P\left\{X<\frac{1}{2}\right\}&=P\left\{X<\frac{1}{2},-\infty<Y<+\infty\right\}=\int_{-\infty}^{1/2}\left(\int_{-\infty}^{+\infty}f(x,y)\,\mathrm{d}y\right)\mathrm{d}x\\&=\int_0^{1/2}\left(\int_0^x 4.8y(2-x)\,\mathrm{d}y\right)\mathrm{d}x=\frac{13}{80}.\end{aligned}$$

两种方法所求结果是相同的.

**例 4.2.4** 设 $(X,Y)\sim N(\mu_1,\mu_2,\sigma_1^2,\sigma_2^2,\rho)$，求 $X$ 和 $Y$ 的边缘概率密度函数.

**解** $f_X(x)=\int_{-\infty}^{+\infty}f(x,y)\,\mathrm{d}y$，将 $f(x,y)$ 中与 $y$ 无关的部分提到积分号外，将余下部分的指数部分对 $y$ 配方，有

$$f_X(x)=\frac{1}{2\pi\sigma_1\sigma_2\sqrt{1-\rho^2}}\exp\left\{-\frac{(x-\mu_1)^2}{2\sigma_1^2}\right\}\int_{-\infty}^{+\infty}\exp\left\{-\frac{1}{2(1-\rho^2)}\left(\frac{y-\mu_2}{\sigma_2}-\rho\frac{x-\mu_1}{\sigma_1}\right)^2\right\}\mathrm{d}y$$

令$t=\dfrac{1}{\sqrt{1-\rho^2}}\left(\dfrac{y-\mu_2}{\sigma_2}-\rho\dfrac{x-\mu_1}{\sigma_1}\right)$，有

$$f_X(x)=\frac{1}{2\pi\sigma_1}\exp\left\{-\frac{(x-\mu_1)^2}{2\sigma_1^2}\right\}\int_{-\infty}^{+\infty}\exp\left\{-\frac{t^2}{2}\right\}\mathrm{d}t=\frac{1}{\sqrt{2\pi}\sigma_1}\exp\left\{-\frac{(x-\mu_1)^2}{2\sigma_1^2}\right\},\quad x\in\mathbf{R}.$$

同理，

$$f_Y(y)=\frac{1}{\sqrt{2\pi}\sigma_2}\exp\left\{-\frac{(y-\mu_2)^2}{2\sigma_2^2}\right\},\quad y\in\mathbf{R}.$$

这里可以看到，二维正态分布的两个边缘分布都是一维正态分布，即若$(X,Y)\sim N(\mu_1,\mu_2,\sigma_1^2,\sigma_2^2,\rho)$，则$X\sim N(\mu_1,\sigma_2^2)$，$Y\sim N(\mu_2,\sigma_2^2)$，边缘分布都与$\rho$没有关系. 也就是说，对于给定的$\mu_1,\mu_2,\sigma_1^2,\sigma_2^2$，不同的$\rho$对应不同的二维正态分布，但它们的边缘分布却是一样的.

这一事实再次表明，联合分布可以唯一确定边缘分布，而边缘分布却不能确定联合分布，即联合分布包含了边缘分布所没有的信息. 所以研究二维随机变量，不仅要研究其边缘分布，更要重视研究两个随机变量之间的相依关系.

设$(X_1,X_2,\cdots,X_n)$是$n$维随机变量，其联合分布函数为$F(x_1,x_2,\cdots,x_n)$.要获得$(X_1,X_2,\cdots,X_n)$中某些分量的边缘分布函数，类似于二维场合，只要令$F(x_1,x_2,\cdots,x_n)$中的其余分量趋于$+\infty$就可以了. 例如，由$F(x_1,x_2,\cdots,x_n)$可得分量$X_1,X_3$的联合分布函数为

$$F_{(X_1,X_3)}(x_1,x_3)=F(x_1,+\infty,x_3,+\infty,\cdots,+\infty).$$

当然，这里$X_1,X_3$的联合分布函数相对于$F(x_1,x_2,\cdots,x_n)$来说也是边缘分布函数.

类似地，若要求$n$维离散随机变量$(X_1,X_2,\cdots,X_n)$中某些分量的边缘分布律.只要将联合分布律对其余分量的所有取值求和即可. 若要求$n$维连续随机变量$(X_1,X_2,\cdots,X_n)$中某些分量的边缘概率密度函数，只需将联合密度函数$f(x_1,x_2,\cdots,x_n)$对其余分量从$-\infty$到$+\infty$求定积分即可.

### 习 题 4.2

1. 已知二维离散随机变量 $(X,Y)$ 的联合分布律为

| X \ Y | 0 | 1 | 2 |
|---|---|---|---|
| 0 | 1/4 | 1/6 | $c$ |
| 1 | 1/4 | 1/8 | 1/12 |

(1) 确定常数 $c$;

(2) 求 $X$ 与 $Y$ 的边缘分布律.

2. 设二维离散随机变量$(X, Y)$的联合分布律为

$$P\{X=n,Y=m\}=\frac{\lambda^n p^m(1-p)^{n-m}}{m!(n-m)!}\cdot \mathrm{e}^{-\lambda},$$

$\lambda>0, 0<p<1$, $m=0,1,\cdots,n; n=0,1,2,\cdots$. 求 $X$ 与 $Y$ 的边缘分布律.

3. 设二维随机变量$(X, Y)$的联合概率密度函数为 $f(x,y)=\begin{cases}\mathrm{e}^{-y}, & 0<x<y,\\ 0, & \text{其他}.\end{cases}$ 求 $X$ 与 $Y$ 的边缘概率密度函数.

4. 设二维随机变量$(X, Y)$的联合概率密度函数为 $f(x,y)=\begin{cases}6, & x^2\leqslant y\leqslant x,\\ 0, & \text{其他}.\end{cases}$ 求 $X$ 与 $Y$ 的边缘概率密度函数, 并计算 $P\left\{X>\frac{1}{3}\right\}$.

5. 如果 $(X,Y)$ 服从矩形 $D=\{(x,y)|a<x<b,c<y<d\}$ 上的二维均匀分布, 试证明: $X$ 服从区间 $(a,b)$ 上的均匀分布, $Y$ 服从区间 $(c,d)$ 上的均匀分布.

## *4.3 条 件 分 布

第 1 章介绍了条件概率的概念, 这是对随机事件而言的. 本节将讨论随机变量的条件分布. 对二维随机变量 $(X,Y)$, 所谓随机变量 $X$ 的条件分布是指给定 $Y$ 取某个值或某些值的条件下 $X$ 的分布. 类似地, 也可以定义 $Y$ 的条件分布.

研究条件分布有助于了解随机变量之间的相依关系. 例如, 在一个特定人群中随机挑选一人, 分别用 $X$ 和 $Y$ 记此人的身高和体重, 则 $(X,Y)$ 是二维随机变量, $X$ 和 $Y$ 都是一维随机变量, 它们都有自己的分布. 现在如果限定 $X=1.7\text{m}$, 在这个条件下 $Y$ 的分布和不设这个条件 $Y$ 的分布显然不同. 因为当我们把身高限定在较高的人群中时, $Y$ 取大值的概率显著增加. 因此研究 $Y$ 的条件分布随 $X$ 的取值

而变化的情况, 就能了解身高对体重的影响.

### 4.3.1 离散随机变量的条件分布

设 $(X,Y)$ 为二维离散随机变量, 其联合分布律为

$$P\{X=x_i,Y=y_j\}=p_{ij},\quad i=1,2,3,\cdots;j=1,2,3,\cdots.$$

$X$ 与 $Y$ 的边缘分布律分别为

$$P\{X=x_i\}=p_{i\cdot}=\sum_{j=1}^{+\infty}p_{ij},\qquad i=1,2,3,\cdots,$$

$$P\{Y=y_j\}=p_{\cdot j}=\sum_{i=1}^{+\infty}p_{ij},\qquad j=1,2,3,\cdots.$$

设 $P\{Y=y_j\}=p_{\cdot j}>0$，由条件概率定义,

$$P\{X=x_i|Y=y_j\}=\frac{P\{X=x_i,Y=y_j\}}{P\{Y=y_j\}}=\frac{p_{ij}}{p_{\cdot j}},\quad i=1,2,3,\cdots.$$

**定义 4.3.1**　对一切使 $p_{\cdot j}>0$ 的 $y_j$，称

$$p_{i|j}\triangleq P\{X=x_i|Y=y_j\}=\frac{p_{ij}}{p_{\cdot j}},\quad i=1,2,3,\cdots \tag{4.3.1}$$

为给定 $Y=y_j$ 条件下 $X$ 的**条件分布律**. 同样, 对一切使 $p_{i\cdot}>0$ 的 $x_i$，称

$$p_{j|i}\triangleq P\{Y=y_j|X=x_i\}=\frac{p_{ij}}{p_{i\cdot}},\quad j=1,2,3,\cdots \tag{4.3.2}$$

为给定 $X=x_i$ 条件下 $Y$ 的**条件分布律**.

容易验证, 上述条件分布律同样具有非负性和规范性两条性质. 设 $P\{Y=y\}>0$，在给定 $Y=y$ 条件下, $X$ 的条件分布函数定义为

$$F_{X|Y}(x|y)=P\{X\leqslant x|Y=y\},\quad x\in\mathbf{R}. \tag{4.3.3}$$

类似地, 若 $P\{X=x\}>0$, 在给定 $X=x$ 条件下, $Y$ 的条件分布函数定义为

$$F_{Y|X}(y|x)=P\{Y\leqslant y|X=x\},\quad y\in\mathbf{R}.$$

**例 4.3.1**　某工业机器人在生产过程中需要完成两道工序, 其一是紧固 3 只螺栓, 其二是焊接 2 处焊点. 以 $X$ 表示紧固不合格的螺栓的数目, 以 $Y$ 表示焊接不

合格焊点的数目. 据以往积累的资料知$(X,Y)$的联合分布律和边缘分布律为

| $X$ \ $Y$ | 0 | 1 | 2 | $P\{X=i\}$ |
|---|---|---|---|---|
| 0 | 0.840 | 0.060 | 0.010 | 0.910 |
| 1 | 0.030 | 0.010 | 0.005 | 0.045 |
| 2 | 0.020 | 0.008 | 0.004 | 0.032 |
| 3 | 0.010 | 0.002 | 0.001 | 0.013 |
| $P\{Y=j\}$ | 0.900 | 0.080 | 0.020 | 1.000 |

因为$P\{Y=0\}=0.900$，用第一列概率分别除以 0.900, 就可以得到给定$Y=0$条件下，$X$的条件分布律为

| $X\|Y=0$ | 0 | 1 | 2 | 3 |
|---|---|---|---|---|
| $P$ | $\frac{14}{15}$ | $\frac{1}{30}$ | $\frac{1}{45}$ | $\frac{1}{90}$ |

因为$P\{Y=2\}=0.020$，所以用第三列概率分别除以 0.020, 就可以得到给定$Y=2$条件下$X$的条件分布律

| $X\|Y=2$ | 0 | 1 | 2 | 3 |
|---|---|---|---|---|
| $P$ | $\frac{1}{2}$ | $\frac{1}{4}$ | $\frac{1}{5}$ | $\frac{1}{20}$ |

比较两个表格中的数据可以发现，当不合格焊点的数目变大(即$Y$变大)时，会导致紧固不合格的螺栓数目取大值(即$X$取大值)的概率增加.

### 4.3.2 连续随机变量的条件分布

设$(X,Y)$为二维连续随机变量，其联合概率密度函数为$f(x,y)$，边缘概率密度函数为$f_X(x),f_Y(y)$.下面从给定$Y=y$条件下，$X$的条件分布函数入手去讨论$X$的条件概率密度函数. 在离散随机变量场合，给定$Y=y$条件下，$X$的条件分布函数为$F_{X|Y}(x|y)=P\{X\leqslant x|Y=y\}$.而在连续随机变量场合，连续随机变量取某个值的概率为零，即$P\{Y=y\}=0$，所以无法直接计算$P\{X\leqslant x|Y=y\}$，这时采用极限的方法来处理.

给定$Y=y$，设对于任意固定的正数$\varepsilon$，$P\{y-\varepsilon<Y\leqslant y+\varepsilon\}>0$，定义

$$F_{X|Y}(x|y)=\lim_{\varepsilon\to 0^+}P\{X\leqslant x|y-\varepsilon<Y\leqslant y+\varepsilon\}.$$

又设 $f(x,y), f_Y(y)$ 在 $y$ 处连续，于是

$$
\begin{aligned}
F_{X|Y}(x|y) &= \lim_{\varepsilon\to 0^+} P\{X \leqslant x | y-\varepsilon < Y \leqslant y+\varepsilon\} \\
&= \lim_{\varepsilon\to 0^+} \frac{P\{X \leqslant x, y-\varepsilon < Y \leqslant y+\varepsilon\}}{P\{y-\varepsilon < Y \leqslant y+\varepsilon\}} \\
&= \lim_{\varepsilon\to 0^+} \frac{F(x,y+\varepsilon)-F(x,y-\varepsilon)}{F_Y(y+\varepsilon)-F_Y(y-\varepsilon)} \\
&= \frac{\lim\limits_{\varepsilon\to 0^+} \dfrac{F(x,y+\varepsilon)-F(x,y-\varepsilon)}{2\varepsilon}}{\lim\limits_{\varepsilon\to 0^+} \dfrac{F_Y(y+\varepsilon)-F_Y(y-\varepsilon)}{2\varepsilon}} \\
&= \frac{\dfrac{\partial F(x,y)}{\partial y}}{\dfrac{\mathrm{d}F_Y(y)}{\mathrm{d}y}} = \frac{\int_{-\infty}^{x} f(u,y)\mathrm{d}u}{f_Y(y)} = \int_{-\infty}^{x} \frac{f(u,y)}{f_Y(y)}\mathrm{d}u.
\end{aligned}
$$

至此，可以定义连续随机变量的条件分布如下：

**定义 4.3.2** 对一切使 $f_Y(y)>0$ 的 $y$，给定 $Y=y$ 条件下 $X$ 的条件分布函数和条件概率密度函数分别为

$$F_{X|Y}(x|y) = \int_{-\infty}^{x} \frac{f(u,y)}{f_Y(y)}\mathrm{d}u, \tag{4.3.4}$$

$$f_{X|Y}(x|y) = \frac{f(x,y)}{f_Y(y)}. \tag{4.3.5}$$

类似地，对一切使 $f_X(x)>0$ 的 $x$，给定 $X=x$ 条件下 $Y$ 的条件分布函数和条件概率密度函数分别为

$$F_{Y|X}(y|x) = \int_{-\infty}^{y} \frac{f(x,v)}{f_X(x)}\mathrm{d}v, \tag{4.3.6}$$

$$f_{Y|X}(y|x) = \frac{f(x,y)}{f_X(x)}. \tag{4.3.7}$$

**例 4.3.2** 设 $(X,Y)$ 服从单位圆 $\{(x,y): x^2+y^2 \leqslant 1\}$ 上的均匀分布，试求给定 $Y=y$ 条件下 $X$ 的条件概率密度函数 $f_{X|Y}(x|y)$.

**解** 由定义 4.1.5,可以写出 $(X,Y)$ 的联合概率密度函数为

$$f(x,y)=\begin{cases}\dfrac{1}{\pi}, & x^2+y^2\leqslant 1,\\ 0, & \text{其他}.\end{cases}$$

由此得$Y$的边缘概率密度函数为

$$f_Y(y)=\int_{-\infty}^{+\infty}f(x,y)\mathrm{d}x=\begin{cases}\dfrac{1}{\pi}\displaystyle\int_{-\sqrt{1-y^2}}^{\sqrt{1-y^2}}\mathrm{d}x, & -1\leqslant y\leqslant 1,\\ 0, & \text{其他}\end{cases}=\begin{cases}\dfrac{2\sqrt{1-y^2}}{\pi}, & -1\leqslant y\leqslant 1,\\ 0, & \text{其他}.\end{cases}$$

所以当$-1<y<1$时，给定$Y=y$条件下$X$的条件概率密度函数为

$$f_{X|Y}(x|y)=\frac{f(x,y)}{f_Y(y)}=\begin{cases}\dfrac{1}{2\sqrt{1-y^2}}, & -\sqrt{1-y^2}\leqslant x\leqslant\sqrt{1-y^2},\\ 0, & \text{其他}.\end{cases}$$

当$y\leqslant -1$或者$y\geqslant 1$时，$f_{X|Y}(x|y)$不存在.

把$y=0$和$y=0.5$分别代入上式可得

$$f_{X|Y}(x|y=0)=\begin{cases}\dfrac{1}{2}, & -1\leqslant x\leqslant 1,\\ 0, & \text{其他},\end{cases}\qquad f_{X|Y}(x|y=0.5)=\begin{cases}\dfrac{1}{\sqrt{3}}, & -\dfrac{\sqrt{3}}{2}\leqslant x\leqslant\dfrac{\sqrt{3}}{2},\\ 0, & \text{其他}.\end{cases}$$

这分别是$[-1,1]$和$\left[-\dfrac{\sqrt{3}}{2},\dfrac{\sqrt{3}}{2}\right]$上的均匀分布. 一般有，当$-1<y<1$时，给定$Y=y$条件下，$X$服从$(-\sqrt{1-y^2},\sqrt{1-y^2})$上的均匀分布. 同理有：当$-1<x<1$时，给定$X=x$条件下，$Y$服从$(-\sqrt{1-x^2},\sqrt{1-x^2})$上的均匀分布.

**例 4.3.3** 设二维连续随机变量$(X,Y)$的联合概率密度函数为

$$f(x,y)=\begin{cases}\dfrac{21}{4}x^2y, & x^2\leqslant y\leqslant 1,\\ 0, & \text{其他}.\end{cases}$$

求条件概率 (1) $P\{X\geqslant 0|Y<0.25\}$； (2) $P\{Y\geqslant 0.75|X=0.5\}$.

**解** (1) 联合密度函数$f(x,y)$的非零区域为$G=\{(x,y):x^2\leqslant y\leqslant 1\}$，设区域$G_1=\{(x,y):x\geqslant 0,y<0.25\}$，区域$G_2=\{(x,y):y<0.25\}$，由条件概率公式得

$$P\{X \geqslant 0|Y<0.25\}=\frac{P\{X \geqslant 0, Y<0.25\}}{P\{Y<0.25\}}=\frac{\iint\limits_{G_1 \cap G} f(x, y) \mathrm{d} x \mathrm{d} y}{\iint\limits_{G_2 \cap G} f(x, y) \mathrm{d} x \mathrm{d} y}$$

$$=\frac{\int_0^{0.5}\left(\int_{x^2}^{0.25} \frac{21}{4} x^2 y \mathrm{d} y\right) \mathrm{d} x}{\int_{-0.5}^{0.5}\left(\int_{x^2}^{0.25} \frac{21}{4} x^2 y \mathrm{d} y\right) \mathrm{d} x}=0.5.$$

(2) 因为连续随机变量 $X$ 等于任意常数的概率为 0，所以计算 $P\{Y \geqslant 0.75|X=0.5\}$ 不能直接用条件概率公式计算，而是要先计算在 $X=0.5$ 条件下，$Y$ 的条件概率密度函数. 为此先求 $X$ 的边缘概率密度函数.

$$f_X(x)=\int_{-\infty}^{+\infty} f(x, y) \mathrm{d} y=\begin{cases}\int_{x^2}^1 \frac{21}{4} x^2 y \mathrm{d} y, & -1 \leqslant x \leqslant 1, \\ 0, & \text{其他}\end{cases}=\begin{cases}\frac{21}{8} x^2\left(1-x^4\right), & -1 \leqslant x \leqslant 1, \\ 0, & \text{其他}.\end{cases}$$

当 $-1<x<1$ 时，$Y$ 的条件概率密度函数为

$$f_{Y|X}(y|x)=\frac{f(x, y)}{f_X(x)}=\begin{cases}\frac{2 y}{1-x^4}, & x^2 \leqslant y \leqslant 1, \\ 0, & \text{其他}.\end{cases}$$

把 $x=0.5$ 代入上式有 $f_{Y|X}(y|x=0.5)=\begin{cases}\frac{32 y}{15}, & \frac{1}{4} \leqslant y \leqslant 1, \\ 0, & \text{其他}.\end{cases}$

因此 $P\{Y \geqslant 0.75|X=0.5\}=\int_{0.75}^1 \frac{32 y}{15} \mathrm{d} y=\frac{7}{15}$.

**例 4.3.4**　设随机变量 $X$ 的概率密度函数为

$$f_X(x)=\begin{cases}5 x^4, & 0<x<1, \\ 0, & \text{其他}.\end{cases}$$

在给定 $X=x$ 条件下，随机变量 $Y$ 的条件概率密度函数为

$$f_{Y|X}(y|x)=\begin{cases}\frac{3 y^2}{x^3}, & 0<y<x<1, \\ 0, & \text{其他}.\end{cases}$$

求随机变量 $Y$ 的概率密度函数 $f_Y(y)$，并计算 $P\{Y>0.5\}$.

**解** 由(4.3.7)不难推知

$$f(x,y)=f_X(x)f_{Y|X}(y|x), \tag{4.3.8}$$

所以 $(X,Y)$ 的联合概率密度函数为

$$f(x,y)=f_X(x)f_{Y|X}(y|x)=\begin{cases}15xy^2, & 0<y<x<1,\\ 0, & \text{其他}.\end{cases}$$

因此 $Y$ 的概率密度函数为

$$f_Y(y)=\int_{-\infty}^{+\infty}f(x,y)\,\mathrm{d}x=\begin{cases}\int_y^1 15xy^2\,\mathrm{d}x, & 0<y<1,\\ 0, & \text{其他}\end{cases}=\begin{cases}7.5y^2(1-y^2), & 0<y<1,\\ 0, & \text{其他}.\end{cases}$$

进一步计算可得

$$P\{Y>0.5\}=\int_{0.5}^1 7.5y^2(1-y^2)\,\mathrm{d}y=\frac{47}{64}.$$

## 习 题 4.3

1. 设 $(X,Y)$ 的联合分布律为

| $X$ \ $Y$ | 1 | 2 | 3 |
|---|---|---|---|
| 1 | 0.1 | 0.3 | 0.2 |
| 2 | 0.2 | 0.05 | 0.15 |

求: (1) 给定 $X=1$ 的条件下，$Y$ 的条件分布律；(2) 给定 $Y=2$ 的条件下，$X$ 的条件分布律.

2. 以 $X$ 记某医院一天内诞生婴儿个数，以 $Y$ 记其中男婴个数. 设 $X$ 与 $Y$ 的联合分布律为

$$P\{X=n,Y=m\}=\frac{\mathrm{e}^{-14}(7.14)^m(6.86)^{n-m}}{m!(n-m)!},\quad m=0,1,\cdots,n;\ n=0,1,2,\cdots.$$

求条件分布律 $P\{Y=m|X=n\}, m=0,1,\cdots,n.$

3. 设二维随机变量 $(X,Y)$ 的联合概率密度函数为

$$f(x,y)=\begin{cases}1, & 0<x<1,|y|<x,\\ 0, & \text{其他}.\end{cases}$$

求条件概率密度函数 $f_{X|Y}(x|y)$，$f_{Y|X}(y|x)$.

4. 设随机变量 $X$ 和 $Y$ 的联合概率密度函数为

$$f(x,y)=\begin{cases}8xy, & 0\leqslant x\leqslant 1, 0\leqslant y\leq x,\\ 0, & \text{其他}.\end{cases}$$

计算 $P\left\{Y>\dfrac{1}{4}\middle|X=\dfrac{1}{3}\right\}$.

5. 设随机变量 $X$ 服从(0,1)上的均匀分布. 已知 $\{X=x\}$ $(0<x<1)$ 时, $Y$ 服从 $(x,1)$ 上的均匀分布, 求 $(X,Y)$ 的联合概率密度函数和 $Y$ 的边缘概率密度函数.

## 4.4　随机变量的独立性

第 1 章讨论了随机事件的相互独立性. 现在把两个事件相互独立的概念推广为两个随机变量相互独立的概念.

**定义 4.4.1**　设二维随机变量$(X, Y)$的联合分布函数为 $F(x,y)$, $X$ 和 $Y$ 的边缘分布函数分别为 $F_X(x)$ 和 $F_Y(y)$.若对任意实数 $x,y$ 有

$$F(x,y)=F_X(x)F_Y(y) \tag{4.4.1}$$

或

$$P\{X\leqslant x,Y\leqslant y\}=P\{X\leqslant x\}\cdot P\{Y\leqslant y\},$$

则称随机变量 **$X$ 与 $Y$ 相互独立**.

可以看到, $X$ 与 $Y$ 相互独立是指对任意实数 $x,y$, 随机事件 $\{X\leqslant x\}$ 与 $\{Y\leqslant y\}$ 相互独立.

设 $(X,Y)$ 为二维离散随机变量, 其所有可能取的值为 $(x_i,y_j)$, $i=1,2,3,\cdots$, $j=1,2,3,\cdots$, 则 $X$ 与 $Y$ 相互独立的条件可等价地写为

$$P\{X=x_i,Y=y_j\}=P\{X=x_i\}P\{Y=y_j\},\quad i,j=1,2,3,\cdots. \tag{4.4.2}$$

若 $(X,Y)$ 为二维连续随机变量, $(X,Y)$ 的联合概率密度函数为 $f(x,y)$, $X$ 和 $Y$ 的边缘概率密度函数分别为 $f_X(x),f_Y(y)$, 则 $X$ 与 $Y$ 相互独立的条件可等价地写为: 对任意实数 $x,y$ 几乎处处有

$$f(x,y)=f_X(x)f_Y(y). \tag{4.4.3}$$

**例 4.4.1**　若 $(X,Y)$ 具有联合分布律

| X \ Y | 1 | 2 | $P\{X=i\}$ |
|---|---|---|---|
| 0 | 1/6 | 1/6 | 1/3 |
| 1 | 2/6 | 2/6 | 2/3 |
| $P\{Y=j\}$ | 1/2 | 1/2 | 1 |

则有

$$P\{X=0,Y=1\}=\frac{1}{6}=P\{X=0\}P\{Y=1\},$$

$$P\{X=0,Y=2\}=\frac{1}{6}=P\{X=0\}P\{Y=2\},$$

$$P\{X=1,Y=1\}=\frac{2}{6}=P\{X=1\}P\{Y=1\},$$

$$P\{X=1,Y=2\}=\frac{2}{6}=P\{X=1\}P\{Y=2\},$$

因此 $X$ 与 $Y$ 相互独立.

再如, 在例 4.2.2 中, 由于 $P\{X=0,Y=0\}=0.09\neq P\{X=0\}P\{Y=0\}$, 所以 $X$ 与 $Y$ 不是相互独立的.

**例 4.4.2** 设 $(X,Y)$ 的联合概率密度函数为 $f(x,y)=\begin{cases}8xy, & 0\leqslant x\leqslant y\leqslant 1,\\ 0, & \text{其他,}\end{cases}$ 试判断 $X$ 与 $Y$ 是否相互独立?

**解** 由式(4.4.3), 为判断 $X$ 与 $Y$ 是否相互独立, 只需看 $X$ 与 $Y$ 的边缘概率密度函数的乘积是否等于 $X$ 与 $Y$ 的联合概率密度函数, 为此先求 $X$ 与 $Y$ 的边缘概率密度函数.

$$f_X(x)=\int_{-\infty}^{+\infty}f(x,y)\,\mathrm{d}y=\begin{cases}\int_x^1 8xy\,\mathrm{d}y, & 0\leqslant x\leqslant 1,\\ 0, & \text{其他}\end{cases}=\begin{cases}4x(1-x^2), & 0\leqslant x\leqslant 1,\\ 0, & \text{其他,}\end{cases}$$

$$f_Y(y)=\int_{-\infty}^{+\infty}f(x,y)\,\mathrm{d}x=\begin{cases}\int_0^y 8xy\,\mathrm{d}x, & 0\leqslant y\leqslant 1,\\ 0, & \text{其他}\end{cases}=\begin{cases}4y^3, & 0\leqslant y\leqslant 1,\\ 0, & \text{其他.}\end{cases}$$

由此得 $f(x,y)\neq f_X(x)f_Y(y)$, 所以 $X$ 与 $Y$ 不相互独立.

**例 4.4.3** 设 $(X,Y)\sim N(\mu_1,\mu_2,\sigma_1^2,\sigma_2^2,\rho)$, 试考察 $X$ 与 $Y$ 的独立性.

**解**　设 $X$ 与 $Y$ 的联合概率密度函数为 $f(x,y)$，$X$ 与 $Y$ 的边缘概率密度函数分别为 $f_X(x), f_Y(y)$，由式(4.1.14)知

$$f(x,y)=\frac{1}{2\pi\sigma_1\sigma_2\sqrt{1-\rho^2}}\exp\left\{-\frac{1}{2(1-\rho^2)}\left[\frac{(x-\mu_1)^2}{\sigma_1^2}-2\rho\frac{(x-\mu_1)(y-\mu_2)}{\sigma_1\sigma_2}+\frac{(y-\mu_2)^2}{\sigma_2^2}\right]\right\},$$

由例 4.2.4 知

$$\begin{aligned}f_X(x)f_Y(y)&=\frac{1}{\sqrt{2\pi}\sigma_1}\exp\left[-\frac{(x-\mu_1)^2}{2\sigma_1^2}\right]\cdot\frac{1}{\sqrt{2\pi}\sigma_2}\exp\left[-\frac{(y-\mu_2)^2}{2\sigma_2^2}\right]\\&=\frac{1}{2\pi\sigma_1\sigma_2}\exp\left\{-\frac{1}{2}\left[\frac{(x-\mu_1)^2}{\sigma_1^2}+\frac{(y-\mu_2)^2}{\sigma_2^2}\right]\right\}.\end{aligned}$$

比较 $f(x,y)$ 与 $f_X(x)\cdot f_Y(y)$ 可知，若 $\rho=0$，则对于任意 $x,y$ 有 $f(x,y)=f_X(x)\cdot f_Y(y)$，即 $X$ 与 $Y$ 相互独立. 反之，若 $X$ 与 $Y$ 相互独立，则对所有 $x,y$ 有 $f(x,y)=f_X(x)\cdot f_Y(y)$，特别，令 $x=\mu_1, y=\mu_2$ 得到 $f(\mu_1,\mu_2)=f_X(\mu_1)f_Y(\mu_2)$，即

$$\frac{1}{2\pi\sigma_1\sigma_2\sqrt{1-\rho^2}}=\frac{1}{2\pi\sigma_1\sigma_2},$$

从而 $\rho=0$.

综上所述，对于二维正态随机变量$(X, Y)$，$X$ 与 $Y$ 相互独立的充要条件是 $\rho=0$.

不难把独立性的定义推广到任意有限维随机变量.

**定义 4.4.2**　设 $n$ 维随机变量 $(X_1,X_2,\cdots,X_n)$ 的分布函数为 $F(x_1,x_2,\cdots,x_n)$，$F_{X_i}(x_i)$ 为 $X_i$ 的分布函数. 如果对任意 $n$ 个实数 $x_1,x_2,\cdots,x_n$，有

$$F(x_1,x_2,\cdots,x_n)=F_{X_1}(x_1)\cdot F_{X_2}(x_2)\cdot\cdots\cdot F_{X_n}(x_n),\tag{4.4.4}$$

则称 $X_1,X_2,\cdots,X_n$ 相互独立.

**定义 4.4.3**　如果对所有的 $x_1,x_2,\cdots,x_m$； $y_1,y_2,\cdots,y_n$，有

$$F(x_1,x_2,\cdots,x_m,y_1,y_2,\cdots,y_n)=F_1(x_1,x_2,\cdots,x_m)\cdot F_2(y_1,y_2,\cdots,y_n),$$

其中 $F,F_1,F_2$ 分别为随机向量 $(X_1,X_2,\cdots,X_m,Y_1,Y_2,\cdots,Y_n)$，$(X_1,X_2,\cdots,X_m)$，$(Y_1,Y_2,\cdots,Y_n)$ 的联合分布函数，则称随机向量 $(X_1,X_2,\cdots,X_m)$ 和 $(Y_1,Y_2,\cdots,Y_n)$ 相互

独立.

下面我们不加证明地给出一个在概率论与数理统计中很有用的结论:

**定理 4.4.1**　设 $(X_1, X_2, \cdots, X_m)$ 和 $(Y_1, Y_2, \cdots, Y_n)$ 相互独立, 则 $X_i(i=1,2,\cdots,m)$ 和 $Y_j(j=1,2,\cdots,n)$ 相互独立. 又若 $h(\cdot), g(\cdot)$ 是连续函数, 则 $h(X_1, X_2, \cdots, X_m)$ 和 $g(Y_1, Y_2, \cdots, Y_n)$ 相互独立.

## 习　题　4.4

1. 设 $(X,Y)$ 的联合分布律为

| $X \backslash Y$ | 1 | 2 | 3 |
|---|---|---|---|
| 1 | 1/6 | 1/9 | 1/18 |
| 2 | 1/3 | $a$ | $b$ |

问 $a, b$ 取何值时, $X$ 与 $Y$ 相互独立?

2. 已知随机变量 $X$ 与 $Y$ 的分布律分别为

| $X$ | $-1$ | 0 | 1 |
|---|---|---|---|
| $p_{i\cdot}$ | 1/4 | 1/2 | 1/4 |

| $Y$ | 0 | 1 |
|---|---|---|
| $p_{\cdot j}$ | 1/2 | 1/2 |

(1) 若已知 $X$ 与 $Y$ 相互独立, 求 $(X,Y)$ 的联合分布律;

(2) 若已知 $P\{X \cdot Y = 0\} = 1$, 求 $(X,Y)$ 的联合分布律.

3. 设二维随机变量 $(X,Y)$ 的联合概率密度函数为

$$f(x,y) = \begin{cases} 3x, & 0 < x < 1, 0 < y < x, \\ 0, & \text{其他}. \end{cases}$$

试判断 $X$ 与 $Y$ 是否相互独立?

4. 设 $X$ 与 $Y$ 相互独立, 且 $X \sim \mathrm{Exp}(\lambda)(\lambda > 0), Y \sim \mathrm{Exp}(\mu)(\mu > 0)$, 令

$$Z = \begin{cases} 1, & X \leqslant Y, \\ 0, & X \geqslant Y. \end{cases}$$

求 $Z$ 的分布律.

*5. 设三维随机变量 $(X_1, X_2, X_3)$ 的联合概率密度函数为

$$f(x_1, x_2, x_3) = \begin{cases} \mathrm{e}^{-(x_1 + x_2 + x_3)}, & x_1 > 0, x_2 > 0, x_3 > 0, \\ 0, & \text{其他}. \end{cases}$$

求 $X_1, X_2, X_3$ 的边缘概率密度函数, 并判断它们是否相互独立.

# 4.5　多维随机变量函数的分布

设$(X,Y)$为二维随机变量，若$Z=g(X,Y)$，则$Z$是一维随机变量．本节讨论如何由$(X,Y)$的分布求出$Z$的分布．这部分内容丰富，技巧性也很强，一些结论在数理统计中有很重要的应用．本节主要对二维随机变量的几种简单函数的分布情况进行讨论．

## 4.5.1　二维离散随机变量函数的分布

设$(X, Y)$为二维离散随机变量，则$Z=g(X,Y)$为一维离散随机变量．当$(X, Y)$所有可能取值较少时，可将$Z$的取值一一列出，然后再合并整理即可．当$(X, Y)$取值较多或取可列多个值的时候，求$Z$的分布要从$Z$的定义出发来计算．

**例 4.5.1**　设$(X, Y)$的联合分布律为

| $X$ \ $Y$ | $-1$ | 1 | 2 |
|---|---|---|---|
| $-1$ | 5/20 | 2/20 | 6/20 |
| 2 | 3/20 | 1/20 | 3/20 |

试分别求：(1) $Z_1=X+Y$；(2) $Z_2=XY$；(3) $Z_3=\max\{X, Y\}$的分布律．

**解**　将$(X,Y)$以及$(X,Y)$的几个函数的取值及对应概率列于以下同一表中：

| $P\{X=i,Y=j\}$ | $\frac{5}{20}$ | $\frac{2}{20}$ | $\frac{6}{20}$ | $\frac{3}{20}$ | $\frac{3}{20}$ | $\frac{1}{20}$ |
|---|---|---|---|---|---|---|
| $(X,Y)$ | $(-1,-1)$ | $(-1,1)$ | $(-1,2)$ | $(2,-1)$ | $(2,1)$ | $(2,2)$ |
| $Z_1=X+Y$ | $-2$ | 0 | 1 | 1 | 3 | 4 |
| $Z_2=XY$ | 1 | $-1$ | $-2$ | $-2$ | 2 | 4 |
| $Z_3=\max\{X,Y\}$ | $-1$ | 1 | 2 | 2 | 2 | 2 |

整理后可得$Z_1,Z_2,Z_3$的分布律分别为

| $Z_1$ | $-2$ | $0$ | $1$ | $3$ | $4$ |
|---|---|---|---|---|---|
| $P$ | $\frac{5}{20}$ | $\frac{2}{20}$ | $\frac{9}{20}$ | $\frac{3}{20}$ | $\frac{1}{20}$ |

| $Z_2$ | $-2$ | $-1$ | $1$ | $2$ | $4$ |
|---|---|---|---|---|---|
| $P$ | $\frac{9}{20}$ | $\frac{2}{20}$ | $\frac{5}{20}$ | $\frac{3}{20}$ | $\frac{1}{20}$ |

| $Z_3$ | $-1$ | $1$ | $2$ |
|---|---|---|---|
| $P$ | $\frac{5}{20}$ | $\frac{2}{20}$ | $\frac{13}{20}$ |

### 4.5.2 二维连续随机变量函数的分布

1. $Z=X+Y$ 的分布

设 $(X,Y)$ 的联合概率密度函数为 $f(x,y)$，则 $Z=X+Y$ 的分布函数为

$$F_Z(z)=P\{Z\leqslant z\}=\iint\limits_{x+y\leqslant z} f(x,y)\,\mathrm{d}x\,\mathrm{d}y, \tag{4.5.1}$$

这里积分区域是 $G: x+y\leqslant z$，即直线 $x+y=z$ 及其左下方区域，如图 4.5.1 所示.

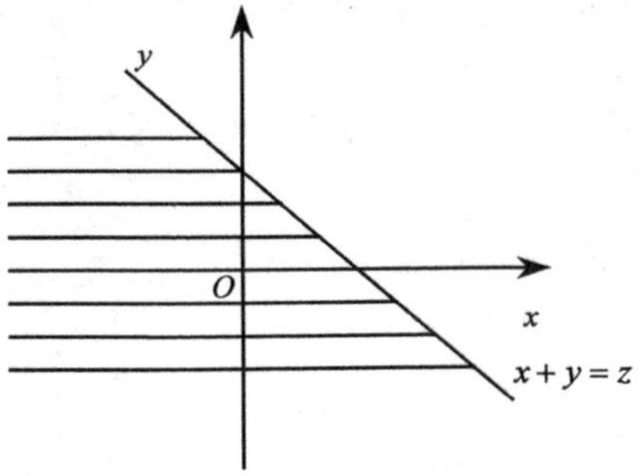


图 4.5.1 $\{x+y\leqslant z\}$ 的区域

将式(4.5.1)化成累次积分得

$$F_Z(z)=\int_{-\infty}^{+\infty}\left(\int_{-\infty}^{z-y} f(x,y)\,\mathrm{d}x\right)\mathrm{d}y,$$

令 $x=u-y$，则

$$F_Z(z)=\int_{-\infty}^{+\infty}\left(\int_{-\infty}^{z} f(u-y,y)\,\mathrm{d}u\right)\mathrm{d}y=\int_{-\infty}^{z}\left(\int_{-\infty}^{+\infty} f(u-y,y)\,\mathrm{d}y\right)\mathrm{d}u .$$

由概率密度函数定义，即得 $Z$ 的概率密度函数为

$$f_Z(z)=\int_{-\infty}^{+\infty} f(z-y,y)\mathrm{d}y\,. \tag{4.5.2}$$

由 $X$ 和 $Y$ 的对称性，$f_Z(z)$ 还可写成

$$f_Z(z)=\int_{-\infty}^{+\infty} f(x,z-x)\mathrm{d}x\,. \tag{4.5.3}$$

(4.5.2)和(4.5.3)是求两个随机变量和的概率密度函数的一般公式. 特别地，当 $X$ 和 $Y$ 相互独立时，设 $X$ 和 $Y$ 的边缘概率密度函数分别为 $f_X(x),f_Y(y)$，则式(4.5.2)和(4.5.3)分别化为

$$f_Z(z)=\int_{-\infty}^{+\infty} f_X(z-y)f_Y(y)\mathrm{d}y\,. \tag{4.5.4}$$

$$f_Z(z)=\int_{-\infty}^{+\infty} f_X(x)f_Y(z-x)\mathrm{d}x\,. \tag{4.5.5}$$

(4.5.4)和(4.5.5)常称为卷积公式. 这里“卷积”是指寻求两个相互独立的随机变量和的分布的一种运算.

**例 4.5.2**　设二维随机变量 $(X,Y)$ 的联合概率密度函数为

$$f(x,y)=\begin{cases}\dfrac{1}{2}(x+y)\mathrm{e}^{-(x+y)}, & x\geqslant 0,y\geqslant 0,\\ 0, & \text{其他}.\end{cases}$$

求 $Z=X+Y$ 的概率密度函数.

**解**　由式(4.5.2) $f_Z(z)=\int_{-\infty}^{+\infty} f(z-y,y)\mathrm{d}y$，这个积分是对函数 $f(z-y,y)$ 中的 $y$ 积分，所以首先根据题设写出 $f(z-y,y)$ 的表达式为

$$f(z-y,y)=\begin{cases}\dfrac{1}{2}[(z-y)+y]\mathrm{e}^{-[(z-y)+y]}, & z-y\geqslant 0,y\geqslant 0,\\ 0, & \text{其他}\end{cases}=\begin{cases}\dfrac{1}{2}z\mathrm{e}^{-z}, & 0\leqslant y\leqslant z,\\ 0, & \text{其他}.\end{cases}$$

该函数的非零区域如图 4.5.2 所示.

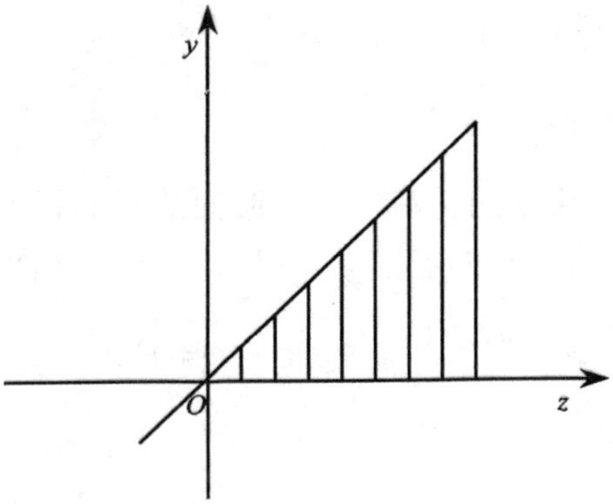


图 4.5.2 $f(z-y,y)$ 的非零区域

所以

$$f_Z(z)=\int_{-\infty}^{+\infty} f(z-y,y)\,\mathrm{d}y=\begin{cases}\displaystyle\int_0^z \frac{1}{2}z\mathrm{e}^{-z}\,\mathrm{d}y, & z\geqslant 0,\\ 0, & \text{其他}\end{cases}=\begin{cases}\dfrac{1}{2}z^2\mathrm{e}^{-z}, & z\geqslant 0,\\ 0, & \text{其他}.\end{cases}$$

从 $Z$ 的概率密度函数知，$Z$ 正好是 $\Gamma(3,1)$ 分布.

**例 4.5.3** 设 $X$ 和 $Y$ 是两个相互独立的随机变量，它们都服从标准正态分布，求 $Z=X+Y$ 的概率密度函数.

**解** 由题意, $X$ 和 $Y$ 的概率密度函数都为 $f(x)=\dfrac{1}{\sqrt{2\pi}}\mathrm{e}^{-x^2/2},x\in\mathbf{R}$，由式(4.5.4),

$$\begin{aligned}f_Z(z)&=\int_{-\infty}^{+\infty} f_X(z-y)f_Y(y)\mathrm{d}y=\frac{1}{2\pi}\int_{-\infty}^{+\infty}\mathrm{e}^{-(z-y)^2/2}\mathrm{e}^{-y^2/2}\mathrm{d}y\\&=\frac{1}{2\pi}\mathrm{e}^{-z^2/4}\int_{-\infty}^{+\infty}\mathrm{e}^{-(y-z/2)^2}\mathrm{d}y,\end{aligned}$$

令 $\dfrac{t}{\sqrt{2}}=y-\dfrac{z}{2}$，则

$$f_Z(z)=\frac{1}{2\pi}\mathrm{e}^{-z^2/4}\int_{-\infty}^{+\infty}\mathrm{e}^{-t^2/2}\frac{1}{\sqrt{2}}\mathrm{d}t=\frac{1}{2\sqrt{\pi}}\mathrm{e}^{-z^2/4}\int_{-\infty}^{+\infty}\frac{1}{\sqrt{2\pi}}\mathrm{e}^{-t^2/2}\mathrm{d}t=\frac{1}{2\sqrt{\pi}}\mathrm{e}^{-z^2/4},\quad z\in\mathbf{R}.$$

这正是正态分布 $N(0,2)$ 的概率密度函数. 此即说明，两个独立的标准正态分布的和的分布仍服从正态分布，且参数是对应的参数之和. 事实上，可以证明更一般的结论：设 $X$ 和 $Y$ 相互独立，且 $X\sim N(\mu_1,\sigma_1^2),Y\sim N(\mu_2,\sigma_2^2)$，$Z=X+Y$，则 $Z\sim N(\mu_1+\mu_2,\sigma_1^2+\sigma_2^2)$. 以后称性质"具有同一类分布的独立随机变量和的分布仍属此类分布"为可加性. 该例说明正态分布具有可加性. 在概率统计中，还有二

项分布、泊松分布、Γ 分布等也具有可加性.

2. 最大、最小值的分布

设 $X,Y$ 是两个相互独立的随机变量，他们的分布函数分别为 $F_X(x),F_Y(y)$，现在来求 $M=\max\{X,Y\}$ 的分布函数 $F_M(z)$ 和 $N=\min\{X,Y\}$ 的分布函数 $F_N(z)$.

$$\begin{aligned}F_M(z)&=P\{M\leqslant z\}=P\{X\leqslant z,Y\leqslant z\}=P\{X\leqslant z\}\cdot P\{Y\leqslant z\}\\&=F_X(z)\cdot F_Y(z),\end{aligned}\tag{4.5.6}$$

$$\begin{aligned}F_N(z)&=1-P\{N>z\}=1-P\{X>z,Y>z\}=1-P\{X>z\}\cdot P\{Y>z\}\\&=1-[1-F_X(z)][1-F_Y(z)].\end{aligned}\tag{4.5.7}$$

特别地，当 $X,Y$ 相互独立且有相同分布函数 $F(x)$ 时，

$$F_M(z)=[F(z)]^2,\tag{4.5.8}$$

$$F_N(z)=1-[1-F(z)]^2.\tag{4.5.9}$$

若 $(X,Y)$ 为连续随机变量，则还由 (4.5.8), (4.5.9) 得到 $M=\max\{X,Y\}$ 和 $N=\min\{X,Y\}$ 的概率密度函数分别为

$$f_M(z)=\frac{\mathrm{d}}{\mathrm{d}z}F_M(z)=2F(z)f(z)\tag{4.5.10}$$

和

$$f_N(z)=\frac{\mathrm{d}}{\mathrm{d}z}F_N(z)=2[1-F(z)]f(z),\tag{4.5.11}$$

这里 $f(x)$ 是 $X,Y$ 共同的概率密度函数.

若 $X_1,X_2,\cdots,X_n$ 独立同分布，其共同的分布函数和概率密度函数分别为 $F(x)$ 和 $f(x)$，则可类似得到 $\max\{X_1,X_2,\cdots,X_n\}$ 和 $\min\{X_1,X_2,\cdots,X_n\}$ 的分布函数分别为

$$F_M(z)=[F(z)]^n,\tag{4.5.12}$$

$$F_N(z)=1-[1-F(z)]^n.\tag{4.5.13}$$

**例 4.5.4**　设 $H_1,H_2$ 是两个独立工作的元件，用 $X,Y$ 分别表示 $H_1,H_2$ 的寿命. 已知

$$X \sim \mathrm{Exp}(\alpha),\quad \alpha > 0;\quad Y \sim \mathrm{Exp}(\beta),\quad \beta > 0.$$

这两个元件分别按串联和并联两种方式联结成系统 $L_1$ 和 $L_2$，如图 4.5.3(a)、(b)所示，请分别在这两种联结方式下写出系统 $L_1$ 和 $L_2$ 寿命 $Z$ 的概率密度函数.

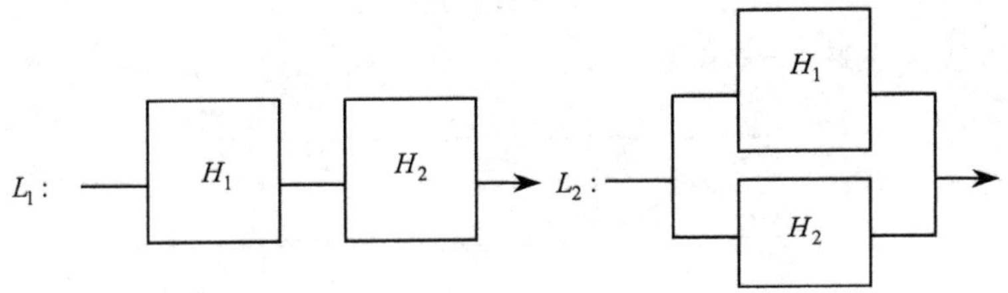


(a) 串联系统示意图　　(b) 并联系统示意图

图 4.5.3

**解**　由题意容易得出 $X,Y$ 的分布函数分别为

$$F_X(x)=\begin{cases}1-\mathrm{e}^{-\alpha x}, & x>0,\\ 0, & 其他,\end{cases}\quad F_Y(y)=\begin{cases}1-\mathrm{e}^{-\beta y}, & y>0,\\ 0, & 其他.\end{cases}$$

当 $H_1,H_2$ 串联时，系统 $L_1$ 正常工作当且仅当 $H_1,H_2$ 都正常工作，所以 $N=\min\{X,Y\}$，由式(4.5.7)，$N$ 的分布函数为

$$F_N(z)=1-[1-F_X(z)][1-F_Y(z)]=\begin{cases}1-\mathrm{e}^{-(\alpha+\beta)z}, & z>0,\\ 0, & 其他.\end{cases}$$

所以 $N$ 的概率密度函数为

$$f_N(z)=\begin{cases}(\alpha+\beta)\mathrm{e}^{-(\alpha+\beta)z}, & z>0,\\ 0, & 其他.\end{cases}$$

这正是参数为 $\alpha+\beta$ 的指数分布，即 $\min\{X,Y\}\sim \mathrm{Exp}(\alpha+\beta)$.

当 $H_1,H_2$ 并联时，系统 $L_2$ 正常工作当且仅当 $H_1,H_2$ 至少有一个正常工作，所以 $M=\max\{X,Y\}$，由式(4.5.6)，$M$ 的分布函数为

$$F_M(z)=F_X(z)\cdot F_Y(z)=\begin{cases}(1-\mathrm{e}^{-\alpha z})(1-\mathrm{e}^{-\beta z}), & z>0,\\ 0, & 其他,\end{cases}$$

所以 $M$ 的概率密度函数为

$$f_M(z)=\begin{cases}\alpha e^{-\alpha x}+\beta e^{-\beta y}-(\alpha+\beta)e^{-(\alpha+\beta)z}, & z>0,\\ 0, & \text{其他}.\end{cases}$$

## 习　题　4.5

1. 已知 $(X,Y)$ 的联合分布律为

| $X$ \ $Y$ | 0 | 1 | 2 |
|---|---|---|---|
| 0 | 0.10 | 0.25 | 0.15 |
| 1 | 0.15 | 0.20 | 0.15 |

求: (1) $Z=X+Y$; (2) $Z=XY$; (3) $Z=\sin\left(\dfrac{\pi(X+Y)}{2}\right)$; (4) $Z=\max\{X,Y\}$ 的分布律.

2. 设 $X$ 与 $Y$ 是相互独立的随机变量, $X\sim B(n_1,p), Y\sim B(n_2,p)$, 求 $Z=X+Y$ 的分布律.

3. 设 $X$ 与 $Y$ 相互独立, 其概率密度函数分别为

$$f_X(x)=\begin{cases}1, & 0\leqslant x\leqslant 1,\\ 0, & \text{其他},\end{cases}\qquad f_Y(y)=\begin{cases}e^{-y}, & y>0,\\ 0, & \text{其他}.\end{cases}$$

试求随机变量 $Z=X+Y$ 的概率密度函数.

4. 如果随机变量 $X_1$ 与 $X_2$ 相互独立, 且 $X_1\sim\Gamma(\alpha_1,\lambda), X_2\sim\Gamma(\alpha_2,\lambda)$, 它们的概率密度函数为

$$f_{X_i}(x)=\begin{cases}\dfrac{\lambda^{\alpha_i}}{\Gamma(\alpha_i)}x^{\alpha_i-1}e^{-\lambda x}, & x\geqslant 0,\\ 0, & x<0,\end{cases}\qquad i=1,2,$$

试证: $X_1+X_2\sim\Gamma(\alpha_1+\alpha_2,\lambda)$.

5. 设 $X$ 与 $Y$ 相互独立且同分布, 其共同的概率密度函数为

$$f(x)=\begin{cases}\dfrac{x}{4}e^{-x^2/8}, & x\geqslant 0,\\ 0, & x<0.\end{cases}$$

$M=\max\{X,Y\}, N=\min\{X,Y\}$, 分别求 $M$ 和 $N$ 的概率密度函数.

6. 设 $X$ 与 $Y$ 相互独立且同分布, 证明:

$$P\{a<\min\{X,Y\}\leqslant b\}=P^2\{X>a\}-P^2\{Y>b\}.$$

7. 设 $X_1,X_2,\cdots,X_n$ 独立同分布, 都服从 $(0,\theta)$ 上的均匀分布, 求 $\min\{X_1,X_2,\cdots,X_n\}$ 的概率密度函数.

# 4.6 多维随机变量的数字特征

第 3 章讨论了一维随机变量的数学期望与方差，但在应用中经常需要计算多维随机变量的数字特征. 本节介绍多维随机变量函数的数学期望与方差.

## 4.6.1 二维随机变量函数的数学期望

在实际问题中，常常需要计算随机变量 $(X, Y)$ 的函数 $Z=g(X, Y)$ 的数学期望 $E(Z)$，这里 $z=g(x, y)$ 通常是二元连续函数. 例如，已知随机变量 $(X, Y)\sim N(0, 0, \sigma^2, \sigma^2, 0)$，而 $Z=\sqrt{X^2+Y^2}$，需要计算 $E(Z)$. 可以利用如下定理来计算期望 $E(Z)$：

**定理 4.6.1** 设 $Z$ 是二维随机变量 $(X, Y)$ 的函数：$Z=g(X, Y)$，其中 $g(x, y)$ 是二元连续函数.

(1) 若 $(X, Y)$ 是二维离散随机变量，其分布律为 $P\{X=x_i, Y=y_j\}=p_{ij}$，$i, j=1, 2, 3, \cdots$，则有

$$E(Z)=E\big(g(X,Y)\big)=\sum_{i=1}^{+\infty}\sum_{j=1}^{+\infty}g(x_i,y_j)\,p_{ij}. \tag{4.6.1}$$

(2) 若 $(X, Y)$ 是二维连续随机变量，其概率密度函数为 $f(x,y)$，则有

$$E(Z)=E\big(g(X,Y)\big)=\int_{-\infty}^{+\infty}\int_{-\infty}^{+\infty}g(x,y)f(x,y)\,\mathrm{d}x\,\mathrm{d}y. \tag{4.6.2}$$

这里要求两重级数与两重积分绝对收敛.

定理 4.6.1 的证明比较复杂，故从略. 它的重要性在于，不必求出二维随机变量函数 $Z$ 的分布，可直接由 $(X, Y)$ 的分布计算其函数 $Z=g(X, Y)$ 的数学期望. 在实际问题中求随机变量函数 $Z=g(X, Y)$ 的分布有时非常困难.

**例 4.6.1** 设随机变量$(X, Y)$的概率密度函数为 $f(x, y)=\begin{cases}2x\mathrm{e}^{-y}, & 0\leqslant x\leqslant 1,\ y\geqslant 0,\\ 0, & \text{其他},\end{cases}$

求 $E(X), E(XY)$.

**解** 二元函数 $g(x,y)=x$ 连续，根据式(4.6.2)可得

$$E(X)=\int_{-\infty}^{+\infty}\int_{-\infty}^{+\infty}xf(x,y)\,\mathrm{d}x\,\mathrm{d}y=\int_0^1\mathrm{d}x\int_0^{+\infty}2x^2\mathrm{e}^{-y}\,\mathrm{d}y=\left(\frac{2}{3}x^3\Big|_0^1\right)\left(-\mathrm{e}^{-y}\Big|_0^{+\infty}\right)=\frac{2}{3}.$$

二元函数 $g(x,y)=xy$ 连续，根据式(4.6.2) 可得

$$E(XY)=\int_{-\infty}^{+\infty}\int_{-\infty}^{+\infty}xyf(x,y)\mathrm{d}x\mathrm{d}y=\int_0^1\mathrm{d}x\int_0^{+\infty}2x^2y\mathrm{e}^{-y}\mathrm{d}y$$
$$=\left(\frac{2}{3}x^3\Big|_0^1\right)\left[\int_0^{+\infty}(-y)\mathrm{d}\mathrm{e}^{-y}\right]=\frac{2}{3}\left(-y\mathrm{e}^{-y}\Big|_0^{+\infty}+\int_0^{+\infty}\mathrm{e}^{-y}\,\mathrm{d}y\right)=\frac{2}{3}.$$

此例中，也可以先求出 $f_X(x)=\int_{-\infty}^{+\infty}f(x,y)\ \mathrm{d}y=\begin{cases}2x, & 0\leqslant x\leqslant 1,\\ 0, & 其他,\end{cases}$ 然后求 $E(X)=\int_{-\infty}^{+\infty}xf_X(x)\mathrm{d}x=\int_0^1 2x^2\mathrm{d}x=\frac{2}{3}$.

### 4.6.2　数学期望的运算性质

数学期望具有如下的运算性质. 假设以下出现的数学期望均存在.

**性质 4.6.1**　设 $X, Y$ 是两个随机变量，则

$$E(X+Y)=E(X)+E(Y).$$

**性质 4.6.2**　设随机变量 $X$ 与 $Y$ 相互独立，则

$$E(XY)=E(X)E(Y).$$

**证**　仅给出$(X, Y)$为连续随机变量情况下的证明.

性质 4.6.1　设$(X, Y)$是连续的，概率密度函数为 $f(x,y)$，根据式(4.6.2)可得

$$E(X+Y)=\int_{-\infty}^{+\infty}\int_{-\infty}^{+\infty}(x+y)f(x,y)\mathrm{d}x\ \ \mathrm{d}y$$
$$=\int_{-\infty}^{+\infty}\int_{-\infty}^{+\infty}xf(x,y)\mathrm{d}x\ \ \mathrm{d}y+\int_{-\infty}^{+\infty}\int_{-\infty}^{+\infty}yf(x,y)\mathrm{d}x\ \ \mathrm{d}y$$
$$=E(X)+E(Y)$$

性质 4.6.2　再设 $X$ 与 $Y$ 相互独立，则 $f(x,y)=f_X(x)f_Y(y)$，从而根据式(4.6.2)可得

$$E(XY)=\int_{-\infty}^{+\infty}\int_{-\infty}^{+\infty}xyf(x,y)\mathrm{d}x\quad \mathrm{d}y=\int_{-\infty}^{+\infty}\int_{-\infty}^{+\infty}xyf_X(x)f_Y(y)\mathrm{d}x\ \ \mathrm{d}y$$

$$=\left[\int_{-\infty}^{+\infty} x f_X(x)\mathrm{d}x\right]\left[\int_{-\infty}^{+\infty} y f_Y(y)\mathrm{d}y\right]=E(X)E(Y).$$

以上性质可以推广到任意有限多个随机变量的情形：

设 $X_1, X_2, \cdots, X_n$ 是 $n$ 个随机变量，则 $E\left(\sum\limits_{k=1}^{n} X_k\right)=\sum\limits_{k=1}^{n} E(X_k)$.

又设随机变量 $X_1, X_2, \cdots, X_n$ 相互独立，则 $E\left(\prod\limits_{k=1}^{n} X_k\right)=\prod\limits_{k=1}^{n} E(X_k)$.

**例 4.6.2** 将 $r$ 只小球随机地放入 $N$ 只大盒子中，设每只球落入每个盒子是等可能的. 求有球的盒子数 $X$ 的数学期望.

**解** 将盒子编号：$1,2,\cdots,N$.

先将 $X$ 分解. 引入随机变量

$$X_i=\begin{cases}1, & \text{第}i\text{号盒子有球,}\\ 0, & \text{第}i\text{号盒子无球,}\end{cases} \qquad i=1,2,\cdots,N,$$

则 $X=\sum\limits_{i=1}^{N} X_i$ . $X_i$ 的分布律为

| $X_i$ | 0 | 1 |
| --- | --- | --- |
| $P$ | $\left(\frac{N-1}{N}\right)^r$ | $1-\left(\frac{N-1}{N}\right)^r$ |

故 $E(X_i)=1-\left(\dfrac{N-1}{N}\right)^r$.

由性质 4.6.1 的推广形式得

$$E(X)=\sum_{i=1}^{N} E(X_i)=N\left[1-\left(\frac{N-1}{N}\right)^r\right].$$

**例 4.6.3** 设随机变量 $X\sim N(0, 1)$, $Y\sim U(0, 1)$.

(1) 试求 $E(2X-3Y)$；(2) 若 $X$ 与 $Y$ 相互独立，求 $E(XY)$.

**解** (1) 根据例 3.2.4，$E(X)=0$；根据例 3.1.5，$E(Y)=\dfrac{0+1}{2}=\dfrac{1}{2}$. 由性质 4.6.1 可得

$$E(2X-3Y)=2E(X)-3E(Y)=2\times 0-3\times\frac{1}{2}=-\frac{3}{2}.$$

(2) 根据性质 4.6.2,

$$E(XY)=E(X)\,E(Y)=0\times\frac{1}{2}=0\,.$$

### 4.6.3　方差的运算性质

方差具有如下运算性质. 假设下面出现的方差都存在.

**性质 4.6.3**　设随机变量 $X$ 与 $Y$ 相互独立, 则

$$\mathrm{Var}(X+Y)=\mathrm{Var}(X-Y)=\mathrm{Var}(X)+\mathrm{Var}(Y)\,.$$

此性质可以推广到任意有限多个相互独立的随机变量之和的情况:

设随机变量 $X_1, X_2, \cdots, X_n$ 相互独立, 则 $\mathrm{Var}\left(\sum\limits_{k=1}^{n} X_k\right)=\sum\limits_{k=1}^{n}\mathrm{Var}(X_k)\,.$

**证**

$$\begin{aligned}\mathrm{Var}(X+Y)&=E\big((X+Y)-E(X+Y)\big)^2=E\big([X-E(X)]+[Y-E(Y)]\big)^2\\&=E\Big([X-E(X)]^2+2[X-E(X)]\;[Y-E(Y)]+[Y-E(Y)]^2\Big)\\&=\mathrm{Var}(X)+2\big\{E[X-E(X)]\cdot E[Y-E(Y)]\;\big\}+\mathrm{Var}(Y)\\&=\mathrm{Var}(X)+\mathrm{Var}(Y),\end{aligned}$$

$$\begin{aligned}\mathrm{Var}(X-Y)&=\mathrm{Var}(X)+\mathrm{Var}(-Y)=\mathrm{Var}(X)+(-1)^2\mathrm{Var}(Y)\\&=\mathrm{Var}(X)+\mathrm{Var}(Y).\end{aligned}$$

**例 4.6.4**　设 $X\sim B(n, p)$, 求 $E(X)$, $\mathrm{Var}(X)$.

**解**　根据二项分布的定义, $X$ 是 $n$ 重伯努利试验中事件 $A$ 发生的次数, 在每次试验中 $A$ 发生的概率为 $p$. 引入随机变量

$$X_i=\begin{cases}1, & \text{第}i\text{次试验中}A\text{发生},\\ 0, & \text{第}i\text{次试验}A\text{不发生},\end{cases}\qquad i=1, 2, \cdots, n,$$

则 $X=\sum\limits_{i=1}^{n}X_i\,.$

由于各次试验结果相互独立，故 $X_1, X_2, \cdots, X_n$ 相互独立. $X_i$ 的分布律为

| $X_i$ | 0 | 1 |
|---|---|---|
| $P$ | $1-p$ | $p$ |

由 $E(X_i)=p$ 和 $E(X_i^2)=0^2\times(1-p)+1^2\times p=p$，知

$$\mathrm{Var}(X_i)=E(X_i^2)-\left[E(X_i)\right]^2=p-p^2=p(1-p).$$

故 $E(X)=\sum\limits_{i=1}^{n}E(X_i)=\sum\limits_{i=1}^{n}p=np$. 与例 3.1.3 相比较，这里的方法简便得多. 这是期望的运算性质带给我们的方便. 又由方差的运算性质方便地可得

$$\mathrm{Var}(X)=\sum_{i=1}^{n}\mathrm{Var}(X_i)=\sum_{i=1}^{n}p(1-p)=np(1-p).$$

**例 4.6.5** 设随机变量 $X$ 具有概率密度函数 $f(x)=\dfrac{1}{4}x^2\mathrm{e}^{-|x|},-\infty<x<+\infty$.

(1) 求 $E(4X-3)$, $\mathrm{Var}(4X-3)$；

(2) 设随机变量 $X_1,X_2,X_3$ 相互独立且都与 $X$ 服从相同的分布，$Y=X_1-2X_2+3X_3$，求 $E(Y)$, $\mathrm{Var}(Y)$.

**解** (1) 由于以下的广义积分全部收敛，根据奇函数积分的性质得

$$E(X)=\int_{-\infty}^{+\infty}x\cdot\frac{1}{4}x^2\mathrm{e}^{-|x|}\mathrm{d}x=0.$$

$X$ 是一个对称分布，数学期望在对称中心 0. 于是

$$E(4X-3)=4E(X)-3=4\times0-3=-3.$$

再根据偶函数积分的性质及分部积分法可得

$$E(X^2)=\int_{-\infty}^{+\infty}x^2\cdot\frac{1}{4}x^2\mathrm{e}^{-|x|}\mathrm{d}x=\frac{1}{2}\int_{0}^{+\infty}x^4\mathrm{e}^{-x}\mathrm{d}x=12,$$

故 $\mathrm{Var}(X)=E(X^2)-\left[E(X)\right]^2=12$. 从而

$$\mathrm{Var}(4X-3)=4^2\,\mathrm{Var}(X)=192.$$

(2) $E(X_i)=E(X)=0$，$\mathrm{Var}(X_i)=\mathrm{Var}(X)=12$，$i=1, 2, 3$. 所以

$$E(Y)=E(X_1)-2E(X_2)+3E(X_3)=0 .$$

根据性质 4.6.3 得

$$\operatorname{Var}(Y)=\operatorname{Var}(X_1)+(-2)^2\operatorname{Var}(X_2)+3^2\operatorname{Var}(X_3)=14\times 12=168 .$$

### 习　题　4.6

1. 设随机变量 $(X,Y)$ 的概率密度函数为 $f(x,y)=\begin{cases}2(x+y), & 0\leqslant y\leqslant x\leqslant 1,\\ 0, & \text{其他.}\end{cases}$ 求 $E(X)$, $E(Y)$, $E(\sqrt{XY})$, $E(X^2-Y^2)$.

2. 设随机变量 $X\sim P(3)$, $Y\sim B(10,\ 0.2)$.

(1) 求 $E(X+2Y)$, $E(2X^2-Y^2)$;

(2) 又设 $X$ 与 $Y$ 相互独立, 求 $E(XY)$.

3. 设随机变量 $X\sim N(1,\ 9)$, 随机变量 $Y$ 的概率密度函数为 $f_Y(y)=\begin{cases}\dfrac{3}{y^4}, & y\geqslant 1,\\ 0, & y<1.\end{cases}$

(1) 求 $E(2X-Y)$, $E(Y-3X^2)$;

(2) 又设 $X$ 与 $Y$ 相互独立, 求 $E(XY)$.

4. 设随机变量 $(X,\ Y)$ 的分布律为

| $X$ \ $Y$ | 0 | 1 | 2 |
|---|---|---|---|
| $-1$ | 0.3 | 0.1 | 0.3 |
| 2 | 0.2 | 0 | 0.1 |

求(1) $E(X)$, $E(Y)$; (2) $E(XY)$; (3) 设 $Z=(X+Y)^2$, 求 $E(Z)$; (4) $\operatorname{Var}(X)$, $\operatorname{Var}(Y)$.

5. 掷 $n$ 颗骰子出现点数之和记为 $X$, 求平均点数 $E(X)$和 $\operatorname{Var}(X)$.

## 4.7　矩、协方差、相关系数

在随机变量的数字特征中, 除了数学期望与方差以外, 还有各阶原点矩及中心矩、协方差、相关系数等. 它们在概率论与数理统计学中都有重要应用.

### 4.7.1　原点矩与中心矩

**定义 4.7.1**　设 $X$ 与 $Y$ 是随机变量, $k$, $l=1$, 2, 3, $\cdots$, 并设下面出现的数学

期望都存在.

称 $\mu_k = E\left(X^k\right)$ 为 $X$ 的 **$k$ 阶原点矩**，简称 **$k$ 阶矩**；

称 $m_k = E\left[X - E(X)\right]^k$ 为 $X$ 的 **$k$ 阶中心矩**；

称 $E\left(X^k Y^l\right)$ 为 $X$ 与 $Y$ 的 $k+l$ **阶混合矩**；

称 $E\left(\left[X - E(X)\right]^k \left[Y - E(Y)\right]^l\right)$ 为 $X$ 与 $Y$ 的 $k+l$ **阶混合中心矩**.

容易验证，原点矩与中心矩有如下关系：

$m_2 = \mu_2 - \mu_1^2$，

$m_3 = \mu_3 - 3\mu_2\mu_1 + 2\mu_1^3$，

$m_4 = \mu_4 - 4\mu_3\mu_1 + 6\mu_2\mu_1^2 - 3\mu_1^4$.

显然，$E(X)$是 $X$ 的一阶原点矩 $\mu_1$，$\mathrm{Var}(X)$是 $X$ 的二阶中心矩 $m_2$.

**例 4.7.1** 设随机变量 $X$ 的分布律为

| $X$ | 1 | 2 | 4 | 5 |
|---|---|---|---|---|
| $P$ | $\frac{1}{3}$ | $\frac{1}{6}$ | $\frac{1}{6}$ | $\frac{1}{3}$ |

求 $\mu_2$，$m_3$.

**解** $\mu_2 = E(X^2) = 1^2 \times \dfrac{1}{3} + 2^2 \times \dfrac{1}{6} + 4^2 \times \dfrac{1}{6} + 5^2 \times \dfrac{1}{3} = 12$.又因

$$E(X) = \mu_1 = 1 \times \frac{1}{3} + 2 \times \frac{1}{6} + 4 \times \frac{1}{6} + 5 \times \frac{1}{3} = 3,$$

故

$$m_3 = E\left(X - E(X)\right)^3 = E\left(X - 3\right)^3 = (-2)^3 \times \frac{1}{3} + (-1)^3 \times \frac{1}{6} + 1^3 \times \frac{1}{6} + 2^3 \times \frac{1}{3} = 0.$$

### 4.7.2 协方差与相关系数

下面着重讨论描述两个随机变量之间关系的数字特征.

我们知道，如 $X$ 与 $Y$ 相互独立，就有 $E\left(\left[X - E(X)\right]\left[Y - E(Y)\right]\right) = 0$；反之，当它不等于 0 时，就意味着 $X$ 与 $Y$ 不独立，而是存在着某种关系. 用数量 $E\left(\left[X - E(X)\right]\left[Y - E(Y)\right]\right)$ 来描述 $X$ 与 $Y$ 之间的关系.

**定义 4.7.2** 称 $E\left(\left[X - E(X)\right]\left[Y - E(Y)\right]\right)$ 为随机变量 $X$ 与 $Y$ 的**协方差**，记作

$$\operatorname{Cov}(X, Y)=E\left(\left[X-E(X)\right]\left[Y-E(Y)\right]\right). \tag{4.7.1}$$

称 $\rho_{XY}=\dfrac{\operatorname{Cov}(X, Y)}{\sigma(X)\,\sigma(Y)}$ 为随机变量 $X$ 与 $Y$ 的**相关系数**. 这里要求分母大于 0.

协方差 $\operatorname{Cov}(X, Y)$ 是一个绝对量, 具有物理量纲; 而相关系数 $\rho_{XY}$ 是一个相对量, 无量纲. 它们均描述了 $X$ 与 $Y$ 之间的关系.

显然, 当 $X=Y$ 时, $\operatorname{Cov}(X, Y)=\operatorname{Var}(X)$.

由性质 4.6.3 的推导过程可得关系式

$$\operatorname{Var}(X\pm Y)=\operatorname{Var}(X)+\operatorname{Var}(Y)\pm 2\operatorname{Cov}(X, Y). \tag{4.7.2}$$

对于协方差, 经常采用下面的计算公式:

$$\operatorname{Cov}(X, Y)=E(XY)-E(X)E(Y). \tag{4.7.3}$$

事实上,

$$\begin{aligned}\operatorname{Cov}(X, Y)&=E\left(XY-YE(X)-XE(Y)+E(X)E(Y)\right)\\&=E(XY)-E(Y)E(X)-E(X)E(Y)+E(X)E(Y)\\&=E(XY)-E(X)E(Y)\end{aligned}$$

协方差具有如下的性质:

**性质 4.7.1**　$\operatorname{Cov}(X, Y)=\operatorname{Cov}(Y, X)$.

**性质 4.7.2**　$\operatorname{Cov}(aX, bY)=ab\operatorname{Cov}(X, Y)$, 这里 $a, b$ 是常数.

**性质 4.7.3**　$\operatorname{Cov}(X+Y, Z)=\operatorname{Cov}(X, Z)+\operatorname{Cov}(Y, Z)$.

以上性质的推导很容易, 由读者自己完成. 性质 4.7.3 可推广到任意有限多个随机变量的情形.

**例 4.7.2**　设随机变量$(X, Y)$具有概率密度函数 $f(x, y)=\begin{cases}12xy, & 0\leqslant y\leqslant x^2, 0\leqslant x\leqslant 1,\\ 0, & 其他,\end{cases}$ 见图 4.7.1. 求 $\operatorname{Cov}(X, Y)$, $\rho_{XY}$.

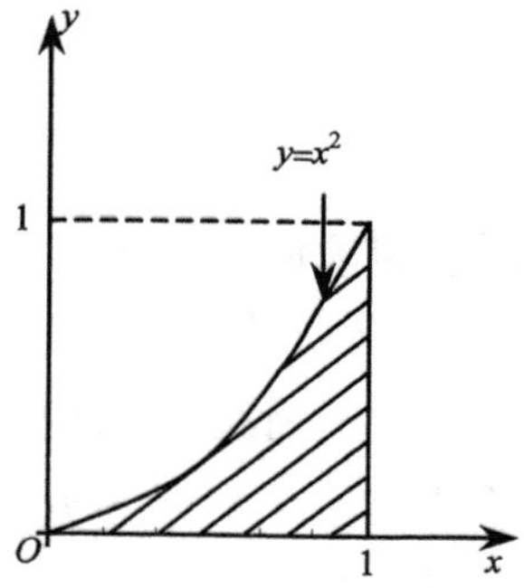


图 4.7.1　$f(x,y)$ 的非零区域

**解**

$$E(X)=\int_{-\infty}^{+\infty}\int_{-\infty}^{+\infty}xf(x,y)\mathrm{d}x\mathrm{d}y=\int_0^1\mathrm{d}x\int_0^{x^2}12x^2y\mathrm{d}y=\int_0^1 6x^6\mathrm{d}x=\frac{6}{7},$$

$$E(Y)=\int_0^1\mathrm{d}x\int_0^{x^2}12xy^2\mathrm{d}y=\frac{1}{2},$$

$$E(XY)=\int_{-\infty}^{+\infty}\int_{-\infty}^{+\infty}xyf(x,y)\mathrm{d}x\mathrm{d}y=\int_0^1\mathrm{d}x\int_0^{x^2}12x^2y^2\ \mathrm{d}y=\frac{4}{9},$$

所以

$$\mathrm{Cov}(X,\ Y)=E(XY)-E(X)E(Y)=\frac{4}{9}-\frac{6}{7}\times\frac{1}{2}=\frac{1}{63}.$$

又因为

$$E(X^2)=\int_0^1\mathrm{d}x\int_0^{x^2}12x^3y\ \mathrm{d}y=\frac{3}{4},$$

$$E(Y^2)=\int_0^1\mathrm{d}x\int_0^{x^2}12xy^3\mathrm{d}y=\frac{3}{10},$$

$$\mathrm{Var}(X)=E(X^2)-[E(X)]^2=\frac{3}{4}-\left(\frac{6}{7}\right)^2=\frac{3}{196},$$

$$\mathrm{Var}(Y)=E(Y^2)-[E(Y)]^2=\frac{3}{10}-\left(\frac{1}{2}\right)^2=\frac{1}{20},$$

所以

$$\rho_{XY}=\frac{\mathrm{Cov}(X,\ Y)}{\sigma(X)\,\sigma(Y)}=\frac{1/63}{\sqrt{3/196}\cdot\sqrt{1/20}}=\frac{4}{27}\sqrt{15}.$$

下面推导相关系数 $\rho_{XY}$ 的性质.

考虑以 $X$ 的线性函数 $aX+b$ 来近似表示 $Y$. 以均方误差

$$\begin{aligned}e&=E\big(Y-(aX+b)\big)^2\\&=E(Y^2)+a^2E(X^2)+b^2-2aE(XY)+2abE(X)-2bE(Y)\end{aligned}\tag{4.7.4}$$

来衡量以 $aX+b$ 近似表示 $Y$ 的优劣程度. $e$ 的值越小表示 $aX+b$ 与 $Y$ 的近似程度越好. 下面选取 $a$, $b$ 使 $e$ 达到最小值. $e$ 是 $a$, $b$ 的二元实函数, 令

$$\begin{cases} \dfrac{\partial e}{\partial a} = 2aE(X^2) - 2E(XY) + 2bE(X) = 0, \\ \dfrac{\partial e}{\partial b} = 2b + 2aE(X) - 2E(Y) = 0. \end{cases}$$

解得

$$\begin{cases} a_0 = \dfrac{\mathrm{Cov}(X,Y)}{\mathrm{Var}(X)}, \\ b_0 = E(Y) - a_0 E(X) = E(Y) - E(X)\dfrac{\mathrm{Cov}(X,Y)}{\mathrm{Var}(X)}. \end{cases}$$

将 $a_0$，$b_0$ 代入(4.7.4)得

$$\min_{a,\ b} E\big(Y-(aX+b)\big)^2 = E\big(Y-(a_0X+b_0)\big)^2 = (1-\rho_{XY}^2)\mathrm{Var}(Y). \qquad (4.7.5)$$

据此，可得相关系数具有如下性质:

**性质 4.7.4**　$|\rho_{XY}| \leqslant 1$.

**证**　由式(4.7.5)与 $E\big(Y-(a_0X+b_0)\big)^2$ 的非负性得 $1-\rho_{XY}^2 \geqslant 0$，亦即 $|\rho_{XY}| \leqslant 1$.

**性质 4.7.5**　$|\rho_{XY}|=1$ 的充分必要条件是，存在常数 $a$，$b$ 使得

$$P\{Y=aX+b\}=1.$$

**证**　若 $|\rho_{XY}|=1$，由式(4.7.5)得

$$E\big(Y-(a_0X+b_0)\big)^2 = \mathrm{Var}\big(Y-(a_0X+b_0)\big) + \big[E\big(Y-(a_0X+b_0)\big)\big]^2 = 0.$$

从而

$$\mathrm{Var}\big(Y-(a_0X+b_0)\big)=0,\quad E\big(Y-(a_0X+b_0)\big)=0.$$

由性质 3.2.3 知，存在常数 $c$ 使得 $P\{Y-(a_0X+b_0)=c\}=1$. 从而 $E(Y-(a_0X+b_0))=c=0$，故 $P\{Y=a_0X+b_0\}=1$.

反之，若存在常数 $a^*$，$b^*$ 使 $P\{Y=a^*X+b^*\}=1$，即 $P\{Y-(a^*X+b^*)=0\}=1$，从而

$$P\{[Y-(a^*X+b^*)]^2=0\}=1,\quad E\big(Y-(a^*X+b^*)\big)^2=0\times 1=0.$$

所以

$$\begin{aligned} 0 &= E\big(Y-(a^*X+b^*)\big)^2 \geqslant \min_{a,\ b} E\big(Y-(aX+b)\big)^2 \\ &= E\big(Y-(a_0X+b_0)\big)^2 = (1-\rho_{XY}^2)\mathrm{Var}(Y). \end{aligned}$$

但根据 $\rho_{XY}$ 的定义，$\mathrm{Var}(Y)=[\sigma(Y)]^2>0$，可得 $|\rho_{XY}|=1$.

从以上证明过程可以看出，$\rho_{XY}$ 是刻画 $X$ 与 $Y$ 线性依赖关系的一个量. 当 $|\rho_{XY}|$ 较大时，$X$ 与 $Y$ 的线性依赖关系比较紧密，可以认为 $X$ 与 $Y$ 线性相关的程度较好. 特别当 $|\rho_{XY}|=1$ 时，$X$ 与 $Y$ 线性相关的程度达到最大. 当 $|\rho_{XY}|$ 较小时，认为 $X$ 与 $Y$ 线性相关的程度较差.

若 $\rho_{XY}>0$，则称随机变量 $X$ 与 $Y$ **正相关**，这时以较大的概率可认为 $Y$ 的取值随着 $X$ 的取值增大而增大；若 $\rho_{XY}<0$，则称随机变量 $X$ 与 $Y$ **负相关**，这时以较大的概率可认为 $Y$ 的取值随着 $X$ 的取值增大而减小. 当 $\rho_{XY}=0$ 时，$X$ 与 $Y$ 的线性依赖关系不存在.

**定义 4.7.3** 若 $\rho_{XY}=0$，则称随机变量 $X$ 与 $Y$ **不相关**.

显然，若 $X$ 与 $Y$ 相互独立，则 $X$ 与 $Y$ 不相关；但 $X$ 与 $Y$ 不相关时，仅仅说明它们之间没有线性依赖关系，这并不意味着它们相互独立，$X$ 与 $Y$ 可能存在其他的依赖关系，可见后面例 4.8.6. 总之，这两个概念不等价.

但是，对于二维正态随机变量而言，相互独立与不相关却是等价的.

**定理 4.7.1** 若 $(X, Y)\sim N(\mu_1,\mu_2,\sigma_1^2,\sigma_2^2,\rho)$，那么，$X$ 与 $Y$ 相互独立的充分必要条件是 $X$ 与 $Y$ 不相关.

**证** 根据例 4.2.4，$X\sim N(\mu_1,\sigma_1^2)$，$Y\sim N(\mu_2,\sigma_2^2)$.从而

$$E(X)=\mu_1,\ \mathrm{Var}(X)=\sigma_1^2;\ E(Y)=\mu_2,\ \mathrm{Var}(Y)=\sigma_2^2.$$

而

$$\begin{aligned}
\mathrm{Cov}(X, Y)&=\int_{-\infty}^{+\infty}\int_{-\infty}^{+\infty}(x-\mu_1)(y-\mu_2)f(x,y)\mathrm{d}x\mathrm{d}y\\
&=\frac{1}{2\pi\sigma_1\sigma_2\sqrt{1-\rho^2}}\int_{-\infty}^{+\infty}\int_{-\infty}^{+\infty}(x-\mu_1)(y-\mu_2)\\
&\quad\times\exp\left\{\frac{-1}{2(1-\rho^2)}\left[\frac{(x-\mu_1)^2}{\sigma_1^2}-2\rho\frac{(x-\mu_1)(y-\mu_2)}{\sigma_1\sigma_2}+\frac{(y-\mu_2)^2}{\sigma_2^2}\right]\right\}\mathrm{d}x\mathrm{d}y\\
&=\frac{1}{2\pi\sigma_1\sigma_2\sqrt{1-\rho^2}}\int_{-\infty}^{+\infty}(x-\mu_1)\exp\left[\frac{-(x-\mu_1)^2}{2\sigma_1^2}\right]\mathrm{d}x\\
&\quad\times\left\{\int_{-\infty}^{+\infty}(y-\mu_2)\exp\left[\frac{-1}{2(1-\rho^2)}\left(\frac{y-\mu_2}{\sigma_2}-\rho\frac{x-\mu_1}{\sigma_1}\right)^2\right]\mathrm{d}y\right\}.
\end{aligned}$$

令 $s=\dfrac{1}{\sqrt{1-\rho^2}}\left(\dfrac{y-\mu_2}{\sigma_2}-\rho\dfrac{x-\mu_1}{\sigma_1}\right)$，则

$$\operatorname{Cov}(X, Y)=\frac{1}{2\pi\sigma_1}\int_{-\infty}^{+\infty}(x-\mu_1)\exp\left[\frac{-(x-\mu_1)^2}{2\sigma_1^2}\right]\mathrm{d}x$$
$$\times\left[\int_{-\infty}^{+\infty}\left(\rho\sigma_2\frac{x-\mu_1}{\sigma_1}+\sigma_2\, s\sqrt{1-\rho^2}\right)\cdot \mathrm{e}^{-s^2/2}\mathrm{d}s\right]$$
$$=\frac{1}{2\pi\sigma_1}\int_{-\infty}^{+\infty}(x-\mu_1)\left(\rho\sigma_2\sqrt{2\pi}\cdot\frac{x-\mu_1}{\sigma_1}+0\right)\exp\left[\frac{-(x-\mu_1)^2}{2\sigma_1^2}\right]\mathrm{d}x$$

再令 $t=\frac{x-\mu_1}{\sigma_1}$，则

$$\operatorname{Cov}(X, Y)=\frac{\rho\sigma_1\sigma_2}{\sqrt{2\pi}}\int_{-\infty}^{+\infty}t^2\mathrm{e}^{-t^2/2}\mathrm{d}t=\frac{\rho\sigma_1\sigma_2}{\sqrt{2\pi}}\int_{-\infty}^{+\infty}(-t)\mathrm{d}\left(\mathrm{e}^{-t^2/2}\right)$$
$$=\frac{\rho\sigma_1\sigma_2}{\sqrt{2\pi}}\left(-t\cdot \mathrm{e}^{-t^2/2}\Big|_{-\infty}^{+\infty}+\int_{-\infty}^{+\infty}\mathrm{e}^{-t^2/2}\mathrm{d}t\right)=\rho\sigma_1\sigma_2$$

于是 $\rho_{XY}=\frac{\operatorname{Cov}(X, Y)}{\sigma(\mathrm{X})\,\sigma(\mathrm{Y})}=\frac{\rho\sigma_1\sigma_2}{\sigma_1\sigma_2}=\rho$.

由例 4.4.3 知，$X$ 与 $Y$ 相互独立等价于 $\rho=0$，这等价于 $\rho_{XY}=0$，即 $X$ 与 $Y$ 不相关.

相关系数描述了两个随机变量之间线性相关的程度，它在许多领域有着广泛的应用. 在产品生产过程中，它可用来描述影响产品质量的各道工艺之间的相关程度；在医学上，它可用来描述各种疾病发生率之间的相关程度；在经济及金融投资领域，它可用来描述行业之间的收益、股票之间的价格的相关程度等.

为了下面介绍 $n$ 维正态随机向量，先引入协方差矩阵的概念.

设有 $n$ 维随机向量 $\boldsymbol{X}=\begin{pmatrix}X_1\\X_2\\\vdots\\X_n\end{pmatrix}$，称 $\boldsymbol{\mu}=E(\boldsymbol{X})=\begin{pmatrix}E(X_1)\\E(X_2)\\\vdots\\E(X_n)\end{pmatrix}$ 为 $X$ 的**均值向量**；称

$C=\begin{pmatrix}c_{11}&c_{12}&\cdots&c_{1n}\\c_{21}&c_{22}&\cdots&c_{2n}\\\vdots&\vdots&&\vdots\\c_{n1}&c_{n2}&\cdots&c_{nn}\end{pmatrix}\triangleq(c_{ij})_{n\times n}$ 为 $X$ 的**协方差矩阵**，其中

$$c_{ij}=\operatorname{Cov}(X_i,X_j)=E\big([X_i-E(X_i)][X_j-E(X_j)]\big),\quad i=1,2,\cdots,n.$$

根据协方差矩阵的定义,

$$C=E\left[\begin{pmatrix}X_1-E(X_1)\\ \vdots \\ X_n-E(X_n)\end{pmatrix}(X_1-E(X_1),\ \cdots,\ X_n-E(X_n))\right]=E\left([\boldsymbol{X}-E(\boldsymbol{X})][\boldsymbol{X}-E(\boldsymbol{X})]^{\mathrm{T}}\right)$$

注意到$c_{ij}=c_{ji}$, 知 $\boldsymbol{C}^{\mathrm{T}}=\boldsymbol{C}$, 即$\boldsymbol{C}$是实对称矩阵.

利用协方差矩阵可以简便地表达$n$维正态随机向量的概率密度函数.

设二维随机向量 $(X_1, X_2)\sim N(\mu_1,\mu_2,\sigma_1^2,\sigma_2^2,\rho)$, 则其协方差矩阵为 $\boldsymbol{C}=\begin{pmatrix}\sigma_1^2 & \rho\sigma_1\sigma_2\\ \rho\sigma_1\sigma_2 & \sigma_2^2\end{pmatrix}$.

若记$\boldsymbol{x}=\begin{pmatrix}x_1\\ x_2\end{pmatrix}$, $\boldsymbol{\mu}=\begin{pmatrix}\mu_1\\ \mu_2\end{pmatrix}$, 矩阵$\boldsymbol{C}$可逆, 则其概率密度函数可表达为

$$f(x_1,x_2)=\frac{1}{(2\pi)^{2/2}(\det \boldsymbol{C})^{1/2}}\exp\left[-\frac{1}{2}(\boldsymbol{x}-\boldsymbol{\mu})^{\mathrm{T}}\boldsymbol{C}^{-1}(\boldsymbol{x}-\boldsymbol{\mu})\right]. \qquad (4.7.6)$$

若$n$维随机向量$\boldsymbol{X}=(X_1,X_2,\cdots,X_n)^{\mathrm{T}}$的概率密度函数为

$$f(x_1,x_2,\cdots,x_n)=\frac{1}{(2\pi)^{n/2}(\det \boldsymbol{C})^{1/2}}\exp\left[-\frac{1}{2}(\boldsymbol{x}-\boldsymbol{\mu})^{\mathrm{T}}\boldsymbol{C}^{-1}(\boldsymbol{x}-\boldsymbol{\mu})\right], \qquad (4.7.7)$$

其中$\boldsymbol{\mu}$是$\boldsymbol{X}$的均值向量, $\boldsymbol{x}=(x_1,\ \mathrm{x}_2,\ \cdots,\ \mathrm{x}_n)^{\mathrm{T}}$, $\boldsymbol{C}$是$\boldsymbol{X}$的协方差矩阵, $\boldsymbol{C}$可逆, 则称$\boldsymbol{X}$服从均值向量为$\boldsymbol{\mu}$, 协方差矩阵为$\boldsymbol{C}$的$n$**维正态分布**, 记作$\boldsymbol{X}\sim N(\boldsymbol{\mu},\ \boldsymbol{C})$.

$n$维正态随机向量具有丰富的客观背景. 例如, 测量某地区一大批老年人的血压, 其舒张压为$X$, 收缩压为$Y$, 则$(X,\ Y)$大致服从二维正态分布. 又如, 调查一所大学的学生在校期间所学的$n$门公共课程的考试成绩$X_1, X_2,\cdots,X_n$, 则$(X_1,X_2,\ \cdots,\ X_n)^{\mathrm{T}}$大致服从$n$维正态分布.

$n$维正态随机向量具有如下四条重要性质, 证略.

**性质 4.7.6** 设$(X_1,X_2,\ \cdots,\ X_n)^{\mathrm{T}}$服从$n$维正态分布, 则每一个分量$X_i$都是正态变量, $i=1,\ 2,\cdots,n$; 反之, 若$X_1, X_2,\cdots,X_n$是相互独立的正态变量, 则$(X_1,X_2,\ \cdots,\ X_n)^{\mathrm{T}}$是$n$维正态变量.

**性质 4.7.7** $(X_1,X_2,\ \cdots,\ X_n)^{\mathrm{T}}$服从$n$维正态分布的充要条件是$X_1, X_2,\cdots,X_n$的任意线性组合

$$Z=k_1X_1+k_2X_2+\cdots+k_nX_n$$

服从一维正态分布(其中常数 $k_1, k_2, \cdots, k_n$ 不全为零).

**性质 4.7.8**　设 $(X_1, X_2, \cdots, X_n)^{\mathrm{T}}$ 服从 $n$ 维正态分布, $Y_1, Y_2, \cdots, Y_k$ 都是 $X_1, X_2, \cdots, X_n$ 的线性函数, 则 $(Y_1, Y_2, \cdots, Y_k)^{\mathrm{T}}$ 服从 $k$ 维正态分布.

**性质 4.7.9**　设 $(X_1, X_2, \cdots, X_n)^{\mathrm{T}}$ 服从 $n$ 维正态分布, 则 $X_1, X_2, \cdots, X_n$ 相互独立等价于 $X_1, X_2, \cdots, X_n$ 两两不相关.

## 习　题　4.7

1. 设随机变量$(X, Y)$的分布律为

| $X$ \ $Y$ | 0 | 2 |
|---|---|---|
| 0 | 0 | $\frac{1}{3}$ |
| $\frac{1}{6}$ | $\frac{1}{6}$ | 0 |
| $\frac{1}{2}$ | $\frac{1}{3}$ | $\frac{1}{6}$ |

求 $E(X)$, $E\left(X-E(X)\right)^3$, $E(Y^2)$, $\mathrm{Cov}(X, Y)$, $\rho_{XY}$.

2. 设随机变量 $(X, Y)$ 的概率密度函数为 $f(x,y)=\begin{cases}\dfrac{1}{2}, & |x|+|y|\leqslant 1,\\ 0, & \text{其他}\end{cases}$ 试验证 $X$ 与 $Y$ 是不相关的, 但并非相互独立.

3. 设随机变量 $(X,Y)$ 具有概率密度函数 $f(x,y)=\begin{cases}\dfrac{1}{4}, & |x|\leqslant y\leqslant 2,\\ 0, & \text{其他}.\end{cases}$ 求 $E(X)$, $E\left(X-E(X)\right)^4$, $E(Y^3)$, $\mathrm{Cov}(X, Y)$.

4. 设随机变量 $(X, Y)$ 具有概率密度函数 $f(x,y)=\begin{cases}\dfrac{6}{5}(x+y^2), & 0\leqslant x\leqslant 1,\ 0\leqslant y\leqslant 1,\\ 0, & \text{其他}.\end{cases}$ 求 $E(X)$, $E(Y)$, $\mathrm{Cov}(X, Y)$, $\rho_{XY}$, $\mathrm{Var}(X+Y)$.

5. 设随机变量 $X\sim N(0, 4)$, $Y\sim N(2, 9)$, $\rho_{XY}=\dfrac{1}{2}$. 又设 $Z=\dfrac{X}{2}-\dfrac{Y}{3}$. 求: (1) $E(Z)$, $\mathrm{Var}(Z)$; (2) $\rho_{XZ}$.

6. 设 $X$ 与 $Y$ 相互独立，服从相同的指数分布，$X$ 的概率密度函数为 $f_X(x)=\begin{cases}\dfrac{1}{2}e^{-x/2}, & x\geqslant 0\\ 0, & x<0\end{cases}$ 试求 $U=\alpha X+\beta Y$ 与 $V=\alpha X-\beta Y$ 的相关系数. 这里 $\alpha, \beta$ 为非零常数.

7. 设随机向量 $(X, Y)^T$ 服从二维正态分布，均值向量与协方差矩阵分别为 $\boldsymbol{\mu}=\begin{pmatrix}-1\\1\end{pmatrix}$，$\boldsymbol{C}=\begin{pmatrix}9 & -3\\ -3 & 4\end{pmatrix}$. 写出 $(X, Y)^T$ 的概率密度函数 $f(x,y)$ 的表达式.

## *4.8 综合例题

**例 4.8.1** 设 $X\sim P(\lambda_1)$, $Y\sim P(\lambda_2)$, 且 $X$ 与 $Y$ 相互独立，证明 $Z=X+Y\sim P(\lambda_1+\lambda_2)$. 并给出条件 $X+Y=n$ 下，$X$ 的条件分布.

**证** 首先 $Z$ 的可能取值为所有非负整数，且对于 $k=0,1,2,\cdots$,

$$
\begin{aligned}
P\{Z=k\}=P\{X+Y=k\}&=\sum_{i=0}^{k}P\{X=i,Y=k-i\}\\
&=\sum_{i=0}^{k}P\{X=i\}P\{Y=k-i\}\\
&=\sum_{i=0}^{k}\frac{\lambda_1^i e^{-\lambda_1}}{i!}\cdot\frac{\lambda_2^{k-i}e^{-\lambda_2}}{(k-i)!}\\
&=\frac{(\lambda_1+\lambda_2)^k}{k!}e^{-(\lambda_1+\lambda_2)}\sum_{i=0}^{k}\frac{k!}{i!(k-i)!}\cdot\left(\frac{\lambda_1}{\lambda_1+\lambda_2}\right)^i\cdot\left(\frac{\lambda_2}{\lambda_1+\lambda_2}\right)^{k-i}\\
&=\frac{(\lambda_1+\lambda_2)^k}{k!}e^{-(\lambda_1+\lambda_2)}\left(\frac{\lambda_1}{\lambda_1+\lambda_2}+\frac{\lambda_2}{\lambda_1+\lambda_2}\right)^k\\
&=\frac{(\lambda_1+\lambda_2)^k}{k!}e^{-(\lambda_1+\lambda_2)}.
\end{aligned}
$$

所以 $X+Y\sim P(\lambda_1+\lambda_2)$，这说明泊松分布具有可加性.

由条件概率的计算公式，对于 $k=0,1,2,\cdots,n$，

$$P\{X=k|X+Y=n\}=\frac{P\{X=k,X+Y=n\}}{P\{X+Y=n\}}=\frac{P\{X=k,Y=n-k\}}{P\{X+Y=n\}}$$
$$=\frac{P\{X=k\}P\{Y=n-k\}}{P\{X+Y=n\}}$$
$$=\frac{\lambda_1{}^k\mathrm{e}^{-\lambda_1}}{k!}\cdot\frac{\lambda_2{}^{n-k}\mathrm{e}^{-\lambda_2}}{(n-k)!}\Big/\frac{(\lambda_1+\lambda_2)^n\mathrm{e}^{-(\lambda_1+\lambda_2)}}{n!}$$
$$=\mathrm{C}_n^k\left(\frac{\lambda_1}{\lambda_1+\lambda_2}\right)^k\left(\frac{\lambda_2}{\lambda_1+\lambda_2}\right)^{n-k}.$$

所以 $X$ 在给定 $X+Y=n$ 条件下的条件分布为 $B\left(n,\dfrac{\lambda_1}{\lambda_1+\lambda_2}\right)$.

**例 4.8.2**　一批产品共有 100 件，其中一等品 60 件，二等品 30 件，三等品 10 件. 从这批产品中有放回地任取 3 件，以 $X,Y$ 分别表示这 3 件中一等品，二等品的件数，求 $(X,Y)$ 的联合分布律. 并计算 $P\{X>Y\}$.

**解**　若用 $Z$ 表示所取出的三等品的件数，则 $(X,Y,Z)$ 服从三项分布. 所以有

$$P\{X=i,Y=j\}=P\{X=i,Y=j,Z=3-i-j\}$$
$$=\frac{3!}{i!\,j!(3-i-j)!}\left(\frac{6}{10}\right)^i\left(\frac{3}{10}\right)^j\left(\frac{1}{10}\right)^{3-i-j},$$
$$i\geqslant 0,j\geqslant 0,\ i+j\leqslant 3.$$

$$P\{X>Y\}=\sum_{0\leqslant j<i,i+j\leqslant 3}P\{X=i,Y=j\}$$
$$=P\{X=1,Y=0\}+P\{X=2,Y=0\}+P\{X=2,Y=1\}+P\{X=3,Y=0\}$$
$$=0.761.$$

**例 4.8.3**　设二维随机变量 $(X,Y)\sim N(\mu_1,\mu_2,\sigma_1^2,\sigma_2^2,\rho)$，试求条件概率密度函数 $f_{X|Y}(x|y)$.

**解**　由例 4.2.4 知,

$$f_Y(y)=\frac{1}{\sqrt{2\pi}\sigma_2}\exp\left(-\frac{(y-\mu_2)^2}{2\sigma_2^2}\right),\quad y\in\mathbf{R}.$$

由式(4.3.5)，有

$$f_{X|Y}(x|y)=\frac{f(x,y)}{f_Y(y)}$$

$$=\frac{\exp\{-1/[2(1-\rho^2)][(x-\mu_1)^2/\sigma_1^2-2\rho(x-\mu_1)(y-\mu_2)/(\sigma_1\sigma_2)+(y-\mu_2)^2/\sigma_2^2]\}}{2\pi\sigma_1\sigma_2\sqrt{1-\rho^2}}\div$$

$$\frac{\exp[-(y-\mu_2)^2/2\sigma_2^2]}{\sqrt{2\pi}\sigma_2}$$

$$=\frac{1}{\sqrt{2\pi}\sigma_1\sqrt{1-\rho^2}}\exp\left\{-\frac{1}{2\sigma_1^2(1-\rho^2)}\left[x-\left(\mu_1+\rho\frac{\sigma_1}{\sigma_2}(y-\mu_2)\right)\right]^2\right\},\quad x\in R.$$

这正是参数为 $\mu_1+\rho\dfrac{\sigma_1}{\sigma_2}(y-\mu_2)$ 和 $\sigma_1^2(1-\rho^2)$ 的正态分布概率密度函数，所以在给定 $Y=y$ 条件下，$X\sim N\left(\mu_1+\rho\dfrac{\sigma_1}{\sigma_2}(y-\mu_2),\sigma_1^2(1-\rho^2)\right)$，类似可得

$$f_{Y|X}(y|x)=\frac{1}{\sqrt{2\pi}\sigma_2\sqrt{1-\rho^2}}\exp\left\{-\frac{1}{2\sigma_2^2(1-\rho^2)}\left[y-\left(\mu_2+\rho\frac{\sigma_2}{\sigma_1}(x-\mu_1)\right)\right]^2\right\},\quad y\in \mathbf{R},$$

即在给定 $X=x$ 条件下，$Y\sim N\left(\mu_2+\rho\dfrac{\sigma_2}{\sigma_1}(x-\mu_1),\sigma_2^2(1-\rho^2)\right)$. 可见，二维正态分布的边缘分布和条件分布都是一维正态分布，这是正态分布的一个重要性质.

**例 4.8.4** 设 $X$ 和 $Y$ 的联合概率密度函数是

$$f(x,y)=\begin{cases}1, & 0<x<1,0<y<1,\\ 0, & \text{其他}.\end{cases}$$

求随机变量 $Z=XY$ 的概率密度函数.

**解** 先求 $Z$ 的分布函数 $F_Z(z)$.如图 4.8.1 所示. 当 $z\leqslant 0$ 时，$F_Z(z)=P\{Z\leqslant z\}=0$；当 $z\geqslant 1$ 时，$F_Z(z)=P\{Z\leqslant z\}=1$；当 $0<z<1$ 时，

$$F_Z(z)=P\{XY\leqslant z\}=\iint\limits_{xy\leqslant z}\mathrm{d}x\mathrm{d}y=1-\iint\limits_{xy>z}\mathrm{d}x\mathrm{d}y=1-\int_z^1\mathrm{d}x\int_{z/x}^1\mathrm{d}y=1-\int_z^1\left(1-\frac{z}{x}\right)\mathrm{d}x$$

$$=1-(x-z\ln x)\Big|_z^1=1-(1+z\ln z-z)=z-z\ln z.$$

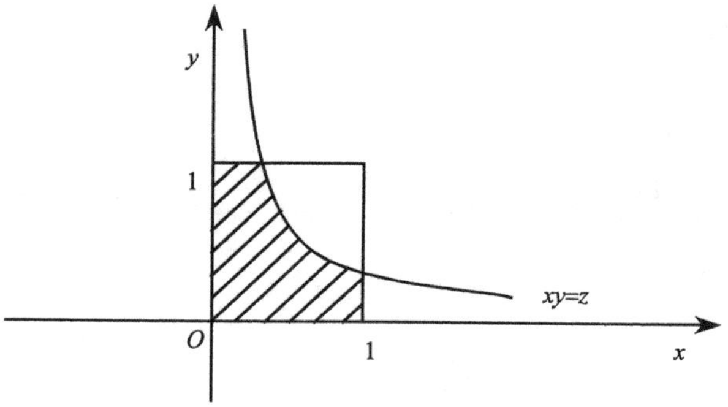


图 4.8.1　$f(x,y)$ 的非零区域与 $\{xy<z\}$ 区域的交集

因此 $Z=XY$ 的分布函数为 $F_Z(z)=\begin{cases}0, & z\leqslant 0,\\ z-z\ln z, & 0<z<1,\\ 1, & z\geqslant 1.\end{cases}$ $Z$ 的概率密度函数为

$$f_Z(z)=\begin{cases}\ln\dfrac{1}{z}, & 0<z<1,\\ 0, & \text{其他}.\end{cases}$$

**例 4.8.5**　在打靶训练中，以靶的中心为原点在靶所在平面上建立一个直角坐标系，瞄准靶中心进行射击，用 $X$ 和 $Y$ 分别记弹着点的横坐标和纵坐标，设 $(X, Y)\sim N(0, 0,\sigma^2,\sigma^2, 0)$，弹着点到靶中心的距离为 $Z=\sqrt{X^2+Y^2}$．试求 $E(Z)$.

**解**　$(X, Y)$ 的概率密度函数为 $f(x, y)=\dfrac{1}{2\pi\sigma^2}\exp\left\{\dfrac{-(x^2+y^2)}{2\sigma^2}\right\}$, $(x, y)\in\mathbf{R}^2$.

$z=g(x, y)=\sqrt{x^2+y^2}$ 是二元连续函数，根据式(4.6.2)，利用极坐标变换公式 $x=r\cos\theta$，$y=r\sin\theta$ $(0\leqslant\theta\leqslant 2\pi,\ 0\leqslant r<+\infty)$ 计算得

$$\begin{aligned}E(Z)&=\int_{-\infty}^{+\infty}\int_{-\infty}^{+\infty}g(x,y)f(x,y)\mathrm{d}x\mathrm{d}y\\&=\frac{1}{2\pi\sigma^2}\int_{-\infty}^{+\infty}\int_{-\infty}^{+\infty}\sqrt{x^2+y^2}\ \exp\left\{\frac{-(x^2+y^2)}{2\sigma^2}\right\}\mathrm{d}x\mathrm{d}y\\&=\frac{1}{2\pi\sigma^2}\int_0^{2\pi}\mathrm{d}\theta\int_0^{+\infty}r\cdot\ \exp\left\{\frac{-r^2}{2\sigma^2}\right\}r\mathrm{d}r=\int_0^{+\infty}(-r)\mathrm{d}\left(\exp\left\{\frac{-r^2}{2\sigma^2}\right\}\right)\\&=(-r)\exp\left(\frac{-r^2}{2\sigma^2}\right)\Bigg|_0^{+\infty}+\int_0^{+\infty}\exp\left(\frac{-r^2}{2\sigma^2}\right)dr\\&=\frac{\sqrt{2\pi}\ \sigma}{2}\left[\frac{1}{\sqrt{2\pi}\sigma}\int_{-\infty}^{+\infty}\exp\left(\frac{-r^2}{2\sigma^2}\right)\mathrm{d}r\right]=\sigma\sqrt{\frac{\pi}{2}}.\end{aligned}$$

**例 4.8.6** 设随机变量$(X, Y)$具有概率密度函数 $f(x, y)=\begin{cases}\dfrac{1}{2\pi}, & x^2+y^2\leqslant 2,\\ 0, & 其他,\end{cases}$

试验证 $X$ 与 $Y$ 不相关, 但不相互独立.

**证** 利用极坐标变换公式 $x=r\cos\theta,\ y=r\sin\theta(0\leqslant\theta\leqslant 2\pi, 0\leqslant r\leqslant\sqrt{2})$ 进行计算.

$$E(X)=\int_{-\infty}^{+\infty}\int_{-\infty}^{+\infty}xf(x,y)\mathrm{d}x\mathrm{d}y=\int_0^{2\pi}\mathrm{d}\theta\int_0^{\sqrt{2}}\frac{r^2\cos\theta}{2\pi}\mathrm{d}r=0,$$

$$E(Y)=\int_{-\infty}^{+\infty}\int_{-\infty}^{+\infty}yf(x,y)\mathrm{d}x\mathrm{d}y=\int_0^{2\pi}\mathrm{d}\theta\int_0^{\sqrt{2}}\frac{r^2\sin\theta}{2\pi}\mathrm{d}r=0,$$

$$E(XY)=\int_{-\infty}^{+\infty}\int_{-\infty}^{+\infty}xyf(x,y)\mathrm{d}x\mathrm{d}y=\int_0^{2\pi}\mathrm{d}\theta\int_0^{\sqrt{2}}\frac{r^3\cos\theta\cdot\sin\theta}{2\pi}\mathrm{d}r=0,$$

所以 $\mathrm{Cov}(X, Y)=E(XY)-E(X)E(Y)=0$，$\rho_{XY}=0$，即 $X$ 与 $Y$ 不相关.

但是,

$$f_X(x)=\int_{-\infty}^{+\infty}f(x,y)\mathrm{d}y=\begin{cases}\displaystyle\int_{-\sqrt{2-x^2}}^{\sqrt{2-x^2}}\frac{\mathrm{d}y}{2\pi}=\frac{\sqrt{2-x^2}}{\pi}, & |x|\leqslant\sqrt{2}\\ 0, & |x|>\sqrt{2}\end{cases}$$

$$f_Y(y)=\int_{-\infty}^{+\infty}f(x,y)\mathrm{d}x=\begin{cases}\displaystyle\int_{-\sqrt{2-y^2}}^{\sqrt{2-y^2}}\frac{\mathrm{d}x}{2\pi}=\frac{\sqrt{2-y^2}}{\pi}, & |y|\leqslant\sqrt{2}\\ 0, & |y|>\sqrt{2}\end{cases}$$

由以上两式知 $f_X(x)\cdot f_Y(y)=f(x,y)$ 不能几乎处处成立, 故 $X$ 与 $Y$ 不相互独立.

**例 4.8.7** 设随机变量$(X, Y)$具有概率密度函数

$$f(x, y)=\begin{cases}6xy, & 0\leqslant y\leqslant\sqrt{x},\ 0\leqslant x\leqslant 1\\ 0, & 其他,\end{cases},$$

求 $E(X), E(Y)$, $\mathrm{Cov}(X, Y)$，$\rho_{XY}$，$\mathrm{Var}(X+Y)$，$\mathrm{Var}\left(\dfrac{1}{\sqrt{XY}}\right)$.

**解**

$$E(X)=\int_{-\infty}^{+\infty}\int_{-\infty}^{+\infty}xf(x,y)\mathrm{d}x\mathrm{d}y=\int_0^1\mathrm{d}x\int_0^{\sqrt{x}}x\cdot 6xy\mathrm{d}y=\int_0^1 3x^3\ \mathrm{d}x=\frac{3}{4},$$

$$E(Y)=\int_{-\infty}^{+\infty}\int_{-\infty}^{+\infty}yf(x,y)\mathrm{d}x\mathrm{d}y=\int_0^1\mathrm{d}x\int_0^{\sqrt{x}}y\cdot 6xy\mathrm{d}y=\int_0^1 2x^{5/2}\,\mathrm{d}x=\frac{4}{7},$$

$$E(XY)=\int_{-\infty}^{+\infty}\int_{-\infty}^{+\infty}xyf(x,y)\mathrm{d}x\mathrm{d}y=\int_0^1\mathrm{d}x\int_0^{\sqrt{x}}xy\cdot 6xy\mathrm{d}y=\int_0^1 2x^{7/2}\,\mathrm{d}x=\frac{4}{9},$$

所以

$$\mathrm{Cov}(X,\ Y)=E(XY)-E(X)E(Y)=\frac{4}{9}-\frac{3}{4}\times\frac{4}{7}=\frac{1}{63}.$$

由于

$$E(X^2)=\int_0^1\mathrm{d}x\int_0^{\sqrt{x}}x^2\cdot 6xy\mathrm{d}y=\int_0^1 3x^4\,\mathrm{d}x=\frac{3}{5},$$

$$E(Y^2)=\int_0^1\mathrm{d}x\int_0^{\sqrt{x}}y^2\cdot 6xy\mathrm{d}y=\int_0^1\frac{3}{2}x^3\,\mathrm{d}x=\frac{3}{8},$$

$$\mathrm{Var}(X)=E(X^2)-\left[E(X)\right]^2=\frac{3}{5}-\left(\frac{3}{4}\right)^2=\frac{3}{80},$$

$$\mathrm{Var}(Y)=E(Y^2)-\left[E(Y)\right]^2=\frac{3}{8}-\left(\frac{4}{7}\right)^2=\frac{19}{392}.$$

$$\rho_{XY}=\frac{\mathrm{Cov}(X,\ Y)}{\sigma(X)\,\sigma(Y)}=\frac{1/63}{\sqrt{3/80}\cdot\sqrt{19/392}}=\frac{8}{9}\sqrt{\frac{10}{57}}.$$

$$\mathrm{Var}(X+Y)=\mathrm{Var}(X)+\mathrm{Var}(Y)+2\mathrm{Cov}(X,\ Y)=\frac{3}{80}+\frac{19}{392}+\frac{2}{63}=\frac{4153}{35280}.$$

$$\mathrm{Var}\left(\frac{1}{\sqrt{XY}}\right)=E\left(\frac{1}{\sqrt{XY}}\right)^2-\left[E\left(\frac{1}{\sqrt{XY}}\right)\right]^2=E\left(\frac{1}{XY}\right)-\left[E\left(\frac{1}{\sqrt{XY}}\right)\right]^2.$$

而

$$E\left(\frac{1}{XY}\right)=\int_{-\infty}^{+\infty}\int_{-\infty}^{+\infty}\frac{1}{xy}\cdot f(x,y)\mathrm{d}x\mathrm{d}y=\int_0^1\mathrm{d}x\int_0^{\sqrt{x}}\frac{1}{xy}6xy\mathrm{d}y=\int_0^1 6\sqrt{x}\,\mathrm{d}x=4,$$

$$E\left(\frac{1}{\sqrt{XY}}\right)=\int_{-\infty}^{+\infty}\int_{-\infty}^{+\infty}\frac{1}{\sqrt{xy}}f(x,y)\mathrm{d}x\mathrm{d}y=\int_0^1\mathrm{d}x\int_0^{\sqrt{x}}\frac{1}{\sqrt{xy}}6xy\mathrm{d}y=\int_0^1 4x^{5/4}\,\mathrm{d}x=\frac{16}{9},$$

故

$$\operatorname{Var}\left(\frac{1}{\sqrt{XY}}\right)=4^2-\left(\frac{16}{9}\right)^2=\frac{1040}{81}.$$

**例 4.8.8** 设有三维随机向量 $\boldsymbol{U}=(X, Y, Z)^{\mathrm{T}}$，$E(X)=E(Y)=1$，$E(Z)=0$，$\operatorname{Var}(X)=\operatorname{Var}(Y)=4$，$\operatorname{Var}(Z)=9$，$\rho_{XY}=0$，$\rho_{XZ}=-\frac{1}{2}$，$\rho_{YZ}=\frac{1}{2}$．试求 $E(X+Y+Z)$，$\operatorname{Var}(X+Y+Z)$ 以及 $\boldsymbol{U}$ 的协方差矩阵 $\boldsymbol{C}=(c_{ij})_{3\times3}$．

**解** 注意这里 $X, Y, Z$ 并不相互独立.

易见, $E(X+Y+Z)=E(X)+E(Y)+E(Z)=1+1+0=2$.

$$\begin{aligned}\operatorname{Var}(X+Y+Z)&=\operatorname{Var}(X+Y)+\operatorname{Var}(Z)+2\operatorname{Cov}(X+Y, Z)\\&=\operatorname{Var}(X)+\operatorname{Var}(Y)+\operatorname{Var}(Z)+2\operatorname{Cov}(X, Y)+2\operatorname{Cov}(X, Z)+2\operatorname{Cov}(Y, Z).\end{aligned}$$

而

$$c_{12}=c_{21}=\operatorname{Cov}(X,Y)=\rho_{XY}\cdot\sigma(X)\sigma(Y)=0\times2\times2=0,$$

$$c_{13}=c_{31}=\operatorname{Cov}(X,Z)=\rho_{XZ}\cdot\sigma(X)\sigma(Z)=-\frac{1}{2}\times2\times3=-3,$$

$$c_{23}=c_{32}=\operatorname{Cov}(Y,Z)=\rho_{YZ}\cdot\sigma(Y)\sigma(Z)=\frac{1}{2}\times2\times3=3.$$

故

$$\operatorname{Var}(X+Y+Z)=4+4+9+2\times0+2\times(-3)+2\times3=17.$$

又有

$$c_{11}=\operatorname{Var}(X)=4,\quad c_{22}=\operatorname{Var}(Y)=4,\quad c_{33}=\operatorname{Var}(Z)=9.$$

所以 $\boldsymbol{U}$ 的协方差矩阵为

$$\boldsymbol{C}=(c_{ij})_{3\times3}=\begin{pmatrix}4&0&-3\\0&4&3\\-3&3&9\end{pmatrix}.$$

# 复习题4

1. 已知二维离散随机变量$(X,Y)$的联合分布律为

| $X$ \ $Y$ | 1 | 2 | 3 | 4 | 5 |
|---|---|---|---|---|---|
| 1 | 0.06 | 0.05 | 0.04 | 0.01 | 0.02 |
| 2 | 0.05 | 0.10 | 0.10 | 0.05 | 0.03 |
| 3 | 0.07 | 0.05 | 0.01 | 0.02 | 0.02 |
| 4 | 0.05 | 0.02 | 0.01 | 0.01 | 0.03 |
| 5 | 0.05 | 0.06 | 0.05 | 0.02 | 0.02 |

求(1) $X$与$Y$的边缘分布律；

(2) $U=\max\{X,Y\}$的分布律；

(3) $Z=|X-Y|$的分布律；

(4) $P\{X>2Y-1\}$；

(5) $Y=3$条件下，$X$的条件分布律.

2. 某射手向一个目标独立重复地进行射击,直到第二次击中为止. 设$X$表示第一次击中目标时的射击次数，$Y$表示第二次击中目标时的射击次数. 如果每次击中目标的概率是$p=1-q$，试求$(X,Y)$的联合分布律以及条件分布律.

3. 已知二维连续随机变量$(X,Y)$的联合概率密度函数为

$$f(x,y)=\begin{cases}C(R-\sqrt{x^2+y^2}), & x^2+y^2\leqslant R^2,\\ 0, & \text{其他}.\end{cases}$$

(1) 求常数$C$；(2)当$R=2$时，求随机点$(X,Y)$落在单位圆$D:x^2+y^2\leqslant 1$内的概率.

4. 袋中有外形完全相同的不同颜色的小球，其中有40%的红球，有25%的白球，有35%的黑球，现从中有放回地取5次，每次取1个，分别用$X$和$Y$表示取到红球和白球的次数. 试用$(X,Y)$所服从的多项分布来计算以下概率:

(1) 求这5次中有1次取到红球，有1次取到白球，其余3次均取到黑球的概率；

(2) 求这5次中至少取到1次白球的概率.

5. 已知二维随机变量$(X,Y)$的联合概率密度函数为

$$f(x,y)=\begin{cases}c\mathrm{e}^{-(x+y)}, & 1>x>0,y>0,\\ 0, & \text{其他}.\end{cases}$$

(1) 求常数$c$；(2)求$X$与$Y$的边缘概率密度函数；(3) 求$U=\max\{X,Y\}$的分布函数.

6. 设二维随机变量$(X,Y)$的联合概率密度函数为

$$f(x,y)=\begin{cases}x+y, & 0<x<1,0<y<1,\\ 0, & \text{其他}.\end{cases}$$

(1) 求条件密度函数 $f_{X|Y}(x|y)$；(2) 计算 $P\{X<0.5|Y=0.5\}$ .

7. 设随机变量 $X$ 服从区间(1,2)上的均匀分布，当观察到 $X=x\ (1<x<2)$ 时，$Y$ 的概率密度函数为

$$f_Y(y)=\begin{cases}x\mathrm{e}^{-xy}, & y>0,\\ 0, & y\leqslant 0.\end{cases}$$

证明：$X\cdot Y$ 服从参数为 1 的指数分布.

8. 设某电子元件的寿命 $X$(单位: h)的概率密度函数为

$$f(x)=\begin{cases}0.0015\mathrm{e}^{-0.0015x}, & x>0,\\ 0, & x\leqslant 0.\end{cases}$$

现独立地测试 6 个该类元件，并用 $X_1,X_2,X_3,X_4,X_5,X_6$ 表示它们各自的失效时间.

求(1) 到 800 h 时没有一个元件失效的概率；

(2) 到 3000 h 时所有元件都失效的概率.

9. 设二维随机变量($X$, $Y$)的联合概率密度函数为

$$f(x,y)=\frac{1}{2\pi}e^{-\frac{x^2+y^2}{2}}(1+\sin x\sin y),\quad x,y\in\mathbf{R},$$

求 $X,Y$ 的边缘概率密度函数，并指出该题结论说明什么道理.

10. 设随机变量 ($X$，$Y$) 的分布律为

| $X$ \ $Y$ | −1 | 2 | 3 |
|---|---|---|---|
| 0 | 1/4 | 1/12 | 1/8 |
| 1 | 1/18 | 1/12 | 1/6 |
| 3 | 1/18 | 1/18 | 1/8 |

求(1) $E(X)$, $E(Y)$；(2) $E(XY)$；(3) $\mathrm{Var}(X)$，$\mathrm{Var}(Y)$ .

11. 一电梯载 $n$ 人从一楼上升，设楼高 $M$+1 层，每人在每一层楼走出电梯是等可能的，且相互独立. 若某一层无人走出电梯则电梯不停. 求电梯的平均停止次数.

12. 设随机变量 $X\sim U(0,3)$, $Y\sim U(1,5)$, 且 $X$ 与 $Y$ 相互独立. 令 $Z=\begin{cases}0, & X\geqslant Y,\\ 1, & X<Y.\end{cases}$ 写出 $Z$ 的分布律，并求 $E(Z)$.

13. 设 ($X$，$Y$) 是二维随机变量，证明：$\mathrm{Cov}(X+Y,X-Y)=\mathrm{Var}(X)-\mathrm{Var}(Y)$ .

14. 设随机变量 $X\sim U(0, 2\pi)$，令 $Y=\sin X$ ，$Z=\cos(X+a)$ ，其中常数 $a\in[0,\ 2\pi]$ . 求相关系数 $\rho_{YZ}$ .

15. 设 $(X,\ Y)$ 是二维随机变量，$E(X)=1$，$E(Y)=0$，$\mathrm{Var}(X)=2$，$\mathrm{Var}(Y)=4$，$\rho_{XY}=0.3$ . 令 $W=2X+aY$ ，求常数 $a$ ，使 $\mathrm{Var}(W)$ 达到最小.

16. 已知三个随机变量 $X,\ Y,\ Z$ 中，$E(X)=0$，$E(Y)=-1$ ，$E(Z)=0$，$\mathrm{Var}(X)=\mathrm{Var}(Y)=1$ ，$\mathrm{Var}(Z)=4$ ，$\rho_{XY}=-\dfrac{1}{2}$，$\rho_{XZ}=0$ ，$\rho_{YZ}=-\dfrac{1}{2}$ . 求 $E(X+Y+Z)$ 和 $\mathrm{Var}(X+Y+Z)$ .

17. 一家大型超市在某个城市开设四个销售门店，各门店每周售出的同一种食品的质量(单位: kg) 分别记为 $X_1$，$X_2$，$X_3$，$X_4$ . 已知 $X_1\sim N(600, 350)$，$X_2\sim N(450, 200)$，$X_3\sim N(500, 300)$，$X_4\sim N(400, 250)$，且 $X_1$，$X_2$，$X_3$，$X_4$ 相互独立，记 $Z=\sum\limits_{i=1}^{4}X_i$ .

(1) 求这家超市一周的总销售量的均值 $E(Z)$ 和方差 $\mathrm{Var}(Z)$ ;

(2) 求这家超市一周内销售这种食品的总质量达到 2000kg 的概率 $P\{Z\geqslant 2000\}$ ;

(3) 超市每周进货一次，为了使新的供货到达之前各门店不脱销的概率大于 0.99，问超市的仓库至少应储存多少千克该食品？

# 第5章 大数定律与中心极限定理

随机变量序列的极限定理在概率论的发展中占据重要地位，它现在仍然是概率论的重要研究方向之一. 极限定理内容丰富，本章介绍其中两类：一类是关于随机变量序列前 $n$ 个变量平均值的稳定性的极限定理，称为大数定律；另一类是关于独立随机变量和的极限分布为正态分布的极限定理，称为中心极限定理. 它们都是概率论中重要的基本定理，在现代概率统计的实际应用与理论研究中有着十分重要的地位. 在本章，我们将换一种思想方法，在理论上思考一些问题，对大数定律与中心极限定理的基本内容作一简单介绍.

## 5.1 切比雪夫不等式

为了大数定律证明的需要，先介绍应用广泛的切比雪夫(Chebyshev)不等式.

**定理 5.1.1** (切比雪夫不等式) 设随机变量 $X$ 的数学期望 $E(X)$ 与方差 $\mathrm{Var}(X)$ 都存在，则对任意 $\varepsilon>0$，有

$$P\left\{\left|X-E(X)\right|\geqslant\varepsilon\right\}\leqslant\frac{\mathrm{Var}(X)}{\varepsilon^2}\tag{5.1.1}$$

或

$$P\left\{\left|X-E(X)\right|<\varepsilon\right\}\geqslant1-\frac{\mathrm{Var}(X)}{\varepsilon^2}.\tag{5.1.2}$$

**证** 只对连续随机变量的情形给出证明，其余情况证明类似.

设 $X$ 是连续随机变量，概率密度函数为 $f(x)$，则

$$\begin{aligned}P\left\{\left|X-E(X)\right|\geqslant\varepsilon\right\}&=\int_{|x-E(X)|\geqslant\varepsilon}f(x)\mathrm{d}x\leqslant\int_{|x-E(X)|\geqslant\varepsilon}\frac{\left|x-E(X)\right|^2}{\varepsilon^2}f(x)\mathrm{d}x\\&\leqslant\frac{1}{\varepsilon^2}\int_{-\infty}^{+\infty}[x-E(X)]^2f(x)\mathrm{d}x=\frac{\mathrm{Var}(X)}{\varepsilon^2}\end{aligned}$$

或

$$P\left\{\left|X-E(X)\right|<\varepsilon\right\}=1-P\left\{\left|X-E(X)\right|\geqslant\varepsilon\right\}\geqslant1-\frac{\mathrm{Var}(X)}{\varepsilon^2}.$$

切比雪夫不等式说明，分布的大偏差发生的概率受方差控制. 随机变量 $X$ 的方差 $\mathrm{Var}(X)$ 越小，大偏差 $\{|X-E(X)|\geqslant\varepsilon\}$ 发生的概率就越小；当方差 $\mathrm{Var}(X)$ 较大时，大偏差 $\{|X-E(X)|\geqslant\varepsilon\}$ 发生的概率就可能较大. 这充分说明方差是刻画随机变量 $X$ 的取值与其均值 $E(X)$ 的偏离程度的一个量. 在某些场合，如果 $X$ 的具体分布未明，但知道 $\mathrm{Var}(X)$ 的值或者范围，可根据切比雪夫不等式对概率 $P\{|X-E(X)|\geqslant\varepsilon\}$ 和 $P\{|X-E(X)|<\varepsilon\}$ 作出粗略的估计.

**例 5.1.1** 已知一池塘里的鱼中，每千克鱼的含汞量平均数是 0.95mg，标准差为 0.072mg. 试估计每千克鱼的含汞量为 0.70~1.20mg 的概率 $p$.

**解** 用 $X$ 表示每千克鱼的含汞量(单位：mg). $X$ 的分布情况未明，利用切比雪夫不等式作估计.

可以认为 $E(X)=0.95$，$\sigma(X)=0.072$. 于是，所求概率为

$$p=P\{0.70\leqslant X\leqslant 1.20\}=P\{|X-E(X)|\leqslant 0.25\}$$
$$\geqslant 1-\frac{\mathrm{Var}(X)}{0.25^2}=1-\frac{0.072^2}{0.25^2}=0.917.$$

一般地，对于随机变量 $X$，记 $E(X)=\mu$，$\sigma(X)=\sigma>0$. 由切比雪夫不等式知

$$P\{|X-\mu|<k\sigma\}\geqslant 1-\frac{1}{k^2},\quad k>0.$$

取 $k=3$，有 $P\{|X-\mu|<3\sigma\}\geqslant 1-\frac{1}{3^2}=0.8889$；

取 $k=4$，有 $P\{|X-\mu|<4\sigma\}\geqslant 1-\frac{1}{4^2}=0.9375$.

### 习 题 5.1

1. 某公司生产一种儿童使用的化妆品，经检测，每毫升产品中所含的细菌数 $X$ 的期望为 200，标准差为 10. 试估计概率 $P\{|X-200|\leqslant 30\}$.

2. 设随机变量 $X\sim N(0, 9)$.

(1) 求概率 $P\{|X|\leqslant 8\}$；

(2) 利用切比雪夫不等式估计 $P\{|X|\leqslant 8\}$ 的下界.

## 5.2 大 数 定 律

大数定律描述随机变量序列前 $n$ 个变量的平均值的稳定性. 由第 1 章知道，随

机事件发生的频率具有稳定性，即随着试验次数的增加，事件发生的频率会逐渐稳定于一常数. 在实践中，人们还认识到在测量时大量测量值的算术平均值也具有稳定性. 概率论中用来描述大量随机变量平均值的稳定性的一系列结果统称为**大数定律**. 本节介绍三个大数定律以着重刻画这两种稳定性. 为此，先引入一个重要概念——**依概率收敛**.

**定义 5.2.1** 设 $X_1, X_2, \cdots, X_n, \cdots$ 是一个随机变量序列，简记为 $\{X_n\}$，$a$ 为实常数. 若对任意 $\varepsilon>0$，有

$$\lim_{n\to+\infty} P\{\,|X_n-a|<\varepsilon\}=1, \tag{5.2.1}$$

则称 $\{X_n\}$ 依概率收敛于 $a$，记为 $X_n \xrightarrow{P} a \quad (n\to+\infty)$.

依概率收敛的直观意义是，对任意 $\varepsilon>0$，当 $n$ 充分大时，$X_n$ 取值于区间 $(a-\varepsilon,\ a+\varepsilon)$ 的概率越来越接近于 1.

**定理 5.2.1**(切比雪夫大数定律) 设随机变量 $X_1, X_2, \cdots, X_n, \cdots$ 相互独立(即任意有限多个随机变量 $X_1, X_2, \cdots, X_n$ 相互独立)，又设各 $X_n$ 存在数学期望与方差，且方差有公共上界：$\mathrm{Var}(X_n)\leqslant C,\quad n=1,\ 2,\ 3,\ \cdots$. 则对任意 $\varepsilon>0$，有

$$\lim_{n\to+\infty} P\left\{\left|\frac{1}{n}\sum_{i=1}^{n}X_i-\frac{1}{n}\sum_{i=1}^{n}E(X_i)\right|<\varepsilon\right\}=1. \tag{5.2.2}$$

**证** 记 $\overline{X}=\dfrac{1}{n}\sum\limits_{i=1}^{n}X_i$，则有

$$E\left(\overline{X}\right)=\frac{1}{n}\sum_{i=1}^{n}E(X_i),\quad \mathrm{Var}(\overline{X})=\frac{1}{n^2}\sum_{i=1}^{n}\mathrm{Var}(X_i)\leqslant\frac{1}{n^2}\cdot nC=\frac{C}{n}.$$

利用切比雪夫不等式得

$$0\leqslant P\left\{\left|\overline{X}-\frac{1}{n}\sum_{i=1}^{n}E(X_i)\right|\geqslant\varepsilon\right\}\leqslant\frac{1}{\varepsilon^2}\mathrm{Var}(\overline{X})\leqslant\frac{C}{n\varepsilon^2}\to 0,\quad n\to+\infty.$$

从而 $\lim\limits_{n\to+\infty} P\left\{\left|\dfrac{1}{n}\sum\limits_{i=1}^{n}X_i-\dfrac{1}{n}\sum\limits_{i=1}^{n}E(X_i)\right|<\varepsilon\right\}=1-0=1$.

俄国数学家切比雪夫于 1866 年证明了此定理，它是大数定律中相当普遍的结论. 此定理的意义在于，我们在进行精密测量时，为了减少随机误差，通常要重复

测量多次，得到实测值 $X_1, X_2, \cdots, X_n$，然后取其平均值 $\bar{X}=\frac{1}{n}\sum_{i=1}^{n}X_i$ 来代替真值 $\mu$. 当 $n$ 很大时，$\bar{X}$ 的值接近于测量真值 $\mu$ 的概率越来越大.

**定理 5.2.2**(伯努利大数定律)　设在 $n$ 重伯努利试验中事件 $A$ 发生了 $n_A$ 次，记 $f_n(A)=\frac{n_A}{n}$ 为事件 $A$ 发生的频率，又记 $p=P(A)$，则

$$f_n(A)\xrightarrow{P}p,\quad n\to+\infty, \tag{5.2.3}$$

即对任意 $\varepsilon>0$，有

$$\lim_{n\to+\infty}P\left\{\left|f_n(A)-p\right|<\varepsilon\right\}=1.$$

**证**　令

$$X_i=\begin{cases}1, & \text{第}i\text{次试验中}A\text{发生},\\ 0, & \text{第}i\text{次试验}A\text{不发生},\end{cases}\quad i=1, 2, \cdots, n,$$

则 $X_1, X_2, \cdots, X_n$ 相互独立，各 $X_i$ 服从同一个 0-1 分布，且 $\mu=E(X_i)=p$，$\mathrm{Var}(X_i)=p(1-p)$，$i=1, 2, 3, \cdots, n$. $f_n(A)=\frac{n_A}{n}=\frac{1}{n}\sum_{i=1}^{n}X_i=\bar{X}$，$\frac{1}{n}\sum_{i=1}^{n}E(X_i)=p$，由定理 5.2.1，得

$$f_n(A)\xrightarrow{P}p,\quad n\to+\infty.$$

定理 5.2.2 的意义在于，随着试验次数 $n$ 的增加，随机事件 $A$ 发生的频率 $f_n(A)$ 必然会稳定于概率 $P(A)$，它以严格的数学形式描述了频率的稳定性. 这种稳定性为概率概念提供了理论依据. 在实际应用中，当试验次数很多时，就可用频率来估计概率.

**定理 5.2.3**(辛钦大数定律)　设随机变量 $X_1, X_2, \cdots, X_n, \cdots$ 相互独立且服从同一个分布(简称为独立同分布)，且各 $X_n$ 存在数学期望 $E(X_n)=\mu$，$n=1, 2, 3, \cdots$，则

$$\bar{X}=\frac{1}{n}\sum_{i=1}^{n}X_i\xrightarrow{P}\mu,\quad n\to+\infty. \tag{5.2.4}$$

本定理的证明超出本书范围，从略. 它的特点是，在随机变量序列独立同分布的条件下，只要求期望存在，而方差可以不存在，结论就成立. 它与定理 5.2.1

有区别.

**例 5.2.1** 设$\{X_n\}$是独立同分布的随机变量序列，$X_n \sim P(10)$，$n=1, 2, 3, \cdots$. 试问$\overline{X}=\frac{1}{n}\sum_{i=1}^{n}X_i$依概率收敛于什么值?

**解** $\{X_n\}$满足定理 5.2.3 的条件，$\mu=E(X_n)=10$. 故

$$\overline{X}=\frac{1}{n}\sum_{i=1}^{n}X_i \xrightarrow{P} 10, \quad n\to+\infty .$$

### 习 题 5.2

1. 设随机变量 $X_1, X_2,\cdots, X_n,\cdots$ 独立同分布，记 $\overline{X}=\frac{1}{n}\sum_{i=1}^{n}X_i$. 在下列情况下，当 $n\to+\infty$ 时，$\overline{X}$ 依概率收敛于什么值?

(1) $X_n\sim B(10,\ 0.5)$，$n=1, 2, 3, \cdots$；

(2) $X_n\sim U(-a,\ a)$，$n=1, 2, 3, \cdots$，常数 $a>0$；

(3) $X_n\sim N(\mu,\ \sigma^2)$，$n=1, 2, 3, \cdots$.

2. 设 $X_1, X_2,\cdots, X_n,\cdots$ 是一个相互独立的随机变量序列，且 $P\left\{X_i=\sqrt{\ln(i+1)}\right\}= P\left\{X_i=-\sqrt{\ln(i+1)}\right\}=0.5$，$i=1, 2, 3, \cdots$. 试利用切比雪夫不等式证明：

$$\overline{X}=\frac{1}{n}\sum_{i=1}^{n}X_i \xrightarrow{P} 0, \quad n\to+\infty .$$

## 5.3 中心极限定理

误差是人们经常遇到的随机变量. 大量的研究表明，误差是由大量微小的相互独立的随机因素叠加而成. 例如，在粮食加工厂工人包装大米，要使其质量符合额定标准. 由于人为因素、秤具因素、风力因素等的综合影响，袋装大米的质量具有误差. 实际情况表明，一大批同规格的袋装大米的质量大致服从正态分布，其均值就是额定质量. 这种现象就是中心极限定理的客观背景. 中心极限定理揭示了实际问题中正态分布普遍存在的原因. 正因如此，正态分布在概率统计中占有特别重要的地位. 本节介绍两个常用的中心极限定理.

**定义 5.3.1** 设$\{X_n\}$是相互独立的随机变量序列，且各$X_n$存在数学期望与方差：$E(X_n)=\mu_n$，$\mathrm{Var}(X_n)=\sigma_n^2>0$，$n=1, 2, 3, \cdots$. 记 $S_n=\sum_{i=1}^{n}X_i$，

$Y_n=\dfrac{S_n-E(S_n)}{\sigma(S_n)}=\left(\sqrt{\sum\limits_{i=1}^{n}\sigma_i^2}\right)^{-1}\cdot\sum\limits_{i=1}^{n}(X_i-\mu_i)$ 为 $S_n$ 的标准化随机变量，又记 $Y_n$ 的分布函数 $F_n(x)=P\{Y_n\leqslant x\}$. 若对任意 $x\in\mathbf{R}$，有

$$\lim_{n\to+\infty}F_n(x)=\frac{1}{\sqrt{2\pi}}\int_{-\infty}^{x}\mathrm{e}^{-t^2/2}\mathrm{d}t=\Phi(x),\tag{5.3.1}$$

则称 $\{X_n\}$ 服从中心极限定理.

**定理 5.3.1**(独立同分布的中心极限定理)　设 $\{X_n\}$ 是独立同分布的随机变量序列，且各 $X_n$ 存在数学期望与方差：$E(X_n)=\mu$，$\mathrm{Var}(X_n)=\sigma^2>0$，$n=1, 2, 3, \cdots$. 令 $Y_n=\dfrac{\sum\limits_{i=1}^{n}X_i-n\mu}{\sqrt{n}\ \sigma}$，其分布函数 $F_n(x)=P\{Y_n\leqslant x\}$，则对任意 $x\in\mathbf{R}$，成立

$$\lim_{n\to+\infty}F_n(x)=\frac{1}{\sqrt{2\pi}}\int_{-\infty}^{x}\mathrm{e}^{-t^2/2}\mathrm{d}t=\Phi(x).\tag{5.3.2}$$

此定理的证明要使用特殊的数学工具，已超出本书范围，从略.

定理 5.3.1 表明，对于标准化随机变量 $Y_n$，当 $n$ 充分大时，渐近地有

$$Y_n=\frac{\sum\limits_{i=1}^{n}X_i-n\mu}{\sqrt{n}\ \sigma}=\frac{\overline{X}-\mu}{\sigma/\sqrt{n}}\sim_{\mathrm{A}}N(0,1)$$

或 $\overline{X}=\dfrac{1}{n}\sum\limits_{i=1}^{n}X_i\sim_{\mathrm{A}}N\left(\mu,\ \dfrac{\sigma^2}{n}\right)$. 这里的记号"$\sim_{\mathrm{A}}$"表示渐近地服从. 这就说明，不论分布是离散还是连续，也不论分布是否正态，只要满足定理条件，其前 $n$ 个随机变量的均值(样本均值)都渐近地服从正态分布.

此结果是数理统计学中大样本统计推断的基础，并且得到如下近似公式：

$$P\{a<Y_n\leqslant b\}\approx\Phi(b)-\Phi(a),\tag{5.3.3}$$

这里 $a<b$.

**定理 5.3.2**(棣莫弗-拉普拉斯(De Moivre-Laplace)中心极限定理)　设随机变量 $X_n\sim B(n,p)$，$n=1, 2, 3, \cdots$，其中常数 $p\in(0,\ 1)$，$q=1-p$. 记 $Y_n=\dfrac{X_n-np}{\sqrt{npq}}$，则对

任意 $x \in \mathbf{R}$，成立

$$\lim_{n \to +\infty} P\{Y_n \leqslant x\} = \Phi(x). \tag{5.3.4}$$

**证** $X_n$ 可分解为 $n$ 个相互独立的且都服从 0-1 分布的随机变量 $Z_1, Z_2, \cdots, Z_n$ 之和，即

$$X_n = \sum_{i=1}^{n} Z_i \sim B(n, p).$$

由于 $E(X_n) = np$，$\sigma(X_n) = \sqrt{npq}$，根据定理 5.3.1 可得

$$\lim_{n \to +\infty} P\{Y_n \leqslant x\} = \Phi(x), \quad x \in \mathbf{R}.$$

定理 5.3.2 表明，若 $X \sim B(n, p)$，则当 $n$ 充分大时有近似计算公式

$$P\{a < X \leqslant b\} = P\left\{\frac{a-np}{\sqrt{npq}} < \frac{X-np}{\sqrt{npq}} \leqslant \frac{b-np}{\sqrt{npq}}\right\} \approx \Phi\left(\frac{b-np}{\sqrt{npq}}\right) - \Phi\left(\frac{a-np}{\sqrt{npq}}\right), \tag{5.3.5}$$

这里 $a < b$.

关于式(5.3.5)有两点说明：

(1) 当 $n \geqslant 30$ 时，就可认为 $n$ 很大；当然 $n$ 越大近似度越高.

(2) 因为二项分布是离散分布，而正态分布是连续分布，经验表明，对于正整数 $a < b$，若采用连续性修正公式

$$P\{a \leqslant X \leqslant b\} = P\{a - 0.5 < X < b + 0.5\} \approx \Phi\left(\frac{b+0.5-np}{\sqrt{npq}}\right) - \Phi\left(\frac{a-0.5-np}{\sqrt{npq}}\right)$$

进行近似计算，可以提高精度.

**例 5.3.1** 一家电子管厂生产 36W 规格的日光灯管，由于生产过程中随机因素的影响，每支灯管的功率(单位：W)在区间[34, 38]上均匀分布. 在一路电线上并联着此种灯管 100 支，它们的功率相互独立. 试问它们的总功率在区间[3575, 3625]内的概率是多少？

**解** 将 100 支灯管编号. 以 $X_i$ 表示第 $i$ 支灯管的功率，则 $X_i \sim U(34, 38)$，$i = 1, 2, 3, \cdots, 100$，$X_1, X_2, \cdots, X_{100}$ 独立同分布. 于是，

$$\mu = E(X_i) = \frac{34+38}{2} = 36, \quad \sigma^2 = \mathrm{Var}(X_i) = \frac{(38-34)^2}{12} = \frac{4}{3}.$$

记总功率 $S_n=\sum_{i=1}^{100}X_i$，$Y_n=\dfrac{S_n-n\mu}{\sqrt{n}\ \sigma}$.

由于 $n$=100 很大，据定理 5.3.1，$Y_n\sim_{\mathrm{A}}N(0,\ 1)$. 所求概率为

$$
\begin{aligned}
P\{3575\leqslant S_n\leqslant 3625\}&=P\left\{\frac{3575-n\mu}{\sqrt{n}\ \sigma}\leqslant Y_n\leqslant\frac{3625-n\mu}{\sqrt{n}\ \sigma}\right\}\\
&\approx\Phi\left(\frac{3625-n\mu}{\sqrt{n}\ \sigma}\right)-\Phi\left(\frac{3575-n\mu}{\sqrt{n}\ \sigma}\right)\\
&=\Phi(2.165)-\Phi(-2.165)=2\Phi(2.165)-1\\
&=2\times0.9848-1=0.9696.
\end{aligned}
$$

**例 5.3.2**　某城市有 30000 人参加一家保险公司的人寿保险，每人每年付保险费 1000 元. 若投保人死亡，则保险公司向其家属理赔 10 万元. 假设该城市人口的年死亡率为 6.4‰. 试求：

(1) 保险公司亏本的概率；

(2) 保险公司一年的利润不少于 1000 万元的概率.

**解**　设 $X$ 表示参保的 30000 人中一年内死亡的人数. 那么 $X\sim B(30000,\ 0.0064)$. 利用定理 5.3.2 进行计算.

这里 $n$=30000, $p$=0.0064, $q$=1−$p$=0.9936, $np$=192, $npq$=190.7712，有

$$\frac{X-np}{\sqrt{npq}}\sim_{\mathrm{A}}N(0,1).$$

(1) 根据式(5.3.5)的说明(2)，所求概率为

$$
\begin{aligned}
P\{\text{保险公司亏本}\}&=P\{100000X>30000\times1000\}\\
&=1-P\{X\leqslant 300\}=1-P\{X<300+0.5\}\\
&=1-P\left\{\frac{X-np}{\sqrt{npq}}\leqslant\frac{300.5-np}{\sqrt{npq}}\right\}\\
&\approx1-\Phi\left(\frac{300.5-192}{\sqrt{190.7712}}\right)=1-\Phi(7.855)\approx1-1=0.
\end{aligned}
$$

(2) 所求概率为

$$P\{30000\times1000-100000X\geqslant 10000000\}=P\{X\leqslant 200\}=P\{X<200+0.5\}$$

$$=P\left\{\frac{X-np}{\sqrt{npq}}<\frac{200.5-np}{\sqrt{npq}}\right\}\approx\Phi\left(\frac{200.5-192}{\sqrt{190.7712}}\right)=\Phi(0.615)=0.7308.$$

概率论是保险精算师最常用的工具，它在保险业中具有十分普遍的应用. 怎样设计一个险种，怎样调查、分析、处理数据等一系列问题都要利用概率论知识.

### 习 题 5.3

1. 设连续随机变量 $X_1$, $X_2$, …, $X_{100}$ 相互独立，它们服从相同的分布，概率密度函数为 $f(x)=\begin{cases}|x|, & |x|\leqslant 1,\\ 0, & |x|>1.\end{cases}$ 记 $S=\sum\limits_{i=1}^{100}X_i$. 利用中心极限定理计算 $P\{S\geqslant 10\}$.

2. 若计算机进行数值的加法时，对每个加数以四舍五入取整到个位. 设所有舍入误差是相互独立的且服从(−0.5, 0.5)上的均匀分布.

(1) 将 1000 个数相加，求误差总和的绝对值大于 10 的概率；

(2) 最多有多少个数相加可使误差总和的绝对值小于等于 20 的概率达到 99%以上？

3. 假设在 $n$ 重伯努利试验中事件 $A$ 每次发生的概率为 0.6，要使事件 $A$ 出现的频率为 0.58~0.62 的概率不低于 0.95，问至少需要进行多少次独立试验？

(1) 利用切比雪夫不等式估计；

(2) 利用中心极限定理计算.

4. 现有一大批产品，次品率为 1%. 若随机地抽取 5000 件进行检查，求次品数为 30~60 件的概率的近似值.

5. 某次英语课程的考试成绩(百分制)$X\sim N(65, 225)$，考生有一大批，各人成绩相互独立. 试求

(1) 考试的合格率 $p=P\{X\geqslant 60\}$；

(2) 随机地抽取 1000 名考生作调查，其中成绩合格的人数为 600~700 的概率的近似值.

## *5.4 综 合 例 题

**例 5.4.1** 设随机变量 $X$ 的方差为 $\mathrm{Var}(X)=0$. 求证：$P\{X=E(X)\}=1$.

**证** $P\{X=E(X)\}=1$ 等价于 $P\{\,|X-E(X)|>0\}=0$.

事件 $\{\,|X-E(X)|>0\}=\bigcup\limits_{n=1}^{+\infty}\left\{|X-E(X)|\geqslant\frac{1}{n}\right\}$，于是

$$P\{\,|X-E(X)|>0\}\leqslant\sum_{n=1}^{+\infty}P\left\{\,|X-E(X)|\geqslant\frac{1}{n}\right\}.$$

根据切比雪夫不等式，对每个 $n$ 有

$$0 \leqslant P\left\{ |X - E(X)| \geqslant \frac{1}{n} \right\} \leqslant \frac{\operatorname{Var}(X)}{1/n^2} = 0,$$

即 $P\left\{ |X - E(X)| \geqslant \frac{1}{n} \right\} = 0$，$n = 1, 2, 3, \cdots$. 从而 $P\left\{ |X - E(X)| > 0 \right\} = 0$，由此得 $P\{X = E(X)\} = 1$.

**例 5.4.2**　设 $\{X_n\}$ 是独立同分布的随机变量序列，且 $E(X_n)=0$，$\operatorname{Var}(X_n) = \sigma^2$ 存在，$n = 1, 2, 3, \cdots$. 证明：

$$\frac{1}{n}\sum_{i=1}^{n} X_i^2 \xrightarrow{P} \sigma^2, \quad n \to +\infty .$$

**证**　因为 $\{X_n^2\}$ 是独立同分布的随机变量序列，且 $E(X_n^2) = \operatorname{Var}(X_n) + [E(X_n)]^2 = \sigma^2$ 存在，据定理 5.2.3 得

$$\frac{1}{n}\sum_{i=1}^{n} X_i^2 \xrightarrow{P} \sigma^2, \quad n \to +\infty .$$

**例 5.4.3**(管理决策问题)　设一个城市大约有 200 万常住人口和流动人口，正常生活中，在任一时候每人因突发严重疾病或事故拨打电话 120 需要医疗救护车的概率为十万分之一. 试问该城市至少需要配备多少辆医疗救护车才能以 99%的把握保证病人拨打电话 120 需要医疗救护车时不必等候？

**解**　将该城市人口编号. 令

$$X_i = \begin{cases} 1, & \text{第}i\text{个人需要医疗救护车}, \\ 0, & \text{第}i\text{个人不需要医疗救护车}, \end{cases} \quad i = 1, 2, \cdots, n .$$

令 $X$ 表示这 200 万人口中在同一时刻需要医疗救护车的人数，则 $X = \sum_{i=1}^{n} X_i \sim B(n,\ p)$. 这里 $n$=2000000，$p$=0.00001，$q$=1−$p$=0.99999，$np$=20，$npq$=19.9998.

现在要确定最少的车辆数 $k$，满足 $P\{0 \leqslant X \leqslant k\} \geqslant 0.99$.

根据式(5.3.5)的说明(2)可得

$$P\{0 \leqslant X \leqslant k\} = P\{-0.5 < X < k + 0.5\} = P\left\{ \frac{-0.5 - np}{\sqrt{npq}} \leqslant \frac{X - np}{\sqrt{npq}} < \frac{k - np + 0.5}{\sqrt{npq}} \right\}$$

$$\approx \Phi\left(\frac{k-np+0.5}{\sqrt{npq}}\right)-\Phi\left(\frac{-0.5-np}{\sqrt{npq}}\right)=\Phi\left(\frac{k-np+0.5}{\sqrt{npq}}\right)-\Phi(-4.584)$$

$$\approx \Phi\left(\frac{k-np+0.5}{\sqrt{npq}}\right)\geqslant 0.99=\Phi(2.327),$$

从而 $\frac{k-np+0.5}{\sqrt{npq}}\geqslant 2.327$，故得 $k\geqslant np+2.327\sqrt{npq}-0.5=29.907$，即至少需要配备 30 辆医疗救护车才能达到上述要求.

此例说明了概率论知识在管理科学方面的应用.

# 复 习 题 5

1. 某车间有 100 台车床，它们独立地工作，开工率各为 0.8，开工时耗电功率各为 0.5kW. 问供电所至少要供给该车间多少千瓦的电力，才能以 99%的概率保证车间不会因供电不足而影响生产？

2. 一家保险公司承接中国民航的航空意外伤害保险业务，每张保险单售价 20 元. 空难发生后，每位乘客的家属可获得保险公司理赔 40 万元. 据调查，近年来中国民航的空难发生率平均为十万分之一. 假设一年中保险公司售出此种保险单 10 万张. 试求

(1) 保险公司亏本的概率；

(2) 保险公司一年中从该项业务中获得利润达到 100 万元、150 万元的概率分别是多少？

3. 设 $\{X_n\}$ 是独立同分布的随机变量序列，已知 $E(X_1^k)=\mu_k$，$k=1,2,3,4$ 存在，且 $\mu_4>\mu_2^2$. 证明：当 $n$ 充分大时，随机变量 $Y_n=\frac{1}{n}\sum\limits_{i=1}^{n}X_i^2$ 渐近服从正态分布，并指出其分布参数.

4. 设随机变量 $Y_n\sim P(n)$，并记 $Z_n=\frac{Y_n-n}{\sqrt{n}}$，$F_n(x)=P\{Z_n\leqslant x\}$，$n=1,2,3,\cdots$. 试证明：

$$\lim_{n\to+\infty}F_n(x)=\frac{1}{\sqrt{2\pi}}\int_{-\infty}^{x}\mathrm{e}^{-t^2/2}\,\mathrm{d}t=\Phi(x),\quad x\in\mathbf{R}.$$

(提示：可将 $Y_n$ 看成 $n$ 个相互独立，且都服从 $P(1)$分布的随机变量之和.)

# 第 6 章　数理统计的基本概念

## 6.1　引　　言

1~5 章的内容属于概率论的范畴，本章以后的内容都属于数理统计的范畴. 概率论与数理统计都是研究随机现象数量规律性的学科，但它们的出发点、研究对象和思想方法各不相同. 概率论是研究随机现象数量规律性的一般理论的. 在概率论中，通常假定随机变量的概率分布是已知的，在此假定之下，对随机变量的性质、特点和规律性进行研究. 在数理统计中，所研究的随机变量其分布是部分未知或完全未知的. 人们对它进行多次观察，获得许多观察数据，通过这些数据对所研究的随机变量的未知部分作出统计推断. 所谓数理统计，就是从实际试验和观察出发，对带有随机性影响的有限个数据进行加工、处理和推断，以此来研究随机现象的一门科学. 概率论研究方法的特点是演绎，数理统计研究方法的特点则是归纳.

可以说，概率论与数理统计是数学学科中紧密联系的两个分支学科. 概率论是数理统计的基础，而数理统计是概率论的重要应用.

由于随机性的影响无处不在，所以数理统计的应用十分广泛，不仅在工农业生产、工程技术、自然科学等领域有着广泛的应用，在医学卫生、社会生活以及经济等领域也有着越来越广泛的应用. 数理统计已成为最活跃的数学分支学科之一.

本章介绍总体和样本，描述性统计，统计量，常用的抽样分布及其性质.

## 6.2　总体与样本

数理统计学中把全体研究对象所组成的集合称为**总体**. 总体中的每个元素称为**个体**. 这里所说的研究对象详细地说应为，研究对象的某项(或某几项)数量指标. 例如，在研究某大学学生体重的状况时，对于这些学生的身高、学习成绩和籍贯等都不感兴趣. 该校所有学生体重的全体是一个总体，而每个大学生的体重就是一个个体. 总体按照其所包含的个体的总数是有限还是无限，分为**有限总体**和**无限总体**. 在实际问题中总体一般都是有限的. 如某厂生产的一大批灯管，无论这批灯管的数量有多大，其总数总是有限的. 由这批灯管寿命的全体构成的总体就是一个有限总体. 在数理统计中研究有限总体比较困难，为了研究问题的方便，把这批灯管寿命的取值范围扩大到在相同条件下所有可能生产出来的灯管的寿命. 这时所研究的总体就成了一个无限总体.

一般地说，不同个体的取值各不相同. 在获得每个个体之前，对于其具体取值是无法预知的，但可以知道它取值的范围. 所以总体中每个个体的出现都是一次随机试验的结果，也就是说个体是某随机变量 $X$ 的一个观察值. 对总体的研究就是对相应的随机变量 $X$ 的研究. 以后我们说到“总体 $X$”，这个 $X$ 就是与总体相应的随机变量. 每个总体 $X$ 的概率分布在客观上是存在的，但是我们不知道，至少是部分未知. 以后总假定总体 $X$ 的分布函数 $F(x)$，或者其数学形式已知，但其中的参数未知；或者 $F(x)$ 的数学形式也不知道. 如果总体 $X$ 的分布函数 $F(x)$ 全部已知，那就没有什么统计工作可做了；这时关于 $X$ 概率性质的研究便是概率论要做的事情了.

为了研究总体的统计特性，必须从总体中任取一部分个体进行观察. 总体中部分个体所组成的集合称为**样本**. 样本中的每个个体称为**样品**. 样本中个体的个数称为**样本容量**(或样本量，或样本大小). 抽取样本的过程称为**抽样**. 所谓抽样(或者任取个体)，实际上就是进行随机试验，并观察所关心的数量指标. 通过观察得到一组容量为 $n$ 的样本 $(x_1, x_2, \cdots, x_n)$，由于哪 $n$ 个个体被取出进行观察或试验是随机的，因此每一 $x_i (i=1,2,\cdots,n)$ 均可看作随机变量 $X_i$ 的观察值. $(X_1, X_2, \cdots, X_n)$ 也称为容量是 $n$ 的样本. 有时把样本看作 $n$ 维随机变量(主要在理论研究中)，有时把样本看作 $n$ 维随机变量的观察值(主要在具体问题中). 为了细分，有时把 $(X_1, X_2, \cdots, X_n)$ 称为样本，把 $(X_1, X_2, \cdots, X_n)$ 的观察值 $(x_1, x_2, \cdots, x_n)$ 称为**样本观察值**或**样本值**. 总之，我们是以两种观点来看待样本的，这就是样本的两重性.

抽样按其抽取个体方法的不同可分为两种：放回抽样和不放回抽样. 如果抽取第一个个体并进行观察之后就放回，然后再抽取第二个个体，观察后仍放回……直到取出第 $n$ 个个体. 这种抽样方法称为**放回抽样**. 如果取出一个个体观察后不再放回，直到取出第 $n$ 个个体为止，或者一次性取出 $n$ 个个体，这种抽样方法称为**不放回抽样**. 对于无限总体，由于抽取的个体是否放回不改变总体的成分，因此这两种抽样方法的效果是一样的. 对于有限总体，若采取不放回抽样，每抽取一个个体，总体成分就要改变. 在实际应用中，常采取不放回抽样的方法，这时，即使总体中个体数 $N$ 有限，只要 $N$ 相对于样本容量 $n$ 很大(一般要求 $\frac{n}{N} \leqslant 0.1$)，就可以认为抽取样本后总体的成分近似不变.

抽取样本的目的是对总体的未知部分做出推断，为了使样本很好地反映总体，对样本提出两点要求：①随机性，即总体中每一个个体都有相同的机会被抽取到；②独立性，即各次抽取个体获得的结果彼此互不影响．这两点要求一般情况下都能得到满足．满足这两条的样本称为**简单随机样本**．今后如果不作特别说明，我们所说的样本都理解成简单随机样本，并简称为**样本**．因为样本满足上述两条，所以样本的各分量 $X_1,X_2,\cdots,X_n$ 相互独立且都与总体 $X$ 有相同的分布．它们的联合分布函数为

$$F^*(x_1,x_2,\cdots,x_n)=\prod_{i=1}^{n}F(x_i),$$

其中 $F(x)$ 是总体 $X$ 的分布函数．又若 $X$ 是连续随机变量，具有概率密度函数 $f(x)$，则 $(X_1,X_2,\cdots,X_n)$ 的联合概率密度函数为

$$f^*(x_1,x_2,\cdots,x_n)=\prod_{i=1}^{n}f(x_i).$$

**例 6.2.1**　为了考察某地正常成年人胆固醇的含量，随机抽取 16 名正常成年人，测量他们的胆固醇指标，其数据(单位: mmol/L)如下：

2.07,　4.46,　3.06,　3.94,　4.35,　4.72,　3.68,　2.77,

3.21,　5.02,　3.95,　4.94,　2.69,　2.43,　3.42,　3.63.

这是一组容量为 16 的样本观察值，其相应的总体为该地正常成年人胆固醇的含量。

## 6.3　样本观察值的整理

### 6.3.1　频率分布表

样本是做统计工作的基础．要从样本观察值中提取出有用的信息，必须对它进行整理．对于连续总体，整理样本观察值最常用的方法是制作**频率分布表**．其具体步骤如下：

(1) 确定将样本观察值分组的组数.

将样本值分成多少组没有硬性的规定．当样本容量 $n$ 大时，组应分得多一些；当样本容量 $n$ 小时，组应分得少一些．组数过多将突出随机性影响而降低稳定性，不利于看出数据的特征和规律；若组数过少则会丧失一些有用的信息，也不利于看出数据的特征和规律，所以组数应适中．对于容量为 $n$ 的样本，可以利用经验公式

$$k = 1 + 4\lg n, \tag{6.3.1}$$

将样本观察值大致分为$[k]$组($[k]$表示$k$的最大整数部分).

(2) 确定每组组距.

各组区间长度可以相等也可以不等. 实用中, 为方便起见, 常取各组区间长度相等. 此时各组区间长度称为**组距**. 每个区间的中点称为**组中值**. 适当选取比样本观察值中最小者稍小一点的数 $a$ 和比样本观察值中最大者稍大一点的数 $b$. 将区间$[a,b]$分为$l$组, 组距为

$$d = \frac{b-a}{l},$$

这样便把$[a,b]$分成了$l$个区间: $(t_i, t_{i+1}]$, 其中$t_i = a + id, t_0 = a, t_l = b, i = 0,1,\cdots,l-1$.

具体操作时, 为方便起见, $a$和$b$以及各分点$t_i$常比原来的数据在小数点后多取一位, 且取最后一位数字为 5; $l$可以正好等于$[k]$, 也可以比$[k]$稍大一些或稍小一些; $a$, $b$和$l$要取的使$\dfrac{b-a}{l}$便于计算.

(3) 制作频率分布表.

统计落在每个区间中样本值的个数$n_i$(称之为**频数**), 计算落在每个区间中样本值的频率$f_i = \dfrac{n_i}{n}$, 将所分的各组放在第一列; 将落在相应各组样本值的频数$n_i$放在第二列; 将落在相应各组样本值的频率$f_i$放在第三列. 这样频率分布表便制成了.

**例 6.3.1** 从某食品厂生产的一大批罐头中抽查了 80 个, 其净重数据(单位: g)如下, 试制作频率分布表.

346, 346, 340, 344, 342, 344, 345, 340, 344, 344,
343, 344, 342, 343, 345, 339, 350, 337, 345, 349,
336, 343, 344, 345, 332, 342, 342, 340, 350, 343,
347, 340, 344, 353, 340, 340, 356, 346, 345, 346,
340, 339, 342, 352, 342, 350, 348, 344, 350, 335,
340, 338, 345, 345, 349, 336, 342, 338, 343, 343,
341, 347, 341, 347, 344, 339, 347, 348, 343, 347,
346, 344, 345, 350, 341, 338, 343, 339, 343, 346.

**解** 本例中样本容量为$n = 80$, 由经验公式(6.3.1)

$$k = 1 + 4\lg 80 = 8.61,$$

取分组数 $l=9$ .

上述样本观察值中最小者为 332, 最大者为 356. 取 $a=330.5$ , $b=357.5$ . 组距为

$$d=\frac{357.5-330.5}{9}=3 .$$

于是便获得 9 个分组区间为

$$[330.5,333.5],\quad (333.5,336.5],\quad (336.5,339.5],\ \cdots,\quad (354.5,357.5] .$$

接着计算落在每个区间中样本值的频数 $n_i$ 与相应的频率 $f_i=\frac{n_i}{n}$ . 将这些结果填入适当的位置便得到频率分布表(表 6.3.1).

**表 6.3.1　例 6.3.1 的频率分布表**

| 分组区间 | 频数 $n_i$ | 频率 $f_i=\frac{n_i}{n}$ |
| --- | --- | --- |
| [330.5, 333.5] | 1 | 1.25% |
| (333.5, 336.5) | 3 | 3.75% |
| (336.5, 339.5) | 8 | 10% |
| (339.5, 342.5) | 15 | 18.75% |
| (342.5, 345.5) | 27 | 33.75% |
| (345.5, 348.5) | 16 | 20% |
| (348.5, 351.5) | 7 | 8.75% |
| (351.5, 354.5) | 2 | 2.5% |
| (354.5, 357.5) | 1 | 1.25% |
| 合计 | 80 | 100% |

从表 6.3.1 可以获得很多信息, 如：净重不足 336.5g 的罐头只占 5%；净重在 339.5g 到 348.5g 之间的罐头占 72.5%；净重超过 342.5g 的罐头占 66.25%等.

## 6.3.2　直方图

有了频率分布表之后, 可以画出与频率分布表相应的直方图. 直方图比频率分布表更为直观.

在横坐标上标出点 $t_0<t_1<t_2<\cdots<t_l$ , 以线段 $t_it_{i+1}$ (长度为 $d$ )为底, 作高为 $f_i/d$ 的 $l$ 个矩形. 这样的图就叫做**频率直方图**, 简称**直方图**.

第 $i$ 个矩形的面积等于样本观察值落在区间 $(t_i,t_{i+1}]$ 的频率 $f_i$ . 这 $l$ 个矩形的

面积加起来正好等于 1. 而总体 $X$ 落在区间 $(t_i,t_{i+1}]$ 的概率等于以 $t_it_{i+1}$ 为底边，以 $X$ 的概率密度函数 $f(x)$ 的曲线为曲边而构成的曲边梯形的面积. 由伯努利大数定律，当 $n$ 很大时，这两者近似相等，所以由样本观察值画出的直方图与总体 $X$ 的概率密度函数 $f(x)$ 的图形很接近.

**例 6.3.2** 试画出例 6.3.1 中关于罐头净重的样本观测值的直方图.

**解** 按照例 6.3.1 中制作频率分布表的方法，将样本观测值分为 9 组，组距为 3. 在横坐标上标出 10 个分点 $t_i = a + id = 330.5 + 3i(i = 0,1,\cdots,9)$ .

在第一个区间 [330.5,333.5] 上画出高为 $f_1 / d = 0.0125/3$ 的矩形；

在第二个区间 (333.5,336.5] 上画出高为 $f_2 / d = 0.0375/3$ 的矩形；

……

在第九个区间 (354.5,357.5] 上画出高为 $f_9 / d = 0.0125/3$ 的矩形.

这样就得到所需的直方图(图 6.3.1).

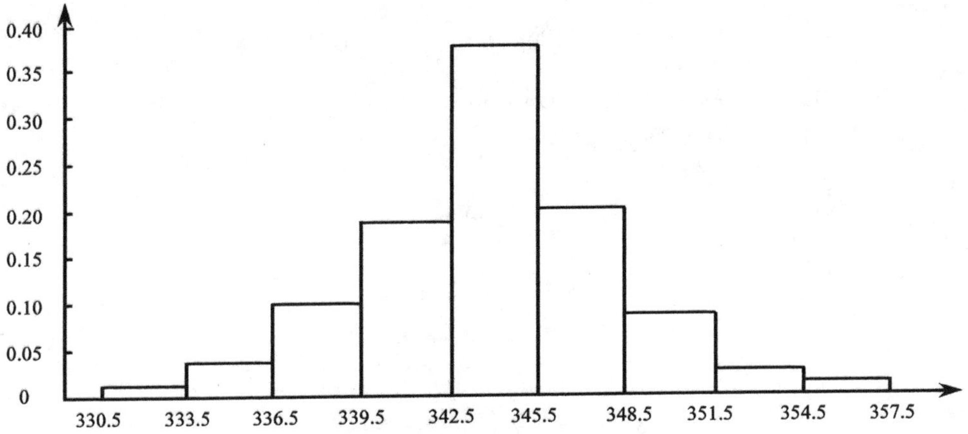


图 6.3.1 例 6.3.2 的直方图

从这个直方图可以看出该厂生产的罐头净重的大致分布情况. 这个直方图有一个峰，比较对称. 它接近正态分布的概率密度函数.

上面介绍的频率分布表和直方图对于连续总体才适用. 下面介绍的经验分布函数，无论对连续的还是离散的总体都适用. 频率分布表和直方图的缺点在于分组组数的多少和各组区间的长度因人而异. 下面要介绍的经验分布函数没有这个缺点.

### 6.3.3 经验分布函数

**定义 6.3.1** 设 $(x_1,x_2,\cdots,x_n)$ 是来自总体 $X$ 的容量为 $n$ 的样本观察值. 将样本观察值由小到大排列成： $x_{(1)} \leqslant x_{(2)} \leqslant \cdots \leqslant x_{(n)}$ . 称

$$F_n(x)=\begin{cases}0, & x<x_{(1)} \\ k/n, & x_{(k)}\leqslant x<x_{(k+1)}, \quad k=1,2,\cdots,n-1 \\ 1, & x_{(n)}\leqslant x\end{cases} \tag{6.3.2}$$

为总体 $X$ 的**经验分布函数**. 由式(6.3.2)可以看出经验分布函数 $F_n(x)$ 具有性质: $0\leqslant F(x)\leqslant 1$, $F_n(-\infty)=0$, $F_n(+\infty)=1$, 单调递增, 右连续, 即它具有分布函数的基本性质. 由式(6.3.2)也可以看出, $F_n(x)$ 是一个单调递增的阶梯函数, $x_{(1)},x_{(2)},\cdots,x_{(n)}$ 是它的跳跃点, 其跃度为 $\frac{1}{n}$. (若 $x_{(k)}=x_{(k+1)}$, 那么在这一点上的跃度为 $\frac{2}{n}$, 其余类推)经验分布函数也称为**样本分布函数**. 从经验分布函数的定义可以看出, 样本值中的所有信息都包含在经验分布函数之中.

**例 6.3.3**　从某总体 $X$ 中取得容量为 5 的样本值如下:

$$-0.8, \quad 2.5, \quad 1.3, \quad 0.2, \quad 1.3.$$

求经验分布函数 $F_5(x)$, 并画出 $F_5(x)$ 的图形.

**解**　先将样本值从小到大排列如下:

$$-0.8, \quad 0.2, \quad 1.3, \quad 1.3, \quad 2.5.$$

由式(6.3.2),

$$F_5(x)=\begin{cases}0, & x<-0.8, \\ 1/5, & -0.8\leqslant x<0.2, \\ 2/5, & 0.2\leqslant x<1.3, \\ 4/5, & 1.3\leqslant x<2.5, \\ 1, & 2.5\leqslant x.\end{cases}$$

$F_5(x)$ 的图形见图 6.3.2.

对于任意的实数 $x$, 由式(6.3.2)知, 若 $x_{(k)}\leqslant x<x_{(k+1)}(k=0,1,\cdots,n)$ ($x_{(0)}$和 $x_{(n+1)}$ 分别表示 $-\infty$ 和 $+\infty$), 则 $F_n(x)=\frac{k}{n}$. 这表明: $F_n(x)$ 等于 $n$ 次随机试验中事件 $\{X\leqslant x\}$ 发生的频率. 而总体 $X$ 的分布函数 $F(x)$ 等于事件 $\{X\leqslant x\}$ 发生的概率. 由伯努利大数定律, 当 $n\to\infty$ 时, $F_n(x)$ 依概率收敛于 $F(x)$.

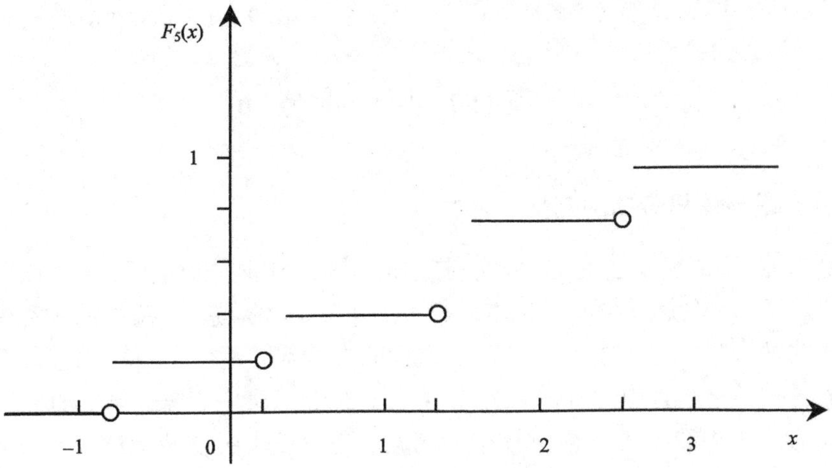


图 6.3.2 例 6.3.3 的经验分布函数

前苏联数学家格利文科 1933 年证明了，当 $n\to\infty$ 时，$F_n(x)$ 在更强的意义下收敛于 $F(x)$. 因此当 $n$ 很大时，经验分布函数 $F_n(x)$ 非常接近总体 $X$ 的分布函数 $F(x)$. 这就是数理统计中用样本推断总体的理论根据.

本节所讲的频率分布表、直方图和经验分布函数都属于描述性统计. 它们是今后作统计推断的准备.

## 习 题 6.3

1. 下表给出了 200 只山羊妊娠期(单位：天)的频数. 制作频率分布表并画出相应的直方图.

| 妊娠期/天 | 频数 | 妊娠期/天 | 频数 | 妊娠期/天 | 频数 |
|---|---|---|---|---|---|
| (141.5, 142.5] | 1 | (147.5, 148.5] | 20 | (143.5, 154.5] | 6 |
| (142.5, 143.5] | 2 | (148.5, 149.5] | 28 | (154.5, 155.5] | 5 |
| (143.5, 144.5] | 0 | (149.5, 150.5] | 44 | (155.5, 156.5] | 0 |
| (144.5, 145.5] | 4 | (150.5, 151.5] | 31 | (156.5, 157.5] | 1 |
| (145.5, 146.5] | 4 | (151.5, 152.5] | 18 | (157.5, 158.5] | 1 |
| (146.5, 147.5] | 13 | (152.5, 153.5] | 22 | 总数 | 200 |

2. 在芝加哥环境卫生管区，操作工程师是在有竞争性的公务员考试基础上被录用的. 下面的数据是某一年 58 名申请者的考试成绩.

(1) 制作频率分布表；(2) 画出相应的直方图.

27, 84, 93, 75, 35, 67, 41, 60, 45, 56, 48, 52, 53, 57, 48,
61, 45, 68, 42, 78, 36, 30, 84, 31, 91, 37, 80, 43, 69, 46,
61, 95, 58, 49, 54, 54, 58, 50, 63, 46, 69, 43, 82, 39, 92,
33, 51, 56, 47, 59, 95, 66, 44, 73, 39, 83, 33, 93

3. 从总体 $X$ 中获得容量为 5 的样本值 1.3, 0.5, 2.8, −1.7, 2.0，求经验分布函数并作图.

# 6.4　统计量与抽样分布

## 6.4.1　统计量与抽样分布的定义

来自总体 $X$ 的样本含有总体的各种信息, 因此样本是很宝贵的. 作统计推断的依据就是样本. 但是如果不对样本进行"加工"、"提炼", 总体的各种信息分散在样本的每个样品中, 成为一堆杂乱无章的数. 为了充分利用样本所包含的关于总体的各种信息, 必须把分散在各个样品中的信息集中起来. 集中的方法就是针对不同的问题构造各种各样的样本的函数, 这种样本的函数就称为统计量. 它的定义如下.

**定义 6.4.1**　设 $(X_1,X_2,\cdots,X_n)$ 是来自总体 $X$ 的样本, 称不含未知参数的样本函数 $g(X_1,X_2,\cdots,X_n)$ 为**统计量**.

例如, 设总体 $X \sim N(\mu,\sigma^2)$，其中 $\mu$ 已知, $\sigma^2$ 未知. $(X_1,X_2,\cdots,X_n)$ 是来自总体 $X$ 的样本, 则 $\overline{X}=\dfrac{1}{n}\sum\limits_{i=1}^{n}X_i$，$\dfrac{1}{n}\sum\limits_{i=1}^{n}(X_i-\overline{X})^2$，$\dfrac{1}{n}\sum\limits_{i=1}^{n}(X_i-\mu)^2$ 都是统计量; 而 $\sum\limits_{i=1}^{n}\left(\dfrac{X_i-\mu}{\sigma}\right)^2$ 不是统计量, 因为它含有未知参数 $\sigma$.

**定义 6.4.2**　设 $(X_1,X_2,\cdots,X_n)$ 是来自总体 $X$ 的样本, 则称

$$\overline{X}=\frac{1}{n}\sum_{i=1}^{n}X_i \qquad \text{为}\textbf{样本均值},$$

$$S^2=\frac{1}{n-1}\sum_{i=1}^{n}(X_i-\overline{X})^2 \qquad \text{为}\textbf{样本方差},$$

$$S=\sqrt{S^2}=\left[\frac{1}{n-1}\sum_{i=1}^{n}(X_i-\overline{X})^2\right]^{1/2} \qquad \text{为}\textbf{样本标准差},$$

$$A_k=\frac{1}{n}\sum_{i=1}^{n}X_i^k \triangleq \overline{X^k} \quad (k=1,2,\cdots) \qquad \text{为}\textbf{样本 } k \textbf{ 阶(原点)矩},$$

$$B_k=\frac{1}{n}\sum_{i=1}^{n}(X_i-\overline{X})^k \quad (k=1,2,\cdots) \qquad \text{为}\textbf{样本 } k \textbf{ 阶中心矩}.$$

以上这些统计量统称为**样本矩**. 样本矩是最常用的统计量.

样本均值 $\overline{X}$ 包含了总体均值(数学期望)的信息; 样本方差 $S^2$ 包含了总体方差的信息; 样本标准差 $S$ 包含了总体标准差的信息.

至于我们为什么不把 $\frac{1}{n}\sum_{i=1}^{n}(X_i-\overline{X})^2$ 称为样本方差，而把 $S^2$ 称为样本方差，其理由将在 7.2 节中说明.

因为样本具有两重性，所以作为样本的函数的统计量，特别是样本矩也具有两重性. 大家要注意样本矩与总体矩的区别：总体矩是数，而样本矩是随机变量或其观察值.

把样本 $(X_1,X_2,\cdots,X_n)$ 构造成统计量 $g(X_1,X_2,\cdots,X_n)$ 的目的，就是要用 $g(X_1,X_2,\cdots,X_n)$ 对总体的统计特征进行推断. 要用 $g(X_1,X_2,\cdots,X_n)$ 作统计推断就要知道它的分布. 统计量的分布称为**抽样分布**. 如果总体 $X$ 的分布函数 $F(\cdot)$ 的形式已知，从理论上讲 $g(X_1,X_2,\cdots,X_n)$ 的精确分布是可以求得的. 但实际上只有来自很少几类总体(如正态总体)的样本构造成的若干统计量，其精确分布才可求得. 除了这些少数特例外，在一般情形下要求得统计量的精确分布是困难的；即使在某些情形下求得了某统计量的精确分布，但由于其表示式过于复杂而难于应用. 本书将要介绍基于正态总体的若干统计量的抽样分布及其性质.

### 6.4.2　三大抽样分布

这里介绍基于正态总体的“三大抽样分布”：$\chi^2$ 分布，$t$ 分布和 $F$ 分布. 它们在数理统计中起着重要作用.

1. $\chi^2$ 分布

**定义 6.4.3**　设 $X_1,X_2,\cdots,X_n$ 相互独立且都服从 $N(0,1)$ 分布，记

$$\chi^2=X_1^2+X_2^2+\cdots+X_n^2, \tag{6.4.1}$$

则称 $\chi^2$ 服从自由度为 $n$ 的 $\chi^2$ 分布，记为 $\chi^2\sim\chi^2(n)$.

这里所说的自由度是指在式(6.4.1)右端包含的独立变量的个数.

对于 $i=1,2,\cdots,n$，由 $X_i\sim N(0,1)$ 可求出 $X_i^2$ 的概率密度，它们都是

$$g(y)=\begin{cases}\dfrac{1}{\sqrt{2\pi}}y^{-1/2}\mathrm{e}^{-y/2}, & y>0,\\ 0, & y\leqslant 0.\end{cases}$$

从上式可知，$X_i^2$ 都服从参数为 $\frac{1}{2}$ 和 $\frac{1}{2}$ 的 $\Gamma$ 分布：$X_i^2\sim\Gamma\left(\frac{1}{2},\frac{1}{2}\right)(i=1,2,\cdots,n)$. 注

意到 $X_i^2$ 的尺度参数都是 $\frac{1}{2}$，由 Γ 分布的可加性知 $\chi^2=\sum_{i=1}^{n}X_i^2\sim\Gamma\left(\frac{n}{2},\frac{1}{2}\right)$，其概率密度函数为

$$f(x;n)=\begin{cases}\dfrac{1}{2^{n/2}\Gamma(n/2)}x^{n/2-1}\mathrm{e}^{-x/2}, & x>0,\\ 0, & x\leqslant 0.\end{cases}\tag{6.4.2}$$

$\chi^2(n)$ 的概率密度函数的曲线如图 6.4.1 所示.

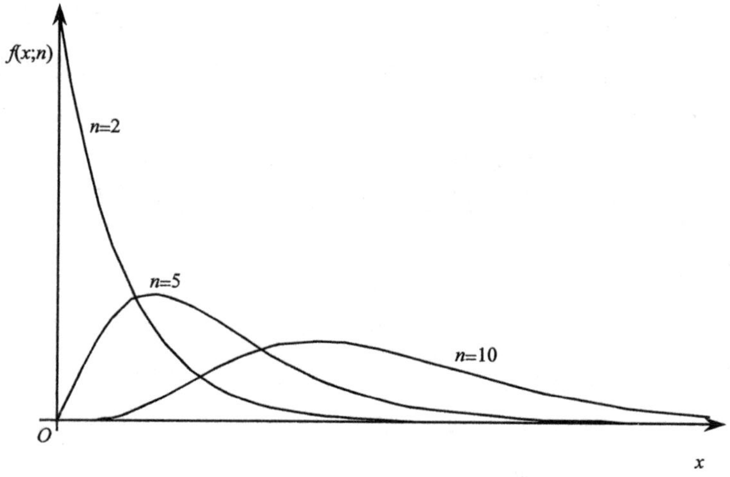


图 6.4.1　$\chi^2(n)$分布的概率密度曲线

$\chi^2$ 分布具有以下性质：

**性质 6.4.1**　设 $\chi_1^2\sim\chi^2(n_1)$，$\chi_2^2\sim\chi^2(n_2)$，并且 $\chi_1^2$ 和 $\chi_2^2$ 相互独立，则有

$$\chi_1^2+\chi_2^2\sim\chi^2(n_1+n_2).$$

这个性质说明，两个相互独立的 $\chi^2$ 变量(即服从 $\chi^2$ 分布的随机变量)之和仍为 $\chi^2$ 变量，其自由度是原先两个 $\chi^2$ 变量自由度之和. 这个性质可由 Γ 分布的可加性得到 . 性质 6.4.1 还可以作如下推广：

若 $\chi_i^2\sim\chi^2(n_i)$，且 $\chi_i^2$ 相互独立 $(i=1,2,\cdots,k)$，则 $\sum_{i=1}^{k}\chi_i^2\sim\chi^2\left(\sum_{i=1}^{k}n_i\right)$.

**性质 6.4.2**　设 $\chi^2\sim\chi^2(n)$，则 $E(\chi^2)=n$，$\mathrm{Var}(\chi^2)=2n$.

本性质的证明见例 6.5.1.

前面曾经介绍过分位数的概念. 而对于 $\chi^2(n)$ 来说, $0<\alpha<1$, 若 $\chi_\alpha^2(n)$ 满足

$$P\{\chi^2(n)<\chi_\alpha^2(n)\}=\alpha ,$$

则称 $\chi_\alpha^2(n)$ 为 $\chi^2(n)$ 的 $\alpha$ 分位数. 从直观上看, $\chi_\alpha^2(n)$ 表示由直线 $x=\chi_\alpha^2(n)$ 的左侧以及 $x$ 轴、$\chi_\alpha^2(n)$ 的概率密度函数曲线围成的区域的面积等于 $\alpha$ . 从分位数的定义知, 对于 $0<\alpha<1$, $\chi^2(n)$ 分布的 $1-\alpha$ 分位数 $\chi_{1-\alpha}^2(n)$(图 6.4.2)满足

$$P\{\chi^2(n)>\chi_{1-\alpha}^2(n)\}=\alpha .$$

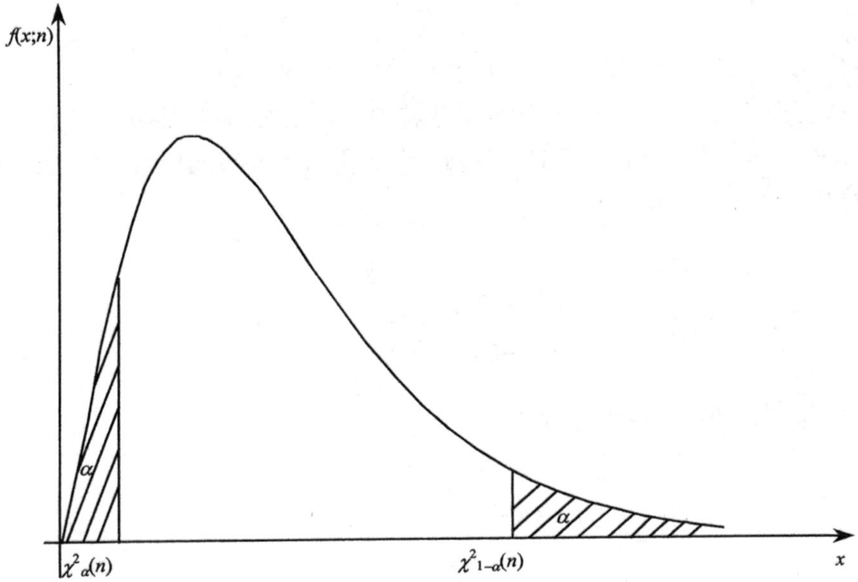


图 6.4.2 $\chi^2(n)$分布的 $\alpha$ 分位数

对于不同的 $\alpha$ 和 $n$, $\alpha$ 分位数 $\chi_\alpha^2(n)$ 的数值已制成表格, 可以查用(附表 2), 该表只详细列到自由度 $n=45$ 为止. 当自由度 $n>45$ 时, $\chi_\alpha^2(n)$ 与标准正态分布的 $\alpha$ 分位数 $u_\alpha$ 之间近似满足

$$\chi_\alpha^2(n)\approx\frac{1}{2}(u_\alpha+\sqrt{2n-1})^2 . \tag{6.4.3}$$

对于给定的 $\alpha$ , 先查得标准正态分布的 $\alpha$ 分位数 $u_\alpha$ 的值, 再由式(6.4.3)换算成自由度为 $n$ 的 $\chi^2$ 分布的 $\alpha$ 分位数 $\chi_\alpha^2(n)$. 例如, 要求 $\chi_{0.95}^2(60)$, 先由表 3.3.1 或附表 1 查出 $u_{0.95}=1.645$ , 再由式(6.4.3)得

$$\chi_{0.95}^{2}(60) \approx \frac{1}{2}(u_{0.95} + \sqrt{2 \times 60 - 1})^{2}$$
$$= \frac{1}{2}(1.645 + \sqrt{119})^{2} = 78.80.$$

2. $t$ 分布

**定义 6.4.4** 设 $X \sim N(0,1)$, $Y \sim \chi^2(n)$, 并且 $X$ 和 $Y$ 相互独立, 则称

$$t = \frac{X}{\sqrt{Y/n}}$$

服从自由度为 $n$ 的 $t$ 分布, 记为 $t \sim t(n)$.

$t$ 分布是英国化学家和统计学家哥塞特(W. S. Gosset)在 1908 年提出的. 由于他在发表这个结果时用的是笔名“Student”, 所以 $t$ 分布又称为“学生氏分布”. $t(n)$ 的概率密度函数为

$$h_n(t) = \frac{\Gamma\left((n+1)/2\right)}{\sqrt{\pi n}\,\Gamma(n/2)}\left(1 + \frac{t^2}{n}\right)^{-\frac{n+1}{2}}, \qquad -\infty < t < +\infty .$$

当 $n = 1$ 时, $t(1)$ 的概率密度函数为

$$h_1(t) = \frac{1}{\pi(1+t^2)}, \qquad -\infty < t < +\infty .$$

这是柯西分布的概率密度函数. 所以自由度为 1 的 $t$ 分布即为柯西分布, 柯西分布以其数学期望不存在而著称.

自由度为 $n$ 的 $t$ 分布 $t(n)$ 的概率密度 $h_n(t)$ 是偶函数, 其图形关于纵轴 $t = 0$ 对称. 当 $n > 1$ 时, $t(n)$ 的数学期望存在 , 且 $E\left(t(n)\right) = 0$. 当 $n > 2$ 时, $t(n)$ 的方差存在, 且 $\operatorname{Var}\left(t(n)\right) = \dfrac{n}{n-2}$. 一般地, $t(n)$ 只存在小于等于 $n-1$ 阶的矩.

$t(n)$ 的概率密度与标准正态分布 $N(0,1)$ 的概率密度的曲线都是以纵轴为对称轴的“钟形”曲线(图 6.4.3). 但 $t(n)$ 的峰值低于 $N(0,1)$ 的峰值, $t(n)$ 在两侧的尾部要比 $N(0,1)$ 大一些. 因此 $t(n)$ 的方差要比 $N(0,1)$ 大一些, $N(0,1)$ 的方差是 1, 而 $t(n)(n > 2)$ 的方差是 $\dfrac{n}{n-2}$, 总是大于 1 的. 可以证明

$$\lim_{n\to\infty} h_n(t) = \frac{1}{\sqrt{2\pi}} e^{-\frac{t^2}{2}} = \varphi(t),$$

即当 $n$ 很大时，$t(n)$ 的分布与 $N(0,1)$ 很接近. 一般来说，当 $n>30$ 时，$t(n)$ 与 $N(0,1)$ 就非常接近了. 但对于较小的 $n$，$t(n)$ 与 $N(0,1)$ 之间还是有较大的差异.

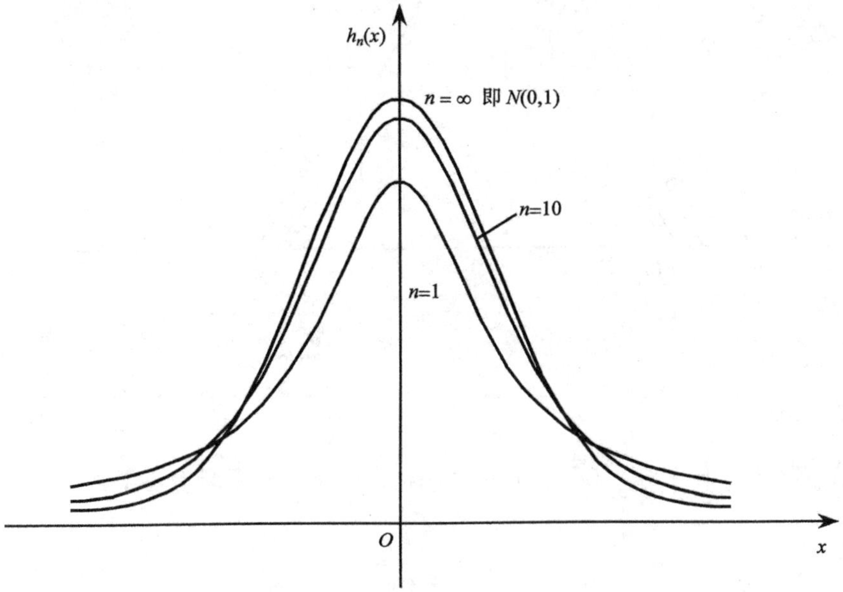


图 6.4.3　$t(n)$ 分布概率密度曲线及与 $N(0,1)$ 概率密度曲线的比较

对于给定的 $0<\alpha<1$，称满足

$$P\{t(n) < t_\alpha(n)\} = \alpha$$

的 $t_\alpha(n)$ 为 $t(n)$ 的 $\alpha$ 分位数. 如图 6.4.4 所示，由 $t(n)$ 的 $\alpha$ 分位数的定义和 $t(n)$ 的概率密度 $h_n(t)$ 的对称性知

$$t_{1-\alpha}(n) = -t_\alpha(n).$$

对较接近 1 的 $\alpha$ 的 $t_\alpha(n)$ 可由附表 3 查得. 该表只详细列到自由度 $n=45$ 为止. 当自由度 $n>45$ 时，就用 $N(0,1)$ 的 $\alpha$ 分位数 $u_\alpha$ 来近似 $t_\alpha(n)$.

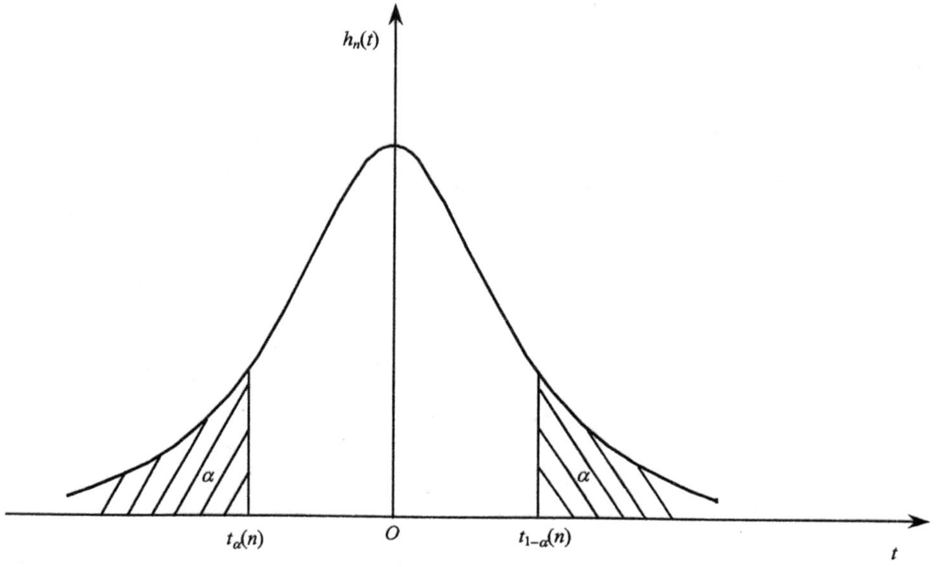


图 6.4.4　$t(n)$ 分布的 $\alpha$ 分位数

3. $F$ 分布

**定义 6.4.5**　设 $X \sim \chi^2(n_1)$，$Y \sim \chi^2(n_2)$，并且 $X$ 与 $Y$ 相互独立, 则称

$$F = \frac{X/n_1}{Y/n_2}$$

服从自由度为 $(n_1, n_2)$ 的 $F$ 分布, 记为 $F \sim F(n_1, n_2)$. 其中 $n_1$ 称为第一(分子)自由度, $n_2$ 称为第二(分母)自由度. $F(n_1, n_2)$ 的概率密度函数为

$$g(x; n_1, n_2) = \begin{cases} \dfrac{\Gamma\left(\dfrac{n_1+n_2}{2}\right)}{\Gamma\left(\dfrac{n_1}{2}\right)\Gamma\left(\dfrac{n_2}{2}\right)}\left(\dfrac{n_1}{n_2}\right)^{\frac{n_1}{2}} x^{\frac{n_1}{2}-1}\left(1+\dfrac{n_1}{n_2}x\right)^{-\frac{n_1+n_2}{2}}, & x > 0, \\ 0, & x \leqslant 0. \end{cases}$$

$g(x; n_1, n_2)$ 曲线的图形见图 6.4.5.

由定义 6.4.5 知, 若 $F \sim F(n_1, n_2)$，则 $\dfrac{1}{F} \sim F(n_2, n_1)$. 对于给定的 $0 < \alpha < 1$，称满足

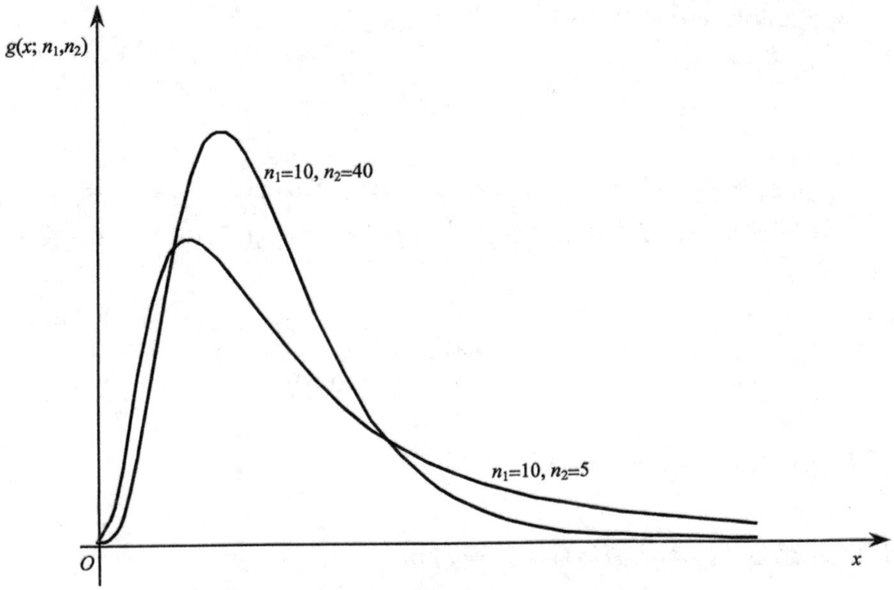


图 6.4.5　$F(n_2,n_1)$ 分布的概率密度函数曲线

$$P\{F < F_\alpha(n_1,n_2)\} = \alpha$$

的 $F_\alpha(n_1,n_2)$ 为 $F(n_1,n_2)$ 分布的 $\alpha$ 分位数(图 6.4.6). $F(n_1,n_2)$ 分布的 $\alpha$ 分位数有表可查(附表 4). 在查 $F_\alpha(n_1,n_2)$ 的值时注意不要把两个自由度的次序弄颠倒了.

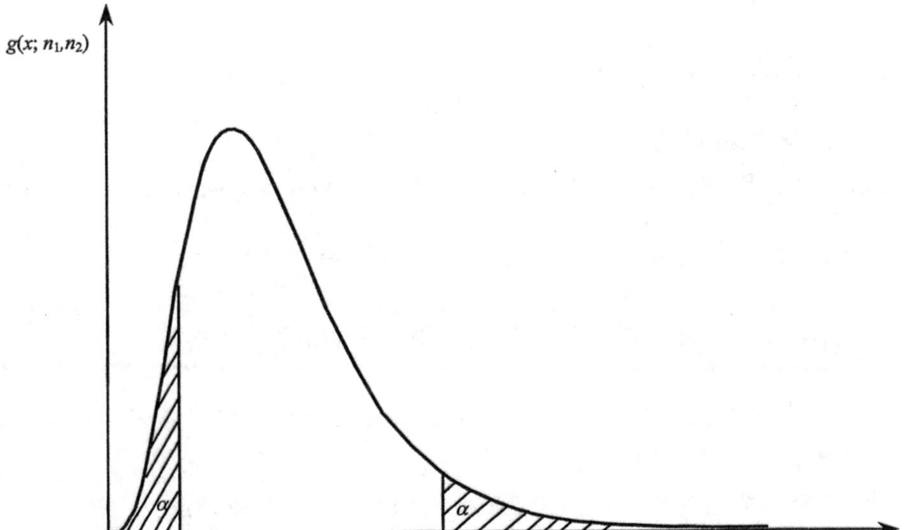


图 6.4.6　$F(n_2,n_1)$ 分布的 $\alpha$ 分位数

$F(n_1,n_2)$分布的$\alpha$分位数有如下性质：

$$F_{1-\alpha}(n_1,n_2)=\frac{1}{F_{\alpha}(n_2,n_1)}. \tag{6.4.4}$$

式(6.4.4)常用来求 $F$ 分布分位数表(附表 4)中未列出的$\alpha$较小(较接近于 0)的$\alpha$分位数. 例如, 欲求$F_{0.1}(10,20)$，先从附表 4 查得$F_{0.9}(20,10)=2.20$，将它代入关系式

$$F_{0.1}(10,20)=\frac{1}{F_{0.9}(20,10)},$$

即得$F_{0.1}(10,20)=\frac{1}{2.20}=0.4545$.

### 6.4.3 正态总体样本均值与样本方差的分布

数理统计中的许多统计方法都是在正态总体条件下获得的. 下面以定理的形式介绍正态总体下有关样本均值和样本方差的抽样分布的一些重要结论.

**定理 6.4.1** 设总体$X\sim N(\mu,\sigma^2)$，$(X_1,X_2,\cdots,X_n)$是来自$X$的样本. $\overline{X}$和$S^2$分别是样本均值和样本方差, 则

(1) $\overline{X}\sim N\left(\mu,\frac{\sigma^2}{n}\right)$;

(2) $\frac{(n-1)S^2}{\sigma^2}\sim\chi^2(n-1)$;

(3) $\overline{X}$与$S^2$相互独立.

**证** $\overline{X}$是$X_1,X_2,\cdots,X_n$的线性组合, 各$X_i\sim N(\mu,\sigma^2)$ $(n=1,2,\cdots,n)$且相互独立. 由正态分布性质知$\overline{X}$服从正态分布. 易算得$E(\overline{X})=\mu$，$\mathrm{Var}(\overline{X})=\frac{\sigma^2}{n}$. 故$\overline{X}\sim N\left(\mu,\frac{\sigma^2}{n}\right)$, (1)得证. (2)和(3)的证明超出本书的范围, 从略.

**例 6.4.1** 设总体$X\sim N(7,6)$，$(X_1,X_2,\cdots,X_{24})$是来自总体$X$的样本. $\overline{X}$表示由该样本得到的样本均值.

(1) 求样本均值与总体均值之差的绝对值小于 0.2 的概率；

(2) 求样本均值落在 6.5 与 8 之间的概率.

**解** (1) 由定理 6.4.1 知

$$\overline{X} \sim N\left(7,\frac{6}{24}\right)=N\left(7,\frac{1}{4}\right).$$

因此所求概率为

$$P\{|\overline{X}-7|<0.2\}=P\left\{\frac{|\overline{X}-7|}{1/2}<0.4\right\}=\Phi(0.4)-\Phi(-0.4)=2\Phi(0.4)-1.$$

查标准正态分布表(附表 1)知 $\Phi(0.4)=0.6554$. 故

$$P\{|\overline{X}-7|<0.2\}=2\times 0.6554-1=0.3108.$$

(2) 所求概率为

$$P\{6.5<\overline{X}<8\}=P\left\{\frac{6.5-7}{1/2}<\frac{\overline{X}-7}{1/2}<\frac{8-7}{1/2}\right\}=\Phi(2)-\Phi(-1)=\Phi(2)+\Phi(1)-1.$$

查标准正态分布表(附表 1)知 $\Phi(2)=0.9772$，$\Phi(1)=0.8413$. 故

$$P\{6.5<\overline{X}<8\}=0.9772+0.8413-1=0.8185.$$

**例 6.4.2** 已知某种蔬菜的单棵质量 $X \sim N(\mu,\sigma^2)$，其中标准差 $\sigma=2g$. 今随机抽出 12 棵. 用 $S^2$ 记这 12 棵蔬菜质量的样本方差. 求：

(1) $P\{S^2 \leqslant 2.7578\}$；(2) $\mathrm{Var}(S^2)$.

**解** (1) 由定理 6.4.1 知，$\dfrac{11S^2}{4} \sim \chi^2(11)$. 于是

$$P\{S^2 \leqslant 2.7578\}=P\left\{\frac{11S^2}{4}\leqslant\frac{11\times 2.7578}{4}\right\}=P\{\chi^2(11)\leqslant 7.584\}.$$

反查 $\chi^2$ 分布分位数表(附表 2)知 $P\{\chi^2(11)\leqslant 7.584\}=0.25$. 故 $P\{S^2 \leqslant 2.7578\}=0.25$.

(2) $\mathrm{Var}(S^2)=\mathrm{Var}\left(\frac{4}{11}\cdot\frac{11S^2}{4}\right)=\left(\frac{4}{11}\right)^2\mathrm{Var}(\chi^2(11))$.

由 $\chi^2$ 分布的性质知 $\mathrm{Var}(\chi^2(11))=22$，故 $\mathrm{Var}(S^2)=\left(\frac{4}{11}\right)^2\times 22=2.909$.

**定理 6.4.2** 设总体 $X \sim N(\mu,\sigma^2)$，$(X_1,X_2,\cdots,X_n)$ 是来自 $X$ 的样本，$\overline{X}$ 和 $S^2$ 分别是样本均值和样本方差，则

$$\frac{\overline{X}-\mu}{S/\sqrt{n}} \sim t(n-1).$$

**证**　由定理 6.4.1 知

$$\frac{\overline{X}-\mu}{\sigma/\sqrt{n}} \sim N(0,1), \qquad \frac{(n-1)S^2}{\sigma^2} \sim \chi^2(n-1),$$

且两者独立. 由 $t$ 分布的定义知

$$\frac{\dfrac{\overline{X}-\mu}{\sigma/\sqrt{n}}}{\sqrt{\dfrac{(n-1)S^2}{\sigma^2(n-1)}}} \sim t(n-1).$$

简化上式即得 $\dfrac{\overline{X}-\mu}{S/\sqrt{n}} \sim t(n-1)$. 证毕.

**定理 6.4.3**　设有总体 $X \sim N(\mu_1,\sigma_1^2)$, $Y \sim N(\mu_2,\sigma_2^2)$. $(X_1,X_2,\cdots,X_m)$ 和 $(Y_1,Y_2,\cdots,Y_n)$ 分别是来自 $X$ 和 $Y$ 的样本, 且这两个样本相互独立. $\overline{X}$, $\overline{Y}$ 和 $S_X^2$, $S_Y^2$ 分别是上述两个样本的样本均值和样本方差, 则

$$F=\frac{S_X^2/\sigma_1^2}{S_Y^2/\sigma_2^2} \sim F(m-1,n-1).$$

**证**　因为 $(X_1,X_2,\cdots,X_m)$ 和 $(Y_1,Y_2,\cdots,Y_n)$ 相互独立, 所以 $S_X^2$ 和 $S_Y^2$ 相互独立. 由定理 6.4.1 知

$$\frac{(m-1)S_X^2}{\sigma_1^2} \sim \chi^2(m-1), \qquad \frac{(n-1)S_Y^2}{\sigma_2^2} \sim \chi^2(n-1).$$

由 $F$ 分布定义知,

$$F=\frac{S_X^2/\sigma_1^2}{S_Y^2/\sigma_2^2}=\frac{\dfrac{(m-1)S_X^2}{\sigma_1^2}/(m-1)}{\dfrac{(n-1)S_Y^2}{\sigma_2^2}/(n-1)} \sim F(m-1,n-1).$$

证毕.

**定理 6.4.4** 在定理 6.4.3 条件之下，还设 $\sigma_1^2=\sigma_2^2$，则

$$\frac{(\overline{X}-\overline{Y})-(\mu_1-\mu_2)}{S_w\sqrt{1/m+1/n}}\sim t(m+n-2),$$

其中 $S_w^2=\dfrac{(m-1)S_X^2+(n-1)S_Y^2}{m+n-2}$.

**证** 易知 $\overline{X}-\overline{Y}\sim N\left(\mu_1-\mu_2,\dfrac{\sigma^2}{m}+\dfrac{\sigma^2}{n}\right)$. 故有

$$U\triangleq\frac{(\overline{X}-\overline{Y})-(\mu_1-\mu_2)}{\sigma\sqrt{1/m+1/n}}\sim N(0,1).$$

由定理 6.4.1, $\dfrac{(m-1)S_X^2}{\sigma^2}\sim\chi^2(m-1)$, $\dfrac{(n-1)S_Y^2}{\sigma^2}\sim\chi^2(n-1)$. 因为 $S_X^2$ 和 $S_Y^2$ 是两个独立样本的样本方差, 所以它们相互独立. 由 $\chi^2$ 分布的可加性

$$V\triangleq\frac{(m-1)S_X^2}{\sigma^2}+\frac{(n-1)S_Y^2}{\sigma^2}\sim\chi^2(m+n-2).$$

由定理 6.4.1, $\overline{X}$ 与 $S_X^2$ 相互独立, $\overline{Y}$ 与 $S_Y^2$ 相互独立；又因为 $\overline{X}$，$S_X^2$ 与 $\overline{Y}$，$S_Y^2$ 分别来自独立的样本, 所以 $U$ 与 $V$ 相互独立. 由 $t$ 分布的定义知

$$\frac{U}{\sqrt{V/(m+n-2)}}=\frac{(\overline{X}-\overline{Y})-(\mu_1-\mu_2)}{S_w\sqrt{1/m+1/n}}\sim t(m+n-2).$$

证毕.

**例 6.4.3** 设总体 $X\sim N(21,9)$，总体 $Y\sim N(18,16)$. 从 $X$ 得样本 $(X_1,X_2,\cdots,X_{10})$，从 $Y$ 得样本 $(Y_1,Y_2,\cdots,Y_8)$. 又设这两组样本独立. $\overline{X}$，$S_X^2$ 和 $\overline{Y}$，$S_Y^2$ 分别是这两组样本的样本均值和样本方差. 求：

(1) $P\{0<\overline{X}-\overline{Y}<6\}$；(2) $P\left\{\dfrac{S_X^2}{S_Y^2}<2.7113\right\}$.

**解** (1) 因为 $E(\overline{X}-\overline{Y})=21-18=3$，$\mathrm{Var}(\overline{X}-\overline{Y})=\dfrac{9}{10}+\dfrac{16}{8}=\dfrac{29}{10}$,所以

$\dfrac{\overline{X}-\overline{Y}-3}{\sqrt{29/10}} \sim N(0,1)$，于是，

$$P\{0<\overline{X}-\overline{Y}<6\}=P\left\{-\frac{3}{\sqrt{29/10}}<\frac{\overline{X}-\overline{Y}-3}{\sqrt{29/10}}<\frac{3}{\sqrt{29/10}}\right\}$$
$$=\Phi\left(3\sqrt{\frac{10}{29}}\right)-\Phi\left(-3\sqrt{\frac{10}{29}}\right)$$
$$=2\Phi\left(3\sqrt{\frac{10}{29}}\right)-1$$
$$=2\Phi(1.76)-1.$$

查标准正态分布表(附表 1)知 $\Phi(1.76)=0.9608$，故

$$P\{0<\overline{X}-\overline{Y}<6\}=2\times 0.9608-1=0.9216 .$$

(2) 由定理 6.4.3 知

$$F=\frac{S_X^2/9}{S_Y^2/16} \sim F(9,7) .$$

故 $P\left\{\dfrac{S_X^2}{S_Y^2}<2.7113\right\}=P\left\{\dfrac{S_X^2/9}{S_Y^2/16}<\dfrac{2.7113/9}{1/16}\right\}=P\{F<4.82\}.$

反查 $F$ 分布分位数表(附表 4)知 $F_{0.975}(9,7)=4.82$. 即 $P\{F<4.82\}=0.975$. 所以

$$P\left\{\frac{S_X^2}{S_Y^2}<2.7113\right\}=0.975.$$

## 习　题　6.4

1. 设 $(X_1,X_2,X_3)$ 是来自总体 $N(\mu,\sigma^2)$ 的样本，其中 $\mu$ 已知，$\sigma^2$ 未知. 指出 $X_1+\mu$，$\frac{1}{3}\sum_{i=1}^{3}X_i$，$\min\{X_1,X_2,X_3\}$，$(X_2-X_1)^2+(X_3-X_1)^2+(X_3-X_2)^2$，$\sum_{i=1}^{3}(X_i/\sigma)^2$ 中哪些是统计量，哪些不是统计量，为什么？

2. 设 $(X_1,X_2,\cdots,X_n)$ 是来自总体 $X$ 的样本，$\overline{X}=\frac{1}{n}\sum_{i=1}^{n}X_i$ 是样本均值.

试验证：$\sum_{i=1}^{n}(X_i-\overline{X})^2=\sum_{i=1}^{n}X_i^{\,2}-n(\overline{X})^2$ .

3. 某航空公司为了解旅客对公司服务态度的满意程度，对 13 名旅客作调查. 请他们对机上服务的满意程度从 0 到 100 打分. 分数越大，满意程度越高. 以下是收集到的数据：

49, 59, 60, 42, 45, 59, 43, 56, 72, 53, 66, 60, 76.

试计算样本均值，样本方差和样本标准差.

4. 设总体 $X\sim N(\mu,\sigma^2)$. $(X_1,X_2,\cdots,X_8)$ 是来自 $X$ 的样本.

(1) 写出 $(X_1,X_2,\cdots,X_8)$ 的联合概率密度函数；

(2) 写出样本均值 $\overline{X}$ 的概率密度函数.

5. 设总体 $X$ 服从指数分布，其概率密度为

$$f(x)=\begin{cases}\dfrac{1}{\theta}\mathrm{e}^{-x/\theta}, & x>0,\\ 0, & x\leqslant 0.\end{cases}$$

$(X_1,X_2,\cdots,X_n)$ 是来自 $X$ 的样本. $\overline{X}$ 和 $S^2$ 分别是样本均值和样本方差. 求：

(1) $E(\overline{X})$；(2) $\mathrm{Var}(\overline{X})$；(3) $E(S^2)$.

6. 研究表明，低焦油香烟中每支烟焦油含量 $X\sim N(\mu,\sigma^2)$，其中均值 $\mu=3.9$ mg，标准差 $\sigma=1.0$ mg. 现有一个取自这种香烟的由 25 支香烟组成的样本. 试求样本平均焦油含量大于 4.25mg 的概率.

7. 在总体 $N(80,20^2)$ 中随机抽取容量为 100 的一个样本. 求样本均值与总体均值之差的绝对值大于 3 的概率.

8. 设总体 $X\sim N(0,(0.5)^2)$. $(X_1,X_2,\cdots,X_{10})$ 是来自 $X$ 的样本. 求：

(1) $P\left\{\sum\limits_{i=1}^{10}X_i\geqslant 3.968\right\}$；(2) $P\left\{\sum\limits_{i=1}^{10}(X_i-\overline{X})^2<2.8473\right\}$.

## *6.5 综 合 例 题

**例 6.5.1** 设随机变量 $Y\sim\chi^2(n)$. 试证：(1) $E(Y)=n$；(2) $\mathrm{Var}(Y)=2n$.

**证** 设 $X_i\sim N(0,1)$ 且各 $X_i$ 相互独立 $(i=1,2,\cdots,n)$，则 $Y=\sum\limits_{i=1}^{n}X_i^2$.

(1) 因为 $X_i\sim N(0,1)$，故 $E(X_i^2)=\mathrm{Var}(X_i)=1$. 于是

$$E(Y)=\sum_{i=1}^{n}E(X_i^2)=n.$$

(2) 因为

$$E(X_i^4)=\frac{1}{\sqrt{2\pi}}\int_{-\infty}^{+\infty}x^4\mathrm{e}^{-x^2/2}\mathrm{d}x=3,$$

所以 $\mathrm{Var}(X_i^2)=E(X_i^4)-[E(X_i^2)]^2=3-1=2 \quad (i=1,2,\cdots,n)$，于是

$$\mathrm{Var}(Y)=\mathrm{Var}\left(\sum_{i=1}^{n}X_i^2\right)=\sum_{i=1}^{n}\mathrm{Var}(X_i^2)=2n .$$

(本例亦可通过 $\chi^2(n)$ 的概率密度函数(6.4.2), 按照数学期望和方差的计算公式算得 $E(Y)$ 和 $\mathrm{Var}(Y)$ .)

**例 6.5.2**　设 $0<\alpha<1$，试证 $F$ 分布分位数的下述公式：

$$F_{1-\alpha}(n_1,n_2)=\frac{1}{F_{\alpha}(n_2,n_1)}.$$

**证**　设 $F\sim F(n_1,n_2)$，按分位数的定义有

$$\begin{aligned}\alpha&=1-P\{F<F_{1-\alpha}(n_1,n_2)\}\\&=P\{F>F_{1-\alpha}(n_1,n_2)\}\\&=P\left\{\frac{1}{F}<\frac{1}{F_{1-\alpha}(n_1,n_2)}\right\}.\end{aligned}$$

注意到 $\frac{1}{F}\sim F(n_2,n_1)$，由上式即得

$$\frac{1}{F_{1-\alpha}(n_1,n_2)}=F_{\alpha}(n_2,n_1).$$

**例 6.5.3**　设总体 $X$ 的概率密度为

$$f(x)=\begin{cases}2x, & 0\leqslant x\leqslant 1,\\ 0, & \text{其他}.\end{cases}$$

$(X_1,X_2,\cdots,X_n)$ 是来自 $X$ 的样本．记 $X_{(1)}=\min\{X_1,X_2,\cdots,X_n\}$ 和 $X_{(n)}=\max\{X_1,X_2,\cdots,X_n\}$．求 $X_{(1)}$ 的概率密度 $f_1(x)$ 和 $X_{(n)}$ 的概率密度 $f_n(x)$ .

**解**　记 $X$ 的分布函数为 $F(x)$；分别记 $X_{(1)}$ 和 $X_{(n)}$ 的分布函数为 $F_1(x)$ 和 $F_n(x)$ . 易见

$$F(x)=\begin{cases}0, & x<0,\\ x^2, & 0\leqslant x\leqslant 1,\\ 1, & x>1.\end{cases}$$

又有

$$F_1(x)=P\{X_{(1)}\leqslant x\}=1-P\{X_{(1)}>x\}=1-P\{\min\{X_1,X_2,\cdots,X_n\}>x\}.$$

注意到事件$\{\min\{X_1,X_2,\cdots,X_n\}>x\}$等价于事件$\{X_1>x,X_2>x,\cdots,X_n>x\}$，故

$$F_1(x)=1-P\{X_1>x,\cdots,X_n>x\}=1-P\{X_1>x\}\cdots P\{X_n>x\}=1-[1-F(x)]^n.$$

因此,

$$f_1(x)=n[1-F(x)]^{n-1}f(x)=n(1-x^2)^{n-1}\cdot 2x=2nx(1-x^2)^{n-1},\quad 0\leqslant x\leqslant 1.$$

另外,

$$F_n(x)=P\{X_n\leqslant x\}=P\{\max\{X_1,X_2,\cdots,X_n\}\leqslant x\}.$$

注意到事件$\{\max\{X_1,X_2,\cdots,X_n\}\leqslant x\}$等价于事件$\{X_1\leqslant x,\cdots,X_n\leqslant x\}$，故

$$F_n(x)=P\{X_1\leqslant x,X_2\leqslant x,\cdots,X_n\leqslant x\}=P\{X_1\leqslant x\}\cdots P\{X_n\leqslant x\}=[F(x)]^n,$$

因此,

$$f_n(x)=n[F(x)]^{n-1}f(x)=n(x^2)^{n-1}\cdot 2x=2nx^{2n-1},\quad 0\leqslant x\leqslant 1.$$

**例 6.5.4** 设$(X_1,X_2,\cdots,X_n)$是来自总体$N(\mu,\sigma^2)$的样本. 记$\overline{X}=\frac{1}{n}\sum_{i=1}^{n}X_i$，$S_n^2=\frac{1}{n}\sum_{i=1}^{n}(X_i-\overline{X})^2$. 又设$X_{n+1}\sim N(\mu,\sigma^2)$，且与$X_1,X_2,\cdots,X_n$独立. 求

$$\frac{X_{n+1}-\overline{X}}{S_n}\sqrt{\frac{n-1}{n+1}}$$

的抽样分布.

**解** $X_{n+1}-\overline{X}$是相互独立的正态变量$X_1,X_2,\cdots,X_n,X_{n+1}$的线性组合，所以$X_{n+1}-\overline{X}$服从正态分布. 又有

$$E(X_{n+1}-\overline{X})=E(X_{n+1})-E(\overline{X})=0,$$

$$\mathrm{Var}(X_{n+1}-\overline{X})=\mathrm{Var}(X_{n+1})+\mathrm{Var}(\overline{X})=\sigma^2+\frac{1}{n}\sigma^2=\frac{n+1}{n}\sigma^2.$$

故

$$\frac{X_{n+1}-\overline{X}}{\sqrt{\frac{n+1}{n}}\sigma}\sim N(0,1).$$

另外，由定理 6.4.1 知，

$$\frac{nS_n^2}{\sigma^2}=\frac{\sum_{i=1}^{n}(X_i-\overline{X})^2}{\sigma^2}\sim\chi^2(n-1).$$

由 $t$ 分布的定义得

$$\frac{\dfrac{X_{n+1}-\overline{X}}{\sqrt{\frac{n+1}{n}}\sigma}}{\sqrt{\dfrac{nS_n^2}{\sigma^2(n-1)}}}\sim t(n-1).$$

将上式简化得

$$\frac{X_{n+1}-\overline{X}}{S_n}\sqrt{\frac{n-1}{n+1}}\sim t(n-1).$$

**例 6.5.5**　设 $(X_1,X_2)$ 为来自正态总体 $N(\mu,\sigma^2)$ 的样本.

(1) 试证：$X_1+X_2$ 与 $X_1-X_2$ 相互独立；

(2) 假定 $\mu=0$，试证：$\dfrac{(X_1+X_2)^2}{(X_1-X_2)^2}\sim F(1,1)$.

**证**　(1) $X_1+X_2$ 与 $X_1-X_2$ 的协方差为

$$\begin{aligned}\mathrm{Cov}(X_1+X_2,X_1-X_2)&=\mathrm{Cov}(X_1,X_1-X_2)+\mathrm{Cov}(X_2,X_1-X_2)\\&=\mathrm{Cov}(X_1,X_1)-\mathrm{Cov}(X_1,X_2)+\mathrm{Cov}(X_2,X_1)-\mathrm{Cov}(X_2,X_2)\\&=\sigma^2-0+0-\sigma^2=0.\end{aligned}$$

所以 $X_1+X_2$ 与 $X_1-X_2$ 不相关.

再注意到

$$\begin{pmatrix}X_1+X_2\\X_1-X_2\end{pmatrix}=\begin{pmatrix}1&1\\1&-1\end{pmatrix}\begin{pmatrix}X_1\\X_2\end{pmatrix},$$

根据多维正态分布的性质，$(X_1+X_2, X_1-X_2)$ 服从二维正态分布. 服从二维正态分布的随机向量的两个分量不相关与独立等价，所以 $X_1+X_2$ 与 $X_1-X_2$ 独立.

(2) 因为 $\mu=0$，所以有 $X_1+X_2 \sim N(0,2)$ 和 $X_1-X_2 \sim N(0,2)$，从而有 $\frac{(X_1+X_2)^2}{2} \sim \chi^2(1)$ 和 $\frac{(X_1-X_2)^2}{2} \sim \chi^2(1)$. (1)中已证 $X_1+X_2$ 与 $X_1-X_2$ 相互独立，所以 $\frac{(X_1+X_2)^2}{2}$ 与 $\frac{(X_1-X_2)^2}{2}$ 相互独立. 由 $F$ 分布的定义知

$$\frac{(X_1+X_2)^2}{(X_1-X_2)^2} = \frac{\frac{(X_1+X_2)^2}{2}}{\frac{(X_1-X_2)^2}{2}} \sim F(1,1).$$

# 复 习 题 6

1. 已知 $X \sim t(n)$，试证 $X^2 \sim F(1,n)$.

2. 设总体 $X \sim \chi^2(n)$，$(X_1, X_2, \cdots, X_8)$ 是来自 $X$ 的样本，$\overline{X}$ 和 $S^2$ 分别是样本均值和样本方差.求：

(1) $E(\overline{X})$；(2) $\mathrm{Var}(\overline{X})$；(3) $E(S^2)$.

3. 设总体 $X \sim N(5,4)$，$(X_1, X_2, \cdots, X_6)$ 是来自 $X$ 的样本. 求：

(1) $P\{\max\{X_1, X_2, \cdots, X_6\} < 7\}$；(2) $P\{\min\{X_1, X_2, \cdots, X_6\} < 3.5\}$.

4. 设总体 $X \sim N(\mu, \sigma^2)$. $(X_{11}, X_{12}, \cdots, X_{1n})$ 和 $(X_{21}, X_{22}, \cdots, X_{2n})$ 是来自 $X$ 的两个独立样本，$\overline{X}_1$ 和 $\overline{X}_2$ 分别是这两个样本的样本均值. 试问：$n$ 至少应该多大才能使得 $\overline{X}_1$ 和 $\overline{X}_2$ 之差的绝对值小于 $\sigma$ 的概率大于 0.99?

5. 设某城市人均年收入 $X \sim N(\mu, \sigma^2)$，其中 $\mu=2.3$ (万元)，$\sigma=1.0$ (万元). 现随机调查了 100 个人.

(1) 求他们的人均年收入的均值大于 2.5 万元的概率；

(2) 求他们的人均年收入的均值落在 2.3 万元与 2.4 万元之间的概率.

6. 设总体 $X \sim N(\mu, \sigma^2)$ $(\sigma>0)$，从该总体抽得样本 $(X_1, X_2, \cdots, X_{2n})$ $(n \geqslant 2)$，其样本均值为 $\overline{X} = \frac{1}{2n}\sum_{i=1}^{2n} X_i$，求统计量 $Y = \sum_{i=1}^{n}(X_i + X_{n+i} - 2\overline{X})^2$ 的数学期望.

# 第7章 参数估计

数理统计的主要任务是根据样本所提供的信息，对总体分布的未知部分做出统计推断. 有一类统计推断问题是总体分布函数的数学表达式已知，但它的某些参数却未知，我们要求对未知参数进行估值，这类问题称为参数估计问题. 参数估计分为点估计和区间估计两种. 本章主要介绍求总体分布中未知参数的点估计方法、点估计优劣的评价标准和正态总体均值与方差的区间估计等.

## 7.1 求点估计的方法

设总体 $X$ 的分布函数 $F(x;\ \theta)$的形式已知，$\theta$为总体的未知参数. $\theta$的取值范围记作 $\Theta$，即$\theta\in\Theta$，称 $\Theta$ 为**参数空间**.

现对未知参数$\theta$进行估值. 为此，从该总体抽样，得到样本$(X_1, X_2,\cdots, X_n)$，要构造一个适当的统计量$\hat{\theta}(X_1, X_2,\cdots, X_n)$，在获得样本值$(x_1, x_2,\cdots, x_n)$之后，用$\hat{\theta}(x_1, x_2,\cdots, x_n)$的值作为参数$\theta$的估计，称$\hat{\theta}(X_1, X_2,\cdots, X_n)$为$\theta$的**估计量**，而称$\hat{\theta}(x_1, x_2,\cdots, x_n)$为$\theta$的**估计值**. 在不引起混淆的情况下，$\theta$的估计量和估计值统称为$\theta$的**估计**，均简记为$\hat{\theta}$.

未知参数$\theta$和它的估计值$\hat{\theta}$都是实数，在实数轴上它们都对应一个点，所以把$\hat{\theta}$称为$\theta$的**点估计**.

未知参数的点估计问题可以推广到多个参数的情形，如设$(\theta_1, \theta_2,\cdots, \theta_k)$为总体分布中的一组未知参数，用统计量$\hat{\theta}_i=\hat{\theta}_i(X_1, X_2,\cdots, X_n)$作为参数$\theta_i$的估计($i=1, 2,\cdots, k$)，则称 $k$ 维统计量$\hat{\theta}=(\hat{\theta}_1,\hat{\theta}_2,\cdots,\hat{\theta}_k)$为参数向量$\theta=(\theta_1, \theta_2,\cdots, \theta_k)$的估计.

以上提到的“参数”的概念可加以拓广，将总体分布的未知参数及其函数、总体的数字特征及相关的概率等都视为参数.

常用的构造点估计的方法有矩法和最大似然法.

### 7.1.1 矩法

矩法是基于简单的“替换”思想建立起来的一种估计方法，是英国统计学家K. 皮尔逊 (K. Pearson) 最早提出的. 其基本思想是用样本矩去估计总体矩，用样本矩的连续函数去估计总体矩的同一函数.

矩法的理论依据是大数定律. 设总体 $X$ 的 $r$ 阶原点矩 $\mu_r=E(X^r)$存在，$(X_1,$

$X_2,\cdots,X_n$)是来自总体$X$的一个样本，记样本的$r$阶原点矩 $A_r=\frac{1}{n}\sum_{i=1}^{n}X_i^r$. 由辛钦大数定律(定理 5.2.3)，$A_r$依概率收敛于$\mu_r$，所以很自然地会想到用$A_r$作为$\mu_r$的估计.

若待估参数恰为$\mu_r=E(X^r)$，则称$A_r=\frac{1}{n}\sum_{i=1}^{n}X_i^r$为$\mu_r$的矩估计；若待估参数$\theta$不是总体矩$\mu_r$，但可表为总体矩的连续函数：$\theta=h(\mu_1,\mu_2,\cdots,\mu_k)$，则用样本矩$A_r$替换其中的总体矩$\mu_r(r=1,2,\cdots,k)$，得到的估计$\hat{\theta}=h(A_1,A_2,\cdots,A_k)$称为参数$\theta=h(\mu_1,\mu_2,\cdots,\mu_k)$的矩估计.

一般地，可用以下方法将待估参数表为总体矩的函数，进而作出其矩估计.

设总体$X$的分布函数中含有$k$个未知参数$\theta_1,\theta_2,\cdots,\theta_k$，又设$X$的前$k$阶原点矩$\mu_1,\mu_2,\cdots,\mu_k$均存在，则$\mu_i$均可表为未知参数$\theta_1,\theta_2,\cdots,\theta_k$的函数.

事实上，当$X$为连续的，设其概率密度为$f(x;\theta_1,\theta_2,\cdots,\theta_k)$，则有$\mu_i=\int_{-\infty}^{\infty}x^i f(x;\theta_1,\theta_2,\cdots,\theta_k)\mathrm{d}x$；而若$X$为离散的，设其分布律$P\{X=x_j\}=p(x_j;\theta_1,\theta_2,\cdots,\theta_k)$，$j=1,2,\cdots$，则有$\mu_i=\sum_{j=1}^{\infty}x_j^i p(x_j;\theta_1,\theta_2,\cdots,\theta_k)$，$i=1,2,\cdots,k$. 以上计算$\mu_i$的两个式子可统一记为

$$\mu_i=g_i(\theta_1,\theta_2,\cdots,\theta_k),\quad i=1,2,\cdots,k.$$

若从这$k$个方程中解出

$$\theta_j=h_j(\mu_1,\mu_2,\cdots,\mu_k),\quad j=1,2,\cdots,k,$$

然后用$\mu_i$的矩估计$A_i$替换上式中的$\mu_i(i=1,2,\cdots,k)$，所得的$\theta_j$的估计

$$\hat{\theta}_j=h_j(A_1,A_2,\cdots,A_k)$$

即为参数$\theta_j$的矩估计，$j=1,2,\cdots,k$.

**例 7.1.1** 设总体$X$的概率密度为

$$f(x)=\begin{cases}(\theta+1)x^{\theta}, & 0<x<1,\\ 0, & \text{其他},\end{cases}$$

其中$\theta>-1$是未知参数，$(X_1,X_2,\cdots,X_n)$是取自$X$的样本，求参数$\theta$的矩估计.

其中$\theta>-1$是未知参数，$(X_1, X_2, \cdots, X_n)$是取自$X$的样本，求参数$\theta$的矩估计.

**解**　待估的未知参数只有一个，只需计算总体的一阶原点矩，即 $X$ 的数学期望：

$$\mu_1 = E(X) = \int_0^1 x(\theta+1)x^{\theta}\mathrm{d}x = (\theta+1)\int_0^1 x^{\theta+1}\mathrm{d}x = \frac{\theta+1}{\theta+2}.$$

从中解得：$\theta = \dfrac{2\mu_1 - 1}{1-\mu_1}$．用$A_1=\overline{X}$代替上式中的$\mu_1$，即得$\theta$的矩估计：$\hat{\theta} = \dfrac{2\overline{X}-1}{1-\overline{X}}$.

**例 7.1.2**　设总体 $X$ 的数学期望 $\mu$ 与方差$\sigma^2(\sigma^2>0)$均存在但未知，又设$(X_1, X_2, \cdots, X_n)$为来自总体$X$的样本. 试求$\mu$, $\sigma^2$及标准差$\sigma$的矩估计.

**解**　显然，$\mu=\mu_1$的矩估计为$\hat{\mu}=\overline{X}$.

又因$\sigma^2=E(X^2)-(EX)^2=\mu_2-(\mu_1)^2$，用$A_i$替换$\mu_i$, $i=1, 2$，即得$\sigma^2$的矩估计为

$$\hat{\sigma}^2 = A_2 - A_1^2 = \frac{1}{n}\sum_{i=1}^{n} X_i^2 - \overline{X}^2 = \frac{1}{n}\sum_{i=1}^{n}(X_i - \overline{X})^2,$$

故$\sigma^2$的矩估计为样本的二阶中心矩$B_2$.

最后，标准差$\sigma$的矩估计$\hat{\sigma} = \sqrt{B_2} = \sqrt{\dfrac{1}{n}\sum_{i=1}^{n}(X_i-\overline{X})^2}$.

一般地，总体的$k$阶中心矩可化为总体各阶原点矩的函数：

$$\begin{aligned} m_k = E([X-E(X)]^k) &= E\left(\sum_{i=0}^{k} \mathrm{C}_k^i X^i[-E(X)]^{k-i}\right) \\ &= \sum_{i=0}^{k}(-1)^{k-i}\mathrm{C}_k^i \mu_i \mu_1^{k-i}, \end{aligned}$$

而相应的样本$k$阶中心矩可化为样本各阶原点矩的同样的函数：

$$\begin{aligned} B_k = \frac{1}{n}\sum_{j=1}^{n}(X_j - \overline{X})^k &= \frac{1}{n}\sum_{j=1}^{n}\sum_{i=0}^{k}\mathrm{C}_k^i X_j^i(-\overline{X})^{k-i} \\ &= \sum_{i=0}^{k}(-1)^{k-i}\mathrm{C}_k^i\left(\frac{1}{n}\sum_{j=1}^{n}X_j^i\right)\overline{X}^{k-i} \\ &= \sum_{i=0}^{k}(-1)^{k-i}\mathrm{C}_k^i A_i A_1^{k-i}. \end{aligned}$$

所以总体的$k$阶中心矩$m_k$的矩估计是样本的$k$阶中心矩$B_k$. 并且，总体矩的矩估

**例 7.1.3** 设总体 $X$ 服从泊松分布 $P(\lambda)$, $(X_1, X_2,\cdots, X_n)$为来自总体 $X$ 的样本. 求参数$\lambda$的矩估计.

**解** 因为总体 $X$ 服从泊松分布 $P(\lambda)$, 其数学期望和方差均为$\lambda$, 所以$\lambda$的矩估计为

$$\hat{\lambda}=A_1=\frac{1}{n}\sum_{i=1}^{n}X_i=\overline{X} \quad \text{或} \quad \hat{\lambda}=B_2=\frac{1}{n}\sum_{i=1}^{n}(X_i-\overline{X})^2 .$$

这表明, 一个参数的矩估计有时不唯一, 这时一般使用由较低阶样本矩获得的点估计.

**例 7.1.4** 设总体 $X$ 服从在$[a, b]$上的均匀分布, $(X_1, X_2,\cdots, X_n)$是取自总体 $X$ 的样本. 求参数 $a, b$ 的矩估计.

**解** 待估参数有两个, 需要计算总体的一阶矩和二阶矩. 由

$$\begin{cases} \mu_1=E(X)=\dfrac{a+b}{2}, \\ m_2=\mathrm{Var}(X)=\dfrac{(b-a)^2}{12}, \end{cases}$$

可得

$$\begin{cases} a+b=2\mu_1, \\ b-a=\sqrt{12m_2}. \end{cases}$$

解之, 得

$$\begin{cases} a=\mu_1-\sqrt{3m_2}, \\ b=\mu_1+\sqrt{3m_2}. \end{cases}$$

分别用$\mu_1$和 $m_2$ 的矩估计 $\hat{\mu}_1=\overline{X}, \hat{m}_2=B_2$ 代入上式, 即得 $a, b$ 的矩估计:

$$\begin{cases} \hat{a}=\overline{X}-\sqrt{\dfrac{3}{n}\sum_{i=1}^{n}(X_i-\overline{X})^2}, \\ \hat{b}=\overline{X}+\sqrt{\dfrac{3}{n}\sum_{i=1}^{n}(X_i-\overline{X})^2}. \end{cases}$$

此例中, 若 $a=0$ 为已知, $b$ 为待估参数, 则由 $E(X)=b/2$ 可得 $b$ 的矩估计量为 $\hat{b}=2\overline{X}$ .

矩法的优点是简便且易于计算. 但其应用前提是总体矩存在, 而有些分布的总体矩不存在, 这时就不能用矩法来估计总体的未知参数.

### 7.1.2 最大似然法

最大似然法是在总体分布类型已知的条件下使用的一种参数估计方法. 这个方法常归功于英国统计学家费希尔(R. A. Fisher), 它是统计学中应用最广泛的估计方法之一.

下面以离散总体为例, 说明最大似然估计法的基本思想.

设离散总体 $X$ 的分布律 $P\{X=x;\ \theta\}$的形式已知, $\theta$是待估的未知参数, $\theta\in\Theta$. 又设$(X_1, X_2,\cdots, X_n)$是取自总体 $X$ 的一个样本, $(x_1, x_2,\cdots, x_n)$是样本的一组观测值.

记 $p_i(\theta)=P\{X_i=x_i;\ \theta\}, i=1, 2,\cdots, n$, 那么这组样本观测值出现的概率为

$$L(\theta)=\prod_{i=1}^{n}P\{X_i=x_i;\theta\}=\prod_{i=1}^{n}p_i(\theta), \tag{7.1.1}$$

$\theta$取不同值时, 这个概率一般是不相同的, 即这组样本观测值$(x_1, x_2,\cdots, x_n)$出现的可能性大小是随着$\theta$的不同而变化的, $L(\theta)$是参数$\theta$的函数. 我们知道, 如果在一次观察中某个事件 $A$ 出现了, 那么可认为事件 $A$ 出现的可能性(概率)比较大. 现在事件$\{X_1=x_1, X_2=x_2,\cdots, X_n=x_n\}$在一次观察中出现了, 那么由式(7.1.1)表示的这个事件的概率应该比较大.

假如$\theta$只能取两个不同的值$\theta_1$与$\theta_2$, 且对应的样本观测值$(x_1, x_2,\cdots, x_n)$出现的概率有如下关系: $L(\theta_1)<L(\theta_2)$, 那么说明$(x_1, x_2,\cdots, x_n)$这组样本观测值来自参数为$\theta_2$的总体的可能性比来自参数为$\theta_1$的总体的可能性大, 所以选择$\theta_2$作为$\theta$的估计较之选择$\theta_1$更为合理. 现在假设$\theta$在参数空间$\Theta$中取值, 如果已知当$\theta=\theta_0\in\Theta$时, $L(\theta)$取较大的值, 而对参数空间$\Theta$中其他$\theta$的值, 都有$L(\theta)\leqslant L(\theta_0)$, 那么把$\theta_0$作为$\theta$的估计是合理的.

**定义 7.1.1** (1) 设总体 $X$ 为连续随机变量, 其概率密度为$f(x;\ \theta)$; 或 $X$ 为离散随机变量, 其分布律为 $P\{X=x;\ \theta\}$, $\theta\in\Theta$, $(x_1, x_2,\cdots, x_n)$是来自总体 $X$ 的一组样本观测值. 当 $X$ 为连续的, 记

$$L(\theta)=\prod_{i=1}^{n}f(x_i;\theta), \tag{7.1.2}$$

当 $X$ 为离散的, 记

$$L(\theta)=\prod_{i=1}^{n}P\{X_i=x_i;\theta\}, \tag{7.1.3}$$

称 $L(\theta)$为**似然函数**.

(2) 若存在$\theta$的估计 $\hat{\theta}$，使

$$L(\hat{\theta})=\max_{\theta\in\Theta}L(\theta),$$

则称 $\hat{\theta}$ 是$\theta$的**最大似然估计**(maximum likelihood estimate, MLE).

最大似然估计可直接从其定义中获得, 而当 $L(\theta)$可微, 也可用求驻点的方法得到其最大值点. 又因 $L(\theta)$与 $\ln L(\theta)$在同一$\theta$处取到最大值, 因此$\theta$的最大似然估计可以从方程

$$\frac{\mathrm{d}}{\mathrm{d}\theta}\ln L(\theta)=0 \tag{7.1.4}$$

求得, 其中 $\ln L(\theta)$ 称为**对数似然函数**, 式(7.1.4)称为**对数似然方程**.

解对数似然方程(7.1.4), 得到似然函数$L(\theta)$的驻点. 而这个驻点仅仅是极值的可能点, 它是否为所求的最大值点, 还需用极值的充分条件进行验证. 在多数场合, 若已知 $\ln L(\theta)$的最大值必在区间$\Theta$的内部达到, 并且对数似然方程仅有唯一解, 那么可以断定这个解就是所求的$\theta$的最大似然估计.

以上讨论可推广到分布中有多个待估参数的场合. 设$\theta_1, \theta_2,\cdots,\theta_k$为$k$个待估参数, $k\geqslant 2$, 在定义 7.1.1 及式(7.1.2)~(7.1.4)中, 令$\theta=(\theta_1, \theta_2,\cdots, \theta_k)$, 则可得相应的似然函数、最大似然估计、对数似然函数及对数似然方程的概念. 此时, (7.1.4)中的导数为对各个$\theta_i$的偏导数, 得到的是一组方程:

$$\frac{\partial\ln L(\theta_1,\theta_2,\cdots,\theta_k)}{\partial\theta_i}=0, \quad i=1, 2,\cdots, k, \tag{7.1.4$'$}$$

而$\theta=(\theta_1,\cdots,\theta_k)$的最大似然估计就是使似然函数 $L(\theta)$达到最大值的点：$\hat{\theta}=(\hat{\theta}_1,\hat{\theta}_2,\cdots,\hat{\theta}_k)$.

**例 7.1.5** 设总体$X$服从参数为$p$的 0-1 分布, 求$p$的最大似然估计.

**解** 设$(x_1, x_2,\cdots, x_n)$是样本$(X_1, X_2,\cdots, X_n)$的一组观测值. 由 0-1 分布的分布律：

$$P\{X=x;p\}=p^x(1-p)^{1-x}, \quad x=0, 1,$$

可得似然函数为

$$L(p)=\prod_{i=1}^{n}P\{X_i=x_i;p\}=\prod_{i=1}^{n}p^{x_i}(1-p)^{1-x_i}=p^{\sum_{i=1}^{n}x_i}(1-p)^{n-\sum_{i=1}^{n}x_i},$$

对数似然函数为

$$\ln L(p)=\sum_{i=1}^{n}x_i\ln p+\left(n-\sum_{i=1}^{n}x_i\right)\ln(1-p),$$

对上式关于 $p$ 求导并令其为 0:

$$\frac{\mathrm{d}\ln L(p)}{\mathrm{d}p}=\frac{1}{p}\sum_{i=1}^{n}x_i-\frac{\left(n-\sum_{i=1}^{n}x_i\right)}{1-p}=0,$$

解得 $\hat{p}=\frac{1}{n}\sum_{i=1}^{n}x_i=\overline{x}$，此即为 $p$ 的最大似然估计值.

$p$ 的最大似然估计量为 $\hat{p}=\frac{1}{n}\sum_{i=1}^{n}x_i=\overline{X}$.

**例 7.1.6**　设总体 $X$ 服从泊松分布 $P(\lambda)$, $(X_1,X_2,\cdots,X_n)$ 是取自总体 $X$ 的一个样本. 求参数 $\lambda$ 的最大似然估计.

**解**　总体 $X$ 的分布律为

$$P\{X=x;\lambda\}=\frac{\lambda^x}{x!}\mathrm{e}^{-\lambda},\quad x=0,1,2,\cdots.$$

故似然函数为

$$L(\lambda)=\prod_{i=1}^{n}P\{X_i=x_i;\lambda\}=\prod_{i=1}^{n}\frac{\lambda^{x_i}}{x_i!}\mathrm{e}^{-\lambda}=\frac{\lambda^{\sum_{i=1}^{n}x_i}}{x_1!x_2!\cdots x_n!}\mathrm{e}^{-n\lambda},$$

对数似然函数为

$$\ln L(\lambda)=\sum_{i=1}^{n}x_i\ln\lambda-\sum_{i=1}^{n}\ln(x_i!)-n\lambda,$$

对上式关于 $\lambda$ 求导并令其为 0，得

$$\frac{\mathrm{d}\ln L(\lambda)}{\mathrm{d}\lambda}=\frac{\sum_{i=1}^{n}x_i}{\lambda}-n=0,$$

解之得 $\hat{\lambda}=\frac{1}{n}\sum_{i=1}^{n}x_i=\overline{x}$，此即为$\lambda$的最大似然估计.

**例 7.1.7** 设总体 $X$ 的概率密度为

$$f(x)=\begin{cases}(\theta+1)x^{\theta}, & 0<x<1,\\ 0, & \text{其他},\end{cases}$$

其中$\theta>-1$, $(X_1, X_2,\cdots, X_n)$是取自总体 $X$ 的一个样本, 求参数$\theta$的最大似然估计.

**解** 似然函数为

$$L(\theta)=\prod_{i=1}^{n}f(x_i;\theta)=\prod_{i=1}^{n}(\theta+1)x_i^{\theta}=(\theta+1)^n\left(\prod_{i=1}^{n}x_i\right)^{\theta},\quad 0<x_i<1,\ i=1,2,\cdots,n.$$

$$\ln L(\theta)=n\ln(\theta+1)+\theta\sum_{i=1}^{n}\ln x_i,\quad 0<x_i<1,\ i=1,2,\cdots,n.$$

令

$$\frac{\mathrm{d}\ln L(\theta)}{\mathrm{d}\theta}=\frac{n}{\theta+1}+\sum_{i=1}^{n}\ln x_i=0,$$

从中解得 $\hat{\theta}=-1-\frac{n}{\sum_{i=1}^{n}\ln x_i}$，此即为$\theta$的最大似然估计.

**例 7.1.8** 设总体 $X$ 服从正态分布 $N(\mu, \sigma^2)$, $(X_1, X_2,\cdots, X_n)$是取自总体 $X$ 的一个样本. 求参数$\mu$和$\sigma^2$的最大似然估计.

**解** 总体 $X$ 的概率密度为

$$f(x;\mu,\sigma^2)=\frac{1}{\sqrt{2\pi}\sigma}\mathrm{e}^{-\frac{(x-\mu)^2}{2\sigma^2}},\quad -\infty<x<+\infty,$$

似然函数为

$$L(\mu,\sigma^2)=\prod_{i=1}^{n}f(x_i;\mu,\sigma^2)=\prod_{i=1}^{n}\left(\frac{1}{\sqrt{2\pi}\sigma}\mathrm{e}^{-\frac{(x_i-\mu)^2}{2\sigma^2}}\right)=\frac{1}{(\sqrt{2\pi}\sigma)^n}\mathrm{e}^{-\frac{\sum_{i=1}^{n}(x_i-\mu)^2}{2\sigma^2}},$$

对数似然函数为

$$\ln L(\mu,\sigma^2)=-\frac{n}{2}\ln(2\pi\sigma^2)-\frac{1}{2\sigma^2}\sum_{i=1}^{n}(x_i-\mu)^2,$$

令 $\frac{\partial \ln L}{\partial \mu}=0$ 及 $\frac{\partial \ln L}{\partial \sigma^2}=0$，得对数似然方程组：

$$\begin{cases}\frac{1}{\sigma^2}\sum_{i=1}^{n}(x_i-\mu)=0,\\ -\frac{n}{2\sigma^2}+\frac{1}{2\sigma^4}\sum_{i=1}^{n}(x_i-\mu)^2=0.\end{cases}$$

解之可得 $\mu$ 和 $\sigma^2$ 的最大似然估计分别为

$$\hat{\mu}=\frac{1}{n}\sum_{i=1}^{n}x_i=\overline{x} \text{ 及 } \hat{\sigma}^2=\frac{1}{n}\sum_{i=1}^{n}(x_i-\overline{x})^2=b_2.$$

## 习　题　7.1

1. 随机地从一批钉子中抽取 10 枚，测得长度(单位：cm)如下：

2.11,　2.14,　2.10,　2.13,　2.15,　2.13,　2.12,　2.14,　2.12,　2.13.

试求这批钉子长度总体均值 $\mu$ 及方差 $\sigma^2$ 的矩估计值，并求样本方差 $s^2$.

2. 设总体 $X$ 服从几何分布，其分布律为

$$P\{X=k\}=(1-p)^{k-1}p,\quad k=1,2,\cdots,$$

其中 $p$ 为未知参数，$(X_1,X_2,\cdots,X_n)$ 是取自总体 $X$ 的一个样本，求 $p$ 的矩估计.

3. 设总体 $X$ 的概率密度为

$$f(x)=\begin{cases}\frac{2}{\theta^2}(\theta-x), & 0<x<\theta,\\ 0, & \text{其他},\end{cases}$$

其中 $\theta>0$，$(X_1,X_2,\cdots,X_n)$ 是取自总体 $X$ 的一个样本，试求未知参数 $\theta$ 的矩估计.

4. 设 $(X_1,X_2,\cdots,X_n)$ 是取自总体 $X$ 的一个样本，求下述各总体的概率密度函数中的未知参数 $\theta$ 的最大似然估计：

(1) $f(x)=\begin{cases}\sqrt{\theta}x^{\sqrt{\theta}-1}, & 0\leqslant x\leqslant 1,\\ 0, & \text{其他};\end{cases}$

(2) $f(x)=\begin{cases}2\theta x\mathrm{e}^{-\theta x^2}, & x>0,\\ 0, & \text{其他}.\end{cases}$

5. 设总体 $X$ 服从二项分布 $B(m, p)$, 其中 $m$ 已知, $p$ 为未知参数, $(X_1, X_2, \cdots, X_n)$是取自总体 $X$ 的一个样本求 $p$ 的矩估计和最大似然估计.

6. 设总体 $X$ 服从指数分布 $\mathrm{Exp}(\lambda)$, 概率密度函数为

$$f(x)=\begin{cases}\lambda \mathrm{e}^{-\lambda x}, & x>0,\\ 0, & x\leqslant 0.\end{cases}$$

$(X_1, X_2, \cdots, X_n)$是取自总体 $X$ 的一个样本. 求未知参数 $\lambda$ 的矩估计与最大似然估计.

# 7.2 点估计的评价标准

对一个未知参数可用不同的方法获得不同的点估计, 为了比较它们, 必须给出判断点估计好坏的标准. 本节就来讨论点估计的评价标准.

估计量是样本的函数, 因而也是一个随机变量. 由于每次观察所得的样本值一般是不同的, 所以求得的估计值也不同. 衡量一个点估计的优劣, 不能仅仅根据某一次的估计值作出定论, 而应该根据估计量的分布性质, 从整体上进行判断. 可以给出以下三项评价标准.

## 7.2.1 无偏性

参数 $\theta$ 的估计量 $\hat{\theta}$ 是随机变量, 对于不同的样本值会得到不同的估计值. 我们希望估计量的各观察值围绕 $\theta$ 的真值波动, 即它的数学期望等于 $\theta$ 的真值, 这就是无偏性的要求.

**定义 7.2.1** 设 $\theta$ 为总体 $X$ 的分布中的未知参数, $\Theta$ 为参数空间, $(X_1, X_2, \cdots, X_n)$ 是取自总体 $X$ 的一个样本, $\hat{\theta}=\hat{\theta}(X_1, X_2, \cdots, X_n)$ 为 $\theta$ 的一个估计, 若对任意 $\theta\in\Theta$, 都有 $E(\hat{\theta})=\theta$, 则称 $\hat{\theta}$ 为 $\theta$ 的**无偏估计**.

从定义可知, 用无偏估计 $\hat{\theta}$ 作为 $\theta$ 的近似, 常有偏差 $\hat{\theta}-\theta$, 而由于 $E(\hat{\theta}-\theta)=0$, 说明多次使用 $\hat{\theta}$ 估计 $\theta$, 其平均偏差为零.

**例 7.2.1** 设总体 $X$ 的数学期望和方差分别为 $\mu$ 和 $\sigma^2$, $(X_1, X_2, \cdots, X_n)$是来自总体 $X$ 的样本, 试证:

(1) 样本均值 $\overline{X}=\dfrac{1}{n}\sum\limits_{i=1}^{n}X_i$ 是总体均值 $\mu$ 的无偏估计;

(2) 样本方差 $S^2=\dfrac{1}{n-1}\sum\limits_{i=1}^{n}(X_i-\overline{X})^2$ 是总体方差 $\sigma^2$ 的无偏估计.

**证** (1) 因为

$$E(\overline{X})=E\left(\frac{1}{n}\sum_{i=1}^{n}X_i\right)=\frac{1}{n}\sum_{i=1}^{n}E(X_i)=\frac{1}{n}\sum_{i=1}^{n}\mu=\mu,$$

所以样本均值 $\overline{X}$ 是总体均值$\mu$的无偏估计.

(2) 样本方差为

$$S^2=\frac{1}{n-1}\sum_{i=1}^{n}(X_i-\overline{X})^2=\frac{1}{n-1}\left(\sum_{i=1}^{n}X_i^2-n\overline{X}^2\right),$$

其数学期望为

$$\begin{aligned}E(S^2)&=\frac{1}{n-1}\left[\sum_{i=1}^{n}E(X_i^2)-nE(\overline{X}^2)\right]\\&=\frac{1}{n-1}\sum_{i=1}^{n}\{\mathrm{Var}(X_i)+[E(X_i)]^2\}-\frac{n}{n-1}\{\mathrm{Var}(\overline{X})+[E(\overline{X})]^2\}\\&=\frac{1}{n-1}\sum_{i=1}^{n}(\sigma^2+\mu^2)-\frac{n}{n-1}\left(\frac{\sigma^2}{n}+\mu^2\right)=\sigma^2.\end{aligned}$$

所以，$S^2=\dfrac{1}{n-1}\sum_{i=1}^{n}(X_i-\overline{X})^2$ 是总体方差的无偏估计，这就是将其定义为样本方差的理由.

至于 $\sigma^2$ 的矩估计 $B_2$，因为 $B_2=\dfrac{1}{n}\sum_{i=1}^{n}(X_i-\overline{X})^2=\dfrac{n-1}{n}S^2$，所以有

$$E(B_2)=\frac{n-1}{n}E(S^2)=\frac{n-1}{n}\sigma^2\neq\sigma^2.$$

这说明 $B_2$ 不是 $\sigma^2$ 的无偏估计. 不过 $n$ 充分大时，$B_2$ 与 $S^2$ 很接近，且当 $n$ 趋向无穷大时，$B_2$ 的数学期望趋向 $\sigma^2$.

### 7.2.2　有效性

参数$\theta$ 的无偏估计可能不止一个，我们希望挑选其中波动幅度最小的. 显然，均方误差 $E(\hat{\theta}-\theta)^2$ 可以反映$\theta$的估计 $\hat{\theta}$ 波动性大小. 当 $E(\hat{\theta})=\theta$，则上述的均方误差即为估计量 $\hat{\theta}$ 的方差. 我们希望$\theta$的无偏估计 $\hat{\theta}$ 的方差尽可能小，这就是有效性的要求.

**定义 7.2.2**　设$(X_1, X_2, \cdots, X_n)$是取自总体 $X$ 的一个样本，$\hat{\theta}_1=\hat{\theta}_1(X_1,X_2,\cdots,$

$X_n$) 与 $\hat{\theta}_2=\hat{\theta}_2(X_1,X_2,\cdots,X_n)$ 均为总体 $X$ 的待估参数 $\theta$ 的无偏估计. 若对参数空间 $\Theta$ 中的一切 $\theta$, 都有

$$\mathrm{Var}(\hat{\theta}_1)\leqslant \mathrm{Var}(\hat{\theta}_2),$$

且至少存在一点 $\theta\in\Theta$, 使 $\mathrm{Var}(\hat{\theta}_1)<\mathrm{Var}(\hat{\theta}_2)$, 则称 $\hat{\theta}_1$ **较** $\hat{\theta}_2$ **有效**.

**例 7.2.2** 设总体 $X$ 的数学期望 $E(X)=\mu$, 方差 $\mathrm{Var}(X)=\sigma^2$, $(X_1,X_2,\cdots,X_n)(n>1)$ 是来自总体 $X$ 的样本. 考查 $\mu$ 的以下几个点估计:

$$\hat{\mu}_1=\frac{1}{n}\sum_{i=1}^{n}X_i,\quad \hat{\mu}_2=\frac{1}{k}\sum_{i=1}^{k}X_i\quad (k<n),\quad \hat{\mu}_3=\frac{1}{2n}\left[\sum_{i=1}^{n-1}X_i+(n+1)X_n\right].$$

试证: $\hat{\mu}_1$, $\hat{\mu}_2$ 及 $\hat{\mu}_3$ 都是 $\mu$ 的无偏估计量, 且 $\hat{\mu}_1$ 比 $\hat{\mu}_2$, $\hat{\mu}_3$ 都有效.

**证** 分别求 $\hat{\mu}_1$, $\hat{\mu}_2$, $\hat{\mu}_3$ 的数学期望, 得

$$E(\hat{\mu}_1)=\frac{1}{n}\sum_{i=1}^{n}E(X_i)=\frac{1}{n}\sum_{i=1}^{n}\mu=\mu,$$

$$E(\hat{\mu}_2)=\frac{1}{k}\sum_{i=1}^{k}E(X_i)=\frac{1}{k}\sum_{i=1}^{k}\mu=\mu,$$

$$E(\hat{\mu}_3)=\frac{1}{2n}\sum_{i=1}^{n-1}E(X_i)+\frac{(n+1)}{2n}E(X_n)=\frac{n-1}{2n}\mu+\frac{(n+1)}{2n}\mu=\mu\ ,$$

所以 $\hat{\mu}_1$, $\hat{\mu}_3$, $\hat{\mu}_2$ 都是 $\mu$ 的无偏估计量. 又它们的方差分别为

$$\mathrm{Var}(\hat{\mu}_1)=\frac{1}{n^2}\sum_{i=1}^{n}\mathrm{Var}(X_i)=\frac{1}{n^2}\sum_{i=1}^{n}\sigma^2=\frac{\sigma^2}{n},$$

$$\mathrm{Var}(\hat{\mu}_2)=\frac{1}{k^2}\sum_{i=1}^{k}\mathrm{Var}(X_i)=\frac{1}{k^2}\sum_{i=1}^{k}\sigma^2=\frac{\sigma^2}{k},$$

$$\begin{aligned}\mathrm{Var}(\hat{\mu}_3)&=\frac{1}{4n^2}\sum_{i=1}^{n-1}\mathrm{Var}(X_i)+\frac{(n+1)^2}{4n^2}\mathrm{Var}(X_n)\\&=\frac{n-1}{4n^2}\sigma^2+\frac{(n+1)^2}{4n^2}\sigma^2=\frac{n\ \ +3}{4n}\sigma^2,\end{aligned}$$

因为 $\mathrm{Var}(\hat{\mu}_1)<\mathrm{Var}(\hat{\mu}_2)$, 所以 $\hat{\mu}_1$ 较 $\hat{\mu}_2$ 有效.

又因 $n>1$ 时，$\dfrac{n+3}{4n}\sigma^2>\dfrac{\sigma^2}{n}$，故 $\mathrm{Var}(\hat{\mu}_1)<\mathrm{Var}(\hat{\mu}_3)$，所以 $\hat{\mu}_1$ 较 $\hat{\mu}_3$ 有效.

综上，$\hat{\mu}_1$ 比 $\hat{\mu}_2$，$\hat{\mu}_3$ 都有效.

上例用 $\hat{\mu}_2$ 来估计总体 $X$ 的数学期望时，只使用了部分的样本信息；而估计量 $\hat{\mu}_3$ 虽然使用了全部的样本信息但有所“偏爱”，使式中 $X_n$ 的权重系数要大于 $X_i(i=1,2,\cdots,n-1)$ 的．一般地，总体均值 $E(X)$ 的其他无偏估计都不如样本均值 $\overline{X}=\dfrac{1}{n}\sum\limits_{i=1}^{n}X_i$ 有效.

### 7.2.3　相合性

随着样本容量 $n$ 的增大，得到的有关总体的信息量也增大，我们希望此时估计量 $\hat{\theta}_n$ 应该更为精确，更加接近 $\theta$ 的真值，即我们希望 $\hat{\theta}_n$ 能够依概率收敛于 $\theta$. 这就是相合性的要求.

**定义 7.2.3**　设$(X_1, X_2,\cdots, X_n)$是取自总体 $X$ 的一个样本，$\hat{\theta}_n=\hat{\theta}_n(X_1,X_2,\cdots,X_n)$ 为总体 $X$ 的待估参数 $\theta$ 的点估计. 若对任意正数 $\varepsilon$，

$$\lim_{n\to\infty}P\{|\hat{\theta}_n-\theta|<\varepsilon\}=1，\text{对一切 } \theta\in\Theta\text{成立，}$$

即对参数空间 $\Theta$ 中的一切 $\theta$，$\hat{\theta}_n$ 依概率收敛于 $\theta$，则称 $\hat{\theta}_n$ 为 $\theta$ 的**相合估计**.

例如，设总体 $X$ 的 $k$ 阶原点矩 $\mu_k=E(X^k)$ 存在，则由

$$\lim_{n\to\infty}P\left\{\left|\frac{1}{n}\sum_{i=1}^{n}X_i^k-E(X^k)\right|<\varepsilon\right\}=1$$

可知 $\mu_k$ 的矩估计 $A_k=\dfrac{1}{n}\sum\limits_{i=1}^{n}X_i^k$ 为 $\mu_k$ 的相合估计. 进而若待估参数 $\theta=g(\mu_1, \mu_2,\cdots, \mu_k)$，其中 $g$ 为连续函数，则 $\theta$ 的矩估计 $\hat{\theta}=g(\hat{\mu}_1,\hat{\mu}_2,\cdots,\hat{\mu}_k)=g(A_1,A_2,\cdots,A_k)$ 是 $\theta$ 的相合估计.

无偏性、有效性、相合性是评价估计量的一些基本标准. 其中无偏性、有效性是在样本容量 $n$ 固定时，对估计量提出的要求，而相合性则是当 $n$ 无限增大时对估计量提出的要求.

## 习　题　7.2

1. 设$(X_1, X_2,\cdots, X_6)$是取自总体 $X$ 的一个样本，$\theta=E(X)$为待估参数. 问下列点估计中哪些是 $\theta$ 的无偏估计？

$$\hat{\theta}_1=\frac{X_1+2X_2+3X_3+4X_4+5X_5+6X_6}{6},$$

$$\hat{\theta}_2=\frac{X_1+2X_2+3X_3+4X_4+5X_5+6X_6}{21},$$

$$\hat{\theta}_3=\frac{X_1+X_2+X_3+X_4+X_5+X_6}{6}.$$

2. 设随机变量 $X\sim P(\lambda)$, $(X_1, X_2,\cdots, X_n)$是取自 $X$ 的一个样本. 试证 $\hat{\lambda}_2=\frac{1}{n}\sum_{i=1}^{n}X_i(X_i-1)$ 是参数$\lambda^2$的无偏估计.

3. 设随机变量 $X\sim U\left(\theta-\frac{1}{2},\theta+\frac{1}{2}\right)$, 试证 $\hat{\theta}=\overline{X}$ 是参数 $\theta$ 的无偏估计.

4. 设总体 $X$ 的数学期望为 $\mu$, $(X_1, X_2,\cdots, X_n)$是取自 $X$ 的一个样本. $a_1, a_2,\cdots, a_n$ 是任意常数, 验证$\left(\sum_{i=1}^{n}a_iX_i\right)\Big/\sum_{i=1}^{n}a_i\left(\text{其中}\sum_{i=1}^{n}a_i\neq 0\right)$是 $\mu$ 的无偏估计.

5. 设第 1 题中的总体 $X$ 的方差 Var($X$)存在且大于 0. 问 $\theta$ 的哪个无偏估计较为有效?

## 7.3 区 间 估 计

7.1 节介绍了求未知参数的点估计方法. $\theta$ 的点估计量 $\hat{\theta}=\hat{\theta}(X_1,X_2,\cdots,X_n)$ 是样本的函数, 用一组具体的样本值$(x_1, x_2, \cdots, x_n)$代入, 求得的点估计值 $\hat{\theta}(x_1,x_2,\cdots,x_n)$ 是未知参数 $\theta$ 的一个近似值. 点估计的特点是一目了然, 但它没有反映出这个近似值的误差范围, 使用起来把握不大. 在实际中, 区间估计正好弥补了点估计的这个缺陷.

**定义 7.3.1** 设 $\theta$ 是总体 $X$ 分布中的一个待估参数, $\theta\in\Theta$. 若对给定的 $\alpha(0<\alpha<1)$, 由样本$(X_1, X_2,\cdots, X_n)$确定的两个统计量 $\hat{\theta}_1=\hat{\theta}_1(X_1,X_2,\cdots,X_n)$ 和 $\hat{\theta}_2=\hat{\theta}_2(X_1,X_2,\cdots,X_n)$, 对一切 $\theta\in\Theta$都满足:

$$P\{\hat{\theta}_1<\theta<\hat{\theta}_2\}\geqslant 1-\alpha, \tag{7.3.1}$$

则称区间$(\hat{\theta}_1,\hat{\theta}_2)$为$\theta$的置信水平为 $1-\alpha$ 的**置信区间**, 简称为$\theta$的 $1-\alpha$ 置信区间, $\hat{\theta}_1$ 和 $\hat{\theta}_2$ 分别称为**置信下限**和**置信上限**, $1-\alpha$ 称为**置信水平**.

置信区间是一个随机区间, 它能以足够大的概率($\geqslant 1-\alpha$)覆盖未知参数 $\theta$ 的真值. 置信区间的观测值是一个普通区间, 也称为置信区间. $\theta$ 的置信区间也叫做 $\theta$ 的区间估计.

一般地，我们选择满足式(7.3.1)的区间$(\hat{\theta}_1,\hat{\theta}_2)$，使其长度尽可能小. 当$X$为连续总体，可以用足置信水平，对于给定的 $\alpha$，可按式(7.3.1)中等号成立的条件求出随机区间$(\hat{\theta}_1,\hat{\theta}_2)$，即要求$\hat{\theta}_1$，$\hat{\theta}_2$满足

$$P\{\hat{\theta}_1 < \theta < \hat{\theta}_2\} = 1-\alpha\,, \tag{7.3.2}$$

而当 $X$ 为离散总体，则置信水平不易用足，因为满足式(7.3.2)的区间$(\hat{\theta}_1,\hat{\theta}_2)$未必存在. 此时选择区间$(\hat{\theta}_1,\hat{\theta}_2)$，使其满足式(7.3.1)，且左边的概率$P\{\hat{\theta}_1 < \theta < \hat{\theta}_2\}$尽可能接近 $1-\alpha$.

式(7.3.2)有一个频率解释：统计量$\hat{\theta}_1$，$\hat{\theta}_2$为随机变量，而$\theta$为一个固定的未知常数，每组样本值$(x_1, x_2,\cdots, x_n)$确定一个区间$(\hat{\theta}_1(x_1,x_2,\cdots,x_n),\hat{\theta}_2(x_1,x_2,\cdots,x_n))$，它可能包含 $\theta$，也可能不包含 $\theta$. 在样本容量不变的情况下反复抽样多次，如 $N$ 次，于是得到$N$个区间，这些区间分成两类，一类包含$\theta$，而另一类不包含$\theta$. 当$N$很大时，包含$\theta$的区间约占 $100(1-\alpha)\%$. 例如，当置信水平为 $1-\alpha=95\%$时，$N$个区间中约有 95%的区间包含$\theta$，而不包含$\theta$的区间约占 5%.

下面给出正态总体参数的几个常用的区间估计.

### 7.3.1 单个正态总体的情况

1. 方差已知时均值的区间估计

设$(X_1, X_2,\cdots, X_n)$为总体$N(\mu, \sigma^2)$的一个样本，$\sigma^2$已知，$\mu$未知. 试求$\mu$的 $1-\alpha$ 置信区间.

我们知道，样本均值$\overline{X}$是 $\mu$ 的一个较好的无偏估计，现在要构造 $\mu$ 的置信区间，自然想到$\overline{X}$. 由定理 6.4.1 知，

$$U=\frac{\overline{X}-\mu}{\sigma/\sqrt{n}}\sim N(0, 1).$$

于是有

$$P\left\{-u_{1-\alpha/2}<\frac{\overline{X}-\mu}{\sigma/\sqrt{n}}<u_{1-\alpha/2}\right\}=1-\alpha\,, \tag{7.3.3}$$

其中$u_{1-\alpha/2}$为标准正态分布$N(0, 1)$的 $1-\alpha/2$ 分位数(图 3.3.2).

式(7.3.3)中的事件$\left\{-u_{1-\alpha/2}<\frac{\bar{X}-\mu}{\sigma/\sqrt{n}}<u_{1-\alpha/2}\right\}$等价于$\left\{\bar{X}-u_{1-\alpha/2}\frac{\sigma}{\sqrt{n}}<\mu<\bar{X}+u_{1-\alpha/2}\frac{\sigma}{\sqrt{n}}\right\}$，故由式(7.3.3)可得

$$P\left\{\bar{X}-u_{1-\alpha/2}\frac{\sigma}{\sqrt{n}}<\mu<\bar{X}+u_{1-\alpha/2}\frac{\sigma}{\sqrt{n}}\right\}=1-\alpha.$$

再由定义 7.3.1，可知所求置信区间为

$$\left(\bar{X}-u_{1-\alpha/2}\frac{\sigma}{\sqrt{n}},\bar{X}+u_{1-\alpha/2}\frac{\sigma}{\sqrt{n}}\right). \tag{7.3.4}$$

常简记为

$$\bar{X}\pm u_{1-\alpha/2}\frac{\sigma}{\sqrt{n}}. \tag{7.3.5}$$

上述方法具有一般性. 一般地，求待估参数$\theta$的置信区间，可用以下的枢轴量法.

(1) 构造样本的函数$Y=g(X_1,\cdots,X_n;\ \theta)$, $\theta\in\Theta$, 其中包含待估参数$\theta$, 而不包含其他未知参数. $Y$的分布已知，具有这种性质的函数称为**枢轴量**.

(2) 对于给定的置信水平$1-\alpha$, 根据$Y$的分布，确定常数$a$和$b$, 使得

$$P\{a<Y<b\}\geqslant 1-\alpha. \tag{7.3.6}$$

(3) 对随机事件$\{a<g(X_1,\cdots,X_n;\ \theta)<b\}$作等价变形，得到其等价事件$\{\hat{\theta}_1<\theta<\hat{\theta}_2\}$，其中$\hat{\theta}_1=\hat{\theta}_1(X_1,X_2,\cdots,X_n)$与$\hat{\theta}_2=\hat{\theta}_2(X_1,X_2,\cdots,X_n)$为两个统计量. 代入式(7.3.6)中，得到如下形式：

$$P\{\hat{\theta}_1<\theta<\hat{\theta}_2\}\geqslant 1-\alpha,$$

则$(\hat{\theta}_1,\hat{\theta}_2)$就是$\theta$的置信水平为$100(1-\alpha)\%$的置信区间.

上述方法的关键，在于构造枢轴量$Y=g(X_1,\cdots,X_n;\ \theta)$，一般可从参数$\theta$的无偏点估计出发去寻找枢轴量.

**例 7.3.1** 已知某批零件的长度$X$服从正态分布$N(\mu,\ 4)$，现从这批产品中随

机抽取9件，抽取的9件产品的平均长度为12.35cm，求总体均值$\mu$的95%置信区间.

**解** 本例中，样本容量$n$=9，样本均值$\bar{x}$=12.35，总体标准差$\sigma$=2，$1-\alpha$=0.95，$\alpha$=0.05，查表3.3.1或附表1可知，$u_{1-\alpha/2}=u_{0.957}$=1.96，代入式(7.3.5)，可得所求的置信区间为

$$\left(12.35\pm1.96\times\frac{2}{\sqrt{9}}\right)=(12.35\pm1.307),$$

即总体均值$\mu$的置信水平为95%的置信区间为(11.043, 13.657).

2. 方差未知时均值的区间估计

设$(X_1,X_2,\cdots,X_n)$为总体$N(\mu,\sigma^2)$的一个样本，$\mu$和$\sigma^2$均未知. 试求$\mu$的置信水平为$1-\alpha$的置信区间.

由于方差$\sigma^2$未知，所以$U=\dfrac{\bar{X}-\mu}{\sigma/\sqrt{n}}$中，除了含待估参数$\mu$外，还含有未知参数$\sigma$，所以此时$U$不能作为枢轴量. 而若以样本标准差$S$代替$\sigma$，则可得样本的函数$t=\dfrac{\bar{X}-\mu}{S/\sqrt{n}}$，由定理6.4.2知

$$t=\frac{\bar{X}-\mu}{S/\sqrt{n}}\sim t(n-1),$$

所以随机变量$t$的分布已知，且分布中不含任何未知参数. 取$t$为枢轴量，可得

$$P\left\{-t_{1-\alpha/2}(n-1)<\frac{\bar{X}-\mu}{S/\sqrt{n}}<t_{1-\alpha/2}(n-1)\right\}=1-\alpha,$$

即

$$P\left\{\bar{X}-t_{1-\alpha/2}(n-1)\frac{S}{\sqrt{n}}<\mu<\bar{X}+t_{1-\alpha/2}(n-1)\frac{S}{\sqrt{n}}\right\}=1-\alpha,$$

其中$t_{1-\alpha/2}(n-1)$是$t(n-1)$分布的$1-\dfrac{\alpha}{2}$分位数，见图6.4.4.

由此可知$\mu$的$1-\alpha$置信区间为

$$\overline{X} \pm t_{1-\alpha/2}(n-1)\frac{S}{\sqrt{n}}. \tag{7.3.7}$$

**例 7.3.2** 假设人的身高服从正态分布 $N(\mu, \sigma^2)$. 今从大学一年级学生中随机抽查 10 名女生, 测得其身高如下(单位: cm):

162, 159.5, 168, 160, 157, 162, 163.4, 158.5, 170.3, 166.

求大一女生身高均值 $\mu$ 的 95%置信区间.

**解** 本例中, 方差 $\sigma^2$ 未知, 欲求均值 $\mu$ 的置信区间. 由式(7.3.7), 可知均值 $\mu$ 的置信区间为

$$\left(\overline{x}-t_{1-\alpha/2}(n-1)\frac{s}{\sqrt{n}}, \overline{x}+t_{1-\alpha/2}(n-1)\frac{s}{\sqrt{n}}\right).$$

由所给数据计算得, $\overline{x}=162.67$, $s^2=18.43$, 由置信水平 $1-\alpha=95\%$, 知 $\alpha=0.05$. 查自由度为 $n-1=9$ 的 $t$ 分布分位数表(附表 3), 得 $t_{1-\alpha/2}(9)=t_{0.975}(9)=2.262$, 故所求的置信区间为

$$\left(162.67-2.262\times\sqrt{\frac{18.43}{10}}, 162.67+2.262\times\sqrt{\frac{18.43}{10}}\right)=(159.60, 165.74).$$

在实际问题中, 正态总体 $N(\mu, \sigma^2)$的参数 $\mu$ 和 $\sigma^2$ 一般都是未知的, 所以实用中作 $\mu$ 的区间估计时, 式(7.3.7)较(7.3.5)更为常用.

3. 均值未知时方差的区间估计

设$(X_1, X_2, \cdots, X_n)$为总体 $N(\mu, \sigma^2)$的一个样本, $\mu$ 与 $\sigma^2$ 均未知. 试求 $\sigma^2$ 的置信水平为 $1-\alpha$ 的置信区间.

从 $\sigma^2$ 的一个较好的点估计——样本方差 $S^2$ 出发, 寻找枢轴量.

考察随机变量 $\chi^2=\dfrac{(n-1)S^2}{\sigma^2}$, 由定理 6.4.1 知, $\dfrac{(n-1)S^2}{\sigma^2}\sim\chi^2(n-1)$, 其分布中不含任何未知参数, 故可将它作为枢轴量.

在作区间估计时, 满足式(7.3.6)的区间$(a, b)$一般不是唯一的, 我们常采用其中满足

$$P\{\chi^2<a\}=P\{\chi^2>b\}=\frac{\alpha}{2}$$

的**等尾置信区间**. $\chi^2$ 分布的概率密度函数图形是单峰的, 没有对称轴(图 6.4.1). 由

$$P\left\{\frac{(n-1)S^2}{\sigma^2}<\chi^2_{\alpha/2}(n-1)\right\}=\frac{\alpha}{2} \text{ 及 } P\left\{\frac{(n-1)S^2}{\sigma^2}>\chi^2_{1-\alpha/2}(n-1)\right\}=\frac{\alpha}{2},$$

可得

$$P\left\{\chi^2_{\alpha/2}(n-1)<\frac{(n-1)S^2}{\sigma^2}<\chi^2_{1-\alpha/2}(n-1)\right\}=1-\alpha,$$

其中 $\chi^2_{\alpha/2}(n-1)$ 和 $\chi^2_{1-\alpha/2}(n-1)$ 分别是 $\chi^2(n-1)$ 分布的 $\frac{\alpha}{2}$ 分位数和 $1-\frac{\alpha}{2}$ 分位数(图 6.4.2).

由此得总体方差 $\sigma^2$ 的 $1-\alpha$ 置信区间为

$$\left(\frac{(n-1)S^2}{\chi^2_{1-\alpha/2}(n-1)},\frac{(n-1)S^2}{\chi^2_{\alpha/2}(n-1)}\right). \tag{7.3.8}$$

而总体标准差 $\sigma$ 的 $1-\alpha$ 置信区间为

$$\left(\sqrt{\frac{(n-1)S^2}{\chi^2_{1-\alpha/2}(n-1)}},\sqrt{\frac{(n-1)S^2}{\chi^2_{\alpha/2}(n-1)}}\right). \tag{7.3.9}$$

**例 7.3.3**　某自动包装机包装的洗衣粉质量服从正态分布 $N(\mu,\ \sigma^2)$, 今随机抽查 12 袋, 测得其质量(单位：g)分别为

1001, 1004, 1003, 997, 999, 1000, 1004, 1000, 996, 1002, 998, 999.

求 $\sigma^2$ 的置信水平为 0.95 的置信区间.

**解**　本例中 $\mu$ 未知, $\sigma^2$ 的置信水平为 $1-\alpha$ 的置信区间如式(7.3.8)所示. 其中 $n$=12, 计算得 $\overline{x}$=1000.25, $(n-1)s^2=11\times 6.932=76.25$. 又 $\alpha=1-0.95=0.05$, 查自由度为 11 的 $\chi^2$ 分布分位数表(附表 2), 得

$$\chi^2_{\alpha/2}(n-1)=\chi^2_{0.025}(11)=3.816,\quad \chi^2_{1-\alpha/2}(n-1)=\chi^2_{0.975}(11)=21.920.$$

将上述结果代入式(7.3.8), 得 $\sigma^2$ 的 0.95 置信区间为

$$\left(\frac{76.25}{21.920},\frac{76.25}{3.816}\right)=(3.48,\ 19.98).$$

### 7.3.2 两个正态总体的情况

1. 两个正态总体均值差的区间估计

设总体 $X\sim N(\mu_1,\sigma_1^2)$，总体 $Y\sim N(\mu_2,\sigma_2^2)$，从两个总体中分别抽取样本 $(X_1,X_2,\cdots,X_{n_1})$ 和 $(Y_1,Y_2,\cdots,Y_{n_2})$，其样本均值分别为 $\overline{X}$ 和 $\overline{Y}$，样本方差分别为 $S_1^2$ 和 $S_2^2$；又设总体 $X, Y$ 相互独立，试求两个总体均值差 $\mu_1-\mu_2$ 的区间估计.

从 $\mu_1-\mu_2$ 的较好的点估计 $\overline{X}-\overline{Y}$ 出发寻找枢轴量，分下列两种情况讨论：

1) $\sigma_1^2,\sigma_2^2$ 均已知

因为 $\overline{X}-\overline{Y}$ 为正态随机变量，其数学期望和方差分别为

$$E(\overline{X}-\overline{Y})=\mu_1-\mu_2,\quad \operatorname{Var}(\overline{X}-\overline{Y})=\frac{\sigma_1^2}{n_1}+\frac{\sigma_2^2}{n_2},$$

故

$$\overline{X}-\overline{Y}\sim N\left(\mu_1-\mu_2,\frac{\sigma_1^2}{n_1}+\frac{\sigma_2^2}{n_2}\right),$$

其标准化变量为

$$U=\frac{\overline{X}-\overline{Y}-(\mu_1-\mu_2)}{\sqrt{\dfrac{\sigma_1^2}{n_1}+\dfrac{\sigma_2^2}{n_2}}}\sim N(0,1). \tag{7.3.10}$$

以 $U$ 为枢轴量，可得 $\mu_1-\mu_2$ 的置信水平为 $1-\alpha$ 的置信区间为

$$\left(\overline{X}-\overline{Y}\pm u_{1-\alpha/2}\sqrt{\frac{\sigma_1^2}{n_1}+\frac{\sigma_2^2}{n_2}}\right). \tag{7.3.11}$$

2) $\sigma_1^2=\sigma_2^2=\sigma^2$，而 $\sigma^2$ 未知

此时，式(7.3.10)中的 $U$ 化为

$$U=\frac{\overline{X}-\overline{Y}-(\mu_1-\mu_2)}{\sigma\sqrt{1/n_1+1/n_2}},$$

由于 $U$ 中含未知参数 $\sigma$，所以不能作为枢轴量. 而用 $\sigma^2$ 的无偏点估计 $S_w^2=\dfrac{(n_1-1)S_1^2+(n_2-1)S_2^2}{n_1+n_2-2}$ 代替 $\sigma^2$，得

$$t=\frac{\overline{X}-\overline{Y}-(\mu_1-\mu_2)}{S_w\sqrt{1/n_1+1/n_2}}.$$

由定理 6.4.4 可知，

$$t=\frac{\overline{X}-\overline{Y}-(\mu_1-\mu_2)}{S_w\sqrt{1/n_1+1/n_2}}\sim t(n_1+n_2-2).$$

取 $t$ 为枢轴量，可得 $\mu_1-\mu_2$ 的置信水平为 $1-\alpha$ 的置信区间为

$$\left(\overline{X}-\overline{Y}\pm t_{1-\alpha/2}(n_1+n_2-2)S_w\sqrt{1/n_1+1/n_2}\right). \tag{7.3.12}$$

在实际问题中，总体的方差一般是未知的. 以上两种情况中，第二种情况较为常用，即两总体的方差满足：$\sigma_1{}^2=\sigma_2{}^2=\sigma^2$，而 $\sigma^2$ 未知时，它们的均值差 $\mu_1-\mu_2$ 的置信区间可由式(7.3.12)求出.

**例 7.3.4**　检查某地正常成年女子 20 名，正常成年男子 25 名，计算得女性红细胞样本均值为 422.16 万/mm$^3$，样本方差为 2453.80(万/mm$^3$)$^2$；男性红细胞样本均值为 465.13 万/mm$^3$，样本方差为 3022.41(万/mm$^3$)$^2$. 设总体 $X$ 表示正常成年女性的红细胞数(万/mm$^3$)，总体 $Y$ 表示正常成年男性的红细胞数(万/mm$^3$). 由经验知 $X$，$Y$ 均服从正态分布，假设 $X$~$N$ ($\mu_1$，$\sigma^2$)，$Y$~$N$ ($\mu_2$，$\sigma^2$)，$\sigma^2$ 未知，求 $\mu_1-\mu_2$ 的 0.99 置信区间.

**解**　本例中，$n_1$=20，$\bar{x}$=422.16，$s_1^2$=2453.80；$n_2$=25，$\bar{y}$= 465.13，$s_2^2$=3022.41. 计算可得

$$s_w=\sqrt{\frac{(n_1-1)S_1^2+(n_2-1)S_2^2}{n_1+n_2-2}}=\sqrt{\frac{19\times2453.80+24\times3022.41}{43}}=52.64.$$

又 $1-\alpha$ =0.99，所以 $\alpha$=0.01，自由度 $n=n_1+n_2-2=43$，查 $t$ 分布分位数表(附表 3)可得 $t_{1-\alpha/2}(n)=t_{0.995}(43)=2.6951$. 代入式(7.3.12)，得 $\mu_1-\mu_2$ 的 0.99 置信区间为

$$\left(\overline{x}-\overline{y}\pm t_{1-\alpha/2}(n_1+n_2-2)s_w\sqrt{\frac{1}{n_1}+\frac{1}{n_2}}\right)$$
$$=\left(422.16-465.13\pm 2.6951\times 52.64\sqrt{\frac{1}{20}+\frac{1}{25}}\right)$$
$$=(-42.97\pm 42.56),$$

即 $\mu_1-\mu_2$ 的 0.99 置信区间为(−85.53, −0.41).

一般地，当 $\mu_1-\mu_2$ 的置信限均小于 0 或均大于 0 时，则有较大把握认为 $\mu_1<\mu_2$ 或 $\mu_1>\mu_2$；而当 $\mu_1-\mu_2$ 的置信区间内包含 0，则 $\mu_1$ 与 $\mu_2$ 的差别不明显.

上例中，由于 $\mu_1-\mu_2$ 的置信限均小于 0，故有较大把握认为 $\mu_1<\mu_2$，即认为正常成年女性的红细胞数少于正常成年男性的红细胞数.

2. 两个正态总体方差比的区间估计

设总体 $X\sim N(\mu_1, \sigma_1^2)$，总体 $Y\sim N(\mu_2, \sigma_2^2)$，其中 $\mu_1, \mu_2, \sigma_1^2, \sigma_2^2$ 均未知. 又设从两个总体中分别抽取的样本 $(X_1,X_2,\cdots,X_{n_1})$ 和 $(Y_1,Y_2,\cdots,Y_{n_2})$ 相互独立，它们的样本方差分别为 $s_1^2$ 和 $s_2^2$. 试求两总体方差比 $\sigma_1^2/\sigma_2^2$ 的区间估计.

考虑 $\sigma_1^2$ 与 $\sigma_2^2$ 的点估计 $s_1^2$ 与 $s_2^2$，由定理 6.4.1 可知，

$$\chi_1^2=\frac{(n_1-1)S_1^2}{\sigma_1^2}\sim\chi^2(n_1-1),\quad \chi_2^2=\frac{(n_2-1)S_2^2}{\sigma_2^2}\sim\chi^2(n_2-1),$$

且 $\chi_1^2$ 与 $\chi_2^2$ 相互独立，由 $F$ 分布的定义知，

$$F=\frac{\chi_1^2/(n_1-1)}{\chi_2^2/(n_2-1)}=\frac{S_1^2/S_2^2}{\sigma_1^2/\sigma_2^2}\sim F(n_1-1,n_2-1),$$

即 $F=\dfrac{S_1^2/S_2^2}{\sigma_1^2/\sigma_2^2}$ 服从第一自由度为 $n_1-1$，第二自由度为 $n_2-1$ 的 $F$ 分布. 由于 $F$ 的分布已知，故可作为枢轴量. 由

$$P\left\{F_{\alpha/2}(n_1-1,n_2-1)<\frac{S_1^2/S_2^2}{\sigma_1^2/\sigma_2^2}<F_{1-\alpha/2}(n_1-1,n_2-1)\right\}=1-\alpha$$

可求得 $\sigma_1^2/\sigma_2^2$ 的置信水平为 $1-\alpha$ 的置信区间为

$$\left(\frac{S_1^2/S_2^2}{F_{1-\alpha/2}(n_1-1,n_2-1)},\frac{S_1^2/S_2^2}{F_{\alpha/2}(n_1-1,n_2-1)}\right). \tag{7.3.13}$$

**例 7.3.5** 某自动机床加工同类套筒，假设套筒的直径服从正态分布. 现在从两个不同的班次 A 班和 B 班的产品中各抽取 5 个套筒，测得它们直径(单位：cm)分别为

A 班：2.066，2.063，2.068，2.060，2.067；

B 班：2.058，2.057，2.063，2.059，2.060.

试求两个班次所加工的套筒直径方差比 $\sigma_1^2/\sigma_2^2$ 的 0.90 置信区间.

**解** 设 A 班、B 班加工的套筒直径总体分别为 $X, Y$. 从这两个总体中分别抽取样本容量 $n_1=n_2=5$ 的两个样本，计算可得两个总体的样本均值分别为

$$\overline{x}=\frac{2.066+2.063+2.068+2.060+2.067}{5}=2.0648,$$

$$\overline{y}=\frac{2.058+2.057+2.063+2.059+2.060}{5}=2.0594,$$

样本方差分别为

$$s_1^2=\frac{1}{4}\sum_{i=1}^{5}(x_i-\overline{x})^2=1.07\times10^{-5},\quad s_2^2=\frac{1}{4}\sum_{i=1}^{5}(y_i-\overline{y})^2=5.3\times10^{-6}.$$

又 $1-\alpha=0.90$，则 $\alpha/2=0.05$，查 $F$ 分布分位数表(附表 4)，并利用式(6.4.4)，可得

$$F_{1-\alpha/2}(n_1-1,n_2-1)=F_{0.95}(4,4)=6.39,$$

$$F_{\alpha/2}(n_1-1,n_2-1)=F_{0.05}(4,4)=\frac{1}{F_{0.95}(4,4)}=\frac{1}{6.39},$$

代入式(7.3.13)，得 $\sigma_1^2/\sigma_2^2$ 的 0.90 置信区间为

$$\left(\frac{S_1^2/S_2^2}{F_{0.95}(4,4)},\frac{S_1^2/S_2^2}{F_{0.05}(4,4)}\right)=(0.3159.12.9006).$$

一般地，当 $\sigma_1^2/\sigma_2^2$ 的置信限均小于 1 或均大于 1 时，有较大把握认为 $\sigma_1^2<\sigma_2^2$ 或 $\sigma_1^2>\sigma_2^2$；而当 $\sigma_1^2/\sigma_2^2$ 的置信区间内包含 1 时，$\sigma_1^2$ 和 $\sigma_2^2$ 的差别不明显.

上例中，由于置信区间包含 1，所以可认为两个总体的方差差别不显著.

为了方便使用，将正态总体均值与方差的区间估计的公式列成表 7.3.1.

表 7.3.1 正态总体均值与方差的区间估计

| 总体 | 待估参数 | 枢轴量 | 枢轴量的分布 | $1-\alpha$ 置信区间 |
|---|---|---|---|---|
| $X\sim N(\mu,\sigma^2)$ | $\mu$ | $U=\dfrac{\overline{X}-\mu}{\sigma/\sqrt{n}}$ ($\sigma^2$已知) | $N(0, 1)$ | $\left(\overline{X}\pm u_{1-\alpha/2}\dfrac{\sigma}{\sqrt{n}}\right)$ |
| | | $t=\dfrac{\overline{X}-\mu}{S/\sqrt{n}}$ ($\sigma^2$未知) | $t(n-1)$ | $\left(\overline{X}\pm t_{1-\alpha/2}(n-1)\dfrac{S}{\sqrt{n}}\right)$ |
| | $\sigma^2$ | $\chi^2=\dfrac{(n-1)S^2}{\sigma^2}$ ($\mu$未知) | $\chi^2(n-1)$ | $\left(\dfrac{(n-1)S^2}{\chi^2_{1-\alpha/2}(n-1)},\dfrac{(n-1)S^2}{\chi^2_{\alpha/2}(n-1)}\right)$ |
| $X\sim N(\mu_1,\sigma_1^2)$<br>$Y\sim N(\mu_2,\sigma_2^2)$ | $\mu_1-\mu_2$ | $U=\dfrac{\overline{X}-\overline{Y}-(\mu_1-\mu_2)}{\sqrt{\sigma_1^2/n_1+\sigma_2^2/n_2}}$<br>($\sigma_1^2$, $\sigma_2^2$已知) | $N(0, 1)$ | $\left(\overline{X}-\overline{Y}\pm u_{1-\alpha/2}\sqrt{\dfrac{\sigma_1^2}{n_1}+\dfrac{\sigma_2^2}{n_2}}\right)$ |
| | | $t=\dfrac{\overline{X}-\overline{Y}-(\mu_1-\mu_2)}{S_w\sqrt{1/n_1+1/n_2}}$<br>($\sigma_1^2=\sigma_2^2=\sigma^2$, $\sigma^2$未知)<br>$S_w^2=\dfrac{(n_1-1)S_1^2+(n_2-1)S_2^2}{n_1+n_2-2}$ | $t(n_1+n_2-2)$ | $\left(\overline{X}-\overline{Y}\pm t_{1-\alpha/2}(n_1+n_2-2)S_\omega\sqrt{\dfrac{1}{n_1}+\dfrac{1}{n_2}}\right)$ |
| | $\sigma_1^2/\sigma_2^2$ | $F=\dfrac{S_1^2/S_2^2}{\sigma_1^2/\sigma_2^2}$<br>($\mu_1$, $\mu_2$未知) | $F(n_1-1,$ $n_2-1)$ | $\left(\dfrac{S_1^2/S_2^2}{F_{1-\alpha/2}(n_1-1,n_2-1)},\dfrac{S_1^2/S_2^2}{F_{\alpha/2}(n_1-1,n_2-1)}\right)$ |

### 7.3.3 单侧置信限

以上所讨论的未知参数的置信区间均为有限区间，即参数的置信上限和置信下限均取有限值，这类置信区间也称为**双侧置信区间**. 而在有些实际问题中，我们只关心未知参数的置信上限或置信下限. 例如，对于设备、元件等的寿命，平均寿命越长越好，因此只关注平均寿命的下限. 此时寿命的数学期望这一参数的置信区间可采用 $(\hat{\theta}_1,+\infty)$ 的形式. 而对另外一些问题，关注的是其上限，此时这些参数的置信区间可采用 $(-\infty,\hat{\theta}_2)$ 的形式，或对于如产品的次品率等，因其不可能取负值，可采用 $(0,\hat{\theta}_2)$ 的形式. 下面引出**单侧置信限**的概念.

**定义 7.3.2** 设 $\theta$ 是总体 $X$ 的分布中的一个待估参数，$(X_1, X_2,\cdots, X_n)$为 $X$ 的一

个样本. 若对给定的常数 $\alpha(0<\alpha<1)$, 统计量 $\hat{\theta}_1=\hat{\theta}_1(X_1,X_2,\cdots,X_n)$, 对一切 $\theta\in\Theta$ 都满足:

$$P\{\theta>\hat{\theta}_1\}\geqslant 1-\alpha, \tag{7.3.14}$$

则称 $\hat{\theta}_1$ 为 $\theta$ 的置信水平为 $1-\alpha$ 的**单侧置信下限**, 简称为 $\theta$ 的 $1-\alpha$ 单侧置信下限; 又若统计量 $\hat{\theta}_2=\hat{\theta}_2(X_1,X_2,\cdots,X_n)$, 对一切 $\theta\in\Theta$ 满足:

$$P\{\theta<\hat{\theta}_2\}\geqslant 1-\alpha, \tag{7.3.15}$$

则称 $\hat{\theta}_2$ 为 $\theta$ 的置信水平为 $1-\alpha$ 的**单侧置信上限**, 简称为 $\theta$ 的 $1-\alpha$ 单侧置信上限.

与双侧置信区间的情形类似, 对连续总体, 按式(7.3.14)或式(7.3.15)中等号成立的条件求出单侧置信下限或上限. 而对离散总体, 选择满足式(7.3.14)或式(7.3.15), 并使左边的概率尽可能接近 $1-\alpha$ 的单侧置信限.

寻找参数 $\theta$ 的单侧置信限, 亦可用枢轴量法, 并且, 对同一总体中的同一参数, 求单侧置信限与求双侧置信区间可用同一个枢轴量, 方法如下:

(1) 选择枢轴量 $Y=g(X_1,\cdots,X_n;\ \theta)$, 使其含有待估参数 $\theta$, 而不包含其他未知参数. $Y$ 的分布已知.

(2) 对于给定的置信水平 $1-\alpha$, 根据 $Y$ 的分布, 确定常数 $c$ 或 $d$, 使得

$$P\{c<Y\}\geqslant 1-\alpha,\ \text{或}\ P\{Y<d\}\geqslant 1-\alpha.$$

(3) 对随机事件 $\{c<g(X_1,\cdots,X_n;\ \theta)\}$ 或 $\{g(X_1,\cdots,X_n;\ \theta)<d\}$ 作等价变形, 得到其等价事件 $\{\underline{\theta}<\theta\}$ 或 $\{\theta<\overline{\theta}\}$, 其中 $\underline{\theta}=\underline{\theta}(X_1,X_2,\cdots,X_n)$ 与 $\overline{\theta}=\overline{\theta}(X_1,X_2,\cdots,X_n)$ 为两个统计量, 则 $\underline{\theta}$, $\overline{\theta}$ 分别为 $\theta$ 的置信水平为 $1-\alpha$ 的单侧置信下限和单侧置信上限.

**例 7.3.6**　设某工厂生产的灯泡使用时数 $X$ 服从正态分布 $N(\mu,\sigma^2)$, 现观察 20 个灯泡的使用时数, 计算得样本均值为 $\bar{x}=1832$, 样本标准差为 $s=510$, 试求灯泡使用时数均值 $\mu$ 的置信水平为 95%的单侧置信下限.

**解**　由于总体 $X$ 的分布 $N(\mu,\sigma^2)$ 中方差 $\sigma^2$ 未知, 故选择 $t=\dfrac{\overline{X}-\mu}{S/\sqrt{n}}$ 作为枢轴量,

$$t=\frac{\overline{X}-\mu}{S/\sqrt{n}}\sim t(n-1).$$

注意到 $t$ 为 $\mu$ 的单调递减函数, 所以令 $P\{t<d\}=1-\alpha$, 即

$$P\left\{\frac{\bar{X}-\mu}{S/\sqrt{n}}<d\right\}=1-\alpha .$$

由 $t$ 分布分位数定义知 $d$ 为 $t(n-1)$分布的 $1-\alpha$ 分位数，即 $d=t_{1-\alpha}(n-1)$，由不等式

$$\frac{\bar{X}-\mu}{S/\sqrt{n}}<t_{1-\alpha}(n-1)$$

解得

$$\mu>\bar{X}-t_{1-\alpha}(n-1)\frac{S}{\sqrt{n}},$$

所以有

$$P\left\{\mu>\bar{X}-t_{1-\alpha}(n-1)\frac{S}{\sqrt{n}}\right\}=1-\alpha .$$

从而 $\mu$ 的 $1-\alpha$ 单侧置信下限为

$$\bar{X}-t_{1-\alpha}(n-1)\frac{S}{\sqrt{n}} .$$

此例中，$\bar{x}=1832$, $s=510$, $1-\alpha=0.95$, $n=20$. 查 $t$ 分布分位数表(附表 3)，得

$$t_{1-\alpha}(n-1)=t_{0.95}(19)=1.7291.$$

于是 $\mu$ 的 95%单侧置信下限为

$$\bar{x}-t_{1-\alpha}(n-1)\frac{s}{\sqrt{n}}=1832-1.7291\times\frac{510}{\sqrt{20}}=1634.81.$$

说明这批灯泡中约有 95%的寿命大于 1634.81 小时.

正态总体参数的单侧置信限可参考表 7.3.1 中双侧置信区间的公式得到. 比如单侧置信上限只需将相应的双侧置信区间右端点表达式中的 $\alpha/2$ 换成 $\alpha$，而单侧置信下限只需将相应的双侧置信区间左端点表达式中的 $\alpha/2$ 换成 $\alpha$.

## 习 题 7.3

1. 测试某种清漆的干燥时间，随机抽取 12 个样品，其干燥时间(单位: h)分别为

6.0, 5.7, 5.8, 6.5, 7.0, 6.3, 5.6, 6.1, 5.0, 6.2, 5.9, 6.4.

设干燥时间总体服从正态分布 $N(\mu, \sigma^2)$, 对以下两种情况分别求 $\mu$ 的 95%置信区间:

(1) 若由以往经验知 $\sigma=0.5$; (2) 若 $\sigma$ 为未知.

2. 包糖机某日开工包了 10 包糖, 称得的质量(单位: g)分别为

505, 515, 520, 525, 510, 485, 490, 505, 500, 495.

假设糖包质量服从正态分布, 试求糖包平均质量的 95%置信区间.

3. 为估计一批钢索所能承受的平均张力, 从其中随机抽样做了 9 次试验. 由试验结果算得张力的样本均值为 6720kg/cm$^2$, 样本标准差 $s$ 为 220 kg/cm$^2$. 设张力服从正态分布, 试求钢索所能承受平均张力的 95%置信区间.

4. 设炮弹初速服从正态分布, 随机地取 9 发炮弹做试验, 得炮弹初速度样本标准差为 11(m/s), 分别求炮弹初速度的方差 $\sigma^2$ 和标准差 $\sigma$ 的 90%置信区间.

5. 对某农作物两个品种 A, B 计算了 8 个地区的亩产量(单位: kg)分别为

品种 A: 430, 435, 280, 465, 420, 465, 375, 395;

品种 B: 400, 395, 290, 455, 385, 410, 380, 330.

假定两个品种的亩产量分别服从正态分布 $N(\mu_1, \sigma^2)$和 $N(\mu_2, \sigma^2)$, 试求两个品种平均亩产量之差 $\mu_1-\mu_2$ 的 95%置信区间.

6. 随机地从甲批导线中抽取 4 根, 从乙批导线中抽取 5 根, 测得其电阻(单位: Ω)分别为

甲批导线: 0.142, 0.143, 0.137, 0.143;

乙批导线: 0.138, 0.140, 0.136, 0.140, 0.142.

设两批导线电阻分别服从 $N(\mu_1, \sigma^2)$和 $N(\mu_2, \sigma^2)$, 并且它们相互独立, 试求 $\mu_1-\mu_2$ 的 95%置信区间.

7. 两台机床加工同一种零件, 从中分别随机抽取 6 个和 9 个零件, 测量其长度, 并计算出两个样本的方差分别为 $S_1^2=0.245(\text{mm})^2$, $S_2^2=0.357(\text{mm})^2$. 假定各台机床所加工的零件长度总体都服从正态分布. 试求两个总体方差之比 $\sigma_1^2/\sigma_2^2$ 的置信水平为 95%的置信区间.

8. 有两位化验员甲、乙, 他们独立地对某种聚合物的含氯量用相同的方法各作了 10 次测定, 其测定值的样本方差依次为 0.5419 和 0.6065, 设甲、乙测得的数据总体分别服从方差依次为 $\sigma_1^2$ 和 $\sigma_2^2$ 的正态分布, 试求 $\sigma_1^2/\sigma_2^2$ 的置信水平为 95%的置信区间.

9. 设某种电器零件的电阻(单位: Ω)服从正态分布 $N(\mu, \sigma^2)$. 从这种零件中随机抽取 15 只, 测得电阻为

3.0, 2.7, 2.9, 2.8, 3.1, 2.6, 2.5, 2.8, 2.4, 2.9, 2.7, 2.6, 3.2, 3.0, 2.8.

试求: (1) 电阻均值 $\mu$ 的 95%单侧置信下限;

(2) 电阻方差 $\sigma^2$ 的 95%单侧置信上限.

10. 试求第 6 题中, $\mu_1-\mu_2$ 的置信水平为 95%的单侧置信下限.

## *7.4 综合例题

**例 7.4.1** 设总体 $X$ 的概率密度为

$$f(x)=\begin{cases}\dfrac{\lambda^\alpha}{\Gamma(\alpha)}x^{\alpha-1}\mathrm{e}^{-\lambda x}, & x>0,\\ 0, & x\leqslant 0,\end{cases}$$

其中 $\alpha>0$ 为已知参数，而 $\lambda>0$ 为未知参数. $(X_1, X_2,\cdots, X_n)$是取自总体 $X$ 的一个样本，求 $\lambda$ 的矩估计与最大似然估计.

**解** 先求 $\lambda$ 的矩估计. 因为总体数学期望

$$E(X)=\int_{-\infty}^{+\infty}xf(x)\mathrm{d}x=\int_0^{+\infty}\frac{\lambda^\alpha}{\Gamma(\alpha)}x^\alpha\mathrm{e}^{-\lambda x}\mathrm{d}x$$

$$=\frac{1}{\lambda\Gamma(\alpha)}\int_0^{+\infty}(\lambda x)^\alpha\mathrm{e}^{-\lambda x}\mathrm{d}(\lambda x)=\frac{\Gamma(\alpha+1)}{\lambda\Gamma(\alpha)}=\frac{\alpha}{\lambda}.$$

所以 $\lambda=\dfrac{\alpha}{E(X)}$，用 $\overline{X}$ 代替其中的 $E(X)$，即得$\lambda$的矩估计 $\hat{\lambda}=\dfrac{\alpha}{\overline{X}}$.

下面求$\lambda$的最大似然估计. 设$(x_1, x_2,\cdots, x_n)$是样本的一组观测值. 似然函数为

$$L(\lambda)=\prod_{i=1}^n f(x_i)=\begin{cases}\displaystyle\prod_{i=1}^n\left(\frac{\lambda^\alpha}{\Gamma(\alpha)}x_i^{\alpha-1}\mathrm{e}^{-\lambda x_i}\right), & x_i>0,\\ 0, & \text{其他}\end{cases}$$

$$=\begin{cases}\dfrac{\lambda^{n\alpha}}{[\Gamma(\alpha)]^n}\mathrm{e}^{-\lambda\sum\limits_{i=1}^n x_i}\displaystyle\prod_{i=1}^n x_i^{\alpha-1}, & x_i>0, i=1,2,\cdots,n,\\ 0, & \text{其他}.\end{cases}$$

对数似然函数为

$$\ln L(\lambda)=n\alpha\ln\lambda-n\ln\Gamma(\alpha)-\lambda\sum_{i=1}^n x_i+(\alpha-1)\ln(x_1x_2\cdots x_n),$$

对上式中的$\lambda$求导，并令导数等于 0：

$$\frac{\mathrm{d}\ln(L(\lambda))}{\mathrm{d}\lambda}=\frac{n\alpha}{\lambda}-\sum_{i=1}^n x_i=0,$$

于是得$\lambda$的最大似然估计为

$$\hat{\lambda}=\frac{n\alpha}{\sum\limits_{i=1}^n x_i}=\frac{\alpha}{\overline{x}}.$$

此例中，$\lambda$的矩估计与最大似然估计是一致的.

**例 7.4.2** 设总体 $X$ 的概率密度为

$$f(x)=\begin{cases}2\mathrm{e}^{-2(x-\theta)}, & x\geqslant\theta,\\ 0, & x<\theta.\end{cases}$$

参数 $\theta\in\mathbf{R}$. 求 $\theta$ 的最大似然估计.

**解**　设$(X_1, X_2,\cdots, X_n)$是取自总体$X$的一个样本, $(x_1, x_2,\cdots, x_n)$是样本的一组观测值. 似然函数为

$$L(\theta)=\prod_{i=1}^{n}f(x_i)=\begin{cases}2^n\mathrm{e}^{2n\theta}\mathrm{e}^{-2\sum\limits_{i=1}^{n}x_i}, & x_1,x_2,\cdots,x_n\geqslant\theta,\\ 0, & \text{其他}\end{cases}=\begin{cases}2^n\mathrm{e}^{2n(\theta-\bar{x})}, & \theta\leqslant x_{(1)},\\ 0, & \text{其他}.\end{cases}$$

其中, $x_{(1)}=\min\limits_{1\leqslant i\leqslant n}\{x_i\}$. 由以上解析式可知, 非负函数 $L(\theta)$在区间$(-\infty, x_{(1)}]$上单调递增, 而在区间$(x_{(1)}, +\infty)$上恒为0, 在$x_{(1)}$处间断, 显然$L(\theta)$在$x_{(1)}$处取到最大值, 所以 $\theta$ 的最大似然估计为

$$\hat{\theta}=\min_{1\leqslant i\leqslant n}\{x_i\}.$$

在上例中, 似然函数 $L(\theta)$的最大值不是在驻点处取到的.

**例 7.4.3**　设总体 $X$ 的数学期望 $E(X)=\mu$, 方差 $\mathrm{Var}(X)=\sigma^2$. $(X_1, X_2,\cdots, X_n)$是取自总体 $X$ 的一个样本, 欲使

$$\hat{\sigma}_2=k\sum_{i=1}^{n-1}(x_{i+1}-x_i)^2$$

为 $\sigma^2$ 的无偏估计, 问 $k$ 应取什么值.

**解**　$E(\hat{\sigma}_2)=k\sum\limits_{i=1}^{n-1}E\left((X_{i+1}-X_i)^2\right)=k\sum\limits_{i=1}^{n-1}E({X_{i+1}}^2-2X_{i+1}X_i+{X_i}^2)$. 因为

$$E({X_i}^2)=\sigma^2+\mu^2,\quad i=1,2,\cdots,n,$$

又由 $X_1, X_2,\cdots, X_n$ 的相互独立性, 得

$$E(X_iX_{i+1})=E(X_i)E(X_{i+1})=\mu^2,$$

所以

$$E(\hat{\sigma}_2)=k\sum_{i=1}^{n-1}(\sigma^2+\mu^2-2\mu^2+\sigma^2+\mu^2)=2(n-1)\sigma^2k,$$

令 $E(\hat{\sigma}^2)=\sigma^2$, 得 $k=\dfrac{1}{2(n-1)}$.

**例 7.4.4** 设有 $k$ 台仪器. 已知用第 $i$ 台仪器测量时, 测定值总体的标准差为 $\sigma_i$ $(i=1,2,\cdots,k)$. 用这些仪器独立地对某一物理量 $\theta$ 各观察一次, 分别得到 $X_1, X_2,\cdots, X_k$. 设仪器都没有系统误差, 即 $E(X_i)=\theta(i=1,2,\cdots,k)$. 问 $a_1, a_2,\cdots, a_k$ 应取何值, 方能使用 $\hat{\theta}=\sum\limits_{i=1}^{k}a_iX_i$ 估计 $\theta$ 时, $\hat{\theta}$ 是无偏的, 并且 $\operatorname{Var}(\hat{\theta})$最小.

**解** $E(\hat{\theta})=E\left(\sum\limits_{i=1}^{k}a_iX_i\right)=\sum\limits_{i=1}^{k}a_iE(X_i)=\theta\sum\limits_{i=1}^{k}a_i$ , 当 $\sum\limits_{i=1}^{k}a_i=1$ 时, $E(\hat{\theta})=\theta$, 此时 $\hat{\theta}=\sum\limits_{i=1}^{k}a_iX_i$ 为 $\theta$ 的无偏估计. 又

$$\operatorname{Var}(\hat{\theta})=\operatorname{Var}\left(\sum_{i=1}^{k}a_iX_i\right)=\left(\sum_{i=1}^{k}a_i^2\operatorname{Var}(X_i)\right)=\sum_{i=1}^{k}a_i^2\sigma_i^2 .$$

用拉格朗日乘数法, 求 $\operatorname{Var}(\hat{\theta})=\sum\limits_{i=1}^{k}a_i^2\sigma_i^2$ 在 $\sum\limits_{i=1}^{k}a_i=1$ 这一条件下的最小值. 为此, 构造函数

$$F(a_1,a_2,\cdots,a_k)=\sum_{i=1}^{k}a_i^2\sigma_i^2+\lambda\left(\sum_{i=1}^{k}a_i-1\right),$$

对其求偏导, 并令 $\dfrac{\partial F}{\partial a_i}=2a_i\sigma_i^2+\lambda=0$, 得

$$a_i=\frac{-\lambda}{2\sigma_i^2},\quad i=1,2,\cdots,k.$$

又由条件 $\sum\limits_{i=1}^{k}a_i=\sum\limits_{i=1}^{k}\dfrac{-\lambda}{2\sigma_i^2}=1$, 可得 $\lambda=\dfrac{-2}{\sum\limits_{i=1}^{k}1/\sigma_i^2}$, 代入上式, 求得驻点为

$$a_i=\frac{1}{\left(\sum\limits_{j=1}^{k}1/\sigma_j^2\right)\sigma_i^2},\quad i=1,2,\cdots,k.$$

此时，$\mathrm{Var}(\hat{\theta})=\sum\limits_{i=1}^{k}a_i^2\sigma_i^2$ 取到最小值 $\dfrac{1}{\sum\limits_{j=1}^{k}1/\sigma_j^2}$.

# 复 习 题 7

1. 总体$X$服从区间$(0, b)$上的均匀分布，(1.3, 0.6, 1.7, 2.2, 0.3, 1.1)是来自总体的一组样本值，试用矩法估计总体均值，总体方差及参数$b$.

2. 设总体$X$服从$\Gamma$分布，其概率密度为

$$f(x)=\begin{cases}\dfrac{\lambda^{\alpha}}{\Gamma(\alpha)}x^{\alpha-1}\mathrm{e}^{-\lambda x}, & x>0,\\ 0, & x\leqslant 0,\end{cases}$$

$(X_1, X_2, \cdots, X_n)$是取自总体$X$的一个样本，试求$\alpha$及$\lambda$的矩估计.

3. 设总体$X$服从几何分布，其分布律为

$$P\{X=k\}=(1-p)^{k-1}p,\quad k=1, 2, \cdots,$$

其中$p$为未知参数，$(X_1, X_2, \cdots, X_n)$是取自总体$X$的一个样本，求$p$的最大似然估计.

4. 设总体$X$服从区间$[0, \theta]$上的均匀分布，$(X_1, X_2, \cdots, X_n)$是取自总体$X$的一个样本，求未知参数$\theta$的最大似然估计.

5. 设总体$X$的概率密度为$f(x;\theta)=\dfrac{1}{2\theta}\mathrm{e}^{-|x|/\theta}$，$(X_1, X_2, \cdots, X_n)$是取自总体$X$的一个样本. 求未知参数$\theta$的最大似然估计.

6. 设$\hat{\theta}$是参数$\theta$的无偏估计，且有$\mathrm{Var}(\hat{\theta})>0$，试证$\hat{\theta}^2=(\hat{\theta})^2$不是$\theta^2$的无偏估计.

7. 设$(X_1, X_2, \cdots, X_m)$与$(Y_1, Y_2, \cdots, Y_n)$分别是来自正态总体$N(\mu_1, \sigma^2)$和$N(\mu_2, \sigma^2)$的样本，$S_1^2$，$S_2^2$分别是这两个样本的样本方差. 验证统计量

$$S_w^2=\frac{(m-1)S_1^2+(n-1)S_2^2}{m+n-2}$$

是$\sigma^2$的无偏估计.

8. 设总体$X$服从指数分布$\mathrm{Exp}(\lambda)$，其概率密度为

$$f(x;\lambda)=\begin{cases}\lambda\mathrm{e}^{-\lambda x}, & x>0,\\ 0, & x\leqslant 0.\end{cases}$$

$(X_1, X_2, \cdots, X_n)$ 是取自总体$X$的一个样本.

(1) 试证：$\overline{X}$ 和 $nZ=n(\min\{X_1, X_2, \cdots, X_n\})$都是参数$\theta=\dfrac{1}{\lambda}$的无偏估计；

(2) 求 $\bar{X}$ 与 $nZ=n(\min\{X_1, X_2, \cdots, X_n\})$的方差, 判断这两个无偏估计中何者较有效.

9. 设从均值为 $\mu$, 方差为 $\sigma^2>0$ 的总体中, 分别抽取容量为 $n_1$, $n_2$ 的两个独立样本, $\bar{X}_1$ 和 $\bar{X}_2$ 分别是这两个样本的样本均值, 试证, 对于任意常数 $a, b(a+b=1)$, $Y=a\bar{X}_1+b\bar{X}_2$ 都是 $\mu$ 的无偏估计. 并确定常数 $a, b$, 使 Var($Y$)达到最小.

10. 某工厂生产滚珠, 从某日生产的产品中随机抽取 9 个, 测得直径(单位: mm)为:

14.6, 14.7, 15.1, 14.9, 14.8, 15.0, 15.1, 15.2, 14.8.

(1) 求该日生产的滚珠其直径均值的矩估计;

(2) 如果滚珠直径服从正态分布 $N(\mu, \sigma^2)$, 且标准差 $\sigma=0.15$mm, 求直径均值 $\mu$ 的 95%置信区间.

11. 测得一批钢件 20 个样品的屈服点(单位：1000kg/cm$^2$)为

4.98, 5.11, 5.20, 5.20, 5.11, 5.00, 5.61, 4.88, 5.27, 5.38,

5.46, 5.27, 5.23, 4.96, 5.35, 5.15, 5.35, 4.77, 5.38, 5.54.

设屈服点总体服从正态分布 $N(\mu, \sigma^2)$, 求 $\mu$ 和 $\sigma$ 的 95%置信区间及 $\sigma^2$ 的单侧置信上限.

# 第8章　假设检验

除了参数估计之外，实践中还提出了另一类重要的统计推断问题——**假设检验**. 所谓假设检验是指提出关于总体的某项假设，然后根据所获得的样本来判断这个假设是否成立.

有一类假设检验问题是，总体 $X$ 的分布函数的形式是已知的，其中参数未知. 现对未知参数提出假设. 例如，已知总体 $X$ 服从正态分布 $N(\mu,1)$，但参数 $\mu$ 未知. 现提出“$\mu$ 的真值等于 $\mu_0$”(即 $\mu=\mu_0$)的假设，要利用样本提供的信息来判断这个假设是否成立？这类问题称为参数假设检验问题.

还有一类假设检验问题是，总体 $X$ 的分布函数 $F(x)$ 未知，现提出 $F(x)$ 等于指定的分布函数 $F_0(x)$ 的假设(即“$F(x)=F_0(x)$”)，要用来自 $X$ 的样本所提供的信息来判断这个假设是否成立，这类假设检验问题称为分布拟合检验. 分布拟合检验属非参数假设检验范畴.

本章先介绍假设检验的基本概念，接着介绍正态总体均值与方差的假设检验问题，然后介绍分布拟合检验以及它在利用列联表检验两个随机变量独立性问题上的应用.

## 8.1　假设检验的基本概念

### 8.1.1　假设检验的统计思想

为了说明假设检验的统计思想请看以下例子.

**例 8.1.1**　某食品厂用自动包装机将食品装袋. 每袋的标准质量规定为 100g，每天开工时需要先检验包装机工作是否正常. 根据以往的经验，各袋食品的质量 $X$ 服从正态分布 $N(\mu,\sigma^2)$，标准差 $\sigma=0.85$g. 某天开工后抽测了 9 袋，其质量(单位：g)如下：

102.2, 101.4, 99.7, 99.5, 100.5, 101.3, 99.6, 100.0, 101.6.

试问：该天包装机工作是否正常(假设该天 $\sigma$ 仍不变)?

**解**　题目提出的问题是“该天包装机工作是否正常”. 什么叫“工作正常”？是不是包装机包装出来的食品每袋都是 100g 才算正常？不是的. 因为受随机误差的影响，每袋食品质量 $X$ 是一个随机变量. 包装机的工作即使是正常的，也不是每袋食品都正好重 100g，而只是在 100g 左右摆动. 所谓“工作正常”，用数理统计的语言来表述就是，该天包装机所包装的食品的质量 $X$ 的数学期望 $\mu$ 等于 100. 我们要根据所获得的样本值判断 $\mu=100$ 还是 $\mu\neq 100$. 为此提出如下的一对假设：

$$H_0:\mu=100 \quad 和 \quad H_1:\mu\neq 100. \tag{8.1.1}$$

现在要检验的假设涉及 $\mu$. $\mu$ 是正态总体的数学期望. 前面在参数估计部分已经学过，样本均值 $\bar{X}$ 是 $\mu$ 的性质优良的估计. 所以很自然地想到用 $\bar{X}$ 这个统计量来进行判断. 如果 $H_0:\mu=100$ 为真，虽然由于随机因素的影响，$\bar{X}$ 与 100 之间的差异是不可避免的，但是它们之间的差异不能太大. 所以要寻求一个适当的常数 $K$，使得当 $|\bar{X}-100|\geqslant K$ 时拒绝 $H_0$，认为包装机工作不正常；当 $|\bar{X}-100|<K$ 时接受 $H_0$，认为包装机工作正常.

这样，问题便转化为怎样确定这个常数 $K$. 这就需要给出确定 $K$ 的原则. 我们的做法是，常数 $K$ 的确定要符合如下的原则：

当假设 $H_0:\mu=100$ 为真时，$\{|\bar{X}-100|\geqslant K\}$ 是一个小概率事件.

若把这个小的概率记为 $\alpha$，那么上面这句话就可以写成 $P\{|\bar{X}-100|\geqslant K \mid H_0 为真\}=\alpha$. 这样做的根据是**实际推断原理**，即“概率很小的事件在一次试验中是几乎不可能发生的”(有的书也把实际推断原理称为**小概率原理**).

根据这个原理，如果 $H_0:\mu=100$ 为真，这时由 $K$ 的做法知道 $\{|\bar{X}-100|\geqslant K\}$ 是一个小概率事件，所以在一次观察中样本均值的观察值 $\bar{x}$ 满足 $|\bar{x}-100|\geqslant K$ 是几乎不可能的. 如果在一次试验中居然真的出现了满足 $|\bar{x}-100|\geqslant K$ 的 $\bar{x}$，我们就有理由怀疑假设 $H_0$ 的正确性，因而拒绝 $H_0$；相反，若观察值 $\bar{x}$ 满足 $|\bar{x}-100|<K$，则表明假设 $H_0$ 与实际情况没有矛盾，此时没有理由拒绝 $H_0$，因而接受 $H_0$.

考虑到本题中当 $H_0$ 为真时 $U\triangleq\dfrac{\bar{X}-100}{\sigma/\sqrt{n}}\sim N(0,1)$，所以将小概率事件 $\{|\bar{X}-100|\geqslant K\}$ 用等价事件 $\left\{\dfrac{|\bar{X}-100|}{\sigma/\sqrt{n}}\geqslant\dfrac{K}{\sigma/\sqrt{n}}\right\}$ 来表示. 记 $K'=\dfrac{K}{\sigma/\sqrt{n}}$，于是相应地确定 $K'$ 即可. 对于给定的 $\alpha$，由

$$P\left\{\frac{|\bar{X}-100|}{\sigma/\sqrt{n}}\geqslant K' \mid H_0 为真\right\}=\alpha$$

知，我们要求的 $K'$ 就是标准正态分布 $N(0,1)$ 的 $1-\alpha/2$ 分位数 $u_{1-\alpha/2}$(图 3.3.2). 于是得到如下的检验规则：对于样本均值的观察值 $\bar{x}$，

$$\text{若}\frac{|\overline{x}-100|}{\sigma/\sqrt{n}}\geqslant u_{1-\alpha/2}\text{，则拒绝}H_0\text{；}$$
$$\text{若}\frac{|\overline{x}-100|}{\sigma/\sqrt{n}}< u_{1-\alpha/2}\text{，则接受}H_0\text{.} \tag{8.1.2}$$

如果取$\alpha=0.05$，由表 3.3.1 或附表 1 可以查到$u_{0.975}=1.96$. 本题中，$n=9$，$\sigma=0.85$，$\overline{x}=\frac{1}{9}\sum_{i=1}^{9}x_i=100.53$. 经计算，

$$|u|=\frac{|\overline{x}-100|}{\sigma/\sqrt{n}}=\frac{|100.53-100|}{0.85/\sqrt{9}}=1.87.$$

因为$1.87<1.97=u_{0.975}$，所以接受$H_0$，认为该天包装机工作正常.

通过这个例子可以总结出假设检验的统计思想如下：

设有某假设$H_0$需要检验(上例中为$H_0:\mu=100$)，先假定该假设$H_0$是正确的，在此假定之下构造一个具有已知分布的统计量$\left(\text{上例中为}U=\frac{\overline{X}-100}{\sigma/\sqrt{n}}\right)$，并由此构造一个在$H_0$为真的条件下概率很小的事件$A$(上例中$A=\{|U|\geqslant u_{1-\alpha/2}\}$，$P\{A|H_0\text{为真}\}=\alpha$). 现进行一次试验(一次抽样)，若$A$发生了，由实际推断原理使人怀疑$H_0$的正确性，从而拒绝$H_0$；若$A$不发生，无法否认$H_0$的正确性，从而接受$H_0$.

假设检验的统计思想可以概括为一句话：**"概率意义下的反证法"**.

在例 8.1.1 中提出的一对假设中，$H_0$称为**原假设**(也称为**零假设**)，$H_1$称为**备择假设**. 备择假设是拒绝原假设后接受的假设.

例 8.1.1 中出现的用于检验假设的统计量$U=\frac{\overline{X}-\mu_0}{\sigma/\sqrt{n}}$($\mu_0=100$)称为**检验统计量**. 根据检验规则，当检验统计量取某个区域$W$中的值时，拒绝原假设$H_0$，则称区域$W$为**拒绝域**，$W$的补集$\overline{W}$称为**接受域**. 拒绝域与接受域的边界点称为**临界点**，其数值称为**临界值**. 例 8.1.1 中的拒绝域为$|u|\geqslant u_{1-\alpha/2}$(亦可记为$(-\infty,-u_{1-\alpha/2}]\cup[u_{1-\alpha/2},+\infty)$)，接受域为$|u|<u_{1-\alpha/2}$(亦可记为$(-u_{1-\alpha/2},u_{1-\alpha/2})$)；而临界值为$u=u_{1-\alpha/2}$和$u=-u_{1-\alpha/2}$.

例 8.1.1 中的备择假设为"$H_1:\mu\neq100$". 它表示当备择假设$H_1$为真时，$\mu$可能大于100也可能小于100，这种备择假设$H_1$在原假设$H_0$两边的一对假设称为**双边假设**. 与之相应的检验称为**双边检验**. 但有时我们只关心$\mu$是否增大. 例如，某种材料的强度服从正态分布$N(\mu,\sigma^2)$. 现采用新工艺试图提高材料的强度. 在这种情况下，$\mu$越大越好. 如果我们能判断新工艺下生产的材料的$\mu$较以往正常生

产的大，则可考虑采用新工艺. 这时应该提出如下假设：

$$H_0: \mu \leqslant 100, \quad H_1: \mu > 100. \tag{8.1.3}$$

这种备择假设 $H_1$ 在原假设 $H_0$ 右边的一对假设称为**右边假设**，与之相应的检验称为**右边检验**. 在某些情况下，我们要检验的假设应为

$$H_0: \mu \geqslant 100, \quad H_1: \mu < 100. \tag{8.1.4}$$

这种备择假设 $H_1$ 在原假设 $H_0$ 左边的一对假设称为**左边假设**，与之相应的检验称为**左边检验**. 右边假设与左边假设统称为**单边假设**，右边检验与左边检验统称为**单边检验**.

### 8.1.2 检验的两类错误和显著性水平

这里要指出的是，由于样本具有随机性，假设检验中所作出的拒绝或者接受原假设 $H_0$ 的结论并不总是正确的. 多数时候是正确的，但有时也会犯错误. 当假设 $H_0$ 实际上为真时，虽然检验统计量落入拒绝域是个小概率事件，但它并不是绝对不可能发生的，也是可能发生的. 如果 $H_0$ 为真而检验统计量又落入了拒绝域，根据检验规则我们便拒绝 $H_0$. 这时就犯了错误，把正确的东西抛弃了. 这种"弃真"的错误称为**第一类错误**. 另外，当 $H_0$ 实际上不真时接受了 $H_0$，这时也犯了错误. 这种"取伪"的错误称为**第二类错误**.

在一个假设检验问题中，我们当然希望犯第一类错误的概率与犯第二类错误的概率都很小. 但是由进一步的讨论可知，在样本容量确定之后，若减小犯某一类错误的概率，那么犯另一类错误的概率往往会增大. 要使犯两类错误的概率都减小，只有增加样本容量. 在样本容量给定的情况下，我们的办法是，对犯第一类错误的概率加以控制，即给定较小的正数 $\alpha(0<\alpha<1)$，使得 $P\{拒绝H_0 \mid H_0为真\} \leqslant \alpha$；这里的 $\alpha$ 称为该假设检验问题的**显著性水平**，简称**水平**. 这种只控制犯第一类错误的概率，而不控制犯第二类错误概率的检验称为**显著性检验**.

在显著性检验中，虽然只控制犯第一类错误的概率而不控制犯第二类错误的概率，但不能认为 $\alpha$ 越小越好. 因为 $\alpha$ 过小会导致犯第二类错误的概率很大，实用中常取 $\alpha = 0.05$.

以后我们在叙述某假设检验问题时，前面总要冠以"在显著性水平 $\alpha$ 之下"；在作出拒绝(或接受)某假设的结论时，也总是说"在显著性水平 $\alpha$ 之下"拒绝(或接受)某假设，这是因为某假设在水平 $\alpha_1$ (如 0.05)之下被拒绝，而在水平 $\alpha_2$ (如 0.01)之下可能被接受.

在假设检验问题中，当作出"拒绝原假设"的结论时，真实情况有两种. 一种

情况是原假设不真，这时我们的结论是正确的. 另一种情况是原假设为真，这时我们的结论不正确，犯了第一类错误，但犯这种错误的可能性很小(其概率小于等于$\alpha$). 所以我们在拒绝原假设时就有着很大的把握.

当作出"接受原假设"的结论时，真实情况也有两种. 一种情况是原假设为真. 这时我们的结论是正确的. 另一种情况是原假设不真，这时我们的结论不正确，犯了第二类错误. 因为我们对犯第二类错误的概率未加以控制，所以犯这种错误的可能性也许不小. 因此我们在接受原假设时把握不大. 在这里，虽然我们接受了原假设，但未必意味着原假设就是正确的，所以较科学的说法应是"不拒绝原假设". 但人们习惯上已把这种情况称为"接受原假设". 本书也这样称呼，只不过在说到"接受原假设"时只能在这个意义上来理解.

假设检验中对犯第一类错误的概率作了控制，所以在原假设 $H_0$ 为真时错误地拒绝 $H_0$ 的可能性很小，这体现了"**保护原假设**"的原则. 根据"保护原假设"的原则，在作假设检验工作时应把有把握的、不能轻易否定的命题作为原假设，而把没有把握的、不能轻易肯定的命题作为备择假设. 例如，某建材厂一直生产材料 A. 据称最近试制了新材料 B，其性能优于材料 A. 材料 A 经过长期使用被证明其性能是好的，不能轻易被淘汰. 如果轻率地认为材料 B 优于材料 A 而替代材料 A，有可能导致不必要的浪费或其他不良后果. 只有当试验结果提供充分的证据，说明新材料 B 显著地优于材料 A 时才能接受材料 B，替代材料 A. 否则的话，宁可继续使用材料 A 而不使用材料 B. 所以应把"材料 B 的性能不优于材料 A"作为原假设，而把"材料 B 的性能优于材料 A"作为备择假设. 从以上讨论可以看出，在假设检验问题中，原假设与备择假设的地位不是对等的.

### *8.1.3　检验的 $p$ 值

前面在讨论假设检验问题时，是先给出显著性水平 $\alpha$，接着根据 $\alpha$ 的值确定临界值，然后通过比较检验统计量的观察值与临界值的大小来决定拒绝还是接受 $H_0$. 许多文献采用另一种假设检验的途径，提出了"$p$ 值"的概念.

现在再来考察例 8.1.1.在这个问题中使用的检验统计量是 $U=\dfrac{\overline{X}-100}{\sigma/\sqrt{n}}$. 从一组样本观察值算得检验统计量 $U$ 的观察值 $u$. 我们把 $P_{\mu_0}\{|U|\geqslant|u|\}$ 称为该**检验的 $p$ 值**，记为 $p$. 对于给定的水平 $\alpha$，由检验规则(8.1.2)知，在水平 $\alpha$ 之下拒绝 $H_0:\mu=\mu_0$，当且仅当 $|u|\geqslant u_{1-\alpha/2}$. 而 $|u|\geqslant u_{1-\alpha/2}$ 当且仅当 $p=P_{\mu_0}\{|U|\geqslant|u|\}\leqslant P_{\mu_0}\{|U|\geqslant u_{1-\alpha/2}\}=\alpha$. 所以检验规则(8.1.2)可等价地写为

$$\begin{cases}\text{若} p\leqslant\alpha\text{，则在水平}\alpha\text{之下拒绝}H_0;\\ \text{若} p>\alpha\text{，则在水平}\alpha\text{之下接受}H_0.\end{cases}\tag{8.1.5}$$

在例 8.1.1 中已算得 $u=1.87$，由此即可算得该检验问题的 $p$ 值：

$$p=P_{\mu_0}\{|U|\geqslant 1.87\}=2P_{\mu_0}(U\geqslant 1.87)=2[1-\Phi(1.87)]=2(1-0.9693)=0.0614.$$

由式(8.1.5)知，因 $p=0.0614>0.05=\alpha$，所以接受 $H_0$ (在水平 0.05 之下). 若将例 8.1.1 中的水平改为 $\alpha'=0.1$，则因 $p=0.0614<0.1=\alpha'$，这时应拒绝 $H_0$ (在水平 0.1 之下).

$p$ 值与按式(8.1.2)得出的检验结果相比含有更多的信息. 一些通用的统计软件(如 SAS 软件)的计算机输出，一般只给出 $p$ 值，然后由统计软件使用者根据问题的实际背景确定显著性水平 $\alpha$，并由此获得检验的结果.

对于不同的备择假设，$p$ 值的计算公式不同. 若将例 8.1.1 中的假设改为

$$H_0':\mu\leqslant\mu_0,\quad H_1':\mu>\mu_0$$

和

$$H_0'':\mu\geqslant\mu_0,\quad H_1'':\mu<\mu_0$$

$(\mu_0=100)$，则 $p$ 值的计算公式分别为

$$p=P_{\mu_0}\{U\geqslant u\} \tag{8.1.6}$$

和

$$p=P_{\mu_0}\{U\leqslant u\}. \tag{8.1.7}$$

式(8.1.6)和式(8.1.7)中的 $u$ 是检验统计量 $U=\dfrac{\bar{X}-100}{\sigma/\sqrt{n}}$ 的观察值. 式(8.1.6)右边计算的是 $\mu=\mu_0$ 时事件 $(U\geqslant u)$ 的概率. $(U\geqslant u)$ 与右边假设检验问题的拒绝域形式 $(U\geqslant k)$ 一致. 关于右边假设检验问题拒绝域的形式将在 8.2 节详细介绍. $p$ 值计算公式(8.1.7)中要计算概率的事件 $(U\leqslant u)$ 与左边假设检验问题拒绝域的形式 $(U\leqslant k)$ 一致.

对于以后几节将要遇到的 $t$ 检验、$\chi^2$ 检验和 $F$ 检验亦可以类似地计算 $p$ 值.

## 8.2 正态总体均值的假设检验

### 8.2.1 单个正态总体均值的检验

设总体 $X\sim N(\mu,\sigma^2)$，$(X_1,X_2,\cdots,X_n)$ 是来自 $X$ 的一组样本. 下面分 $\sigma^2$ 已知和未知两种情况讨论.

1. $\sigma^2$ 已知时关于 $\mu$ 的检验($U$ 检验)

问题是要在显著性水平 $\alpha$ 之下检验如下三对假设：

$$H_0: \mu = \mu_0, \quad H_1: \mu \neq \mu_0, \tag{8.2.1}$$

$$H_0': \mu \leqslant \mu_0, \quad H_1': \mu > \mu_0, \tag{8.2.2}$$

$$H_0'': \mu \geqslant \mu_0, \quad H_1'': \mu < \mu_0, \tag{8.2.3}$$

其中 $\mu_0$ 是已知常数((8.2.2)中的原假设可为 $H_0': \mu = \mu_0$，(8.2.3)中的原假设可为 $H_0'': \mu = \mu_0$). 先考虑假设检验问题(8.2.1). 例 8.1.1 所讨论的就是这样的问题，其检验统计量为

$$U = \frac{\overline{X} - \mu_0}{\sigma / \sqrt{n}}. \tag{8.2.4}$$

当 $H_0$ 为真时(即 $\mu = \mu_0$ 时) $U \sim N(0,1)$. 其拒绝域为 $|u| = \dfrac{|\overline{x} - \mu_0|}{\sigma / \sqrt{n}} \geqslant u_{1-\alpha/2}$. 检验规则为：当检验统计量的观察值 $u$ 落在拒绝域中时，在水平 $\alpha$ 下拒绝原假设 $H_0$；当 $u$ 落在接受域时，在水平 $\alpha$ 下接受 $H_0$.

下面考虑假设检验问题(8.2.2). 所用的检验统计量仍为式(8.2.4). 因为当 $H_0'$ 不真(或 $H_1'$ 为真)时，检验统计量 $U$ 有偏大的趋势，所以拒绝域的形式为 $U = \dfrac{\overline{X} - \mu_0}{\sigma / \sqrt{n}} \geqslant K$. 下面从控制犯第一类错误概率的要求出发来确定 $K$.

$$\begin{aligned} P\{拒绝H_0' \mid H_0'为真\} &= P_{\mu \leqslant \mu_0}\left\{\frac{\overline{X} - \mu_0}{\sigma / \sqrt{n}} \geqslant K\right\} \\ &= P_{\mu \leqslant \mu_0}\left\{\frac{\overline{X} - \mu}{\sigma / \sqrt{n}} \geqslant K + \frac{\mu_0 - \mu}{\sigma / \sqrt{n}}\right\}. \end{aligned}$$

这里的 $\mu$ 是总体 $X$ 的真实均值. 注意到 $\dfrac{\mu_0 - \mu}{\sigma / \sqrt{n}} > 0$，有

$$P_{\mu \leqslant \mu_0}\left\{\frac{\overline{X} - \mu}{\sigma / \sqrt{n}} \geqslant K + \frac{\mu_0 - \mu}{\sigma / \sqrt{n}}\right\} \leqslant P_{\mu \leqslant \mu_0}\left\{\frac{\overline{X} - \mu}{\sigma / \sqrt{n}} \geqslant K\right\}.$$

所以，要使 $P\{拒绝H_0' \mid H_0'为真\} \leqslant \alpha$，只需要使 $P_{\mu \leqslant \mu_0}\left\{\dfrac{\overline{X} - \mu}{\sigma / \sqrt{n}} \geqslant K\right\} = \alpha$ 即可. 因为

$\dfrac{\overline{X}-\mu}{\sigma/\sqrt{n}} \sim N(0,1)$，所以 $K=u_{1-\alpha}$. 从而得到拒绝域 $\dfrac{\overline{x}-\mu_0}{\sigma/\sqrt{n}} \geqslant u_{1-\alpha}$.

有时，在作假设检验之前我们能够知道 $\mu$ 的取值范围为“ $\mu \geqslant \mu_0$ ”，这时要检验的假设为 $H_0':\mu=\mu_0, H_1':\mu>\mu_0$. 检验这个假设的检验统计量与拒绝域同假设检验问题(8.2.2).

对于假设检验问题(8.2.3)，所用的检验统计量仍为式(8.2.4). 经过与假设检验问题(8.2.2)类似的讨论得拒绝域 $\dfrac{\overline{x}-\mu_0}{\sigma/\sqrt{n}} \leqslant -u_{1-\alpha}=u_\alpha$.

检验假设 $H_0'':\mu=\mu_0, H_1'':\mu<\mu_0$ 的检验统计量和拒绝域同假设检验问题(8.2.3).

在接下去要讲到的单个正态总体 $\sigma^2$ 未知时均值的检验，两个正态总体均值差的检验以及 8.3 节中的单个正态总体方差的检验，两个正态总体方差比的检验，其单边检验的原假设都可以这样处理，将不再赘述.

对于假设检验问题(8.2.1)~(8.2.3)，当 $\mu=\mu_0$ 时检验统计量 $U$ 服从标准正态分布. 这种检验称为 **$U$ 检验**.

**例 8.2.1** 某厂生产一种零件，其平均长度等于 100mm 才算合格. 现从一批这种零件中随机抽出 25 个，测得其长度平均值为 98.5mm，已知这种零件的长度 $X \sim N(\mu,\sigma^2)$，且已知其标准差 $\sigma=10\text{mm}$，试在显著性水平 $\alpha=0.05$ 之下判定该批零件是否合格.

**解** 本题要在水平 $\alpha=0.05$ 之下检验假设

$$H_0:\mu=100,\quad H_1:\mu\neq 100.$$

由已知，$n=25$，$\sigma=10$，$\overline{x}=98.5$，所以应使用 $U$ 检验. 检验统计量的观察值为

$$u=\frac{\overline{x}-100}{\sigma/\sqrt{n}}=\frac{98.5-100}{10/\sqrt{25}}=-0.75,$$

查表 3.3.1 或附表 1 知，$u_{0.975}=1.96$. 本题是双边假设检验问题，现因 $|u|=|-0.75|<1.96=u_{0.975}$，所以接受 $H_0$，即在水平 $\alpha=0.05$ 之下判定该批零件合格(本题 $p$ 值为 0.4532).

2. $\sigma^2$ 未知时关于 $\mu$ 的检验(单样本 $t$ 检验)

问题是要在水平 $\alpha$ 之下检验如下三对假设：

$$H_0:\mu=\mu_0,\quad H_1:\mu\neq\mu_0, \tag{8.2.5}$$

$$H_0':\mu\leqslant\mu_0,\quad H_1':\mu>\mu_0, \tag{8.2.6}$$

$$H_0'':\mu\geqslant\mu_0,\quad H_1'':\mu<\mu_0. \tag{8.2.7}$$

假设检验问题(8.2.5)~(8.2.7)与假设检验问题(8.2.1)~(8.2.3)在假设的形式上完全一样，所不同的仅是前者在正态总体方差$\sigma^2$未知的条件下讨论关于均值$\mu$的假设检验问题，而后者是在$\sigma^2$已知的条件下讨论关于均值$\mu$的假设检验问题.

先考虑假设检验问题(8.2.5). 因为现在$\sigma^2$未知，所以不能把式(8.2.4)作为检验假设(8.2.5)的检验统计量. 我们知道，样本方差$S^2$是总体方差$\sigma^2$的优良估计，所以很自然地想到用样本标准差$S$代替式(8.2.4)中的$\sigma$，构造如下的检验统计量：

$$t=\frac{\overline{X}-\mu_0}{S/\sqrt{n}}. \tag{8.2.8}$$

由定理 6.4.2, 当$H_0$为真时(即$\mu=\mu_0$时)$t=\dfrac{\overline{X}-\mu_0}{S/\sqrt{n}}\sim t(n-1)$. 当$H_0$不真($H_1$为真)时，$|t|=\left|\dfrac{\overline{X}-\mu_0}{S/\sqrt{n}}\right|$ 有偏大的趋势，拒绝域的形式为$|t|=\left|\dfrac{\overline{X}-\mu_0}{S/\sqrt{n}}\right|\geqslant K$. 下面从犯第一类错误的概率不超过显著性水平$\alpha$的要求出发来确定$K$. 由

$$P\{拒绝H_0\mid H_0为真\}=P_{\mu=\mu_0}\left\{\left|\frac{\overline{X}-\mu_0}{S/\sqrt{n}}\right|\geqslant K\right\}=\alpha$$

知$K=t_{1-\alpha/2}(n-1)$. 拒绝域为$|t|=\left|\dfrac{\overline{x}-\mu_0}{S/\sqrt{n}}\right|\geqslant t_{1-\alpha/2}(n-1)$.

对于单边假设检验问题(8.2.6)和(8.2.7)所用的检验统计量仍为式(8.2.8)，只不过拒绝域与假设检验问题(8.2.5)不同. 经过与假设检验问题(8.2.2)类似的讨论知，假设检验问题(8.2.6)的拒绝域为$t=\dfrac{\overline{x}-\mu_0}{S/\sqrt{n}}\geqslant t_{1-\alpha}(n-1)$；假设检验问题(8.2.7)的拒绝域为$t=\dfrac{\overline{x}-\mu_0}{S/\sqrt{n}}\leqslant -t_{1-\alpha}(n-1)=t_{\alpha}(n-1)$.

对于假设检验问题(8.2.5)~(8.2.7)，当$\mu=\mu_0$时检验统计量$t=\dfrac{\overline{X}-\mu_0}{S/\sqrt{n}}$服从$t(n-1)$分布，这种检验称为 ***t* 检验**. 在实际问题中，正态总体的方差常为未知，所以常用$t$检验法来检验关于正态总体均值的假设.

**例 8.2.2** 某砖瓦厂生产的砖其抗断强度$X$服从正态分布$N(\mu,\sigma^2)$. 长期以来，砖的抗断强度的均值为 30(kg/cm$^2$). 今改进了生产工艺，新生产了一批砖. 从

中随机取出 10 块作抗断强度试验. 测得其抗断强度为

30.8, 32.6, 29.7, 31.6, 30.2, 31.9, 31.0, 29.5, 31.8, 31.4.

试问：这批砖的抗断强度的均值是否较以往生产的砖有显著提高($\alpha=0.05$)?

**解** 这是单个正态总体方差未知条件下关于均值的单边假设检验问题, 要在水平 $\alpha=0.05$ 之下检验

$$H_0:\mu\leqslant 30,\quad H_1:\mu>30.$$

使用检验统计量(8.2.8). 经计算, $\bar{x}=31.05$, $s=1.007$. 检验统计量 $t$ 的观察值为

$$t=\frac{\bar{x}-30}{s/\sqrt{n}}=\frac{31.05-30}{1.007/\sqrt{10}}=3.2973.$$

经查 $t$ 分布分位数表(附表 3)知, $t_{0.95}(9)=1.8331$. 因为 $t_{0.95}(9)=1.8331<3.2973=t$, 所以在水平 $\alpha=0.05$ 之下拒绝 $H_0$, 认为这批砖的抗断强度的均值较以往生产的砖有显著的提高.

### 8.2.2 两个正态总体均值差的检验(两样本 $t$ 检验)

设总体 $X\sim N(\mu_1,\sigma^2)$, $(X_1,X_2,\cdots,X_{n_1})$ 是来自 $X$ 的样本; 总体 $Y\sim N(\mu_2,\sigma^2)$, $(Y_1,Y_2,\cdots,Y_{n_2})$ 是来自 $Y$ 的样本, 且设这两个样本独立. 总体中的参数 $\mu_1$, $\mu_2$, $\sigma^2$ 都未知. 要注意的是, 这里假定两个总体的方差虽然都未知, 但却知道他们相等, 记为 $\sigma^2$. 至于如何判定两个正态总体的方差相等可根据经验或者专业知识, 亦可采用 8.3 节将要讲述的统计检验方法. 现在的问题是在水平 $\alpha$ 之下检验假设

$$H_0:\mu_1-\mu_2=\delta,\quad H_1:\mu_1-\mu_2\neq\delta, \tag{8.2.9}$$

$$H_0':\mu_1-\mu_2\leqslant\delta,\quad H_1':\mu_1-\mu_2>\delta, \tag{8.2.10}$$

$$H_0'':\mu_1-\mu_2\geqslant\delta,\quad H_1'':\mu_1-\mu_2<\delta, \tag{8.2.11}$$

其中 $\delta$ 是已知的常数. 这三个假设检验问题的检验统计量都是

$$t=\frac{(\bar{X}-\bar{Y})-\delta}{S_w\sqrt{1/n_1+1/n_2}}, \tag{8.2.12}$$

其中 $\bar{X}=\frac{1}{n_1}\sum_{i=1}^{n_1}X_i$, $\bar{Y}=\frac{1}{n_2}\sum_{j=1}^{n_2}X_j$, $S_w^2=\frac{(n_1-1)S_X^2+(n_2-1)S_Y^2}{n_1+n_2-2}$, $S_X^2=\frac{1}{n_1-1}\sum_{i=1}^{n_1}(X_i-\bar{X})^2$,

$S_Y^2=\frac{1}{n_1-1}\sum_{i=1}^{n_2}(Y_i-\overline{Y})^2$. 由定理 6.4.4 知，当 $\mu_1-\mu_2=\delta$ 时，

$$t=\frac{(\overline{X}-\overline{Y})-\delta}{S_w\sqrt{1/n_1+1/n_2}}\sim t(n_1+n_2-2).$$

对于假设检验问题(8.2.9)，因为当 $H_0$ 不真($H_1$ 为真)时，$|t|$ 有偏大的趋势，故其拒绝域形式为 $|t|=\frac{|\overline{x}-\overline{y}-\delta|}{s_w\sqrt{1/n_1+1/n_2}}\geqslant K$. 下面从犯第一类错误的概率不超过水平 $\alpha$ 的要求出发来确定 $K$. 由 $P\{拒绝H_0\,|\,H_0为真\}=P_{\mu_1-\mu_2=\delta}\left\{\frac{|\overline{X}-\overline{Y}-\delta|}{S_w\sqrt{1/n_1+1/n_2}}\geqslant K\right\}=\alpha$ 知，$K=t_{1-\alpha/2}(n_1+n_2-2)$. 拒绝域为 $|t|=\frac{|\overline{x}-\overline{y}-\delta|}{s_w\sqrt{1/n_1+1/n_2}}\geqslant t_{1-\alpha/2}(n_1+n_2-2)$. 假设检验问题(8.2.10)和(8.2.11)的检验统计量仍为式(8.2.12). 它们的拒绝域分别为 $t\geqslant t_{1-\alpha}(n_1+n_2-2)$ 和 $t\leqslant -t_{1-\alpha}(n_1+n_2-2)=t_\alpha(n_1+n_2-2)$.

在实际应用中常见的是 $\delta=0$ 的情形. 又若总体 $X$ 和总体 $Y$ 的方差都已知(不必相等)，则检验统计量有更简洁的表达式，读者可自行获得. 但在实际应用中总体方差一般是不知道的.

**例 8.2.3**　对 A, B 两批同类无线电元件的电阻进行测试. 从 A 批元件中抽取 6 件，从 B 批元件中抽取 5 件，测得它们的电阻值(单位：Ω)分别为

A：0.140,　0.138,　0.143,　0.141,　0.144,　0.137；

B：0.135,　0.140,　0.142,　0.136,　0.139.

根据经验，元件电阻服从正态分布，且已知这两个总体的方差相等. 试问这两批元件的电阻有无显著的差异($\alpha=0.1$)？

**解**　记 A 批元件电阻总体为 $X\sim N(\mu_1,\sigma^2)$，B 批元件电阻总体为 $Y\sim N(\mu_2,\sigma^2)$. 来自总体 $X$ 和 $Y$ 的样本其容量分别为 $n_1=6$ 和 $n_2=5$. 现在要在水平 $\alpha=0.1$ 之下检验假设

$$H_0:\mu_1-\mu_2=0,\quad H_1:\mu_1-\mu_2\neq 0.$$

由样本值算得样本均值分别为 $\overline{x}=0.1405$ 和 $\overline{y}=0.1384$，样本方差分别为 $s_X^2=3.75\times10^{-5}/(6-1)$ 和 $s_Y^2=3.32\times10^{-5}/(5-1)$. 又

$$s_w^2=\frac{(n_1-1)s_X^2+(n_2-1)s_Y^2}{n_1+n_2-2}=\frac{3.75\times10^{-5}+3.32\times10^{-5}}{6+5-2}=7.856\times10^{-6},$$

$$s_w=2.803\times10^{-3}.$$

检验统计量(8.2.12)的观察值为

$$t=\frac{\overline{x}-\overline{y}}{s_w\sqrt{1/n_1+1/n_2}}=\frac{0.1405-0.1384}{2.803\times10^{-3}\sqrt{1/6+1/5}}=1.237 .$$

经查 $t$ 分布分位数表(附表 3), $t_{0.95}(9)=1.833$. 因为 $|t|=1.237<1.833=t_{0.95}(9)$, 所以在水平 $\alpha=0.1$ 之下接受 $H_0$, 即认为这两批元件的电阻无显著差异.

### *8.2.3 成对数据的检验(单样本 $t$ 检验)

在实际工作中, 有时为了比较两种方法、两种产品或两种仪器间的差异, 在相同条件下做对比试验. 在获得一批成对观察值之后通过对这些数据的配对分析作出统计推断(主要是假设检验). 这种方法称为**成对比较法**. 下面用哥塞特在 1908 年以笔名“学生”发表的一篇论文中曾给过的例子来说明这种方法.

**例 8.2.4** 为了比较两种安眠药 A 和 B 的疗效, 以 10 个失眠患者为实验对象. 以 $X_1$ 表示使用 A 后延长的睡眠时间, $X_2$ 表示使用 B 后延长的睡眠时间. 每个患者各先后服用 A, B 两种药一次, 其延长的睡眠时间(单位: h)如表 8.2.1 所示.

**表 8.2.1 服用安眠药 A 和 B 后延长的睡眠时间**

| 患者 | 1 | 2 | 3 | 4 | 5 | 6 | 7 | 8 | 9 | 10 |
|---|---|---|---|---|---|---|---|---|---|---|
| $x_1$ | 1.9 | 0.8 | 1.1 | 0.1 | −0.1 | 4.4 | 5.5 | 1.6 | 4.6 | 3.4 |
| $x_2$ | 0.7 | −1.6 | −0.2 | −1.2 | −0.1 | 3.4 | 3.7 | 0.8 | 0 | 2.0 |
| $x=x_1-x_2$ | 1.2 | 2.4 | 1.3 | 1.3 | 0 | 1.0 | 1.8 | 0.8 | 4.6 | 1.4 |

现在考察这两种药的疗效有无显著差异($\alpha=0.01$).

**解** 本例中的数据是成对的, 即同一患者先后服用安眠药 A 和 B 之后得到一对延长睡眠时间的数据. 表 8.2.1 中各数据之间的差异既是由患者服用不同的药引起的, 又是由患者失眠轻重的差异引起的. 重患者服用安眠药之后延长的睡眠时间短, 而轻患者服用安眠药之后延长的睡眠时间长. 所以在表 8.2.1 中, $X_1$ 这一行的十个数据以及 $X_2$ 这一行的十个数据都不能看成是来自同一总体的样本. 另外, 表 8.2.1 中同一患者的两个数据都是有联系的: 重患者服用药 A 后延长的睡眠时间短, 服用药 B 后延长的睡眠时间也短; 轻患者服用药 A 后延长的睡眠时间长, 服用药 B 后延长的睡眠时间也长. 所以 $X_1$ 这一行的数据与 $X_2$ 这一行的数据是不独立的. 鉴于这种情况, 我们转而考虑各对数据的差

$$X=X_1-X_2 .$$

$X$ 的数据也列在表 8.2.1 中. $X$ 的数据消除了不同患者之间的差异, 只保留了两种安眠药性能的差异. 假定 $X \sim N(\mu,\sigma^2)$, 其中 $\mu$, $\sigma^2$ 都未知. A, B 两种药的疗效有无显著差异相当于 "$\mu$ 是否等于 0". 因此问题归结为在水平 $\alpha=0.01$ 之下检验

$$H_0:\mu=0,\quad H_1:\mu\neq 0.$$

这是单个正态总体方差未知时关于均值的检验. 经计算, $\bar{x}=1.58$, $s=1.23$. 采用单样本 $t$ 检验的检验统计量(8.2.8), 其观察值为

$$t=\frac{\bar{x}-0}{s/\sqrt{n}}=\frac{1.58}{1.23/\sqrt{10}}=4.06.$$

经查 $t$ 分布分位数表(附表 3), $t_{0.995}(9)=3.25$. 因为 $t_{0.995}(9)=3.25<4.06=|t|$, 所以在水平 $\alpha=0.01$ 之下拒绝 $H_0$, 即认为这两种药的疗效有显著差异.

关于正态总体均值的假设检验法汇总于表 8.2.2.

**表 8.2.2　正态总体均值的假设检验法**

| | 条件 | 假设 | 检验统计量 | 检验统计量的分布 | 拒绝域 |
|---|---|---|---|---|---|
| 1 | 总体 $X\sim N(\mu,\sigma^2)$ 样本 $(X_1,\cdots,X_n)$ $\sigma^2$ 已知 | $H_0:\mu=\mu_0,H_1:\mu\neq\mu_0$<br>$H_0':\mu\leqslant\mu_0,H_1':\mu>\mu_0$<br>$H_0'':\mu\geqslant\mu_0,H_1'':\mu<\mu_0$ | $U=\dfrac{\overline{X}-\mu_0}{\sigma/\sqrt{n}}$ | $\mu=\mu_0$ 时, $U\sim N(0,1)$ | $\lvert u\rvert\geqslant u_{1-\alpha/2}$<br>$u\geqslant u_{1-\alpha}$<br>$u\leqslant u_\alpha$ |
| 2 | 总体 $X\sim N(\mu,\sigma^2)$ 样本 $(X_1,\cdots,X_n)$ $\sigma^2$ 未知 | $H_0:\mu=\mu_0,H_1:\mu\neq\mu_0$<br>$H_0':\mu\leqslant\mu_0,H_1':\mu>\mu_0$<br>$H_0'':\mu\geqslant\mu_0,H_1'':\mu<\mu_0$ | $t=\dfrac{\overline{X}-\mu_0}{S/\sqrt{n}}$ | $\mu=\mu_0$ 时, $t\sim t(n-1)$ | $\lvert t\rvert\geqslant t_{1-\alpha/2}(n-1)$<br>$t\geqslant t_{1-\alpha}(n-1)$<br>$t\leqslant t_\alpha(n-1)$ |
| 3 | 总体 $X\sim N(\mu_1,\sigma_1^2)$ $Y\sim N(\mu_2,\sigma_2^2)$ 样本 $(X_1,\cdots,X_{n_1})$ $(Y_1,\cdots,Y_{n_2})$ 两样本独立 $\sigma_1^2=\sigma_2^2=\sigma^2$ 未知 | $H_0:\mu_1-\mu_2=\delta$,<br>$H_1:\mu_1-\mu_2\neq\delta$<br>$H_0':\mu_1-\mu_2\leqslant\delta$,<br>$H_1':\mu_1-\mu_2>\delta$<br>$H_0'':\mu_1-\mu_2\geqslant\delta$,<br>$H_1'':\mu_1-\mu_2<\delta$ | $t=\dfrac{\overline{X}-\overline{Y}-\delta}{S_w\sqrt{1/n_1+1/n_2}}$<br>$S_w^2=\dfrac{(n_1-1)S_X^2+(n_2-1)S_Y^2}{n_1+n_2-2}$ | $\mu_1-\mu_2=\delta$ 时, $t\sim t(n_1+n_2-2)$ | $\lvert t\rvert\geqslant t_{1-\alpha/2}(n_1+n_2-2)$<br>$t\geqslant t_{1-\alpha}(n_1+n_2-2)$<br>$t\leqslant t_\alpha(n_1+n_2-2)$ |

### 习 题 8.2

1. 设总体 $X \sim N(\mu,4)$. $(x_1,x_2,\cdots,x_{10})$ 是来自 $X$ 的样本. 经计算, $\sum_{i=1}^{10} x_i = -1.7$. 试在水平 $\alpha = 0.05$ 之下检验假设

$$H_0 : \mu = 0, \quad H_1 : \mu \neq 0 .$$

2. 某种元件的厚度服从正态分布,其标准厚度为36丝. 检验员从某批该种元件中任取6个, 测得其厚度(单位：丝)为

37.1, 35.4, 36.1, 33.1, 34.9, 36.3.

试问这批元件是否符合标准($\alpha = 0.05$)?

3. 设总体 $X \sim N(\mu,\sigma^2)$,其中 $\sigma^2 = 25$. 从该总体获得容量为 36 的样本. 经计算,样本均值为 42.6.试在水平 $\alpha = 0.05$ 之下检验假设

$$H_0 : \mu \geqslant 45, \quad H_1 : \mu < 45 .$$

4. 为了考察概率统计课程成绩是否与性别有关, 某校从大学二年级学生中随机抽取若干学生的二年级下学期概率统计期末考试试卷, 统计其成绩. 其中男生 21 名, 其平均分为 69 分, 样本标准差为 10 分；女生 13 名, 其平均分为 72.5 分, 样本标准差为 8 分. 假设男生与女生考试成绩都服从正态分布且方差相同. 从以上这些数据能说明概率统计课程成绩与性别有关吗($\alpha = 0.10$)?

5. 甲乙两个渔场春天时放养了相同种类的鲫鱼苗, 但是采用不同的方法喂养. 入冬时, 从甲乙渔场分别捞出 8 条和 10 条鲫鱼, 称出它们的质量. 甲、乙渔场中鲫鱼质量分别记为 $X$ 和 $Y$ (单位：kg), 且假定 $X \sim N(\mu_1,\sigma^2)$, $Y \sim N(\mu_2,\sigma^2)$. 经计算, 从甲乙渔场捞出的这些鲫鱼的质量的样本均值和样本标准差分别为 $\overline{x} = 0.31$, $\overline{y} = 0.27$, $S_x = 0.21$, $S_y = 0.23$. 试问甲渔场喂养的鲫鱼的平均质量是否较乙渔场显著地重($\alpha = 0.10$)?

6. 确定某种矿石中铁的含量可用方法 A 和方法 B. 从这种矿石中任意取出 12 个样品构成的样本. 用方法 A 和方法 B 各对每个样品进行一次测试, 其结果如下：

| | 1 | 2 | 3 | 4 | 5 | 6 | 7 | 8 | 9 | 10 | 11 | 12 |
|---|---|---|---|---|---|---|---|---|---|---|---|---|
| 方法 A($x_i$) | 38.25 | 31.68 | 26.24 | 41.29 | 44.81 | 46.37 | 35.42 | 38.41 | 42.68 | 46.71 | 29.20 | 30.76 |
| 方法 B($y_i$) | 38.27 | 31.71 | 26.22 | 41.33 | 44.80 | 46.39 | 35.46 | 38.39 | 42.72 | 46.76 | 29.18 | 30.79 |

假定 $d_i = x_i - y_i$ ($i = 1,2,\cdots,12$)来自正态总体. 试在水平 $\alpha = 0.05$ 下检验这两种方法测定的结果有无显著差异.

## 8.3 正态总体方差的假设检验

### 8.3.1 单个正态总体方差的检验($\chi^2$ 检验)

设总体 $X \sim N(\mu,\sigma^2)$, $\mu$ 与 $\sigma^2$ 都未知. $(X_1,X_2,\cdots,X_n)$ 是来自总体 $X$ 的样本.

现在的问题是在水平 $\alpha$ 之下检验假设

$$H_0:\sigma^2=\sigma_0^2,\ \ H_1:\sigma^2\neq\sigma_0^2, \tag{8.3.1}$$

$$H_0':\sigma^2\leqslant\sigma_0^2,\ \ H_1':\sigma^2>\sigma_0^2, \tag{8.3.2}$$

$$H_0'':\sigma^2\geqslant\sigma_0^2,\ \ H_1'':\sigma^2<\sigma_0^2, \tag{8.3.3}$$

其中 $\sigma_0^2$ 是已知常数.

先考虑假设检验问题(8.3.1). 我们知道, 样本方差 $S^2$ 是 $\sigma^2$ 的一个性质优良的估计. 因此我们很自然地想到要构造一个 $S^2$ 的函数作为检验(8.3.1)的检验统计量. 由定理 6.4.1 知, 当 $H_0$ 为真(即 $\sigma^2=\sigma_0^2$)时,

$$\chi^2=\frac{(n-1)S^2}{\sigma_0^2}\sim\chi^2(n-1). \tag{8.3.4}$$

统计量(8.3.4)可作为假设检验问题(8.3.1)的检验统计量. 因为假设检验问题(8.3.1)是双边假设检验, 所以其拒绝域的形式为

$$\frac{(n-1)s^2}{\sigma_0^2}\leqslant K_1\quad 或\quad \frac{(n-1)s^2}{\sigma_0^2}\geqslant K_2 .$$

注意到 $H_0$ 为真时 $\sigma^2$ 仅取 $\sigma_0^2$ 一个值, 故 $K_1$ 和 $K_2$ 可由 $P\{拒绝H_0\mid H_0为真\}=P_{\sigma^2=\sigma_0^2}\{拒绝H_0\}=\alpha$ 确定. 为了计算方便, 习惯上由以下两式来确定 $K_1$ 和 $K_2$:

$$P_{\sigma^2=\sigma_0^2}\left\{\frac{(n-1)S^2}{\sigma_0^2}\leqslant K_1\right\}=\frac{\alpha}{2}\quad 和\quad P_{\sigma^2=\sigma_0^2}\left\{\frac{(n-1)S^2}{\sigma_0^2}\geqslant K_2\right\}=\frac{\alpha}{2}.$$

因此 $K_1=\chi^2_{\alpha/2}(n-1)$, $K_2=\chi^2_{1-\alpha/2}(n-1)$, 拒绝域为 $\chi^2\leqslant\chi^2_{\alpha/2}(n-1)$ 或 $\chi^2\geqslant\chi^2_{1-\alpha/2}(n-1)$.

对于假设检验问题(8.3.2)和(8.3.3), 所用的检验统计量仍为式(8.3.4). 它们的拒绝域分别为 $\chi^2=\dfrac{(n-1)s^2}{\sigma_0^2}\geqslant\chi^2_{1-\alpha}(n-1)$ 和 $\chi^2=\dfrac{(n-1)s^2}{\sigma_0^2}\leqslant\chi^2_{\alpha}(n-1)$.

对于假设检验问题(8.3.1)~(8.3.3), 由于当 $\sigma^2=\sigma_0^2$ 时检验统计量 $\chi^2=\dfrac{(n-1)S^2}{\sigma_0^2}\sim\chi^2(n-1)$, 这种检验称为 **$\chi^2$ 检验**.

现在考虑关于正态总体 $N(\mu,\sigma^2)$ 的标准差 $\sigma$ 的假设检验问题, 分别提出如下

的假设：

$$H_0:\sigma=\sigma_0,\ H_1:\sigma\neq\sigma_0, \tag{8.3.1$'$}$$

$$H_0':\sigma\leqslant\sigma_0,\ H_1':\sigma>\sigma_0, \tag{8.3.2$'$}$$

$$H_0'':\sigma\geqslant\sigma_0,\ H_1'':\sigma<\sigma_0. \tag{8.3.3$'$}$$

因为假设(8.3.1)′~(8.3.3)′分别等价于假设(8.3.1)~(8.3.3)，所以前面关于检验假设(8.3.1)~(8.3.3)的结果都可用于对于假设(8.3.1)′~(8.3.3)′的检验.

**例 8.3.1** 设某纺织厂生产的维尼纶的纤度 $X\sim N(\mu,\sigma^2)$. 以往生产时 $\sigma$ 稳定在 0.048.现改革了工艺，从按新工艺生产的维尼纶纤维中任取 5 根，测得其纤度为

1.38, 1.43, 1.39, 1.40, 1.41.

问：按新工艺生产出的维尼纶其纤度的标准差与以往相比是否有显著减小 $(\alpha=0.1)$？

**解** 本题是单个正态总体关于标准差的左边假设检验问题，要在水平 $\alpha=0.1$ 之下检验

$$H_0:\sigma=0.048,\ H_1:\sigma<0.048.$$

其检验统计量为式(8.3.4). 经计算，$(5-1)s^2=1.48\times10^{-3}$，$\chi^2=\dfrac{1.48\times10^{-3}}{(0.048)^2}=0.642$. 经查 $\chi^2$ 分布分位数表(附表 2)知，$\chi^2_\alpha(n-1)=\chi^2_{0.1}(4)=1.064$. 因为 $\chi^2=0.642<1.064=\chi^2_{0.1}(4)$，所以在水平 $\alpha=0.1$ 之下拒绝 $H_0$，认为标准差与以往相比显著地减小了.

### 8.3.2 两个正态总体方差比的检验($F$ 检验)

设总体 $X\sim N(\mu_1,\sigma_1^2)$，$\mu_1$ 与 $\sigma_1^2$ 都未知，$(X_1,X_2,\cdots,X_{n_1})$ 是来自总体 $X$ 的样本；设总体 $Y\sim N(\mu_2,\sigma_2^2)$，$\mu_2$ 与 $\sigma_2^2$ 都未知，$(Y_1,Y_2,\cdots,Y_{n_2})$ 是来自总体 $Y$ 的样本；这两组样本相互独立. 来自这两组样本的样本方差分别记为 $S_X^2$ 和 $S_Y^2$. 现在要在水平 $\alpha$ 之下检验假设

$$H_0:\sigma_1^2=\sigma_2^2,\ H_1:\sigma_1^2\neq\sigma_2^2, \tag{8.3.5}$$

$$H_0':\sigma_1^2\leqslant\sigma_2^2,\ H_1':\sigma_1^2>\sigma_2^2, \tag{8.3.6}$$

$$H_0'':\sigma_1^2\geqslant\sigma_2^2,\ H_1'':\sigma_1^2<\sigma_2^2. \tag{8.3.7}$$

先考虑假设检验问题(8.3.5). 因为 $S_X^2$ 和 $S_Y^2$ 相互独立且 $\dfrac{(n_1-1)S_X^2}{\sigma_1^2}\sim\chi^2(n_1-1)$，$\dfrac{(n_2-1)S_Y^2}{\sigma_2^2}\sim\chi^2(n_2-1)$. 故有

$$\frac{S_X^2/\sigma_1^2}{S_Y^2/\sigma_2^2}\sim F(n_1-1,n_2-1).$$

当 $H_0$ 为真，即 $\sigma_1^2=\sigma_2^2$ 时，$\dfrac{S_X^2}{S_Y^2}=\dfrac{S_X^2/\sigma_1^2}{S_Y^2/\sigma_2^2}\sim F(n_1-1,n_2-1)$. 因此这个假设检验问题的检验统计量可取为

$$F=\frac{S_X^2}{S_Y^2}. \tag{8.3.8}$$

因为 $E(S_X^2)=\sigma_1^2$，$E(S_Y^2)=\sigma_2^2$，所以当 $H_0$ 不真($H_1$ 为真)时，检验统计量 $F$ 有偏大或偏小的趋势. 因此其拒绝域具有形式

$$\frac{s_X^2}{s_Y^2}\leqslant K_1 \quad 或 \quad \frac{s_X^2}{s_Y^2}\geqslant K_2,$$

其中 $K_1$ 和 $K_2$ 可由 $P\{拒绝H_0\mid H_0为真\}=P_{\sigma_1^2=\sigma_2^2}\{拒绝H_0\}=\alpha$ 确定. 为了计算方便，习惯上由以下两式来确定 $K_1$ 和 $K_2$：

$$P_{\sigma_1^2=\sigma_2^2}\left\{\frac{S_X^2}{S_Y^2}\leqslant K_1\right\}=\frac{\alpha}{2} \quad 和 \quad P_{\sigma_1^2=\sigma_2^2}\left\{\frac{S_X^2}{S_Y^2}\geqslant K_2\right\}=\frac{\alpha}{2}.$$

因此 $K_1=F_{\alpha/2}(n_1-1,n_2-1)$，$K_2=F_{1-\alpha/2}(n_1-1,n_2-1)$，拒绝域为

$$f=\frac{s_X^2}{s_Y^2}\leqslant F_{\alpha/2}(n_1-1,n_2-1)\ 或\ f=\frac{s_X^2}{s_Y^2}\geqslant F_{1-\alpha/2}(n_1-1,n_2-1).$$

假设检验问题(8.3.6)和(8.3.7)的检验统计量仍为式(8.3.8). 其拒绝域分别为

$$f=\frac{s_X^2}{s_Y^2}\geqslant F_{1-\alpha}(n_1-1,n_2-1)\ 和\ f=\frac{s_X^2}{s_Y^2}\leqslant F_{\alpha}(n_1-1,n_2-1).$$

对于假设检验问题(8.3.5)，(8.3.6)和(8.3.7)，当 $\sigma_1^2=\sigma_2^2$ 时检验统计量 $F=\dfrac{S_X^2}{S_Y^2}$

服从 $F$ 分布，所以称这种检验为 **F 检验**. 若两个总体方差相等，则称这两个总体具有**方差齐性**.

**例 8.3.2**　例 8.2.3 在检验“$H_0:\mu_1-\mu_2=0$”时作了“$\sigma_1^2=\sigma_2^2$”的假定，现在对此作检验，要在水平 $\alpha=0.10$ 下检验

$$H_0:\sigma_1^2=\sigma_2^2,\quad H_1:\sigma_1^2\neq\sigma_2^2.$$

在例 8.2.3 中已算出两总体的样本方差 $s_X^2=0.75\times10^{-5}$，$s_Y^2=0.83\times10^{-5}$. 检验统计量(8.3.8)的观察值为

$$f=\frac{s_X^2}{s_Y^2}=\frac{0.75\times10^{-5}}{0.83\times10^{-5}}=0.9036.$$

经查 $F$ 分布分位数表(附表 4)，$F_{0.95}(5,4)=6.26$，$F_{0.05}(5,4)=\dfrac{1}{F_{0.95}(4,5)}=\dfrac{1}{5.19}=0.1927$. 因为 $F_{0.05}(5,4)=0.1927<f=0.9036<6.26=F_{0.95}(5,4)$，所以在水平 $\alpha=0.10$ 下接受 $H_0$，认为总体 $X$ 和 $Y$ 具有方差齐性.

关于正态总体方差的假设检验法汇总于表 8.3.1.

**表 8.3.1　正态总体方差的假设检验法**

| | 条件 | 假设 | 检验统计量 | 检验统计量的分布 | 拒绝域 |
|---|---|---|---|---|---|
| 1 | 总体 $X\sim N(\mu,\sigma^2)$，样本 $(X_1,\cdots,X_n)$，$\mu$ 未知 | $H_0:\sigma^2=\sigma_0^2,H_1:\sigma^2\neq\sigma_0^2$ | $\chi^2=\dfrac{(n-1)S^2}{\sigma_0^2}$ | $\sigma^2=\sigma_0^2$ 时，$\chi^2\sim\chi^2(n-1)$ | $\chi^2\leqslant\chi^2_{\alpha/2}(n-1)$ 或 $\chi^2\geqslant\chi^2_{1-\alpha/2}(n-1)$ |
| | | $H_0':\sigma^2\leqslant\sigma_0^2,H_1':\sigma^2>\sigma_0^2$ | | | $\chi^2\geqslant\chi^2_{1-\alpha}(n-1)$ |
| | | $H_0'':\sigma^2\geqslant\sigma_0^2,H_1'':\sigma^2<\sigma_0^2$ | | | $\chi^2\leqslant\chi^2_{\alpha}(n-1)$ |
| 2 | 总体 $X\sim N(\mu_1,\sigma_1^2)$，$Y\sim N(\mu_2,\sigma_2^2)$，样本 $(X_1,\cdots,X_{n_1})$，$(Y_1,\cdots,Y_{n_2})$，两样本独立，$\mu_1,\mu_2$ 未知 | $H_0:\sigma_1^2=\sigma_2^2,H_1:\sigma_1^2\neq\sigma_2^2$ | $F=\dfrac{S_X^2}{S_Y^2}$ | $\sigma_1^2=\sigma_2^2$ 时，$F\sim F(n_1-1,n_2-1)$ | $F\leqslant F_{\alpha/2}(n_1-1,n_2-1)$ 或 $F\geqslant F_{1-\alpha/2}(n_1-1,n_2-1)$ |
| | | $H_0':\sigma_1^2\leqslant\sigma_2^2,H_1':\sigma_1^2>\sigma_2^2$ | | | $F\geqslant F_{1-\alpha}(n_1-1,n_2-1)$ |
| | | $H_0'':\sigma_1^2\geqslant\sigma_2^2,H_1'':\sigma_1^2<\sigma_2^2$ | | | $F\leqslant F_{\alpha}(n_1-1,n_2-1)$ |

## 习　题　8.3

### 习 题 8.3

1. 假定人的身高服从正态分布. 今从某地区 18~25 岁的女青年中任意抽取 10 名并测量其身高, 得样本均值 1.62m, 样本标准差 0.4m. 试问该地区 18~25 岁女青年身高的均值是否为 1.60m? 方差是否为 $0.2\text{m}^2$( $\alpha$ 都取 0.05 ).

2. 某公司声称他们生产的某种发动机零件, 其直径的方差不大于 0.0002($\text{cm}^2$). 从这种零件中任意抽取 10 个, 测量其直径. 经计算, 样本方差 $S^2=0.0003$ ($\text{cm}^2$). 假定这种零件的直径服从正态分布. 试问该公司所声称的是否为真( $\alpha=0.05$ ).

3. 甲、乙两台机床加工同一种零件. 假定机床甲所加工的零件的长度 $X\sim N(\mu_1,\sigma_1^2)$, 机床乙所加工的零件的长度 $Y\sim N(\mu_2,\sigma_2^2)$. 现从机床甲生产的零件中任意取出 6 个, 量其长度并计算得 $S_X^2=0.345$ ($\text{mm}^2$); 从机床乙生产的零件中任意取出 9 个, 量其长度并计算得 $S_Y^2=0.375$ ($\text{mm}^2$). 试在水平 $\alpha=0.05$ 之下检验如下假设: $H_0:\sigma_1^2\leqslant\sigma_2^2$, $H_1:\sigma_1^2>\sigma_2^2$.

4. 甲乙两厂都生产 128MB(兆字节)的 U 盘. 从甲、乙两厂分别抽测 5 只和 6 只 U 盘, 它们的储量分别为

$X$(甲厂): 125.5, 124.3, 126.2, 124.8, 127.2;

$Y$(乙厂): 124.7, 125.0, 124.5, 124.8, 124.1, 123.6.

设甲、乙两厂生产的 U 盘其储量都服从正态分布, 它们的均值和方差分别记为 $\mu_1,\sigma_1^2$ 和 $\mu_2,\sigma_2^2$. 试在水平 $\alpha=0.10$ 之下分别检验:

(1) $H_0:\sigma_1^2=\sigma_2^2$, $H_1:\sigma_1^2\neq\sigma_2^2$;

(2) $H_0':\mu_1=\mu_2$, $H_1':\mu_1\neq\mu_2$.

5.在习题 8.2 第 4 题中两总体的方差分别记为 $\sigma_1^2$ (男生考试成绩)和 $\sigma_2^2$ (女生考试成绩). 试在水平$\alpha=0.05$ 之下检验

$$H_0:\sigma_1^2=\sigma_2^2,\quad H_1:\sigma_1^2\neq\sigma_2^2$$

以说明该题中假定 $\sigma_1^2=\sigma_2^2$ 是否合理.

## *8.4　分布拟合检验

### 8.4.1　分布拟合的 $\chi^2$ 检验

设有总体 $X$, 其未知的分布函数记为 $F(x)$. 现要检验假设

$$H_0:F(x)=F_0(x), \tag{8.4.1}$$

其中 $F_0(x)$ 是一完全已知的分布函数, 称为 $X$ 的**理论分布**. 这里备择假设 $H_1$ 一般不写出来.

对于这个假设检验问题, 英国统计学家 K. 皮尔逊于 1900 年提出了分布拟合的 $\chi^2$ 检验, 其做法是这样的:

在实数轴上取 $k-1$ 个点 $t_1,t_2,\cdots,t_{k-1}(t_1<t_2<\cdots<t_{k-1})$，它们把实数轴分成了 $k$ 个区间 $(-\infty,t_1],(t_1,t_2],\cdots(t_{k-2},t_{k-1}],(t_{k-1},+\infty)$．记 $A_i=(t_{i-1},t_i](i=1,2,\cdots,k)$，其中 $t_0$ 和 $t_k$ 分别表示 $-\infty$ 和 $+\infty$．如果 $H_0$ 为真，可算出 $X$ 落入各区间的概率 $p_i=P\{X\in A_i\}=F_0(t_i)-F_0(t_{i-1})\ (1\leqslant i\leqslant k)$．易见，$\sum\limits_{i=1}^{k}p_i=1$．现从总体中抽得容量为 $n$ 的样本 $(X_1,X_2,\cdots,X_n)$．用 $n_i$ 记 $X_1,X_2,\cdots,X_n$ 落入区间 $A_i$ 的个数 $(i=1,2,\cdots,k)$，称为**实际频数**. 易见，$\sum\limits_{i=1}^{k}n_i=n$．由伯努利大数定律，如果 $H_0$ 为真，则当 $n\to\infty$ 时，$n_i/n$ 依概率收敛于 $p_i$．所以当 $n$ 很大时 $n_i/n$ 与 $p_i$ 很接近. 基于此，K. 皮尔逊提出如下的“$n_i/n$ 与 $p_i$ 之差的加权平方和”作为检验假设(8.4.1)的检验统计量：

$$\chi^2=\sum_{i=1}^{k}\frac{n}{p_i}\left(\frac{n_i}{n}-p_i\right)^2=\sum_{i=1}^{k}\frac{(n_i-np_i)^2}{np_i}. \tag{8.4.2}$$

这里选取 $n/p_i$ 作为权，是为了使 $\chi^2$ 有较为理想的极限分布. 式(8.4.2)中 $np_i$ 称为**理论频数.** K. 皮尔逊在 1900 年证明了下面的定理.

**定理 8.4.1** 若假设 (8.4.1) 为真，$\chi^2$ 如式 (8.4.2) 所定义，则 $\chi^2\xrightarrow{L}\chi^2(k-1)(n\to\infty)$.

定理中“$\xrightarrow{L}$”是指 $\chi^2$ 的分布函数收敛到 $\chi^2(k-1)$ 的分布函数的意思. 由定理 8.4.1 知，检验统计量(8.4.2)的极限分布与原假设中的 $F_0(x)$ 无关，然而它却与“把实数轴分成若干个区间的区间个数 $k$”有关. 根据定理 8.4.1，当 $H_0$ 为真且 $n$ 很大时，$\chi^2=\sum\limits_{i=1}^{k}\dfrac{(n_i-np_i)^2}{np_i}$ 近似地服从 $\chi^2(k-1)$．易见，当 $H_0$ 不真时检验统计量 $\chi^2$ 有偏大的趋势．所以相应于水平 $\alpha$ 的拒绝域为 $\chi^2=\sum\limits_{i=1}^{k}\dfrac{(n_i-np_i)^2}{np_i}\geqslant\chi^2_{1-\alpha}(k-1)$．对于检验统计量的观察值 $\chi^2$，检验规则为：若 $\chi^2\geqslant\chi^2_{1-\alpha}(k-1)$，则拒绝 $H_0$；若 $\chi^2<\chi^2_{1-\alpha}(k-1)$，则接受 $H_0$．

在分布拟合问题中，经常遇到的情形还有：原假设中出现的理论分布含有若干未知参数，要检验的假设为

$$H_0:F(x)=F_0(x;\theta_1,\theta_2,\cdots,\theta_r). \tag{8.4.3}$$

例如，要检验总体 $X$ 是否服从正态分布 $N(\mu,\sigma^2)$．因为正态分布含有两个参数，所以它应归于假设检验问题(8.4.3).

检验假设(8.4.3)的想法与检验假设(8.4.1)的想法类似. 但是现在在 $H_0$ 为真条

件下计算 $p_i$ 获得的结果依赖于 $\theta_1,\theta_2,\cdots,\theta_r$. 记作 $p_i(\theta_1,\theta_2,\cdots,\theta_r)$. 将它代入式(8.4.2)得

$$\sum_{i=1}^{k}\frac{[n_i-np_i(\theta_1,\theta_2,\cdots,\theta_r)]^2}{np_i(\theta_1,\theta_2,\cdots,\theta_r)}. \tag{8.4.4}$$

因为式(8.4.4)包含未知参数 $\theta_1,\theta_2,\cdots,\theta_r$，所以不能作为检验统计量. 一个很自然的想法是用适当的估计来代替式(8.4.4)中的 $\theta_1,\theta_2,\cdots,\theta_r$.

令

$$\hat{\chi}^2=\sum_{i=1}^{k}\frac{[n_i-np_i(\hat{\theta}_1,\hat{\theta}_2,\cdots,\hat{\theta}_r)]^2}{np_i(\hat{\theta}_1,\hat{\theta}_2,\cdots,\hat{\theta}_r)}, \tag{8.4.5}$$

其中 $\hat{\theta}_1,\hat{\theta}_2,\cdots,\hat{\theta}_r$ 是 $\theta_1,\theta_2,\cdots,\theta_r$ 的最大似然估计. 可以证明，当(8.4.3)为真时，$\hat{\chi}^2$ 的极限分布为 $\chi^2(k-r-1)$. 因此 $n$ 很大时，式(8.4.5)近似服从 $\chi^2(k-r-1)$. 相应于水平 $\alpha$ 的拒绝域为 $\hat{\chi}^2\geqslant\chi^2_{1-\alpha}(k-r-1)$.

由以上讨论可知，检验假设(8.4.1)和(8.4.3)分别基于检验统计量 $\chi^2$ 和 $\hat{\chi}^2$ 的极限分布，所以在使用 $\chi^2$ 和 $\hat{\chi}^2$ 做分布拟合时 $n$ 要很大，一般要求 $n\geqslant 50$；还要求 $np_i$(包含 $np_i(\hat{\theta}_1,\hat{\theta}_2,\cdots,\hat{\theta}_r)$，下同)不太小，一般要求 $np_i\geqslant 5$，否则应适当地合并区间以满足这个要求. 另外，区间的个数 $k$ 以及分点 $t_1,t_2,\cdots,t_{k-1}$ 如何选取，这是实际作分布拟合 $\chi^2$ 检验时必须解决的问题.

如果总体的理论分布是离散的，其可能值有有限多个：$a_1,a_2,\cdots,a_m$，一般就取 $k=m$，且取区间 $A_i$ 包含 $a_i$，各 $A_i$ 互不重叠(当然要兼顾 $np_i\geqslant 5$)，这时 $p_i\triangleq P\{X\in A_i\}=P\{X=a_i\},i=1,2,\cdots,m$. 如果总体的理论分布是离散的，其可能的取值有可列无穷多个：$a_1,a_2,\cdots$，一般先适当取定自然数 $k$，对于 $i=1,2,\cdots,k-1$ 取区间 $A_i$ 包含 $a_i$，而 $A_k$ 包含其余所有的可能值 $a_k,a_{k+1},\cdots$，各 $A_i$ 互不重叠(当然要兼顾 $np_i\geqslant 5$). 这时 $p_i\triangleq P\{X\in A_i\}=P\{X=a_i\},i=1,2,\cdots,k-1$，而 $p_k=\sum\limits_{j=k}^{\infty}P\{X=a_j\}$.

如果总体的理论分布是连续的，一般选择 $t_1$ 和 $t_{k-1}$ 使得 $np_1\geqslant 5$ 和 $np_k\geqslant 5$. 并将 $(t_1,t_{k-1}]$ 等分为 $k-2$ 个区间. 有人建议把 $k$ 取为 7~14(当然也要兼顾 $np_i\geqslant 5$). 总体的理论分布无论是离散的还是连续的，$t_0$ 亦可取为比所有样本观察值中最小的稍小一些的数，$t_k$ 亦可取为比所有样本观察值中最大的稍大一些的数.

上面介绍的分布拟合 $\chi^2$ 检验既可用于总体为离散的场合，又可用于总体为连续的场合；既可用于总体的理论分布是完全已知的情形，也可用于总体的理论分布含有若干未知参数的情形，所以它有着广泛的应用. 以下是遗传学上一个著

名的例子.

**例 8.4.1** 生物学家孟德尔(Mendel)在豌豆培养试验中观察了把黄色圆形豌豆与绿色皱型豌豆杂交得到的不同种类的豌豆. 这种杂交子代的可能种类是：黄圆、黄皱、绿圆、绿皱. 孟德尔根据遗传学的理论指出，这四类豌豆个数之比为 9 : 3 : 3 : 1. 他在 $n=556$ 个杂交子代豌豆中观察到这四类豌豆的个数分别为 315, 101, 108, 32. 现要在水平 $\alpha=0.05$ 之下检验孟德尔理论的正确性.

**解** 以 $X$ 记杂交子代豌豆的种类. $X=1,2,3,4$ 分别表示杂交子代豌豆是黄圆、黄皱、绿圆和绿皱型. 作四个互不重叠的区间 $A_1, A_2, A_3$ 和 $A_4$, $A_i$ 满足 $i\in A_i$ $(i=1,\cdots,4)$. 又记 $p_j=P\{X\in A_j\}(j=1,2,3,4)$. 根据孟德尔的理论应有

$$p_1=\frac{9}{16},\quad p_2=\frac{3}{16},\quad p_3=\frac{3}{16},\quad p_4=\frac{1}{16}. \tag{8.4.6}$$

式(8.4.6)就是我们要检验的假设，记为 $H_0$. $n=556$，很大，故可采用分布拟合 $\chi^2$ 检验法，使用检验统计量(8.4.2)，其计算过程列于表 8.4.1 中.

**表 8.4.1 例 8.4.1 的计算表**

| 豌豆类型 | 实际频数 | 理论频数 | $(n_i-np_i)^2/(np_i)$ |
|---|---|---|---|
| 1 | 315 | 312.75 | 0.0162 |
| 2 | 101 | 104.25 | 0.1013 |
| 3 | 108 | 104.25 | 0.1349 |
| 4 | 32 | 34.75 | 0.2176 |
| $\Sigma$ | 556 | 556 | 0.4700 |

经查 $\chi^2$ 分布分位数表(附表 2)，$\chi^2_{1-\alpha}(k-1)=\chi^2_{0.95}(3)=7.815$. 因为 $\chi^2=0.47<7.815=\chi^3_{0.95}(3)$，所以在水平 $\alpha=0.05$ 之下接受 $H_0$，认为孟德尔的理论是正确的. 本题的 $p$ 值为 $P\{\chi^2(3)\geqslant 0.47\}=0.92$，所以孟德尔理论的理论分布与实际数据拟合得很好.

**例 8.4.2** 从某厂生产的标准大小的铝箔中随机抽取 100 张，计算每张铝箔上的小孔，其结果如下表所示，其中 $n_j$ 是有 $j$ 个小孔的铝箔数. 试问这种铝箔上的小孔数是否服从泊松分布 $(\alpha=0.05)$.

| $j$ | 0 | 1 | 2 | 3 | 4 | 5 | 6 | 7 | >=8 |
|---|---|---|---|---|---|---|---|---|---|
| $n_j$ | 12 | 28 | 26 | 17 | 10 | 4 | 2 | 1 | 0 |

**解**　铝箔上的小孔数记为 $X$．问题是在水平 $\alpha=0.05$ 之下检验假设

$$H_0:\text{总体}X\text{服从泊松分布}.$$

若 $X$ 服从泊松分布，那么 $X$ 的分布律为 $P\{x=k\}=\dfrac{\lambda^k}{k!}\mathrm{e}^{-\lambda}(k=0,1,2,\cdots)$，它包含未知参数 $\lambda$．为此先要在 $H_0$ 为真(即 $X$ 服从泊松分布)条件下求出 $\lambda$ 的最大似然估计：

$$\hat{\lambda}=\overline{x}=\frac{(1\times 28+2\times 26+3\times 17+4\times 10+5\times 4+6\times 2+7\times 1)}{100}=2.1,$$

作 9 个互不重叠的区间 $A_i(i=0,1,2,\cdots,8)$，使得 $\{i\}\subset A_i(i=0,1,2,\cdots,7)$，$\bigcup\limits_{i=8}^{\infty}\{i\}\subset A_8$．将 $\hat{\lambda}=2.1$ 代入 $X$ 的分布律，于是可求出

$$\hat{p}_i=P\{X\in A_i\}=\frac{2.1^i}{i!}\mathrm{e}^{-2.1},\quad i=0,1,\cdots,7,$$

$$\hat{p}_8=P\{X\in A_8\}=P\{X\geqslant 8\}=1-\sum_{i=0}^{7}\hat{P}_i,$$

接着求出 $n\hat{p}_i(i=0,1,\cdots,8)$．因为当 $i=5,6,7,8$ 时 $np_i$ 都小于 5，所以将 $A_5$，$A_6$，$A_7$ 和 $A_8$ 合成一个区间 $A_5$，这些结果都列在表 8.4.2 中，其中合并后的 $n_5$，$\hat{p}_5$，$n\hat{p}_5$ 都以花括号表示．

**表 8.4.2　例 8.4.2 的计算表**

| $j$ | 实际频数 $n_j$ | $\hat{p}_j$ | 理论频数 $n\hat{p}_j$ | $(n_j-n\hat{p}_j)^2/(n\hat{p}_j)$ |
|---|---|---|---|---|
| 0 | 12 | 0.1225 | 12.25 | 0.0051 |
| 1 | 28 | 0.2572 | 25.72 | 0.2021 |
| 2 | 26 | 0.2700 | 27.00 | 0.0370 |
| 3 | 17 | 0.1890 | 18.90 | 0.1910 |
| 4 | 10 | 0.0992 | 9.92 | 0.0006 |
| 5 | 4 } 7 | 0.0417 } 0.0621 | 4.17 } 6.21 | 0.1005 |
| 6 | 2 | 0.0146 | 1.46 | |
| 7 | 1 | 0.0044 | 0.44 | |
| $\geqslant 8$ | 0 | 0.0014 | 0.14 | |
| $\Sigma$ | 100 | 1 | 100 | $\hat{\chi}^2=0.5363$ |

本题中最后作了 6 个区间，估计了 1 个参数 $\lambda$，即 $k=6$，$r=1$．经查表，

$\chi^2_{0.95}(6-1-1)=\chi^2_{0.95}(4)=9.488$. 因为检验统计量的观察值 $\hat{\chi}^2=0.5363<9.488=\hat{\chi}^2_{0.95}(4)$，故在水平 0.05 下接受 $H_0$，即认为这种铝箔上的小孔数确实服从泊松分布.

**例 8.4.3** 测量了 65 发某种火箭弹的质量偏心 $X$ (单位：$10^{-5}$m)，其数据如下：

14.6, 13.6, 15.3, 13.0, 15.6, 12.7, 13.4, 13.8, 14.3, 13.8,
14.2, 15.0, 15.5, 14.0, 14.7, 14.8, 14.4, 15.0, 14.9, 14.5,
14.3, 14.4, 12.6, 14.0, 14.1, 14.0, 14.8, 14.5, 13.5, 14.7,
14.6, 14.1, 13.6, 14.6, 14.2, 12.9, 14.8, 15.4, 13.9, 14.3,
14.0, 13.1, 14.1, 15.1, 14.8, 15.2, 14.3, 14.1, 14.3, 14.7,
14.6, 13.2, 14.2, 15.3, 14.9, 14.9, 14.2, 13.7, 13.4, 14.4,
14.4, 13.7, 15.2, 15.8, 14.4.

试问：这种火箭弹的质量偏心 $X$ 是否服从正态分布 $(\alpha=0.10)$？

**解** 本题要在水平 0.10 之下检验

$$H_0: X\text{服从正态分布}N(\mu,\sigma^2).$$

原假设中提供的理论分布包含两个未知参数. 先用最大似然法求出它们的估计值

$$\hat{\mu}=\bar{x}=14.3138,$$
$$\hat{\sigma}^2=\frac{1}{65}\sum_{i=1}^{65}x_i^2-(\bar{x})^2=(0.6994)^2.$$

接着将 $X$ 可能的取值范围 $(-\infty,+\infty)$ 分成几个小区间. 上述 65 个数据中最小的是 12.6，最大的是 15.8.取 $t_0$ 比 12.6 稍小一些，取 $t_k$ 比 15.8 稍大一些. $t_0$ 和 $t_k$ 的数值都要比原来的数值在小数点后多取一位，且取最后一位数字为 5. 现取 $t_0=12.45$，$t_k=16.05$. 又取 $k=9$，即把(12.45,16.05)分为 9 个小区间. 小区间的长度为 (16.05−12.45)/9=0.4. 各分点为 $t_j=12.45+0.4j(j=0,1,\cdots,9)$. 然后改取 $t_0=-\infty$，$t_9=+\infty$，这样就把 $(-\infty,+\infty)$ 分为 9 个区间. 记 $A_j=(t_{j-1},t_j](j=1,2,\cdots,9)$，如表 8.4.3 第一列所示. 于是可计算 $\hat{p}_j$. 在计算时为了查标准正态分布表，使用以下公式：

$$\begin{aligned}\hat{p}_j&=P\{X\in A_j\}=P\left\{\frac{t_{j-1}-\hat{\mu}}{\hat{\sigma}}<\frac{X-\hat{\mu}}{\hat{\sigma}}\leqslant\frac{t_j-\hat{\mu}}{\hat{\sigma}}\right\}\\&=\Phi\left(\frac{t_j-14.3138}{0.6994}\right)-\Phi\left(\frac{t_{j-1}-14.3138}{0.6994}\right).\end{aligned}$$

表 8.4.3　例 8.4.3 的计算表

| $A$ | $n_j$ | | $\hat{p}_j$ | | $n\hat{p}_j$ | | $\dfrac{(n_j-n\hat{p}_j)^2}{n\hat{p}_j}$ |
|---|---|---|---|---|---|---|---|
| $A_1$: $(-\infty, 12.85)$ | 2 | | 0.0183 | | 1.1895 | | |
| $A_2$: $(12.85,13.25)$ | 4 | 11 | 0.0460 | 0.1711 | 2.9900 | 11.1215 | 0.0013 |
| $A_3$: $(13.25,13.65)$ | 5 | | 0.1068 | | 6.9420 | | |
| $A_4$: $(13.65,14.05)$ | 9 | | 0.1809 | | 11.7585 | | 0.6471 |
| $A_5$: $(14.05,14.45)$ | 18 | | 0.2233 | | 14.5145 | | 0.8370 |
| $A_6$: $(14.45,14.85)$ | 13 | | 0.2041 | | 13.2665 | | 0.0054 |
| $A_7$: $(14.85,15.25)$ | 8 | | 0.1305 | | 8.4825 | | 0.0274 |
| $A_8$: $(15.25,15.65)$ | 5 | 6 | 0.0620 | 0.0901 | 4.0300 | 5.8565 | |
| $A_9$: $(15.65, +\infty]$ | 1 | | 0.0281 | | 1.8265 | | 0.0040 |
| $\Sigma$ | 65 | | 1 | | 65 | | $\hat{\chi}^2=1.5222$ |

$\hat{p}_j$ 以及理论频数 $n\hat{p}_j$，实际频数 $n_j$, $(n_j-n\hat{p_j})^2/(np_j)$ 和检验统计量的观察值 $\hat{\chi}^2$ 的计算结果都列在了表 8.4.3 中. 为了使各理论频数 $n\hat{p}_j$ 都不小于 5, 将原来的区间 $A_1, A_2, A_3$ 合成一个区间; $A_8, A_9$ 也合成一个区间, 所以最后将 $(-\infty,+\infty)$ 分成了 6 个区间. 合并区间后相应的理论频数和实际频数重新作了计算, 在表 8.4.3 中用花括号表示. 临界点为 $\chi^2_{0.90}(6-2-1)=\chi^2_{0.90}(3)=6.251$. 因为 $\hat{\chi}^2=1.5222<6.251=\chi^2_{0.90}(3)$，所以在水平 0.10 之下接受 $H_0$，认为这种火箭弹的质量偏心服从正态分布.

### 8.4.2　独立性检验(列联表方法)

考虑二维总体 $(X, Y)$. 设 $X$ 的可能值为 $x_1, x_2, \cdots, x_r$; $Y$ 的可能值为 $y_1, y_2, \cdots, y_s$. 现从总体 $(X, Y)$ 中抽取一个容量为 $n$ 的样本 $(X_1, Y_1)$, $(X_2, Y_2), \cdots, (X_n, Y_n)$, 事件 $\{X=x_i, Y=y_j\}$ 发生的频数记为 $n_{ij}(i=1,2,\cdots,r;\ j=1,2,\cdots,s)$. 又记 $n_{i\cdot}=\sum\limits_{j=1}^{s} n_{ij}$, $n_{\cdot j}=\sum\limits_{i=1}^{r} n_{ij}$. 易见, $n=\sum\limits_{i=1}^{r}\sum\limits_{j=1}^{s} n_{ij}=\sum\limits_{i=1}^{r} n_{i\cdot}=\sum\limits_{j=1}^{s} n_{\cdot j}$. 将这些数据列入一张表中, 这张表称为 $r\times s$ **列联表**(contingency table), 见表 8.4.4. $2\times 2$ 列联表常称为“**四格表**”, 是应用最为广泛的一种情况.

表 8.4.4　$r\times s$ 列联表

| $X$ \ $Y$ | $y_1$ | $y_2$ | $\cdots$ | $y_s$ | |
|---|---|---|---|---|---|
| $x_1$ | $n_{11}$ | $n_{12}$ | $\cdots$ | $n_{1s}$ | $n_{1\cdot}$ |
| $x_2$ | $n_{21}$ | $n_{22}$ | $\cdots$ | $n_{2s}$ | $n_{2\cdot}$ |
| $\vdots$ | $\vdots$ | $\vdots$ | | $\vdots$ | $\vdots$ |
| $x_r$ | $n_{r1}$ | $n_{r2}$ | $\cdots$ | $n_{rs}$ | $n_{r\cdot}$ |
| | $n_{\cdot 1}$ | $n_{\cdot 2}$ | $\cdots$ | $n_{\cdot s}$ | $n$ |

$(X,Y)$ 的可能值 $(x_i,y_j)(i=1,\cdots,r;j=1,\cdots,s)$ 是平面上的 $rs$ 个点. 在平面上作 $rs$ 个互不相交的区域 $A_{ij}$，使得 $(x_i,y_j)\in A_{ij}$. 以上所说的 $n_{ij}$ 亦可看作样本$(X_1, Y_1)$, $(X_2, Y_2),\cdots$, $(X_n, Y_n)$, 落入 $A_{ij}$ 的个数, 这样就可把前面所说的分布拟合 $\chi^2$ 检验法用于检验假设

$$H_0\text{：}X\text{与}Y\text{相互独立}. \tag{8.4.7}$$

记 $p_{ij}=P\{X=x_i,Y=y_j\}$，$P\{X=x_i\}=\sum_{j=1}^{s}p_{ij}=p_{i\cdot}$，$P\{Y=y_j\}=\sum_{i=1}^{r}p_{ij}=p_{\cdot j}$.

易见,

$$\sum_{i=1}^{r}p_{i\cdot}=\sum_{j=1}^{s}p_{\cdot j}=1. \tag{8.4.8}$$

由离散随机变量相互独立的定义知, 假设(8.4.7)等价于假设

$$H_0':p_{ij}=p_{i\cdot}p_{\cdot j},\quad i=1,\cdots,r;j=1,\cdots,s. \tag{8.4.9}$$

上述假设中出现的 $p_{i\cdot}$ 和 $p_{\cdot j}$ 都是未知参数. 由式(8.4.8)知, 这些未知参数中仅有 $r+s-2$ 个是独立变化的. 要想使用检验统计量 $\hat{\chi}^2$, 需先求出这 $r+s-2$ 个未知参数的最大似然估计.

这些参数的最大似然估计为

$$\hat{p}_{i\cdot}=\frac{n_{i\cdot}}{n},\quad i=1,\cdots,r;\qquad \hat{p}_{\cdot j}=\frac{n_{\cdot j}}{n},\quad j=1,\cdots,s. \tag{8.4.10}$$

将它们代入(8.4.5)得检验统计量

$$\hat{\chi}^2=n\sum_{i=1}^{r}\sum_{j=1}^{s}\frac{\left(n_{ij}-n_{i\cdot}n_{\cdot j}/n\right)^2}{n_{i\cdot}n_{\cdot j}}. \tag{8.4.11}$$

当 $n\to\infty$ 时检验统计量(8.4.11)的极限分布为 $\chi^2$ 分布，其自由度为 $rs-(r+s-2)-1=(r-1)(s-1)$. 所以假设检验问题(8.4.7)(即假设检验问题(8.4.9))的检验统计量为(8.4.11), 其近似拒绝域为 $\hat{\chi}^2\geqslant\chi^2_{1-\alpha}((r-1)(s-1))$.

**例 8.4.4** 某服装商店某天共来了 525 位顾客, 他们的性别以及有没有购买服装的情况如表 8.4.5 所示.

**表 8.4.5　顾客的性别以及是否购买服装的情况**

| | 男 | 女 | $\Sigma$ |
|---|---|---|---|
| 购买 | 111 | 213 | 324 |
| 未购买 | 131 | 70 | 201 |
| $\Sigma$ | 242 | 283 | 525 |

试问：购买服装与性别是否有关系(取 $\alpha = 0.01$)？

**解**　引进随机变量 $X$ 和 $Y$．$\{X=1\}$ 表示购买服装，$\{X=2\}$ 表示未购买服装；$\{Y=1\}$ 表示男性，$\{Y=2\}$ 表示女性．问题是要在水平 $\alpha = 0.01$ 之下检验假设

$$H_0: X\text{与}Y\text{相互独立}. \tag{8.4.12}$$

由表 8.4.5 知，$n=525$，$n_{11}=111$，$n_{12}=213$，$n_{21}=131$，$n_{22}=70$，$n_{1\cdot}=324$，$n_{2\cdot}=201$，$n_{\cdot 1}=242$，$n_{\cdot 2}=283$．将它们代入式(8.4.11)得

$$\begin{aligned}\hat{\chi}^2 &= 525\times\frac{(111-324\times 242/525)^2}{324\times 242}+525\times\frac{(213-324\times 283/525)^2}{324\times 283}\\ &\quad +525\times\frac{(131-201\times 242/525)^2}{201\times 242}+525\times\frac{(70-201\times 283/525)^2}{201\times 283}\\ &= 9.847+8.420+15.873+13.573=47.713.\end{aligned}$$

本题 $r=s=2$，自由度为 $(r-1)(s-1)=1$．经查表 $\chi^2_{0.99}(1)=6.635$．因为 $\hat{\chi}^2=47.713>6.635=\chi^2_{0.99}(1)$，故在水平 $\alpha=0.01$ 之下拒绝 $H_0$，认为购买服装与性别有关.

用列联表检验独立性，除了用于上例那种按类计数的变量外，还可用于连续变化的量．此时先要根据实际情况和需要，将变量 $X$ 和 $Y$ 可能值的范围分别分成若干个互不相交的区间 $A_1, A_2, \cdots, A_r$ 和 $B_1, B_2, \cdots, B_s$．从总体 $(X,Y)$ 中抽取一个容量为 $n$ 的样本$(X_1, Y_1), (X_2, Y_2), \cdots, (X_n, Y_n)$，其中 $\{X\in A_i, Y\in B_j\}$ 发生的频数记为 $n_{ij}(i=1,\cdots,r; j=1,\cdots,s)$．又记 $n_{i\cdot}=\sum\limits_{j=1}^{s} n_{ij}$，$n_{\cdot j}=\sum\limits_{i=1}^{r} n_{ij}$．于是可构造一张类似于表 8.4.4 的 $r\times s$ 列联表．接下去就可以借助于这张列联表检验“$X$ 与 $Y$ 是否独立”这个假设.

**例 8.4.5**　为了研究成年人胖瘦与患高血压是否有关，澳大利亚某地调查了 491 名成年人的情况．计算这些人体重(单位：kg)除以身高平方(单位：$m^2$)的数值，该值小于等于 20 的归于“瘦”，大于 20 但小于等于 25 的归于“正常”，大于 25

的归于“胖”；又把收缩压大于 140 或舒张压大于 90(单位：mmHg)的归于患高血压，其余均归于未患高血压，调查结果列于表 8.4.6.

**表 8.4.6 胖瘦与患高血压的调查数据**

| | 瘦 | 正常 | 胖 | Σ |
|---|---|---|---|---|
| 患高血压 | 32 | 40 | 59 | 131 |
| 未患高血压 | 133 | 121 | 106 | 360 |
| Σ | 165 | 161 | 165 | 491 |

试问：成年人患高血压与胖瘦是否有关($\alpha=0.05$)?

**解** 对于调查对象引进随机变量 $X$ 和 $Y$. $X$ 等于 1, 2 分别表示调查对象患与未患高血压；$Y$ 等于 1, 2 和 3 分别表示调查对象瘦、正常与胖. 现要在水平 $\alpha=0.05$ 之下检验

$$H_0: X\text{与}Y\text{相互独立}.$$

由表 8.4.6 知，$n=491$，$n_{11}=32$，$n_{12}=40$，$n_{13}=59$，$n_{21}=133$，$n_{22}=121$，$n_{23}=106$，$n_{1\cdot}=131$，$n_{2\cdot}=360$，$n_{\cdot 1}=165$，$n_{\cdot 2}=161$，$n_{\cdot 3}=165$，将它们代入式(8.4.11)得

$$\begin{aligned}\hat{\chi}^2 &= 491\times\frac{(32-131\times165/491)^2}{131\times165}+491\times\frac{(40-131\times161/491)^2}{131\times161}\\&\quad+491\times\frac{(59-131\times165/491)^2}{131\times165}+491\times\frac{(133-360\times165/491)^2}{360\times165}\\&\quad+491\times\frac{(121-360\times161/491)^2}{360\times161}+491\times\frac{(106-360\times165/491)^2}{360\times165}\\&=3.283+0.203+5.069+1.195+0.074+1.854\\&=11.705.\end{aligned}$$

本题 $r=2$, $s=3$, 自由度 $(r-1)(s-1)=2$. 经查表知 $\chi^2_{0.95}(2)=5.991$. 因为 $\hat{\chi}^2=11.705>5.991=\chi^2_{0.95}(2)$. 故在水平 $\alpha=0.05$ 之下拒绝 $H_0$，认为成年人的胖瘦与患高血压有关.

## 习 题 8.4

1. 奥地利生物学家孟德尔奠定了现代遗传学的基础. 在此过程中，统计方法的作用是不可磨灭的. 他在关于遗传问题的研究中，用豌豆做试验. 把黄色豌豆和绿色豌豆进行杂交，其子代可能是黄色豌豆也可能是绿色豌豆. 孟德尔根据遗传学理论指出：子代黄色豌豆与绿色豌豆之比为 3:1.一次试验中，他在 36 个子代豌豆中发现黄色豌豆有 25 个，绿色豌豆有 11 个. 试

在水平 $\alpha=0.05$ 之下检验孟德尔理论的正确性.

2. 从一大批某种杂交的几内亚猪后代中任取 64 只, 发现其中 34 只红的, 10 只黑的, 20 只白的. 根据遗传学模型, 它们之间的比例应为 9:3:4.试问以上数据是否在水平 0.05 下与模型相符.

3. 卢瑟福观察了每 1/8 分钟内某放射性物质所放射出的粒子数. 他观察了 2608 次, 结果如下表:

| 粒子数 | 0 | 1 | 2 | 3 | 4 | 5 | 6 | 7 | 8 | 9 | 10 | 11 | 12 |
|---|---|---|---|---|---|---|---|---|---|---|---|---|---|
| 频数 | 57 | 203 | 383 | 525 | 532 | 408 | 273 | 139 | 45 | 27 | 10 | 4 | 2 |

试问以上数据是否在水平 0.05 下与泊松分布相符?

4. 有 1000 人按性别和是否色盲分类如下表:

| | 男 | 女 |
|---|---|---|
| 正常 | 442 | 514 |
| 色盲 | 38 | 6 |

试在水平 $\alpha=0.01$ 之下检验色盲是否与性别有关.

5. 对于学生在美国衣阿华(IOWA)州立大学黄道十二宫上行走将会在下一次考试中失败这一荒诞说法, 衣阿华首府一家日报(Des Moines Register)1971 年 2 月 28 日报道了衣阿华州立大学 458 名学生的忌讳情况如下表:

| | 在黄道上行走 | 避开黄道 |
|---|---|---|
| 男 | 135 | 153 |
| 女 | 60 | 110 |

试问: 在黄道上行走的行为是否与性别有关( $\alpha=0.05$ )?

6. 工人甲、乙、丙生产同一种零件. 现从他们三人生产的零件中任意抽取 200 个. 检查这些零件是正品还是次品, 并按由哪位工人所生产的进行分类, 其结果如下表:

| | 甲 | 乙 | 丙 |
|---|---|---|---|
| 次品 | 10 | 8 | 14 |
| 正品 | 52 | 60 | 56 |

试问: 零件是正品还是次品与由哪位工人生产有关吗( $\alpha=0.01$ )?

## *8.5 综合例题

**例 8.5.1** 设总体 $X\sim N(\mu,\sigma^2)$, 其中 $\sigma^2$ 已知, $\mu$ 未知. $(X_1,X_2,\cdots,X_n)$ 是来

自 $X$ 的样本. 在显著性水平 $\alpha$ 之下检验假设

$$H_0: \mu = \mu_0, \quad H_1: \mu = \mu_1,$$

其中 $\mu_1 > \mu_0$. 所用检验统计量为

$$U = \frac{\overline{X} - \mu_0}{\sigma / \sqrt{n}}.$$

(1) 求犯第二类错误的概率 $\beta$;

(2) 若 $\sigma = 1.2$, $\mu_0 = 7.3$, $\mu_1 = 7.9$, 样本容量 $n = 20$. 求与显著性水平 $\alpha_1 = 0.05$ 和 $\alpha_2 = 0.01$ 对应的犯第二类错误的概率 $\beta_1$ 和 $\beta_2$.

**解** (1) 若 $H_1$ 为真, 则 $E(U) = \dfrac{\mu_1 - \mu_0}{\sigma / \sqrt{n}} > 0$, $U$ 有偏大的趋势. 所以拒绝域的形式为 $U = \dfrac{\overline{X} - \mu_0}{\sigma / \sqrt{n}} \geqslant K$. 注意到

$$P\left\{\frac{\overline{X} - \mu_0}{\sigma / \sqrt{n}} \geqslant u_{1-\alpha} \mid H_0\text{为真}\right\} = \alpha,$$

所以 $K$ 应取为 $u_{1-\alpha}$, 拒绝域为 $u = \dfrac{\overline{x} - \mu_0}{\sigma / \sqrt{n}} \geqslant u_{1-\alpha}$, 接受域为 $u < u_{1-\alpha}$.

犯第二类错误的概率为

$$\beta = P\{\text{接受}H_0 \mid H_1\text{为真}\} = P_{\mu_1}\left\{\frac{\overline{X} - \mu_0}{\sigma / \sqrt{n}} < u_{1-\alpha}\right\}$$

$$= P_{\mu_1}\left\{\frac{\overline{X} - \mu_1}{\sigma / \sqrt{n}} < u_{1-\alpha} - \frac{\mu_1 - \mu_0}{\sigma / \sqrt{n}}\right\} = \Phi(u_{1-\alpha} - \Delta), \qquad (8.5.1)$$

其中 $P_{\mu_1}\{A\}$ 表示参数为 $\mu_1$ 时事件 $A$ 发生的概率, $\Delta = \dfrac{\mu_1 - \mu_0}{\sigma / \sqrt{n}}$.

(2) 按已知, $\Delta = \dfrac{7.9 - 7.3}{1.2 / \sqrt{20}} = \dfrac{0.6}{1.2}\sqrt{20} = 2.236$. 查表 3.3.1 或附表 1 知 $u_{1-\alpha_1} = u_{0.95} = 1.645$, $u_{1-\alpha_2} = u_{0.99} = 2.326$. 于是

$$\beta_1 = \Phi(u_{1-\alpha_1} - \Delta) = \Phi(1.645 - 2.236) = \Phi(-0.591) = 1 - \Phi(0.591).$$

查标准正态分布表(附表 1)知 $\Phi(0.591) = 0.7227$, 故 $\beta_1 = 0.2773$.

而

$$\beta_2=\Phi(u_{1-\alpha_2}-\Delta)=\Phi(2.326-2.236)=\Phi(0.09)=0.5359 .$$

从以上计算结果可以看出，虽然 $\alpha_1>\alpha_2$，但 $\beta_1<\beta_2$. 事实上，分析式(8.5.1)可知，若犯第一类错误的概率 $\alpha$ 减小，则犯第二类错误的概率 $\beta$ 增大；相反，若 $\alpha$ 增大，则 $\beta$ 减小.

如果将本例中的条件“$\mu_1>\mu_0$”改为“$\mu_1<\mu_0$”，会出现类似的现象. 这种现象在一般的假设检验问题中也都会出现.

**例 8.5.2** 某小区的物业管理处声称本小区业主满意率至少为 80%. 业主委员会通过随机抽样调查了 60 户，结果有 45 户回答满意，有 15 户回答不满意. 试问该物业管理处所声称的是否为真 $(\alpha=0.05)$？

**解** 引进随机变量：

$$X=\begin{cases}1, & \text{业主满意},\\ 0, & \text{业主不满意}.\end{cases}$$

记 $P\{X=1\}=p$，问题便化为在水平 $\alpha=0.05$ 之下检验

$$H_0:p\geqslant 0.8\triangleq p_0,\quad H_1:p<p_0.$$

首先要构造检验统计量. 由棣莫弗-拉普拉斯中心极限定理(定理 5.3.2)知，当 $p=p_0$ 且样本容量很大时，

$$U=\frac{\overline{X}-p_0}{\sqrt{p_0(1-p_0)/n}} \tag{8.5.2}$$

近似服从 $N(0,1)$. $U$ 可以用作检验统计量. 本题是左边假设检验问题，其近似拒绝域为

$$u=\frac{\overline{x}-p_0}{\sqrt{p_0(1-p_0)/n}}\leqslant u_\alpha .$$

本题中，$p_0=0.8$，$n=60$，$u_\alpha=u_{0.05}=-u_{0.95}=-1.645$. 60 户业主中有 45 户满意，15 户业主不满意，这说明样本值 $(x_1,x_2,\cdots,x_{60})$ 中有 45 个样品 $(x_i)$ 等于 1 而有 15 个样品 $(x_i)$ 等于 0.故 $\overline{x}=\frac{1}{60}\sum_{i=1}^{60}x_i=0.75$. 检验统计量的观测值为

$$u=\frac{0.75-0.80}{\sqrt{0.8\times 0.2/60}}=-0.9682.$$

因为 $u=-0.9682>-1.645$，即 $u$ 落在接受域内，所以接受 $H_0$，认为该物业管理处所声称为真.

如果考虑在水平$\alpha$之下检验

$$H_0':p=p_0,\ H_1':p\neq p_0 \tag{8.5.3}$$

或

$$H_0'':p\leqslant p_0,\ H_1'':p>p_0. \tag{8.5.4}$$

所用检验统计量仍为(8.5.2). 检验假设(8.5.3)的近似拒绝域为$|u|\geqslant u_{1-\alpha/2}$，而检验假设(8.5.4)的近似拒绝域为$u>u_{1-\alpha}$.

**例 8.5.3** 设总体$X\sim N(\mu,\sigma^2)$，其中$\sigma^2$已知，未知参数$\mu\in(-\infty,\infty)$. $(X_1,X_2,\cdots,X_n)$是来自总体$X$的样本，$(x_1,x_2,\cdots,x_n)$是相应的样本值. 考虑在显著性水平$\alpha$之下检验下述假设：

$$H_0:\mu=\mu_0,\ H_1:\mu\neq\mu_0, \tag{8.5.5}$$

其中$\mu_0$是任一已知实数. 所用的检验统计量为$U=\dfrac{\overline{X}-\mu_0}{\sigma/\sqrt{n}}$. 试利用上述假设检验问题的结果给出$\mu$的置信水平为$1-\alpha$的置信区间.

**解** 假设检验问题(8.5.5)的接受域为$|u|=\dfrac{|\overline{x}-\mu_0|}{\sigma/\sqrt{n}}<u_{1-\alpha/2}$. 把此接受域等价地写为如下形式：

$$\overline{x}-u_{1-\alpha/2}\frac{\sigma}{\sqrt{n}}<\mu_0<\overline{x}+u_{1-\alpha/2}\frac{\sigma}{\sqrt{n}}.$$

由接受域的定义知应有下式：

$$P_{\mu_0}\left\{\overline{X}-u_{1-\alpha/2}\frac{\sigma}{\sqrt{n}}<\mu_0<\overline{X}+u_{1-\alpha/2}\frac{\sigma}{\sqrt{n}}\right\}=1-\alpha.$$

由上式中$\mu_0$的任意性和置信区间的定义知$\left(\overline{X}-u_{1-\alpha/2}\dfrac{\sigma}{\sqrt{n}},\overline{X}+u_{1-\alpha/2}\dfrac{\sigma}{\sqrt{n}}\right)$为$\mu$的置信水平为$1-\alpha$的置信区间.

本例的结果在一般场合下也成立. 为了求某参数$\theta$的置信水平为$1-\alpha$的置信区间，可以先求出显著性水平为$\alpha$的假设检验问题：$H_0:\theta=\theta_0,H_1:\theta\neq\theta_0$的接受域，然后将此接受域等价地改写为具有下述形式的接受域：$\underline{\theta}(x_1,x_2,\cdots,x_n)<\theta_0<\overline{\theta}(x_1,x_2,\cdots,x_n)$，那么$(\underline{\theta}(X_1,X_2,\cdots,X_n),\overline{\theta}(X_1,X_2,\cdots,X_n))$就是要求的置信区间.

**例 8.5.4** 设总体 $X \sim N(\mu, \sigma^2)$，其中 $\sigma^2$ 已知，未知参数 $\mu \in (-\infty, \infty)$ . $(x_1, x_2, \cdots, x_n)$ 是来自总体 $X$ 的样本值, 试利用 $\mu$ 的置信水平为 $1-\alpha$ 的置信区间

$$\left(\bar{x} - u_{1-\alpha/2}\frac{\sigma}{\sqrt{n}}, \bar{x} + u_{1-\alpha/2}\frac{\sigma}{\sqrt{n}}\right) \tag{8.5.6}$$

给出在水平 $\alpha$ 之下检验假设(8.5.5)的检验规则, 其中 $\mu_0$ 是任一已知实数.

**解** 如果置信区间(8.5.6)包含 $\mu_0$，即 $\mu_0 \in \left(\bar{x} - u_{1-\alpha/2}\frac{\sigma}{\sqrt{n}}, \bar{x} + u_{1-\alpha/2}\frac{\sigma}{\sqrt{n}}\right)$，它可等价地变换为

$$\left|\frac{\bar{x} - \mu_0}{\sigma / \sqrt{n}}\right| < u_{1-\alpha/2} .$$

这说明假设检验问题(8.5.5)的检验统计量的观察值 $u = \dfrac{\bar{x} - \mu_0}{\sigma / \sqrt{n}}$ 落在接受域里, 故此时应接受 $H_0$ .

反之, 如果置信区间(8.5.6)不包含 $\mu_0$，即 $\mu_0 \notin \left(\bar{x} - u_{1-\alpha/2}\frac{\sigma}{\sqrt{n}}, \bar{x} + u_{1-\alpha/2}\frac{\sigma}{\sqrt{n}}\right)$. 它可等价地变换为

$$\left|\frac{\bar{x} - \mu_0}{\sigma / \sqrt{n}}\right| > u_{1-\alpha/2} .$$

这说明假设检验问题(8.5.5)的检验统计量的观察值 $u$ 落在拒绝域里, 故此时应拒绝 $H_0$ . 这就是假设检验问题(8.5.5)的检验规则.

本例中的结果在一般场合下也成立. 为了检验关于某参数 $\theta$ 的假设: $H_0: \theta = \theta_0, H_1: \theta \neq \theta_0$ ，可以先求出 $\theta$ 的置信水平为 $1-\alpha$ 的置信区间 $(\underline{\theta}(x_1, x_2, \cdots, x_n), \overline{\theta}(x_1, x_2, \cdots, x_n))$ . 然后考察 $(\underline{\theta}(x_1, x_2, \cdots, x_n), \overline{\theta}(x_1, x_2, \cdots, x_n))$ 是否包含 $\theta_0$ . 如果 $(\underline{\theta}(x_1, x_2, \cdots, x_n), \overline{\theta}(x_1, x_2, \cdots, x_n))$ 不包含 $\theta_0$, 则拒绝 $H_0$ ; 反之则接受 $H_0$ .

对于同一个总体的同一个参数 $\theta$, 关于 $\theta$ 的置信水平为 $1-\alpha$ 的单侧置信区间与显著性水平为 $\alpha$ 的单边假设检验问题之间也有类似于例 8.5.3 和例 8.5.4 的对应关系.

## 复 习 题 8

1. 某电器零件的电阻服从正态分布, 其平均电阻一直保持在 2.64 Ω . 改变加工工艺后,测

得12个零件的平均电阻为2.62 Ω，样本标准差为0.07 Ω．问新工艺对此零件的电阻有无显著影响( $\alpha=0.01$ ).

2. 糕点厂经理为判断牛奶供应商所供应的鲜牛奶是否被兑水，从其所供应的一批牛奶中随机抽出 10 份牛奶，它们的冰点(℃)如下：

−0.536, −0.528, −0.544, −0.546, −0.542,

−0.534, −0.546, −0.549, −0.541, −0.540.

天然牛奶的冰点是−0.545℃．兑水牛奶的冰点会提高．设这批牛奶冰点 $X\sim N(\mu,\sigma^2)$ ．试在水平 $\alpha=0.05$ 之下检验

$$H_0:\mu\leqslant -0.545,\quad H_1:\mu>-0.545.$$

从检验结果来看，你认为这批牛奶是否被兑水?

3. 对某种物品在处理前与处理后作取样分析，得含脂率(%)数据分别为

处理前：0.19, 0.18, 0.21, 0.30, 0.26, 0.42, 0.08, 0.12, 0.30, 0.27;

处理后：0.15, 0.13, 0.00, 0.07, 0.24, 0.24, 0.19, 0.04, 0.08, 0.20, 0.12.

假定处理前后含脂率都服从正态分布，且它们的方差相同．试问处理前后平均含脂率有无显著差异( $\alpha=0.05$ )?

4. A, B 两厂生产同类蓄电池．从两厂生产的蓄电池中各取出 10 个，其电容量(单位：A · h)分别为

A 厂：146, 141, 135, 142, 140, 143, 138, 137, 142, 137;

B 厂：141, 143, 139, 135, 140, 141, 146, 140, 142, 138.

假定 A 厂和 B 厂生产的蓄电池其电容量都服从正态分布且方差相同．试检验两厂蓄电池的电容量有无显著差异( $\alpha=0.05$ )?

5. 某谷物有 A, B 两种种子可选择．选取 8 块不同的土地，每块分为面积相同的两部分，分别种植种子 A 和种子 B，其产量(单位：kg)如下表所示：

| $i$ | 1 | 2 | 3 | 4 | 5 | 6 | 7 | 8 |
|---|---|---|---|---|---|---|---|---|
| 种子 A($x_i$) | 25.2 | 21.8 | 24.3 | 23.7 | 26.1 | 22.5 | 28.0 | 27.4 |
| 种子 B($y_i$) | 26.0 | 22.2 | 23.8 | 24.6 | 25.7 | 24.3 | 27.8 | 29.1 |

假定 $d_i=x_i-y_i$ ( $i=1,2,\cdots,8$ )来自正态总体．试检验使用 A, B 两种种子时该种谷物产量有无显著差异( $\alpha=0.01$ )?

6. 假设轮胎的寿命服从正态分布．现从某种轮胎中随机抽取 8 只，测得它们的寿命(单位：万公里)如下：

4.85, 4.32, 4.61, 5.02, 4.60, 4.58, 4.38, 4.70.

试问是否可以认为这种轮胎寿命的方差为 0.02( $\alpha=0.05$ )?

7. 某种导线，要求其电阻的标准差不超过 0.005 Ω．今在一批这种导线中取出 9 根，测量其电阻，经计算，其样本标准差 $s=0.007\Omega$ ．设这种导线的电阻服从正态分布．试在水平 $\alpha=0.05$ 之下检验这批导线的电阻其标准差是否合乎要求.

8. 测定某种溶液中的水分．设测定值 $X\sim N(\mu,\sigma^2)$ ．由 10 个测定值算出 $\bar{x}=0.452\%$ ,

$s = 0.037\%$. 试在显著性水平 5%下分别检验

(1) $H_0 : \mu = 0.5\%$, $H_1 : \mu \neq 0.5\%$;

(2) $H_0' : \sigma = 0.04\%$, $H_1' : \sigma \neq 0.04\%$.

9. 在第 4 题中两总体的方差分别记为 $\sigma_1^2$ (A 厂)和 $\sigma_2^2$ (B 厂). 试在水平 $\alpha = 0.05$ 之下检验

$$H_0 : \sigma_1^2 = \sigma_2^2,\quad H_1 : \sigma_1^2 \neq \sigma_2^2,$$

以说明第 4 题中假定 $\sigma_1^2 = \sigma_2^2$ 是否合理.

10. 某地震观测站要考察地下水位与发生地震之间是否有联系, 收集了 1700 个观察结果, 得数据如下表:

| | 有地震 | 无地震 |
|---|---|---|
| 水位有变化 | 98 | 902 |
| 水位无变化 | 82 | 618 |

试问: 在水平 $\alpha = 0.05$ 下能否认为地下水位变化与发生地震有关?

# *第 9 章　回归分析及方差分析

## 9.1　回归分析的概念

变量之间的关系是现实世界中普遍存在的. 变量之间的关系一般来说可以分为两类, 一类是**确定性关系**, 另一类是**非确定性关系**.

若有变量 $x$ 和 $y$, 当变量 $x$ 的值确定之后, 变量 $y$ 的值也随之确定, 这种变量之间的关系就是确定性关系. 变量之间的确定性关系就是高等数学中所研究的函数关系.

那么变量之间的非确定性关系是什么样的关系呢？先来看一个例子. 大家知道, 人的血压(记为 $Y$)与年龄(记为 $x$)是有关的. 一般来说, 随着人的年龄的增加, 血压要增高. 但是同龄人($x$ 相同)的血压 $Y$ 又不尽相同. 这个例子的特点是, 变量 $x$ 和 $Y$ 是有联系的, 但是当 $x$ 的值确定时 $Y$ 的值却是不确定的. 这种变量间的关系就是非确定性的关系, 也称为**相关关系**.

这种具有非确定性关系的例子还可以举出不少. 例如, 人的身高 $x$ 大时一般其体重 $Y$ 也倾向于大. 但身高相同($x$ 相同)的人其体重 $Y$ 却不完全相同. 又如, 某种塑料产品其硬度 $Y$ 与生产时最后一道工序的温度 $x$ 有关. 温度不同, 产品的硬度也不同. 但是即使温度 $x$ 相同, 各个塑料产品的硬度也不完全相同. 这两个例子中变量 $x$ 和 $Y$ 的关系也是相关关系. 研究变量间相关关系的统计分析方法称为**回归分析**.

以上几个关于相关关系的例子中, $x$ 通常称为**自变量**, $Y$ 通常称为**因变量或响应变量**. 当自变量 $x$ 的值确定之后, 因变量 $Y$ 的值还不能完全确定, 我们把它看作随机变量. 当 $x$ 的值确定时, 与 $x$ 相对应的随机变量 $Y$ 的值虽然不能完全确定, 但 $Y$ 的数学期望应随之确定. 这个数学期望应是 $x$ 的函数, 记作 $\mu(x)$, 称为 $Y$ 关于 $x$ 的**回归函数**. 于是自变量 $x$ 与因变量 $Y$ 之间的关系可以用如下的模型来描述:

$$Y=\mu(x)+\varepsilon, \tag{9.1.1}$$

其中 $\varepsilon$ 是随机误差, 它满足 $E(\varepsilon)=0$. 模型(9.1.1)中只有一个自变量, 基于这个模型的统计分析称为**一元回归分析**. 如果 $\mu(x)$ 是 $x$ 的线性函数, 即 $\mu(x)=\beta_0+\beta_1 x$, 模型(9.1.1)可化为

$$Y=\beta_0+\beta_1 x+\varepsilon, \tag{9.1.2}$$

其中 $\beta_0$ 是常数项，$\beta_1$ 称为**回归系数**，$\varepsilon$ 是随机误差，$E(\varepsilon)=0$. 模型(9.1.2)称为**一元线性回归模型**，基于(9.1.2)的统计分析称为**一元线性回归分析**.

一般地说，回归函数 $\mu(x)$ 是不知道的，而在实际工作中又要求我们求出 $\mu(x)$. 回归分析的任务就是，用所获得的关于 $x$ 和 $Y$ 的观察值估计 $\mu(x)$，讨论有关的假设检验与区间估计问题，并利用对于 $\mu(x)$ 的估计进行预报等.

为了估计 $\mu(x)$，首先要确定它的形式，然后用关于 $x$ 和 $Y$ 的观察值去估计 $\mu(x)$ 表示式中若干未知参数，从而获得 $\mu(x)$ 的估计. 为了确定 $\mu(x)$ 的形式可根据专业知识或经验，也可通过**画散点图**获得帮助.

取定自变量 $x$ 的 $n$ 个值 $x_1,x_2,\cdots,x_n$ 之后，分别对因变量 $Y$ 进行观察，其观察值为 $y_1,y_2,\cdots,y_n$ (亦可对自变量 $x$ 和因变量 $y$ 同时观察 $n$ 次). 于是得到 $n$ 对观察值 $(x_1,y_1),(x_2,y_2),\cdots,(x_n,y_n)$. 将每对观察值 $(x_i,y_i)\ (i=1,2,\cdots,n)$ 所对应的点在直角坐标系中描出，这时就得到一个**散点图**. 由于 $y_i$ 中包含了随机误差，因此 $y_i$ 应在 $\mu(x_i)$ 周围波动. 点 $(x_1,y_1),(x_2,y_2),\cdots,(x_n,y_n)$ 分布在曲线 $Y=\mu(x)$ 附近. 如果散点图如图 9.1.1 所示，则可将 $\mu(x)$ 取为 $x$ 的线性函数；如果散点图如 9.1.2 所示，那么将 $\mu(x)$ 取为 $x$ 的线性函数显然是不妥当的. 对于后一种情况该怎么处理，将在后面详细介绍.

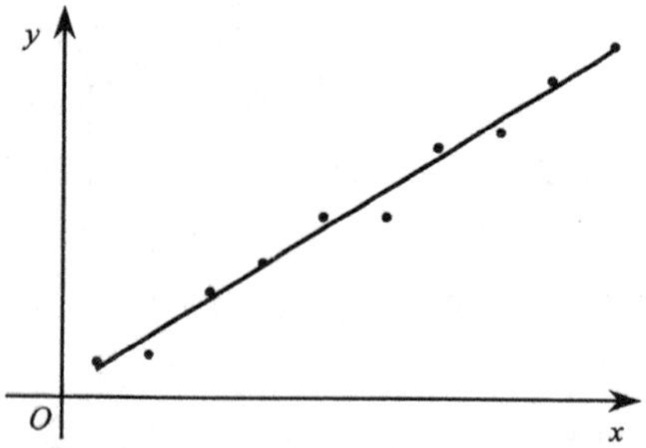


图 9.1.1　散点图 I

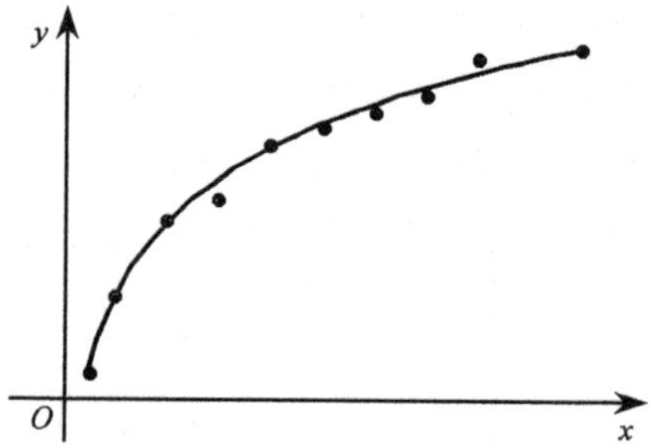


图 9.1.2　散点图 II

因为客观世界中许多变量之间确实具有线性关系，即使不具有线性关系也有近似的线性关系，至少在一定范围内有近似线性关系；另外，还有许多变量之间的关系虽然确实是非线性的，但是可以通过适当的变换化为线性的；又因为线性关系在数学上比较容易处理，所以线性回归分析在理论上发展得很完备，在实际中应用相当广泛. 本书也只介绍一元线性回归分析和可化为一元线性回归的一些非线性回归问题.

## 9.2　一元线性回归

本节考虑一元线性回归，其模型是

$$Y=\beta_0+\beta_1 x+\varepsilon, \tag{9.2.1}$$

其中 $\beta_0$ 和 $\beta_1$ 都是未知参数，$\beta_1$ 称为回归系数. $\beta_0$ 和 $\beta_1$ 分别是直线 $\mu(x)=\beta_0+\beta_1 x$ 的截距和斜率. 还假定 $E(\varepsilon)=0$, $\mathrm{Var}(\varepsilon)=\sigma^2>0$. $\sigma^2$ 称为**误差方差**，它也是未知参数. 对于一元线性回归，估计 $\mu(x)$ 的问题就转化为求 $\beta_0$ 和 $\beta_1$ 的估计问题. 用适当的统计方法获得 $\beta_0$ 和 $\beta_1$ 的估计值 $\hat{\beta}_0$ 和 $\hat{\beta}_1$ 之后，对于给定的 $x$ 我们就用 $\hat{\beta}_0+\hat{\beta}_1 x$ 作为 $\mu(x)=\beta_0+\beta_1 x$ 的估计. 称 $\hat{\mu}(x)=\hat{\beta}_0+\hat{\beta}_1 x$ 为 $Y$ 关于 $x$ 的**经验回归函数**.

方程

$$\hat{Y}=\hat{\beta}_0+\hat{\beta}_1 x \tag{9.2.2}$$

称为 $Y$ 关于 $x$ 的**经验线性回归方程**，或**经验回归方程**，其相应的图形称为**经验回归直线**. 有时也把“经验”两字略掉.

在一元线性回归分析中主要解决以下三个问题：

(1) 对未知参数 $\beta_0$，$\beta_1$ 和 $\sigma^2$ 作点估计，并由此获得回归方程；

(2) 对回归系数 $\beta_1$ 作假设检验；

(3) 对于自变量 $x$ 的给定值 $x_0$，对与之对应的因变量 $Y_0$ 作预测.

### 9.2.1 $\beta_0$和$\beta_1$的估计及其性质

1. $\beta_0$ 和 $\beta_1$ 的最小二乘估计

对于自变量 $x$ 和因变量 $y$ 的 $n$ 对观察值 $(x_1,y_1),(x_2,y_2),\cdots,(x_n,y_n)$(这里要求 $x_1,x_2,\cdots,x_n$不全相同)，由式(9.2.1)知

$$Y_i=\beta_0+\beta_1 x_i+\varepsilon_i,\quad i=1,2,\cdots,n, \tag{9.2.3}$$

其中$\varepsilon_i$是对 $Y_i$观察时的随机误差. 假设$\varepsilon_1$，$\varepsilon_2,\cdots$，$\varepsilon_n$两两不相关且与式(9.2.1)中的$\varepsilon$有相同的分布，$E(\varepsilon_i)=0$，$\mathrm{Var}(\varepsilon_i)=\sigma^2>0$，$i=1,2,\cdots,n$. 式(9.2.3)和关于$\varepsilon_i$的假设放在一起称为模型(9.2.3). 这里关于$\varepsilon_i$的假设在实际应用中一般都是近似成立的.

下面用最小二乘法来求 $\beta_0$ 和 $\beta_1$ 的估计. 假设 $\beta_0$ 和 $\beta_1$ 的估计已经求出，记为 $\hat{\beta}_0$ 和 $\hat{\beta}_1$. 这时回归函数 $\beta_0+\beta_1 x$ 在点 $x_i$ 的值的估计也可获得：$\hat{Y}_i=\hat{\beta}_0+\hat{\beta}_1 x_i$ $(i=1,2,\cdots,n)$，称由此式求得的 $\hat{Y}_i$ 为**回归值**，有时也称为**预测值**($\hat{Y}_i$ 实际上是 $Y_i$ 的数学期望的估计). 另一方面，与 $x_i$ 对应的因变量的观察值 $Y_i$ 也已获得，见图 9.2.1. 我们当然希望它们之间的偏差 $e_i=|y_i-\hat{y}_i|$ $(i=1,2,\cdots,n)$越小越好. $\beta_0$ 和 $\beta_1$ 的合理估计应使 $\sum_{i=1}^{n}(y_i-\hat{y}_i)^2$ 达到最小.

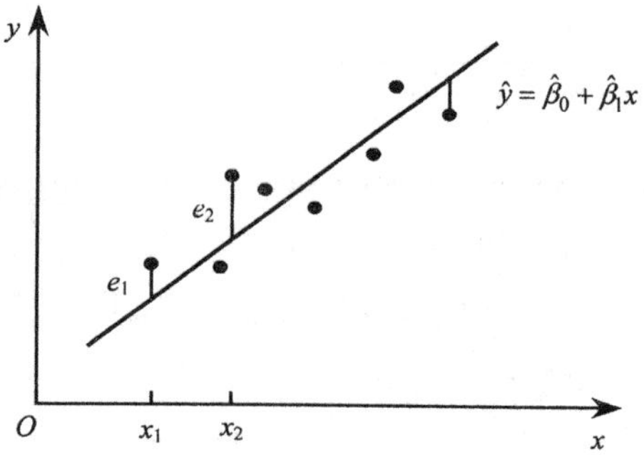


图 9.2.1　最小二乘原理示意图

这里使用 $\sum_{i=1}^{n}(y_i-\hat{y}_i)^2$ 而不用 $\sum_{i=1}^{n}|y_i-\hat{y}_i|$ 是为了数学上处理方便. 记

$$Q(\beta_0,\beta_1)=\sum_{i=1}^{n}(y_i-\beta_0-\beta_1 x_i)^2, \tag{9.2.4}$$

使得

$$\min_{\beta_0,\beta_1} Q(\beta_0,\beta_1)=Q(\hat{\beta}_0,\hat{\beta}_1) \tag{9.2.5}$$

成立的 $\hat{\beta}_0$ 和 $\hat{\beta}_1$ 称为 $\beta_0$ 和 $\beta_1$ 的**最小二乘估计**. 获得最小二乘估计的方法称为**最小二乘法**.

为求 $Q(\beta_0,\beta_1)$ 的最小值点, 可使用微分法.

分别求 $Q(\beta_0,\beta_1)$ 关于 $\beta_0$ 和 $\beta_1$ 的偏导数, 并令它们等于零, 得

$$\frac{\partial Q}{\partial \beta_0}=-2\sum_{i=1}^{n}(y_i-\beta_0-\beta_1 x_i)=0,$$

$$\frac{\partial Q}{\partial \beta_1}=-2\sum_{i=1}^{n}(y_i-\beta_0-\beta_1 x_i)x_i=0.$$

于是得方程组

$$\begin{cases} n\beta_0+\left(\sum_{i=1}^{n}x_i\right)\beta_1=\sum_{i=1}^{n}y_i, \\ \left(\sum_{i=1}^{n}x_i\right)\beta_0+\left(\sum_{i=1}^{n}x_i^2\right)\beta_1=\left(\sum_{i=1}^{n}x_i y_i\right). \end{cases} \tag{9.2.6}$$

式(9.2.6)称为**正规方程组**. 其系数行列式为

$$\begin{vmatrix} n & \sum x_i \\ \sum x_i & \sum x_i^2 \end{vmatrix} = n\sum x_i^2 - \left(\sum x_i\right)^2 = n\sum (x_i - \overline{x})^2 ,$$

其中 $\overline{x} = \frac{1}{n}\sum x_i$ . 为简便起见, 上式中将 "$\sum\limits_{i=1}^{n}$" 简记为 "$\sum$", 本节其余部分也这样来记. 由于 $x_1, x_2, \cdots, x_n$ 不全相同, 所以 $\sum (x_i - \overline{x})^2 \neq 0$ . 正规方程组有唯一的一组解, 它们是

$$\hat{\beta}_1 = \frac{n\sum x_i y_i - \left(\sum x_i\right)\left(\sum y_i\right)}{n\sum x_i^2 - \left(\sum x_i\right)^2} = \frac{\sum (x_i - \overline{x})(y_i - \overline{y})}{\sum (x_i - \overline{x})^2}$$

$$= \frac{\sum (x_i - \overline{x}) y_i}{\sum (x_i - \overline{x})^2}, \tag{9.2.7}$$

$$\hat{\beta}_0 = \overline{y} - \hat{\beta}_1 \overline{x} , \tag{9.2.8}$$

这里 $\overline{y} = \frac{1}{n}\sum y_i$ , 式(9.2.8)来自方程组(9.2.6)中的第一式. 记

$$\begin{aligned} l_{xx} &= \sum (x_i - \overline{x})^2, \\ l_{xy} &= \sum (x_i - \overline{x})(y_i - \overline{y}), \\ l_{yy} &= \sum (y_i - \overline{y})^2. \end{aligned} \tag{9.2.9}$$

于是

$$\hat{\beta}_1 = \frac{l_{xy}}{l_{xx}}, \quad \hat{\beta}_0 = \overline{y} - \overline{x}\frac{l_{xy}}{l_{xx}} . \tag{9.2.10}$$

因为 $Q(\beta_0, \beta_1)$ 是 $\beta_0$ 和 $\beta_1$ 的非负二次函数, 所以由式(9.2.8)和式(9.2.7)表示的 $\beta_0$ 和 $\beta_1$ 是 $Q(\beta_0, \beta_1)$ 的最小值点, 从而是 $\beta_0$ 和 $\beta_1$ 的最小二乘估计. 从(9.2.8)和(9.2.7)可以看出, $\hat{\beta}_0$ 和 $\hat{\beta}_1$ 都是 $Y_1, Y_2, \cdots, Y_n$ 的线性函数.

由此便得线性回归方程

$$\hat{Y} = \hat{\beta}_0 + \hat{\beta}_1 x. \tag{9.2.11}$$

将式(9.2.8)代入式(9.2.11)得线性回归方程的另一表示式:

$$\hat{Y} = \overline{y} + \hat{\beta}_1 (x - \overline{x}), \tag{9.2.12}$$

即 $\hat{Y}-\overline{y}=\hat{\beta}_1(x-\overline{x})$. 式(9.2.12)表明, 回归直线通过观察值点 $(x_1,y_1),(x_2,y_2),\cdots,(x_n,y_n)$ 的几何重心 $(\overline{x},\overline{y})$.

**例 9.2.1**　设某化学过程的得率($Y$)与该过程的温度($x$)有关. 现作了 10 次测量, 其数据如下表所示:

| $x$/℃ | 38 | 43 | 49 | 54 | 60 | 66 | 71 | 77 | 82 | 88 |
|---|---|---|---|---|---|---|---|---|---|---|
| $y$/% | 20.4 | 20.9 | 22.5 | 23.0 | 24.2 | 24.3 | 26.2 | 26.6 | 28.0 | 28.9 |

画出这些数据 $(x_i,y_i)$ $(i=1,2,\cdots,10)$ 的散点图(图 9.2.2). 从这个图可以看出这些点都在一条直线附近, 用模型(9.2.3)来描述温度 $x$ 和得率 $Y$ 之间的关系比较合适.

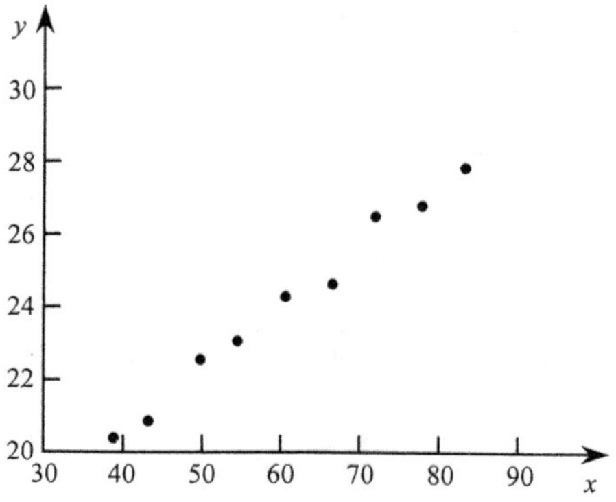


图 9.2.2　得率与温度的散点图

经计算

$$\sum x_i=628,\quad \overline{x}=62.8,$$
$$\sum x_i^2=42004,$$
$$l_{xx}=\sum x_i^2-\frac{1}{10}\left(\sum x_i\right)^2=42004-\frac{1}{10}(628)^2=2565.6.$$
$$\sum y_i=245,\quad \overline{y}=24.5,\quad \sum y_i^2=6077.56,$$
$$l_{yy}=\sum y_i^2-\frac{1}{10}\left(\sum y_i\right)^2=6077.56-\frac{1}{10}(245)^2=75.06$$
$$\sum x_i y_i=15821.8,$$
$$l_{xy}=\sum x_i y_i-\frac{1}{10}\left(\sum x_i\right)\left(\sum y_i\right)=15821.8-\frac{1}{10}\times 628\times 245=435.8,$$

故

$$\hat{\beta}_1 = \frac{l_{xy}}{l_{xx}} = \frac{435.8}{2565.6} = 0.1699, \quad \hat{\beta}_0 = \overline{y} - \hat{\beta}_1 \overline{x} = 24.5 - 0.1699 \times 62.8 = 13.8326 .$$

于是得线性回归方程

$$\hat{Y} = 13.8326 + 0.1699x .$$

2. $\hat{\beta}_0$ 和 $\hat{\beta}_1$ 的性质

**定理 9.2.1** 对于模型(9.2.3), $\beta_0$ 和 $\beta_1$ 的最小二乘估计 $\hat{\beta}_0$ 和 $\hat{\beta}_1$ 有如下性质:

(1) $\hat{\beta}_0$ 和 $\hat{\beta}_1$ 分别是 $\beta_0$ 和 $\beta_1$ 的线性无偏估计;

(2) 若进一步假定 $\varepsilon_i \sim N(0, \sigma^2)$, $i=1, 2, \cdots, n$, 有 $\hat{\beta}_0 \sim N\left(\beta_0, \dfrac{\sum x_i^2}{nl_{xx}}\sigma^2\right)$, $\hat{\beta}_1 \sim N\left(\beta_1, \dfrac{\sigma^2}{l_{xx}}\right)$.

**证** (1) 前面已经指出, $\hat{\beta}_0$ 和 $\hat{\beta}_1$ 都是 $Y_1, Y_2, \cdots, Y_n$ 的线性函数. 因为

$$\begin{aligned} E\left(\sum (x_i - \overline{x})Y_i\right) &= \sum (x_i - \overline{x})E(Y_i) = \sum (x_i - \overline{x})(\beta_0 + \beta_1 x_i) \\ &= \beta_0 \sum (x_i - \overline{x}) + \beta_1 \sum (x_i - \overline{x})x_i \\ &= \beta_1 \sum (x_i - \overline{x})^2 = \beta_1 l_{xx}. \end{aligned}$$

所以

$$E(\hat{\beta}_1) = \frac{E\left(\sum (x_i - \overline{x})Y_i\right)}{l_{xx}} = \beta_1, \tag{9.2.13}$$

而

$$\begin{aligned} E(\hat{\beta}_0) &= E\left(\frac{1}{n}\sum Y_i\right) - E(\hat{\beta}_1)\overline{x} \\ &= \frac{1}{n}\sum (\beta_0 + \beta_1 x_i) - \beta_1 \overline{x} = \beta_0, \end{aligned} \tag{9.2.14}$$

所以 $\hat{\beta}_0$ 和 $\hat{\beta}_1$ 分别是 $\beta_0$ 和 $\beta_1$ 的线性无偏估计.

(2) $\hat{\beta}_0 = \overline{Y} - \hat{\beta}_1 \overline{x} = \sum \left[\dfrac{1}{n} - \dfrac{\overline{x}(x_i - \overline{x})}{l_{xx}}\right] Y_i$ 是 $Y_1, Y_2, \cdots, Y_n$ 的线性组合, 因为 $Y_1, Y_2, \cdots, Y_n$ 相互独立又都服从正态分布, 所以 $\hat{\beta}_0$ 也服从正态分布. (1) 已证 $E(\hat{\beta}_0) = \beta_0$. 而

$$
\begin{aligned}
\operatorname{Var}(\hat{\beta}_0) &= \sum\left[\frac{1}{n}-\frac{\bar{x}(x_i-\bar{x})}{l_{xx}}\right]^2 \operatorname{Var}(Y_i) \\
&= \sigma^2\sum\left[\frac{1}{n^2}-\frac{2\bar{x}(x_i-\bar{x})}{nl_{xx}}+\frac{(\bar{x})^2(x_i-\bar{x})^2}{l_{xx}^2}\right] \\
&= \sigma^2\left(\frac{1}{n}+\frac{(\bar{x})^2}{l_{xx}}\right)=\sigma^2\frac{\sum x_i^2}{nl_{xx}},
\end{aligned} \tag{9.2.15}
$$

故 $\hat{\beta}_0 \sim N\left(\beta_0,\dfrac{\sum x_i^2}{nl_{xx}}\sigma^2\right)$.

与 $\hat{\beta}_0$ 服从正态分布同样的理由知，$\hat{\beta}_1$ 服从正态分布. (1)已证 $E(\hat{\beta}_1)=\beta_1$，注意到 $Y_1,Y_2,\cdots,Y_n$ 相互独立，有

$$
\begin{aligned}
\operatorname{Var}(\hat{\beta}_1) &= \operatorname{Var}\left(\sum\left[\frac{(x_i-\bar{x})Y_i}{l_{xx}}\right]\right) \\
&= \left[\frac{\sum(x_i-\bar{x})^2\operatorname{Var}(Y_i)}{l_{xx}^2}\right] \\
&= \frac{\sigma^2}{l_{xx}},
\end{aligned}
$$

故 $\hat{\beta}_1 \sim N\left(\beta_1,\dfrac{\sigma^2}{l_{xx}}\right)$. 证毕.

顺便指出，从定理 9.2.1 可以看出，在获取观察数据时如果把 $x_1,x_2,\cdots,x_n$ 取的分散一点，可使 $l_{xx}=\sum(x_i-\bar{x})^2$ 增大，从而可以减小 $\hat{\beta}_0$ 和 $\hat{\beta}_1$ 的方差，提高这两个估计的精度.

### 9.2.2　$\sigma^2$ 的估计

$\sigma^2$ 是一个很重要的参数，它反映了模型误差以及观察误差的大小. 下面就来研究 $\sigma^2$ 的估计. 记

$$
\hat{\varepsilon}_i = Y_i-\hat{Y}_i = Y_i-(\hat{\beta}_0+\hat{\beta}_1x_i),\quad i=1,2,\cdots,n .
$$

这里的 $\hat{\varepsilon}_i$ 称为**第 $i$ 次观察的残差**，简称**残差**. 它是 $x_i$ 处的观察值 $Y_i$ 与回归值 $\hat{Y}_i$ 之差. 容易看出，$\sum\hat{\varepsilon}_i=0$ .

$$\text{RSS} \triangleq \sum(\hat{\varepsilon}_i)^2 = \sum(Y_i - \hat{Y}_i)^2, \tag{9.2.16}$$

称为**残差平方和**(residual sum of squares, RSS). 残差平方和还有如下的便于计算的表示式：

$$\text{RSS} = l_{yy} - \hat{\beta}_1^2 l_{xx} \tag{9.2.17}$$

$$= l_{yy} - \hat{\beta}_1 l_{xy}. \tag{9.2.18}$$

因为$\sigma^2 = \text{Var}(\varepsilon) = E(\varepsilon^2)$，所以很自然地想到通过残差平方和 RSS 去估计$\sigma^2$. 下面不加证明地给出如下定理：

**定理 9.2.2** 对于模型(9.2.3), $\hat{\sigma}^2 = \dfrac{\text{RSS}}{n-2} = \dfrac{1}{n-2}\sum(Y_i - \hat{Y}_i)^2$是$\sigma^2$的无偏估计.

**例 9.2.2** 求例 9.2.1 中误差方差$\sigma^2$的无偏估计$\hat{\sigma}^2$.

**解** 例 9.2.1 中已求出$l_{xy} = 435.8, l_{yy} = 75.06, \hat{\beta}_1 = 0.1699$. 由(9.2.18),

$$\text{RSS} = 75.06 - 0.1699 \times 435.8 = 1.0176,$$

所以$\hat{\sigma}^2 = \dfrac{1.0176}{10-2} = 0.1272$.

关于残差平方和还有下面的定理：

**定理 9.2.3** 对一元线性回归模型(9.2.3), 若进一步假定随机误差$\varepsilon_i \sim N(0, \sigma^2)$, $i = 1, 2, \cdots, n$，则有

(1) $\dfrac{\text{RSS}}{\sigma^2} = \dfrac{(n-2)\hat{\sigma}^2}{\sigma^2} \sim \chi^2(n-2)$；

(2) RSS 与$\hat{\beta}_0$和$\hat{\beta}_1$相互独立.

本定理的证明从略. 本定理在“回归方程的显著性检验”部分要用到.

因为$\text{RSS} = \sum(Y_i - \hat{\beta}_0 - \hat{\beta}_1 x_i)^2$满足约束条件

$$\sum(Y_i - \hat{\beta}_0 - \hat{\beta}_1 x_i) = 0 \text{ 和 } \sum(Y_i - \hat{\beta}_0 - \hat{\beta}_1 x_i)x_i = 0$$

(这两个式子实际上就是正规方程组), 所以残差平方和 RSS 的自由度为$n-2$.

### 9.2.3 回归方程的显著性检验

本节前面的结果都是基于模型(9.2.3)获得的, 也就是在“$Y$关于$x$的回归是$x$的线性函数$\mu(x) = \beta_0 + \beta_1 x$”这个假定之下获得的. 在处理实际问题时, 这个模型是否与实际相符? 当然可以根据有关的专业知识和经验作出判断. 作为数理统计

这门学科, 则可以根据所获得的数据资料用假设检验的方法来作出判断.

判断模型(9.2.3)是否与实际相符需要检验的假设是

$$H_0:\beta_1=0,\ \ H_1:\beta_1\neq 0. \tag{9.2.19}$$

若假设 $H_0:\beta_1=0$ 被拒绝, 这说明"$Y$ 关于 $x$ 的回归是 $x$ 的线性函数"这个假定与实际相符, 认为线性回归效果是显著的; 反之, 若 $H_0$ 被接受, 则认为线性回归效果不显著. 引起线性回归效果不显著通常有如下一些原因:

(1) 影响因变量 $Y$ 的变量除了 $x$ 之外还有其他不可忽略的变量;

(2) $Y$ 与 $x$ 的关系不是线性的, 而是非线性的;

(3) $Y$ 与 $x$ 没有关系.

在考虑检验假设(9.2.19), 以及在确认"线性回归效果显著"以后所做的工作(求 $\beta_1$ 的置信区间和预测等)都在模型(9.2.3)的假设之外还要求 $\varepsilon_i\sim N(0,\sigma^2)$, $i=1,2,\cdots,n$. 本节以下都对 $\varepsilon_i$ 作这样的假设.

下面用 $t$ 检验法来检验假设(9.2.19).

由定理 9.2.1, 当假设 $H_0:\beta_1=0$ 为真时, $\hat{\beta}_1\sim N\left(0,\dfrac{\sigma^2}{l_{xx}}\right)$, 即 $\hat{\beta}_1\dfrac{\sqrt{l_{xx}}}{\sigma}\sim N(0,1)$. 由定理 9.2.3, $\mathrm{RSS}/\sigma^2\sim\chi^2(n-2)$ 且 RSS 与 $\hat{\beta}_1$ 独立. 根据 $t$ 分布的定义, 当 $H_0:\beta_1=0$ 为真时,

$$\hat{\beta}_1\frac{\sqrt{l_{xx}}}{\hat{\sigma}}=\frac{\hat{\beta}_1\sqrt{l_{xx}}}{\sqrt{\mathrm{RSS}/(n-2)}}=\frac{\hat{\beta}_1\sqrt{l_{xx}}/\sigma}{\sqrt{\mathrm{RSS}/[(n-2)\sigma^2]}}\sim t(n-2).$$

检验假设(9.2.19)的检验统计量可取为

$$t=\hat{\beta}_1\frac{\sqrt{l_{xx}}}{\hat{\sigma}}=\frac{\hat{\beta}_1\sqrt{l_{xx}}}{\sqrt{\mathrm{RSS}/(n-2)}}. \tag{9.2.20}$$

由样本观察值算出 $t$ 的值, 当 $|t|\geqslant t_{1-\alpha/2}(n-2)$ 时拒绝 $H_0$, 认为线性回归效果显著; 当 $|t|<t_{1-\alpha/2}(n-2)$ 时接受 $H_0$, 认为线性回归效果不显著.

**例 9.2.3** 试说明例 9.2.1 中的线性回归效果是否显著($\alpha=0.01$).

**解** 要在水平 $\alpha=0.01$ 下检验如下假设:

$$H_0:\beta_1=0,\ \ H_1:\beta_1\neq 0.$$

在例 9.2.1 和例 9.2.2 中已分别算出 $l_{xx}=2565.6$, $\hat{\beta}_1=0.1699$, $\hat{\sigma}^2=0.1272$, 故

$\hat{\sigma}=0.3567$，由式(9.2.20)，$t=\dfrac{0.1699\times\sqrt{2565.6}}{0.3567}=24.1260$，查 $t$ 分布分位数表(附表 3)知 $t_{0.995}(8)=3.3554$，因为 $|t|=24.1260>3.3554$，所以拒绝 $H_0$，线性回归效果是显著的.

## 9.2.4　回归系数 $\beta_1$ 的置信区间

当线性回归效果显著，即接受 $H_1:\beta_1\neq 0$ 时，常需对回归系数 $\beta_1$ 作区间估计. 可以取

$$\frac{\hat{\beta}_1-\beta_1}{\hat{\sigma}}\sqrt{l_{xx}}=\frac{(\hat{\beta}_1-\beta_1)\sqrt{l_{xx}}}{\sqrt{\mathrm{RSS}/(n-2)}}$$

作为枢轴量. 可以证明这个枢轴量服从自由度为 $n-2$ 的 $t$ 分布，所以 $\beta_1$ 的置信水平为 $1-\alpha$ 的置信区间为

$$\left(\hat{\beta}_1-t_{1-\alpha/2}(n-2)\frac{\hat{\sigma}}{\sqrt{l_{xx}}},\ \hat{\beta}_1+t_{1-\alpha/2}(n-2)\frac{\hat{\sigma}}{\sqrt{l_{xx}}}\right). \tag{9.2.21}$$

**例 9.2.4**　求例 9.2.1 中回归系数 $\beta_1$ 的置信水平为 95%的置信区间.

**解**　例 9.2.3 已得出此线性回归效果是显著的结论. 由前面几个例子已算得的数据知道

$$\hat{\beta}_1\pm t_{1-\alpha/2}(n-2)\frac{\hat{\sigma}}{\sqrt{l_{xx}}}=0.1699\pm 2.3060\times\frac{0.3567}{\sqrt{2565.6}}=0.1699\pm 0.0162.$$

所以 $\beta_1$ 的置信水平为 95%的置信区间为(0.1537, 0.1861).

## 9.2.5　预测

如果经检验，回归方程的线性回归效果是显著的，那么就可以用已经获得的回归方程 $\hat{Y}=\hat{\beta}_0+\hat{\beta}_1x$ 对 $Y$ 进行预测.

对于自变量 $x$ 的给定值 $x_0$，与之对应的因变量 $Y_0$ 有时因种种原因不便观察. 所谓**预测**(或称**预报**)，就是以一定的置信水平预测与 $x_0$ 对应的 $Y_0$ 的取值范围.

在求出 $\hat{\beta}_0$ 和 $\hat{\beta}_1$ 后，回归值 $\hat{Y}_0=\hat{\beta}_0+\hat{\beta}_1x_0$ 已知($\hat{Y}_0$ 又称为对于 $Y_0$ 的**点预测**)，$\hat{Y}_0$ 是 $Y_0$ 的数学期望 $E(Y_0)=\beta_0+\beta_1x_0$ 的估计，所以我们考虑其差 $Y_0-\hat{Y}_0$. 可以证明 $\hat{Y}_0\sim N\left(\beta_0+\beta_1x_0,\left[\dfrac{1}{n}+\dfrac{(\overline{x}-x_0)^2}{l_{xx}}\right]\sigma^2\right)$.

因为 $Y_0,Y_1,\cdots,Y_n$ 相互独立，而 $\hat{Y}_0$ 只与 $Y_1,Y_2,\cdots,Y_n$ 有关，所以 $Y_0$ 和 $\hat{Y}_0$ 相互独立，从而可得

$$Y_0-\hat{Y}_0\sim N\left(0,\left[1+\frac{1}{n}+\frac{(\overline{x}-x_0)^2}{l_{xx}}\right]\sigma^2\right),$$

即

$$\frac{Y_0-\hat{Y}_0}{\sigma\sqrt{1+1/n+(\overline{x}-x_0)^2/l_{xx}}}\sim N(0,1). \tag{9.2.22}$$

式(9.2.22)尚不能用于预测，因为除了预测对象 $Y_0$ 之外 $\sigma$ 也是未知的. 可以证明式(9.2.22)中的 $\sigma$ 用 $\hat{\sigma}$ 代替后，

$$\frac{Y_0-\hat{Y}_0}{\hat{\sigma}\sqrt{1+1/n+(\overline{x}-x_0)^2/l_{xx}}}\sim t(n-2), \tag{9.2.23}$$

对于给定的 $\alpha$，由

$$P\left\{\frac{|Y_0-\hat{Y}_0|}{\hat{\sigma}\sqrt{1+1/n+(\overline{x}-x_0)^2/l_{xx}}}<t_{1-\alpha/2}(n-2)\right\}=1-\alpha,$$

得

$$P\left\{\hat{Y}_0-t_{1-\alpha/2}(n-2)\hat{\sigma}\sqrt{1+\frac{1}{n}+\frac{(\overline{x}-x_0)^2}{l_{xx}}}<Y_0\right.$$

$$\left.<\hat{Y}_0+t_{1-\alpha/2}(n-2)\hat{\sigma}\sqrt{1+\frac{1}{n}+\frac{(\overline{x}-x_0)^2}{l_{xx}}}\right\}=1-\alpha.$$

区间

$$\left(\hat{Y}_0-t_{1-\alpha/2}(n-2)\hat{\sigma}\sqrt{1+\frac{1}{n}+\frac{(\overline{x}-x_0)^2}{l_{xx}}},\right.$$

$$\left.\hat{Y}_0+t_{1-\alpha/2}(n-2)\hat{\sigma}\sqrt{1+\frac{1}{n}+\frac{(\overline{x}-x_0)^2}{l_{xx}}}\right) \tag{9.2.24}$$

称为 $Y_0$ 的置信水平为 $1-\alpha$ 的**预测区间**.

这里的预测区间与 7.3 节区间估计部分所说的置信区间不同. 作为区间估计的置信区间是对未知参数而作的，而这里的预测区间是对随机变量 $Y_0$ 而作的.

若记 $\delta(x_0)\triangleq t_{1-\alpha/2}(n-2)\hat{\sigma}\sqrt{1+\frac{1}{n}+\frac{(\overline{x}-x_0)^2}{l_{xx}}}$，$\hat{Y}(x_0)\triangleq\hat{\beta}_0+\hat{\beta}_1x_0=\hat{Y}_0$，则 $Y_0$ 的预测区间可简写成

$$\left(\hat{Y}(x_0)-\delta(x_0),\hat{Y}(x_0)+\delta(x_0)\right) . \tag{9.2.25}$$

$Y_0$ 的预测区间宽度为 $2\delta(x_0)$．在置信水平给定的情况下，预测区间的宽度当然是越窄越好．当置信水平与样本观察值给定时，$\delta(x_0)$ 仅与 $x_0$ 有关，从 $\delta(x_0)$ 的表示式可以看出，$x_0$ 越靠近 $\overline{x}$，预测区间的宽度 $2\delta(x_0)$ 越窄，预测精度越高；$x_0$ 离 $\overline{x}$ 越远，预测区间越宽，预测精度越差(图 9.2.3).

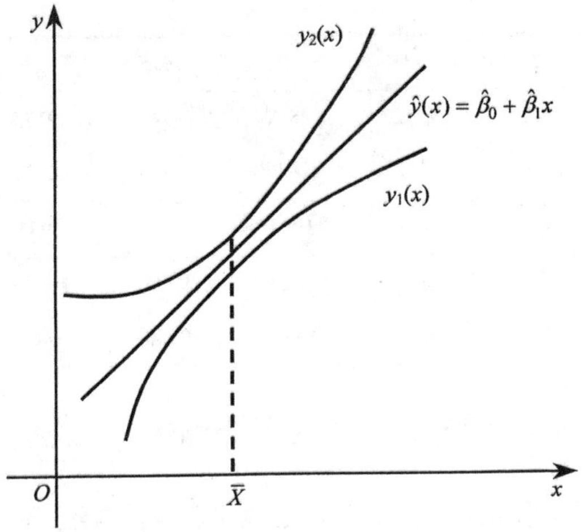


图 9.2.3 $Y_0$ 的预测区间的示意图

**例 9.2.5** 在例 9.2.1 中取 $x_0$=58℃，求 $Y_0$ 的点预测与置信水平为 95%的预测区间.

**解** 由 $\hat{Y}_0=\hat{\beta}_0+\hat{\beta}_1x_0$ 即可算出 $x_0=58$ 时 $Y_0$ 的点预测 $\hat{Y}_0=13.8326+0.1699\times58=23.6868$，又

$$\begin{aligned}&\hat{Y}_0\pm t_{1-\alpha/2}(n-2)\hat{\sigma}\sqrt{1+\frac{1}{n}+\frac{(\overline{x}-x_0)^2}{l_{xx}}}\\&=23.6868\pm t_{0.975}(8)\times0.3567\sqrt{1+\frac{1}{10}+\frac{(58-62.8)^2}{2565.6}}\\&=23.6868\pm2.3060\times0.3567\times1.0531\\&=23.6868\pm0.8662,\end{aligned}$$

$Y_0$ 的置信水平为 95%的预测区间为 (22.8206, 24.5530).

## 习 题 9.2

1. 合金的比热与它所含的镍有关, 对某种合金的比热($Y$)与含镍量($x$)作了 10 次测量, 其数据如下表:

| $x$/% | 0 | 0.2 | 0.4 | 0.5 | 0.6 | 0.8 | 0.9 | 1.0 | 1.1 | 1.2 |
|---|---|---|---|---|---|---|---|---|---|---|
| $Y$/(J/(kg · K)) | 0.15 | 0.30 | 0.52 | 0.60 | 0.61 | 0.83 | 0.95 | 1.00 | 1.02 | 1.25 |

画出散点图, 并求 $Y$ 关于 $x$ 的线性回归方程.

2. 下表是 1971~1986 年美国的人均可支配收入($x$)和个人消费($y$)的数据:

| 年 | 1971 | 1972 | 1973 | 1974 | 1975 | 1976 | 1977 | 1978 |
|---|---|---|---|---|---|---|---|---|
| $x$/美元 | 8322 | 8562 | 9042 | 8867 | 8944 | 9175 | 9381 | 9735 |
| $y$/美元 | 7409 | 7726 | 7972 | 7826 | 7926 | 8272 | 8551 | 8808 |
| 年 | 1979 | 1980 | 1981 | 1982 | 1983 | 1984 | 1985 | 1986 |
| $x$/美元 | 9829 | 9722 | 9769 | 9725 | 9930 | 10419 | 10622 | 10947 |
| $y$/美元 | 8904 | 8783 | 8794 | 8818 | 9139 | 9489 | 9830 | 10142 |

(1) 画出散点图; (2) 若把收入($x$)看作自变量, 消费($y$)看作因变量, 求 $y$ 关于 $x$ 的线性回归方程.

3. 钢材的磨耗损失与其 Rockwell 硬度有关. 对某种钢材的磨耗损失($Y$)与 Rockwell 硬度($x$)作了 8 次测量, 其结果如下表:

| Rockwell 硬度 | 60 | 62 | 63 | 67 | 70 | 74 | 79 | 81 |
|---|---|---|---|---|---|---|---|---|
| 磨耗损失 | 251 | 245 | 246 | 233 | 221 | 202 | 188 | 170 |

由经验知道, $Y_i$ 与 $x_i$ 之间有下述关系:

$$Y_i = \beta_0 + \beta_1 x_i + \varepsilon_i, \quad i = 1,2,\cdots,8,$$

其中, $E(\varepsilon_i) = 0$, $\mathrm{Var}(\varepsilon_i) = \sigma^2$, 且各 $\varepsilon_i$ 互不相关.

(1) 求 $\beta_0$ 和 $\beta_1$ 的最小二乘估计和线性回归方程;

(2) 求 $\sigma^2$ 的无偏估计 $\hat{\sigma}^2$.

4. 除第 3 题的已知条件外, 还假定 $\varepsilon_i \sim N(0,\sigma^2)$ $(i = 1,2,\cdots,8)$,

(1) 试检验线性回归效果是否显著($\alpha = 0.01$);

(2) 若回归效果显著, 求 $\beta_1$ 的置信水平为 0.95 的置信区间;

(3) 求 $x_0=75$ 处 $Y_0$ 的置信水平为 0.95 的预测区间.

## 9.3 可线性化的一元非线性回归

在实际问题中，自变量 $x$ 与因变量 $Y$ 之间的关系不一定是线性相关关系. 若是用线性回归的方法求出线性回归方程，用它来代表原来的非线性相关关系，其效果不会好. 这里采取的方法是设法通过适当的变换将原来的非线性相关关系转化为新变量之间的线性相关关系，然后用一元线性回归的方法求出新变量的回归方程，最后代入原变量获得关于原变量的回归方程. 常用于解决可线性化的一元非线性回归问题的 6 种曲线见表 9.3.1，相应的图形见图 9.3.1~图 9.3.6.

**表 9.3.1 部分常见的曲线函数**

| 序号 | 曲线 | 变换 | 变换后的线性式 |
|---|---|---|---|
| (1) | 双曲函数 $y=\dfrac{x}{ax+b}$ | $u=\dfrac{1}{y},v=\dfrac{1}{x}$ | $u=a+bv$ |
| (2) | 幂函数 $y=ax^b$ | $u=\ln y,v=\ln x$ | $u=\ln a+bv$ |
| (3) | 指数函数 $y=ae^{bx}$ | $u=\ln y$ | $u=\ln a+bx$ |
| (4) | 对数函数 $y=a+b\ln x$ | $v=\ln x$ | $y=a+bv$ |
| (5) | 倒指数函数 $y=ae^{b/x}$ | $u=\ln y$， $v=\dfrac{1}{x}$ | $u=\ln a+bv$ |
| (6) | S 型曲线 $y=\dfrac{1}{a+be^{-x}}$ | $u=\dfrac{1}{y}$， $v=e^{-x}$ | $u=a+bv$ |

(1) 双曲函数曲线 $y=\dfrac{x}{ax+b}$.

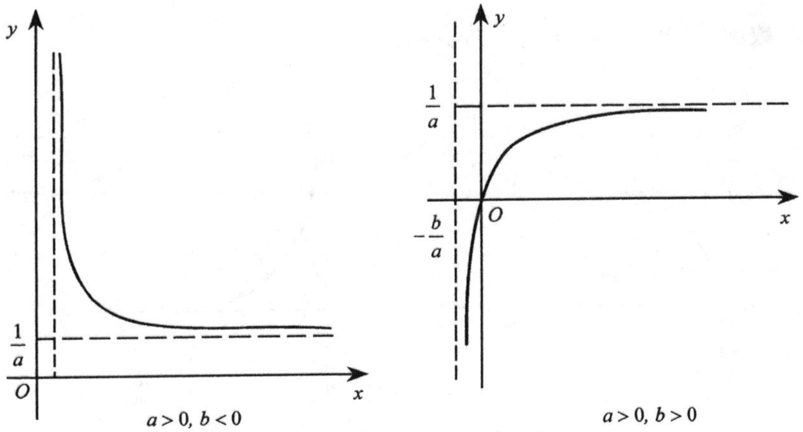


图 9.3.1 双曲线的图形

(2) 幂函数曲线 $y = ax^b\ (x > 0)$.

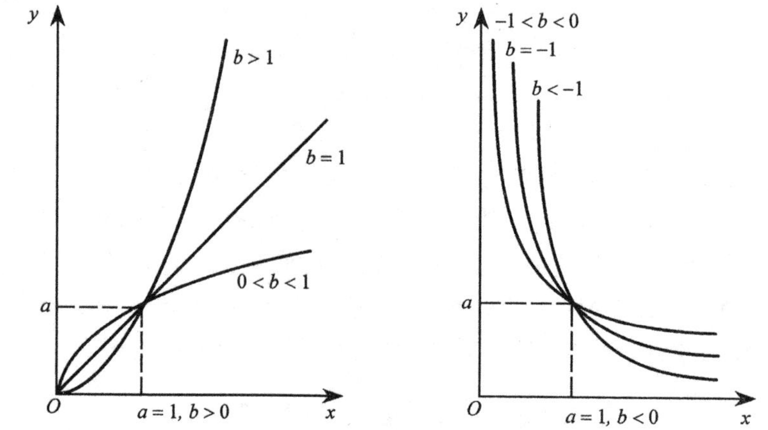


图 9.3.2　幂函数曲线的图形

(3) 指数函数曲线 $y = ae^{bx}$.

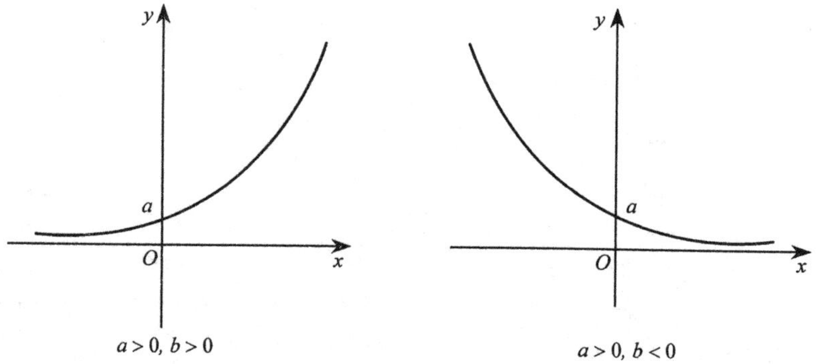


图 9.3.3　指数曲线的图形

(4) 对数函数曲线 $y = a + b\ln x\ (x > 0)$.

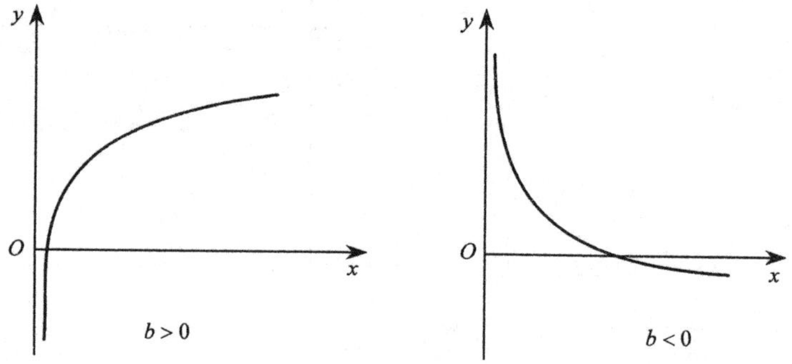


图 9.3.4　对数曲线的图形

(5) 倒指数函数曲线 $y=ae^{b/x}\ (x>0)$.

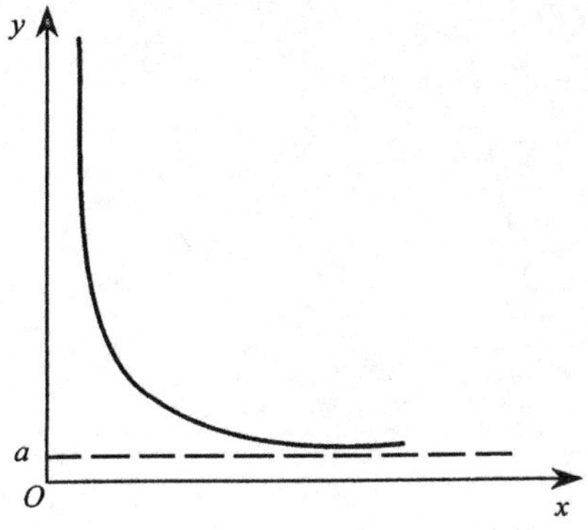


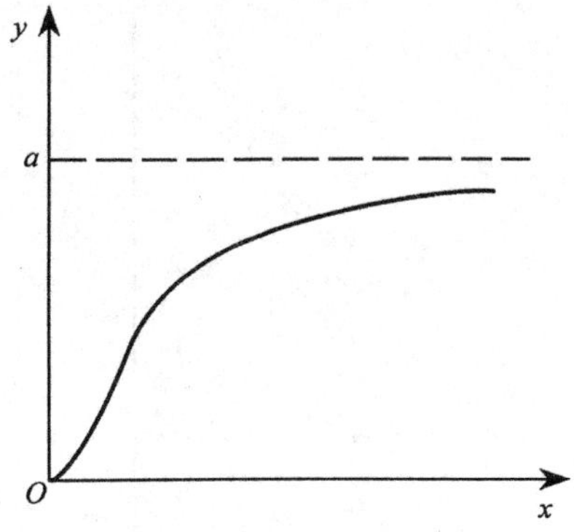


图 9.3.5　倒指数曲线的图形

(6) S 型曲线 $y=\dfrac{1}{a+be^{-x}}$.

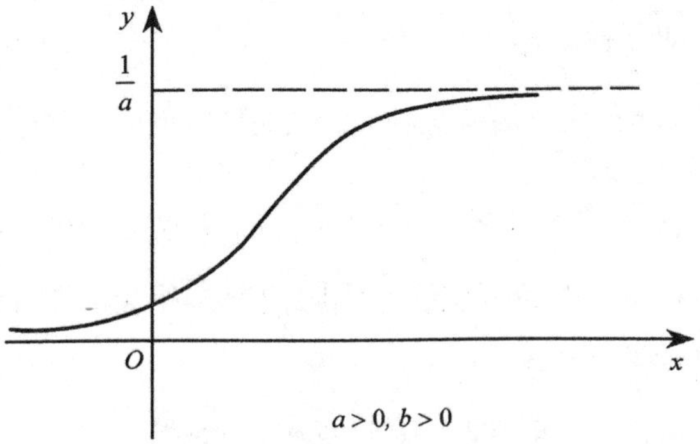


图 9.3.6　S 型曲线的图形

通过下面的例子来说明如何使用这些曲线获得可线性化的非线性回归模型的回归方程.

**例 9.3.1**　一只红铃虫的产卵数 $Y$ 和温度 $x$ 有关. 经观测获得一组红铃虫产卵数与温度的数据如表 9.3.2 所示. 试求 $Y$ 关于 $x$ 的回归方程.

**表 9.3.2　红铃虫产卵数 $Y$ 和温度 $x$ 的数据**

| 编号 | 1 | 2 | 3 | 4 | 5 | 6 | 7 |
|---|---|---|---|---|---|---|---|
| 温度 $x$/℃ | 21 | 23 | 25 | 27 | 29 | 32 | 35 |
| 产卵数 $Y$ | 7 | 11 | 21 | 24 | 66 | 115 | 325 |

**解**　为了确定 $Y$ 与 $X$ 的相关关系, 先根据这组数据画出散点图(图 9.3.7). 从

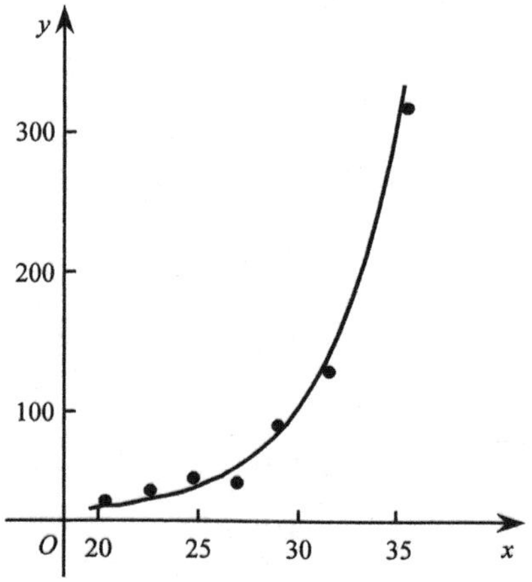


图 9.3.7　红铃虫产卵数与温度的散点图

这张图可以看出, $Y$ 与 $x$ 之间的关系是非线性的. 对照图 9.3.1~图 9.3.6 知道, 可用指数函数 $y=\beta_0 e^{\beta_1 x}$ 来描述红铃虫产卵数 $Y$ 与温度 $x$ 之间的关系. 作变换 $u=\ln y, \alpha=\ln \beta_0$ 得如下模型:

$$u_i=\alpha+\beta_1 x_i+\varepsilon_i, \quad i=1,2,\cdots,7,$$

$$E(\varepsilon_i)=0, \quad \operatorname{Var}(\varepsilon_i)=\sigma^2, \quad \operatorname{Cov}(\varepsilon_i,\varepsilon_j)=0, \quad i,j=1,2,\cdots,7; i\neq j.$$

这样就可以将 $y$ 与 $x$ 之间的非线性回归问题转化为 $u$ 与 $x$ 之间的线性回归问题. 表 9.3.2 的数据经变换成表 9.3.3 的数据.

**表 9.3.3　$u=\ln y$ 和 $x$ 的数据**

| 编号 | 1 | 2 | 3 | 4 | 5 | 6 | 7 |
|---|---|---|---|---|---|---|---|
| $x$ | 21 | 23 | 25 | 27 | 29 | 32 | 35 |
| $u=\ln y$ | 1.9459 | 2.3979 | 3.0445 | 3.1781 | 4.1897 | 4.7449 | 5.7838 |

根据这些数据可算得 $\alpha$ 与 $\beta_1$ 的最小二乘估计. 经计算, 有

$$\sum x_i=192, \quad \bar{x}=27.4286, \quad \sum x_i^2=5414, \quad l_{xx}=147.7143,$$

$$\sum u_i=25.2848, \quad \bar{u}=3.6121, \quad \sum x_i u_i=733.7079, \quad l_{xu}=40.1820,$$

$$\hat{\beta}_1=\frac{l_{xu}}{l_{xx}}=\frac{40.1820}{147.7143}=0.2720,$$

$$\hat{\alpha}=\overline{u}-\hat{\beta}_1\overline{x}=3.6121-0.2720\times 27.4286=-3.8485 .$$

于是得 $U$ 关于 $x$ 的回归方程 $\hat{U}=-3.8485+0.2720x$. 化为 $Y$ 关于 $x$ 的回归方程为

$$\hat{Y}=\exp\{-3.8485+0.2720x\}=0.02131\mathrm{e}^{0.272x} .$$

### 习 题 9.3

1. 在彩色显像中，由以往的经验知道，形成染料光学密度 $y$ 与析出银的光学密度 $x$ 之间有以下类型的关系式：

$$y=a\mathrm{e}^{-b/x},\quad b>0.$$

现对 $y$ 及 $x$ 作 11 次观察，获得以下数据：

| $x$ | 0.05 | 0.06 | 0.07 | 0.10 | 0.14 | 0.20 | 0.25 | 0.31 | 0.38 | 0.43 | 0.47 |
|---|---|---|---|---|---|---|---|---|---|---|---|
| $y$ | 0.10 | 0.14 | 0.23 | 0.37 | 0.59 | 0.79 | 1.00 | 1.12 | 1.19 | 1.25 | 1.29 |

求：$Y$ 关于 $x$ 的曲线回归方程.

## 9.4 单因素试验方差分析

方差分析是对试验结果作数据分析的重要工具. 一般地，影响试验结果的因素有很多，如某种产品的质量，会受到如反应温度、压力、催化剂等可控因素的影响，此外还会受到一些随机因素(如气温等)的影响. 这些因素中，哪些因素的影响比较显著，哪些不太显著，这是我们所关心的. 方差分析就是对试验结果进行数据分析，推断各因素对试验结果影响是否显著的一种有效的方法.

试验中要观察的数据称为**指标**，如元件的使用寿命、电路的响应时间等. 影响试验指标的条件称为**因素**，用 $A, B, C$ 等表示. 因素在试验中所处的不同状态称为**水平**，因素 $A$ 的 $r$ 个不同水平分别用 $A_1, A_2, \cdots, A_r$ 表示. 若试验中只有一个因素在改变，称这种试验为**单因素试验**，若多于一个因素在改变，则称这种试验为**多因素试验**. 本书只介绍**单因素试验方差分析的方法**.

### 9.4.1 基本思想与数学模型

**例 9.4.1** 某厂用四种不同配料方案制成灯丝，生产了四批灯泡. 在每批灯泡中随机地抽取若干灯泡，测得其使用寿命(单位：h)如表 9.4.1 所示. 问这四批灯泡的使用寿命有无显著差异.

**表 9.4.1　灯泡的寿命数据**

| 灯泡种类 \ 使用寿命 \ 抽取灯泡号 | 1 | 2 | 3 | 4 | 5 | 6 | 7 | 8 |
|---|---|---|---|---|---|---|---|---|
| $A_1$ | 1600 | 1610 | 1650 | 1680 | 1700 | 1720 | 1800 | |
| $A_2$ | 1580 | 1640 | 1640 | 1700 | 1750 | | | |
| $A_3$ | 1460 | 1550 | 1600 | 1620 | 1640 | 1660 | 1740 | 1820 |
| $A_4$ | 1510 | 1520 | 1530 | 1570 | 1600 | 1680 | | |

此例中，试验的指标是灯泡的使用寿命，因素 $A$ 是配料方案，$A_i(i=1,2,3,4)$是 $A$ 的 4 个水平，指 4 种不同的配料方案.

从表中数据可以看出，即使在同一配料方案下，灯泡的使用寿命也不尽相同，这种差异是由于试验受到随机性因素影响而引起的．在因素 $A$ 的某个水平 $A_i(i=1,2,3,4)$下进行试验，所得灯泡的使用寿命为一个随机变量，记为 $X_i$，它与数学期望$E(X_i)$的偏差为随机误差，一般认为这类随机误差$X_i-E(X_i)$服从数学期望为 0 的正态分布.

把每一种配料方案下灯泡的使用寿命 $X_i$ 看作一个总体，$i=1,2,3,4$．由于试验的其他条件不变，因此可认为这四个总体的方差是相同的．设

$$X_i \sim N(\mu_i, \sigma^2),\ i=1,2,3,4.$$

从四个总体中分别抽取容量为 $n_i$ 的样本：

$$X_{i1}, X_{i2}, \cdots, X_{in_i}, \quad i=1,2,3,4.$$

试验的目的就是检验假设：

$$H_0:\ \mu_1=\mu_2=\mu_3=\mu_4$$

是否成立.

直观的想法是，若因素不同水平下的数据间的偏差与随机误差相差不大，则认为四个总体的数学期望无显著差异；反之则认为四个总体的数学期望有显著差异.

一般地，考察如下数学模型：

设因素 $A$ 有 $r$ 个不同水平 $A_1, A_2, \cdots, A_r$，在水平 $A_i$ 下的总体记为 $X_i$，设

$$X_i \sim N(\mu_i, \sigma^2),\ i=1,2,\cdots,r,$$

且各总体相互独立.

在水平 $A_i$ 下进行 $n_i$ 次独立试验，获得样本 $X_{i1}, X_{i2}, \cdots, X_{in_i}$，其中

$$X_{ij} \sim N(\mu_i, \sigma^2), j = 1, 2, \cdots, n_i; i = 1, 2, \cdots, r,$$

且所有的 $X_{ij}$ 相互独立. 试验结果如表 9.4.2 所示.

**表 9.4.2 单因素方差分析的数据表**

| 水平 \ 指标 \ 序号 | 1 | 2 | … | $j$ | … | $n_i$ |
|---|---|---|---|---|---|---|
| $A_1$ | $x_{11}$ | $x_{12}$ | … | $x_{1j}$ | … | $x_{1n_1}$ |
| $A_2$ | $x_{21}$ | $x_{22}$ | … | $x_{2j}$ | … | $x_{2n_2}$ |
| ⋮ | ⋮ | ⋮ | | ⋮ | | ⋮ |
| $A_i$ | $x_{i1}$ | $x_{i2}$ | … | $x_{ij}$ | … | $x_{in_i}$ |
| ⋮ | ⋮ | ⋮ | | ⋮ | | ⋮ |
| $A_r$ | $x_{r1}$ | $x_{r2}$ | … | $x_{rj}$ | … | $x_{rn_r}$ |

令 $\varepsilon_{ij} = X_{ij} - \mu_i\ (j = 1, 2, \cdots, n_i; i = 1, 2, \cdots, r)$，则 $\varepsilon_{ij}$ 为水平 $A_i$ 下第 $j$ 次试验的误差，$\varepsilon_{ij} \sim N(0, \sigma^2)$，于是单因素试验方差分析的数学模型为

$$\begin{cases} X_{ij} = \mu_i + \varepsilon_{ij}, \\ \varepsilon_{ij} \sim N(0, \sigma^2), \end{cases} \quad j = 1, 2, \cdots, n_i; i = 1, 2, 3, \cdots, r, \tag{9.4.1}$$

其中 $\varepsilon_{ij}$ 相互独立.

以上数学模型含有三个基本假定：正态性、方差齐性与独立性，即

(1) 总体 $X_i (i = 1, 2, \cdots, r)$ 均服从正态分布；

(2) 各总体方差相等；

(3) $X_{ij}$ 间相互独立.

在应用时要予以注意. 一般地，试验为随机试验，则可使(3)成立.

记 $\mu = \dfrac{1}{n}\sum\limits_{i=1}^{r} n_i \mu_i \left( n = \sum\limits_{i=1}^{r} n_i \right)$，称 $\mu$ 为**总平均值**. 又记 $\delta_i = \mu_i - \mu$，称 $\delta_i$ 为因素 $A$ 的第 $i$ 个水平 $A_i$ 对指标的**效应**. 这样 $\mu_i$ 之间的差异等价于 $\delta_i$ 之间的差异，且 $X_{ij}$ 可分解为

$$X_{ij} = \mu + \delta_i + \varepsilon_{ij}, \tag{9.4.2}$$

称式(9.4.2)为指标 $X_{ij}$ 的效应分解式. 易证 $\sum_{i=1}^{r} n_i\delta_i = 0$. 于是上述数学模型(9.4.1)可等价地表为如下形式：

$$\begin{cases} X_{ij} = \mu + \delta_i + \varepsilon_{ij}, \\ \sum_{i=1}^{r} n_i\delta_i = 0, \quad j = 1,2,\cdots,n_i; i = 1,2,\cdots,r, \\ \varepsilon_{ij} \sim N(0,\sigma^2). \end{cases} \tag{9.4.3}$$

其中 $\varepsilon_{ij}$ 相互独立.

单因素试验方差分析的主要任务是, 对模型(9.4.1)检验假设：

$$H_0: \mu_1 = \mu_2 = \cdots = \mu_r, \quad H_1: \mu_1, \mu_2, \cdots, \mu_r \text{不全相等},$$

或等价地对模型(9.4.3)检验假设：

$$H_0: \delta_1 = \delta_2 = \cdots = \delta_r = 0, \quad H_1: \delta_1, \delta_2, \cdots, \delta_r \text{不全为零}. \tag{9.4.4}$$

### 9.4.2　统计分析

下面来导出检验假设(9.4.4)的检验统计量.

1. 平方和分解

记 $\overline{X} = \frac{1}{n}\sum_{i=1}^{r}\sum_{j=1}^{n_i} X_{ij}$, 其中 $n = n_1 + n_2 + \cdots + n_r$, 则 $\overline{X}$ 为所有指标的总平均. 考察统计量

$$S_T = \sum_{i=1}^{r}\sum_{j=1}^{n_i}(X_{ij} - \overline{X})^2,$$

它反映了所有指标与总平均 $\overline{X}$ 差异的大小, 称它为**总离差平方和**. 对 $S_T$ 作如下分解：

$$\begin{aligned} S_T &= \sum_{i=1}^{r}\sum_{j=1}^{n_i}(X_{ij} - \overline{X})^2 = \sum_{i=1}^{r}\sum_{j=1}^{n_i}[(X_{ij} - \overline{X}_i) + (\overline{X}_i - \overline{X})]^2 \\ &= \sum_{i=1}^{r}\sum_{j=1}^{n_i}(X_{ij} - \overline{X}_i)^2 + 2\sum_{i=1}^{r}\sum_{j=1}^{n_i}(X_{ij} - \overline{X}_i)(\overline{X}_i - \overline{X}) + \sum_{i=1}^{r}\sum_{j=1}^{n_i}(\overline{X}_i - \overline{X})^2, \end{aligned} \tag{9.4.5}$$

其中，$\overline{X}_i = \dfrac{1}{n_i}\sum_{j=1}^{n_i} X_{ij}$ 是来自总体$X_i$的样本 $X_{i1}, X_{i2}, \cdots, X_{in_i}$ 的均值. 式(9.4.5)中的第二项

$$2\sum_{i=1}^{r}\sum_{j=1}^{n_i}(X_{ij}-\overline{X}_i)(\overline{X}_i-\overline{X}) = 2\sum_{i=1}^{r}\left[(\overline{X}_i-\overline{X})\sum_{j=1}^{n_i}(X_{ij}-\overline{X}_i)\right],$$

其中$\sum_{j=1}^{n_i}(X_{ij}-\overline{X}_i) = \sum_{j=1}^{n_i}X_{ij}-n_i\overline{X}_i=0$，所以这一项为 0. 由此知式(9.4.5)可化简为

$$S_T=\sum_{i=1}^{r}\sum_{j=1}^{n_i}(X_{ij}-\overline{X}_i)^2+\sum_{i=1}^{r}\sum_{j=1}^{n_i}(\overline{X}_i-\overline{X})^2,$$

记

$$S_e=\sum_{i=1}^{r}\sum_{j=1}^{n_i}(X_{ij}-\overline{X}_i)^2,\quad S_A=\sum_{i=1}^{r}\sum_{j=1}^{n_i}(\overline{X}_i-\overline{X})^2, \tag{9.4.6}$$

则有分解式

$$S_T=S_e+S_A. \tag{9.4.7}$$

第一项 $S_e=\sum_{i=1}^{r}\sum_{j=1}^{n_i}(X_{ij}-\overline{X}_i)^2=\sum_{i=1}^{r}(n_i-1)S_i^2$，其中 $S_i^2=\dfrac{1}{(n_i-1)}\sum_{j=1}^{n_i}(X_{ij}-\overline{X}_i)^2$ 为第$i$组样本的样本方差，反映了在同一水平$A_i$下的组内数据间的差异，这些差异是由随机性因素引起的，为试验误差. 所以 $S_e$是各个水平下的总体试验误差的总和，称 $S_e$为**误差平方和，或组内离差平方和**.

第二项 $S_A=\sum_{i=1}^{r}\sum_{j=1}^{n_i}(\overline{X}_i-\overline{X})^2=\sum_{i=1}^{r}n_i(\overline{X}_i-\overline{X})^2$ 反映了各个水平下的样本均值$\overline{X}_i$与总平均$\overline{X}$的差异，这个差异主要由 $A$ 的不同水平引起的，称 $S_A$为**效应平方和，或组间离差平方和**.

分解式(9.4.7)将总离差平方和 $S_T$分解为反映试验误差影响的误差平方和 $S_e$与反映因素 $A$ 影响的效应平方和 $S_A$两部分. 可以证明，

$$\frac{S_e}{\sigma^2}\sim\chi^2(n-r), \tag{9.4.8}$$

且当 $H_0$成立时，$S_e$与 $S_A$相互独立，并有

$$\frac{S_A}{\sigma^2}\sim\chi^2(r-1). \tag{9.4.9}$$

证明从略.

我们可以将 $S_A$ 与 $S_e$ 作比较，来判断因素 $A$ 对指标的影响是否显著. 但平方和的大小与其所含独立数据的个数或自由度有关，为了便于比较，将平方和 $S$ 除以它的自由度 $f$，称其为**均方和**，记作

$$\mathrm{MS}=\frac{S}{f}.$$

比如 $S_A$ 与 $S_e$ 的均方和分别为

$$\mathrm{MS}_A=\frac{S_A}{r-1} \quad 与 \quad \mathrm{MS}_e=\frac{S_e}{n-r}.$$

若 $\mathrm{MS}_A$ 对 $\mathrm{MS}_e$ 的比值较大，说明 A 对指标的影响较显著，反之，当 $\mathrm{MS}_A$ 与 $\mathrm{MS}_e$ 相差不大，则认为 $A$ 对指标的影响不显著.

2. 检验统计量

当式(9.4.4)中 $H_0$ 成立时，统计量

$$F=\frac{\mathrm{MS}_A}{\mathrm{MS}_e}=\frac{S_A/(r-1)}{S_e/(n-r)}\sim F(r-1,n-r).$$

$F$ 就是检验假设(9.4.4)的检验统计量. 当 $H_0$ 不真时，$F$ 有偏大的趋势. 所以对显著性水平 $\alpha(0<\alpha<1)$，若观察值 $F\geqslant F_{1-\alpha}(r-1,\ n-r)$，则拒绝 $H_0$；而若 $F<F_{1-\alpha}(r-1,n-r)$，则观察值与原假设无矛盾，从而接受 $H_0$.

3. 简化公式

**定理 9.4.1** 在单因素试验方差分析的数学模型(9.4.3)中，若记

$$P=\frac{1}{n}\left(\sum_{i=1}^{r}\sum_{j=1}^{n_i}x_{ij}\right)^2=n(\overline{x})^2,$$

$$Q=\sum_{i=1}^{r}\frac{1}{n_i}\left(\sum_{j=1}^{n_i}x_{ij}\right)^2,\quad R=\sum_{i=1}^{r}\sum_{j=1}^{n_i}x_{ij}^2,$$

则有

$$S_A=Q-P,\quad S_e=R-Q,\quad S_T=R-P.$$

证明从略.

当指标值 $x_{ij}$ 较大，为化简计算，可适当选取常数 $a$ 和 $b$，对数据作简化处理：

$$z_{ij}=\frac{x_{ij}-a}{b}. \tag{9.4.10}$$

记 $z_{ij}$ 对应的效应平方和为 $S_A' = \sum_{i=1}^{r}\sum_{j=1}^{n_i}(\overline{z}_i - \overline{z})^2$，误差平方和为 $S_e' = \sum_{i=1}^{r}\sum_{j=1}^{n_i}(z_{ij} - \overline{z}_i)^2$，其中 $\overline{z}_i = \frac{1}{n_i}\sum_{j=1}^{n_i} z_{ij}$，$\overline{z} = \frac{1}{n}\sum_{i=1}^{r}\sum_{j=1}^{n_i} z_{ij}$，则易证

$$\frac{S_A'}{S_e'} = \frac{S_A}{S_e}. \tag{9.4.11}$$

可将计算结果列成表 9.4.3 进行分析.

**表 9.4.3 单因素试验方差分析表**

| 方差来源 | 平方和 | 自由度 | 均方和 | $F$ 值 | 显著性 |
|---|---|---|---|---|---|
| 因素 $A$ | $S_A = Q - P$ | $r-1$ | $\mathrm{MS}_A = S_A/(r-1)$ | $F = \frac{\mathrm{MS}_A}{\mathrm{MS}_e}$ | |
| 误差 $e$ | $S_e = R - Q$ | $n-r$ | $\mathrm{MS}_e = S_e/(n-r)$ | | |
| 总　和 | $S_T = R - P$ | $n-1$ | | | |

在方差分析表中，一般作如下规定：若在水平 $\alpha = 0.01$ 下拒绝 $H_0$，即 $F \geqslant F_{1-0.01}(r-1, n-r)$，则称因素 $A$ **影响高度显著**，并记为“**”；若在水平 $\alpha = 0.05$ 下拒绝 $H_0$，但在 $\alpha = 0.01$ 下不拒绝 $H_0$，即 $F_{1-0.01}(r-1, n-r) > F \geqslant F_{1-0.05}(r-1, n-r)$，则称因素 $A$ **影响显著**，并记为“*”；若在水平 $\alpha = 0.1$ 下拒绝 $H_0$，但在 $\alpha = 0.05$ 下不拒绝 $H_0$，即 $F_{1-0.05}(r-1, n-r) > F \geqslant F_{1-0.1}(r-1, n-r)$，则称因素 $A$ **有一定影响**，并记为“(*)”；若在水平 $\alpha = 0.1$ 时不拒绝 $H_0$，即 $F < F_{1-0.1}(r-1, n-r)$，则称因素 $A$ **无显著影响**.

对例 9.4.1 中的数据 $x_{ij}$ 作如下处理：$z_{ij} = \frac{x_{ij} - 1600}{10}$，将 $z_{ij}$ 的数据列成表 9.4.4.

**表 9.4.4 平方和中间计算表**

| 水平＼指标＼序号 | 1 | 2 | 3 | 4 | 5 | 6 | 7 | 8 | $\sum_j z_{ij}$ | $\frac{1}{n_i}\left(\sum_j z_{ij}\right)^2$ | $\sum_j z_{ij}^2$ |
|---|---|---|---|---|---|---|---|---|---|---|---|
| $A_1$ | 0 | 1 | 5 | 8 | 10 | 12 | 20 | — | 56 | 448 | 734 |
| $A_2$ | −2 | 4 | 4 | 10 | 15 | — | — | — | 31 | 192.2 | 361 |
| $A_3$ | −14 | −5 | 0 | 2 | 4 | 6 | 14 | 22 | 29 | 105.125 | 957 |
| $A_4$ | −9 | −8 | −7 | −3 | 0 | 8 | — | — | −19 | 60.167 | 267 |
| | $r = 4, n = 26$ | | | | | | | | $P = \frac{1}{n}\left(\sum_{i=1}^{r}\sum_{j=1}^{n_i} z_{ij}\right)^2 = \frac{1}{26}(97)^2 = 361.88$ | $Q = \sum_{i=1}^{r}\frac{1}{n_i}\left(\sum_{j=1}^{n_i} z_{ij}\right)^2 = 805.49$ | $R = \sum_{i=1}^{r}\sum_{j=1}^{n_i}(z_{ij})^2 = 2319$ |

计算得 $s'_A = Q - P = 443.61$，$s'_e = R - Q = 1513.51$，

$$F = \frac{s'_A/(r-1)}{s'_e/(n-r)} = \frac{443.61/3}{1513.51/22} = 2.1494.$$

又对 $\alpha = 0.1$，查表得 $F_{1-\alpha}(r-1, n-r) = F_{0.90}(3,22) = 2.35$. 因

$$F = 2.1494 < 2.35 = F_{0.90}(3,22),$$

所以接受 $H_0$，认为因素 $A$(灯丝配料)对灯泡使用寿命无显著影响. 将上述计算、分析过程整理成方差分析表 9.4.5.

**表 9.4.5 例 9.4.1 的方差分析表**

| 方差来源 | 平方和 | 自由度 | 均方和 | $F$ 值 | 显著性 |
|---|---|---|---|---|---|
| 因素 $A$ | $s'_A = 443.61$ | 3 | 147.87 | 2.1494 | 无显著影响 |
| 误差 $e$ | $s'_e = 1513.51$ | 22 | 68.796 | | |
| 总和 | $s'_T = 1957.12$ | 25 | | | |

经过方差分析，发现四批灯泡的使用寿命没有显著差别. 因此，在选择灯丝材料时就可以从其他方面去考虑，如在四种配料方案中选择能使灯泡成本较低的材料等.

4. 参数估计

对因素进行了显著性检验后，如果原假设 $H_0$ 被拒绝，则说明因素对指标的影响显著，即因素的不同水平对应的各总体均值不尽相同，需要对有关的未知参数作出估计. 不难验证，在单因素试验方差分析模型中，

$\hat{\mu} = \overline{X}$ 是 $\mu$ 的无偏估计；

$\hat{\mu}_i = \overline{X}_i$ 是 $\mu_i$ 的无偏估计；

$\hat{\delta}_i = \overline{X}_i - \overline{X}$ 是 $\delta_i$ 的无偏估计；

另外，由于误差均方和 $MS_e$ 的数学期望 $E\left(\frac{S_e}{n-r}\right) = \frac{\sigma^2}{(n-r)} E\left(\frac{S_e}{\sigma^2}\right) = \sigma^2$，所以 $MS_e$ 为 $\sigma^2$ 的一个无偏估计.

进一步可以对$\mu_i$作出区间估计. 从$\mu_i$的无偏点估计$\bar{X}_i$出发寻找$\mu_i$的置信区间. 因为

$$\bar{X}_i \sim N\left(\mu_i, \frac{\sigma^2}{n_i}\right),$$

其标准化变量为

$$Z_i = \frac{\bar{X}_i - \mu_i}{\sigma / \sqrt{n_i}} \sim N(0,1).$$

又由式(9.4.8)知, $\dfrac{S_e}{\sigma^2} = \dfrac{1}{\sigma^2}\sum_{i=1}^{r}\sum_{j=1}^{n_i}(X_{ij} - \bar{X}_i)^2 = \dfrac{1}{\sigma^2}\sum_{i=1}^{r}(n_i - 1)S_i^2 \sim \chi^2(n-r)$.

由方差分析模型关于$X_{ij}(i = 1, 2, \cdots, r; j = 1, 2, \cdots, n_i)$的独立性假定, 又由正态总体样本均值与样本方差的独立性, 可知 $Z_i$ 与 $\dfrac{S_e}{\sigma^2}$ 相互独立, 再由 $t$ 分布的定义, 易得

$$t = \frac{Z_i}{\sqrt{S_e / [\sigma^2(n-r)]}} = \frac{\sqrt{n_i}(\bar{X}_i - \mu_i)}{\sqrt{S_e / (n-r)}} \sim t(n-r),$$

由此可得$\mu_i$的 $1-\alpha$ 置信区间为

$$\bar{X}_i \pm t_{1-\alpha/2}(n-r)\sqrt{\frac{S_e}{(n-r)n_i}}. \tag{9.4.12}$$

与式(7.3.7)确定的置信区间 $\bar{X}_i \pm t_{1-\alpha/2}(n_i - 1)\dfrac{S_i}{\sqrt{n_i}}$ 相比, 式(9.4.12)能更充分地利用全部试验所提供的数据, 所以更为可靠.

另外, 从$\dfrac{S_e}{\sigma^2} \sim \chi^2(n-r)$, 易得$\sigma^2$的 $1-\alpha$ 置信区间为

$$\left(\frac{S_e}{\chi^2_{1-\alpha/2}(n-r)}, \frac{S_e}{\chi^2_{\alpha/2}(n-r)}\right). \tag{9.4.13}$$

**例 9.4.2** 用 4 种安眠药在兔子身上进行试验, 任选 24 只健康的兔子, 随机地把它们均分为 4 组, 每组各服一种安眠药, 安眠时间如表 9.4.6 所示.

**表 9.4.6　安眠药试验数据**

| 安眠药 | 安眠时间/h | | | | | |
|---|---|---|---|---|---|---|
| $A_1$ | 6.2 | 6.1 | 6.0 | 6.3 | 6.1 | 5.9 |
| $A_2$ | 6.3 | 6.5 | 6.7 | 6.6 | 7.1 | 6.4 |
| $A_3$ | 6.8 | 7.1 | 6.6 | 6.8 | 6.9 | 6.6 |
| $A_4$ | 5.4 | 6.4 | 6.2 | 6.3 | 6.0 | 5.9 |

在显著性水平$\alpha=0.01$下对其进行方差分析，可以得到什么结果？

**解**　将数据及计算过程列成表 9.4.7.

**表 9.4.7　例 9.4.2 的平方和中间计算表**

| 水平＼指标＼序号 | 1 | 2 | 3 | 4 | 5 | 6 | $\sum_j x_{ij}$ | $\frac{1}{n_i}\left(\sum_j x_{ij}\right)^2$ | $\sum_j x_{ij}^2$ |
|---|---|---|---|---|---|---|---|---|---|
| $A_1$ | 6.2 | 6.1 | 6.0 | 6.3 | 6.1 | 5.9 | 36.6 | 223.26 | 223.36 |
| $A_2$ | 6.3 | 6.5 | 6.7 | 6.6 | 7.1 | 6.4 | 39.6 | 261.36 | 261.76 |
| $A_3$ | 6.8 | 7.1 | 6.6 | 6.8 | 6.9 | 6.6 | 40.8 | 277.44 | 277.62 |
| $A_4$ | 5.4 | 6.4 | 6.2 | 6.3 | 6.0 | 5.9 | 36.2 | 218.407 | 219.06 |
| | $r=4, n_i=6, n=24$ | | | | | | $P=\frac{1}{n}\left(\sum_{i=1}^{r}\sum_{j=1}^{n_i}x_{ij}\right)^2=\frac{1}{24}(153.2)^2=977.927$ | $Q=\sum_{i=1}^{r}\frac{1}{n_i}\left(\sum_{j=1}^{n_i}x_{ij}\right)^2=980.467$ | $R=\sum_{i=1}^{r}\sum_{j=1}^{n_i}(x_{ij})^2=981.8$ |

计算得$s_A=Q-P=2.540$，$s_e=R-Q=1.333$，

$$F=\frac{s_A/(r-1)}{s_e/(n-r)}=\frac{2.540/3}{1.333/20}=12.70.$$

又对$\alpha=0.01$，查表得$F_{1-\alpha}(r-1,n-r)=F_{0.99}(3,20)=4.94$. 因

$$F=12.70>4.94=F_{0.99}(3,20),$$

所以拒绝 $H_0$，认为不同的安眠药对安眠时间的影响有显著差异，并且影响是高度显著的. 将上述计算、分析过程整理成方差分析表 9.4.8.

表 9.4.8　例 9.4.2 的方差分析表

| 方差来源 | 平方和 | 自由度 | 均方和 | $F$ 值 | 显著性 |
| --- | --- | --- | --- | --- | --- |
| 因素 $A$ | $s_A = 2.540$ | 3 | 0.847 | 12.70 | ** |
| 误差 $e$ | $s_e = 1.333$ | 20 | 0.067 | | |
| 总和 | $s_T = 3.873$ | 23 | | | |

在这个问题中, 4 个总体均值的点估计分别为

$$\hat{\mu}_1 = \overline{X}_1 = 6.1, \quad \hat{\mu}_2 = \overline{X}_2 = 6.6, \quad \hat{\mu}_3 = \overline{X}_3 = 6.8, \quad \hat{\mu}_4 = \overline{X}_4 = 6.03.$$

误差方差$\sigma^2$的无偏估计为 $\mathrm{MS}_e = 0.067$.

进一步, 由式(9.4.12)可得 $A_i$ 水平下总体均值 $\mu_i$ 的 0.95 区间估计为

$$\overline{X}_i \pm t_{0.975}(20)\sqrt{\frac{1.333}{20 \times 6}},$$

其中 $t_{0.975}(20) = 2.086$. 所以 4 个水平下的均值的 0.95 置信区间分别为

$$\mu_1: \quad 6.1 \pm 2.086\sqrt{\frac{1.333}{20 \times 6}} = 6.1 \pm 0.220 = (5.88, 6.32),$$

$$\mu_2: \quad 6.6 \pm 2.086\sqrt{\frac{1.333}{20 \times 6}} = 6.6 \pm 0.220 = (6.38, 6.82),$$

$$\mu_3: \quad 6.8 \pm 2.086\sqrt{\frac{1.333}{20 \times 6}} = 6.8 \pm 0.220 = (6.58, 7.02),$$

$$\mu_4: \quad 6.03 \pm 2.086\sqrt{\frac{1.333}{20 \times 6}} = 6.03 \pm 0.220 = (5.81, 6.25).$$

在数轴上画出这些区间, 可以看出, $\mu_3$ 的置信区间在$\mu_1$ 和$\mu_4$ 的置信区间右边, 且和这两个区间无交点, 所以第三个水平效果明显优于第一、四两个水平. 再和第二个水平作比较, 可以看出第三个水平效果较优.

又由式(9.4.13)可得误差方差$\sigma^2$ 的 0.99 的置信区间为

$$\left(\frac{S_e}{\chi^2_{0.995}(20)}, \frac{S_e}{\chi^2_{0.005}(20)}\right) = \left(\frac{1.333}{39.9968}, \frac{1.333}{7.4338}\right) = (0.033, 0.179).$$

从以上讨论可以看到，在单因素试验方差分析中可得到如下 3 个结果：

(1) 因素 $A$ 是否显著；

(2) 试验的误差方差 $\sigma^2$ 的无偏估计和区间估计；

(3) 诸水平均值的无偏估计和区间估计.

在因素 $A$ 不显著的场合，无需作参数估计.

## 习　题　9.4

1. 为了调查 1.5 伏 3 号干电池的寿命是否由于生产工厂的不同而有差别，将每个厂的产品各取 5 个，测定其寿命，结果如下表：

| 生产工厂 | 干电池寿命/h | | | | |
|---|---|---|---|---|---|
| $A_1$ | 24.7 | 24.3 | 21.6 | 19.3 | 20.3 |
| $A_2$ | 30.8 | 19.0 | 18.8 | 29.7 | 25.1 |
| $A_3$ | 17.9 | 30.4 | 34.9 | 34.1 | 15.9 |
| $A_4$ | 23.1 | 33.0 | 23.0 | 25.4 | 18.1 |
| $A_5$ | 25.2 | 37.5 | 31.6 | 26.8 | 27.5 |

问：不同工厂生产的干电池寿命是否有显著的差异($\alpha = 0.1$)?

2. 三台机器制造同一种产品，记录 5 天的产量如下表：

| 机器 | 日产量/件 | | | | |
|---|---|---|---|---|---|
| I | 138 | 144 | 135 | 149 | 143 |
| II | 163 | 148 | 152 | 146 | 157 |
| III | 155 | 144 | 159 | 147 | 153 |

检验这三台机器的日产量是否有显著的差异($\alpha = 0.05$).

3. 对用 5 种不同操作方法生产某种产品作节约原料试验，在其余条件尽可能相同的情况下，各就 4 批试样测得原料节约额资料如下表：

| 操作法 | 节约额/万元 | | | |
|---|---|---|---|---|
| I | 4.3 | 7.8 | 3.2 | 6.5 |
| II | 6.1 | 7.3 | 4.2 | 4.1 |
| III | 6.5 | 8.3 | 8.6 | 8.2 |
| VI | 9.3 | 8.7 | 7.2 | 10.1 |
| VII | 9.5 | 8.8 | 11.4 | 7.8 |

问：操作方法对原料节约额的影响是否显著($\alpha = 0.01$).

4. 粮食加工厂用 4 种不同的方法储藏粮食，储藏一段时间后，分别抽样化验，得到粮食含水率数据如下表：

| 储藏方法 | 含水率/% | | | | |
|---|---|---|---|---|---|
| I | 7.3 | 8.3 | 7.6 | 8.4 | 8.3 |
| II | 5.8 | 7.4 | 7.1 | | |
| III | 8.1 | 6.4 | 7.0 | | |
| VI | 7.9 | 9.0 | | | |

检验这 4 种不同的储藏方法对粮食含水率是否有显著的差异($\alpha=0.1$).

# 复 习 题 9

1. 下表是某地区 6 个 2 周岁男婴的身高($x$)和胸围($Y$)的数据：

| 身高/cm | 78 | 76 | 92 | 81 | 82 | 84 |
|---|---|---|---|---|---|---|
| 胸围/cm | 60.6 | 58.1 | 63.2 | 59.0 | 60.8 | 59.5 |

假定 $Y$ 与 $x$ 之间有关系 $Y_i=\beta_0+\beta_1x_i+\varepsilon_i\ (i=1,2,\cdots,6)$，其中 $E(\varepsilon_i)=0$，$\mathrm{Var}(\varepsilon_i)=\sigma^2$，且各 $\varepsilon_i$ 两两不相关. 求: (1) $\beta_0$ 和 $\beta_1$ 的最小二乘估计以及线性回归方程；(2) $\sigma^2$ 的无偏估计 $\hat{\sigma}^2$.

2. 由经验知道，某种合金钢的抗拉强度($Y$)与它的含碳量($x$)有如下关系：

$$Y_i=\beta_0+\beta_1x_i+\varepsilon_i,\quad i=1,2,\cdots,n,$$

其中 $\varepsilon_i\sim N(0,\sigma^2)$，且各 $\varepsilon_i$ 相互独立. 经测量，获得数据如下表：

| $x$/% | 0.03 | 0.04 | 0.05 | 0.06 | 0.08 | 0.10 | 0.12 | 0.14 | 0.20 |
|---|---|---|---|---|---|---|---|---|---|
| $y$/(kg/mm$^2$) | 40.5 | 39.8 | 40.9 | 43.3 | 41.9 | 45.0 | 49.0 | 50.0 | 55.5 |

(1) 试建立 $Y$ 关于 $x$ 的线性回归方程；

(2) 求误差方差 $\sigma^2$ 的无偏估计 $\hat{\sigma}^2$；

(3) 试检验线性回归效果是否显著($\alpha=0.01$);

(4) 若回归效果显著，求$\beta_1$ 的置信水平为 0.95 的置信区间；

(5) 求 $x_0=0.15$ 处 $Y_0$ 的置信水平为 0.95 的预测区间.

3. 在钢丝的含碳量($x$)对于电阻($Y$)的效应的研究中，得到以下数据：

| 含碳量/% | 0.10 | 0.30 | 0.40 | 0.55 | 0.70 | 0.80 | 0.95 |
|---|---|---|---|---|---|---|---|
| 电阻/μΩ(20℃时) | 15 | 18 | 19 | 21 | 22.6 | 23.8 | 26 |

设 $x$ 与 $Y$ 之间有如下关系：

$$Y_i = \beta_0 + \beta_1 x_i + \varepsilon_i, \quad i = 1,2,\cdots,7,$$

其中 $\varepsilon_i \sim N(0,\sigma^2)$，且各 $\varepsilon_i$ 相互独立.

(1) 求线性回归方程；

(2) 求 $\sigma^2$ 的无偏估计 $\hat{\sigma}^2$；

(3) 试检验线性回归效果是否显著($\alpha = 0.01$)；

(4) 若回归效果显著，求 $\beta_1$ 的置信水平为 0.95 的置信区间；

(5) 求 $x_0 = 0.50$ 处 $Y_0$ 的置信水平为 0.95 的预测区间.

4. 混凝土的抗压强度 $x$ 较易测定，其抗剪强度 $y$ 不易测定. 工程中希望能由 $x$ 计算 $y$，以便应用. 现测得一批对应数据如下表：

| $x$/(kg/cm$^2$) | 141 | 152 | 168 | 182 | 195 | 204 | 223 | 254 | 277 |
|---|---|---|---|---|---|---|---|---|---|
| $y$/(kg/cm$^2$) | 23.1 | 24.2 | 27.2 | 27.8 | 28.7 | 31.4 | 32.5 | 34.8 | 36.2 |

设 $y$ 与 $x$ 之间有如下关系：

$$y = a + b\ln x .$$

求曲线回归方程.

5. 一个年级有三个小班. 他们进行了一次数学考试. 现从各个班级随机地抽取了一些学生，记录其成绩如下表：

| I | | | | | II | | | | | III | | | | |
|---|---|---|---|---|---|---|---|---|---|---|---|---|---|---|
| 73 | 66 | 73 | 89 | 60 | 88 | 77 | 74 | 78 | 31 | 68 | 41 | 87 | 79 | 59 |
| 77 | 82 | 45 | 43 | 93 | 80 | 48 | 78 | 56 | 91 | 71 | 56 | 68 | 15 | 91 |
| 80 | 36 | 65 | 58 | | 62 | 85 | 51 | 76 | 96 | 53 | 71 | 79 | 82 | |

试在显著性水平 0.1 下检验各班级的平均分数有无显著差异.

6. 将抗生素注入人体会产生抗生素与血浆蛋白质结合的现象，以致减少了药效. 下表列出 5 种常用的抗生素注入牛的体内时，抗生素与血浆蛋白质结合的百分比. 试在水平 $\alpha = 0.01$ 下检验这些百分比的均值有无显著差异.

| 青霉素 | 四环素 | 链霉素 | 红霉素 | 氯霉素 |
|---|---|---|---|---|
| 29.6 | 27.3 | 5.8 | 21.6 | 29.2 |
| 24.3 | 32.6 | 6.2 | 17.4 | 32.8 |
| 28.5 | 30.8 | 11.0 | 18.3 | 25.0 |
| 32.0 | 34.8 | 8.3 | 19.0 | 24.2 |

# 参 考 文 献


何书元. 2006. 概率论与数理统计. 北京：高等教育出版社.

茆诗松等. 2004. 概率论与数理统计教程. 北京：高等教育出版社.

盛骤等. 2001. 概率论与数理统计(第三版). 北京：高等教育出版社.

王学民. 2005. 应用概率统计. 上海：上海财经大学出版社.

叶慈南, 曹伟丽. 2004. 应用数理统计. 北京：机械工业出版社.

# 附　　录

## 附表 1　标准正态分布表

$$\Phi(x)=\frac{1}{\sqrt{2\pi}}\int_{-\infty}^{x}\mathrm{e}^{-t^2/2}\mathrm{d}t,\quad x\geqslant 0$$

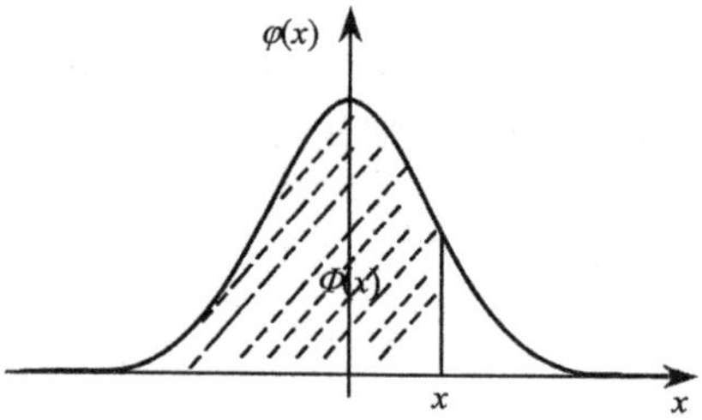


| $x$ | 0.00 | 0.01 | 0.02 | 0.03 | 0.04 | 0.05 | 0.06 | 0.07 | 0.08 | 0.09 |
|---|---|---|---|---|---|---|---|---|---|---|
| 0.0 | 0.5000 | 0.5040 | 0.5080 | 0.5120 | 0.5160 | 0.5199 | 0.5239 | 0.5279 | 0.5319 | 0.5359 |
| 0.1 | 0.5398 | 0.5438 | 0.5478 | 0.5517 | 0.5557 | 0.5596 | 0.5636 | 0.5675 | 0.5714 | 0.5753 |
| 0.2 | 0.5793 | 0.5832 | 0.5871 | 0.5910 | 0.5948 | 0.5987 | 0.6026 | 0.6064 | 0.6103 | 0.6141 |
| 0.3 | 0.6179 | 0.6217 | 0.6255 | 0.6293 | 0.6331 | 0.6368 | 0.6406 | 0.6443 | 0.6480 | 0.6517 |
| 0.4 | 0.6554 | 0.6591 | 0.6628 | 0.6664 | 0.6700 | 0.6736 | 0.6772 | 0.6808 | 0.6844 | 0.6879 |
| 0.5 | 0.6915 | 0.6950 | 0.6985 | 0.7019 | 0.7054 | 0.7088 | 0.7123 | 0.7157 | 0.7190 | 0.7224 |
| 0.6 | 0.7257 | 0.7291 | 0.7324 | 0.7357 | 0.7389 | 0.7422 | 0.7454 | 0.7486 | 0.7517 | 0.7549 |
| 0.7 | 0.7580 | 0.7611 | 0.7642 | 0.7673 | 0.7703 | 0.7734 | 0.7764 | 0.7794 | 0.7823 | 0.7852 |
| 0.8 | 0.7881 | 0.7910 | 0.7939 | 0.7967 | 0.7995 | 0.8023 | 0.8051 | 0.8078 | 0.8106 | 0.8133 |
| 0.9 | 0.8159 | 0.8186 | 0.8212 | 0.8238 | 0.8264 | 0.8289 | 0.8315 | 0.8340 | 0.8365 | 0.8389 |
| 1.0 | 0.8413 | 0.8438 | 0.8461 | 0.8485 | 0.8508 | 0.8531 | 0.8554 | 0.8577 | 0.8599 | 0.8621 |
| 1.1 | 0.8643 | 0.8665 | 0.8686 | 0.8708 | 0.8729 | 0.8749 | 0.8770 | 0.8790 | 0.8810 | 0.8830 |
| 1.2 | 0.8849 | 0.8869 | 0.8888 | 0.8907 | 0.8925 | 0.8944 | 0.8962 | 0.8980 | 0.8997 | 0.9015 |
| 1.3 | 0.9032 | 0.9049 | 0.9066 | 0.9082 | 0.9099 | 0.9115 | 0.9131 | 0.9147 | 0.9162 | 0.9177 |
| 1.4 | 0.9192 | 0.9207 | 0.9222 | 0.9236 | 0.9251 | 0.9265 | 0.9278 | 0.9292 | 0.9306 | 0.9319 |
| 1.5 | 0.9332 | 0.9345 | 0.9357 | 0.9370 | 0.9382 | 0.9394 | 0.9406 | 0.9418 | 0.9430 | 0.9441 |
| 1.6 | 0.9452 | 0.9463 | 0.9474 | 0.9484 | 0.9495 | 0.9505 | 0.9515 | 0.9525 | 0.9535 | 0.9545 |
| 1.7 | 0.9554 | 0.9564 | 0.9573 | 0.9582 | 0.9591 | 0.9599 | 0.9608 | 0.9616 | 0.9625 | 0.9633 |
| 1.8 | 0.9641 | 0.9648 | 0.9656 | 0.9664 | 0.9671 | 0.9678 | 0.9686 | 0.9693 | 0.9700 | 0.9706 |
| 1.9 | 0.9713 | 0.9719 | 0.9726 | 0.9732 | 0.9738 | 0.9744 | 0.9750 | 0.9756 | 0.9762 | 0.9767 |
| 2.0 | 0.9772 | 0.9778 | 0.9783 | 0.9788 | 0.9793 | 0.9798 | 0.9803 | 0.9808 | 0.9812 | 0.9817 |
| 2.1 | 0.9821 | 0.9826 | 0.9830 | 0.9834 | 0.9838 | 0.9842 | 0.9846 | 0.9850 | 0.9854 | 0.9857 |
| 2.2 | 0.9861 | 0.9864 | 0.9868 | 0.9871 | 0.9874 | 0.9878 | 0.9881 | 0.9884 | 0.9887 | 0.9890 |
| 2.3 | 0.9893 | 0.9896 | 0.9898 | 0.9901 | 0.9904 | 0.9906 | 0.9909 | 0.9911 | 0.9913 | 0.9916 |
| 2.4 | 0.9918 | 0.9920 | 0.9922 | 0.9925 | 0.9927 | 0.9929 | 0.9931 | 0.9932 | 0.9934 | 0.9936 |
| 2.5 | 0.9938 | 0.9940 | 0.9941 | 0.9943 | 0.9945 | 0.9946 | 0.9948 | 0.9949 | 0.9951 | 0.9952 |
| 2.6 | 0.9953 | 0.9955 | 0.9956 | 0.9957 | 0.9959 | 0.9960 | 0.9961 | 0.9962 | 0.9963 | 0.9964 |
| 2.7 | 0.9965 | 0.9966 | 0.9967 | 0.9968 | 0.9969 | 0.9970 | 0.9971 | 0.9972 | 0.9973 | 0.9974 |
| 2.8 | 0.9974 | 0.9975 | 0.9976 | 0.9977 | 0.9977 | 0.9978 | 0.9979 | 0.9979 | 0.9980 | 0.9981 |
| 2.9 | 0.9981 | 0.9982 | 0.9982 | 0.9983 | 0.9984 | 0.9984 | 0.9985 | 0.9985 | 0.9986 | 0.9986 |
| $x$ | 0.0 | 0.1 | 0.2 | 0.3 | 0.4 | 0.5 | 0.6 | 0.7 | 0.8 | 0.9 |
| 3.0 | $0.9^{2}8650$ | $0.9^{3}0324$ | $0.9^{3}3129$ | $0.9^{3}5166$ | $0.9^{3}6631$ | $0.9^{3}7674$ | $0.9^{3}8409$ | $0.9^{3}8922$ | $0.9^{4}2765$ | $0.9^{4}5190$ |
| 4.0 | $0.9^{4}6833$ | $0.9^{4}7934$ | $0.9^{4}8665$ | $0.9^{5}1460$ | $0.9^{5}4587$ | $0.9^{5}6602$ | $0.9^{5}7888$ | $0.9^{5}8699$ | $0.9^{6}2067$ | $0.9^{6}5208$ |
| 5.0 | $0.9^{6}7133$ | $0.9^{6}8302$ | $0.9^{7}0036$ | $0.9^{7}4210$ | $0.9^{7}6668$ | $0.9^{7}8101$ | $0.9^{7}8928$ | $0.9^{8}4010$ | $0.9^{8}6684$ | $0.9^{8}8182$ |
| 6.0 | $0.9^{9}0134$ | | | | | | | | | |

## 附表 2　$\chi^2$ 分布分位数表

$$P\{\chi^2(n) \leqslant \chi^2_\alpha(n)\} = \alpha$$

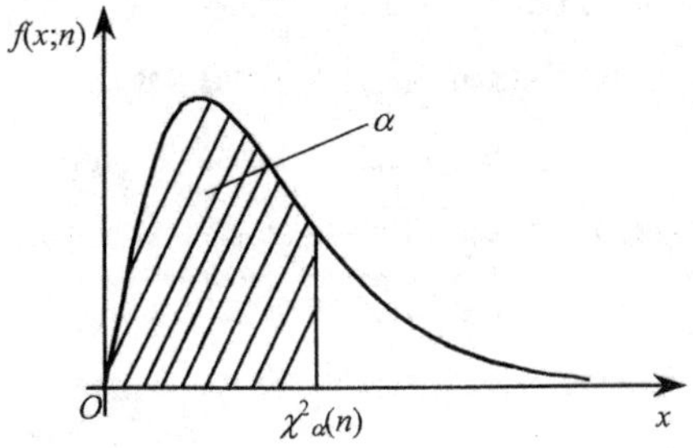


| $n$ \ $\alpha$ | 0.005 | 0.01 | 0.025 | 0.05 | 0.10 | 0.25 | 0.75 | 0.90 | 0.95 | 0.975 | 0.99 | 0.995 |
|---|---|---|---|---|---|---|---|---|---|---|---|---|
| 1 | 0.000 | 0.000 | 0.001 | 0.004 | 0.016 | 0.102 | 1.323 | 2.706 | 3.841 | 5.024 | 6.635 | 7.879 |
| 2 | 0.010 | 0.020 | 0.051 | 0.103 | 0.211 | 0.575 | 2.773 | 4.605 | 5.991 | 7.378 | 9.210 | 10.597 |
| 3 | 0.072 | 0.115 | 0.216 | 0.352 | 0.584 | 1.213 | 4.108 | 6.251 | 7.815 | 9.348 | 11.345 | 12.838 |
| 4 | 0.207 | 0.297 | 0.484 | 0.711 | 1.064 | 1.923 | 5.385 | 7.779 | 9.488 | 11.143 | 13.277 | 14.860 |
| 5 | 0.412 | 0.554 | 0.831 | 1.145 | 1.610 | 2.675 | 6.626 | 9.236 | 11.070 | 12.833 | 15.086 | 16.750 |
| 6 | 0.676 | 0.872 | 1.237 | 1.635 | 2.204 | 3.455 | 7.841 | 10.645 | 12.592 | 14.449 | 16.812 | 18.548 |
| 7 | 0.989 | 1.239 | 1.690 | 2.167 | 2.833 | 4.255 | 9.037 | 12.017 | 14.067 | 16.013 | 18.475 | 20.278 |
| 8 | 1.344 | 1.646 | 2.180 | 2.733 | 3.490 | 5.071 | 10.219 | 13.362 | 15.507 | 17.535 | 20.090 | 21.955 |
| 9 | 1.735 | 2.088 | 2.700 | 3.325 | 4.168 | 5.899 | 11.389 | 14.684 | 16.919 | 19.023 | 21.666 | 23.589 |
| 10 | 2.156 | 2.558 | 3.247 | 3.940 | 4.865 | 6.737 | 12.549 | 15.987 | 18.307 | 20.483 | 23.209 | 25.188 |
| 11 | 2.603 | 3.053 | 3.816 | 4.575 | 5.578 | 7.584 | 13.701 | 17.275 | 19.675 | 21.920 | 24.725 | 26.757 |
| 12 | 3.074 | 3.571 | 4.404 | 5.226 | 6.304 | 8.438 | 14.845 | 18.549 | 21.026 | 23.337 | 26.217 | 28.300 |
| 13 | 3.565 | 4.107 | 5.009 | 5.892 | 7.042 | 9.299 | 15.984 | 19.812 | 22.362 | 24.736 | 27.688 | 29.819 |
| 14 | 4.075 | 4.660 | 5.629 | 6.571 | 7.790 | 10.165 | 17.117 | 21.064 | 23.685 | 26.119 | 29.141 | 31.319 |
| 15 | 4.601 | 5.229 | 6.262 | 7.261 | 8.547 | 11.037 | 18.245 | 22.307 | 24.996 | 27.488 | 30.578 | 32.801 |
| 16 | 5.142 | 5.812 | 6.908 | 7.962 | 9.312 | 11.912 | 19.369 | 23.542 | 26.296 | 28.845 | 32.000 | 34.267 |
| 17 | 5.697 | 6.408 | 7.564 | 8.672 | 10.085 | 12.792 | 20.489 | 24.769 | 27.587 | 30.191 | 33.409 | 35.718 |
| 18 | 6.265 | 7.015 | 8.231 | 9.390 | 10.865 | 13.675 | 21.605 | 25.989 | 28.869 | 31.526 | 34.805 | 37.156 |
| 19 | 6.844 | 7.633 | 8.907 | 10.117 | 11.651 | 14.562 | 22.718 | 27.204 | 30.144 | 32.852 | 36.191 | 38.582 |

续表

| $n$ \ $\alpha$ | 0.005 | 0.01 | 0.025 | 0.05 | 0.10 | 0.25 | 0.75 | 0.90 | 0.95 | 0.975 | 0.99 | 0.995 |
|---|---|---|---|---|---|---|---|---|---|---|---|---|
| 20 | 7.434 | 8.260 | 9.591 | 10.851 | 12.443 | 15.452 | 23.828 | 28.412 | 31.410 | 34.170 | 37.566 | 39.997 |
| 21 | 8.034 | 8.897 | 10.283 | 11.591 | 13.240 | 16.344 | 24.935 | 29.615 | 32.671 | 35.479 | 38.932 | 41.401 |
| 22 | 8.643 | 9.542 | 10.982 | 12.338 | 14.041 | 17.240 | 26.039 | 30.813 | 33.924 | 36.781 | 40.289 | 42.796 |
| 23 | 9.260 | 10.196 | 11.689 | 13.091 | 14.848 | 18.137 | 27.141 | 32.007 | 35.172 | 38.076 | 41.638 | 44.181 |
| 24 | 9.886 | 10.856 | 12.401 | 13.848 | 15.659 | 19.037 | 28.241 | 33.196 | 36.415 | 39.364 | 42.980 | 45.559 |
| 25 | 10.520 | 11.524 | 13.120 | 14.611 | 16.473 | 19.939 | 29.339 | 34.382 | 37.652 | 40.646 | 44.314 | 46.928 |
| 26 | 11.160 | 12.198 | 13.844 | 15.379 | 17.292 | 20.843 | 30.435 | 35.563 | 38.885 | 41.923 | 45.642 | 48.290 |
| 27 | 11.808 | 12.879 | 14.573 | 16.151 | 18.114 | 21.749 | 31.528 | 36.741 | 40.113 | 43.195 | 46.963 | 49.645 |
| 28 | 12.461 | 13.565 | 15.308 | 16.928 | 18.939 | 22.657 | 32.620 | 37.916 | 41.337 | 44.461 | 48.278 | 50.993 |
| 29 | 13.121 | 14.256 | 16.047 | 17.708 | 19.768 | 23.567 | 33.711 | 39.087 | 42.557 | 45.722 | 49.588 | 52.336 |
| 30 | 13.787 | 14.953 | 16.791 | 18.493 | 20.599 | 24.478 | 34.800 | 40.256 | 43.773 | 46.979 | 50.892 | 53.672 |
| 31 | 14.458 | 15.655 | 17.539 | 19.281 | 21.434 | 25.390 | 35.887 | 41.422 | 44.985 | 48.232 | 52.191 | 55.003 |
| 32 | 15.134 | 16.362 | 18.291 | 20.072 | 22.271 | 26.304 | 36.973 | 42.585 | 46.194 | 49.480 | 53.486 | 56.328 |
| 33 | 15.815 | 17.074 | 19.047 | 20.867 | 23.110 | 27.219 | 38.058 | 43.745 | 47.400 | 50.725 | 54.776 | 57.648 |
| 34 | 16.501 | 17.789 | 19.806 | 21.664 | 23.952 | 28.136 | 39.141 | 44.903 | 48.602 | 51.966 | 56.061 | 58.964 |
| 35 | 17.192 | 18.509 | 20.569 | 22.465 | 24.797 | 29.054 | 40.223 | 46.059 | 49.802 | 53.203 | 57.342 | 60.275 |
| 36 | 17.887 | 19.233 | 21.336 | 23.269 | 25.643 | 29.973 | 41.304 | 47.212 | 50.998 | 54.437 | 58.619 | 61.581 |
| 37 | 18.586 | 19.960 | 22.106 | 24.075 | 26.492 | 30.893 | 42.383 | 48.363 | 52.192 | 55.668 | 59.893 | 62.883 |
| 38 | 19.289 | 20.691 | 22.878 | 24.884 | 27.343 | 31.815 | 43.462 | 49.513 | 53.384 | 56.896 | 61.162 | 64.181 |
| 39 | 19.996 | 21.426 | 23.654 | 25.695 | 28.196 | 32.737 | 44.539 | 50.660 | 54.572 | 58.120 | 62.428 | 65.476 |
| 40 | 20.707 | 22.164 | 24.433 | 26.509 | 29.051 | 33.660 | 45.616 | 51.805 | 55.758 | 59.342 | 63.691 | 66.766 |
| 41 | 21.421 | 22.906 | 25.215 | 27.326 | 29.907 | 34.585 | 46.692 | 52.949 | 56.942 | 60.561 | 64.950 | 68.053 |
| 42 | 22.138 | 23.650 | 25.999 | 28.144 | 30.765 | 35.510 | 47.766 | 54.090 | 58.124 | 61.777 | 66.206 | 69.336 |
| 43 | 22.859 | 24.398 | 26.785 | 28.965 | 31.625 | 36.436 | 48.840 | 55.230 | 59.304 | 62.990 | 67.459 | 70.616 |
| 44 | 23.584 | 25.148 | 27.575 | 29.787 | 32.487 | 37.363 | 49.913 | 56.369 | 60.481 | 64.201 | 68.710 | 71.893 |
| 45 | 24.311 | 25.901 | 28.366 | 30.612 | 33.350 | 38.291 | 50.985 | 57.505 | 61.656 | 65.410 | 69.957 | 73.166 |

## 附表 3　$t$ 分布分位数表

$$P\{t(n) \leqslant t_\alpha(n)\} = \alpha$$

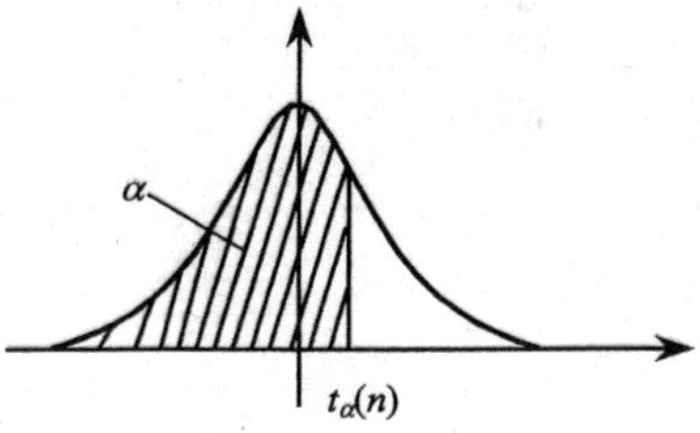


| $n$ \ $\alpha$ | 0.75 | 0.90 | 0.95 | 0.975 | 0.99 | 0.995 |
|---|---|---|---|---|---|---|
| 1 | 1.0000 | 3.0777 | 6.3138 | 12.7062 | 31.8205 | 63.6567 |
| 2 | 0.8165 | 1.8856 | 2.9200 | 4.3027 | 6.9646 | 9.9248 |
| 3 | 0.7649 | 1.6377 | 2.3534 | 3.1824 | 4.5407 | 5.8409 |
| 4 | 0.7407 | 1.5332 | 2.1318 | 2.7764 | 3.7469 | 4.6041 |
| 5 | 0.7267 | 1.4759 | 2.0150 | 2.5706 | 3.3649 | 4.0321 |
| 6 | 0.7176 | 1.4398 | 1.9432 | 2.4469 | 3.1427 | 3.7074 |
| 7 | 0.7111 | 1.4149 | 1.8946 | 2.3646 | 2.9980 | 3.4995 |
| 8 | 0.7064 | 1.3968 | 1.8595 | 2.3060 | 2.8965 | 3.3554 |
| 9 | 0.7027 | 1.3830 | 1.8331 | 2.2622 | 2.8214 | 3.2498 |
| 10 | 0.6998 | 1.3722 | 1.8125 | 2.2281 | 2.7638 | 3.1693 |
| 11 | 0.6974 | 1.3634 | 1.7959 | 2.2010 | 2.7181 | 3.1058 |
| 12 | 0.6955 | 1.3562 | 1.7823 | 2.1788 | 2.6810 | 3.0545 |
| 13 | 0.6938 | 1.3502 | 1.7709 | 2.1604 | 2.6503 | 3.0123 |
| 14 | 0.6924 | 1.3450 | 1.7613 | 2.1448 | 2.6245 | 2.9768 |
| 15 | 0.6912 | 1.3406 | 1.7531 | 2.1314 | 2.6025 | 2.9467 |
| 16 | 0.6901 | 1.3368 | 1.7459 | 2.1199 | 2.5835 | 2.9208 |
| 17 | 0.6892 | 1.3334 | 1.7396 | 2.1098 | 2.5669 | 2.8982 |
| 18 | 0.6884 | 1.3304 | 1.7341 | 2.1009 | 2.5524 | 2.8784 |
| 19 | 0.6876 | 1.3277 | 1.7291 | 2.0930 | 2.5395 | 2.8609 |
| 20 | 0.6870 | 1.3253 | 1.7247 | 2.0860 | 2.5280 | 2.8453 |
| 21 | 0.6864 | 1.3232 | 1.7207 | 2.0796 | 2.5176 | 2.8314 |

续表

| α / n | 0.75 | 0.90 | 0.95 | 0.975 | 0.99 | 0.995 |
|---|---|---|---|---|---|---|
| 22 | 0.6858 | 1.3212 | 1.7171 | 2.0739 | 2.5083 | 2.8188 |
| 23 | 0.6853 | 1.3195 | 1.7139 | 2.0687 | 2.4999 | 2.8073 |
| 24 | 0.6848 | 1.3178 | 1.7109 | 2.0639 | 2.4922 | 2.7969 |
| 25 | 0.6844 | 1.3163 | 1.7081 | 2.0595 | 2.4851 | 2.7874 |
| 26 | 0.6840 | 1.3150 | 1.7056 | 2.0555 | 2.4786 | 2.7787 |
| 27 | 0.6837 | 1.3137 | 1.7033 | 2.0518 | 2.4727 | 2.7707 |
| 28 | 0.6834 | 1.3125 | 1.7011 | 2.0484 | 2.4671 | 2.7633 |
| 29 | 0.6830 | 1.3114 | 1.6991 | 2.0452 | 2.4620 | 2.7564 |
| 30 | 0.6828 | 1.3104 | 1.6973 | 2.0423 | 2.4573 | 2.7500 |
| 31 | 0.6825 | 1.3095 | 1.6955 | 2.0395 | 2.4528 | 2.7440 |
| 32 | 0.6822 | 1.3086 | 1.6939 | 2.0369 | 2.4487 | 2.7385 |
| 33 | 0.6820 | 1.3077 | 1.6924 | 2.0345 | 2.4448 | 2.7333 |
| 34 | 0.6818 | 1.3070 | 1.6909 | 2.0322 | 2.4411 | 2.7284 |
| 35 | 0.6816 | 1.3062 | 1.6896 | 2.0301 | 2.4377 | 2.7238 |
| 36 | 0.6814 | 1.3055 | 1.6883 | 2.0281 | 2.4345 | 2.7195 |
| 37 | 0.6812 | 1.3049 | 1.6871 | 2.0262 | 2.4314 | 2.7154 |
| 38 | 0.6810 | 1.3042 | 1.6860 | 2.0244 | 2.4286 | 2.7116 |
| 39 | 0.6808 | 1.3036 | 1.6849 | 2.0227 | 2.4258 | 2.7079 |
| 40 | 0.6807 | 1.3031 | 1.6839 | 2.0211 | 2.4233 | 2.7045 |
| 41 | 0.6805 | 1.3025 | 1.6829 | 2.0195 | 2.4208 | 2.7012 |
| 42 | 0.6804 | 1.3020 | 1.6820 | 2.0181 | 2.4185 | 2.6981 |
| 43 | 0.6802 | 1.3016 | 1.6811 | 2.0167 | 2.4163 | 2.6951 |
| 44 | 0.6801 | 1.3011 | 1.6802 | 2.0154 | 2.4141 | 2.6923 |
| 45 | 0.6800 | 1.3006 | 1.6794 | 2.0141 | 2.4121 | 2.6896 |

## 附表 4　F 分布分位数表

$$P\{F(n_1, n_2) \leqslant F_\alpha(n_1, n_2)\} = \alpha$$

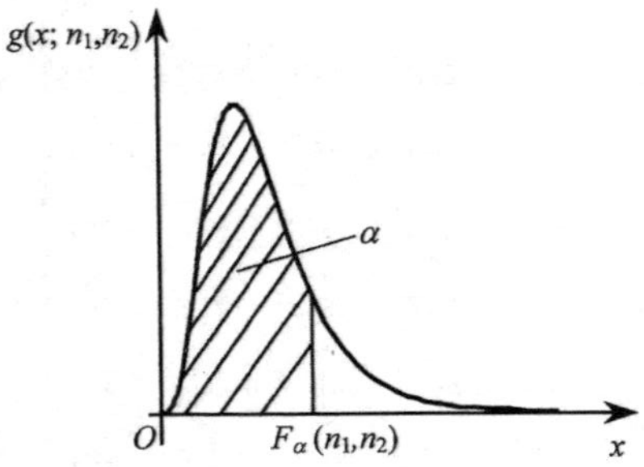


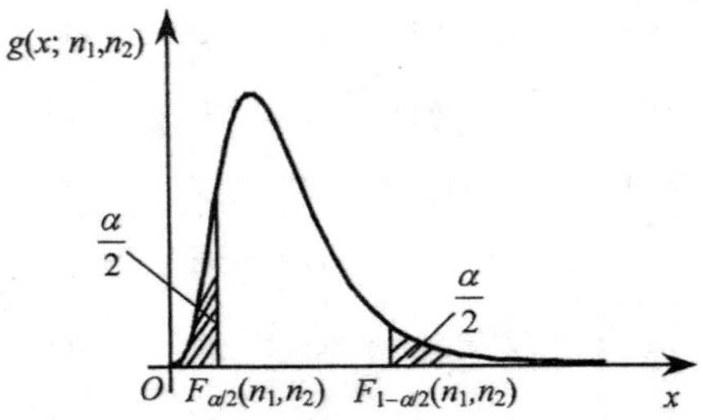


$\alpha = 0.90$

| $n_2$ \ $n_1$ | 1 | 2 | 3 | 4 | 5 | 6 | 7 | 8 | 9 | 10 | 12 | 14 | 16 | 18 | 20 | 25 | 30 | 60 | 120 | $+\infty$ |
|---|---|---|---|---|---|---|---|---|---|---|---|---|---|---|---|---|---|---|---|---|
| 1 | 39.86 | 49.50 | 53.59 | 55.83 | 57.24 | 58.20 | 58.91 | 59.44 | 59.86 | 60.19 | 60.71 | 61.07 | 61.35 | 61.57 | 61.74 | 62.05 | 62.26 | 62.79 | 63.06 | 63.33 |
| 2 | 8.53 | 9.00 | 9.16 | 9.24 | 9.29 | 9.33 | 9.35 | 9.37 | 9.38 | 9.39 | 9.41 | 9.42 | 9.43 | 9.44 | 9.44 | 9.45 | 9.46 | 9.47 | 9.48 | 9.49 |
| 3 | 5.54 | 5.46 | 5.39 | 5.34 | 5.31 | 5.28 | 5.27 | 5.25 | 5.24 | 5.23 | 5.22 | 5.20 | 5.20 | 5.19 | 5.18 | 5.17 | 5.17 | 5.15 | 5.14 | 5.13 |
| 4 | 4.54 | 4.32 | 4.19 | 4.11 | 4.05 | 4.01 | 3.98 | 3.95 | 3.94 | 3.92 | 3.90 | 3.88 | 3.86 | 3.85 | 3.84 | 3.83 | 3.82 | 3.79 | 3.78 | 3.76 |
| 5 | 4.06 | 3.78 | 3.62 | 3.52 | 3.45 | 3.40 | 3.37 | 3.34 | 3.32 | 3.30 | 3.27 | 3.25 | 3.23 | 3.22 | 3.21 | 3.19 | 3.17 | 3.14 | 3.12 | 3.11 |

续表

| $n_2$ \ $n_1$ | 1 | 2 | 3 | 4 | 5 | 6 | 7 | 8 | 9 | 10 | 12 | 14 | 16 | 18 | 20 | 25 | 30 | 60 | 120 | +∞ |
|---|---|---|---|---|---|---|---|---|---|---|---|---|---|---|---|---|---|---|---|---|
| 6 | 3.78 | 3.46 | 3.29 | 3.18 | 3.11 | 3.05 | 3.01 | 2.98 | 2.96 | 2.94 | 2.90 | 2.88 | 2.86 | 2.85 | 2.84 | 2.81 | 2.80 | 2.76 | 2.74 | 2.72 |
| 7 | 3.59 | 3.26 | 3.07 | 2.96 | 2.88 | 2.83 | 2.78 | 2.75 | 2.72 | 2.70 | 2.67 | 2.64 | 2.62 | 2.61 | 2.59 | 2.57 | 2.56 | 2.51 | 2.49 | 2.47 |
| 8 | 3.46 | 3.11 | 2.92 | 2.81 | 2.73 | 2.67 | 2.62 | 2.59 | 2.56 | 2.54 | 2.50 | 2.48 | 2.45 | 2.44 | 2.42 | 2.40 | 2.38 | 2.34 | 2.32 | 2.29 |
| 9 | 3.36 | 3.01 | 2.81 | 2.69 | 2.61 | 2.55 | 2.51 | 2.47 | 2.44 | 2.42 | 2.38 | 2.35 | 2.33 | 2.31 | 2.30 | 2.27 | 2.25 | 2.21 | 2.18 | 2.16 |
| 10 | 3.29 | 2.92 | 2.73 | 2.61 | 2.52 | 2.46 | 2.41 | 2.38 | 2.35 | 2.32 | 2.28 | 2.26 | 2.23 | 2.22 | 2.20 | 2.17 | 2.16 | 2.11 | 2.08 | 2.06 |
| 12 | 3.18 | 2.81 | 2.61 | 2.48 | 2.39 | 2.33 | 2.28 | 2.24 | 2.21 | 2.19 | 2.15 | 2.12 | 2.09 | 2.08 | 2.06 | 2.03 | 2.01 | 1.96 | 1.93 | 1.90 |
| 14 | 3.10 | 2.73 | 2.52 | 2.39 | 2.31 | 2.24 | 2.19 | 2.15 | 2.12 | 2.10 | 2.05 | 2.02 | 2.00 | 1.98 | 1.96 | 1.93 | 1.91 | 1.86 | 1.83 | 1.80 |
| 16 | 3.05 | 2.67 | 2.46 | 2.33 | 2.24 | 2.18 | 2.13 | 2.09 | 2.06 | 2.03 | 1.99 | 1.95 | 1.93 | 1.91 | 1.89 | 1.86 | 1.84 | 1.78 | 1.75 | 1.72 |
| 18 | 3.01 | 2.62 | 2.42 | 2.29 | 2.20 | 2.13 | 2.08 | 2.04 | 2.00 | 1.98 | 1.93 | 1.90 | 1.87 | 1.85 | 1.84 | 1.80 | 1.78 | 1.72 | 1.69 | 1.66 |
| 20 | 2.97 | 2.59 | 2.38 | 2.25 | 2.16 | 2.09 | 2.04 | 2.00 | 1.96 | 1.94 | 1.89 | 1.86 | 1.83 | 1.81 | 1.79 | 1.76 | 1.74 | 1.68 | 1.64 | 1.61 |
| 25 | 2.92 | 2.53 | 2.32 | 2.18 | 2.09 | 2.02 | 1.97 | 1.93 | 1.89 | 1.87 | 1.82 | 1.79 | 1.76 | 1.74 | 1.72 | 1.68 | 1.66 | 1.59 | 1.56 | 1.52 |
| 30 | 2.88 | 2.49 | 2.28 | 2.14 | 2.05 | 1.98 | 1.93 | 1.88 | 1.85 | 1.82 | 1.77 | 1.74 | 1.71 | 1.69 | 1.67 | 1.63 | 1.61 | 1.54 | 1.50 | 1.46 |
| 60 | 2.79 | 2.39 | 2.18 | 2.04 | 1.95 | 1.87 | 1.82 | 1.77 | 1.74 | 1.71 | 1.66 | 1.62 | 1.59 | 1.56 | 1.54 | 1.50 | 1.48 | 1.40 | 1.35 | 1.29 |
| 120 | 2.75 | 2.35 | 2.13 | 1.99 | 1.90 | 1.82 | 1.77 | 1.72 | 1.68 | 1.65 | 1.60 | 1.56 | 1.53 | 1.50 | 1.48 | 1.44 | 1.41 | 1.32 | 1.26 | 1.19 |
| +∞ | 2.71 | 2.30 | 2.08 | 1.94 | 1.85 | 1.77 | 1.72 | 1.67 | 1.63 | 1.60 | 1.55 | 1.50 | 1.47 | 1.44 | 1.42 | 1.38 | 1.34 | 1.24 | 1.17 | 1.01 |

$\alpha=0.95$

| $n_2$ \ $n_1$ | 1 | 2 | 3 | 4 | 5 | 6 | 7 | 8 | 9 | 10 | 12 | 14 | 16 | 18 | 20 | 25 | 30 | 60 | 120 | $+\infty$ |
|---|---|---|---|---|---|---|---|---|---|---|---|---|---|---|---|---|---|---|---|---|
| 1 | 161.45 | 199.50 | 215.71 | 224.58 | 230.16 | 233.99 | 236.77 | 238.88 | 240.54 | 241.88 | 243.91 | 245.36 | 246.46 | 247.32 | 248.01 | 249.26 | 250.10 | 252.20 | 253.25 | 254.31 |
| 2 | 18.51 | 19.00 | 19.16 | 19.25 | 19.30 | 19.33 | 19.35 | 19.37 | 19.38 | 19.40 | 19.41 | 19.42 | 19.43 | 19.44 | 19.45 | 19.46 | 19.46 | 19.48 | 19.49 | 19.50 |
| 3 | 10.13 | 9.55 | 9.28 | 9.12 | 9.01 | 8.94 | 8.89 | 8.85 | 8.81 | 8.79 | 8.74 | 8.71 | 8.69 | 8.67 | 8.66 | 8.63 | 8.62 | 8.57 | 8.55 | 8.53 |
| 4 | 7.71 | 6.94 | 6.59 | 6.39 | 6.26 | 6.16 | 6.09 | 6.04 | 6.00 | 5.96 | 5.91 | 5.87 | 5.84 | 5.82 | 5.80 | 5.77 | 5.75 | 5.69 | 5.66 | 5.63 |
| 5 | 6.61 | 5.79 | 5.41 | 5.19 | 5.05 | 4.95 | 4.88 | 4.82 | 4.77 | 4.74 | 4.68 | 4.64 | 4.60 | 4.58 | 4.56 | 4.52 | 4.50 | 4.43 | 4.40 | 4.37 |
| 6 | 5.99 | 5.14 | 4.76 | 4.53 | 4.39 | 4.28 | 4.21 | 4.15 | 4.10 | 4.06 | 4.00 | 3.96 | 3.92 | 3.90 | 3.87 | 3.83 | 3.81 | 3.74 | 3.70 | 3.67 |
| 7 | 5.59 | 4.74 | 4.35 | 4.12 | 3.97 | 3.87 | 3.79 | 3.73 | 3.68 | 3.64 | 3.57 | 3.53 | 3.49 | 3.47 | 3.44 | 3.40 | 3.38 | 3.30 | 3.27 | 3.23 |
| 8 | 5.32 | 4.46 | 4.07 | 3.84 | 3.69 | 3.58 | 3.50 | 3.44 | 3.39 | 3.35 | 3.28 | 3.24 | 3.20 | 3.17 | 3.15 | 3.11 | 3.08 | 3.01 | 2.97 | 2.93 |
| 9 | 5.12 | 4.26 | 3.86 | 3.63 | 3.48 | 3.37 | 3.29 | 3.23 | 3.18 | 3.14 | 3.07 | 3.03 | 2.99 | 2.96 | 2.94 | 2.89 | 2.86 | 2.79 | 2.75 | 2.71 |
| 10 | 4.96 | 4.10 | 3.71 | 3.48 | 3.33 | 3.22 | 3.14 | 3.07 | 3.02 | 2.98 | 2.91 | 2.86 | 2.83 | 2.80 | 2.77 | 2.73 | 2.70 | 2.62 | 2.58 | 2.54 |
| 12 | 4.75 | 3.89 | 3.49 | 3.26 | 3.11 | 3.00 | 2.91 | 2.85 | 2.80 | 2.75 | 2.69 | 2.64 | 2.60 | 2.57 | 2.54 | 2.50 | 2.47 | 2.38 | 2.34 | 2.30 |
| 14 | 4.60 | 3.74 | 3.34 | 3.11 | 2.96 | 2.85 | 2.76 | 2.70 | 2.65 | 2.60 | 2.53 | 2.48 | 2.44 | 2.41 | 2.39 | 2.34 | 2.31 | 2.22 | 2.18 | 2.13 |
| 16 | 4.49 | 3.63 | 3.24 | 3.01 | 2.85 | 2.74 | 2.66 | 2.59 | 2.54 | 2.49 | 2.42 | 2.37 | 2.33 | 2.30 | 2.28 | 2.23 | 2.19 | 2.11 | 2.06 | 2.01 |
| 18 | 4.41 | 3.55 | 3.16 | 2.93 | 2.77 | 2.66 | 2.58 | 2.51 | 2.46 | 2.41 | 2.34 | 2.29 | 2.25 | 2.22 | 2.19 | 2.14 | 2.11 | 2.02 | 1.97 | 1.92 |
| 20 | 4.35 | 3.49 | 3.10 | 2.87 | 2.71 | 2.60 | 2.51 | 2.45 | 2.39 | 2.35 | 2.28 | 2.22 | 2.18 | 2.15 | 2.12 | 2.07 | 2.04 | 1.95 | 1.90 | 1.84 |
| 25 | 4.24 | 3.39 | 2.99 | 2.76 | 2.60 | 2.49 | 2.40 | 2.34 | 2.28 | 2.24 | 2.16 | 2.11 | 2.07 | 2.04 | 2.01 | 1.96 | 1.92 | 1.82 | 1.77 | 1.71 |
| 30 | 4.17 | 3.32 | 2.92 | 2.69 | 2.53 | 2.42 | 2.33 | 2.27 | 2.21 | 2.16 | 2.09 | 2.04 | 1.99 | 1.96 | 1.93 | 1.88 | 1.84 | 1.74 | 1.68 | 1.62 |
| 60 | 4.00 | 3.15 | 2.76 | 2.53 | 2.37 | 2.25 | 2.17 | 2.10 | 2.04 | 1.99 | 1.92 | 1.86 | 1.82 | 1.78 | 1.75 | 1.69 | 1.65 | 1.53 | 1.47 | 1.39 |
| 120 | 3.92 | 3.07 | 2.68 | 2.45 | 2.29 | 2.18 | 2.09 | 2.02 | 1.96 | 1.91 | 1.83 | 1.78 | 1.73 | 1.69 | 1.66 | 1.60 | 1.55 | 1.43 | 1.35 | 1.25 |
| $+\infty$ | 3.84 | 3.00 | 2.60 | 2.37 | 2.21 | 2.10 | 2.01 | 1.94 | 1.88 | 1.83 | 1.75 | 1.69 | 1.64 | 1.60 | 1.57 | 1.51 | 1.46 | 1.32 | 1.22 | 1.07 |

$\alpha = 0.975$

| $n_2$ \ $n_1$ | 1 | 2 | 3 | 4 | 5 | 6 | 7 | 8 | 9 | 10 | 12 | 14 | 16 | 18 | 20 | 25 | 30 | 60 | 120 | $+\infty$ |
|---|---|---|---|---|---|---|---|---|---|---|---|---|---|---|---|---|---|---|---|---|
| 1 | 647.79 | 799.50 | 864.16 | 899.58 | 921.85 | 937.11 | 948.22 | 956.66 | 963.28 | 968.63 | 976.71 | 982.53 | 986.92 | 990.35 | 993.10 | 998.08 | 1001.41 | 1009.80 | 1014.02 | 1018.26 |
| 2 | 38.51 | 39.00 | 39.17 | 39.25 | 39.30 | 39.33 | 39.36 | 39.37 | 39.39 | 39.40 | 39.41 | 39.43 | 39.44 | 39.44 | 39.45 | 39.46 | 39.46 | 39.48 | 39.49 | 39.50 |
| 3 | 17.44 | 16.04 | 15.44 | 15.10 | 14.88 | 14.73 | 14.62 | 14.54 | 14.47 | 14.42 | 14.34 | 14.28 | 14.23 | 14.20 | 14.17 | 14.12 | 14.08 | 13.99 | 13.95 | 13.90 |
| 4 | 12.22 | 10.65 | 9.98 | 9.60 | 9.36 | 9.20 | 9.07 | 8.98 | 8.90 | 8.84 | 8.75 | 8.68 | 8.63 | 8.59 | 8.56 | 8.50 | 8.46 | 8.36 | 8.31 | 8.26 |
| 5 | 10.01 | 8.43 | 7.76 | 7.39 | 7.15 | 6.98 | 6.85 | 6.76 | 6.68 | 6.62 | 6.52 | 6.46 | 6.40 | 6.36 | 6.33 | 6.27 | 6.23 | 6.12 | 6.07 | 6.02 |
| 6 | 8.81 | 7.26 | 6.60 | 6.23 | 5.99 | 5.82 | 5.70 | 5.60 | 5.52 | 5.46 | 5.37 | 5.30 | 5.24 | 5.20 | 5.17 | 5.11 | 5.07 | 4.96 | 4.90 | 4.85 |
| 7 | 8.07 | 6.54 | 5.89 | 5.52 | 5.29 | 5.12 | 4.99 | 4.90 | 4.82 | 4.76 | 4.67 | 4.60 | 4.54 | 4.50 | 4.47 | 4.40 | 4.36 | 4.25 | 4.20 | 4.14 |
| 8 | 7.57 | 6.06 | 5.42 | 5.05 | 4.82 | 4.65 | 4.53 | 4.43 | 4.36 | 4.30 | 4.20 | 4.13 | 4.08 | 4.03 | 4.00 | 3.94 | 3.89 | 3.78 | 3.73 | 3.67 |
| 9 | 7.21 | 5.71 | 5.08 | 4.72 | 4.48 | 4.32 | 4.20 | 4.10 | 4.03 | 3.96 | 3.87 | 3.80 | 3.74 | 3.70 | 3.67 | 3.60 | 3.56 | 3.45 | 3.39 | 3.33 |
| 10 | 6.94 | 5.46 | 4.83 | 4.47 | 4.24 | 4.07 | 3.95 | 3.85 | 3.78 | 3.72 | 3.62 | 3.55 | 3.50 | 3.45 | 3.42 | 3.35 | 3.31 | 3.20 | 3.14 | 3.08 |
| 12 | 6.55 | 5.10 | 4.47 | 4.12 | 3.89 | 3.73 | 3.61 | 3.51 | 3.44 | 3.37 | 3.28 | 3.21 | 3.15 | 3.11 | 3.07 | 3.01 | 2.96 | 2.85 | 2.79 | 2.72 |
| 14 | 6.30 | 4.86 | 4.24 | 3.89 | 3.66 | 3.50 | 3.38 | 3.29 | 3.21 | 3.15 | 3.05 | 2.98 | 2.92 | 2.88 | 2.84 | 2.78 | 2.73 | 2.61 | 2.55 | 2.49 |
| 16 | 6.12 | 4.69 | 4.08 | 3.73 | 3.50 | 3.34 | 3.22 | 3.12 | 3.05 | 2.99 | 2.89 | 2.82 | 2.76 | 2.72 | 2.68 | 2.61 | 2.57 | 2.45 | 2.38 | 2.32 |
| 18 | 5.98 | 4.56 | 3.95 | 3.61 | 3.38 | 3.22 | 3.10 | 3.01 | 2.93 | 2.87 | 2.77 | 2.70 | 2.64 | 2.60 | 2.56 | 2.49 | 2.44 | 2.32 | 2.26 | 2.19 |
| 20 | 5.87 | 4.46 | 3.86 | 3.51 | 3.29 | 3.13 | 3.01 | 2.91 | 2.84 | 2.77 | 2.68 | 2.60 | 2.55 | 2.50 | 2.46 | 2.40 | 2.35 | 2.22 | 2.16 | 2.09 |
| 25 | 5.69 | 4.29 | 3.69 | 3.35 | 3.13 | 2.97 | 2.85 | 2.75 | 2.68 | 2.61 | 2.51 | 2.44 | 2.38 | 2.34 | 2.30 | 2.23 | 2.18 | 2.05 | 1.98 | 1.91 |
| 30 | 5.57 | 4.18 | 3.59 | 3.25 | 3.03 | 2.87 | 2.75 | 2.65 | 2.57 | 2.51 | 2.41 | 2.34 | 2.28 | 2.23 | 2.20 | 2.12 | 2.07 | 1.94 | 1.87 | 1.79 |
| 60 | 5.29 | 3.93 | 3.34 | 3.01 | 2.79 | 2.63 | 2.51 | 2.41 | 2.33 | 2.27 | 2.17 | 2.09 | 2.03 | 1.98 | 1.94 | 1.87 | 1.82 | 1.67 | 1.58 | 1.48 |
| 120 | 5.15 | 3.80 | 3.23 | 2.89 | 2.67 | 2.52 | 2.39 | 2.30 | 2.22 | 2.16 | 2.05 | 1.98 | 1.92 | 1.87 | 1.82 | 1.75 | 1.69 | 1.53 | 1.43 | 1.31 |
| $+\infty$ | 5.02 | 3.69 | 3.12 | 2.79 | 2.57 | 2.41 | 2.29 | 2.19 | 2.11 | 2.05 | 1.94 | 1.87 | 1.80 | 1.75 | 1.71 | 1.63 | 1.57 | 1.39 | 1.27 | 1.01 |

$\alpha = 0.99$

| $n_2$ \ $n_1$ | 1 | 2 | 3 | 4 | 5 | 6 | 7 | 8 | 9 | 10 | 12 | 14 | 16 | 18 | 20 | 25 | 30 | 60 | 120 | $+\infty$ |
|---|---|---|---|---|---|---|---|---|---|---|---|---|---|---|---|---|---|---|---|---|
| 1 | 4052.18 | 4999.50 | 5403.35 | 5624.58 | 5763.65 | 5858.99 | 5928.36 | 5981.07 | 6022.47 | 6055.85 | 6106.32 | 6142.67 | 6170.10 | 6191.53 | 6208.73 | 6239.83 | 6260.65 | 6313.03 | 6339.39 | 6365.85 |
| 2 | 98.50 | 99.00 | 99.17 | 99.25 | 99.30 | 99.33 | 99.36 | 99.37 | 99.39 | 99.40 | 99.42 | 99.43 | 99.44 | 99.44 | 99.45 | 99.46 | 99.47 | 99.48 | 99.49 | 99.50 |
| 3 | 34.12 | 30.82 | 29.46 | 28.71 | 28.24 | 27.91 | 27.67 | 27.49 | 27.35 | 27.23 | 27.05 | 26.92 | 26.83 | 26.75 | 26.69 | 26.58 | 26.50 | 26.32 | 26.22 | 26.13 |
| 4 | 21.20 | 18.00 | 16.69 | 15.98 | 15.52 | 15.21 | 14.98 | 14.80 | 14.66 | 14.55 | 14.37 | 14.25 | 14.15 | 14.08 | 14.02 | 13.91 | 13.84 | 13.65 | 13.56 | 13.46 |
| 5 | 16.26 | 13.27 | 12.06 | 11.39 | 10.97 | 10.67 | 10.46 | 10.29 | 10.16 | 10.05 | 9.89 | 9.77 | 9.68 | 9.61 | 9.55 | 9.45 | 9.38 | 9.20 | 9.11 | 9.02 |
| 6 | 13.75 | 10.92 | 9.78 | 9.15 | 8.75 | 8.47 | 8.26 | 8.10 | 7.98 | 7.87 | 7.72 | 7.60 | 7.52 | 7.45 | 7.40 | 7.30 | 7.23 | 7.06 | 6.97 | 6.88 |
| 7 | 12.25 | 9.55 | 8.45 | 7.85 | 7.46 | 7.19 | 6.99 | 6.84 | 6.72 | 6.62 | 6.47 | 6.36 | 6.28 | 6.21 | 6.16 | 6.06 | 5.99 | 5.82 | 5.74 | 5.65 |
| 8 | 11.26 | 8.65 | 7.59 | 7.01 | 6.63 | 6.37 | 6.18 | 6.03 | 5.91 | 5.81 | 5.67 | 5.56 | 5.48 | 5.41 | 5.36 | 5.26 | 5.20 | 5.03 | 4.95 | 4.86 |
| 9 | 10.56 | 8.02 | 6.99 | 6.42 | 6.06 | 5.80 | 5.61 | 5.47 | 5.35 | 5.26 | 5.11 | 5.01 | 4.92 | 4.86 | 4.81 | 4.71 | 4.65 | 4.48 | 4.40 | 4.31 |
| 10 | 10.04 | 7.56 | 6.55 | 5.99 | 5.64 | 5.39 | 5.20 | 5.06 | 4.94 | 4.85 | 4.71 | 4.60 | 4.52 | 4.46 | 4.41 | 4.31 | 4.25 | 4.08 | 4.00 | 3.91 |
| 12 | 9.33 | 6.93 | 5.95 | 5.41 | 5.06 | 4.82 | 4.64 | 4.50 | 4.39 | 4.30 | 4.16 | 4.05 | 3.97 | 3.91 | 3.86 | 3.76 | 3.70 | 3.54 | 3.45 | 3.36 |
| 14 | 8.86 | 6.51 | 5.56 | 5.04 | 4.69 | 4.46 | 4.28 | 4.14 | 4.03 | 3.94 | 3.80 | 3.70 | 3.62 | 3.56 | 3.51 | 3.41 | 3.35 | 3.18 | 3.09 | 3.00 |
| 16 | 8.53 | 6.23 | 5.29 | 4.77 | 4.44 | 4.20 | 4.03 | 3.89 | 3.78 | 3.69 | 3.55 | 3.45 | 3.37 | 3.31 | 3.26 | 3.16 | 3.10 | 2.93 | 2.84 | 2.75 |
| 18 | 8.29 | 6.01 | 5.09 | 4.58 | 4.25 | 4.01 | 3.84 | 3.71 | 3.60 | 3.51 | 3.37 | 3.27 | 3.19 | 3.13 | 3.08 | 2.98 | 2.92 | 2.75 | 2.66 | 2.57 |
| 20 | 8.10 | 5.85 | 4.94 | 4.43 | 4.10 | 3.87 | 3.70 | 3.56 | 3.46 | 3.37 | 3.23 | 3.13 | 3.05 | 2.99 | 2.94 | 2.84 | 2.78 | 2.61 | 2.52 | 2.42 |
| 25 | 7.77 | 5.57 | 4.68 | 4.18 | 3.85 | 3.63 | 3.46 | 3.32 | 3.22 | 3.13 | 2.99 | 2.89 | 2.81 | 2.75 | 2.70 | 2.60 | 2.54 | 2.36 | 2.27 | 2.17 |
| 30 | 7.56 | 5.39 | 4.51 | 4.02 | 3.70 | 3.47 | 3.30 | 3.17 | 3.07 | 2.98 | 2.84 | 2.74 | 2.66 | 2.60 | 2.55 | 2.45 | 2.39 | 2.21 | 2.11 | 2.01 |
| 60 | 7.08 | 4.98 | 4.13 | 3.65 | 3.34 | 3.12 | 2.95 | 2.82 | 2.72 | 2.63 | 2.50 | 2.39 | 2.31 | 2.25 | 2.20 | 2.10 | 2.03 | 1.84 | 1.73 | 1.60 |
| 120 | 6.85 | 4.79 | 3.95 | 3.48 | 3.17 | 2.96 | 2.79 | 2.66 | 2.56 | 2.47 | 2.34 | 2.23 | 2.15 | 2.09 | 2.03 | 1.93 | 1.86 | 1.66 | 1.53 | 1.38 |
| $+\infty$ | 6.64 | 4.61 | 3.78 | 3.32 | 3.02 | 2.80 | 2.64 | 2.51 | 2.41 | 2.32 | 2.18 | 2.08 | 2.00 | 1.93 | 1.88 | 1.77 | 1.70 | 1.47 | 1.32 | 1.01 |

# 部分习题答案

## 习题 1.1

1．(1) $\Omega_1$={正品，次品}, (2) $\Omega_2=\{0, 1, 2, 3\}$；

2．(1) $A_1A_2A_3$, (2) $A_1\cup A_2\cup A_3$, (3) $A_1\overline{A_2}\,\overline{A_3}\cup\overline{A_1}A_2\overline{A_3}\cup\overline{A_1}\,\overline{A_2}A_3$,

(4) $\overline{A_1}\,\overline{A_2}\cup\overline{A_2}\,\overline{A_3}\cup\overline{A_1}\,\overline{A_3}$；

3．(1) $A\bar{B}\bar{C}$，(2) $\bar{A}\bar{B}C$，(3) $ABC$，(4) $A\cup B\cup C$，(5) $\bar{A}\bar{B}\cup\bar{A}\bar{C}\cup\bar{B}\bar{C}$，

(6) $\bar{A}\bar{B}\bar{C}$，(7) $\bar{A}\cup\bar{B}\cup\bar{C}$.

## 习题 1.2

1．(1) $\dfrac{5^2}{7^2}=\dfrac{25}{49}$, (2) $\dfrac{10}{49}$, (3) $\dfrac{20}{49}$；

2．$\dfrac{4}{17}$；

3．(1) 0.25, (2) $\dfrac{3}{247}$, (3) $\dfrac{3}{247}$, (4) $\dfrac{1}{4}$；

4．$\dfrac{5}{12}$；

5．$\dfrac{2}{5}$；

6．0.32；

7．0.1；

8．$p_3-p_2$，$1-p_3$；

9．(1) $\dfrac{1}{64}$, (2) $\dfrac{3}{32}$, (3) $\dfrac{9}{16}$.

## 习题 1.3

1．$\dfrac{2}{3}$, $\dfrac{240}{671}$；

2．0.4；

3．(1) 0.4, (2) 0.4856；

4．0.1458；

5．0.0083；

6．(1) $\frac{3}{10}$, (2) $\frac{3}{10}$；

7．(1) $\frac{3}{10}$，$\frac{1}{5}$, (2) $\frac{29}{90}$，$\frac{9}{29}$.

**习题 1.4**

1．$\frac{1}{3}$；

2．(1) 0.8574, (2) 0.1354, (3) 0.9999;

3．$\frac{3}{5}$；

4．$\frac{1}{4}$；

5．(1) $\frac{1}{32}$, (2) $\frac{13}{20}$, (3) $\frac{17}{125}$, (4) $\frac{24}{125}$.

**复习题 1**

1．$\frac{5}{8}$；

2．$\frac{1}{2}$；

3．$(1-p)^{k-1}p\,(k=1,2,\cdots)$；

4．$\frac{\mathrm{P}_{m-n}^{k-1}\mathrm{P}_n^1}{\mathrm{P}_m^k}$；

5．(1) 0.4556, (2) 0.1889；

6．(1) $\frac{17}{25}$, (2) $\frac{1}{4}$；

7．$\frac{2}{3}$；

8．$n \geqslant \frac{\ln(1-p_1)}{\ln(1-p)}$；

9．$\frac{1}{58}$；

10．(1) 0.32076, (2) 0.43624, (3) 0.2430;

11．$P(A)=1-\left(\frac{V-x}{V}\right)^n$.

## 习题 2.1

3． $F(x)=\begin{cases}0, & x<0,\\ 0.3106, & 0\leqslant x<1,\\ 0.7419, & 1\leqslant x<2,\\ 0.9517, & 2\leqslant x<3,\\ 0.9959, & 3\leqslant x<4,\\ 0.9999, & 4\leqslant x<5,\\ 1, & x\geqslant 5;\end{cases}$

4． $F(x)=\begin{cases}0, & x<0,\\ \dfrac{x^2}{100}, & 0\leqslant x<10,\\ 1, & x\geqslant 10.\end{cases}$

## 习题 2.2

1．

| $X$ | 0 | 1 | 2 | 3 |
|---|---|---|---|---|
| $P$ | $\frac{1}{8}$ | $\frac{3}{8}$ | $\frac{3}{8}$ | $\frac{1}{8}$ |

2．

| $X$ | $-2$ | 0 | 3 |
|---|---|---|---|
| $P$ | $\frac{1}{3}$ | $\frac{1}{2}$ | $\frac{1}{6}$ |

$F(x)=\begin{cases}0, & x<-2,\\ \dfrac{1}{3}, & -2\leqslant x<0,\\ \dfrac{5}{6}, & 0\leqslant x<3,\\ 1, & x\geqslant 3.\end{cases}$

3． $\dfrac{2}{3}$；

4． $P\{X=k\}=\left(\dfrac{3}{4}\right)^{k-1}\left(\dfrac{1}{4}\right),\quad k=1,2,\cdots;$

5.

| $X$ | 3 | 4 | 5 | 6 |
|---|---|---|---|---|
| $P$ | $\frac{1}{20}$ | $\frac{3}{20}$ | $\frac{3}{10}$ | $\frac{1}{2}$ |

| $Y$ | 1 | 2 | 3 | 4 |
|---|---|---|---|---|
| $P$ | $\frac{1}{2}$ | $\frac{3}{10}$ | $\frac{3}{20}$ | $\frac{1}{20}$ |

6.

| $X$ | 0 | 1 | 2 | 3 | 4 | 5 | 6 |
|---|---|---|---|---|---|---|---|
| $P$ | $\frac{1}{27}$ | $\frac{5}{36}$ | 0.2569 | 0.280671 | 0.192708 | 0.078125 | $\left(\frac{1}{4}\right)^3$ |

7.

(1)

| $X$ | 0 | 1 | 2 |
|---|---|---|---|
| $P$ | $\frac{16}{25}$ | $\frac{8}{25}$ | $\frac{1}{25}$ |

(2)

| $Y$ | 0 | 1 |
|---|---|---|
| $P$ | $\frac{3}{5}$ | $\frac{2}{5}$ |

8.

| $X$ | 2 | 3 | 4 | 5 | 6 | 7 | 8 | 9 | 10 | 11 | 12 |
|---|---|---|---|---|---|---|---|---|---|---|---|
| $P$ | $\frac{1}{36}$ | $\frac{2}{36}$ | $\frac{3}{36}$ | $\frac{4}{36}$ | $\frac{5}{36}$ | $\frac{6}{36}$ | $\frac{5}{36}$ | $\frac{4}{36}$ | $\frac{3}{36}$ | $\frac{2}{36}$ | $\frac{1}{36}$ |

## 习题 2.3

1. (1) $\frac{1}{10}$, (2) $F(x)=\begin{cases}0, & x<0,\\ \frac{1}{10}\left(x^3+\frac{1}{2}x^2\right), & 0\leqslant x<2,\\ 1, & x\geqslant 2,\end{cases}$ (3) $\frac{17}{20}$, $\frac{1}{40}$;

2. (1) $\frac{1}{16}$, (2) $\frac{1}{6}$, (3) $\frac{3}{4}$, (4) $\frac{5}{6}$;

3. $e^{-2/5}$;

4. (1) 2.955%, (2) $f(x)=\begin{cases}\lambda e^{-\lambda x}, & x\geqslant 0,\\ 0, & x<0;\end{cases}$ $0<\lambda<3.35\times10^{-4}$

5. (1) 0.4332, (2) 0.0666, (3) 0.8413, (4) 0.9772;

6. (1) 0.2005, (2) 0.119.

## 习题 2.4

1.

| $Y$ | $-3$ | $-2$ | $1$ | $6$ | $13$ |
|---|---|---|---|---|---|
| $P$ | 0.2 | 0.35 | 0.2 | 0.1 | 0.15 |

| $Z$ | 0 | 0.693147 | 1.098612 | 1.386294 | 1.609438 |
|---|---|---|---|---|---|
| $P$ | 0.2 | 0.35 | 0.2 | 0.1 | 0.15 |

2. $P\{Y=k\}=\dfrac{\lambda^{(k-1)/2}e^{-\lambda}}{\left((k-1)/2\right)!}$, $k=1,3,5,\cdots$;

3. $f_Y(y)=\begin{cases}\dfrac{1}{2}, & -1\leqslant y\leqslant 1,\\ 0, & \text{其他};\end{cases}$

4. $f_Y(y)=\begin{cases}\dfrac{\lambda}{2}e^{-\frac{\lambda}{2}(y-1)}, & y\geqslant 1,\\ 0, & \text{其他};\end{cases}$

5. (1) $F_Y(y)=\begin{cases}F(\ln y), & y>0,\\ 0, & \text{其他},\end{cases}$

(2) $F_Y(y)=\begin{cases}F\left(\dfrac{1}{2}\sqrt{y-1}\right)-F\left(-\dfrac{1}{2}\sqrt{y-1}\right), & y\geqslant 1,\\ 0, & \text{其他},\end{cases}$

(3) $F_Y(y)=\begin{cases}F(y)-F(-y), & y\geqslant 0,\\ 0, & \text{其他};\end{cases}$

6. $f_V(v)=\begin{cases}\dfrac{1}{\pi\sqrt{A^2-v^2}}, & |v|<A,\\ 0, & \text{其他};\end{cases}$

7.

| $Y$ | 10000 | 1000 | $-5000$ |
|---|---|---|---|
| $P$ | 0.5 | 0.4987 | 0.0013 |

8.

| $Y$ | $-1$ | $0$ | $1$ |
|---|---|---|---|
| $P$ | $\frac{2}{15}$ | $\frac{1}{3}$ | $\frac{8}{15}$ |

5. $A=\dfrac{4}{b\sqrt{\pi b}}$，平均值 $\dfrac{3}{4}mb=\dfrac{3m^2}{8kT}$；

6. $[\lambda]$.

## 习题 4.1

1.

| $X$ \ $Y$ | 0 | 1 |
|---|---|---|
| 0 | $\frac{11}{21}$ | $\frac{4}{21}$ |
| 1 | $\frac{4}{21}$ | $\frac{2}{21}$ |

2. (1)

| $Y$ \ $X$ | −1 | 1 |
|---|---|---|
| −1 | $\frac{1}{6}$ | $\frac{1}{3}$ |
| 1 | $\frac{1}{3}$ | $\frac{1}{6}$ |

(2) $\dfrac{1}{2}$；

3. (1) $a=\dfrac{1}{9}$, (2) 1, (3) $\dfrac{8}{27}$；

4. (1) $F(x,y)=\begin{cases}(1-e^{-y})(1-e^{-2x}), & x>0, y>0,\\ 0, & \text{其他},\end{cases}$ (2) $\dfrac{1}{3}$, (3) $1-e^{-1.5}$；

5.

| $X_1$ \ $X_2$ | 0 | 1 |
|---|---|---|
| 0 | $1-e^{-1}$ | 0 |
| 1 | $e^{-1}-e^{-2}$ | $e^{-2}$ |

6. $0.5\times(1+\ln 2)$.

## 习题 4.2

1．(1) $c=\frac{1}{8}$,

(2)

| $X$ | 0 | 1 |
|---|---|---|
| $P$ | $\frac{13}{24}$ | $\frac{11}{24}$ |

| $Y$ | 0 | 1 | 2 |
|---|---|---|---|
| $P$ | $\frac{1}{2}$ | $\frac{7}{24}$ | $\frac{5}{24}$ |

2．$P\{X=n\}=\frac{\lambda^n \mathrm{e}^{-\lambda}}{n!}$, $n=0,1,2,\cdots$,

$P\{Y=m\}=\frac{(\lambda p)^m \mathrm{e}^{-\lambda p}}{m!}$, $m=0,1,2,\cdots$;

3．$f_X(x)=\begin{cases}\mathrm{e}^{-x}, & x>0,\\ 0, & x\leqslant 0,\end{cases}$ $f_Y(y)=\begin{cases}y\mathrm{e}^{-y} & y>0,\\ 0 & y\leqslant 0;\end{cases}$

4．$f_X(x)=\begin{cases}6(x-x^2), & 0\leqslant x\leqslant 1,\\ 0, & 其他,\end{cases}$ $f_Y(y)=\begin{cases}6(\sqrt{y}-y), & 0\leqslant y\leqslant 1,\\ 0, & 其他,\end{cases}$

$P\left\{X>\frac{1}{3}\right\}=\frac{20}{27}$.

## 习题 4.3

1．

| $Y\|X=1$ | 1 | 2 | 3 |
|---|---|---|---|
| $P$ | $\frac{1}{6}$ | $\frac{1}{2}$ | $\frac{1}{3}$ |

| $X\|Y=2$ | 1 | 2 |
|---|---|---|
| $P$ | $\frac{6}{7}$ | $\frac{1}{7}$ |

2．$P\{Y=m|X=n\}=\mathrm{C}_n^m\left(\frac{7.14}{14}\right)^n\left(\frac{6.86}{14}\right)^{n-m}$, $m=0,1,2,\cdots,n$;

3．当$|y|<1$时，$f_{X|Y}(x|y)=\begin{cases}\frac{1}{1-|y|}, & |y|<x<1,\\ 0, & 其他,\end{cases}$

当$0<x\leqslant 1$时，$f_{Y|X}(y|x)=\begin{cases}\frac{1}{2x}, & |y|<x,\\ 0, & 其他,\end{cases}$

4. $\frac{7}{16}$；

5. $f(x,y)=\begin{cases}\frac{1}{1-x}, & 0<x<y<1,\\ 0, & \text{其他},\end{cases}$ $f_Y(y)=\begin{cases}-\ln(1-y), & 0<y<1,\\ 0, & \text{其他}.\end{cases}$

## 习题 4.4

1. $a=\frac{2}{9}$，$b=\frac{1}{9}$；

2. (1)

| X \ Y | 0 | 1 |
|---|---|---|
| −1 | $\frac{1}{8}$ | $\frac{1}{8}$ |
| 0 | $\frac{1}{4}$ | $\frac{1}{4}$ |
| 1 | $\frac{1}{8}$ | $\frac{1}{8}$ |

(2)

| X \ Y | 0 | 1 |
|---|---|---|
| −1 | $\frac{1}{4}$ | 0 |
| 0 | 0 | $\frac{1}{2}$ |
| 1 | $\frac{1}{4}$ | 0 |

3. 不独立；

4.

| Z | 0 | 1 |
|---|---|---|
| P | $\frac{\mu}{\lambda+\mu}$ | $\frac{\lambda}{\lambda+\mu}$ |

*5. $X_1$，$X_2$，$X_3$ 独立同分布，其共同密度函数为 $f(x)=\begin{cases}e^{-x}, & x>0,\\ 0, & x\leqslant 0.\end{cases}$

## 习题 4.5

1．

| $X+Y$ | 0 | 1 | 2 | 3 |
|---|---|---|---|---|
| $P$ | 0.10 | 0.40 | 0.35 | 0.15 |

| $XY$ | 0 | 1 | 2 |
|---|---|---|---|
| $P$ | 0.65 | 0.20 | 0.15 |

| $\sin\left(\frac{\pi(X+Y)}{2}\right)$ | 0 | 1 | $-1$ |
|---|---|---|---|
| $P$ | 0.45 | 0.40 | 0.15 |

| $\max\{X,Y\}$ | 0 | 1 | 2 |
|---|---|---|---|
| $P$ | 0.1 | 0.6 | 0.3 |

2．$Z=X+Y\sim B(n_1+n_2,p)$；

3．$f_Z(z)=\begin{cases}1-\mathrm{e}^{-z}, & 0\leqslant z<1,\\ (\mathrm{e}-1)\mathrm{e}^{-z}, & z\geqslant 1,\\ 0, & 其他,\end{cases}$

5．$f_{Z_1}(z)=\begin{cases}\dfrac{z}{2}\mathrm{e}^{-z^2/8}(1-\mathrm{e}^{-z^2/8}), & z\geqslant 0,\\ 0, & z<0,\end{cases}$

$f_{Z_2}(z)=\begin{cases}\dfrac{z}{2}\mathrm{e}^{-z^2/4}, & z\geqslant 0,\\ 0, & z<0,\end{cases}$

7．$f_{\min}(x)=\dfrac{n}{\theta}\left(1-\dfrac{x}{\theta}\right)^{n-1}$，$0<x<\theta$.

## 习题 4.6

1．$\dfrac{3}{4}$，$\dfrac{5}{12}$，$\dfrac{8}{15}$，$\dfrac{11}{30}$；

2．(1)7, 18.4；(2)6；

3．(1) $\dfrac{1}{2}$，$\dfrac{-57}{2}$；(2) $\dfrac{3}{2}$；

4．(1) $-0.1, 0.9$；(2) $-0.3$；(3) 3；(4) 1.89, 0.89；

5．$\dfrac{7n}{2}$，$\dfrac{35n}{12}$.

## 习题 4.7

1. $\frac{5}{18}$, $-\frac{11}{18^3}$, 2. $-\frac{1}{9}$, $\frac{-2\sqrt{17}}{17}$;

3. 0, $\frac{16}{15}$, $\frac{16}{5}$, 0;

4. $\frac{3}{5}$, $\frac{3}{5}$, $-\frac{1}{100}$, $-\frac{\sqrt{33}}{44}$, $\frac{2}{15}$;

5. (1) $-\frac{2}{3}$, 1; (2) $\frac{1}{2}$;

6. $\frac{\alpha^2-\beta^2}{\alpha^2+\beta^2}$;

7. $\frac{1}{6\pi\sqrt{3}}\exp\left\{\frac{-2}{3}\left[\frac{(x+1)^2}{9}+\frac{(x+1)(y-1)}{6}+\frac{(y-1)^2}{4}\right]\right\}$, $x, y\in \mathbf{R}$.

## 复习题 4

1. (1)

| $X$ | 1 | 2 | 3 | 4 | 5 |
|---|---|---|---|---|---|
| $P$ | 0.18 | 0.33 | 0.17 | 0.12 | 0.2 |

| $Y$ | 1 | 2 | 3 | 4 | 5 |
|---|---|---|---|---|---|
| $P$ | 0.28 | 0.28 | 0.21 | 0.11 | 0.12 |

(2)

| $\max\{X,Y\}$ | 1 | 2 | 3 | 4 | 5 |
|---|---|---|---|---|---|
| $P$ | 0.06 | 0.2 | 0.27 | 0.17 | 0.3 |

(3)

| $\lvert X-Y\rvert$ | 0 | 1 | 2 | 3 | 4 |
|---|---|---|---|---|---|
| $P$ | 0.2 | 0.33 | 0.25 | 0.15 | 0.07 |

(4) 0.3

(5)

| $X\|Y=3$ | 1 | 2 | 3 | 4 | 5 |
|---|---|---|---|---|---|
| $P$ | $\frac{4}{21}$ | $\frac{10}{21}$ | $\frac{1}{21}$ | $\frac{1}{21}$ | $\frac{5}{21}$ |

2. $P\{X=i,Y=j\}=p^2q^{j-2}$, $1\leqslant i<j$,

对给定的 $i\geqslant 1, P\{X=i\}>0$，$Y$ 的条件分布律为

$$P\{Y=j|X=i\}=\frac{p^2q^{j-2}}{pq^{i-1}}=pq^{j-i-1},\quad j>i,$$

对给定的 $j\geqslant 2, P\{Y=j\}>0$，$X$ 的条件分布律为

$$P\{X=i|Y=j\}=\frac{p^2q^{j-2}}{(j-1)p^2q^{j-2}}=\frac{1}{j-1},\quad 1\leqslant i<j;$$

3. (1) $C=\frac{3}{\pi R^3}$, (2) $\frac{1}{2}$；

4. (1) 0.08575, (2)约为 0.7627；

5. (1) $C=\frac{1}{1-\mathrm{e}^{-1}}$, (2) $f_X(x)=\begin{cases}\frac{\mathrm{e}^{-x}}{1-\mathrm{e}^{-1}}, & 0<x<1,\\ 0, & \text{其他},\end{cases}$ $f_Y(y)=\begin{cases}\mathrm{e}^{-y}, & y>0,\\ 0, & y\leqslant 0,\end{cases}$

(3) $F_U(u)=\begin{cases}0, & u<0,\\ \frac{(1-\mathrm{e}^{-u})^2}{1-\mathrm{e}^{-1}}, & 0\leqslant u<1,\\ 1-\mathrm{e}^{-u}, & u\geqslant 1;\end{cases}$

6. (1) 当 $0<y<1$ 时，$f_{X|Y}(x|y)=\begin{cases}\frac{2(x+y)}{1+2y}, & 0<x<1,\\ 0, & \text{其他},\end{cases}$ (2) $\frac{3}{8}$；

8. (1) $\mathrm{e}^{-7.2}$； (2) $(1-\mathrm{e}^{-4.5})^6$.

9. $X\sim N(0,1)$, $Y\sim N(0,1)$，说明 $X$ 和 $Y$ 的联合概率密度函数可以唯一确定 $X$ 和 $Y$ 的边缘概率密度函数，而反之不然.

10. (1) $\frac{73}{72}$, $\frac{4}{3}$； (2) $\frac{137}{72}$； (3) $\frac{7271}{5184}$, $\frac{29}{9}$；

11. $M\left[1-\left(\frac{M-1}{M}\right)^n\right]$;

12.

| $Z$ | 0 | 1 |
|---|---|---|
| $P$ | 1/6 | 5/6 |

13. $\frac{5}{6}$;

14. $-\sin a$;

15. $-0.3\sqrt{2}$;

16. −1, 3;

17. (1) 1950, 1100, (2) 0.0658, (3) 2027.18kg.

## 习题 5.1

1. $\geqslant\frac{8}{9}$;

2. (1) 0.9924, (2) 0.8594.

## 习题 5.2

1. (1) 5, (2) 0, (3) $\mu$.

## 习题 5.3

1. 0.0787;
2. (1) 0.2736, (2) 723;
3. (1) 12000, (2) 2305;
4. 0.9304;
5. (1) 0.6304, (2) 0.9785.

## 复习题 5

1. 最小取 45 kW;
2. (1) 0, (2) 0.9332, 0.5987.

## 习题 6.4

1. $X_1+\mu$，$\frac{1}{3}\sum_{i=1}^{3}X_i$，$\min\{X_1,X_2,X_3\}$ 和 $(X_2-X_1)^2+(X_3-X_1)^2+(X_3-X_2)^2$ 是统计量，$\sum_{i=1}^{3}(X_i/\sigma)^2$ 不是统计量；

3. $\overline{x}=56.9231$，$s^2=111.5769$，$s=10.5630$；

4. (1) $(2\pi\sigma^2)^{-4}\exp\left\{-\frac{1}{2\sigma^2}\sum_{i=1}^{8}(x_i-\mu)^2\right\}$, (2) $\frac{2}{\sqrt{\pi}\sigma}\mathrm{e}^{-\frac{4(x-\mu)^2}{\sigma^2}}$；

5. (1) $\theta$, (2) $\frac{\theta^2}{n}$, (3) $\theta^2$；

6. 0.0401；

7. 0.1336；

8. (1) 0.006, (2) 0.75.

## 复习题 6

2. (1) $n$, (2) $\frac{n}{4}$, (3) $2n$；

3. (1) 0.3546, (2) 0.7860；

4. 14；

5. (1) 0.0228, (2) 0.3413；

6. $2(n-1)\sigma^2$.

## 习题 7.1

1. $\mu$ 的矩估计值为 2.127；$\sigma^2$ 的矩估计值为 0.000201；$s^2$=0.00022；

2. $\hat{p}=\frac{1}{\overline{X}}$；

3. $\hat{\theta}=3\overline{X}$；

4. (1) $\hat{\theta}=\frac{n^2}{\left(\sum_{i=1}^{n}\ln x_i\right)^2}$, (2) $\hat{\theta}=\frac{n}{\sum_{i=1}^{n}x_i^2}$；

5. $p$ 的矩估计与最大似然估计均为 $\hat{p}=\frac{1}{mn}\sum_{i=1}^{n}X_i=\frac{\overline{X}}{m}$；

6．$\lambda$的矩估计与最大似然估计均为$\frac{1}{\overline{X}}$.

## 习题 7.2

1．$\hat{\theta}_2$，$\hat{\theta}_3$是$\theta$的无偏估计量；

5．$\hat{\theta}_3$较$\hat{\theta}_2$有效.

## 习题 7.3

1．(1) (5.7588,6.3246), (2) (5.7195,6.3639)；

2．(495.765,514.235)；

3．(6550.89,6889.11)；

4．(62.42,354.19), (7.90,18.82)；

5．(–32.12,87.12)；

6．(–0.002,0.006)；

7．(0.142,4.639)；

8．(0.222,3.601)；

9．(1) 2.698, (2) 0.1065；

10．–0.001.

## 复习题 7

1．$\overline{x}=1.2, B_2=0.407, \hat{b}=2\overline{x}=2.4$；

2．$\hat{\alpha}=\dfrac{n(\overline{X})^2}{\sum\limits_{i=1}^{n}(X_i-\overline{X})^2}$，$\hat{\lambda}=\dfrac{\sum\limits_{i=1}^{n}X_i}{\sum\limits_{i=1}^{n}(X_i-\overline{X})^2}$；

3．$\dfrac{1}{\overline{X}}$；

4．$\hat{\theta}=\max\limits_{1\leqslant i\leqslant n}\{x_i\}$；

5．$\hat{\theta}=\dfrac{1}{n}\sum\limits_{i=1}^{n}|X_i|$；

8．(2) $\mathrm{Var}(\overline{X})=\dfrac{\theta^2}{n}, \mathrm{Var}(n\min\{X_1,X_2,\cdots,X_n\})=\theta^2$，$\overline{X}$较$n(\min\{X_1,X_2,\cdots,X_n\})$有效；

9. $a=\dfrac{n_1}{n_1+n_2}, b=\dfrac{n_2}{n_1+n_2}$;

10. (1) 14.911mm, (2) (14.813,15.009);

11. $\mu$的置信区间为(5.1069,5.3131), $\sigma$的置信区间为(0.1675,0.3217), $\sigma^2$的单侧置信上限为 0.0911.

## 习题 8.2

1. 接受$H_0$;
2. 符合标准;
3. 拒绝$H_0$;
4. 概率统计成绩与性别无关;
5. 甲渔场喂养的鲫鱼的平均质量不比乙渔场显著地重;
6. 两种方法测定的结果无显著差异.

## 习题 8.3

1. 身高的均值为 1.60cm, 方差为 $0.2\text{cm}^2$;
2. 公司声称为真;
3. 接受$H_0$;
4. (1) 接受$H_0$, (2) 拒绝$H_0'$;
5. 该题中假定$\sigma_1^2=\sigma_2^2$合理.

## 习题 8.4

1. 孟德尔理论正确;
2. 数据与模型相符;
3. 数据与泊松分布相符;
4. 色盲与性别有关;
5. 在黄道上行走与性别有关;
6. 零件是正品还是次品与由哪位工人生产的无关.

## 复习题 8

1. 对此零件的电阻无显著影响;
2. 这批牛奶被兑水;
3. 处理前后平均含脂率有显著差异;
4. 两厂蓄电池的电容量无显著差异;

5．谷物产量无显著差异；

6．方差不为 0.02；

7．不符合要求；

8．(1) 拒绝 $H_0$，(2) 接受 $H_0'$；

9．该题中假定 $\sigma_1^2=\sigma_2^2$ 合理；

10．地下水位变化与发生地震无关.

## 习题 9.2

1．$\hat{Y}=0.1426+0.8662x$；

2．(2) $\hat{Y}=-1424.28+1.0535x$；

3．(1) $\hat{\beta}_0=480.2015$, $\hat{\beta}_1=-3.7511$, $\hat{Y}=480.2015-3.7511x$, (2) $\hat{\sigma}^2=19.1571$;

4．(1) 回归效果高度显著, (2) $(-4.2629, -3.2393)$, (3) $(187.1652, 210.5728)$.

## 习题 9.3

1．$\hat{Y}=1.73\mathrm{e}^{-0.146/x}$.

## 习题 9.4

1．不能认为各厂生产的干电池寿命之间存在显著差异；

2．这三台机器的日产量有显著差异(“*”)；

3．操作方法对原料节约额的影响是高度显著的(“**”)；

4．不同的储藏方法对粮食含水率有一定影响(“(*)”).

## 复习题 9

1．(1) $\hat{\beta}_0=38.8284$, $\hat{\beta}_1=0.2601$, $\hat{Y}=38.8284+0.2601x$, (2) $\hat{\sigma}^2=1.3120$;

2．(1) $\hat{Y}=36.4729+94.6892x$, (2) $\hat{\sigma}^2=1.4250$, (3) 回归效果高度显著，(4) $(76.5778, 112.8006)$, (5) $(47.5155, 53.8371)$；

3．(1) $\hat{Y}=13.9572+12.5514x$, (2) $\hat{\sigma}^2=0.0417$, (3) 回归效果高度显著，(4) $(11.8318, 13.2710)$, (5) $(19.6709, 20.7949)$；

4．$\hat{Y}=-75.294+19.882\ln x$;

5．差异不显著；

6．差异显著.